HANGIL
GREAT BOOKS

인류의위대한지적유산

HANGIL
GREAT BOOKS
137

법사회학

니클라스 루만 지음 | 강희원 옮김

한길사

HANGIL
GREAT BOOKS
137

Niklas Luhmann
Rechtssoziologie

Translated by Kang Hee-Won

니클라스 루만

루만의 법사회학은 거시적·이론적·실증적 법사회학이다.
법사회학은 그 연구자의 경향, 연구대상의 범위, 연구방법 등에 따라
발생학적·작용학적 법사회학, 미시적·거시적 법사회학,
경험적·이론적·비판적 법사회학,
실증적·변증법적 법사회학으로 나눌 수 있다.

실증적·거시이론적 법사회학의 선구자들
루만의 법사회학과 같은 실증적·거시이론적 법사회학의 선구자로는
뒤르켐(위), 베버(왼쪽), 파슨스(오른쪽)가 있다. 근대 사회학의 거장인
뒤르켐은 넓은 의미에서 거시이론적 법사회학이라 할 수 있는 사회분업론을 주장했다.
베버는 실증주의 이론, 해석적 사회학이론 등 방법론 연구에 크게 공헌했다.
파슨스는 사회일반에 적용할 수 있는 일반이론을 구축하고자 했다.
루만의 초기 체계이론은 파슨스의 영향을 받았다.

루만의 구성주의적 인식론의 기초자들
루만의 체계이론의 구성주의적 인식론은 마투라나(위)와
바렐라의 오토포이에시스(autopoiesis) 이론으로부터 영향을 받았다.
마투라나와 바렐라는 스승과 제자 사이로
이 둘은 '생명이란 무엇인가?'라는 문제의식을 가지고
인지과학 영역의 연구를 통해 오토포이에시스 개념을 제창했다.

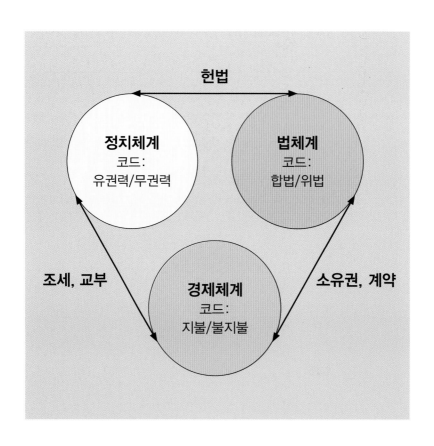

법체계와 정치체계 그리고 경제체계의 상호관계
법체계와 정치체계 그리고 경제체계는 현대사회의 주축을 이루는 체계다.
이 주축체계는 상호의사소통을 통해 기능적으로 밀접하게 연계되어 있다.
헌법은 정치체계와 법체계 간 상호의사소통적 통로이고,
소유권과 계약은 법체계와 경제체계 간 상호의사소통을 매개하며,
조세와 교부는 정치체계와 경제체계 간 상호의사소통적 매개다.

HANGIL GREAT BOOKS 137

법사회학

니클라스 루만 지음 | 강희원 옮김

한길사

법사회학

법에 대한 사회학적 계몽 | 강희원   13
번역용례와 해설   47

제2판 서문   71

서론   73

제1장 법사회학에 관한 고전적 단초들   87

제2장 법의 형성: 사회학적 이론의 기초   113

    1. 복잡성, 불확정성 및 기대의 기대   119
    2. 인지적 기대와 규범적 기대   132
    3. 기대위배의 처리   151
    4. 제도화   167
    5. 기대맥락의 동일화   191
    6. 정합적 범례화로서 법   210
    7. 법과 물리적 폭력   227
    8. 구조와 일탈행동   240

제3장 사회의 구조로서 법   263

    1. 사회의 발전과 법   263
    2. 원시법   282
    3. 전근대적 고등문화의 법   310
    4. 법의 실정화   343

제4장 실정법   365

    1. 실정성의 개념과 기능   365

    2. 법의 완전분화와 기능적 특화   380

    3. 조건적 프로그램화   394

    4. 판결절차의 분화   405

    5. 구조적 변이(變異)   416

    6. 실정성의 위험과 파생문제   429

    7. 정당성   440

    8. 실정법의 관철   451

    9. 통제   473

제5장 실정법에 의한 사회적 변동   491

    1. 조종가능한 사회변동의 조건   497

    2. 범주적 구조   535

    3. 세계사회의 법적 문제   546

    4. 법, 시간 그리고 계획   561

결론: 법이론에 대한 질문(제1판)   577

결론: 법체계와 법이론(제2, 3판)   591

참고문헌   605

루만의 저작과 관련 자료   623

옮긴이의 말   651

찾아보기   663

일러두기

- 번역은 직역을 원칙으로 하며 가능한 한 원문의 문체·어투·문단 나누기 등을 살리고자 노력한다.
- 도이치어를 가능한 한 철저하게 우리말로 바꾸었다. 번역을 함에 있어서 순수한 우리말이 한자와 같은 의미적 내포를 가지고 있는 경우에는 한자보다 순수한 우리말을 선택한다. 물론 필요한 경우 한자에는 이두(吏讀)와 같지만 한자를 ( ) 안에 표기하고, 그것도 부족하면, 즉 번역용어가 그 본래적 의미를 전달하지 못하는 경우를 대비해서 그것에 해당하는 도이치어를 ( ) 안에 보충한다.
- 프로그램 등과 같이 이미 우리말로 변한 외래어는 그것을 우리말로 바꾸지 않고 그대로 표현한다.
- 원서에 이탤릭체로 표기한 부분은 우리말의 경우 고딕체로 표기한다.
- 원서가 특정부분을 강조하기 위해 〈 〉 등 특별한 기호를 사용하고 있는 경우에는 작은따옴표(' ')로 표시한다.
- 원서에서 하나의 명사형으로 되어 있지만 그것을 우리말의 한 단어로 표기하기 어려운 경우에는 풀어쓰고, 그것에 해당하는 도이치어를 ( ) 안에 부기하되 문장성분에 관계없이 가능한 한 기본형과 1격 형태로 통일적으로 표기한다.
- 원서가 동일한 용어로 표기하고 있는 경우 우리말의 번역에서 다소 어색하더라도 동일한 우리말을 대응시킨다. 그렇게 해도 번역어의 의미가 완전히 다르게 되면 문맥에 따라 유사한 번역어를 바꾸어 쓰거나 풀어쓴다.
- 대명사의 번역은 그것이 지시하는 명사가 명백할 때에는 우리말의 문맥상 필요할 경우에만 그 명사를 반복해서 쓰고, 그렇지 않은 경우에는 그것, 이것, 저것 등으로 표기한다. 특히 원문이 도이치어 관계대명사로 연결된 장문인 경우 그것을 복문으로 쓰면 맥락상 의미가 제대로 전달될 수 없는 때에는 나누어서 둘 이상의 단문으로 표기한다.
- 원서의 각주번호는 그대로 살리고, 외국문헌의 인용방식은 원서에서 사용하고 있는 방식을 그대로 따른다.
- 인명의 경우에는 처음으로 등장할 때에 ( ) 안에 원어명과 생몰(生沒)연도를 표기하여, 학자인 경우에 그의 학문적 사조의 시대적 배경을 가늠할 수 있도록 한다.
- 원서는 제2판(1983)부터 2권으로 출간되었던 초판(1972)의 제2권 결론부분만 변경하고 합본하여 단권으로 출간되었다. 그렇지만 제3판(1987)에서조차 초판 이후의 변경된 상황이 수정되지 않았다. 그래서 옮긴이는 미정의 인용표기와 표기오류를 초판 이후의 변경된 상황에 부합되게 바로잡는다.
- 원서의 본문 중에 있는 자기인용을 모두 각주로 통일적으로 처리하고, 옮긴이의 주해 중 짧은 내용은 '—옮긴이'를 표기하여 본문 중 ( ) 안에 부기하고, 긴 내용은 원서의 각주와 동일하게 처리하되 그 끝에 '—옮긴이'로 표시한다. 그 결과 번역서의 각주 번호는 원서의 각주 번호와 다르다.
- 원서의 글자 호수, 편집방법, 규격 그리고 도이치어와 우리말의 어순이 다른 경우가 많아 원서와 번역서의 쪽수에는 차이가 있다.

법에 대한 사회학적 계몽

강희원 경희대학교 법학전문대학원 교수 · 기초법학/노동법

1. 루만의 학문적 생애

사적 이력

니클라스 루만(Niklas Luhmann)은 1927년 12월 8일 도이칠란트 북부 도시 뤼네부르크(Lüneburg) 근교에서 맥주공장을 운영하던 도이치인 아버지와 호텔 경영주의 딸인 스위스계 어머니 사이에서 태어나 1998년 11월 6일 노드라인베스트팔렌(Nordrhein-Westfalen)주 북부 도시 욀링하우젠(Oerlinghausen)에서 죽었다.

루만은 고향인 뤼네부르크에 있는 고전어인문계고등학교(Gelehrten-schule des Johanneums)를 졸업하였다. 15세에 도이치 공군 고사포부대 소년보조원으로서 활동하다가, 16세가 되던 1944년 초 정식으로 입대하며 복무 중 아메리카합중국군에 생포되어 1945년 9월까지 포로로서 수용소생활을 하기도 했다. 그는 한 인터뷰에서 아메리카합중국 포로수용소에서 손목시계를 빼앗기고 구타를 당했다고 사실을 언급하는 등 연합국이 전쟁포로에 대한 국제협약상의 규칙을 준수하지 않았다고 말하면서 그의 전쟁포로생활에 관해서 언급한 적이 있었다.[1] 사실 나치시대

---

[1] Detlef Horster, *Niklas Luhmann*, München, 1997, S.28.

에 루만이 나치스당(민족사회주의도이치노동당, Nationalsozialistische Deutsche Arbeiterpartei: NSDAP)의 당원으로서 활동했다는 사실이 2007년에 알려졌다.[2]

　루만은 1960년 우르술라 폰 발터(Ursula von Walter)와 결혼하여 슬하에 2남 1녀를 두었다. 1977년 우르술라가 사망하자 그는 빌레펠트 근교의 욀링하우젠으로 이사하여 그곳에서 영면할 때까지 살았다.

　루만 사후 그가 남긴 유명한 카드상자(Zettelkästen)를 포함해서 저작물과 상속재산에 관한 소유권 및 저작권을 둘러싸고 3자녀 사이에 수년간에 걸친 법정다툼이 있었다. 루만은 그의 정신적 유산을 한 사람에게 맡기고 싶어 1995년 모든 저작권을 딸에게 유증했기 때문에 2004년 함(Hamm) 주고등법원은 딸에게 학문적 저작물에 관한 권리가 있다고 판결했다. 루만의 학문적 유산은 현재 수백만 유로로 평가된다. 빌레펠트 대학(Bielefeld Universität)은 2011년 루만이 딸에게 유증한 학문적 유산 일체를 보관하고 있으며 루만-기록보관실(Luhmann-Archiv)을 설립하겠다고 한다.

학문적 성장과정

　루만은 1946년에서 1949년까지 독일 남서부 도시 프라이부르크에 있는 알베르트-루트비히스(Albert-Ludwigs)대학에서 법학을 공부하였는데, 그 당시 그는 로마법에 상당한 관심을 두었다고 한다. 국가시험 합격 후부터 1953년까지 뤼네부르크에서 연수를 하고 1954년부터 1962년까지 행정공무원으로 근무하였다. 1954~55년에는 뤼네부르크 고등행정법원(Oberverwaltungsgericht) 법원장의 조수로 일했다. 이때부터

---

2) Malte Herwig, "Hoffnungslos dazwischen," in: *Der Spiegel*, Nr. 29, 2007, S.134f.

그는 그 유명한 카드정리상자를 구축하기 시작하였다. 법원장 조수직을 잠시 휴직한 후 루만은 1960년에 장학금을 받아 아메리카합중국 하버드대학에서 2년간 유학하여 거기에서 탤컷 파슨스(Tacott Parsons)와 그의 체계이론을 접하게 되었다. 하버드대학에서 파슨스와의 만남은 루만이 사회체계이론을 세우는 시발점이 되었다. 아메리카합중국에서 돌아와 1962년부터 1965년까지 스파이어 도이치 행정전문학교에서 연구자로, 그리고 1965년부터 1968년까지 도르트문트의 뮌스터대학(Westfälischen Wilhelms-Universität in Münster)에서 사회조사연구소의 한 책임자로서 일하였다. 1965~66년도에 뮌스터대학에서 사회학을 1학기 수강하였고, 1966년에는 1964년 이미 출간된『공식조직의 기능과 그 파생적 문제』(*Funktionen und Folgen formaler Organisation*)라는 저서로 사회과학박사(Dr. scientarium politicarum)학위를 받았으며, 그로부터 5학기 후에 디터 클레센스(Dieter Claessens) 교수와 헬무트 셸스키(Helmut Schelsky) 교수의 지도 하에 행정학 분야에서『공행정에 있어 법과 자동화. 행정학적 연구』(*Recht und Automation in der öffentlichen Verwaltung. Eine verwaltungswissenschaftliche Untersuchung*)라는 주제로 교수자격을 취득하였다.

　1968년 루만은 때마침 설립된 개혁적 대학인 빌레펠트대학의 교수로 초빙받아 도이치어권에서 최초의 사회학 단과대학을 세우는 데 일익을 담당하였다. 거기에서 1993년 정년퇴임할 때까지 줄곧 사회학이론의 연구에 열중하면서 사회학이론을 가르쳤다. 그리고 퇴임 후에도 왕성한 학문활동을 하면서 전세계의 유수한 대학에서 명예박사 학위를 수여받았다. 그는 학문적으로든 현실적으로든 일정한 곳에 머물기를 좋아하지 않았으며, 한창때는 3일 이상 같은 장소에 머무르지 않았다고 한다. 루만은 다년간 강연하러 세계 여러 곳을 돌아다녔기 때문에 늘 여행길에 있었다고 해도 과언이 아니다. 사실 루만은 우리나라에도 와서 강연하도록 계획되어 있었으나 그것을 실현하지 못하고 너무나 이른 시기에 세상을 떠나 안타깝기 그지없다.

루만의 사회체계이론에서 기본적으로 전제되어 있는 바와 같이 모든 현실태(現實態)가 우발태(偶發態)이듯이 그의 일생도 우발태로 규정할 수 있겠다. 이러한 맥락에서 루만은 그의 체계이론을 전개하게 된 것과 관련하여 이렇게 회고한다.

"무릇 한 사람의 일생이란 우발성의 집합체이다. 지속되는 것은 오로지 우발성에 대한 민감성밖에 없다. 그런 점에서 자신의 일생 또한 우발성의 연속이다. 몸소 체험했던 정치적 전환기인 1945년, 법학을 전공하고 대학행정에 몸담게 되는 과정, 후설과 파슨스와의 만남, 그 어느 것 하나 우발적이지 않은 것이 없다."

2. 루만의 사회체계이론과 인식론적 기초

사회체계이론

루만의 체계이론은 '일반이론'이다.[3] 그의 사회체계이론은 현대사회를 전체적 차원에서 거시적으로 분석하는 틀로서 성립하였다.[4] 그것은

---

3) 체계이론에서 루만의 학문적 주목적은 처음부터 사회과학적 연구의 이론적 정초로서 기여할 수 있고 과학으로서 사회학의 일체성을 형성하는 데 기여할 수 있는 사회적 체계의 일반이론을 완성하는 것이다. 이러한 의미에서 루만의 사회체계이론은 마르크스주의(Marxismus)에 필적한다고 해도 과언이 아니다. 그래서 일부 학자들은 루만의 체계이론과 마르크스주의가 오늘날 유일한 사회의 일반이론이라고까지 말한다.

4) 루만 스스로 자신의 체계이론이 "사회의 전체적 분석형식"이라고 지칭하고 있다. 이는 1969년 제16차 도이치사회학자대회에서 발표한 그의 논문 제목 "Moderne Systemtheorie als Form gesamtgesellschaftlicher Analyse"에 잘 나타나 있다. 그의 발제 논문은 Theodor W. Adorno(Hrsg.), *Verhandlungen des 16. Deutschen Soziologentags, "Spätkapitalismus oder Industriegesellschaft?"*, Stuttgart, 1969, S.253~266; Jürgen Habermas/Niklas Luhmann, *Theorie der Gesellschaft oder*

전체로서 사회를 어떻게 적절하게 파악할 수 있는가라는 문제에서 출발한다. 체계들의 상호관계·체계경계·구조징표·구조의 기능성 등에 기초해서 루만의 사회이론은 사회의 미시적 영역에 국한하는 것이 아니라 '전체'로서 사회를 전일적으로 파악하고 있다.[5]

아리스토텔레스를 원조로 하는 유럽사회이론은 정치적 전체사회(politische Gesellscahft)의 이론으로서 발전했다.[6] 이들 이론에 의하면 사회는 이미 규정되어서 계층적으로 질서지어진 폐쇄적 실체로 파악되며, 사회에는 신(神)의 이성에 의해 이미 정해진 선재(先在)된 것으로서 궁극적인 목적 또는 목표가 존재한다.

그런데 이러한 궁극적인 목적 또는 목표는 다만 인간의 이성을 통해 어느 정도 암시될 수 있지만, 그 실체가 그대로 인식될 수는 없다. 그래

Sozialtechnologie-Was leistet die Systemforsschung?, Frankfurt, 1971, S.7~24에 수록되어 있다(이하 "Moderne Systemtheorie"로 인용한다).

5) 루만의 체계이론이 거시적 사회이론이라는 점에서 전체로서 사회를 하부구조와 상부구조의 인과관계로 구성하는 마르크스의 사회이론을 연상케 한다. 마르크스의 사회이론은 규정된 또는 규정할 수 있는 인과맥락에서 서로 결합된 개별적 요소로서 부분체계 또는 하부체계를 포괄하는 체계에 대한 전체적·일반적 분석을 시도하는 데 반해, 뒤에서 다시 언급하겠지만 루만의 체계이론은 전체로서 사회를 규정된 또는 규정할 수 있는 의미맥락(Sinnzusammenhang)에서 서로 결합된 개별적 요소로서 부분체계 또는 하부체계를 포함하는 체계에 대한 전체적·일반적 분석을 시도한다.

6) 아리스토텔레스를 원조로 하는 사회과학의 전통은 사회를 '정치적 공동체'(koinonia politike) 및 '시민사회'(societas civilis)로 정의하는데, 다양한 정도의 추상성에 주목할 때 'koinonia'는 사회체계(Sozialsystem)로도 번역될 수 있다. 그럼에도 아리스토텔레스는 유개념인 '코이노니아'(koinonia)를 고유한 사회적 소재연의 담당자로서 주장하는 그리스적 사유로 접근하는 길을 가지 않고, 이러한 유개념을 특수화한, 즉 '코이노니아 폴리티케'(koinonia politike)를 주장하는 그리스적 사유에 접근하는 길을 선택하였다. 그 결과 그는 사회이론에서 존재론적·윤리적 최선을 목적으로 전제한다. 이리하여 아리스토텔레스를 효시로 하는 사회과학은 사회적 체계의 이론으로서가 아니라 정치적 사회의 이론으로서 나타난다.

서 어떠한 사회구성원의 사유(思惟)나 행위도 이러한 궁극적 목적에는 영향을 미칠 수 없을 뿐만 아니라 근본적으로 변경할 수도 없다. 그런데 이러한 생각은 근대에 들어오면서 상당히 변하게 된다. 그 결과는 근대 사회이론에서 사회에 관한 이해의 변화로 나타난다. 특히 18~19세기에 등장하기 시작한 시민사회에 관한 이론은 무엇보다 유물론적·자연과학적 사고방식의 영향을 받아 사회를 개인의 총합으로 파악하고자 했다. 그전의 이상주의적 사회개념은 기계적 개념으로 대치되고, 사회이론은 신의 계획 대신에 욕구, 공포, 충동 등의 본능을 가진 자연존재로서 인간을 전제로 구성되었다.

그럼에도 그 당시의 사회이론에서 사회에 관한 분석은 모두 '선량한 생활'이라는 목적과 욕구충족의 정치적 목적에 항상 구속되어 있었다. 그래서 이들 사회이론이 전통적인 사회관념(또는 사상)의 그것과는 다른 사회개념을 전제로 하는 것처럼 보이지만, 실은 무전제적 실체(無前提的實體), 즉 주어진 체계로서 사회를 파악하는 고대 유럽적인 사회철학의 사회개념을 그대로 내포하고 있다는 점에서 공통적이다.[7] 이들 사회이론에서 사회분석의 초점은 무엇이 사회의 내부에 일어나고 있는지에만 조준되어 있을 뿐, 무엇이 사회와 그 외부와의 사이에 일어나는지에 대해서는 지향되어 있지 않다.

이들 이론의 연구대상은 선재된 구조로서 또는 개별적으로 파악될 수 있는 고정체계로서의 사회이지, 체계 외부의 것과의 관계에 의해 끊임없이 다르게 규정되는 체계로서 사회는 아니었다. 즉 이러한 사회이론에서 체계라는 개념은 환계(Umwelt)에 대해 폐쇄된 **존재론적 체계개념**으로서만 항상 논의되었던 것이다.[8] 이러한 사회개념으로도 그 당시의 사회현

---

7) "Moderne Systemtheorie", S.255.
8) 이러한 존재론적 체계개념이 환계연계적인 기능적 체계개념으로 바뀌면서 비로소 기능적 체계이론이 태동하기 시작한다. 루만은 체계개념의 변동을 4단계

18

상은 어느 정도 설명될 수 있었다.

그러나 현대사회에 들어와 그 국면은 판이하게 변한다. 선험적 전체(*a priori* Ganzes)로서의 사회개념도, 의심할 바 없는 소여로서의 사회개념도, 개인의 총합으로서의 사회개념도 모두 현대사회를 분석하는 이론적 도구로서 좌초하고 만다. 이러한 개념으로는 현대사회를 남김없이 분석하거나 설명하지 못한다. 이러한 상황에서 전체로서 사회를 이론적으로 묘사하고 해명해보려 한 것이 루만의 의도이다.

그 전제로서 루만은 사회에 관한 형이상학적 · 존재론적 관념을 부정한다. 우리가 사회를 특징짓는 감축기능을 연구해본다면 인간의 공동생활 질서의 궁극적 근거로서 불변의 그 무엇이 있고 그러한 것이 있어야 한다고 생각해온 우리의 오래된 믿음이 허구라는 사실을 알게 된다.[9]

로 구별한다. 첫째, 고대철학 및 현대사회철학의 체계개념인데, 이는 전체(全體, Ganzes)와 부분(部分)의 범주에 따라 체계를 규정하려고 시도하였고 체계를 부분 상호간과 전체와의 관계의 내부적 질서로서 환계와 연관하지 않고 이해한다. 둘째, 균형이론(Gleichgewichtstheorie)의 체계개념인데, 이는 체계를 그 자체에 존속하는 것으로 보았고 환계를 체계에서 충원되거나 그렇지 않을 수 있는 장애의 원천으로서 고찰한다. 셋째, 환계개방적 체계의 이론(Die Theorie der umweltoffene Systeme)인데, 이는 체계가 환계와 교환과정의 선택적 조종을 통해서만 유지될 수 있다는 것에서 출발한다. 여기에 체계와 환계의 상호의존성을 비정상으로 보지 않고, 이미 정상적인 것으로 생각한다. 체계는 경계유지적으로 항존하는 과정의 조합으로서 탐구된다. 넷째, 자가조절적 체계이론(Kybernetische Systemtheorie)인데, 이는 체계와 환계의 관계를 복잡성의 차이로 파악한다. 여기서 환계는 극도로 복잡게 생각된다. 체계가 유지되려면 자신의 복잡성과 환계의 복잡성을 비례관계—애시비(W.R. Ashby)의 '필수변이'(必需變移, requisite variety)로 유지해야 한다. 즉 체계는 항상 더 강한 취사선택(取捨選擇)을 통해서 더 적은 복잡성을 경주해야 한다. "Moderne Systemtheorie", S.255~256.

9) 루만은 복잡하고 불확정적인 환계에 대한 체계의 사회적 기능과 능률이라는 관점에서 체계가 형성되고 발전하는 양식을 세밀히 기술하고 있다. 사회적 과정이 일정한 목적으로 발전한다는 상정 또는 사회적 과정이 선재된, 인간이 처분할 수 없는 가치와 이념으로 정향될 수 있다는 상정은 그에게는 없다. 사회와 역사의 추진력으로서, 또는 주재자로서 신(Gott)은 루만의 체계이론에 존재하지 않는

이를테면 우주적 질서로서 이미 선재하고 있거나 사회계약으로서 구성되는 불변의 실체적 가치나 실체적 의미단(意味團)은 존재하지 않는다는 것이 루만의 주장이다. 물론 루만 자신이 이러한 표현을 좋아할지는 몰라도 옮긴이의 목소리로 표현해 본다면 우리는 이러한 허구적인 믿음을 찾아 헤매거나 존재론적 형이상학의 늪에 빠져서 허우적거릴 것이 아니라 기능적 체계이론의 현대적 언어로 복잡성을 감축하는 최종의 기저적인 기제를 연구해야 한다는 것이다. 결국 근본적인 불변의 그 무엇이란 것은 '규정할 수 없는 것'과 '전제가 없는 것'으로 구성되어 있다는 것을 다른 말로 표현한 것에 불과하다고 할 것이다. 그래서 우리가 지금까지 가지고 있던 근본적인 것에 관한 오래된 믿음에 대한 연구는 종국적으로 근본적인 감축을 제도화하는 의미구성적인 체계 자체에 관한 관심으로 귀착될 수밖에 없다.

이러한 결과는 법을 분석하는 데에서도 마찬가지이다. 법의 효력이 궁극적 실체로서 그 무엇, 이를테면 신, 자연법, 절대가치, 세계정신 등과 같은 것에 의해 결정되는 것이 아니다. 현대사회에서 법은 실정법화되어 스스로 그 효력을 정치체계의 결정에 종속시키고 있다. 이러한 현상은 사회의 부분체계가 대체로 무엇이 법인지와, 그것의 결단이 사실상 정당하고 구속적으로 받아들여지고 있는지에 관해서만 자율적 과정에 맡기고 있다는 것을 의미한다.[10]

루만의 체계이론에서 기본적인 명제는 **사회적 체계가 존재한다**이다.[11] 모든 인식되는 체계들은 현실세계에서 현실체계로서 작동하고 있다는

다. 바람직한 사회학적 전통 속에 있는 모든 형이상학적 도입구가 루만에게는 완전히 배제되어 있다.

10) 이에 관련하여 루만은 "법이 이렇게 기능한다는 것은 사회학적으로 경이(驚異)에 가깝다. 그러나 법률가는 그것을 믿지 않는다"고 말하고 있다. "Moderne Systemtheorie", S. 260.

11) 니클라스 루만, 박여성 옮김, 『사회체계이론 1』, 한길사, 2007, 77쪽.

것이 루만의 출발점이다. 루만은 적극적 작용요소로서 사회적 행위 및 개체로서 의사소통하는 구성원의 상호관계를 맺는 전부를 보다 일반적인 관점에서 구조화할 수 있는 체계의 차원에서 파악한다. 처음에 루만은 파슨스에 의해서 시도된 사회에 관한 체계이론을 계승하여 그것을 의미맥락(Sinnzusammenhang)에서 더 추상적·일반적인 차원으로 고양시켜 환계에 열려 있는 이른바 '체계-환계이론'(System-Umwelt-Theorie)으로 발전시켰다. 이것이 바로 초기의 기능구조적 체계이론이었다.

그런데 루만의 체계이론에는 두 번의 중요한 패러다임전환이 있었다. 첫 번째 단계(1960년경)에서는 체계가 전체와 그 부분으로 이루어진다는 전통적 체계이론을 체계와 환계 사이의 경계설정을 통해 초기의 기능구조적 체계이론으로 전환하였던 것이 그것이고, 두 번째 단계(1970년대 이후)에서는 칠레 출신 생물학자인 마투라나(Humbeberto R. Maturana, 1928~)와 바렐라(Francisco J. Varela, 1946~2001)의 생물학적인 '오토포이에시스'(Autopoiesis)라는 관념을 받아들인 자기준거적이고 자기생산적인 체계이론으로의 이행이 그것이다.[12]

인식론: 작동적 구성주의

인식론에 있어 근본적 문제는 인간의 인식이 밖에 있는 실체에 대해 독립적으로 접근할 수 있는 통로가 없음에도 어떻게 인식이 가능한가라는 것이다. 체계이론에 있어 루만의 인식론적 입장은 기본적으로는 구성주의에 입각하고 있다. 그러나 전통적인 구성주의는 인지적 체계가 인식과 독립해 실제대상에 대해 접근할 수 있는 길이 없기 때문에 실제대상

---

12) 이에 관해서는 같은 책 59~75쪽 참조.

의 실존조건과 그 인식조건을 구별할 수 없다고 보고 있으며,[13] 인식이란 관찰할 수 있는 것, 즉 구별과 지시를 의미한다고 한다.

루만에 의하면 인식이란 작동의 회귀적인 과정을 통해 체계와 한계의 차이가 항상 작동하는 체계 자체에서 생긴다. 즉 인식이란 그것이 의욕하는 대로 자신에게 실체를 가지고 오며, 이 경우에 실체는 외부세계에 있는 것이 아니라 인지적 작동행위 자체에 있다.[14] 이러한 의미에서 루만의 인식론은 이른바 작동적 구성주의(Operative Konstruktivismus)이다.[15]

작동적 구성주의에 의하면 사물이나 사건은 환계(Umwelt)에 있고, 관찰 가능한 모든 것은 관찰자, 즉 작동하는 체계의 자기급부이다. 그러므로 인식이란 작동적 인식이다. 이것은 물론 실체와 구성의 차이에 대한 인식에도 그대로 적용된다. 인식은 구별로 반송되고 그 구별은 다시금 구별로 반송된다. 그래서 실체에 대한 인식의 종국적 근거는 빈약하다. 그렇지만 이러한 숙고과정은 환계의 비실체로의 추론을 허용하지 않는다. 이것은 인식하는 체계 외부에 아무것도 없다는 것을 허용하지 않는다. 작동적 구성주의는 환계가 존재한다는 것을 결코 의심하지 않는다. 그렇지 않다면 다른 측면이 존재한다는 것을 전제하는 체계경계의 개념이 아무런 의미를 갖지 못할 것이다.

작동적 구성주의가 실체가 존재하는 사실을 다투거나 부정하는 것이 아니라 세계는 인식의 대상으로서가 아니라 현상학의 의미에서 지평으

---

13) Niklas Luhmann, *Die Realität der Massenmedien*, 2. erweiterte Aufl., Opladen: Westdeutscher Verlag, 1996, S.17.

14) 같은 책 S.17f.

15) 이에 관한 더 자세한 것은 Niklas Luhmann, *Erkenntnis als Konstruktion*, 1988 참조. 이것은 1988년 10월 23일 스위스 베른 미술관에서 한 루만의 강의록이다. 土方透·松戸行雄 共編譯, 『ルーマン, 學問と自身を語る』, 新泉社, 1996, 223~256쪽 참조.

로서 전제한다는 것이다. 그러니까 인간의 인식은 그 자체에 도달할 수 없다는 것이다. 즉 현상학이 실체를 구성하듯이 인간의 인식이 세계를 실체로서 구성하고 또 관찰자를 관찰할 수 있는 다른 가능성은 없다는 것이다. 그렇지만 루만의 표현을 빌리면 이러한 "작동적 구성주의의 논제가 '세계상실'(Weltverlust)에 빠지지 않는다"[16)]는 것이다.

이론적 추상성과 난해성의 문제

루만은 저작활동에 있어 생산성이 아주 높았다는 것은 세계적으로 잘 알려져 있다. 그가 남긴 저작은 단행본 70권, 논문 500편 이상이라고 한다. 그 양을 보면 누구나 놀라지 않을 수 없다. 어느 날 그의 학생들이 루만에게 추상적이고 게다가 정교한 이론에 관한 글을 그렇게 빨리 집필할 수 있는지에 물었다고 한다. 이에 대해 루만은 "여러분은 생각하면서 읽지만 나의 경우는 생각이 자동적으로 떠오르기 때문이다"이라고 말했다고 한다.

루만의 체계이론이 시사하듯이 루만은 마치 글을 쓰는 오토포이에시스 시스템과 같다고 말할 수 있다. 그리고 그는 한 번 썼던 것을 기본적으로 고치지 않는다고 한다. 이와 같이 루만이 이론적 다작가일 뿐만 아니라 그의 이론은 아주 난해하고 또 이론적 창조성이 너무나 풍부하다. 게다가 그때그때 그는 필요에 따라 새로운 용어를 만들어낸다. 최근에 도이치어 사전에는 신조어인 'Soziologendeutsch'가 등재되었다고 한다. 'Soziologendeutsch'는 우리말로는 '사회학자도이치어' 정도로 번역할 수 있을 것 같은데, 그 진정한 의미는 사실 '의미불명 내지 난해한 도이

---

16) Niklas Luhmann, *Die Realität der Massenmedien*, 2. erw. Aufl. Opladen, 1996, S.18(김성재 옮김, 『대중매체의 현실』, 커뮤니케이션북스, 2006, 7쪽).

치어'를 말한다. 이것은 바로 루만을 지칭하여 만들어진 말이다. 루만의 사고방식 자체와 관심의 복잡성은 물론이고, 그의 이론 자체의 난해성과 사용하는 용어나 표현 자체가 어렵기 때문에 루만에게 접근하는 것을 아주 어렵게 하고 있다.

어떤 사람은 루만 이론에 대한 접근을 "난공불락인 이념의 성벽을 향해 고무보트를 타고 거슬러 올라가는 것"과 같다고 평가하기도 하고, 또 어떤 사람은 루만 자신에 대해 "그는 한 순간에 사상의 몇 광년을 통과해 버린 별똥별과 같은 사람이다"라고 한다. 이러한 말들은 루만이론이 가진 참신함과 역동성을 평가하고 있는 것이라고 하겠다.

그렇지만 루만에 대해서는 이와 같은 좋은 평가만 있는 것은 아니다. 엄청난 비판과 비난도 있는 듯하다. 물론 루만은 자신의 이론에 대한 평가에 개의치 않는 듯 보이지만, 생전에 그는 전혀 박수갈채를 받지 못하는 것보다도 잘못된 갈채를 받는 편이 더 참기 어렵다고 말했다.

루만은 생전에 세상 전부를 언급하려는 듯이 거의 모든 분야에 걸쳐 글들을 쏟아냈기 때문에 그 양이 너무나 엄청난 데다가 난해하기까지 한 그의 이론에 대한 학문적 평가에서는 지금까지 여느 학자에 대해서나 그러하듯이 두 편으로 나뉜다. 한편에는 서서히 그 수가 증가하고 있긴 하지만 아직 적은 수에 불과한 우수한 열광적인 신자(이들을 '루마니언'(Luhmannian), 즉 '루만추종자' 또는 '루만주의자'라고 한다)가 있다. 루마니언들의 저작활동은 유럽의 모든 학문 부문에서 아주 커다란 충격을 던지고 있다. 이것은 유럽에서 확실히 하나의 트렌드를 이루고 있으며, 또 머지않아 거대한 학맥을 이룰 것이다. 다른 한편에는 비판적인 흐름이 있다. 아직은 후자가 다수인 것 같다. 그렇지만 대부분의 경우 루만을 비판하는 사람들은 너무 애매한 태도를 취한다. 이들의 태도에 의하면 한마디로 루만은 학문적으로 혐오스럽지만 무시할 수 없는 존재라는 것이다. 루만 이론의 총본산이라고 할 수 있는 빌레펠트대학의 연구자들은 루만을 옹호하는 것을 자랑하는 동시에 미심쩍다고도 생각하고 있는 것 같다. 그래서 루만이 정년퇴임하였을 때 빌레펠트대학 동료의 다수는 루만이 떠나갔다는 것을 애석해하면서도 동시에 환영했다고 한다.

1993년 정년퇴임 기념강연에서 루만은 그의 사회이론이 "무엇이 사실인가? 그 배후에는 무엇이 숨겨져 있는가?"[17)라는 의문을 던졌다. 이에 대해 그의 강연에 참가했던 학자들은 상당히 기대했는데, 루만이 약간의 논의를 한 다음 자신의 이론 배경에는 "아무것도 숨겨져 있지 않다"고 결론을 내리자 빌레펠트대학의 동료들은 다시 애가 타기 시작했다고 한다.

사회체계이론과 그의 『법사회학』

루만이 환계에 열린 체계개념에서 자기준거적이고 자기생산적인 체계개념으로 전환한 후, 즉 루만의 체계이론에서 이른바 이론적 패러다임(Paradigma)의 전환이 있은 후 법이론과 법에 대한 체계이론적 관찰에서 법의 자기규정성이 더욱더 강조하게 된다.[18) 그렇지만 『법사회학』은

---

17) 이것은 1993년 루만의 빌레펠트대학 정년퇴임 강연주제이다. Niklas Luhmann, *Was ist der Fall und "Was steckt dahiter?", Die zwei Soziologien und die Gesellschaftstheorie*, Bielefeld, 1993.

18) 루만은 실정법의 개념에 대하여 아래와 같이 기술하고 있는데, 이것은 루만이 자기준거적이고 자기생산적인 체계개념에 따라 법을 어떻게 파악하고 있는가를 감지할 수 있도록 해준다.
"오늘날 여전히 실정법이 유효하다. 이러한 장면 뒤에 법의 모순은 법의 동어반복에 의해 대체되었다. 실정성이라는 것은 바로 법률의 조문에 법으로서 규정되어 있는 것만이 법으로서 효력이 있다는 것을 말한다. 법률가는 통상적으로 구체적인 경우에서 일정한 법적 주장을 할 때는 단지 '그것이 어디에 있는가?'라고 문제 제기하고 답해야 한다. 우리가 완분된 법체계(ausdifferenziertes Rechtssystem)의 구조와 그것의 자기재생산적 자율이라는 관점에서 법의 실정

루만의 중기 저작에 해당한다. 그래서 그의 『법사회학』에서는 1970년대 이후에 이론적 개념으로서 도입된 오토포이에시스에 입각하여 전개되었던 새로운 관점, 즉 이론적 패러다임의 전환 이후 법체계에 대한 이론적 논의가 본격적으로 다루어지지 않는다.

루만 자신이 1972년에 Rowohlt, Reinbeck bei Hamburg, roro-Studium 1. u. 2로서 출간된 『법사회학 1, 2』를 1983년 통합본으로서 WV-Studium 1/2, Opladen, Westdeutscher Verlag의 수정 제2판 출간 서문에서 밝히고 있듯이 제2판 및 제3판에서도 제1판을 거의 변경하지 않고 그대로 유지하면서, 다만 자기준거적이고 자기생산적인 체계개념으로 이른바 이론적 패러다임의 전환 이후 논의에 기초해서 쓴 별도의 논문인 「법체계와 법이론」을 결론으로 추가하여 변죽만 울리고 있을 뿐이다. 법에 대한 본격적인 체계이론적 해명은 별도로 이루어졌다.[19]

3. 제정법에 관한 사회학적 계몽으로서의 『법사회학』

이론적 단초

루만은 『법사회학』 제1장에서 지금까지 제시된 어떠한 법사회학

화를 파악할 때 우리는 실정성의 의미를 완전히 다른 차원에서 이해할 수 있게 된다. 기능적 완분화의 조건에서 법효력은 바로 '실정적'(positiv)일 때만 가능하다. 즉 이것은 법 자신에 따라 제정된다는 것을 의미한다. 법은 법이 어떻게 재생산되는지, 즉 우리가 법을 어떻게 올바르게 다룰 수 있는가를 규율할 수 있다. 단지 법만이 이것을 규율할 수 있다. 법에는 법 이외의 외부적 권위가 존재하지 않는다. 법은 순환적으로 확립된다. 그래서 이것을 일체로서 기술하려는 관찰자는 동어반복적으로 기술해야 한다. 모든 제한은 자기제한이다. 모든 환계 정향은 체계 내에서 체계를 통해서만 다루어져야 한다." Niklas Luhmann, *Die soziologische Beobachtung des Rechts*, Berlin: Luchterhand Verlag, 1986, S.25~26.
19) 법에 관한 본격적인 논의는 *Das Recht der Gesellschaft*, Frankfurt a.M.: Suhrkamp, 1933에서 이루어진다.

도 법의 뿌리까지 도달하지 못했다고 전제하면서[20] '소당연'(所當然, Sollen)의 실체에 대한 체계이론적인 분석에서 법사회학을 시작한다. 루만은 규범의 소당연성을 법소여(法所與, Rechtsgegebenheit)의 기초로서 단순히 받아들인다거나 더 이상 규정되지 않는 사실적 경험으로 상정하는 것이 충분하지 않다고 한다.

그래서 루만은 소당연의 기능에 대하여 소당연이 무엇을 상징하는가, 체험과 무엇보다 '기대'(Erwartung)가 소당연적 성질로 체험된다는 것이 무엇을 의미하는가, 어떠한 상황에서 이러한 성질결정이 선택되며 또 무엇을 위해 그렇게 되는가, 이로써 어떠한 주제가 주어지는가, 어떠한 행동양식이 여기서 나오는가라고 묻는다.

루만은 위와 같은 의문에 대한 해명을 얻기 위해 그의 체계이론적 시각을 바탕으로 해서 인간의 공동생활 분석에 착수한다. 제2장이 이에 해당한다. 그는 '기대의 기대'(die Erwartung der Erwartung)를 시작으로 하는 개념장치로 법형성의 기제의 분석을 위한 사회학적 이론기초를 마련한다. 이어서 의미정향적인 인간의 공동생활 문제를 '복잡성'와 '불확정성'이라는 개념으로 파악을 시도하고 인간이 공동생활 속에서 야기되는 과중한 부담을 기대구조(Erwartungsstruktur)의 형성으로 어떻게 감소시키는가를 보여준다.

루만의 법사회학적 접근방법에는 사회적 체계가 규범체계라는 것이 전제되어 있다. 규범체계는 행동에 대한 기대를 범례화(凡例化, Generalisierung)하고 안정시킨다. 정확히 말하면 기대에 대한 기대란 두 주체 간에 상호작용의 조종을 위해 일방에게는 타방이 어떻게 행동할지를 기대할 수 있어야 할 뿐만 아니라 쌍방이 각각 그의 상대방이 다른 상대방에 대해 어떠한 기대를 품고 있으며 그것을 각각 어떻게 조준하고

---

20) 이 책 113쪽.

있는지를 기대할 수 있어야 가능하다.[21]

그런데 이러한 기대에는 인지적 기대(kognitive Erwartung)와 규범적 기대(normative Erwartung)가 있다. 전자는 기대가 위배되는 경우 포기되거나 변화된 상황에 적응하는 기대를 말한다. 후자는 기대가 실현되지 않더라도 그러한 기대 자체가 포기되거나 그 내용이 변경되지 않는 기대이다. 기대가 규범적인 경우 상대방이 기대일탈적인 행동을 하더라도 기대하는 사람은 그것을 고수한다. 루만에 의하면 규범은 규범적으로, 즉 반(反)사실적으로(kontrafaktisch) 안정된 행동기대이다. 일상적인 생활과 단순한 사회에서는 인지적 기대와 규범적 기대가 혼재하고 있고, 또 구분되어 있지도 않다. 그러므로 기대하는 사람이 어떻게 반응하는가가 불분명할 수도 있다. 그렇지만 일상의 생활형태가 대부분 규범적으로 정착된다.

제3장에서는 전체 사회의 복잡성 증대에 따라 법이 취하는 전형적인 형태를 보여주고 제4~5장에서는 이러한 진화적 발전의 도달점인 실정법의 특질과 그 장래를 묘사하고 있다.

그리고 종장인 결론내용은 초판과 그 후속 판에서 상당히 다르다. 즉 제1판 결론에서는 위와 같은 분석을 전제로 해서 전통적인 말씀론적 법이론(dogmatische Rechtslehre)에 대하여 문제를 제기하는 것으로 결론을 맺지만 제2판 및 제3판에서는 법체계와 법이론이라는 제목 아래 자기준거적이고 자기생산적인 체계개념으로의 이론적인 패러다임 전환 이후의 간략한 논의를 덧붙이는 것으로 마무리하고 있다.

이와 같은 구성으로 이루어진 루만의 『법사회학』은 도처에서 법현상의 다양한 국면에 대한 예리하고 흥미로운 지적을 볼 수 있지만, 그 중심적인 성과는 법형성의 원리론과 실정법의 분석이라는 두 가지에 있다고

---

21) 이 책 122쪽 이하.

하겠다. 루만은 법의 본래적인 기능을 사회관계 형성의 장에서 불가결한 행동기대의 확실성 보장이라는 요청에서 도출해내고 **규범적 행위기대의 정합적인 범례화**로서 정식화하고 있다.

법의 특질은 행동강제가 아니라 기대강제에서 찾는다. 그러한 것과 관련해서 볼 수 있는 물리적 폭력에 대한 새로운 이해, 규범의 시간적 유지의 전략들이나 사회적 범례화의 기제 그리고 내용적 동일화의 형태들에 대한 창조적인 분석은 높이 평가해야 할 것이다. 다른 한편으로 루만은 변경 가능한 결정에 의해 타당한 '실정법'에 대해 **조건프로그램** (konditionale Programe)이라는 형식, 입법과 재판의 분화와 관계, 부단한 법변경, 민주주의적 정치와 연결, 법의 타당원리와 정당성의 기제 등의 문제를 고도의 복잡성에 대한 구조적 대응이라는 일관된 시각에서 해명하고 있다.

이러한 기술내용은 오늘날 일반적으로 근대법 내지 현대법이라고 부르는 것을 대상화하고 그 복잡한 문제를 이론적으로 파악하는 시도이다. 이들 두 가지의 중심적 성과가 원시적인 법이나 전근대적 고등문화의 법에 대한 시사에 풍부한 역사적 고찰로 매개되고 있는 것이다.

루만에 의하면 복잡한 현대사회에서 의미형성과정은 상대적으로 윤곽이 분명하게 그려지는 부분체계로서 나타나며, 이러한 부분체계는 급부관점에서 기능적으로 특화된다. 법은 바로 이러한 기능적으로 특화된 부분체계들 중의 하나로 파악된다. 루만의 법사회학은 "법이란 무엇인가?" 특히 "법이 어떻게 형성되어 실정화되는가?"라는 물음에 대한 사회학적인 응답이라고 할 수 있다. 그러면 루만은 이 물음에 대해 어떻게 답하고 있는가에 관해 절을 바꾸어 좀 더 자세히 언급하기로 한다.

법의 형성과 실정화

1) 법의 형성: '기대의 기대'의 범례화로서 법

루만에게 규범은 범례화된 기대(generalisierte Erwartung)이며, 이러한 기대가 객관적으로 제도화된 것이 법이다. 기대의 범례화는 시간적(zeitlich), 사회적(sozial), 내용적(또는 사태적, sachlich) 차원에서 규범적인 범례화를 거쳐 법으로서 성립한다.

(1) 시간적 범례화

어떠한 규범과 관련하여 그 규범에 대한 사실적인 위반이 있음에도 우리는 그 규범의 내용인 기대를 고수하고 있다는 사실을 위반자에게 적극적 행동을 통해서 보여줄 수 있고, 또 기대위배(Enttäuschung)를 소극적 방법으로 벌충할 때도 있다. 전자의 전형적인 경우가 규범위반에 대하여 물리적인 제재를 동원하는 것이라고 할 수 있고, 후자의 경우에 자주 사용되는 것이 기대 그 자체는 포기하지 않으나, 다만 위반을 단순히 무시하는 방법이다. 이것이 가능하지 않거나 유익하지 않으면 우리는 규범침해로 야기된 문제를 가해자와의 합의를 통한 새로운 규범형성으로 해결할 수도 있다. 어떻든 규범의 준수를 위해 제재가 반드시 동원되지는 않으나 이것은 어떠한 방식으로든 항상 요청되고 있다.

제재에서는 손해와 이익의 조정은 문제되지 않고 오히려 기대위배의 사건을 심리(審理)하고 기대를 공술(供述)하는 상징적 과정을 통하여 규범 그 자체를 회복하는 것이 결정적이다.[22] 그리하여 루만은 제재 가능성을 고려하지 않고 규범개념을 정의하려고 한다. 즉 기대를 시간적으

---

22) 이 책 152쪽.

로 일관되게 유지하는 것이 관철하는 것보다 중요하다는 것이다.[23) 루만은 시간적 차원에서 어떠한 기대를 일관되게 견지하는 것을 시간적 범례화(zeitliche Generalisierung)라고 한다.

(2) 사회적 범례화

루만은 기대의 규범화에서 기대를 일관되게 유지하는 것, 즉 시간적 범례화 이외에 기대의 제도화인 사회적 범례화(Soziale Generalisierung)에 관해서 언급한다.[24) 사회적 범례화는 양자관계가 다수자관계로 전환되는 것을 의미한다. 모든 복합적인 연관관계에서 기대는 상대방의 동의가 상정되거나 전제된 제3자와의 합의에 근거할 수 있고 또 근거해야 한다. 즉 기대는 사회적으로 보장된 일반적인 효력을 얻는다.

(3) 내용적 범례화

통상 기대구조를 의미구속적으로 나타내는 것은 추상화의 네 가지 차원, 즉 인(Person), 역할(Rolle), 프로그램(Program) 및 가치(Wert)의 차원에서 실현된다.

첫 번째가 인적 차원의 추상화이다. 이것은 기대구속력의 인적 추상화이다. 이 경우에는 기대가 특정인과 연관하여 규범적으로 유의미하다. 기대가 구체적인 개인과 연관되어 있을 때 기대의 내용적 범례화는 개별적 특정인들 사이에 무엇이 기대될 수 있는가를 결정한다. 예컨대 부부 또는 친구와의 교제에서는 그것에 상응하는 행동기대가 범례화된다.

두 번째가 일정한 역할로서 추상되는 경우이다. 기대가 일정한 역할과 연결되면 그 역할을 담당하는 사람의 개인적 성격이 제거되고, 역할 담당

---

23) 이 책 163쪽.
24) 이 책 167쪽.

자 개인이 교체되는 경우에도 그 기대는 변하지 않고 그대로 유지된다.

루만은 첫 번째와 두 번째의 경우를 다음과 같은 구체적인 실례를 통해 설명하고 있다. 어떠한 산골동네에서 서로 잘 알고 지내는 주민들은 자신이 조난사고(遭難事故)를 당하는 경우 서로 잘 알고 지내는 구체적인 인간관계에 근거하여 이웃주민의 도움을 기대하게 된다. 이것이 특정인의 개인적 관계에 기한 내용적 범례화이다. 그리고 산악등반을 하는 경우 조난자는 산악구조원을 개인적으로는 잘 알지 못하지만 산악구조원의 역할에 근거하여 그에게서 도움을 기대할 수도 있다.[25] 이것이 바로 역할에 기초한 내용적 범례화이다.

세 번째가 제도나 프로그램 차원으로 추상화되는 경우이다. 어떠한 기대가 제도화된 규정이나 프로그램에 그 근거를 두고 있는 경우 기대는 규범적 범례화가 되며 추상적인 차원에서 일반화된다. 어떠한 기대를 일반화하고 제도화하는 규정과 프로그램 중에서 가장 중요한 것이 법률이다.

마지막이 가치나 이념차원으로 추상화되는 경우이다. 기대가 고도의 추상적인 가치와 연관되면 그 기대 자체는 구체성을 상실하지만, 윤리적·도덕적 차원에서 포괄적인 요청으로서 객관화된다. 우리가 일반적인 관점에서 자주 논의하는 '자유', '인간의 존엄성', '환경보호', '공공복리'와 같은 가치가 그것인데, 이들 가치는 그것이 실현되기 위해서 기대되는 행동에 관한 상세하고 구체적으로 명세화(明細化)된 내용이 없기 때문에 구체적인 상황에서 가능한 원망사항을 내포하고 있다.

루만에 의하면 이들 네 가지의 의미차원은 서로 고립된 것이 아니라 상호 규정짓고 영향을 미친다. 그러나 이들은 상대적으로 상호 독립하여 발전하고 변한다. 오늘날 범례화의 차원이 네 가지의 의미차원에서 어느 정도로 완전분화되는 것은 현대사회가 진화하여 이룩한 결과라는 것이다.

---

25) 이 책 201쪽.

2) 법의 실정화

(1) 실정성(實定性, Positivität)의 문제

법에 관한 루만의 이론은 대부분 실정법(제정법)에 관한 것이라고 할수 있다. 루만의 법이론은 역사의 발전과정에서 증대하는 내적 복잡성과 기능적 분화로 전개되는 법과 사회의 진화에 관한 말씀론(Dogmatik)에 기초하고 있다. 이러한 발전의 표식은 규율의 존속가능성과 계속적인 추상화 사이에서 그것의 선택과 결정을 위한 특별한 절차에 관한 법적 형성과 구성가능성이 다양하게 증대하고 있다는 것이다. 루만은 법을 세가지의 발전단계, 즉 원시시대의 법, 전근대적 고등문화시대의 법, 근대의 법으로 나눈다.

원시적인 법은 분절적 사회형태(分節的 社會形態, segmentäre Gesellschaftsform), 시간적 무변화, 구체성, 사건의 유사성, 빈약한 대체성 및 보복과 호혜성의 원칙으로 특징지어진다. 다음의 진화단계로서 복잡하고 강력한, 그러나 완전히 기능적으로 나누어지지 않은 법이 몇몇 전근대적인 고등문화사회에서 성립했다. 고대의 중국, 인도, 이슬람, 그리스, 로마, 대륙 및 앵글로색슨법계가 그러하다.

근대에 들어와 비로소 성립된 법발전의 최종단계가 실정화의 단계이다.[26] 루만에 의하면, 실정법의 단계에서 법의 체질 전체를 변하게 하는 새로운 발전의 행보가 진행된다는 것이다.

루만의 실정법론은 현대법에 관한 사회학적 이론이다. 이러한 발전의 배경은 법의 급부능력의 가중을 불가피하게 만든 굉장한 사회적 복잡성의 증대와 기능적 완전분화(Ausdifferenzierung)로의 이행이다. 루만의 출발주제는 고도로 분화된 현대사회의 법을 전통에 기하여 또는 자연법에 기초해 정당화하려는 것은 불가능하다는 것이다. 왜냐하면 전통적 자

---

26) 이 책 343쪽 이하.

연법론은 사회적 변화에 대한 법의 지속적인 적용과 새로이 대두되는 분쟁에 대한 법적 규율에 관한 수요를 충족시킬 수 있는 변하지 않는 영구적 효력을 전제로 하기 때문이다. 단지 실정화된 법만이 한편으로 사회적 체계를 구조화하고 안정시키며, 다른 한편으로 변하는 환계의 요구에 대한 적응력을 유지해야 하는 이중의 과제를 관장할 수 있다. 바꾸어 말하면 실정법만이 법의 구조적 다양성을 가능하게 하는 현대적 과제를 극복할 수 있다는 것이다.[27]

(2) 실정성의 개념

루만에게 법의 실정성은 법의 자기규정성으로 요약된다.[28] 실정법은 '제정성'(制定性)에 의해 특징지어진다.[29] 다른 가능성 중에서 일부가 법체계의 결정에 의해 실정법 규범으로서 취사선택되어 구속력이 있게 된다. 실정법의 유효성은 바로 이러한 법체계의 자기결정에 근거하는 것이지 자연법 또는 근본규범과 같은 상위규범에 부합하기 때문은 아니다. 그것은 내용적으로 우연이며, 즉 임의적이다. 그것의 변경은 언제든지 가능하고 사전에 제도화된 절차에 의해 예견되고 있다. 우리는 아래에서 인용한 루만의 글에서 법에 관한 예리한 시각의 전환을 분명하게 볼 수 있다.

"법의 순수실정성을 그대로 인정하라는 것은 오늘날 아직도 법률가

---

27) 법의 실정성에 관한 루만의 주장은 이론적으로 초월적 가치와 신앙의 표상이 오늘날 더 이상 제도화될 수 없다는 것, 즉 사회적으로 구속력을 갖지 못하고 또 갖게 할 수도 없다는 것을 전제하고 있다.

28) "Positivität als Selbstbestimmtheit des Rechts", in: *Rechtstheorie* 19, 1988, S.11~27.

29) 이 점에서 우리는 한스 켈젠(Hans Kelsen)을 연상한다. 루만과 켈젠의 비교를 위해서는 Horst Dreier, "Hans Kelsen und Niklas Luhmann: Positivität des Rechts aus rechtswissenschaftlicher und szstemtheoretischer Perspektive", *Rechtstheorie* 14, 1983, S.419~458 참조.

에게는 어려운 일이고 가치의 전도가능성을 고백하라는 것은 관념주의자에게 또한 어려울 것이다. 불변적 정초의 잔재, 즉 최소한 몇 가지의 절대적 가치 또는 규범에 대한 윤리적·자연법적 공약수를 불러내 순수 자의성에 의한 허구적 결론을 피하기 위해서 늘 다시 지대한 노력이 경주되어 왔다.

그러나 이미 달성된 사회적 복잡성의 수준을 유지하기 위해 재귀적 기제가 불가결하다는 전제에서 출발해야 한다면 전(前)재귀적 질서관념으로의 그러한 소급은 회의적이다. 그러한 소급이 약속하는 확실성은 점차 공상적으로 된다. 어떻게 복잡성이 더 적은 의미내용이 더 높은 복잡성을 가진 의미내용을 규제하는가? 어떻게 매우 불확정적인 복잡성의 관념이 더 확정적인 복잡성의 관념을 규제하는가? 오늘날 사회에서 어느 정도의 도덕적 원칙을 추출하여 불변적이고 불가침적으로 제도화하는 것은 가능할지도 모른다. 그렇지만 그렇게 확립된 기본원칙에는 질서를 충분히 보장할 수 있는 내용이 이제 더 이상 포함되어 있을 수 없다. 이들 원칙은 부단한 구조적인 변동과정을 실질적으로 조정할 수 있을 정도로 충분히 훈고적이지도 못하다. 이들 원칙은 너무 적게 배제하고 있으며, 그때그때 사용할 수 있는 해결책에 대한 충분한 지시도 포함되고 있지 않다. 이들 원칙은 바로 그 부동적인 성질 때문에 지나치게 확장되면서 실무적으로는 보잘것없다. 그러므로 부동적인 것에서 가동적 기준과 안전성을 어떻게 찾아야 할지 의문스럽다."[30]

실정법의 장점은 법이 사회의 분화와 보조를 함께할 수 있어서 법 자신의 불확정성과 복잡성을 세부적으로 증가시킬 수 있다는 데 있다. 이러한 사실은 내용적·사회적·시간적 측면에서도 그러하다. 변화에 대한 실정법의 개방성은 법을 새로운 상황에 가변적으로 만들고, 다양한

---

30) 이 책 378쪽 이하.

사상(事象)을 동시에 규율할 수 있도록 해준다.

다양하게 분화된 법적용영역을 생각해보면 실정법에서는 법질서의 단일성 또는 법체계의 내적 무모순성에 대한 요청도 상대적으로 약화된다. 실정법은 개인의 지식이나 감정과 관계없이 사회적 차원에서 강력하게 기술적으로 받아들여진다. 이리하여 법의 기능은 현존하는 사회적 상호작용 전형(典型)을 유지하고 그것들 사이의 분쟁규율에 그치지 않고 오히려 법은 어떠한 저항도 받지 않는 사회적 발전의 담당자로, 말하자면 계획적인 사회형성의 수단이 된다.

입법과 사법의 관계

루만은 법의 실정성과 관련하여 입법(立法)과 사법(司法)의 관계를 체계이론적으로 분석한다. 입법과 사법은 이미 법발전의 초기단계에 거의 완전히 분리되었고 또 오늘날에도 진정한 법치국가의 실현을 위해 양자가 상호 배타적으로 분화되어야 한다고 통상적으로 말한다. 그러나 루만은 입법과 사법의 완전분화에 대한 통상적인 법학적 의미가 유지될 수 없다고 선언한다. 즉 입법과 사법의 차이는 일반적 원칙과 구체적 판단을 위한 관할권이 다르다는 데 있는 것도 아니고, 법형성과 법적용이라는 대비에 있는 것도 아니다.

루만이 입법과 사법의 관계를 보는 시각은 다른 일부의 법률가[31]와 일치한다. 그래서 이에 관한 루만의 시각은 기능적이나 어떤 의미에서는 상당히 단순하다고까지 말할 수 있다. 즉 "입법은 법관의 판결업무의 일부를 기술적으로 집중화와 완전분화, 즉 요약적인 취급과 법원칙에 의한

---

31) 이를테면 Joseph Esser, Grundsatz und Norm in *der richterlichen Fortbildung des Privatrechts*, 1956 참조.

기술에 적합한 몇 가지의 판결 전제에 관한 일종의 개괄적 판결"[32] 그 이상이 아니다. 물론 이것이 입법과 사법의 차이에 관한 루만의 견해 전부는 아니다. 루만은 오히려 입법과 사법의 기능전제조건의 중요한 차이에 관심을 기울인다. 법원은 판결과 판결이 근거해야 하는 지도원리에 기껏해야 상징적으로만 구속되어 있을 뿐이다. 왜냐하면 입법자는 법원이 앞으로 그렇게 판결내려야 하는 여타의 사안도 함께 계산에 넣어서 법률을 추상적으로 규정할 수밖에 없기 때문이다.

판례법이 특정 제도를 통하여 변경되는 것은 아니다. 어떠한 판결상황에서 일탈행동 또는 분쟁대상인 이익을 정해진 규정에 의거해 판단하는 것과 그 규정의 변경 여부에 관한 규범 그 자체에 관해서도 판단케 하는 것은 법관에게 과도한 부담을 지운다. 물리적 폭력을 적절하게 규격화하고 합리적으로 사용하는 것이 입법자와 법관의 역할을 분리할 때 비로소 가능하게 된다. 먼저, 역할분리는 조건적 판결프로그램에 의한 결과책임으로부터 법관의 부담을 감축시켜준다. 입법자는 법원의 판결 결과를 함께 생각하고 공동으로 책임져야 하며, 또 법률이 유지될 수 없는 것으로 증명되는 한에서는 법률을 변경해야 한다. 법관은 이를 할 수도 없고 또 그렇게 해서도 안 된다.

요즘 들어와서 입법자와 법관의 관계에 대한 루만의 견해는 상당히 뒷걸음치고 있는 듯하다. 왜냐하면 루만은 입법자에서 법관으로의 중심점의 이동, 이를테면 입법과 사법이 탈분화(脫分化)한다는 것, 그러니까 법관에 의한 법의 형성과 사회적 형성이 가능하다고 생각하기 때문이다. 그렇지만 그는 이러한 예측이 확실한 것은 아니라고 말한다. 그러나 물론 그는 이러한 발전의 결과가 말하자면 사법에 대한 정치적 압력을 가

---

32) 이 책 406쪽.

중시킬 것이라고 지적한다.[33]

그 다음 루만은 입법자와 법관 사이에서 법판단의 완전분화가 또다른 결과를 가져온다는 것을 지적한다. 즉 법판단의 기능분화는 실정법이 급격하게 변화하는 것을 막아서 상황변화에 유동적으로 적응할 수 있는 융통성을 만들어준다.[34] 이것은 입법권의 행사가 무엇보다 정치적 체계와 정치적 체계 내에 작용하는 세력과 장치에 좌우된다는 것을 의미한다. 이렇게 하여 정치체계는 그것을 통제하는 특별한 법적 구속으로부터 해방된다. 입법자는 한결같고 모순 없는 계속적 법형성에 대한 법체계내적 규준에 구속되지 않고, 법체계 밖에서 들어온 전혀 다른 새로운 지도상(指導想)을 지향할 수 있으며, 그래서 무엇보다도 새로운 법수요에 대응할 수 있게 된다.

그런데 이러한 발전은 부정적인 결과를 가져올 수도 있다. 자의적인 법개정은 그때그때의 실정법 규정에 대한 개별시민의 법지식 부족에서 특히 실정법에 따라 개인적 자유와 이익에 대한 위협이 야기되고, 이에 따라 사회적 불안정과 개인 법생활의 위험을 초래하는 부정적인 결과를 가져온다. 루만에 의하면 이러한 위험을 관리하고 극복하는 것이 법치국가의 과제라고 한다.[35]

그 외에 어떠한 경우에도 변할 수 없는 법과 상황에 따라 변할 수 있는 법의 우선순위의 확정, 기존의 법적 지위를 방위(防衛)하는 주관적 법(권리)의 체계, 법적 행위자유와 계약자유의 제한 등과 같은 것도 실정법의 자의적인 개정으로 야기되는 위험을 완화하는 데 기여할 수 있는 장치들이다.

민주주의적 질서와 자율적인 경제활동과정에 확정되어 있는 세력균

---

33) 이 책 415쪽 이하.
34) 이 책 417쪽.
35) 이 책 428쪽.

형론도 이러한 위험을 방지할 수 있는 방향에서 논의해야 될 것이다. 한마디로 말해서 현대사회에서는 하부체계가 여러 겹으로 분화되어 있을 때 사회라는 복잡한 구성체는 그것을 통해서 스스로 균형을 유지할 수 있게 된다.

법의 개념

1) 정합적인 규범적 기대로서 법

행동기대의 시간적·사회적·내용적 범례화는 처음부터 서로 정합적으로 진행하는 것이 아니라 현저한 정도의 불일치가 나타날 때도 있다. 도로공사 구간에는 시속 40킬로미터 이하로 주행해야 한다는 교통법규가 있다고 하자. 그러나 현실에서는 잘 준수되지 않는 경우가 허다하다. 그러므로 시속 40킬로밑터의 속도제한은 법규범으로 시간적으로 범례화되어 있지만 아무도 그것을 지키지 않기 때문에 사회적으로는 범례화되어 있지 않다고 말할 수 있다. 역할기대와 계획 그 위에 가치관념은 결코 다른 사람에 의해 공유되지 않는다.

그렇지만 서로 동의 가능하고 일치된 범례화가 존재한다. 이러한 범례화는 역사적 과정에서 흔히 나타난다. 루만은 이러한 정합적으로 범례화된 규범적 행동기대를 어떠한 사회체계에서의 유효한 법으로서 나타낸다. 그는 이를 위하여 구조의 개념을 도입하고, 후에 다른 맥락에서 법 개념을 모든 사회체계와 관련시키지 않고 단지 전체로서 사회에 관련시키지만, 루만의 정의에 의하면 법은 "규범적 행동기대의 정합적 범례화에 근거하는 사회적 체계의 구조"[36]이다. 이것의 기능은 사회체계의 한

---

36) 이 책 226 쪽.

계와 선택의 양식을 규정하는 것이다.[37]

이러한 기초 위에서 법개념을 도출하고 정의(定義)하는 것은 루만이 객관적 법(objektives Recht), 즉 실정법의 개념에 지향되어 있다는 것을 의미한다. 전통적인, 법수령자로서 개인과 연계되어 있는 주관적 법, 즉 권리의 개념은 체계이론에 의해서 파악된 사회이론와 법이론에는 설 자리가 없다. 그러나 루만은 사적 자치(私的自治)의 보호와 그 근거로서 또 개별적으로 보장된 법력 또는 법적으로 보호된 이익으로서 주관적 법의 전통적 의미가 없어서는 안 된다고 선언한다.[38] 그렇지만 그에게는 개념이 단지 기술적 기능만 실현한다. 개념은 급부와 반대급부의 직접적인 연결을 극복하고 사회적 신용관계를 안정시켜 사회적 분화의 법을 가시화하는 것을 허용한다. 이것이 무엇을 의미하는 것인지 아래에서 언급될 기본권에 대한 루만의 새로운 해석에서 예시적으로 나타난다.

2) 재귀적 법(reflexives Recht)으로서의 제정법

루만은 법이 사회형성의 수단이 됨으로써 실정법의 구조와 표출형상은 종전의 형태와 대조적으로 급진적인 변화를 경험한다고 한다. 이러한 현상은 개개의 부분에서 수없이 나타난다.

우선, 법은 이른바 재귀적 기제(reflexive Mechanismen)를 형성한다. 즉

---

37) 루만은 법의 기능을 시간의 흐름, 즉 과거 및 미래와 연계하여 구분한다. 법은 기대보장(Erwartungssicherung)과 행동조종(Verhaltenssteuerung)의 기능을 하는데, 전자는 과거지향적 관점과 연결되고 후자는 미래지향적 관점과 연결된다. 이에 관한 자세한 것은 Niklas Luhmann, "Die Funktion des Rechts: Erwartungssicherung oder Verhaltenssteuerung?", in: *ARSP Beiheft* 8, 1974, S.31~45 참조.

38) "Zur Funktion der subjektiven Rechte", in: *Jahrbuch für Rechtssoziologie und Rechtstheorie*, Bd. 1, 1970, S.321ff.; "Subjektive Rechte. zum Umbau des Rechtsbewußtseins für moderne Gesellschaft", in: *Gesellschaft und Semantik*, Bd. 2, 45ff.

법 자신에 대한 법의 적용, 이를테면 법적 절차화가 이루어진다. 예를 들면 입법절차의 규범화가 바로 그것이다. 이로써 법의 급부능력이 훨씬 높아진다. 그외의 특징은 법의 내적인 완전분화와 기능적 특화이다. 법 제정과 법적용이 나누어진다. 통상 물리적 폭력은 법의 실행을 위한 최종수단으로서 행사할 수 있다. 이러한 물리적 폭력은 법의 배후에 있는 법위반에 대한 위협적 수단이며 또 다른 정당성의 기초가 결여된 경우에 법의 일상적 관철가능수단으로서 법효력의 본질적 보장장치로 기능한다.[39]

그뿐만 아니라 법과 도덕, 법과 진리가 분리되고 이로써 도덕의 최소한으로서 법의 교양적 또는 교화적 역할은 없어진다.[40] 제정법은 조건적으로 기획화된다. '……이면 ……이다'(Wenn-dann)라는 문형의 조건적 기획화(Konditionale Programmierung)는 실정법의 전형적인 모습이다. 이러한 조건적 기획화는 많은 기능을 실현한다.

무엇보다 복잡성의 감축기능이 그것이다. 가능한 모든 장애의 복잡성과 우연성에도 불구하고, 조건적 기획화는 규범과 제재의 결합을 고려하면서 확실성을 확보하게 하는 동시에 규범 측면뿐만 아니라 제재 측면에서도 상호 독립적인 변경가능성을 열어놓는다. 또 이것은 법기술(法技術)을 간소화하는 수단이다. 그 외에도 조건적 기획화는 어떠한 결정의 결과에 대한 책임과 주의의 부담을 감소시켜준다. 예컨대 파산선고를 하는 법관은 채무자의 어린이가 학업을 포기해야 되는지 또는 그가 부인과 이혼해야 되는지를 검토하지 않아도 된다.

끝으로 조건적 기획화는 재판절차에서 법원의 독립성과 당사자 처분권주의를 가능하게 한다. 왜냐하면 판결프로그램으로서 실정법에 법원

---

39) 이 책 229쪽.
40) 이 책 387쪽 이하.

과 당사자가 처분할 수 있는 규범이 확정되어 있기 때문이다.

4. 루만 『법사회학』에 대한 평가

학문적 성격

법사회학은 기술적 학문(Wissenschaft)으로서 사회학의 성립과 그 뿌리를 같이한다. 고전적 법사회학은 주로 19세기 사회학적 세례를 받았던 법률가들의 사회학적 법률학(soziologiesdhe Jurisprudenz)과 법의 사회학적 분석(soziologische Analyse des Rechts) 사이에 있었다. 그렇지만 현대 법사회학은 이러한 고전적 법사회학의 차원을 넘어 법과 사회의 상호관계를 탐구하는 객관적인 인식학문을 말한다.

법사회학은 법현상의 합법칙성을 과학적으로 인식하는 학문이고, 그 이상도 그 이하도 아니다. 여기에서 법현상이라는 경우 이른바 국가법과 소위 살아 있는 법의 양자가 포함되어 있다. 또 여기에서 합법칙성의 과학적 탐구라는 경우는 역사법칙을 추구하는 역사과학적 탐구와 좁은 의미에서의 경험법칙을 추구하는 경험과학적 탐구 양자를 포함하고 있다. 국가법과 살아 있는 법이 여러 가지로 이해되고, 또 역사과학적 법칙과 경험과학적 법칙이 서로 무관하게 추구되기도 한다는 것은 어느 것이든 법현상의 인식으로서는 불충분한 것이고, 이들을 종합적으로 파악하는 것이 법사회학에 있어서는 필요한 것이다.

법사회학에서는 법이란 다양한 작용을 수행하고 있는 인간의 태도와 행위에 관한 본의 복합체로 이해하고 있다. 복합적 본으로서 법은 인간의 공동생활을 규율하고, 권력과 지배관계를 정당화하고 제한하며, 사회적 갈등의 처리를 위한 정의 기준으로서 그리고 사회의 정치적 조종을 위한 수단으로 봉사하고 있는 것이다. 이러한 모든 작용에서 태도 및 행위의 본은 거대한 사회 내에 인간이 평화롭게 함께 살 수 있도록 그 전제를 형성한다. 법사회학은 인간의 본능, 실존조건과 더불어 사회생활의 표출과 산물로서 어떻게 이러한 행위틀이 생성되고, 그 작용 및 사회생활에 미치는 영향을 연구한다. 한마디로 축약하면 법사회학은 법과 비법적 사회현상 간에 상호작용의 근본을 탐구하는 것이다.

법사회학의 학문적 성격에 대해서는 학자에 따라 뉘앙스가 조금씩 다른데 이를 크게 보면 4가지로 구분할 수 있을 것 같다. 법규대상으로 하는 사회적 사실에 관심을 나타내는 일체의 학문적 경향을 법사회학 내지 법사회학적이라는 입장, 사회현상으로서 법현상의 합법칙성을 탐구하는 학문을 넓게 법사회학이라는 입장, 법현상의 실태에 대하여 조사연구를 하는 학문을 법사회학이라는 입장, 법사회학을 하나의 방법론적 내지 사상적 입장에서 학문적 경향으로 보는 입장이 그것이다. 이렇듯 법사회학은 그 연구자의 경향, 연구대상의 범위, 연구방법 등에 따라 발생학적·작용학적 법사회학, 미시적·거시적 법사회학, 경험적·이론적·비판적 법사회학, 실증적·변증법적 법사회학으로 규정할 수도 있다. 이러한 맥락에서 보면 루만의 법사회학은 거시적·이론적·실증적 법사회학이라고 규정할 수 있다.

법학적 의의

우리 사회에서는 기능주의에 대해 알레르기적인 반응을 보이는 경향이 아직 강한 것 같다. 사회의 거의 모든 부분에서 벌써 각 기능체계가 작동하고 있음에도 우리의 관념에는 화해와 조화라는 과거지향적인 유교적 이상향의 전통이 강하게 남아 있어 루만의 체계이론적 시각은 아주 먼 나라의 이야기처럼 들릴지도 모른다. 그러나 우리 사회도 점차 기능적으로 완전분화되어 가고 있다. 이제 우리도 무작정 과거를 이상화(理想化)해서 거기서부터 현실에 필요한 그 무엇인가를 찾아내려는 과거지향적 형이상학에서 벗어나 기능적인 현실분석에 더 철저할 필요가 있겠다. 이러한 우리의 상황을 감안해볼 때 루만의 큰이야기(大說, Grand Theory)가 우리의 현실분석에 전혀 도움이 되지 않는 말장난만은 아닐 것 같다. "복잡한 사회에서는 사람과 역할이 뚜렷하게 구분되어야 한다. 사회의 구조와 행동기대에 대한 신뢰는 사람보다 역할에 의해서 보장되어야 한다. 사람은 개체로서 제도화되어야 한다"[41]는 루만의 말은 전통에 젖어 있는 나이 든 분들에게는 섭섭하게 들릴지 모르만 우리 사회에 필요한 것은 오히려 전통 보다는 사회적으로 요청되는 기능적 역할이 아닐까? 그렇다고 루만의 말에 맹종하자는 것은 아니다.

루만의 체계이론은 법사회학에서 맛보기로밖에 발휘되지 않았지만 고도의 추상성 때문에 높은 이론적 신축성과 적용력을 가지고 있다. 그러므로 체계이론의 설명가치와 능력은 사회과학의 방법으로서 거의 무한한 가능성을 떨칠 것이라고 해도 과언이 아닐 것이다. 게다가 그의 체계이론이 가지고 있는 사상적 풍부성과 유연성 그리고 광역성은 지금까지의 어떠한 다른 이론보다 크다고 할 수 있다. 그래서 향후 그의 이론이 사회·경제·법 등 거의 모든 부문에서 미칠 영향력도 클 것이다.

현대법을 이해하는 데 루만의 법분석은 이미 대부분 그 타당성과 적용가능성을 인정받고 있다. 기능-구조적 체계이론의 입장에서 법사회학의 신기원을 정초한 것은 루만의 법학에 대한 가장 큰 공적이라고 할 것이다. 행위 대신 행동기대라는 기본개념에서 출발하여 인지적 기대와 규범적 기대를 구분하며, 규범의 사회적 제도적 범례화와 규범상관관계의 의미구조를 분석하고, 시간적·사회적·내용적으로 함께 범례화된 행동기대와 사회의 구조로서 법개념을 파악한 것은 지금까지 법사회학의 위치를 한층 더 높이는 대단한 업적이었다.

---

41) "Moderne Systemtheorie", S.265.

루만은 법말씀론적 영역에서도 특히 권리·계약·재산권[42]·기본
권[43] 등 법의 중요한 기본적 개념틀에 대해 체계이론의 시각에서 새로
운 해석을 시도하였다. 여타 법영역, 예를 들면 법인격이론, 단체법,[44]
회사 및 기업법,[45] 소송법[46] 등의 영역에 대한 체계이론의 적용 가능성
은 자명하다. 우리는 체계이론을 통해 제정법과 판례법의 관계에 대하
여 새로운 암시를 얻을 수 있게 되었다.[47] 무엇보다 현대적 사회형성에
투입되는 법, 즉 행정법, 노동법, 사회법 및 경제법의 이론으로서 루만의
체계이론의 설득력은 의심할 여지가 없을 것이다.

모든 이론이 일부 확정에서 시작하기 때문에 엄밀하게 볼 때 중성적
또는 중립적인 이론은 존재할 수 없다고 말할 수 있겠지만, 체계이론에
입각한 법사회학이 법의 기능분석적 방법론을 취하고 있기 때문에 루만
의 법분석은 법정책적 차원에서는 중성적이라고 해도 될 것 같다. 그러
므로 근본적으로 체계이론적 법학은 현실을 옹호하는 보수주의적 경향
을 띤다고 비판하는 학자들[48]의 주장은 이러한 의미에서 옳지 않다고
할 것이다. 체계이론에 입각한 루만의 법학적 방법론은 임의의 구체적
체계와 사회구조의 분석에 적합할 뿐만 아니라 자유방임적 또는 사회주

---

42) *Rechtssystem und Rechtsdogmatik*, 1974.

43) *Grundrechte als Institution*, 1967.

44) G. Teubner, *Organisationsdemokratie und Verbandsberfassung*, 1978.

45) Th. Raiser, *Unternehmen als Organisation*, 1969; G. Teubner,
"Unternehmensinteresse und das gesellschaftliche Interesse des Unternehmens an
sich", *Zeitschrift für das gesammte Handelsrecht und Wirtschaftsrecht* 149, 1985, S.
470 ff. 참조.

46) W. Zitscher, *Rechtssoziologische und organisationssoziologische Frage der Justizreform*,
1969.

47) Th. Raiser, "Richterrecht heute", *Zeitschrift für Rechtspolitik*, 1985, S.111 ff. 참조.

48) W. Schmidt, *Aufklärung druch Soziologie, Neue Politische Literatur*, 1971, S.352; P.
Schwerdtner, "Rechtswissenschaft und kritischer Rationalismus", *Rechtstheorie* 2,
1971, S.71~73.

의적 사회의 구별없이 적용될 수 있다.

그러나 분석에서는 어떠한 도입지점이 있어야 비로소 비판적인 평가가 가능해지고, 이를 기초로 하여 현실에 대한 더 바람직한 처방을 결정할 수 있게 되는데, 체계이론에 입각한 루만의 법분석은 이러한 도입지점을 제시해줄 수 없게 된다.[49] 이러한 측면에서 볼 때 루만의 이론은 비판의 도입구를 선택하기 위한 가치이론이 아니라 결국 현존하는 관계 또는 바람직한 새로운 구조를 설명하는 도구일 뿐이라고 할 것이다. 그러므로 어떠한 도입지점을 선택할 것인가는 각자에게 맡겨진 그다음 단계의 작업이 될 것이다.

---

[49] 이러한 맥락에서 루만의 체계이론적 법학은 켈젠의 순수법이론을 연상케 한다. 켈젠의 순수법학의 목적이 '이데올로기로부터 법의 방어'를 위한 것임에도 그것이 이데올로기에 대하여 이론적인 무방비상태에 있다는 아이러니는 루만의 체계이론적 법학에도 그대로 적용된다.

번역용례와 해설

1. 번역 조어의 기준

한자 조어의 어려움

언어는 문화와 역사 그리고 생활의 산물이기 때문에 다른 나라말, 그것도 전문용어를 그것에 걸맞은 우리말로 번역하기는 쉽지 않다. 특히 그 말을 사용하는 주체들의 역사적·문화적 경험에 의해서 미묘하게 분화된 의미를 그대로 하나의 단어로 조어하기는 여간 어렵지 않다. 전문서의 번역에서 용어의 선택과 조어는 적확한 학문적인 개념화를 위해서 매우 중요하다. 이러한 목적 때문에 필요한 경우 새로운 용어를 만드는 것도 불가피하다고 생각한다.

한편 신조어를 만들어내는 데 한자를 사용하는 것은 매우 간편하고 유용한 점이 있다. 그러나 한자의 경우 하나의 글자가 그 자체로 완전한 의미를 가지고 있기 때문에 두 개 이상의 글자를 결합해서 하나의 단어를 만들 때 그 의미가 문제된다. 또 한 가지 어려운 것은 한자를 우리말로 읽는 경우 일본어나 중국어와 달리 하나의 한자가 한 음절의 소리값밖에 가지고 있지 않다는 점이다. 그래서 하나의 한자를 우리말로 바꾸어서 쓰는 것은 음성학적 또는 언어리듬상 불완전하고 또 같은 발음을 가진 한자가 많기 때문에 의미상으로도 불완전하게 된다. 그래서 두 개 이상의 한자를 연결해서 단어로 조어할 수밖에 없다. 그러나 두 개 이상의 한자를 연결해서 하나의 새로운 단어를 만드는 경우 각 한자어가 가지고 있는 원래의 의미 때문에 새로 조어된 단어의 개념이 불분명하게 된다. 이것이 한자 신조어를 만드는 데에 있어 가장 어려운 점이다.[1)]

이러한 난점을 어느 정도 극복하기 위해서 한자를 빌려 새로운 단어를 조어할 때, 즉 두 개 이상의 한자를 결합하여 신조어를 만드는 경우 결국 한자가 본래 가지고 있는 뜻은 버리고, 한자가 가지고 있는 우리말의 소리값만 빌려 새로운 의미를 부여할 수밖에 없다. 더러는 다른 맥락에서 또는 별다른 검증 없이 한자신조어가 이미 사용되고 있는 경우도 있다. 이러한 경우에는 기왕의 번역어가 있더라도 그것이 우리말이나 한자어의 뜻과 부합하지 않는다고 판단되는 때는 비난을 각오하면서 과감하게 그것을 버리고 새로운 조어를 시도하고자 했다.

무엇보다 전문용어라고 하더라도 순수한 우리말이 더 적절하다고 판단되는 경우에는 우선적으로 그것을 전문용어화할 필요가 있다고 생각한다. 그리고 기왕의 순수한 우리말의 의미적 내포가 좀 모호하더라도 새로운 정의를 하거나 한자어를 보완하여 학문적 전문용어화를 시도하

---

1) 한자는 표상 또는 상형문자이므로 개개의 문자가 대부분 완전한 의미를 가지고 있는데 반하여 한글은 표음문자로서 문자 그 자체로 완전한 뜻을 가지지 못하고 다만 그 뜻을 표현하는 발음을 표기하는 데 불과하다. 그러므로 이러한 한자와 한글의 차이를 분명히 인식하고 조어해야 한다. 그래서 한자의 표상적 의미를 그대로 살리는 표현이 아닌 경우에는 이두식의 한자로 표기할 것이 아니라 한글로 표기해야 하는 것이 아닌가 생각한다. 왜냐하면 한글이 창제되기 이전에는 발음을 표기하는 다른 방법이 없었기 때문에 한자를 빌려 쓸 필요가 있었지만 우리의 발음을 표현하는 문자가 엄연히 있는데 본래 한자가 뜻하는 그런 의미를 가지지 않은 말까지 한자로 표현하는 것은 현대판 이두에 불과하기 때문이다. 예컨대 '法'과 '律'로 구성된 '法律'은 이것이 '法+律'을 의미하는지, 그렇지 않으면 '律'이 주된 것이고 '法'은 '律'의 한정어인지가 불분명하다.

는 것이 불가능하지 않다고 할 것이다.

이른바 대가라는 사람들은 자신의 사고를 표현하기 위해서 일반인의 입장에서 보면 말을 상당히 자의적으로 사용한다고 말할 수 있다. 루만의 경우에도 역시 그러하다. 오죽하면 도이치어권에서조차 루만의 도이치어 용법과 관련해서 앞에서 이미 언급했듯이 '사회학자도이치어' (Soziologendeutsch)라는 신조어가 나왔을까? 게다가 평범한 도이치어조차 생활양식과 문화 그리고 사유방식이 다른 우리말로 번역하는 것이 어려운데, 루만과 같은 대가의 이론적 사유를 우리의 것으로 제대로 전환한다는 것 자체가 어쩌면 처음부터 모험일지도 모른다. 그렇지만 사회과학이론이 그 발원지의 언어와 문화를 넘어 어느 정도의 보편성을 가질 때 비로소 일반이론으로서 가능하다고 생각하기 때문에 루만의 화법과 이론적 사유도 오늘날과 같이 세계화된 세상에 살고 있는 우리에게 수용되어 우리말로 얼마든지 전환될 수 있다고 믿는다. 이것은 또한 우리 언어의 폭과 확장 그리고 우리의 이론적 사유의 확대와 관련된 문제라고 생각한다.

이 책의 번역에서 위와 같은 어려움을 전제로 하면서 옮긴이는 루만이 사용하는 도이치어의 의미를 가능한 한 살리고, 다른 한편 이론어로서 우리말의 가능성 확장을 위해 특히 도이치어의 낱말을 아래와 같이 번역·조어하고, 필요한 경우 그 이유나 근거를 밝힌다. 독자 여러분이 이 점을 참고해서 이 번역서를 읽어주기 바란다.

번역용례와 그 해설

• Abwicklung: 해결

Abwicklung은 abwickeln의 명사형으로서 풀어내는 것, 즉 '해결' '해소' '처리' 등을 의미한다. 여기에서 Abwicklung의 번역으로 '해결'(解

決)을 선택한다.

• Änderung/Veränderung/Variation/Wandlung/Abwandeln: 변화/변경/변이/변동/변천

• Differenzierung/Ausdifferenzierung: 분화/완전분화

Differenzierung은 '분화'(分化)로 Ausdifferenzierung은 '완전분화'(完全分化)로 번역하고자 한다. 그런대 Ausdifferenzierung이 우리나라에서는 '배타분화'[2] 또는 '탈(脫)분화'[3]라고 번역되었으며, 일본에서는 '분리'(分離) 또는 '분출'(分出)이라고 번역·조어되고 있는 듯하다.[4] 그렇지만 옮긴이는 체계가 상호 독립적인 기제에 의해 분화하여 자기준거에 기하여 작동하는 기능상태의 차원을 부각하면서 루만의 체계이론적 의도를 더 분명하게 나타내기 위해 Ausdifferenzierung을 '완전분화'로, 그리고 같은 범주에서 을 Entdiffernzierung은 퇴행적인 기능분화상태의 차원을 부각하기 위해 '탈분화'(脫分化)로 용어화하기로 한다.

이 책에서는 기본적으로 Ausdifferenzierung을 '완전분화'로 번역하되, 경우에 따라서는 이를 '완분화' 또는 '완분'으로 축약한다. 향후 Ausdifferenzierung이 루만의 체계이론과 관련해서 '전분화'(全分化) 또는 '완분화'(完分化)로 번역되기를 바란다.

• Autopoiesis: 자기생산

그리스어 auto(자기)와 poieion(만들다)이 합성된 명사형이다. '자가

---

2) 예컨대 니클라스 루만, 박여성 옮김, 『사회체계이론 1』, 한길사, 2007, 23쪽.
3) 예컨대 발터 리제 쉐퍼, 이남복 옮김, 『니클라스 루만의 사회사상』, 백의, 2002, 13쪽.
4) 예컨대 福井康太, 『法理論 のルーマン』, 勁草書房, 2002, 8쪽 이하.

창발' '자동생산'이라고 번역하는 사람도 있지만 옮긴이는 '자기생산'이라고 조어한다.

• Bestimmtheit/Unbestimmtheit: 규정성/비규정성

• Dimension/Level: 차원(次元)/수준(水準)

질적·양적인 이종(異種)을 부각하는 경우 '차원'을 사용하고, 동종이지만 질이나 양의 높낮이를 부각하는 경우 '수준'을 선택한다.

• Dogma/Dogmatik/Rechtsdogmatik: 말씀/말씀론/법말씀론

Rechtsdogmatik이라는 말은 우리말로 번역하여 조어하기가 쉽지 않다. Rechtswissenschaft라는 말은 우리말로 '법학'이라고 번역하는 것이 보통이다. 그런데 우리나라 법과대학 및 법학전문대학원에서 교수되고 있는 내용을 보면 그것은 Rechtswissnschaft라기보다는 오히려 구체적 사건에 대한 법률적용을 전제로 하는 Rechtsdogmatik이라고 할 수 있다. 우리나라의 법학문헌에서 많은 사람들이 Rechtsdogmatik을 '법해석학' '법교의학' '법률학' 등으로 번역하거나 또는 도이치어의 음역인 '레히츠도그마틱'을 그대로 사용하고 있는 것도 있다. 그러나 Rechtsdogmatik을 '법해석학'이라고 번역할 경우 그 내용이 현저히 상이한 Juristische Hermeneutik과 혼동을 일으킬 염려가 있다.

외국어를 번역하여 우리말의 용어를 조어할 때에는 무엇보다도 당해 외국어와 우리말의 의미를 분명히 파악하고 또 언어관용을 고려해야 한다. 그 다음 언어가 의미를 전달하는 기호라는 측면을 생각하지 않으면 안 된다. 즉 의미론적 삼각관계, 즉 의미(또는 사상, Bedeutung oder Gedanke)와 기호(또는 표현, Symbol oder Ausdruck)와 지시물(또는 대상, Referent oder Objekt)의 관계가 일치할 때 대화자간에 있어서 그 의

미가 가장 분명하게 전달될 수 있다는 것을 생각하지 않으면 안 된다. 옮긴이는 이러한 전제를 고려하면서 '법해석학' 또는 '법교의학'이라는 표현보다 Rechtsdogmatik의 내용과 의미 그리고 기능을 더 잘 지시할 수 있는 다른 우리말 표현이 없을까 생각해보았다. Rechtsdogmatik이 'Recht + Dogmatik'의 합성어이며, Dogmatik은 Dogma에서 나온 파생어라는 사실에 착안하여 Dogma(복수형 Dogmen)의 의미를 가장 잘 전달할 수 있는 표현이 우리말에는 어떤 것이 있을까 찾아보기로 했다. Dogma는 그리스어 dokein에서 파생된 것이다(dokei moi=es leuchtet mir ein, 나에게 분명하다). Dogmen은 철학적 또는 신학적 기본진리로서 '철학파의 최고 가르침' 또는 '형이상학에 기초되어 있는 확신' 등을 의미한다. 이렇게 볼 때 Dogma는 한자인 '教'나 순수한 우리말인 '말씀'과 상통한다. 그런데 '말씀'이란 단어는 우리의 일상생활 언어이며, 또 종교인들 사이에서 실제 Dogma와 유사한 의미로 사용되고 있다. 그래서 옮긴이는 Dogma를 '말씀'으로 번역하여 법학용어로 사용하고자 한다. 즉 Dogmatik은 '말씀론'으로, Rechtsdogma는 '법말씀'으로, Rechtsdogmatik은 '법말씀론'으로 조어하여 사용하고 있다. 그런데 본 번역에서 '법말씀론'은 법률해석론과 동의어이고, 그 내용에 있어서는 '실정법학'과 거의 같다. 그러므로 우리나라 법과대학에서 강의되고 있는 실정법률의 해석을 취급하고 있는 헌법학, 행정법학, 민법학, 상법학, 형법학, 노동법학, 민사소송법학, 형사소송법학 등은 법말씀론의 한 영역이라고 할 수 있다.

그리고 형용사나 부사어로 사용하는 경우, 즉 dogmatisch는 '말씀론적' '말씀론적으로'로 번역하고, 동사로 사용하는 경우, 즉 dogmatisieren은 '말씀론화하다'로 번역하고, 그 명사형 Dogmatisierung은 '말씀론화'로 번역한다. 옮긴이는 이미 이들 용어를 오래전부터 사용하고 있다.

• Einheit: 단일성(單一性)/통일성(統一性)

도이치어 Einheit는 Zweiheit, Dreiheit 등에 대비되는 개념이다. Einheit는 우리말로 단일성(單一性)/통일성(統一性)/일체성(一體性)/단위성(單位性) 등으로 번역될 수 있다. 그런데 도이치어 Einheit의 우리말 뜻 중 단일성/통일성/일체성은 모두 전체적으로 하나를 이루고 있다는 것을 나타낸다. 이 중에서 특히 통일성과 단일성의 어의를 보다 자세히 분석해보면 '통일성'이라고 말할 때에는 이질적인 요소 또는 성분들이 일체를 이루고 있는 하나로 통합되어 있다는 것을 표현하므로 '통'(統)과 '일'(一) 중 '통'(統)에 그 강조점이 있다. 그러므로 통일성은 'uni'를 의미한다. 그러나 '단일성'이라고 표현하는 경우 그것은 이질적 요소 또는 이질적인 성분이 일체를 이루고 있는 것에 의미를 두는 것이 아니라 '일'(一)을 강조하는 의미에서 발음상 '단'(單)을 붙이고 있다. 그러므로 단일성은 'mono'를 의미한다.

그런데 루만이 die Einheit des Rechts라고 하는 경우에는 법의 다양한 요소들이 하나로 통일(統一, Unifikation)되어 있다는 것이 아니라 법에는 법적 요소밖에 없다는 것이다. 즉 법에는 경제적 요소, 정치적 요소 등이 배제되어 있다는 것이다. 이러한 의미에서 법은 일성(一性, Einheit)이라는 것이 루만의 주장이다. Die Einheit des Rechts는 법이 법 이외의 여러 가지 요소들 통합적으로 일체성을 이루고 있다는 것을 의미하는 것이 아니라 오로지 '법적 요소' 하나만으로 되어 있다는 것을 나타내고 있다. 그러므로 루만의 법사회학에서 Einheit는 '통일성'으로 번역하기보다는 '일체성' 또는 '단일성'으로 번역해야 할 것이다. 만약 Einheit를 '통일성'으로 번역하면 그것은 루만의 뜻을 오도하는 결과를 가져올 것이다.

• Enttäuschung/der enttäuschende/der enttäuschte: 기대위배/기대위

배자/피(被)기대위배자

Enttäuschung은 동사 enttäuschen의 명사형으로서 한독사전에는 환멸, 좌절, 낭패 등으로 풀이되어 있다. enttäuschen은 täuschen에 전철 ent가 붙은 말로서 täuschen보다 의미를 더욱더 악화시킨 것이다. 즉 동사 täuschen은 '속이다' '기만하다' '미혹하다' 등을 뜻하지만 동사 enttäuschen은 '실망시키다' '환멸을 느끼게 하다'을 뜻한다. 그러므로 Enttäuschung은 '실망' '좌절' '환멸' '낭패' 등을 의미한다. 그런데 Enttäuschung은 기대를 저버리게 만드는 사람 쪽의 그러한 행위를 의미하기도 하고, 그 반대편에서 사람이 자신의 기대가 배반되어 생긴 상태 또는 느낌을 의미하기도 한다. 전자는 기대위배(期待違背)라고 할 수 있고, 후자는 환멸, 낭패로 번역할 수 있을 것 같다. 루만은 주로 전자의 의미로 Erwartung에 대한 위배하는 행위로서 Enttäuschung을 사용하고 있다. 즉 Enttäuschung은 '기대에 반(反)하는 것'을 의미한다. 그래서 본 번역서에서는 '기대위배'로 번역하기로 한다.

그리고 der enttäuschende는 기대위배를 하는 자, 즉 '기대위배자'로 der enttäuschte는 기대위배를 당한 자, 즉 '피(기대)위배자'로 번역하며, enttäuschungsfest는 '기대위배에 강하다' 또는 '기대위배에도 불구하고 기대가 그대로 유지되고 있다'는 뜻에서 '항(抗)위배적'으로 조어하기로 한다.

• Entwurf: 기투

Entwurf는 동사 entwerfen에서 파생된 명사이다. entwerfen은 '멀리 던진다' '던져서 떼어놓는다' 등과 같은 본래적 의미를 가지고 있지만 '설계하다' '기초하다' '입안하다' '기초를 잡다' 등과 같은 의미로 추상화되어 사용되고 있다. 그러므로 Entwurf는 entwerfen라는 행위를 통해 만들어진 결과 또는 결과물, 즉 '설계(도)', '초안', '복안', '구상', '기획'

을 의미한다. 철학계에서는 이러한 의미로 '기투'(企投)라는 새로운 조어를 만들어 쓰고 있다. 여기에서는 철학계의 조어를 그대로 사용한다.

• Erwartung: 기대(期待)

Erwartung은 기대(期待), 예기(豫期), 예상(豫想) 등의 의미를 가지고 있으나 번역에서는 '기대'로 통일한다.

• Funktion/Leistung: 기능/급부(수행)

Funktion은 '기능'(機能) 또는 '작용'(作用)으로 번역하고, Leistung은 기능 또는 작용의 결과로서 나타나는 실적 즉 '급부'(給付) 또는 '수행'(遂行)이라고 번역하기로 한다.

통상 법체계를 논하는 경우 '행동조종'(Verhaltenssteuerung)이나 '분쟁해결'(Konfliktlösung)을 법체계의 기능으로 보고 있다. 그렇지만 루만은 이러한 논점을 다루기 위해 기능(Funktion)과는 별도의 개념을 도입하는 것이 유익하다고 한다. 즉 기능은 법체계의 '기능적 특정화'에 관한 개념이고, 법체계의 고유성을 나타내는 표시인 것인데, 이것에 대해 행동조종이나 분쟁해결에는 법에 의하지 않더라도 그와 같은 '기능적 등가물'이 생길 수 있다는 것이다. 예컨대 경제에 있어서 '경쟁'도, 또 정치에 있어서 '영향력 행사'도 모두 행동을 조종할 수 있고 분쟁해결을 가져올 수도 있다. 그러한 것을 법체계의 '기능'에 포함시키면 기능에 의해 법체계의 특정성을 표시하는 것이 곤란하게 될 것이다. 그래서 루만은 '법의 기능'과 '법의 급부'(Leistung des Rechts)를 구별하고 행동제어나 분쟁해결이라는 문제는 후자에 속한다고 보고 있다.[5]

---

5) 법의 기능이 기대의 안정화인가, 그렇지 않으면 행동조종인가라는 논점에 대해서는 Niklas Luhmann, "Die Funktion des Rechts: Erwartungssicherung oder Verhaltenssicherung?", in: Ders., *Ausdifferenzierung des Rechts*, Frankfurt a.M.,

여기에서 '법의 급부'라는 것은 법체계가 전체사회 속에서 사람들에게 그들의 행동을 위한 전제로서 산출하는 결과를 말한다. 그리고 사람들이 법적 기대를 행동전제로 하여 상호교류를 하는데, 이것은 다른 사회체계의 경우에도 그것이 스스로를 조성하는 의사소통(Kommunikation)을 정서하는 경우 말하자면 그 간접적인 전제를 이룬다. 행동조종이나 분쟁해결은 이러한 '간접적 전제'를 형성하는 일환으로서 이루어지는 것이다.

• gelten/Geltung: 타당하다, 효력이 있다/타당, 효력

Geltung은 gelten의 명사형으로서 '타당(성)', '효력' 등으로 번역되고 있는데, 여기서 Geltung은 주로 '타당성'이라는 번역어로 표현하고, 문맥에 따라서는 규범적 구속력이라는 의미를 가질 때는 '효력'이라고 쓴다.

• Generalisierung/Verallgemeinung(general/allgemein): 범례화/일반화

Generalisierung과 Verallgemeinung을 어떻게 번역할 것인가가 문제이다. 양자를 통상 동일하게 '일반화'(一般化)라고 번역하고 있는 것 같다. 여기에서는 기왕에 사용되고 있는 범례(凡例)라는 말 그 의미 자체를 살려서 Generalisierung를 '두루 예(例)가 되도록 한다'는 의미에서 '범례화'(凡例化)[6]라고 새롭게 조어하고자 한다. 그래서 Generalisierung을 Verallgemeinung의 번역어로서 '일반화'와 구별하여 사용하고자 한다.

1981, S. 73~91 참조.

6) 우리 국어사전에는 범례(凡例)를 '책의 첫머리에 그 책의 내용이나 쓰는 방법 따위에 관한 참고 사항을 설명한 글'이라고 풀이하고 있다. 그렇지만 '凡例'라는 한자 자체가 가지고 있는 뜻은 '모든 것에 해당하는 예'이다. 이렇게 된 것에는 그림책, 안내서 등에서 그 책 전반에 걸쳐 공통적으로 사용하고 있는 그림이나 기호 또는 특정용어 등의 용례를 설명하는 것에서 유래된 것이 아닌가 한다.

예컨대, sachliche Generalisierung der Erwartung는 '기대의 내용적 범례화' 또는 '기대의 사태적 범례화'로 번역된다. 이 경우 그 의미는 특정 기대를 그 내용(사태)에 있어서 공통적인 본보기, 즉 예가 되도록 하는 것을 말한다.

• Gesellscahft/gesellschaftlich/sozial: 전체사회/전체사회적/사회적

루만에 있어서 Gesellschaft는 모든 커뮤니케이션을 포괄하는 가장 복잡한 사회체계이다. 이러한 의미를 가지는 경우에는 Gesellschaft를 전체사회로 번역한다. 하지만 우리말에는 'gesellschaftlich'와 'sozial'을 구분하여 표현할 수 있는 말이 없는 듯하다.

한자 '社會'는 본래 '사(社)의 모임'을 의미한다. 19세기 말 일본인들이 소사이어티(society)의 역어로서 사회(社會, 초기에는 會社)를 조어했다. 20세기 초기부터 한반도의 신지식인들 사이에서도 사회라는 말이 상당히 폭넓게 사용되었던 것 같다.[7] 너무나 자의적인 발상이라고 생각하지만 옮긴이는 '사회'(社會)라는 단어가 '사'(社)와 '회'(會)의 합성어라는 점에 착안하여 'gesellschaftlich'는 '사'와 연관시키고, 'sozial'은 '회'와 관련시켜 학문적 용어의 분별성과 엄밀성에 기여하려고 한다. 본래 '사'는 '모이다'라는 자동사이나 '회'는 '모으다' 또는 '모이게 하다'라는 타동사이다. '사'는 자연적으로 또는 본성에 따라 모인 것, 사회학적으로 표현하면, 지연, 혈연 등으로 뭉쳐져 있는 공동체를 의미한다고 말할 수 있다. 이에 반해 '회'는 인위적으로 조직된 것, 사회학적으로 표현하면 이익, 특정목적에 의해 조직된 국가, 회사, 정당 등과 같

---

7) 20세기 초기 우리나라에 '사회'라는 말의 도입과정에 관해서는 김현주, 『사회의 발견—식민지기, 사회에 대한 이론과 상상 그리고 실천(1910~1926)』, 소명출판, 2013, 특히 제1장; 요즘 다양한 맥락에서 사용되고 있는 '사회적'이라는 말의 의미와 관련해서는 현진권, 『사회적이란 용어의 미신』, 한국경제연구원, 2013 참조.

은 단체를 의미한다고 말할 수 있다. 'gesellschaftlich'는 바로 '사에 관한' 또는 '사적'(社的)으로 번역할 수 있고, 'sozial'은 바로 '회에 관한' 또는 '회적'(會的)으로 번역할 수 있겠다. 사회(社會)라는 말은 상위개념으로서 '사'(社)와 '회'(會)를 포함하는 의미로 사용하고, 경우에 따라서는 '사'와 '회'를 나누어 쓰면 더 다양한 사회현상을 표현할 수 있는 용어의 풍요함과 개념의 엄밀성을 만끽할 수 있지 않을까 생각해본다. 이러한 언어적 기본관념을 바탕으로 하여 옮긴이는 '사'와 '회'를 나누어서 쓰되 'sozial'의 의미를 나타낼 때에는 '(사)회적'으로 표기하고 'gesellscahftlich'의 의미를 강조할 때에는 '사(회)적'으로 표시하고 'sozial'을 포함하는 상위개념으로서 'gesellscahftlich'의 의미를 나타내려고 할 때에는 '사회적'으로 표현하는 것을 제안한다. 그러지만 이 책에서는 '( )' 표기에서 생길 수 있는 혼동을 없애기 위해 통상 그렇게 하고 있듯이, Gesellschaft는 '사회(社會)'로, gesellschaftlich는 '사회적' 및 '사회의' 또는 '사회적으로'로 표기하되, 특별히 그러한 의미를 강조하는 경우에는 Gesellschaft를 '전체사회'로, gesellschaftlich를 '전체사회적' 및 '전체사회의…' 또는 '전체사회적으로'로 번역했다. 그리고 sozial은 '사회적'으로 하되, 수식어로 사용되어 거의 하나의 용어로 정착된 경우, 예컨대 soziales System은 '사회체계'로 번역했다.

• Gefüge: 얼개

Gefüge는 fügen의 명사형으로서 토목이나 건축에 있어서 접합하거니 집합시켜 짜맞춘 물건이나 그 구조물 또는 그것의 짜임새를 의미한다. 그러므로 Gefüge라는 말을 추상적인 의미로 사용하는 경우에는 '얼개' '짜임새' '구조' 등으로 번역할 수 있다. 여기서는 순수한 우리말인 '얼개'를 선택한다.

• Gesetz: 법률, 법칙

Gesetz는 통상 법학에서 헌법에 정해진 절차에 따라 국민의 대표인 국회가 제정한 규범을 지칭할 때 '법률'이라고 번역하고, 이 경우에는 Gesetzrecht와 같다고 할 수 있다. 또 모든 사물과 현상의 원인과 결과 사이에 내재하는 보편적 · 필연적인 불변의 관계를 의미하는 경우에는 '법칙'이라고 번역한다.

• Gesetzheit: 제정성

Gesetzheit는 제정되거나 정립된 성질이나 그 상태를 의미하므로 '제정성'(制定性) 또는 '정립성'(定立性)이라고 조어할 수 있다. 여기에서는 '제정성'을 선택한다.

• Gesetzgebung/Gesetzgeber: 입법(立法)/입법자(立法者)

Gesetz geben은 인위적인 맥락에서 '율(律)을 준다' '규(規)를 제정한다' '칙(則)을 정립하다' 등을 의미한다. Gesetz geben의 합성명사형으로서 Gesetzgebung은 '입법'으로, Gesetzgeber는 '입법자'로 번역한다.

• Gewalt: 폭력

Gewalt는 폭력, 강제력 등의 의미를 가지고 있으나 번역에서는 '폭력'을 선택한다. 그래서 physische Gewalt는 '물리적 폭력'이라고 번역한다.

• Hochkulturen: 고등문화

Hochkulturen은 '고(高)문화' '고급(高級)문화' '고등(高等)문화' 등으로 번역할 수 있겠으나 여기서는 '고등문화'를 선택한다.

• Horizont: 지평(地平)

예컨대 Erwartungshorizont는 기대지평 또는 기대의 지평으로 번역한다.

• Identifikation/Identität: 동일화/동일성

Identifikation/Identität를 어떻게 번역 조어할 것인가가 문제이다. Identifikation은 '동치'(同値) '동정'(同定), '동일화'(同一化), '동일시' (同一視) 등으로 조어할 수 있는데, 여기에서는 '같게 정한다'라는 의미에서 '동일화' 또는 '동정'이라는 조어를 선택한다. Identität는 대개 '정체성'(正體性)이라고 번역하고 있으나 여기서는 '동일성'으로 번역한다.

• Indifferenz: 무차별성

Indifferenz는 '무관계성' '무관심' '무연관성' 등의 의미를 가지고 있다. 여기서는 '체계가 환계(環界)에 대해 특별한 차이를 두지 않는다' 또는 '특수한 차이가 행해지지 않는다'는 의미에서 '무차별성' 또는 '무관성'이라고 번역한다.

• Interaktion: 상호작용

Interaktion은 '상호행위'라고 하는 것이 이해하기 쉽다. 그러나 이미 사회학계에서는 Interaktion을 '상호작용'이라고 전문용어화하고 있다. 그래서 여기서도 그것을 그대로 사용하기로 한다.

• Komplexität: 복잡성
• Konkruenz: 정합성(整合性)
• Kontingenz/kontingent: 불확정성/불확정적

Kontingenz는 '불확정성' '우연성' '우발성' 등을 의미한다. 번역서에서는 Kontingenz를 '불확정성'이라고 번역하고자 한다. '우연'은 필연 (必然)의 반대어로서 '원인을 모르는 일' 또는 '인과율에 의하여 미리

알 수 없었던 일이 일어나는 것'을 의미하고, 불확정은 확정의 반대어로서 확실히 정해지지 않은 성질 또는 그러한 상태를 의미한다. 그리고 빈도(頻度)의 차원을 강조하는 경우 '우연성'이나 '우발성'이라는 말이 사용되는 것에 비해, 그러한 상황이나 상태의 차원을 강조하는 때에 '불확정성'이라는 말을 사용하고 있는 듯하다.

루만이 Komplexität와 관련하여 Kontingenz에서 말하고자 하는 것은 자크 뤼시앵 모노(Jacques Lucien Monod, 1910~76)의 『우연과 필연』[8]에서 말하는 '우연성'이 아니라 베르너 카를 하이젠베르크(Werner Karl Heisenberg, 1901~76)가 현대양자물리학에서 말하는 '불확정성 원리' (uncertainty principle)[9]가 의미하는 '불확정성'에 해당한다고 생각한다.

- kontrafaktisch: 반(反)사실적
- Merkmal: 특징, 징표
- Mechanismus: 기제

Mechanismus의 본래적 의미는 기계나 조직체의 '역학적 작동기능' 또는 그 '기계적 조작구조'를 뜻한다. 이러한 의미로 Mechanismus이라는 용어를 사회학이나 심리학에서 원용하고 있다. 이러한 경우에 우리나라에서는 Mechanismus를 '기제'(機制)라고 번역하고 있다. 여기서도 그

---

8) Jacques Lucien Monod, *Le hasard et la nécessité, éssai sur la philosophie naturelle de la biologie moderne*, Paris, Le Seuil, 1970(자크 뤼시앵 모노, 김진욱 옮김, 『우연과 필연』, 범우사, 1996).

9) 불확정성 원리는 양자역학에서 맞바꿈 관측량이 아닌 두 개의 관측 가능량을 동시에 측정할 때 그 정확도에 한계가 있다는 것이다. 고전역학에 의하면 전자의 위치와 운동량은 전자가 어떤 상태에 있든 항상 동시 측정이 가능하다고 생각했다. 그러나 양자역학의 입장에서는 입자의 위치와 운동량은 동시에 확정된 값을 가질 수 없고 쌍방의 불확정성에 의해 서로 제약되어 입자의 위치를 정하려고 하면 운동량이 확정되지 않고, 운동량을 정확히 측정하려 하면 위치가 불확정해진다는 것이다.

것을 그대로 사용한다.

- Muster: 범형
- Neutralisierung: 중립화(中立化)
- Normalisierung: 정상화(正常化)
- Operation/operativ: 작동(作動)/작동적

Operation은 재검(再檢) 또는 재현(再現)이 가능할 수 있는 처치 또는 조작을 의미하는데, 이 책에서 Operation은 '작동'(作動)으로, operativ는 '작동적'으로 번역한다.

- Person/Persönlichkeit: 인물/인성
- Potential: 잠재성/잠재력

예컨대 Bewußtseinspotential은 '의식잠재력'으로 번역한다.

- Projektion: 투사

Projektierung은 'Projekt를 하는 것'의 의미에서 '기획'(企劃)으로 번역하고, Projektion은 'Projekt를 하여 만들어지는 것'의 의미에서 '투사'(投射), '투영'을 뜻한다. 여기서 Projektion의 번역어로는 '투사'를 선택한다.

- Reaktion: 반응

예컨대 Enttäuschungsreaktion는 '기대위배의 반응'

- Rechtfertigung: 석명

'정당화'라는 뜻의 Legitimation 및 Legitimierung과 구별하기 위해 '석명'(釋明)이라고 번역한다.

- Rechtsprechung: 판결
- Rechtssetzung: 법제정
- Risiko/Gefahr: 위험/위해

Risiko와 Gefahr를 통상적으로 '위험'이라고 번역하고 있는 것 같다. 그러나 옮긴이는 Risiko를 '위험'(危險)으로, Gefahr를 '위해'(危害)로 번역한다.

일상언어생활에서 '위험하다' 또는 '위험스럽다'라는 형용사의 형태로 '안전하지 못한 사태' 또는 '불안한 상황'에 대한 감성적 평가를 나타내기 위해 '위험'이라는 말이 사용되는가 하면 법학, 경제학, 특히 보험경제학 영역에서 사고 또는 손해의 발생가능성을 의미하는 전문용어로도 '위험'이라는 용어가 사용되고 있다. 옮긴이는 논의 대상을 더 분명하게 하고, 용어를 학문적으로 전문용어화하기 위해 자의적이긴 하지만 '위험'과 '위해'라는 용어로 일단 구분해서 사용하고자 한다. 즉 평가 대상인 '안정하지 못한 사태' 또는 '불안한 상황' 그 자체를 나타내는 경우, 즉 객관적 의미에서는 '위해'라는 말로 표현하기로 하고, 이러한 위해가 인간의 선택 또는 결정과 연관되어 있을 때 결정자 또는 선택자의 주관적 입장을 나타내는 경우, 즉 주관적 의미에서는 '위험'이라는 말을 사용할 것을 제안한다. 본 번역에서 단어의 의미와 용법에서 '위험'은 잉글리시어 'risk'와 도이치어 'Risiko'와 연결시키고, '위해'는 잉글리시어 'danger'와 도이치어 'Gefahr'와 연관시켜서 이해하기 바란다.

- Reduktion: 감축 또는 환원

Reduktion은 일상어로서 '삭감' '감소' '축소' '감축' '단축' 등의 의미를 가지고 있고, 화학이나 생물학과 같은 자연과학 및 철학(특히 현상학) 등의 분야에서 전문용어로는 본래적 요소나 인자 또는 구조로 되돌린다는 의미에서 '환원'으로 번역되고 있다. 본 번역에서 맥락에 따라

Reduktion이 감소하고 줄인다는 의미로 사용되는 경우 '감축'으로 번역하고, 현상학적으로 단순화한다는 의미로 사용되는 경우 '환원'으로 번역한다.

- Reflexion: 성찰
- Reflexität/reflexiv: 재귀성/재귀적

루만의 자기생산적 체계이론(autopoietische Systemtheorie)에서 볼 때 법체계는 법 자기 자신에게로 돌아가서 비로소 타당성을 가진다. 그래서 동어반복적으로 "법은 법이기 때문에 법이다"라고 하는 것이다. 이것이 바로 die Selbstreferenz des Rechts(법의 자기준거성)이고, die Reflexität des Rechts이다. 이러한 의미에서 Reflexität를 '재귀성'(再歸性)으로, reflexiv는 '재귀적'으로 번역한다.

- sachlich: 사태적/내용적

sachlich는 문맥에 따라 사태적/사항적/물적 또는 실질적/내용적 또는 객관적 등으로 번역할 수 있다. 본 번역서는 '사태적' 또는 '내용적'으로 번역한다.

예컨대, sachliche Generalisierung은 '사태적 범례화'라고 번역한다.

- Schuld: 죄
- Spezifikation: 특(수)화

Spezifikation은 Spezifik(특성, 특수성)의 파생어로서 '특수화' '상세화' '상론화' 등의 의미를 가지고 있다. 여기서는 철학계에서 사용하고 있는 대로 '특수화'를 선택한다. 그렇지만 문장의 리듬 또는 문맥에 따라 '특화'라고도 한다.

- Steuerung/steuerbar: 조종(操縱)/조종가능한(조종할 수 있는)
- strukturelle Kupplung: 구조적 연동(連動)

유기체의 상태변화와 유기체를 둘러싼 환계들의 구조 사이에 나타나는 역학상의 상관태(相關態)를 시공간적으로 조율하는 것을 의미한다.

- Sein/Sollen: 소재연/소당연

das Sein/das Sollen이라는 동사가 주로 철학분야 특히 신칸트학파에 의해 명사적으로 사용된 것인데, 우리나라에서는 일본에서 번역된 용어인 존재와 당위를 그대로 받아들였다. 나는 오히려 퇴계 이황 선생의 용어법을 살려서 소재연(所在然, 그렇게 있는 바)/소당연(所當然, 당연히 그러한 바)으로 번역하고자 한다. 그리고 können müssen이라는 동사를 명사적으로 사용할 때에도 소능연(所能然, 그럴 수 있는 바) 소필연(所必然, 반드시 그렇게 되어야 하는 바)으로 조어하고자 한다.

- System: 체계

System을 어떻게 우리말로 번역할 것인가가 문제이다. 의미상 System을 '체제'(體制) '체계'(體系) '계통'(系統) 등으로 번역할 수 있을 것 같은데, 현재 대부분의 사람들은 System을 '체계'로 번역하여 Systemtheorie를 '체계이론'(體系理論)이라고 명명하고 있다. 옮긴이는 오히려 Systemtheorie를 '체제이론'(體制理論)이라고 번역할 것을 제안한다. 그 이유는 다음과 같다.

번역 조어함에 있어서도 의미론적 삼각관계가 고려되어야 하며, 또 기능론적·동태적·역동적인 측면이 강조될 때에는 System을 '체제'로 번역해야 할 것이고, 단순히 서열을 나타나는 존재론적, 정태적인 측면이 강조될 때에는 '체계' 또는 '계통'으로 표현해야 한다고 생각하기 때문이다.[10] Luhmann의 Systemtheorie는 사회의 기능적·동태적 분석을 위한 이론이다. 뒤에서 보는 바와 같이 Luhmann에 있어서 System은 존재론적 개념이 아니라 기능론적 개념이다. 그러므로 특히 Luhmann의 Systemtheorie는 '체제이론'으로 번역하는 것이 더 의미론적으로 타당할 것 같다. 그렇지만 '체제'라는 용어는 정치학 분야에서 이미 사용되고 있기 때문에 오해의 소지가 있다. 그래서 이 책에서는 '체계'라는 기존용어를 그대로 사용한다.

• Trennung/Abtrennung: 구분(분리)/절리

Trennung/Abtrennung은 기능적인 차이에 의해 나누어진 것이 아니라 단순히 수평적 위치 및 주체적인 차원에서 나누어져 있는 상황 또는 상태를 의미한다. Trennung과 Abtrennung은 그 상태의 정도에 차이가 있을 뿐이다. 그래서 Trennung은 단순히 '구분'(區分) 또는 '분리'(分離)로, Abtrennung은 '절리'(切離)로 번역한다.

• Umwelt: 환계

Umwelt는 지금까지 주로 '환경'(環境)으로 번역되는데, 환경은 외부장소적 뉘앙스를 가지고 있다. 그래서 옮긴이는 체계이론에 있어서 System을 '체계'로 번역하고, 체계와 의사소통(Kommunikation)하는 체계외적인 것들을 총체적으로 표현하며, 체계외적인 것과 체계의 자기생산적 기능관계를 부각시키기 위해 Umwelt를 '환경'으로 번역하기보다는 '환계'(環界)로 번역하기로 한다.

• Unterscheidung/Unterschied: 구별/차이

Unterscheidung은 '구별'(區別)로, Unterschied는 '차이'(差異)

---

10) 일본에서는 System을 그대로 '시스템'으로 음역하고 있다.

로 번역한다. Unterscheidung은 상하 또는 고저와 위치, 양적 또는 질적으로 다르게 하는 행위, 즉 작위를 부각하는 용어로, Unterschied는 Unterscheidung에 의한 결과로서 나타나는 현상을 나타내는 용어로 사용한다.

- Verantwortlichkeit: 답책성

Verantwortlichkeit는 책임지고 있는 상태 또는 책임 있는 지위를 의미한다. 그래서 여기서 법학에서는 일반적으로 사용하고 있듯이 '답책성' (答責性)이라고 번역한다.

- Verarbeiten: 처리/가공
- Verfremdung: 이질화

Entfremdung은 '떨어져서 낯설게 됨'의 의미에서 '소외'(疏外)로 번역하는 것에 비추어 Verfremdung은 '낯설게 됨'의 의미에서 '이질화'(異質化)로 번역한다.

- Verhalten/Handlung: 행동/행위

Verhalten은 행위(行爲)와 태도(態度)를 모두 포괄하는 의미에서 행태(行態, behavior)로 번역하고 있다. 여기서는 행태와 같은 의미로 '행동'이라고 번역한다. 그리고 Handlung은 의식적인 행동을 의미하는 '행위'로 번역한다.

- Verständigung: 상호이해

Verständigung은 사회적 맥락이나 상황에 의해 특별한 의사표시나 해명 없이 서로 깨달아서 명시적 또는 묵시적으로 이해한다는 것을 뜻한다. 그러한 의미에서 요해(了解)라고 번역하는 것이 옳다. 그러나 위르겐 하버마스(Jürgen Habermas)의 저서를 번역하면서 상호이해라는 말로 번역되고 있다.

• Widerspruchsfreiheit: 무(無)모순성

여기에서 '-freiheit'는 '-leerheit'(空)를 의미한다. 그러므로 이것을 우리말의 '자유'(自由)라고 번역하는 것은 옳지 않다. 오래 전부터 잉글리시어의 freedom이나 도이치어의 Freiheit를 '자유'(自由)라고 번역하여 사용하고 있어서 어쩔 수 없이 받아들이고 있긴 하지만 이는 아주 잘못된 조어라고 생각한다. 왜냐하면 우리말(또는 한자)의 '자유'는 잉글리시어의 freedom이나 도이치어의 Freiheit와는 달리 주체적·적극적 의미를 가지고 있기 때문이다.

Widerspruchsfreiheit를 '모순자유'라고 번역해야 한다는 주장도 있지만 이것은 오히려 오해를 야기할 수 있다고 생각한다. 그래서 '무(無)모순성' '몰(沒)모순성'이라는 것이 더 이해하기 쉽다. 여기서는 전자를 선택한다.

• Wille: 의지
• Zufall/Zufälligkeit: 우연/우연성

Zufall은 '원인을 모르는 일' '인과율에 의하여 미리 알 수 없었던 일이 일어나는 것' 그 자체를 의미하고, Zufälligkeit는 그러한 일이 일어나는 상태나 상황의 성질을 뜻한다. Zufall는 '우연'으로 번역하고, Zufälligkeit는 '우연성'으로 번역한다. 그리고 앞에서 이미 언급했듯이 '우연성'(Zufälligkeit)이라는 말과 '불확정성'(Kontingenz)을 구분해서 사용한다.

• Zusammenhang: 연관 또는 맥락

다른 나라의 이름 부르기

현재 우리가 다른 나라를 지칭하는 명칭으로서 사용하고 있는 표현에는 상당히 심각한 문제가 있는 것 같다. 물론 언어관용상의 문제이기 때문에 특별한 의미가 없다고 치부해버릴지도 모르지만 명칭이란 그 나라를 상징하고 또 그러한 명칭에 의해 그 나라가 우리의 의식에 각인된다는 것을 생각해보면 명칭을 함부로 정할 것은 아니다. 특히 19세기말 개화기에 중국, 일본을 통해서 우리나라에 소개된 중국식 또는 일본식 또는 한자식의 국가명칭이 현재에도 그대로 쓰이는 것은 재고할 필요가 있다.

그래서 여기에서 국가명에 대한 이른바 정명론(正名論)을 간단히 제기해두고자 한다. 예컨대 The United States of America를 '미국'(美國)이라고, The United Kingdom을 '영국'(英國), Die Bundesrepublik Deutschland를 '독일'(獨逸), Franch Republic을 '불란서'(佛蘭西) 등과 같이 한자식의 이두로 표기할 것이 아니라 가능하면 그 나라사람들이 자기 나라를 부르는 명칭을 그대로 사용하는 것이 좋을 것 같다. 특히 '美國'(아름다운 나라) 또는 '英國'(영웅의 나라)이라는 표현은 우리에게 이들 국가에 동경적인 이미지를 갖게 만들어서 이들 국가의 실체를 있는 그대로 보지 못하게 만들고 있다. 이러한 의미를 떠나 예컨대 아프리카나 동유럽의 여러 신생국가 명칭과 동등하게 취급한다는 의미에서 적어도 그들의 원어명칭을 소리나는 대로 우리말식으로 고쳐서 부르는 것이 바람직할 것이다. 이 책에서는 지금까지의 언어적 관용을 배제하고, 외국의 명칭을 가능한 한 그들의 원음을 우리말의 외국어 표기방식으로 표현하기로 한다. 이러한 맥락에서 The United States of America는 '미국'이라는 표현을 쓰지 않고 '아메리카합중국' 또는 '유나이티드 스테이츠 오브 아메리카'로, The United Kingdom은 '영국'으로 표기하지 않고 '유나이티드 킹덤' 또는 경우에 따라서 '잉글랜드' '브리튼' '스코틀랜드'로, Die Bundesrepublik Deutschland는 '독일'이 아니라 '분데스레퍼블릭 도이칠란트' 또는 단순히 '도이칠란트'로, France의 경우에도 '불란서'가 아니라 '프랑스'로 표기한다. 그리고 외국어나 사람의 경우에도 '영어'나 '영국인(人)'이 아니라 '잉글리시어'나 '잉글리시인', '독일어'나 '독일인(人)'이 아니라 '도이치어'나 '도이치인', '불어'나 '불란서인'이 아니라 '프랑스어'나 '프랑스인' 등으로 표기한다.

제2판 서문

이 책은 제2판이지만 제1판과는 본문내용에 아무런 변경 없이 그대로 인쇄했다. 그 이유는 그간의 문헌을 고려하여 보충한다는 것은 전반적인 개정을 요구하기 때문이다. 또 내가 요즘 사용하고 있는 표현과 조화시키기 위해서는 본문의 여러 곳을 다르게 기술해야 한다. 그렇지만 내가 판단하기에 이 모든 작업은 충분한 수고와 비용을 들인 만큼의 결과를 독자에게 가져다주지도 못할 것이다. 그뿐만 아니라 그렇게 함으로써 다른 출판물들이 인용하고 있는, 이미 출판된 이 책의 제1판도 시장에서 사라지지 않을 것이다. 이러한 이유에서 나는 이 책을 개정하지 않기로 하였다.

그동안 내가 손을 댄 곳은 오직 한 군데이다. 나는 이 책을 진화적 관점, 그러므로 역사적인 관점에 따라 기술한다. 기본적으로 법사회학적인 연구 수준을 고려하여 이러한 결정을 내린 것이다. 체계이론으로서의 법사회학은 과거에도 없었고 또 현재에도 없다. 법에 대한 체계적인 고찰이 법학에서 유보되어 있었던 것과 같은 인상을 준다. 이 책의 초판은 '법이론에 대한 질문'(Fragen an die Rechtstheorie)으로 끝을 맺었다. 그래서 나는 이러한 제목을 수정하고 싶었다.

이미 일반적으로 진화론적 설명과 체계이론적 설명은 상호 교환적이라는 것이 전제되어 있다. 왜냐하면 진화는 체계의 일탈적 재생산에 근거해서만 가능하기 때문이다. 게다가 일반적 체계이론은 최근 10여년 사이에 자기준거적인 체계이론 부분의 연구 결과에 근거해서 현저히 진보했다. 우리는 이를 패러다임 교체라고 말할 수 있다. 이러한 패러다임 교체는 환계개방성의 개념을 그 자체로서 체계의 개방성과 폐쇄성을 조합하는 자기준거성으로 대체하였다. 이에 의해 얻어진 통찰은 법체계의 사회학적 이론에 새로운 기회를 부여한다. 무엇보다 본서에서는 법체계가 자율을 가지고 있어서 그것이 동시에 규범적으로 폐쇄된 체계로서, 그리고 인지적으로 열린 체계로서 작동한다는 것을 보여주기 위하여 규범적 기대와 인지적 기대의 중요한 구분이 사용되었다. 이와 같은 사고에 의하면 법학(Rechtswissenschaft)과 법이론(Rechtstheorie)에 대한 사회학적 성격을 규정하는 것도 변경되는 것이다. 적어도 거기에서 어떠한 시각이 나오는지를 암시적으로 보여주기 위하여 나는 종전의 제1판의 결론을 '법체계와 법이론'(Rechtsystem und Rechtstheorie)이라는 주제로 새로이 쓴 결론으로 대체하였다. 그 외에 참고문헌에도 약간의 새로운 제목을 보충하였다.

1983년 5월 빌레펠트에서
니클라스 루만

서론

　인간의 공동생활은 모두 직·간접적으로 법에 의해 형성된다. 법은 지식과 마찬가지로 그것을 빼놓고서는 생각할 수 없는, 모든 것을 관통하고 있는 사회적 구성요소이다. 어떠한 생활 영역도 그것이 가정이든 종교적 공동체이든 학술단체이든 정당의 내부조직이든 법 없이는 견고한 사회질서가 유지될 수 없다. 사회적 공동생활은 항상 다른 가능성을 배제하고, 충분한 구속력을 요구하는 규범적 준칙에 지배되고 있다. 법규적 형식성과 행태결정의 실효성의 정도는 각 생활 영역마다 다르지만, 법지향성에 대한 최소한의 구성요소는 어떤 생활 영역에서나 불가결한 것이다.

　사회학자가 법에 관한 이러한 사실을 거의 다루지 않고 있다는 것은 사뭇 놀라운 일이다. 대학의 교과과정에는 법사회학 강의가 거의 없으며, 설령 있다고 하더라도 사회학자보다는 법률가가 그것을 담당하고 있다. 이러한 법사회학은 법학적 기반의 논의와 연결되어 있지만, 최근 사회학적 이론의 발전과는 거의 연계되어 있지 않다. 최근에 들어와 관심이 증대하고 있다고는 해도 법사회학 영역에서 경험적 연구는 손가락으로 꼽을 정도이다. 사회학의 다른 영역, 예컨대 가족사회학·조직사회학·정치사회학·사회계급과 사회이동에 대한 연구 및 역할이론과 비교해보면 법사회학적 연구는 미진한 상태에 있다. 도대체 사회학적 법사회학이 가능할 수 있는지를 자문해본다. 헤르만 칸토로비츠(Hermann Kantrowicz)가 제1회 도이치사회학자대회에 참석한 사회학자들에게 언급하였듯이[1] 법사회학은 오로지 법률가들의 부수적 성과물로 취급될 수 있었다. 그러나 이러한 성과물은 다소 진부하지만, 아직도 법률가가 판결을 형성하고 논증 부담을 줄이며 입법 정책적 조언을 찾는 데 있어 본질적으로 중요한 것 같다.

왜 법사회학이 사회학자에게 그렇게 어려운가?

사회학자가 법학에 대해 사회학의 개념적인 통제 아래서 법이 너무 복잡하게 발전되었다고 비난하기는 쉽다. 그러나 사회학자가 꾸준한 전문적인 연구 없이 법학을 파고든다는 것은 불가능할 것이다. 예컨대 기판력의 확장, 방해배제청구의 소, 이중효적 행정행위, 계획보장, 거래보호의무 등과 같은 것이 무엇을 의미하는지를 알지 못하는 사람은 결국 아마추어로 남을 수밖에 없고, 법적 문제를 제대로 판단할 수 없게 된다. 법률가가 쓰고 있는 개념, 사고방식, 논증방식에 대한 이해 없이 그것을 사회학적으로 연구한다는 것은 불가능하다. 예컨대 법관의 논증과 판단이 법적으로 타당한지, 또는 법적으로 유지될 수 있지만 상당한 오류를 범하고 있는지를 판단할 수 없다면 어떻게 법관 출신이 판결에 영향을 미치는지를 판단할 수 있겠는가?

사회학자가 부딪히는 또다른 문제는 법이 직·간접적으로 거의 모든 생활영역에 영향을 미치고 있기 때문에 경험적으로 법을 하나의 특수현상으로 분리해내기 어렵다는 것에 기인하고 있다. 법사회학이 이렇게 다양한 것들을 규명하려면 법학적 지식을 수용해야 할 뿐만 아니라 그 자체로서 사회학이 되어야 하고, 그와 동시에 사회학의 일반적인 정보제공

---

1) Hermann Kantorowicz, *Rechtswissenschaft und Soziologie*, Verhandlungen der Ersten Deutschen Soziologentages 1910, Tübingen, 1911, S.275~309(278).

창구로서 법률가에게 제공되어야 할 것이다. 그렇지만 이러한 과제를 완수한다는 것은 실제적으로 불가능하다. 가족사회학·조직사회학·정치사회학과 같은 특수사회학과 최근 늘어나고 있는 지식사회학이 사회의 현실 그 자체 속에서 그 영역을 획정하고 있는 사회체계를 주제로 삼는 것은 우연이 아니다. 청소년사회학과 사회계층과 사회이동의 연구 영역에서와 같은 경우에는 비교적 잘 작동될 수 있는 대상영역이 이미 정해져 있다. 연구분야의 경계가 불분명한 경우에 개별사회학은 일반사회이론을 표방하거나 그 경계가 모호하게 되는 심각한 상황에 부닥치게 된다. 지식사회학이 개별사회학의 주제로 인식방향을 설정하려고 할 때 이러한 경우에 해당한다. 법사회학도 전적으로 개별사회학의 주제로 그 규범적 방향을 설정하는 한 우리가 설명하려는 것과 마찬가지로 이러한 상황에 부닥치게 된다.[2]

현재 독특한 행동방식으로 이러한 어려움을 피하려는 경향이 나타나고 있다. 한편에서는 전문분야로서 법사회학에 대하여 법과 특별한 관계가 필요하다고 한다. 예컨대 점포에 들어서는 모든 고객이 법사회학적으로 흥미로운 것은 아니다. 왜냐하면 고객이 점포의 미끄러운 카펫 위에서 넘어질 때에 점포 소유자의 통행보장의무가 그 책임근거가 되기 때문이다. 오히려 중요한 것은 특히 법과 본질적으로 관련된 역할에서 행태, 즉 법률개정에 대한 반응, 특정의 법적 문제에 대한 의견 조사와 같은 것일 것이다. 다른 한편에서 혹자는 항상 언급될 수 있는 전체성과 복잡성에서, 그리고 가능성으로서 현재의 배경에 존재하고 있는 사회적 기능에서 법 그 자체를 제거한다. 그래서 법은 법사회학에서 사라진다.[3]

---

2) 이러한 논거에 의해서 예컨대 Julius Stone, *Social Dimension of Law and Justice*, London, 1966, S. 28ff.은 법사회학의 독자성에 대하여 회의를 표시하고 있다.
3) 예컨대 Theodor Geiger, *Vorstudien zu einer Soziologie des Rechts*, Neuwied/Berlin, 1964의 서문에서 파울 트라페는 이를 분명하게 표현하고 있다. 또 Paul Trappe,

게다가 다양한 가능성이 있기 때문에 이들 중에서 일부가 경험적인 연구를 하는 법사회학의 핵심으로 발전하기 시작하였다.[4]

곤경에서 빠져나오는 첫 번째의 방법은 시선을 법에 두지 않고 법률가에 두는 것이다. 이렇게 하면 사회학자는 신뢰할 수 있는 토대에 도달한다. 사회학자는 최근 사회학의 주개념과 연계해서 법률가의 역할을 연구할 수 있다. 이 경우 사회학자는 법관, 변호사, 행정부와 실업계의 법률가, 단체의 법률고문 등 다양한 역할과 마주친다. 이들 법률가의 상호활동, 이들의 직업적인 공통 내용과 구체적으로 예컨대 기능적 상호관계를 가능하게 하며, 갈등을 완화하고, 상호 통제를 유효적절하게 하는 공통성이 어느 정도 있느냐는 문제는 흥미를 유발할 수 있을 것이다. 역할이론은 상호간에 역할기대가 어느 정도로 항구적이며, 어떠한 예방수단과 행동전략이 역할기대에서 모순을 극복하는 데 기여하는가, 예컨대 변호사가 의뢰인의 이익을 대변하는 동시에 법을 정당하게 대표하는 것이 가능한가라는 문제를 자세히 설명해준다.

이러한 사고방식은 직업의 맥락에서 법률가를 관찰하는 연구조사에 기초하고 있다. 이 경우에 법률가의 이력이라는 관념이 전면에 나타난다. 즉 일정한 특징(사회적 출신, 성적, 나이, 직업, 경험, 종교, 정치적 관계 등)이 시간상으로 볼 때 어떻게 그 사회적 지위에 배분되는가, 달리말하면 누가 어떠한 특성이 있고 언제 어디로 가느냐는 문제가 전면에 나타난다. 또는 직업의 전문화 정도에 대하여 질문하고, 한편에서는 이

Zur Situation der Rechtssoziologie, Tübingen, 1968, 특히 S.19 ff. 참조.

4) 국제적인 차원에서 연구를 살펴보면 Renato Treves(Hrsg.), *La sociologia del diritto*, Mailand, 1966; 영어판 Renato Treves/Jan F. Glastra van Loon(Hrsg.), *Norms and Actions*, Den Haag, 1968; Renato Treves(Hrsg.), *Nuovi sviluppi della sociologia del diritto*, Mailand, 1968; Gottfried Eisermann, "Die Probleme der Rechtssoziologie", Archiv für Verwaltung-Beilage zum gemeinsamen Amtsblatt des Landes Baden-Württemberg No.2, 1965, S. 5~8의 매우 프로그램적인 해설 참조.

를 일반인이 가질 수 없는 지식인지 아닌지, 다른 한편에서는 이와 연결된 유리한 기회가 얼마나 특별한 직업윤리에 의해 구속되는지의 문제를 제기하는 것을 의미한다.

이러한 종류의 연구[5]는 문제를 보는 관점, 개념적 설명 및 방법상으로 법에 대한 종래의 해설과 사회적 기능에 의존하고 있는 것이 아니다. 그것은 의학자, 기업가, 신학자, 군인, 건축가의 경우에도 같이 적용될 수 있다. 역할 또는 직업이라는 특별한 문제와 관련시키는 것은 단지 좁은 연구 영역을 분리하여 예컨대 의사나 군인에게 있어서 죽음의 문제, 법률가에게 있어서 분쟁의 문제와 같은 경계조건을 마련하는데 기여한다. 이러한 유형의 연구는 법사회학과 이론적으로 연계되는 것이 아니라 역할이론 및 직업사회학과 연결시킨다. 이러한 연구는 법사회학의 역할이론 및 직업사회학에 자극을 주고, 이들 학문에 일반화된 결론을 낼 수 있도록 인도한다.

---

5) 이에 관해서는 몇 가지의 실례가 있다. 즉 Walter Richter, "Die Richter der Oberlandesgerichte in der Bundesrepublik. Eine berufs- und sozialstatistische Analyse", *Hamburger Jahrbuch für Wirtschafts- und Gesellschaftspolitik* 5, 1960, S.241~259; Ralf Dahrendorf, "Bemerkungen zur sozialen Herkunft und Stellung der Richter an Oberlandesgerichten. Ein Beitrag zur Soziologie der deutschen Oberschicht", Ebda., S.260~275; Walter Richter, *Zur Soziologischen Struktur der deutschen Richterschaft*, Stuttgart, 1968; Klaus Zwingmann, *Zur Soziologie des Richters in der Bundesrepublik Deutschland*, Berlin, 1966; Johannes Feest, "Die Bundesrichter. Herkunft, Karriere und Auswahl der juristischen Elite", in: Wolfgang Zapf(Hrsg.), *Beiträge zur Analyse der deutschen Oberschicht*, München, 1965, S.95~113; Wolfgang Kaupen, *Die Hüter von Recht und Ordnung*, Neuwied/Berlin, 1969; Walter O. Weyrauch, *Zum Gesellschaftsbild des Juristen*, Neuwied/Berlin, 1970; Wolfgang Kaupen/Theo Rasehorn, *Die Justiz zwischen Obrigkeitsstaat und Demokratie*, Neuwied/Berlin, 1971; 변호사에 관해서는 Jerome E. Carlin, *Lawyers on Their Own. A Study of Individual Practitioners in Chicago*, Brunswick/N. J., 1962; Erwin O. Smigel, *The Wall Street Lawyer. Professional Organization Man?*, New York/London, 1964 등 아메리카합중국의 연구 참조.

이와 유사한 것으로서 두 번째의 노력은 법적 결정에 관여하는 소집단의 행태, 즉 합의재판부의 행동을 명명하려는 시도에 있다. 이 경우에는 (직업사회학에서나 실험적으로 구성된 집단에서와같이) 완전히 다른 맥락에서 검증된 소집단연구의 설문과 기법이 채택된다. 합의체는 자연적인 실험과 같이 상당히 분리되어서 작동하는 개관 가능한 소집단이기 때문에 누구든 사회적 지위, 동정심, 접촉 정도, 내적인 이견을 극복할 수 있는 능력 등의 다양한 요인들의 작용을 관찰할 수 있고 또 설문이나 면접을 통해서 얻을 수 있다. 이러한 연구의 주요 관심사는 사회적 계층 차이와 이데올로기적 편견이 재판절차에 얼마나 영향을 미치는가, 또 그 재판절차 안에서 얼마나 중립적으로 될 수 있는가라는 매우 한정된 문제이다.[6] 법과 불법에 관한 문제 대신 누구의 의견이 어떠한 요인에 의해 판결에서 관철되는가라는 문제가 정해진다. 여기에서 법 그 자체뿐만 아니라 판결과정과 법관의 상호작용, 법원의 관례는 고찰대상에서 제외

---

6) 이와 관련된 오래된 문헌으로는 Glendon Schubert, "Behavioral Research in Public Law", *American Political Science Review* 57, 1963, S.433~445 참조. 더 세부적으로는 Fred Strodtbeck/Rita M. James/Charles Hawkins, "Social Status in Jury Deliberations", *American Sociological Review* 22, 1957, S.713~719; Fred Strodtbeck, "Social Process, The Law and Jury Functioning", in: William M. Evan(Hrsg.), *Law and Sociology*, Glencoe/Ill., 1962, S.144~164; Glendon Schubert, *Quantitative Analysis of Judicial Behavior*, Glencoe/Ill., 1959; Ders. (Hrsg.), Judicial Decision-Making, New York/London, 1963; Ders.(Hrsg.), *Judicial Behavior. A Reader in Theory and Research*, Chicago, 1964; Ders., *The judicial Mind*, Evanston, 1965; Harry Kalven/Hans Zeisel, *The American Jury*, Boston, 1966; Joel B. Grossman/Joseph Tanenhaus(Hrsg.), *Frontiers of Judicial Research*, New York 1969; 이와 관련된 심포지움으로는 "Jurimetrics", *Law and Contemporary Problems* 28, 1963, S.1~270과 "Social Sciences Approaches to the Judicial Process", *Harvard Law Review* 79, 1966, S.1551~1628; Hubert Rottleuthner, "Zur Soziologie richterlichen Handelns", *Kritische Justix*, 1970, S.282~306, 1971, S.60~88은 이와 관련된 근래의 연구를 소개하고 있다.

된다.[7]

세 번째의 가능성으로는 법 대신 법에 관한 의견을 연구주제로 하여 잘 발달되어 있는 현대적인 의견조사기법을 동원하는 것이다. 사람들은 그러한 조사를 통해 일반인의 법지식 수준을 알기를 바라고, 법 그 자체와 법을 운영하는 기관, 특히 사법부에 어떠한 태도를 취하고 있는지를 알고자 한다.[8] 법지식이 사회계층에 따라 다른지, 나이·교육·성·소속 집단이 일정한 법문제에 대한 태도의 차이를 생기게 하는지 등을 아는 것도 중요할 것이다. 이러한 연구는 법개정이 일반인에게 어떻게 수용되고 효력을 발생하는지, 즉 법개정이 의도적인 태도를 야기하는지 또는 무지, 전통주의 또는 반대이익으로 의도적인 행위를 유발하지 못하는지와 관련하여 실무적 의미를 가진다.[9] 그러나 실질적으로는 행동태세는

---

7) J. Woodford Howard, Jr., "On the Fluidity of Judicial Choice", *American Political Science Review* 62, 1968, S.43~56은 최후의 관점을 괄목할 만큼 비판하였다. 이에 대하여 예컨대 Wallace Mendelson, "The Neo-Behavioural Approach to the Judicial Process. A Critique", *Ameician Political Science Review* 57, 1963, S.593-603; Theodore L. Becker, *Political Behavioralism and Modern Jurisprudence. A Working Theory and Study in Judicial Decision-Making*, Chicago, 1964; Lon L. Fuller, "An Afterword: Science and the Judicial Process", *Harvard Law Review* 79. 1966, S.1604~1628은 법의 복잡성을 충분히 고려하지 않았다고 주장하였다.

8) 예컨대 Torgny T. Segerstedt u. a., "A Research into the General Sense of Justice", *Theoria* 15, 1949, S.323~338; Arnold M. Rose/Arthur Prell, "Does the Punishment Fit the Crime? A Study in Social Valuation", *The Ameican Journal of Sociology* 61, 1955, S.247~259; Walter F. Murphy/Joseph Tanenhaus, "Public Opinion and the United States Supreme Court", *Law and Society Review* 2, 1967, S.357~384; Don C. Gibbons, "Crime and Punishment. A Study in Social Attitude", *Social Forces* 47, 1969, S.391~397; 그외 *Acta Sociologia* 10, 1966의 제 1권의 연구와 폴란드의 연구로는 Adam Podgórecki, "Dreistufen-Hypothese über die Wirksamkeit des Rechts", in: Ernst E. Hirsch/Manfred Rehbinder(Hrsg.), *Studien und Materialien zur Rechtssoziologie. Sonderhefte* 11. *der Kölner Zeitschrift für Soziologie und Sozialpsychologie*, Köln/Oplanden, 1967. S.271~283(278ff.) 참조.

9) 이에 대한 보기로는 Vilhelm Aubert, "Einige soziale Funktionen der

커녕 그러한 의견조사조차 실시된 적이 없음에도 오로지 이에 대한 답이 있을 뿐이다.[10]

여기서 우리는 이러한 연구의 인지적 가치가 그때그때 관련된 법적 문제와 강하게 연관되어 있다는 것을 볼 수 있다. 임대차법에 관한 지식이 널리 보급되어 있다는 것에서 상속법에 관한 지식이 널리 보급되어 있다는 결론이 나오지 않는다. 가사사용인에 관한 법률의 사회적 영향에 관한 조사를 통해 청소년에게 알코올 제공을 금지하는 법률의 효과를 예측할 수는 없다. 동일한 법률이라 하더라도 그것이 다른 규정 또는 통제기제를 가지고 있는 경우 어떠한 효과를 갖는가는 미결상태로 남겨두어야 한다. 그러므로 사회학적 · 경험적 연구의 한계가 법 그 자체의 복잡성에 의해서 얼마나 협소하게 되는지가 분명해진다. 법문제가 실질적으로 다양하기 때문에 법에 관한 사회학적 연구를 위한 여타 정형적인 범례화급부, 즉 행동맥락에 관한 일반적인 상관관계와 가설의 제시는 곤란하다.

그래서 우리는 다시 출발점으로 되돌아온다. 최근 법사회학 연구에서는 법과 같은 어려운 문제를 회피하기 때문에 성공적이지 못하였다. 법사회학 연구는 분명히 성과를 거둘 수 있다. 이러한 각양각색의 시각에서 현재 진행되고 있는 연구는 위축되거나 중단되어서는 안 된다. 다른 한편 이러한 연구가 법사회학으로서 충족될 수 없다는 것은 명백하다. 이러한 연구에는 법 그 자체가 없고, 그래서 이러한 여러 가지 연구 단초들 사이에는 내적 연관관계도 없다.[11] 직업적 역할 분석은 의견조사에

Gesetzgebung", in: Hirsch/Rehbinder, a.a.O., S.284~309 참조.

10) 이러한 의견조사에 대한 비판은 지금까지 산발적이어서 주목할 만하지도 않으며, 반론이 제기되지도 않았다. 총괄적인 것으로서 Irwin Deutscher, "Words and Deeds. Social Science and Social Policy", *Social Problems* 13, 1966, S.235~254 참조.

11) Jack P. Gibbs, "The Sociology of Law and Normative Phenomena", *American*

아무런 기여도 하지 않고, 의견조사는 재판과정에 대한 어떠한 가설도 제공하지 못한다. 상류계층 출신의 교양 있는 법관은 민중에게 호응하는 법을 제시하지 못한다는 가설의 의미에서 단지 막연한 연결선을 그을 수 있을 뿐이다. 법사회학에 법의 재건, 즉 진정한 법의 사회학에 의해 이런 경험적 연구의 믿을 만한 통합이 달성될 수 있을 것이다.

그렇지만 이러한 프로그램은 위에서 언급한 어려움에서 헤어나지는 못하고, 오히려 어려움 속에 빠지게 한다. 그래서 먼저 이러한 어려움의 핵심을 분명하게 직시할 수 있도록 하고 단순한 해결책은 아닐지라도 명쾌하게 개념적으로 파악하는 것이 중요하다.

오늘날 우리가 알고 있듯이 법질서는 구조적으로 고도로 복잡한 구성체이다. 여기에서뿐만 아니라 이하의 장(章)에서도 복잡성(Komplexität)이란 체험(Erleben)과 행위(Handeln)의 가능성이 현실화되어서 의미연관을 생성할 때에 그러한 가능성의 전체를 의미하는 것이다. 법의 경우에 법적으로 허용된 행위뿐만 아니라 법적으로 금지된 행위도 그것이 의미상 법과 관련 있는 한, 이러한 가능성에 포함되는 것이다.[12] 그러한 가능성의 장(場, Feld)의 복잡성은 수(數), 다양성 및 상호의존성에 따라 클 수도 있고 작을 수도 있다. 이를테면 법의 경우에는 법적으로 허용된 행위뿐만 아니라 법적으로 금지된 행위도 그것이 의미상 법과 관련 있는 한 이러한 가능성에 포함되는 것이다. 가능성의 장(場)의 복잡성은 수, 다양성, 상호의존성에 따라 클(groß) 수도 있고 작을(klein) 수도 있다. 또 복잡성은 구조화되어 있을 수도 있고 구조화되지

Sociological Review 31, 1966, S.315~325(315)는 이것을 유감스럽게 생각한다. Heinz Sauermann, *Die Soziale Rechtsrealität. Archiv für angewandte Soziologie* 4, 1932, S.211~237 참조.

12) 이에 관한 중요한 해명은 이 책 249쪽 이하 참조.

않을 수도 있다.[13] 전혀 구조화되지 않은 복잡성은 혼돈상태와 같이 모든 가능성이 동일하므로 제멋대로 실현될 수 있는 한계상태라고 할 것이다. 구조화된 복잡성은 이러한 가능성들을 얼마나 배제하고 제한하는가에 좌우된다. 구조화된 복잡성에서 조화가능성 또는 양립가능성의 문제가 제기된다. 일정한 가능성이 현실화되면 다른 가능성이 배제되는 한편, 그 배제된 가능성은 처음부터 안정된 것으로 전제되는 새로운 가능성의 구축을 가능하게 한다. 그래서 '법치국가적 헌법'은 수많은 행동양식을 다소간 효과적으로 배제하게 되지만, 그러한 헌법이 없다면 불가능할 수도 있는, 즉 헌법소송과 같은 다른 행동양식으로 나아가는 출구를 개척하기도 하고, 결국 구조적으로 의존하게 된다. 가능성의 상호제한에도 불구하고 전체적으로 더 많은 가능성이 유의미한 선택을 위해 사용될 수 있다는 점에서 구조에 따라 사회체계의 복잡성은 증대한다. 진화적 관점에서 보면 가능성을 전략적으로 배제하는 것은 임의적이지 않지만 더 다양한 가능성을 허용할 수 있는 더욱 고차원적인 질서를 구축하는 수단이다.

분명한 것은 법이 사회체계의 더욱 고차원적이고 구조화된 복잡성을 달성하기 위하여 결정적이지 않지만 중요한 기능을 한다는 것이다. 그러나 우리가 그러한 사회체계에 적합한 연구수단을 찾고 있음에도 확실한 연구수단이 없다. 우리가 고도로 구조화된 복잡성을 가진 체계에 관해 학문적 발전은 시간적으로 매우 천천히 확장되어가고 있는 애로에

---

13) 체계이론의 문헌에서 우리는 자주 해체적 복잡성(desorganisierte Komplexität)과 조직적 복잡성(organinsiete Komplexität)을 나눈 것을 볼 수 있다. 이 경우에 후자에 해당하는 전형적인 것이 유기체이다. Ludwig von Bertalanffy, "General System Theory. A Critical Review", *General Systems* 7, 1962, S.1~20(2) 참조. 복잡성의 개념에 관한 더 자세한 설명은 Jürgen Habermas/Niklas Luhmann, *Theorie der Gesellschaft oder Sozialtechnologie-Was leistet die Systemforschung?*, Frankfurt, 1971, S.292 ff.에 있는 루만의 논문 참조.

직면하고 있다고 확언하더라도 지나친 말이 아닐 것이다. 이러한 말은 모든 종류의 학문에 해당하지만 사회과학의 경우에 가장 분명하게 느낄 수 있다.[14] 오늘날 사용 가능한 방법과 이론은 실험적으로 구성된 소집단과 같은 약간의 변수가 상관관계에 있거나 '다른 사정이 동일하다면'이라는 조건(ceteris-paribus-Klausel)으로 표현될 수 있는 복잡성이 미미한 소(小)체계를 전제로 하거나 통계적인 방법으로 처리될 수 있는 인자들, 즉 무작위적으로 분산되는 다수의 동일한 종류의 인자와 연관되어 있는 것이다. 즉 현재의 이론과 방법은 복잡성이 경미하지만 구조화된 체계, 또는 복잡성은 높지만 구조화되지 않은 체계에만 적용될 수 있다. 그러나 가장 중요한 연구영역으로서 복잡성이 극도로 높고 구조화되어 있는 대(大)체계에 대해서는 기능주의와 사이버네틱에서 그 문제점을 인식하고 이를 해결하기 위한 몇 가지의 시도들이 있다고 하지만 마땅한 연구방법이 없다.

이러한 상황은 경험적 법사회학에 관해 앞에서 언급된 연구에서 분명히 반영되어 있고 또 그 불충분성을 설명하고 있다. 이러한 경험적 연구들은 역할·직업·경력, 결정과정, 의견 또는 견해에 의해 구조화된 소체계 또는 거의 구조화되지 않은 동형의 집합에 관심을 가지고 복잡한 대체계의 구조로서 법을 배제하고 있다. 이러한 선택이 강제될 수밖에 없었던 이유는 단기적으로 거의 변경될 수 없는 학문의 발전수준, 즉 구조화된 복잡한 대체계에 합당한 분석도구가 없다는 데에 있다.

이 문제는 소체계와 거의 구조화되지 않은 집합에 관한 지금까지 가

---

14) 일반적으로 Warren Weaver, "Science and Complexity", *American Scientist* 36, 1948, S.536~544 참조. 사회과학 분야에는 Claude Lévi-Strauss, "Anthropologie structurale", Paris, 1958, S.350 참조. F. E. Emery, "The Next Thirty Years. Concepts, Methods and Anticipations", *Human Relations* 20, 1967, S.199~237 은 매우 낙관적이다.

능한 탐구분야에서 방법론적 보조수단들이 마무리되어 세련되고, 상당히 폭넓게 발전되었기 때문에 더더욱 첨예화되고 있다. 이러한 성과에서부터 우리의 관심을 끄는 대체계의 분야에서는 부합할 수 없는 요구가 정해진다. 물론 고전적인 법사회학적 이론이 구성될 수 있었던 19세기의 표준적 수준과 비교해보면 오늘날에는 증명할 수 있는 방법적 근거, 개념적 정확성 및 경험적인 통제가능성에 대한 요구가 현저하게 증대하였다. 이것은 이론적인 진술의 작동화에 대한 요청으로 표현된다. 지금까지는 사회적 대체계를 논의하기 위하여 제기되었던 어떠한 이론도 이러한 요구를 충족시켜줄 수 없다. 이러한 상황에서 어떠한 가능성이 법사회학에 남아 있는가?

우리는 학문수준에 따라 거의 해결할 수 없는 것처럼 보이는 고도로 구조화된 복잡성의 문제를 주제로 해서 타개하려 한다. 법사회학에서 이것은 사회체계의 구조로서 법이 어떻게 가능할 수 있는가라는 문제에서 출발하는 것을 의미한다. 위에서 개관하였던 생각에 따라 사회체계의 구조는 체계의 복잡성을 규율하는 기능을 가지고 있다. 체계의 복잡성은 최종적으로 항상 구조적으로 가능한, 즉 불확정적인 복잡성이지만 체계의 구조는 그 자신의 복잡성에 좌우된다. 왜냐하면 법의 가변성과 같이 지극히 높은 위험성을 가지고 있는 구조에는 고도의 체계복잡성이 이미 전제되어 있기 때문이다. 단순한 체계는 더 복잡한 체계와는 다른 구조적인 필요성을 가지고 있으나 많은 전제가 있는 구조를 설정하고 유지할 수 있는 가능성은 거의 없다. 예컨대 단순한 사회에서의 법은 전통적으로 정해져 있는 상당히 구체적인 것이다. 사회가 복잡성이 증대되는 방향으로 발전하면서 법은 점진적으로 추상화되고, 다양한 상황에 대하여 해석할 여지가 있는 개념적 탄력성을 가지게 되며, 결국 결단으로 변경될 수 있는 실정법이 된다. 이러한 의미에서 사회의 구조형태와 복잡성 정도는 상호적이다.

그러므로 구조로서 법과 체계로서 사회는 상호의존적인 관계 속에서 보아야 하고 또 그렇게 연구되어야 한다. 이러한 연관관계에는 내용적인 측면 외에 시간적인 측면도 있다. 그래서 이러한 관계는 법과 사회의 진화이론으로 나아간다. 이러한 정리와 연관시켜보면 개념, 이론 및 경험적 연구가 법사회학적인 성격을 가지게 된다. 이 점에서 다음에서 이어지는 고찰은 관련성과 통일성을 얻게 된다.

제1장에서 우리는 법사회학의 고전적인 단초들에서 지금까지 생각했던 것보다 더 많이 이해되고 있었다는 것을 보게 될 것이다. 그 다음에 이론적 기초를 얻고 또 분명하게 하기 위하여 제2장에서 법형성의 기본적 기제에 관심방향을 돌려 규범을 어떻게 이해하고 또 사회생활에서 규범적인 소당연(Sollen)[15]이 어떠한 기능을 수행하는지를 분명하게 해야 한다. 여기서 최근의 심리학적·사회심리학적·사회학적 연구는 법원론(法源論) 및 비법적 규범유형과 법적 규범유형의 구분론의 통상적 결론을 벗어날 수 있도록 해준다. 여기서 제기된 문제에 기초해서 우리는 제3장에서 사회진화와 법발전의 기본적 양상을 흥미진진하게 개관할 수 있다. 사회적 복잡성의 증대가 법구조의 변화를 요구하고 또 가능하게 한다는 가설은 문제 해결의 단서가 된다. 이러한 고찰에 의하면 현대 산업사회는 법을 실정적인 법, 즉 결정을 통해서 변경할 수 있는 법으로 만들 수밖에 없다는 견해에 이르게 한다. 종래의 법사회학이 아주 소홀히 취급했던 법의 실정성에 관한 문제가 제4장의 대상이 된다. 이와 동시에 제4장에서는 현대법질서의 개별적인 문제와 그 기제, 지금까지

___

15) 지금까지 도이치어 화법조동사 "Sein"과 "Sollen"의 명사형 "Das Sein"과 "Das Sollen"을 일본인이 번역한 그대로 이분법적으로 '존재'(存在)와 '당위'(當爲)로 번역해왔으나, 이 책에서는 고봉 기대승 선생과의 논쟁에서 퇴계 이황 선생이 사용한 바 있는 어법을 살려 Sein과 Sollen을 소재연(所在然, 그렇게 있는 바)과 소당연(所當然, 당연히 그러한 바)로 번역하고자 한다——옮긴이.

의 법사회학연구를 위한 문제를 취급한다. 제5장은 법의 실정화와 함께 등장하는 사회적 구조변동의 가능성, 조건 및 장애를 다루고 있다. 이러한 방법으로 법사회학의 이론적 기초와 연구분야가 분명해지면 마지막으로 우리는 많은 논의의 대상이 되었던 법학, 사회학 및 법사회학 사이의 관계와 관련된 몇 가지 결론에 도달할 수 있다.

제1장 법사회학에 관한 고전적 단초들

법사회학에 관해서 말할 수 있는 것은 사회학이라는 학문이 성립되고 난 다음, 즉 19세기 후반부터라고 할 것이다. 이것은 외면적으로 명확할 뿐만 아니라 그 용어상으로 보아도 자명한 것이다. 오히려 사회학은 사회와 법의 관계에 관한 고대유럽적 전통 속에서 생각되어 온 것과 분명하게 구별되는 고유한 특징을 법에 대한 학문적 관심에 부여하고 있다.

그와 같은 학문전통에서는 사회(Gesellschaft)와 법(Recht)의 관계가 구체적인 것으로서 파악되었는데,[1] 18세기에서 19세기로 넘어가는 전환기에 이러한 학문전통이 붕괴하면서 사회학이 성장하였다. 고대유럽적 학문전통에 의하면 법은 인간 단체의 본질(Wesen)에 의해 이미 주어진 것이다. 즉 법은 인간의 본성에 내재되어 있는 것으로서 사회의 다른 본질적 특성 이를테면 사회적 친근성(예컨대 우정) 및 서열관계(예컨대 지배)와 불가분적으로 결합되어 있다. 올바른 것의 자연 그대로의 모습

---

1) Manfred Riedel, *Zur Topologie des klassisch-politischen und des modern-naturrechtlichen Gesellschaftsbegriffs. Archive für Rechts- und Sozialphilosophie* 51, 1965, S.291~318; Joachim Ritter, *Metaphysik und Politik. Studien zu Aristoteles und Hegel*, Frankfurt, 1969가 이에 관해서 개관하고 있다.

에 의하면 정치적 제도 내에서만 구체적인 자유가 가능하였고, 이와 반대로 자의적인 추상적 자유는 법을 만들어야 하는 문제였다. 자연법적 사고에 의하면 인간사회에서 공동생활은 임의적으로 만들 수 있는 내용의 소당연형(所當然形)으로서 단순히 추상적인 규범성을 예정하는 것도 아니고 더욱이 규범의 기능적인 불가피성을 예정하는 것이 아니라 이러한 것들을 넘어서 자연과 같은 생성과 진리를 주장할 수 있는 내용적으로 확정가능한 규범을 예정하고 있다. 그래서 전통적인 사유에서 사회가 하나의 법적 관계라든가 심지어는 하나의 계약이라고 기술하는 것 2)에 아무런 의문을 가지지 않았다. 그러나 법질서의 기능과 불가피성에 대한 평가에서 이러한 기술을 믿을 만한 것이라고 되풀이하는 사회학자는 아무도 없다.

여기에 간극이 나타난다. 그렇지만 자연법론은 이성법으로서 마지막 단계에서 계약이론의 도움을 받아 법의 사회학적 해석을 준비하였다. 인간은 추상적인 주체이고, 계약은 인간생활의 사회적 차원이 자유롭게 처분될 수 있게끔 하며, 그 각각의 형식도 불확정적인 것으로 여겨지게끔 하는 범주이다. 인간관계의 불확정성은 역시 법의 한 형태로 그것도 이미 아주 추상적으로 생각되었다. 이로 인해 임의적인 법이 존재할 수 있다.3) 여기에는 법과 결합되어 있는 과거의 구체적인 신앙형태로의 회귀는 불가능하게 되고, 단지 유일한 환원적 기능구조로서 계약의 테제를

---

2) Christian Wolff, *Grundsätze des Natur- und Völkerrechts*, Halle, 1754, S.3은 "그러므로 사회는 그 안에서 개인들이 함께 최선을 달성하기 위하여 체결하는 개인들 사이의 계약 그 자체이다"라고 쓰고 있다.
3) 능가할 수도 없고 또 혁명에 의해서 중단될 수도 없는 '시민적 주체'의 철저성은 베르나르트 빌름스(Bernard Willms)가 다루고 있는 주제이다. *Revolution und Protest oder Glanz und Elend des bürgerlichen Subjekts. Hobbes, Fichte, Hegel, Marx, Marcuse*, Stuttgart, 1969; Ders., *Funktion-Rolle-Institution. Zur politiktheoretischen Kritik soziologischer Kategorien*, Düsseldorf, 1971 참조.

사회체계로서 사회에 확장시키는 가능성, 즉 사회학으로 가는 길이 있을
뿐이다.

사회학은 자연법론과 비교하면 사회와 법과의 관계를 불가분적으로
더 추상적으로, 즉 더 많은 변화의 여지를 두고 고찰한다. 물론 사회학은
사회가 법을 가지고 있어야 한다는 테제를 인정한다.[4] 특정 법규범이
모든 사회에 동일하게 타당하다는 그러한 테제는 받아들이지 않는다. 그
러한 연구가 개시되었던 19세기 역사적 · 인류학적 지평 내에서 규범적
상수는 의미가 없는 추상적 차원에서는 견지될 수 없다. 법은 그때그때
우연한 사회제도의 구현에서 원칙적으로 불가피한 것으로 나타난다.
이러한 우연성, 즉 다른 가능성에 대한 선택조건은 법사회학의 주제가
된다.

우선 이것은 고대유럽적 관념을 완화시킨 형태로서, 이를테면 고대
유럽적 시각에 대한 더 추상적인 이해로서 나타날 수 있다. 그러나 이러
한 추상화에 의해 자연법론과 결별하고, 일반적으로 타당한 법규범이 존
재한다는 관념으로부터 해방이 이루어지고 법 그 자체에서 떨어져 나와
법을 보는 시각이 생기는 것이다. 통상 사회가 존재한다는 것 그 자체에
서 특정 법규범의 타당성이 나올 수 없는 것이다. 오히려 법과 사회는 일
정하게 서로 영향을 미치는 것으로서 전적으로 경험적으로 탐구될 수
있는 변수로서 이해되는 것이다. 어떠한 사회에 어떠한 법이 있을 수 있
는지를 편견 없이 판단할 수 있으려면 모든 사회가 일정한 법을 승인해
야 한다는 전제를 포기해야 한다. 그래서 사회학은 사회생활 자체의 규
범 지향성을 찾아내려 하거나 상위규범과 의심할 여지 없는 원리에서
그 규범들의 근거를 찾는 데에 얽매이거나 그렇게 할 필요성도 느끼지

---

4) 사회학이 협의의 법개념을 구성할 것인가는 다른 문제이다. 이러한 개념에 의해
   사회학은 원시사회를 관습과 관행은 있으나 좁은 의미에서 법규범이 없는 법 이
   전의 사회라고 규정한다. 이에 관해서는 아래 113쪽 이하 참조.

않는다. 왜냐하면 이미 에밀 뒤르켐(Emile Durkheim)이 거의 냉소적으로 언급하였듯이[5] 사회학이 인식하고자 하는 것은 특정 사회의 도덕 실체가 아니라 도덕주의자들이 도덕을 생각하는 양식이기 때문이다.

법과 그 도덕적인 기초에 관한 내재적 시각에 거리를 두고 보는 이러한 태도는 우리가 법사회학을 위한 고전적인 단초들이라고 지칭할 수 있는 온갖 시도들이다. 이러한 시도들은 거리를 두고 보고, 또 다양한 시각에서 도덕을 평가하는 태도에서 사회학적이라고 이해할 수 있다. 그뿐만 아니라 이들 시도는 사회 및 사회와 법과의 관계에 관한 경험적으로 보장된 실증적·인과적 지식이 가능하다는 전제에 의해 지지되고 있다. 이러한 지식은 일종의 역사적이고 진화적인 테두리에서 정리되어 표현된다. 진화사상은 자연법을 상대화하고 세속화하며 시간화할 가능성을 제공해주고 있다. 과정으로서 진화는 인과적이지만, 그에 반하여 도덕적인 범주에서는 진보로 파악된다. 사회발전을 추진하고 또 정치적으로 기획하는 원인이라는 의미에서가 아니라 그 당시 사회상태의 표현과 형식으로서의 의미에서 법에 대하여 사회발전의 중심적인 지위가 부여된다. 따라서 고전적 법사회학에는 그 다양성에도 불구하고 자연법론과 다른 세 가지의 공통적인 전제가 있다. 1) 규범적인 구조로서 법은 사실적 생활관계와 행위관계로서 사회와 구분된다(법은 더 이상 사회가 아니다)는 전제와, 2) 법과 사회는 상호 종속적인 변수로 파악되고 그 변동관계는 진화적으로 해석한다는 전제인데, 여기서 진화는 19세기에 대개 문명의 법칙적 진보로서 파악되었다. 3) 이러한 전제 아래 법과 사회의 관계에 관한 경험적으로 증명할 수 있는 가설을 제시하고 그 변동관계에 대한 관찰을 통해 실증할 수 있다는 전제이다.

그러나 이러한 단초들을 구체적으로 천착하기 위한 이론적인 기초는

---

5) Emile Durkheim, *De la division du travail social*, 2. Aufl., Paris, 1902, S.7.

사회 그 자체와 그 발전에 관한 한 오늘날 학문적인 요구수준에서는 해명되지 않았다. 사회와 법의 발전에 관한 개별적인 측면들이 여러 연구자에게 다양하게 나타났으나, 서로 별개로 연계되지 않은 채 그것을 특징짓는 징표로서 제기되었을 따름이다. 이러한 차이들을 종합해보면 비로소 고전적 법사회학의 사유적인 전제, 양식 및 한계는 분명하게 각인될 수 있다. 이를 위해서 우리는 이러한 차이들을 결합하는 전형적인 경계적 인물로서 카를 마르크스(Karl Marx, 1818-1883), 헨리 섬너 메인(Henry Sumner Maine, 1822-1888), 에밀 뒤르켐(Emile Durkheim, 1858-1917), 막스 베버(Max Weber, 1864-1920)를, 그리고 그러한 경계적인 인물은 아니지만 탤컷 파슨스(Talcott Parsons, 1902-1979)와 오이겐 에를리히(Eugen Ehrlich, 1862-1922)를 선별하려 한다.[6]

마르크스의 사회이론은 근대사회의 발전에서 그 기본적 경향에 대한 반응이다. 즉 그의 이론은 근대사회의 사회적인 의미를 부여하는 우선순위가 정치에서 경제로 전환된 것에 대한 반응이다. 마르크스의 사회이론은 경제를 인간 욕구의 물질성과 관련시켜 경제의 우선순위가 초역사적·인류학적 진실이라고 통찰하고, 이러한 테두리에서 자연법칙적-변증법적 사회발전이론을 구성하였던 것이다. 발전의 원동력은 물질적 욕구를 충족시키는 생산력과 생산관계의 변동에 있고, 더 정확히 말하면 발전과정에서 생산과 욕구 충족에서 생기는 사회적인 모순에 있다는 것이다.[7] 법은 특히 불평등한 기회를 개인에게 분배하고 그것을 고착시키

---

6) 단지 이러한 추상적인 수준에서 법사회학의 역사가 오늘날 교훈적으로 지시하고 있다. 이에 관한 자세한 것은 Julius Kraft, "Vorfragen der Rechtssoziologie", *Zeitschrift für vergleichende Rechtswissenschaft* 45, 1930, S.1~78; Nicholas S. Timasheff, *An Introduction to the Sociology of Law*, Cambridge MA., 1939, S.44 ff.; dems., *Growth and Scope of Sociology of Law*. in: Howard S. Becker/Alvin Boskoff(Hrsg.), *Modern Sociological Theory in Continuity and Change*, New York 1957, S.424~449 참조.

는 데에 결정적인 역할을 한다. 즉 법은 재산권을 보호하고 보장한다. 재산권과 관련된 법은 유산 문제에서 가족 이익에 부합하는 욕구 충족을 위한 기회를 조정하고, 생산력의 발전에 따라 변할 수밖에 없는 단체 내에서의 의사결정자의 지위에 부합하는 욕구 충족을 위한 기회를 조정한다. 모든 법이 소유자의 이익에 따라 고안되고 관리된다면 법의 변동은 오로지 혁명적 형태로만 승인될 수 있다. 사회발전 과정에서 재산권의 사회화는 결국 생산결정(계획)으로부터 욕구 충족(분배)을 분리하고, 객관화되고 이익 지향적인(계급지향적인) 법이 합리성을 대체할 수 있게 된다.

그러므로 욕구 충족과 의사결정의 과정에서 조밀하고 주관적이며 지엽적인 체계를 해소한다는 관점에서부터 마르크스주의의 사회이론과 법이론을 이해할 수 있다(물론 이러한 생각은 마르크스주의에 대한 공식적인 설명 및 그 영향을 받은 제2차적 문헌에서는 나타나지 않지만). 여기서부터 마르크스주의 법사회학의 편파성은 물론이고 그것에 대한 올바른 시각도 여기에서 이끌어낼 수 있다. 결론적으로 법은 **구조적으로 허용된 가변성의 정도**와 관련이 있다. 법은 분배와 생산계획이 구체적인 이익관계와 무관하게 변화하고 합리화되도록 책임져야 한다. 본질적으로 고도의 복잡성과 가변성을 가진 사회, 즉 문제해결을 위한 넓은 선택영역에 부합하는 법을 획득하는 것이 목적이다. 이러한 견해에서는 왜 경제과정에서의 지도적 기능이 가족에 상속되고, 스포츠카와 미녀, 저택과 요트를 소유하는 것이 왜 서로 연계되어 있는지를 이해할 수 없게 된다. 마르크스의 견해에 대하여 과연 법이 사회의 체계 복잡성을 결정하

---

7) 모순이 불안정하고 그래서 변동의 원인이 된다는 검증되지 않은 전제는 오늘날에도 마르크스이론을 결정하며, 체계이론적 공식에 도입된다. Oskar Lange, *Wholes and Parts. A General Theorie of System Behavior*, Oxford/Warschau, 1965, S.1 f., 72 ff. 참조.

는 유일한 것인가라는 문제가 제기된다. 여기에 마르크스주의 법사회학 시야의 한계가 있는데, 이것은 동시에 더 추상적인 기반을 가진 사회이론에서만 적절하게 취급될 문제이다.

메인 경(卿)[8]은 동일한 문제의 다른 측면을 보았는데, 그는 고대에서 근대로 법의 발전을 '신분에서 계약으로 이동'(movement from status to contract)이라고 명명하였다.[9] 신분과 계약이라는 개념은 논리적으로 엄격히 서로 배타적인 법제도가 아니라 그 당시 사회구조의 배경에서 인식되고 결정되는 법질서의 구조와 권리의무의 분배에 대한 다양한 기본원리일 뿐이다. 친족원리에 기초하고 있기 때문에 가족과 혈통에 따라 조직된 사회라면 그러한 사회에서 법에 대한 관여는 사회의 소속과 그 신분서열에 좌우된다. 신분이 권리능력을 결정한다. 즉, 구체적으로 결정되는 권리와 의무, 사회적 신분 차이에 기해 분배되는 자유의 제한으로 차등화된 방법으로 권리능력이 부여되는 것이지, 모든 사람에게 주어지는 것이 아니다. 초기에는 사회의 가족 중심적인 구조가, 후기에는 봉건적 신분구조가 구체적인 권리의무의 분배를 규율한다. 예컨대 누가 누구와 결혼을 할 수 있고, 누가 사냥을 할 수 있으며, 누가 장사를 할 수 있는지, 누구는 걸어가야 하고, 누구는 말을 타고 가며, 누가 군 복무를 해야 하는지는 신분에 의해서 결정된다. 이러한 사회구조는 분배에서 그 실체를 가지고 있는 것이다.

---

8) 진화와 사회의 사상사적 맥락에서 메인의 지위에 관해서는 J. W. Burrow, *Evolution and Society, A Study in Victotian Social Theory*, Cambridge UK., 1966, S.137 ff. 참조.

9) *Ancient Law, Its Connection with the Early History of Society and Its Relation to Modern Ideas*, 1861, The World's Classics판 London/New York/Toronto, 1954, S.141에서 인용. 이에 관한 최근 평가로는 Manfred Rehbinder, "Status – Rolle-Kontrakt. Wandlungen der Rechtsstruktur auf dem Wege zur offenen Gesellschaft", in: *Festschrift für Ernst E. Hirsch*, Berlin, 1967, S.141~169; 축약되었으나 심화된 같은 글, Hirsch/Rehbinder, a.a.O., S.197~222 참조.

그렇지만 점진적으로 사회가 발전하여 사회체계가 고도의 복잡성을 띠게 되면서 경제규모가 확대되고 상호의존성이 증대하여 법률관계가 강하게 유동화되며 전래적인 단순한 결합은 국지적으로만 유효하기 때문에 이러한 결합은 해소되고, 그래서 종래의 권리와 의무의 분배에 필요한 사회구조적인 전제는 해체되었다. 정치적 지배는 성(性)과 출신의 구질서에서 해방되고, 더 넓은 자유와 유동성이 개인에게 보장될 수 있게 되었다. 통혼권과 통상권(通商權, *ius connubii ac commercii*)이 확대되고, 결국 권리능력 그 자체가 보편적으로 되었다. 18세기 말 모든 사람은 신분질서의 해소와 함께 추상적인 인격으로서 법주체가 된다. "왜냐하면 누구나 사람이지, 유대인, 구교도, 신교도, 도이치인, 이탈리아인이 아니기 때문이다."[10) 그 결과 권리의 분배를 구체적으로 정해진 사회구조와 연계하는 것은 사라졌다. 새로운 분배수단은 계약이다. 자유주의적인 계약관념에 의하면 계약은 미지의 사람들이 서로 신속하게 이해할 수 있도록 해주는 명확한 계약유형, 상호침해를 방지하는 규정, 예측 가능하게 기능하는 재판제도를 전제로 한다.

'신분에서 계약으로 이동'에도 구조적으로 허용되는 가변성의 증가와 관련된 우리의 공식이 적용될 수 있다. 사회구조와 구체적 법구성(法構成) 사이의 관계는 사정에 따라 자유롭게 변경할 수 있는 계약상의 처분이라는 개입을 통해 촉진된다. 사회적 차별이 있는 주류는 사회적 차별의 안정화와 법의 확신력 때문에 발생할 수 있는 높은 위험을 포함하고 있지만, 그전과 달리 법은 더 이상 사회적 차별이 있는 주류와 직접적으로 혼동되지 않는다.[11) 계약부문은 개인들이 산발적으로 행사하는 처

---

10) 국가를 위태롭게 하는 세계주의에 대한 경고를 부가하고 있긴 하지만 Georg Wilhelm Friedrich Hegel, *Grundlinien der Philosophie des Rechts*, §209이 이렇게 기술하고 있다.

11) 예외는 있다. 자유주의적 국가론과 사회론에 가장 중요한 예외는 기본권제도

분에 의한 유연성을 강조하고 있다. 이는 단편적이고 부적절하며 복잡한 사회의 구조적 요청에 대한 법의 적용이라는 문제에서 나오는 한 단면일 뿐이다.

한 세대 이후 이처럼 사회구조의 기반과 전혀 무관한 개인의 의지와 이익 계산을 법으로 전환시킨 계약이라는 중심테마는 법사회학을 갱신하고 심화시켜서 사회학적으로 전개할 수 있는 계기를 부여하고 있다. 뒤르켐은 계약의 비계약적인(즉 사회적) 기초에 대한 논점을 지적하였다.[12] 분업에 의해 분화된 사회에서 계약적 규율이 확산되었지만, 법이 도덕적 규칙으로서 사회의 '연대성'의 표현이라는 것에는 변한 것이 아무것도 없다. 필요한 연대성의 형태와 법은 당시의 사회적 분화의 형태에 의해서 결정되고, 이것은 물론 사회 그 자체의 발전과 함께 변동한다. 뒤르켐은 이러한 발전을 사회구조가 **분절적 분화**(segmentäre Differenzierung)에서 **기능적 분화**(funktionale Differenzierung)로 점진적으로 변동해가는 것으로 보고 있다. 분절적 분화는 사회의 복잡성 정도가 동일한 또는 유사한 단위로 나누어지는 것을 말한다. 기능적 분화는 사회가 분업적으로 각각 특별한 기능을 수행하는 다양한 부분체계로 분리되어 사회의 복잡성이 증대하는 것을 의미한다. 사회가 주로 분절적으로 분화된 경우, 그 사회는 공통된 내용의 집단의식을 통하여 도덕적 규율의 형태로 통합되고, 그 도덕적 규율의 위반에는 억압적으로 반응한다. 사회는 기능적 분화를 통해 집단적 표상의 공통성이 해소되는 대신, 어떤 유기체의 종류에 다른 부분의 결합을 가능하게 하는 유기적 연대가 나타난다. 법의 구조는 억압적 제재(repressive Sanktion)에서 복구적

에 있다. 물론 사회의 기능적 분화에 대한 직접적인 근거는 고전적인 말씀론에서가 아니라 법사회학적 분석에서야 비로소 분명하게 된다. Niklas Luhmann, *Grundrechte als Institution. Ein Beitrag zur politischen Soziologie,* Berlin, 1965 참조.

12) Durkheim, a.a.O., 특히 S.177 ff. 참조.

제재(restitutive Sanktion)로 변동한다. 복구적인 제재는 단순히 손해를 제거하고, 이로써 각 부분이 다시 기능하게 되는 것에 그치고, 집단의식의 침해에 대해서는 보복하지 않는다. 또 공분(公憤, *colère publique*)을 불러일으키지 않는 대신 사회적 분화와 부분체계의 충분한 특화가 손해의 한계와 배상의 전제조건으로 필요한 것이다. 뒤르켐은 이러한 구조변동을 경험적으로 확인하고 사회구조와 법의 상호적인 변화에 대한 증명을 통해 그러한 상관관계를 실증할 수 있다고 생각하였다. 이러한 주장에 의하면 사회라는 대(大)체계의 차원에서 경험적인 법사회학을 정립할 수 있다.[13]

구조적으로 허용되는 복잡성의 문제가 잘 받아들여지는 이론이기 때문에 우리는 이에 대한 뒤르켐 법사회학의 주된 문제점을 검토한다. 뒤르켐에게 결정적인 것은 체계분화의 태양이고, 법의 형태는 단지 부차적으로 그것과 결부되어 있을 뿐이다. 법위반을 처리하는 문제에서 출발하기 때문에 법적인 문제가 핵심적 측면에서 파악되지만,[14] 다시 그것은 단편적이고 부적절하게 다루어지고 있다. 법위반을 그 결과의 정도에 따라 판단하는 한, 복구적인 제재는 억압적인 제재보다 더 가변적이고 구체적으로 예측가능하기 때문에 상대적으로 적응성이 높다. 그러나 적응성과 대체가능성이라는 장점은 현대사회의 법이 제공해야 하는 많은 것 중 하나일 뿐이다.

마르크스, 메인, 뒤르켐의 법사회학적 관심에서 나타나는 특징을 개

---

13) 최근의 연구에서 이러한 명제는 상당한 비판과 대폭적인 수정을 받아야만 했다. 특히 Richard D. Schwartz/James C. Miller, "Legal Evolution and Societal Complexity", *The American Journal of Sociology* 70, 1964, S.159~169 참조.

14) 다음 장에서 우리는 실제로 기대위배에 대한 처리문제가 법형성(Rechtsbildung)에 기본적인 의미가 있다는 것을 보게 될 것이다(이 책 133쪽 이하, 151쪽 이하 참조). 뒤르켐 그 자신에게는 논거가 기대위배체험을 순전히 생리학적으로 처리하는 것으로 전락한다(Durkheim, a.a.O., S.64 ff.).

관하면, 그것이 충분하게 논의되고 있진 않지만, 그 저변에 깔린 진화적인 문제설정에 근거한다는 것이다. 각각의 주된 이론적(항상 이론적인 것은 아니지만) 관심은 단지 부분적인 측면을 비추기 때문에 이들을 서로 비교해보면서 그것을 보충할 필요가 분명해질 것이다. 우리가 막스 베버와 조우하는 경우에도 그러한 상황은 다르지 않을 것이다.

우선 베버 전집의 일부로서 편집·출판된 『법사회학』(Rechtssoziolgie)[15]을 보면 이 책에 인용되고 있는 많은 세세한 역사적 자료에서 중요한 인식론적 시각이 드러나는데, 그것은 바로 유럽의 특히 근대사회발전의 기본적 경향으로서 합리화에 관한 문제이다. '세계의 탈주술화'(Entzauberung der Welt), 합리적인 세계관계의 형성, 특히 '자본주의' 경제의 건설은 법적 측면에서 그 전제이자 결과이다. 법은 그 성질상 실질적인(윤리적으로 확정된 내용을 가진 복지주의적인 또는 공리주의적인) 것이 우선시되는 법에서 형식적인(개념적으로 추상적이고 세분화되며 절차에 따라 최적화할 수 있는) 것이 우선시되는 법으로 개조되어야 한다.

이것이 무엇을 의미하는가는 부가어로 사용되고 있는 '형식적'과 '실질적'이라는 개념에서 나타나지 않는다. 이러한 표지를 가지고 예측할 수 없는 상황에 더 잘 적응하는 실질적으로 유연한 법을 위하여 의식적(儀式的)인 형식주의가 점차 해소되는 현상이 발생한다는 반대견해를 주장할 수도 있다. 반면 베버는 법규범의 구조가 점차 분리되고 자립되어 가는 현상, 즉 다른 사회적 구조와 기대와의 결합에서 분리되어 개별적인 기능적 관점에서 정밀하게 되는 발전현상을 인식하였다. 그래서 법의 운용에서 개인의 자의적 요소(카디 재판)와 국외자에게 알려지지 않

---

15) *Rechtssoziologie*(Hrsg. Johannes Winckelmann), Neuwied, 1960; 그 외 *Wirtschaft und Gesellschaft*, Studienausgabe, Köln/Berlin, 1964의 같은 제목 참조.

은 소집단의 전통적인 풍속 및 도덕관념이 제거되었다. 이렇게 되는 경우에만 장기적이고 광범위한 투자에 대하여 법적으로 신뢰할 수 있고 확실하며 예측가능한 기회를 제공할 수 있게 된다. 이렇게 될 때에만 복잡하게 얽혀 있는 목적/수단의 연쇄관계가 붕괴되지 않고 모든 관련 분야에서 정돈되고 보장할 수 있다. 요약하면 각자에게 추상적으로 예측가능한 기회가 보장되고 이러한 예측가능성은 점차 복잡해지는 사회적 환계를 유지하며 구체적 신뢰 및 깊은 상황과 인간에 대한 조예라는 과거 형식을 대체하게 된다. 일차적으로 이렇게 재구성된 법에서만 복지적인 목적이 부차적으로 이루어질 수 있고, 그 목적의 달성은 합법적으로 기획된 예측가능한 행정기구를 전제로 한다.

이런 식으로 설명하는 것이 우리가 앞에서 이미 언급한 법사회학적 분석, 예컨대 소유권에 의해 보장되는 결정권능이라는 테마와 명확성이 유지되는 가변성을 허용하고, 서로 잘 알지 못하는 사람들 사이의 거래를 가능하게 하는 계약이라는 테마 또는 법적 기제의 특수성과 비인격성을 증대시키라고 요구하며, 제재 기제를 손해배상에 한정하라고 요구하는 사회적 분화라는 테마와 어떻게 결합하는가를 인식하는 것은 매우 쉬울 것이다. 베버의 분석에 관하여 여기에 소개되는 것보다 구체적인 자료는 풍부하지만, 그것은 이를 주도하는 관심에 따라 편면적으로 강조되었고 이론적 기초도 충분하지 않다고 평가된다. 무엇보다도 베버의 분석에는 개인적 행위와 분리될 수 있는 사회의 합리성이라는 관념이 결여되어 있다.

훨씬 인상적인 것은 탤컷 파슨스가 뒤르켐과 베버와 마찬가지로 일반 법사회학이라고 명명할 수 있는 일반사회학이론을 위한 단초를 찾을 가능성을 보았다는 것이다. 파슨스의 일반사회학이론은 규범적 구조의 불가피성에서 사회체계를 규정하려 하고 있다. 여기에서 파슨스의 관점에서 뒤르켐과 베버를 한 번 더 고찰해보는 것은 가치가 있다.[16)]

파슨스는 뒤르켐과 베버 이전의 사상적 입장에서는 법이 올바르게 다루어질 수 없었고, 이러한 문제를 둘러싼 독자적인 사회학이론의 첫 번째 기반들이 제대로 결정되었다는 점을 강조하고 있다. 파슨스에 의하면, 공리주의는 야생적인 개인주의적 이익관점에서 출발하고 있는데, 이러한 관점에서는 사회적 가치의 '집적'(集積)이라는 문제를 해결할 수 없다.[17] 뒤르켐은 사회적 규범의 객관적인 실체라는 테제를 제시하였다. 유물론적 사회관이나 형식적-개별기술(記述)적 역사관으로 규범과 이익의 일반적인 상관관계를 파악하지 못한다.[18] 이에 반해서 베버는 사회적 행위의 분석과 이에 기초해서 구성한 이념형을 제시하였다. 뒤르켐과 베버의 이론 속에서 파슨스는 규범에 의한 행위의 사전적 규율을 인식하였고, 법을 최소한의 강제질서로 파악하는 것이 아니라 실질적인 (즉 규범적으로 규율되는 것이 아니라 '근원적인') 이익의 이데올로기적 표현으로 또는 역사적·해석학적 해석대상으로 환원하는 데에 성공하였다.

뒤르켐은 규범적인 소당연(Sollen)이 분화된 사회질서를 통합하고 정상행위뿐만 아니라 일탈행동, 아노미적 행위 및 자살까지도 규정한다고 하였지만, 이러한 규범적 소당연의 독자적인 사회적 실체의 증거를 얻지 못하였다. 무엇보다 그는 법개념을 구체화하지 못하였다. 그래서 뒤르켐

---

16) 파슨스의 논의에 대한 완전한 해설로서 Talcott Parsons, *The Structure of Social Action*, New York, 1937; Ders., "The Place of Ultimate Value in Sociological Theory", *The international Journal of Ethics* 45, 1935, S.282~316 및 법사회학에 대하여 특별한 시각을 가지고 있는 것으로서 Ders., "Unity and Diversity in the Modern Intellectual Disciplines. The Role of the Social Science", in: Ders., *Sociological Theory and Modern Society*, New York, 1967, S.166~191 참조.

17) 여기서 파슨스는 벤담류의 공리주의를 뒤르켐 이전의 사상적 입장으로 파악하고 있다——옮긴이.

18) 여기에서 파슨스는 마르크스류의 유물론과 형태론적 개별기술적 역사주의를 베버 이전의 사상적 입장으로 파악하고 있다——옮긴이.

의 영향 아래에 있는 프랑스 학자에게는(파슨스의 경우는 별도로 하고) 법사회학이론과 일반사회학이 서로 혼동되고 있다.[19)

베버의 경우는 그 사정이 반대인 것 같다. 베버의 법사회학은 더 함축적인 형식을 가지고 있는데, 그것은 이러한 더 좁은 테두리에 있는 법에 대한 사회학적 개념을 위해 베버가 했던 이론적 기여를 수용하지 못하고 있다.[20) 이러한 의미에서 베버의 '법사회학'은 베버의 법사회학이 아니다.[21) 베버의 진정한 공적은 주체 관련적 행위개념으로 철저하게 돌아갔다는 것에 있다. 인간의 행위는 존재적-본성적-징표적으로 기술되는 것이 아니라 '품고 있는 의미'에 의해 정의된다. 즉 인간의 행위는 행위 주체에 의해 명인(明認)되어야 하는 그 무엇으로 이해된다. 모든 행위는 주체에 의해 선택되기 때문에 그것은 처음에는 불확정적이지만 달라질 수도 있다. 사회질서를 욕구와 관련된 자유의 제한으로 파악하는 것이 아니라 행위의 불확정성에 대한 제한으로 파악하는 것이 필요하다.

---

19) 에밀 뒤르켐의 유고저작인 *Leçons de sociologie, physique des moeurs et du droit*, Paris, 1950; René Hubert, "Science du droit, sociologie juridique et philosophie du droit", *Archives de philosophie du droit et de sociologie jurisdique*, 1931, S.43~71(특히 55 ff.); 그 밖에 이러한 경향에 대한 해설로서 François Terré, "La sociologia giuridica in Francia", in: Renato Treves(Hrsg.), *La sociologia del diritto*, Mailand, 1966, S.303~343(310 ff.) 참조.

20) 귀르비치는 베버의 법사회학이 너무 좁고 법말씀론에 너무 밀접하게 연계되어 있다고 비판한다(Georges *Gurvitch, Grundzüge der Soziologie des Rechts*, Neuwied, 1960, S.37 ff.). 이에 대하여 파슨스는 그의 전체 저서들 중에서 베버의 법사회학이 중심적인 지위를 차지하고 있다고 한다(Talcott Parsons, "Wertgebundenheit und Objektivität in den Sozialwissenschaften. Eine Interpretation der Beiträge Max Weber", in: *Max Weber und die Soziologie heute. Verhandlungen des 15. Deutschen Soziologentages*, Tübingen, 1965, S.39~67(54 ff.)).

21) 이것은 예컨대 베버가 그의 *Rechtssoziologie*, a.a.O., 1960, S.53 ff.에서 사회학적-경험적 법개념과 법학적-규범적 법개념의 구분을 고수하고 있지만, 행위개념에서 이를 혼동하고 있다는 것에서 알 수 있다.

즉 어떤 행위자가 자신이 생각하고 있는 행위의 품고 있는 의미를 타인의 품고 있는 의미와 연관시키는 순간 그 행위에 동기 부여되는 환원으로 파악하는 것이 필요하고 또 그렇게 되어야 한다. 그러나 베버는 행위자가 평가를 수용한다는 신칸트학파의 문화개념에서 사용하는 인식론적 맥락과 지배개념에서 사용하는 옛날 방식의 사회학으로 불확정성의 문제에 답하고 있다. 이러한 점에서 우선 베버는 규범적 소당연의 사회학적 이론을 전개시킬 가능성[22]을 이용하지 않았다.

이러한 전개를 하기 위해 진기하고 의아스러운 주장이 필요했다. 즉 그것은 베버와 뒤르켐이 근본적으로 동일한 사회학이론을 대표한다는 주장이다. 파슨스가 이러한 착상을 했고 그 착상을 유용하게 하는 방법도 알았다. 뒤르켐과 베버에 대한 파슨스의 해석이 가진 학문사적 적합성에 관해서는 여기서 판단할 필요가 없을 것 같다. 파슨스는 하나의 수렴현상을 증명하려고 노력하면서 그 자신의 독자적인 사회학 이론을 위한 동기와 자료를 찾았다. 그의 사회학이론은 뒤르켐의 규범실재주의 (Durkheimschen Normrealismus)와 베버의 의미주관주의(Weberschen Sinnsubjektivismus)를 초월하는 것으로서 처음부터 더 높은 추상화 수준에 근거를 두고 있음이 틀림없다.

파슨스는 뒤르켐류(à la Durkheim)의 사회 규범구조의 객관성과 베버류(à la Weber)의 주관적 행위의 불확정성을 관련시켰다. 파슨스의 중요한 테제는 각 행위의미를 주관적으로 선택할 수 있는 다수 행위자가 서로 관련된 하나의 상황에서 행위를 하려 할 때 상호간의 행동기대가 통합되는데, 이러한 통합은 지속적이고 학습가능하며 내면화할 수 있는 규범 안정성에 의해 실현될 수 있다는 것이다. 그렇지 않다면 두 주체 간의 의미합치라는 '이중의 불확정성'은 극복될 수 없고, 그 기대의 '상호보완

---

22) 자세한 것은 이 책 132쪽 이하 참조.

성'이 확립될 수 없다.[23] 파슨스는 모든 지속적인 상호작용은 항상 규범을 전제로 하고, 이러한 규범 없이는 체계가 있을 수 없다고 주장했다.

이러한 논증이 어디까지 지지될 수 있는가? 법사회학에서 영향은 무엇인가?

파슨스의 논증은 사회체계에서 규범의 불가피성에 대한 기능적 논거로서 설득력이 있다. 그러나 초기에는 불확실하였지만,[24] 만약 파슨스가 오늘날 사회체계의 구조가 규범적 기대로 구성되어 있고,[25] 그래서 다른 종류의 사회구조는 사회체계에서 배제되어 있다고 주장한다면 그것은 설득력이 있다고 할 것이다. 이 견해에 의하면 기능분석적이고 규범 관련적인 행위로 환원되는 사회체계의 개념이 불가피하게 된다. 그러나 이러한 행위개념의 일면성은 사회학에서가 아니라 포괄적 행위론에서만 보정될 수 있다. 규범적 구조와 다른 예를 들면 인지적 구조의 관계

---

23) Talcott Parsons/Edward A. Shils(Hrsg,), *Toward a General Theory of Action*, Cambridge MA., 1951, S.14 ff., 105 ff.에 있는 기본적인 기술 참조. 이러한 명제에 대한 자세한 비판에 관해서는 이 책 107쪽 이하 참조.

24) 예컨대 Parsons/Shils, a.a.O., S.105: "…… 공통문화, 상징체계는 반드시 어떠한 면에서 타인에게 규범적인 의미를 가지고 있다." 이것은 사회체계의 구조에서 규범적 구성요소가 어느 정도 확산되는지를 미정으로 놓을 만큼 그 명제를 상당히 약화시키는 파슨스의 문체에 전형적이고 전략적인 애매성의 하나이다.

25) Talcott Parsons, "Durkheim's Contribution to the Theory of Integration of Social Systems", in: Kurt H. Wolff(Hrsg.), *Emile Durkheim*, 1858~1917, Columbus/Ohio, 1960, S.118~153(121 ff.): "한 사회 또는 인간사회체계의 구조는 사회체계에 제도화되어 있으며, (동일하지는 않지만) 개개 구성원의 개성에 체화된 규범적 문화의 유형에 그 본질이 있다." 이러한 규범과 구조를 동일시하는 근거를 예컨대 Joachim E. Bergmann, *Die Theorie des sozialen Systems von Talcott Parsons. Eine kritische Analyse*, Frankfurt, 1967과 같은 비판자는 잘못 알고 있다. 파슨스가 (문화, 인격, 유기체와 달리) 사회체계를 통합적 기능에 특화되고, 그래서 규범적으로 구조화되어 있는 것으로 표상하는 것을 가능하도록 하는 행위체계(Handlungssystem)의 일반이론을 연구하는 데에 그 원인이 있다. 파슨스에 의하면 다른 종류의 구조는 전체적인 행동체계(Aktionssystems)의 다른 부분체계에 속한다.

에 관한 문제는 행위체계를 구성하는 여러 가지의 분석적 부분체계(문화, 사회체계, 인격체계, 유기체)의 관계에 대한 문제로 해소된다. 파슨스는 이러한 방법을 문제떠넘기기기법이라고 한다. 불확정성의 문제에는 규범적 소당연의 특별한 기능, 그리고 거기에서 법의 특별한 기능을 해명할 가능성이 숨어 있다고 하지만, 이러한 가능성은 전개되기보다는 차단되어 있다.

이미 잘 알고 있는 바와 같이 법사회학의 발전이 저조하다고 하지만, 사회체계이론과 결부된 분야의 법사회학이 과도하게 발전하였다. 사회체계이론에서는 근년에 구조와 사회발전의 상관관계가 중요성을 얻고 있고, 여기에서 상징적으로 고정된 안정성을 가진 문화체계에서 이루어진 일반화 작용이 지도적인 지위를 차지하고 있다.[26] 언어·문자·관료적 지배·화폐제도 등과 같은 진화적 성과 외에, 법(예컨대 정치적으로 독립된 사법작용 및 일반적으로 적용 가능한 규범)도 언급되고 있으나, 아직 그 연구가 충분하지는 않다. 이러한 방향에서 시도된 개괄적인 고찰은 정밀성과 신빙성에서 마르크스 이래 수집된 단편적 지식수준을 넘지 못하였을 뿐만 아니라 이에 도달조차 못하고 있다.

이 개관을 완수하기 위하여 뒤르켐, 베버와 동시대 학자인 오이겐 에를리히에게 눈을 돌려볼 필요가 있다. 에를리히는 그 당시 진보적 법률가들이 가지고 있는 시각과 동일한 시각을 가지고 있었다. 그 당시의 개념법학은 바로 흠결 없는 규제적 개념체계에서 나오는 추론을 기반으로 모든 법적 사건을 판결할 수 있다고 믿고 있었다. 에를리히는 순수한 개념법학으로는 불충분하다고 생각하였다. 즉, 산업사회에 대한 초

---

26) 특히 Talcott Parsons, "Evolutionary Universals in Society", *American Sociological Review* 29, 1964, S.339~357; Ders., *Societies, Evolutionary and Comparative Perspectives*, Englewood Cliffs/N.J., 1966; Ders., *The System of Modern Societies*, Englewood Cliffs/N.J., 1971 참조.

기 경험이 생생하게 나타나 있고, 법에는 문제를 해결하고 사회적 변화에 대하여 끊임없이 적응할 필요성이 요구되는데, 해석적이고 개념 분석적인 수단만으로는 이러한 필요성에 대처할 수 없다는 것이 분명하게 된다. 그러나 이러한 경험은 부코비나(Bukowina는 도이치어 및 폴란드어의 표기인데, 루마니아어로는 Bucovina. 헝가리어로 Bukovina. 우크라이나어 및 러이사어로 Буковина로 표기되는 현재 루마니아와 우크라이나로 나뉘어져 있는 동부 카르파티아인의 북쪽 비탈에 인접해 있는 평원의 지명이다.—옮긴이)에 살았던 에를리히에게는 다른 사회학적 법학의 주장자들[27]에게만큼 전형적인 것은 아니었다. 규범의 해석에서 이익을 중요시하는 사회학화된 법학에 만족하였던 루돌프 폰 예링(Rudolf von Jhering, 1818-1892), 필립 헥(Philipp Heck, 1818-1943), 로스코 파운드(Roscoe Pound, 1870-1964)와 같은 법학자들[28]과는 달리 에를리히(Eugen Ehrlich, 1862-1922)는 그의 저서 『법사회학의 기초』(*Grundlegungder Soziologie des Rechts*, 1913)[29]에서 법사회학에 기초해서 법학을 정립하였다. 에를리히에 의하면 법이란 사회단체에서 실제적인 행동을 조직하는 것이고 사회생활 속에서 성립하는 것이다. 그래서 그 중심은 사회 그 자체, 그리고 사회의 실제적인 변동에 있다. 법률가가 만든 개념과 법규에서 도출된 법, 특히 국가 제정법은 2차적이고 파생된 것이며 결함이 있고 언어로 표현된 현상이다. 따라서 법률가법과 국가법

---

27) 예컨대 같은 시대의 법관 또는 법이론가인 홈즈(Oliver W. Holmes), 파운드, 브랜디스(Louis D. Brandeis) 또는 카르도조(Benzamin N. Cardozo)와 같은 사회학적 법학자들.

28) 도이칠란트의 논의로는 Johann Edelmann, *Die Entwicklung der Interessenjurisprudenz*, Bad Homburg/Berlin/Zürich, 1967 참조.

29) 재인쇄 Berlin, 1967. 기본사상에 대한 체계적인 입문서로는 Manfred Rehbinder, *Die Begründung der Rechtssoziologie durch Eugen Ehrlich*, Berlin, 1967 참조.

을 취급하면서 의문이 있는 경우에는 기초적인 사회의 법으로 되돌아가야 한다.

　이러한 진취적인 주장은 법률가에게 경종을 울리지만, 사회학자에게 각별한 감명을 주지 못하였다. 사회학적으로 본다면 법은 사회의 법이고 사회와 더불어 변한다는 것이 자명하기 때문이다. 따라서 법률가법과 국가법도 사회 내에서 형성되는 법이므로 사회 외부에서 파악될 수 없고, 법률가법 및 국가법에 반하는 우선적 지위는 형성될 수 없다. 에를리히가 시대에 뒤떨어진 관점이라고 할 수 있는 국가와 사회의 구분을 논하고 있는 이유는 실제 사회 내부에서 역할과 체계의 분화에 있다고 할 것이다. 에를리히의 사회학적 의도, 즉 전(前)법적인 사회적 삶의 '법사실'(Rechtstatsaehen)에 관한 연구는 이론적으로 충분하게 논거되지 못하였고 비교적 수확이 없었으며 그의 법개념도 명확하지 않다.[30] 그러나 에를리히는 말씀론적인 사고상(dogmatischer Denkfiguren)의 법학적 관용과 법률전문가의 자율성[31]을 철저하게 조명하여 이러한 역할분화의 문제에 대하여 흥미로운 해명을 하고 있다. 에를리히의 고찰은 역할분화의 사회적 기능과 그 성과 및 복잡한 사회에서 법을 조작하는 역할분화의 불가피성에 관한 통찰로 보완되어야 한다.

---

30) 기대위배체험, 즉 위반에 대한 심리적·사회적 반응에서 법의 특수성을 규정하려는 시도(Grundlegung, a.a.O., S.131 ff.)가 가장 주목할 만하다. 에를리히의 이러한 시도는 그 불명확성 때문에 법률가들로부터 조소와 경멸을 받았다. 이것은 이 책 96쪽에서 언급된 뒤르켐의 접근방법과 이 책 133쪽 이하 및 151쪽 이하의 논거와 비교될 수 있다.

31) 이에 관해서는 완결되지 않은 에를리히의 후기 논문 Eugen Ehrlich, "Die richterliche Rechtsfindung auf Grund des Rechtssatzes", *Jherings Jahrbücher für die Dogmatik des bürgerlichen Rechts* 67, 1917. S.1~80(이 글은 Ders., *Recht und Leben. Gesammelte Schriften zur Rechtstatsachenforschung und zur Freirechtslehre*, Berlin, 1967, S.203 ff.에 재인쇄되었음); Ders., *Die juristische Logik*, Tübingen, 1918 참조.

법률전문용어의 상대적 자율성과 고유 법칙, 입법자에 의한 조절 가능성과 그것의 기능적 특화가능성, 사회적 작용에 대한 개방성 및 일정한 집단의 수중에 있는 권력적 가치, 필요한 노력, 시간, 경비, 지력 등의 비용 및 그 합리화 가능성과 자동화 가능성에 관한 문제들은 모두 사회학적으로 흥미로운 문제영역이다. 그동안 이러한 영역에서 에를리히를 근본적으로 능가하는 진전은 거의 없었다. 그중에서도 비교법적 말씀론(Dogmatik) · 법제도 · 법원칙 · 규범 · 논증규칙 등 기능적으로 체계 관련적인 문제에 대한 답을 찾는 데 더 큰 발전을 한 것이 가장 괄목할 만하다.[32] 여기에는 법학 말씀론의 소박한 사용을 벗어나는 기능적인 추상양식을 위한 법이론이 있다. 그러나 법학 말씀론은 어디서부터 이러한 문제들이 발생하는가? 『외국사법 및 국제사법 잡지』(*Zeitschrift für ausländisches und internationales Privatrecht*)에서는 이러한 과제가 이미 법사회학에 속한다고 한다. 왜냐하면 법사회학이 법비교학을 위한 '원언어'(源言語)이기 때문이다.[33] 그러나 사회학자는 『외국사법 및 국제사법 잡지』를 읽지 않는다.

이제 법사회학을 위한 고전적 단초들의 공통적인 특성 몇 가지를 요약할 수 있다. 즉 법은 그 자신에 의해 규정되거나 상위규범과 원칙에 근거해 규정되는 것이 아니라 사회와의 관계에서 규정된다는 것이다. 법과 사회의 관계는 법원(法源)의 위계질서라는 전통적인 의미로 해석되는

---

32) Josef Esser, *Grundsatz und Norm in der richterlichen Fortbildung des Privatrechts*, Tübingen, 1956 참조.

33) Ulrich Drobnig, "Rechtsvergleichung und Rechtssoziologie", *Zeitschrift für ausländisches und internationales Privatrecht* 18, 1953, S.295~309. 더 상세한 설명은 Jerome Hall, *Comparative Law and Social Theory*, O. O. (Louisiana State UP), 1963; Andreas Heldrich, "Sozialwissenschaftliche Aspekte der Rechtsvergleichung", *Rabels Zeitschrift für ausländisches und internationales Privatrecht* 34, 1970, S.427~442 참조.

것이 아니라(물론 법률가인 에를리히가 이러한 생각에 가깝다는 것이 곤혹스럽지만 사회는 자연법을 대신하는 것이 아니다) 진화론적 변화에 복종하고 인과관계와 같이 경험적으로 검증될 수 있는 상호관계로 이해된다. 씨족의 해체와 기능적 분화로의 이행, 현대적 경제과정의 복잡성 및 성공적이고 합리적인 보편행태의 조건에 더 강조점이 있다고 하지만 전적으로 진화는 사회적 복잡성의 증대로 이해된다(또는 적어도 묵시적으로 전제된다). 그리고 법은 이러한 발전과정을 함께 결정하는, 또는 이러한 발전과정에 의해서 함께 결정되는 요소이다. 법은 변화 요구에 적응하면서 이러한 발전과정을 지원한다. 그러나 이러한 요구는 더 높은 사회적 복잡성과 가변성을 허용하도록 한다. 즉 사회는 더 많은 가능성을 갖게 되므로 그 사회의 법은 더 다양한 상황과 사건들에 구조적으로 호환하게 된다.

그러나 하나의 합테제(Synthese)를 허가할 수도 있었던 이러한 지도원리는 고전적인 법사회학의 이론이 아니라 공통적인 기본사상과 거의 일치하고 내부적으로 상이한 형태의 이론을 설명하는 자명한 배후 근거이다. 사회발전과 법발전의 상관관계를 충분하게 추상적으로 논의하는데에는 사회이론뿐만 아니라 법이론에도 적합한 개념적인 도구가 없었다. 그래서 각기 상이한 관점에 근거해 근대적 법현상의 개별적인 측면은 밝혔지만 그 전체, 즉 근대 법현상의 전부와 본질을 해명하지 못하는 부분적 분석에 그치고 말았다. 신기하게도 무엇보다 근대산업사회의 법을 특징짓는 현상인 법의 실정성의 문제는 거의 주의를 끌지 못하였다.[34]

---

34) 주목해야 할 것은 헤겔이 "새로운 법률의 내용에 따라 하나의 체계를 형성하는 것이 될 수는 없고, 현존하는 법률의 내용을 그 확정된 일반성에서 관찰하는 것 즉 그것을 사고로서 파악하는 것"은 자명하다고 하면서 시민사회에서 법은 실정법이 된다고 이미 강조하였던 점이다(*Grundlinien der Philosophie des Rechts*, §211). 헤겔의 이러한 기술은 '입법을 위한 우리 시대의 소명(召命)'(Berufe unserer Zeit zur Gesetzgebung)에 대한 자비니(Savigny)의 회의에 명백하게 반

19세기부터 역사에서 처음으로 입법을 통한 법의 변화는 법 자체의 내재적 구성요소이고 지속적·일상적 사항으로서 취급되었으며 법은 원칙적으로 가변적인 것으로 간주되었다. 이러한 전환은 사실상 법사회학의 성립과 함께 진행되었다. 그럼에도 법사회학은 바로 이러한 것들을 다 비켜갔다. 즉 마르크스는 입법을 계급지배의 도구로서 취급하였고, 뒤르켐은 이러한 전환에 거의 유의하지 않았으며,[35] 베버와 에를리히는 법을 적용하는 행정기관과 법원의 관점에서 이러한 전환을 보았고, 파슨스는 법체계의 자율성(정치적으로 조작된 실정성에 대한 대항)을 진화의 결정적인 성과로 생각하였다. 법사회학과 입법 사이의 관계는 공개적으로 적대적이지는 않았어도 무관심하고 냉담하였다.[36] 그래서 학자들은 '입법자가 전능'하다는 법학적으로 잘못 이해되는 테제(이러한 테제에 의하면 법학적 사고맥락에서는 오직 법적으로 정해진 입법조건만이 제정법의 타당성에 대한 이의를 정당화할 수 있다고 주장하려고 한다)를 타파하는 데에 만족하였다. 오늘날까지 법의 실정성에 관한 사회학적 이론을 위한 공통분모에 해당하는 단초가 없다. 실증주의 논쟁(Die Positivismus-Debatte)[37]은 법률가들에게 남겨졌고, 그들의 수중에서

대하는 것이다. 그러나 헤겔에게는 법률의 실정성이 부단한 가변성을 가지고 있지 않다는 것도 보여준다.

35) 레옹 뒤기(Léon Duguit, 특히 in: *L'état, le droit objectif et la loi positive*, Paris, 1901)가 뒤르켐의 사회학에 근거해 실정법 이론의 개발을 시도하였던 것은 주목할 만하다. 그러나 이는 실정성이라는 현상을 잘못 해석한 것이다. 그에게 실정법은 사회적 연대를 직접적으로 표출시키는 것으로 간주되는 단지 전실정적인(vorpositive) '법규칙'(règle de droit)의 '확인'(constatation)일 뿐이다. 또 Jean Cruet, *La vie du droit et l'impuissance des lois*, Paris, 1908도 비슷하다.

36) Ehrlich, *Grundlegung*, a.a.O., S.330은 법관법을 압도하고 제정법이 전면에 나오는 현상과 관련하여 "이것이 어디에 연관되어 있는지 말하기 어렵지만, 어떻든 기뻐할 만한 현상은 아니다"라고 언급하였다.

37) 이것은 1961년 도이치 사회학회에서 칼 포퍼(Karl R. Popper, 1902-1994)와 테오도르 아도르노(Theodor Wiesengrund Adorno, 1903-1969; 본명은 Theodor

어쩔 수 없이 실정법의 정당성 근거에 관한 법내재적인 문제로 제한되었다.

이미 우리는 이러한 가장 중요하고 심각한 문제라고 할 수 있는 점에 대하여 고전적 법사회학이 실패한 원인을 파악하였다. 그 이유는 고전적 법사회학의 이론적 기초 부족, 즉 그 당시 사회학 이론의 발전수준에 있었다. 만약 고전적 법사회학이 사회의 복잡성 증대에 대한 법의 대처라는 문제를 정식화했다면 법의 실정화에 대한 기능과 불가피성을 인식할 수도 있었을 것이다. 그렇지만 고전적 법사회학에는 두 가지 방면에서 이를 위한 기초가 없었다.

먼저, 법형성의 원초적 과정, 소당연의 의미, 사회체계 구조의 구성요소로서 법의 기능이 해명되지 않았고, 오늘날에도 여전히 해명되지 않고 있다. 그러나 우리가 다음 장에서 시도하게 될 체계이론적인 고찰은 고전적 법사회학에서 알지 못하였지만 추상적·개념적인 도구의 집합과 고도로 복잡한 구조 안에서 발생하는 행위, 기대, 상호작용 및 체계형성

Ludwig Wiesengrund)의 발표가 발단이 되어 시작되었던 비판적 사회이론진영과 비판적 합리주의이론진영 간에 있었던 사회과학의 논리, 방법론 등에 관한 학문적 논쟁이다. 포퍼, 한스 알버트(Hans Albert, 1921-) 등이 그 대표격인 빈(Wien)학파로 불리는 비판적 합리주의이론 진영은 사회과학의 이론을 사실에 의한 검증과 반증의 연역적 방법을 연구자의 학문적 행위의 근간으로 하는 반증주의의 입장에서 자연과학과 사회과학의 방법론적 일관성을 주장하는데 반해서 아도르노, 위르겐 하버마스(Jürgen Habermas, 1929-) 등이 그 대표인 프랑크푸르트학파로 명명되는 비판이론 진영은 사회과학에서는 관찰대상인 인간의 행위와 그것을 관찰하는 연구자의 학문적 행위란 이미 사회관계에 매개된 것이기 때문에 객관성이 없다고 주장하면서 사회과학이 가지고 있는 특수성에 주의할 것을 촉구하고 있다. 이에 관한 자세한 것은 Thedor W. Adorno, Ralf Dahrendort, Jürgen Habermas, karl R. Popper, Der Positivismusstreit in der deutschen Soziologie, München 1979; Hans-Joachim Dahms, Positivismusstreit: Die Auseinandersetzungen der Frankfurter Schule Mit dem logischen Positivismus, dem amerikanischen Pragmatismus und dem kritischen Rationalismus, Frankfurt a.M. 1994 등 참조.——옮긴이

과 관련된 최근 연구의 지원을 받아서 명확하게 해결할 수 있는 문제영역에 바로 접근할 것이다.

다음으로, 법사회학이 탄생하였던 시기에는 사회이론은 몰락하고 있었다. 허버트 스펜서(Herbert Spencer)는 불신을 받았다. 사회를 유기체에 비유하였던 고대 유럽의 사유는 19세기 생물학에 의해 갱신되었지만 논란의 대상이 되었다. 그러나 이러한 논란이 잘못된 방향으로 나아가 불행하게도 그 핵심적인 문제점은 오늘날까지 해명되지 않고 있다. 그 문제점은 예컨대 화폐의 유통을 혈액순환과 비유하거나 범죄를 사회라는 신체의 병으로 비유한 것과 같은 부적절한 비유를 거부하는 데에 있지 않다. 물론 사회적 유기체라는 은유가 사회체계의 높은 구조적인 가변성을 제대로 처리하지 못한다는 점, 이를테면 법의 실정성을 파악하지 못하도록 하였다는 데에 문제점이 있는 것만은 아니다. 이것보다 더 결정적인 문제점은 유기체가 항상 '살아 있는 부분'으로 구성되어 있는 '살아 있는 전체'이므로 전체와 부분의 생명체 내에 통일성을 가지고 있다고 이해되었다는 것에 있다.[38] 그러나 이것은 사회를 지나치게 생명체처럼 이해한 결과 살아 있는 부분, 즉 구체적인 인간들로 구성된 생명체로 본다는 것을 의미한다. 고대 유럽의 사회철학과 법철학이 가지고 있는 인간성과 타당성은 사회와 법을 구체적인 인간과의 관계 속에서 파악하려 했다는 것에 기인하고 있다.

이러한 사유 단초는 사회학에는 부적합하고 너무나 구체적인 것으로 판명되었다. 사회학을 분석적이고 추상적인 학문이라고 할 때 그것은 주어진 사회체계 내에서 제기되는 각 문제에 알맞은 엄선된 이익을 구체적인 인간에게 제시할 수 있어야 한다. 그러나 이러한 점은 사회학이 사

---

38) René Worms, *Organisme et société*, Paris, 1895가 명시적으로 유기체의 개념을 은유의 기초로 사용하였다.

회와 법이라는 현상에 접근하는 것을 어렵게 만들었다. 의도적으로 분석적이고 엄격한 개념적 방법으로 기도되는 게오르크 짐멜(Georg Simmel, 1858-1918)과 레오폴트 폰 비제(Leopold von Wiese, 1876-1969)의 새로운 사회학은 사회개념을 없애거나 사회개념을 오히려 사회적 관계망으로 축소할 수 있을 것 같다. 이러한 추상화에 관한 관심은 '모든' 사회적 관계에 적용될 수 있는 방법과 개념을 더욱 지향하는 것이지만 그 추상화의 방향은 전체사회라는 '포괄적인' 사회체계에 관한 설명으로 나아가지 못하였다. 또한 방법론적인 이유 때문에 성공적인 연구는 미시사회적 수준에서 이루어지고 있다. 법사회학에 관해 유일하게 주목할 만한 새로운 출판물로서 테오도르 가이거(Theodor Geiger, 1891-1952)의 『법사회학을 위한 예비연구』(*Vorstudien zu einer Soziologie des Rechts*)[39] 는 규범을 전달하는 인과관계에 대한 경험적 연구로서 법사회학을 새롭게 정립하려 한 점에서 장점을 가지고 있다. 최근의 체계이론적 고찰과 진화이론적 고찰은 법사회학의 고전적 주제인 법과 사회의 관계로 회귀할 수 있는 가능성을 개척하고 있는 것 같다. 우리는 제3장에서 이와 연계하고자 한다. 우선 이들 양자 즉 사회적 발전과정에서 법형성과 법변화에 대한 체계이론적 및 사회이론적 사전고찰은 함께 법의 실정성을 파악하는 안목을 법사회학에 열어줄 것이다.

---

39) 제1판 Kopenhagen, 1947; 현재 Neuwied/Berlin, 1964.

제2장 법의 형성: 사회학적 이론의 기초

지금까지 제공된 어떠한 법사회학도 법의 뿌리까지 도달하지 못했다. 이들 방면에 나타났던 것을 대강 일별해 볼 수 있다. 소당연(Das Sollen)은 경험할 수 있는, 그러나 더 이상 분석할 수 없는 체험적 성질로서, 즉 법생활의 근본 '사실'(Grund 'tatsache')로서 전제되어 있다.[1] 그러므로 이미 이론적으로 유용한 문제제기로 나아갈 수 있는 통로가 막혀있는 것이다. 그렇다면 남아 있는 유일한 가능성은 다양한 유형의 사회적 관계를 구분하고 이들이 어디서 어떠한 상태로 나타나는가를 살펴보는 것이다. 요청 또는 의무감 없이 순전히 사실적인 관습(Gewohnheit)에서, 존중할 만한 가치 있는 행위인 관행(Brauchtum)과 풍속(Sitte) 그리고 미래행위에 대하여 규범적으로 형성된 기대로서 도덕률(moralische Regeln), 마침내 특수한 제한의 징표(Merkmal)를 의미하는 법(das Recht)이 정의된다. 관행과 풍속은 위법행위의 원인을 분별할 수 있는

---

1) 니콜라스 티마셰프가 "'Ought to be'(당연한 것, 해야 하는 것)는 일차적이고 최소한의 의식내용이다"고 표현한 것은 법사회학의 출발점이라고 할 것이다(Nicholas S. Timasheff, *An Introduction to be Sociology of Law*, Cambridge MA., 1939, S.68.). 또한 폴 보아난은 "여기서 규범은 분명히 사람들이 해야 하는 것을 명백히 의미한다"고 가장 단순하게 표현하였다(Paul Bohannan, *Social Anthropology*, New York, 1963, S.284).

소당연성이라고 할 수 있고, 도덕률은 규범의 일종으로 내적인 의무감이라고 할 수 있으며, 법은 분쟁을 강제적으로 결정하는 특수한 역할을 하는 존재 또는 위법행위 시에 제재를 가할 수 있는 대비수단 또는 이들 양자의 성격을 함께 가지고 있다.[2]

사실관계의 정확성과 일정한 방향설정적 가치는 이러한 규범유형론에서 부정될 수 없다. 그러나 이 유형론은 그 유형 이상의 다른 가능한 분류를 초월하지 못하고, 특히 다양한 규범유형들 사이의 기능적 상호의존관계와 발전방식에 관한 충분한 통찰을 제공하지 못하고 있다. 하물며 다른 인지적 구조·사회적 분화 등과의 상관관계에서는 더욱 그렇다. 이 유형론은 원시사회에 '무법적' 상태를 전제로 하여야 한다.[3] 이 유형론

---

2) 개개의 언어용례와 정의가 둘쭉날쭉하다. 예컨대 Rudolf von Jhering, *Der Zweck im Recht*, 6~8 Aufl., 2 Bde., Leibzig, 1923; William G. Sumner, *Folkways*, Boston, 1906; Ferdinand Tönnies, *Die Sitte*, Frankfurt, 1909; Ernst Weigelin, *Sitte, Recht und Moral. Untersuchung über das Wesen der Sitte*, Berlin/Leibzig, 1919; Weber, a.a.O.(1960), S.63ff.; Timasheff, a.a.O.(1939), S.134ff.; Geiger, a.a.O.(1964), 특히 S.125ff., S.169ff.; Torgny T. Segerstedt, *Gesellschaftliche Herschaft als soziologisches Konzept*, Neuwied/Berlin, 1967; René König, "Das Recht im Zusammenhang der sozialen Normensysteme"과 Pitirim A. Sorokin, "Organisierte Gruppe(Institution) und Rechtsnormen", in: Hirsch/Rehbinder, a.a.O., S.36~53 및 87~120 참조.

3) Alfred R. Radcliff-Brown, "Primitive Law", *Encyclopedia of the social Science*, Bd. IX, New York, 1933, S.202~206; Geiger, a.a.O.(1964), S.125 ff.; Paul Trappe, *Zur Situation der Rechtssozilogie*, Tübingen, 1968; Jean Poirier, "Introduction à l'ethnologie de l'appareil juridique", in: Ders.(Hrsg.), *Enthnologie générale*, Paris, 1968, S.1091~1110. 이러한 결론에 대하여 인류학자들은 명백히 반대한다. 예컨대 E. Adamsom Hoebel, *The Primitive Man. A Study in Comparative legal Dynamics*, Cambridge MA., 1954, S.18ff; Leopold Pospisil, "Kapauku Papuana and Their Law", *Yale University Publications in Anthropology* N. 54, 1958; Neudruck, o.O., 1964, S.248ff.; Lucy Mair, *Primitive Government*, Harmondsworth, 1962, S.35ff.; Max Gluckman, *The Judical Process Among the Barotse of Northern Rhedesia*, Manchester, 1955, 특히 S.163ff., 224ff.; Ders., "African Jurisprudence", *Advancement of Science* 18, 1962, S.439~454; Ders., *The Idea of in Barotse Jurisprudence*, New Haven/London, 1965; Siegfried F. Nadel, "Reason and

은 법을 가지고 있지 않은 사회의 풍속(Sitte, custom)이 법을 가지고 있는 사회의 풍속과 완전하게 다른 것인가에 대한 문제를 야기한다. 관습과 풍속에서 법이 발생한다는 의미에서 법형성의 이론으로서 이러한 유형론은 특히 오늘날의 상황에 불충분하다. 이 유형론은 개념의 정초로서 법의 형식적 정의, 즉 법은 일정한 부차적 징표를 가진 소당연적 경험이라는 정의를 가능하게 하였지만, 그러한 정의를 하게 된 이론적인 근거를 제시하지 못하고 있다.

더 깊은 검토를 위해 우선 소당연의 실체를 분석해야 한다. 규범의 당연성을 법의 소여적인 기초의 일종으로 단순히 받아들인다거나 반대로 더 규정할 수 없는 사실적 경험으로 상정하는 것은 충분하지 않다. 우리는 여전히 소당연의 의미에 관해서 질문할 수 있고 더욱 상세하게 그것의 기능에 관해서 질문할 수 있다. 소당연의 이러한 상징이 무엇을 말하는가? 체험과 무엇보다 기대가 소당연적 성질로 인식된다는 것이 무엇을 의미하는가? 어떠한 상황에서 소당연성이 선택되며 왜 선택되는가? 그에 따라 어떠한 주제가 부여되는가? 어떠한 행동양식이 여기서 나오는가?

체험과 그 상징성의 분석을 요구하는 이러한 종류의 질문은 '심리학적'으로 너무 쉽게 특징지을 수 있고 배척된다.[4] 그러나 이것은 커다란

Unreason in African Law", *Africa* 26, 1956, S.160~173(161ff.) 참조.

4) 순수심리학적인 법이론이라는 성격규정은 예컨대 러시아 법이론가 페트라치키(Petrazycki)에 대해서는 이의가 제기될 수 있고, 여기에는 법의 고유한 대상영역이 없지 않는가라는 근본적인 비판이 포함되어 있다. Leon Petrazycki, *Über die Motive des Handels und über das Wesen der Moral und des Rechts*, Berlin, 1907; Ders., *Law and Morality*, Cambridge MA., 1955 참조. 그리고 추가해서 Karl B. Baum, *Leon Petrazycki und seine Schüler. Der Weg von der psychologischen zur soziologischen Rechtstheorie in der Petrazyckigruppe*, Berlin, 1967도 참조. 또 다른 예로는 Adriaan Stoop, Jr., *Analyse de la notion du droit*, Haarlem, 1927일 것이다. 특히 심리적 충동과 법제도 사이에 일대일 대응관계를 창출하기 위한 시

오해를 부르게 될 것이다. 심리학적 환원주의가 오늘날 사회과학에서 주장되는 것은 아주 드물다.[5] 심리학적 환원주의자들은 심리학이 개인의 행동에 관한 과학으로서 사회학보다 고도의 추상적 이론을 얻을 수 있다고 주장한다. 그렇지만 심리학 그 자체도 사회학과 마찬가지로 대단히 복잡한 체계의 과학이다. 한편 심리학, 사회심리학 및 사회학에서 최근의 발전은 존재론적 관점에서 이들 각 학문의 대상영역을, 예컨대 개인과 사회 사이 또는 체험과 행동 사이와 같이 완전하게 준별할 수 있다는 점을 배제하고 있다. 이것은 자신의 환경과 동떨어져 있는 유기체의 관념을 (심리학의 대상으로서) 인격 또는 (사회학의 대상으로서) 사회체계에 잘못 전이시키는 것을 의미한다. 그 대신 근본적으로 각각 다른 체험과 행위의 의미로 이루어진 구조적인 복합체로 성격과 사회체계가 구성된다는 점에서 그러한 체험과 행위의 유의미한 장(Feld)으로부터 출발해야 한다.[6] 우선 (물론 인간유기체의 존재에 의해 용이하게 되는) 다른

도는 문제영역이라고 할 것이다. 예컨대 Franz R. Bienenfeld, "Prolegomena to a Psychoanalysis of Law and Justice", *Califorina Law Review* 53, 1965, S.957~1028, S.1254~1336.

5) 예컨대 George C. Homans "Bringing Men Back In", *American Sociological Review* 29, 1964, S.808~818; Hans Albert, "Erwerbsprinzip und Sozialstruktur. Zur Kritik der neoklassischen Marktsoziologie", *Jahrbuch für Sozialwissenschaft* 19, 1968, S.1~65; Adrezej Malewski, *Verhalten und Interaktion. Die Theorie des Verhaltens und das Problem der sozialwissenschaftlichen Integration*, Tübingen, 1967; Hans J. Hummel/Karl-Dieter Opp, *Die Reduzierbarkeit von Soziologie auf Psychologie. Eine These, ihr Test und ihre theoretische Bedeutung*, Braunschweig, 1971 등은 아직까지 이러한 태도의 주장을 단념하지 않고 있다.

6) 이러한 사태(事態)에 대해 각자의 인격이 사회적 상호작용에서 정체성을 가질 수 있다는 일반적인 공식은 그 사태를 단지 부분적으로 파악하고 있는 것에 불과하지만, 본문에서 오늘날 어느 정도 일반적으로 승인되고 있는지를 기술한다. 그 기초적인 것에 관해서는 George H. Mead, *Mind, Self and Society from the Standpoint of a Social Behaviorist*, Chicago, 1934; 그 밖에 J. Milton Yinger, "Research Implications of a Field View of Perasonality", *American Journal of*

체계준거 사이의 구별은 체험과정에 관한 상이한 구조로서 성격과 사회체계를 구별하고, 따라서 심리학과 사회학도 구별한다. 그렇지만 이들 체계를 형성하고 있는 '재료'는 같은 것이다. 성격에 대해 특정체험 및 행위가 가지는 기능에 관해 물을 때 비로소 연구는 그 질문방식 및 일정한 구조적 전제 때문에 심리학적 연구로서 성격을 가지게 된다. 반대로 체험과 행위가 여러 사회체계의 기능적·구조적 맥락에 주제화될 때 그 것은 사회학에 편입된다.

따라서 동시에 전(前)심리학적(心理學的)인 조사영역과 전(前) 사회학적(社會學的)인 조사영역이 존재하게 되고, 이 영역에서는 성격의 이론뿐만 아니라 사회체계의 이론을 위해서도 의미 있는 기본개념과 기제가 명쾌하게 해명되어야 한다. 이 연구영역을 해명하기 위해 현상학자·정신분석학자·사회심리학자·학습이론가·사회학자·인공지능학자 등 아주 다양한 전문분야의 학자들이 기여하여 독특한 질서욕구의 근원이 밝혀졌는데, 그것은 법을 통해 충족되는 동시에 여기에 일차적인 법형성적 구조와 과정의 기저, 이들 영역의 문제점 및 그것을 처리하는 기제가 있고 인간세계의 관계가 유의미하게 구성되어 있다는 것과 연관된다. 우리는 개개의 심리적 또는 사회적 체계형성과 관계없이 성격을 규정할 수 있는 연구영역을 '원초적' 기제라고 표시하려 한다. 이 개념은 고도로 복잡한 현대사회에서 전제되는 법형성의 일반적인 영속적 전소여(前

Sociology 68, 1963, S.580~592; Talcott Parsons, "Levels of Organization and the Mediation of social Interaction", *Sociological Inquiry*, 1964, S.207~220; Ders., "The Position of Identity in the General Theory of Action", in: Chad Gordon/Kenneth J. Gergen(Hrsg.), *The Self in Social Interaction*, New York usw., 1968, S.11~23 참조. 최근에 파슨스가 그의 일반적인 행위체계이론의 틀 안에서 환원주의이론과 유사하게 기술하였다. Talcott Parsons, "Some Problems of General Theory in Sociology", in: John C. Mckinney/Edward A. Tiryakian(Hrsg.), *Theoretical Sociology. Perspectivee and Developments*, New York, 1970, S.27~68(49) 참조.

所與)와 구성적인 과정을 뜻한다. 즉 그것은 원시법체계[7]의 특유한 것 또는 소집단 내에서 대면적 관계의 상호행위과정에서만 볼 수 있는 것이 아니다.[8]

문제영역의 복잡성 때문에 여러 절로 나누어 고찰하려 한다. 먼저 1) 인간의 의미정향적 공동생활의 문제를 불확정성과 복잡성이라는 개념으로 파악해 보려 하고, 어떻게 내재하는 과부하를 기대구조의 형성으로 조절하는지 보여주려 한다. 이것은 무엇보다도 2) 인지적 기대구조와 규범적 기대구조의 분화를 통하여 나타난다. 인지적 기대구조와 규범적 기대구조는 기대위배의 경우에 학습이 예견되어 있는가에 따라 구분된다. 규범적 기대는 성취되지 않은 경우에도 유지된다. 그러므로 규범적 기대는 3) 기대위배를 처리하는 데에 그 문제점과 안정화의 조건을 포함하고 있다. 이것은 기대하는 행위의 지속능력이라는 의미에서 시간적 안정성을 보장한다. 이러한 시간적인 것 이외에 기대의 범례화에 대한 사회적·사항적 조건이 고려되어야 한다. 전자는 4) 제도화라는 제목으로, 후자는 5) 기대상관관계의 동정라는 제목으로 다룬다. 이러한 사전적 연구를 근거로 하여야만 그 기초 위에 6) 기대구조에 대하여 정합적인, 즉 모든 차원에서 합치하는 범례화로서 법의 기능이 정의될 수 있고 서술될 수 있다. 이러한 기능론적 관점에서 7) 법이 가변적인 사회의 구조적 조건 아래에서 물리적 폭력에 얼마나 의존하고 있는지를 설명할

---

7) '원초적'(elementar)이라는 말은 예컨대 Emile Durkheim, *Les formes élémentaires de la vie religieuse. Le Système totémique en Australie*, Paris, 1912에 사용되었고, 뒤르켐을 따라 프랑스의 민족학에서 사용된다. 약간 다른 의미에서 귀르비치는 특히 원초적 사회형태와 고대의 법률체계를 의식적으로 분리하면서 법의 미시사회학에 대해 관심을 보이고 있다. Georges Gurvitch, *Grundzüge der Soziologie des Rechts*, Neuwied, 1960, 특히 S.128 ff. 참조.

8) George C. Homans, *Social Behavior. Its Elementary Forma*, New York, 1961에서 '원초적'이라는 개념을 정의하고 있다.

수 있다. 이 장은 8) 구조와 일탈행동의 관계를 자세히 검토하는 것으로 마친다.

1. 복잡성, 불확정성 및 기대의 기대

인간은 의미로 구성된 세계에 살고 있지만, 그 세계와의 관련성은 감각기관에 의해 명징하게 정의되지 않는다. 세계는 인간에게 많은 체험과 행위가능성을 제시하고 있다. 그렇지만 이러한 가능성에 대하여 인간의 현실의식적 지각능력, 정보처리능력, 수행능력은 매우 제한되어 있다. 그때그때 현실의, 그리고 명백히 주어진 체험의 내용에는 동시에 복잡하고 불확정적인 다른 가능성에 대한 신호가 들어 있다. 복잡성은 현실화될 수 있는 것보다 더 많은 가능성이 존재하고 있다는 것으로 이해된다. 불확정성은 더 큰 경험에서 예상되는 가능성이 기대되었던 것과 다르게 나타날 수 있다는 것, 즉, 현실의 경험을 위한 필수적 예방조치가 불필요할 때(예컨대 누군가를 만나기로 하였는데, 그 사람이 거기에 없는 경우) 그 예상은 존재할 수 없거나 기대에 반하여 발생할 수 없으므로 오류가 생길 수 있다는 것으로 이할 수 있다. 복잡성은 실제로 선택강제를 의미하고, 불확정성은 실제로 기대위배와 위험에 대한 자기부담을 의미한다.

이러한 존재상황(Daseinlage)에서 이에 동조(同調)된 체험처리의 구조가 발전한다. 이러한 구조는 더 큰 경험에 관한 복잡성과 불확정성의 이중적 문제를 계산에 넣고 이를 통제하도록 한다.9) 좋은 취사선택을 가능하게 하는 체험과 행위의 확실한 전제조건은 체계에 결합되고, 상대

---

9) 불확정성과 동기부여에 관한 흥미로운 기술을 James Olds, *The Growth and Structure of Motives. Psychological Studies in the Theory of Action*, Glencoe/Ill., 1956, 특히 S.185 ff.에서 발견할 수 있다.

적으로 항(抗)위배적으로 안정적이다. 확실한 전제조건은 순간적인 느낌, 충동, 자극, 욕구충족으로부터 확실한 경험의 독립성을 유지하도록 하고, 시간적으로 풍부한 대체가능성의 범위 속에서 선택을 가능하게 한다. 반복적으로 유용한 규칙을 추출하고, 그 규칙에 부합하는 경험을 선택하며, 이에 대하여 자기확신을 하는 기술은 부분적으로 직접적인 검사와 실행을 대신한다. 선택적 행동을 조종하는 차원에서 주위에 관한 기대가 형성되고 안정된다. 기대의 선택작용은 불가피할 뿐만 아니라 유익하며 그래서 기대위배의 상황에서도 그러한 구조를 고수하도록 한다. 사람이 한번 미끄러졌다고 하더라도 그는 단단하고 잘 다져진 바닥에 대한 기대를 버리지는 않는다!

체험 그 자체 안에서 여러 가지 가능성에 대한 복잡성과 불확정성은 구조적으로 '세계'에 확정되어 나타난다. 상대적으로 항위배적 선택이 검증된 형태는 그 동일성이 확보될 수 있는 의미, 즉 개별적으로 예컨대 사물, 인간, 사건, 상징, 언어, 개념, 규범으로 나타난다. 기대가 확립되는 것은 이 단계에서다. 이러한 복잡하고 우연하지만 기대할 수 있게 구조화된 세계에는 다른 의미와 동일하게 '타인'이 존재하고 있다. 타인은 자기와 유사한 독자적인 체험과 행동의 원천으로서, 즉 '타자'(他者, *alter ego*)로서 자아의 시야에 들어온다. 타인에 의해 세계에 불안의 요소가 나타나게 되고, 비로소 완전한 복잡성과 불확정성이 형성되는 것이다. 타인에 의해 현실화되는 가능성은 나에게도 가능하다. 즉 그것은 나의 가능성이다. 예컨대 소유권은 소유권에 대한 방어로서만 의미가 있다.[10] 나 자신이 타인의 경험을 내 것으로서 현실화하지 않고도 타인이

10) 여기에서 이미 법사회학적 평가와 연결된다. 소유권과 같은 법제도의 기능, 기대가능성, 안정성 및 정당화 필요성은 오직 경제적인 것으로만 보아서는 안 되고, 불평등의 부당성으로만 판단해서도 안 된다. 이러한 것들은 본질적으로 대안의 다양성과 사회 변화에 대한 상상력의 정도, 소통의 유동성, 관점교환과 역

경험한 것을 경험하기 때문에 이러한 가능성은 나에게 타인에 의해 현재적인 것으로서 유지된다. 이로 인해 나는 타인의 시각을 넘겨받거나 내 것 대신 타인의 시각을 이용할 기회를 갖는다. 그리고 나는 타인의 눈으로 보고, 그 무엇을 배워서 중요한 시간을 소모하지 않고도 내 경험의 지평을 확대할 수 있게 된다. 그래서 나는 지각의 직접적인 선택능력을 비약적으로 증대할 수 있게 된다.[11]

이러한 증대의 대가는 위험의 잠재성에 있다. 여기서 위험의 잠재성은 인지장(認知場)에 있는 단순한 불확정성의 증대로 인한 사회적 세계의 '이중적인 불확정성'과 같은 것이다.[12] 타인의 시각을 자신의 것으로 인식하고 또 수용하는 것은 나 자신이 타인을 타아로 인정할 때에만 가능하다. 여기에 우리의 경험의 동일성에 대한 보장이 있다. 그러나 동시에 나는 타인도 나와 마찬가지로 자유롭게 자신의 행동을 변경한다는 것을 인정하여야 한다. 마찬가지로 타인에게도 세계는 복잡하고 우연하다. 타인의 의도는 나의 기대위배일 수 있다. 좀 과장하여 말한다면 타인

할 및 경험교류의 용이성, 다른 사람들의 가능성에 대한 사실적 접근성 등 한마디로 말하자면 누가 어떠한 상황에서 타아로서 생각되는가와 연계되어 있다.

11) Donald M. MacKay, "The Informational Analysis of Questions and Commands", in: Colin Cherry(Hrsg.), *Information Theory*, Fourth London Symposium, London, 1961, S.469~476 참조. 이 논문은 Ders., *Information, Mechanism and Meaning*, Cambridge MA., London, 1969, S.94~104에 새로 편집되어 있다.

12) 더 자세하게 본다면 단순한 불확정성도 이미 구조적인 상태에 있는 것을 알 수 있다. 기대된 체험을 현실화하는 것은 나 자신에 달려 있을 뿐만 아니라 세계가 나를 위한 가능성을 보유하고 있으며, 내가 습득할 때까지 그것을 변경하지 않는 것에도 달려 있다. Olds, a.a.O.는 이미 이러한 이중적인 불확정성을 언급하고 있으며, 사회적 불확정성을 오직 하나의 특별한 경우로 보고 있다. 여기에서 우리는 많이 인용되고 있는 파슨스의 언어용례에 따른다. Parsons/Shils, a.a.O., S.16 또는 파슨스의 후기 논문으로서 "Interaction, Social Interaction", *International Encyclopedia of the Social Sciences*, Bd. 7, 1968, S.429~441(436 f.) 참조.

의 관점을 수용하는 것에 대한 대가는 그것을 신뢰할 수 없다는 것이다.

단순한 불확정성에서는 다소간이라도 위배가능성이 없을 정도로 안정된 기대구조가 형성된다. 이를테면 밤 다음에 낮이 오고, 그 집이 내일도 거기에 있으며, 추수를 할 것이고, 어린이가 성장하는 것과 같은 기대구조가 형성된다. 이에 반하여, 이중적인 불확정성에서는 다른 종류의 훨씬 더 복잡하고 더 풍부한 전제조건이 요구되는 기대구조, 즉 기대의 기대(Erwartungen von Erwartungen)를 필요로 한다. 타인의 자유로운 행동에 직면하여 기대장(期待場, Erwartungsfeld)에 대한 위험과 복잡성이 더 커지는 것이다. 따라서 기대구조는 더 복잡하고 변화무쌍하게 형성된다. 타인의 행동은 확정적인 사실로서 기대될 수 없고, 그것은 선택성, 즉 타인의 다른 가능성들 중에서 하나의 선택으로 기대된다. 그러나 이러한 선택성은 타인의 기대구조에 의해서 조종된다. 그러므로 통합가능하고 검증가능한 문제해결방법을 찾기 위해 우리는 타인의 행동뿐만 아니라 기대를 기대할 수 있어야 한다. 사회적 상호작용의 상호조종을 위해서는, 각자가 '경험'하는 것이 필요할 뿐만 아니라 타인이 자신에게 '기대'하는 바를 자기도 '기대'할 수 있는 것이 필요하다.[13] 이중적인 불

---

13) 파슨스의 기대의 상호보완성이론(제1장 각주 24 참조)은 유감스럽게도 가장 중요한 측면을 너무 안이하게 무시하여 규범이론의 충분한 기초를 제공하지 못하고 있다. 그 이유는 이익의 충족을 극대화하고 그래서 외적 제재와 내적 제재에 순응하는 개체의 개념을 전(前)사회학적(홉스학파적인) 행위자개념에 두는 것에 있다(이에 대한 비판으로는 Jürgen Ritsert, "Substratbegriffe in der Theorie des sozialen Handelns. Über das Interaktionsschema bei Parsons und in der Parsonskritik", *Soziale Welt* 19, 1968, S.119~137 참조). 그래서 파슨스는 오로지 보완적 기대의 학습과정을 상호간의 제재로만 이해하였을 뿐 개인의 주관적 기대구조와 그 주관적 기대구조 속에 있으면서 타인의 기대가 어떤 개인에게 주는 공통적 기대인 그 개인 자신의 기본적 동질성을 이해하지 못하였다. 그래서 파슨스에게 기대의 상호보완성은 기대에 대한 순응성이 될 뿐 더 발전하지 못하였다. 기대의 기대에서 오류에 대한 위험성이 간과되었고, 그래서 규범이 가지고 있는 기능과 관련된 개별적인 갈등원인과 괴리도 간과된

확정성이라는 상황에서 모든 사회적 경험과 행위는 이중적인 '관련성'을 가지고 있다. 그 하나는 직접적인 행위기대의 차원에서, 즉 일방이 타방에게 기대하는 것의 성취나 좌절에 관한 것이고, 다른 하나는 평가적 차원에서 자신의 행동이 타인의 기대에서 의미하는 바에 대한 것이다. 이러한 두 가지 차원의 통합 영역에서 규범적인 것, 즉 법의 기능을 찾을 수 있다.

타인의 기대를 기대할 수 있는 자, 예를 들면 연애관계에서 언제 결혼의 기대가 구체화되는지, 그리고 누구의 기대가 그렇게 될 것인지를 예상하고 고려할 수 있는 사람은 다양한 가능성이 충만한 세계를 가질 수 있고, 기대위배를 당하지 않으면서 살 수 있다. 이러한 사람은 더 높은 복잡성과 불확정성을 추상적인 수준에서 관리할 수 있다. 이러한 사람은 자신의 동기가 스스로에게 방해만 되지 않는다면 내적으로 즉, 폭넓은 의사교류가 없어도 필요한 행동을 조정할 수 있다. 이러한 사람은 언어적으로 자신을 표현하거나 확인하지 않아도 된다. 불필요한 말을 회피하는 것은 처세술의 중요한 요소이다. 그는 시간을 절약하며 훨씬 복잡하고 행위에 개방적인 사회체계에서 타인과 함께 살 수 있다. 이러한 사람은 소수의 중요한 갈등의 순간을 위하여 (구속력 있는 자기설명이 필요하므로) 시간의 소비와 정교한 의사소통과정을 유보하고 또 언급할 주제를 선택한다.

일상의 사회적 교류관계에서 이러한 종류의 묵시적인 합의는 근본적인 당연성에 속한다. 묵시적인 합의에 참가하는 형태와 능력 정도가 개개인의 집단구성원으로서 자격을 증명하고 또 그의 사회적 서열과 성공

다. Johan Galtung, "Expectations and Interaction Processes", *Inquiry* 2, 1959, S.213~234(225 ff.)도 이를 비판하고 있다. 파슨스 자신의 이에 대한 설명과 그 설명의 한계에 대해서는 Talcott Parsons/Robert F. Bales, *Family, Socialization and Interaction Process*, Glencoe/Ill., 1955, S.74 참조.

을 동시에 결정한다. 협력뿐만 아니라 갈등행위도 이러한 방식으로 조종된다.[14] 기대구조는 이러한 대비보다 더 근본적이고, 더 나아가 어떤 사람이 타인이 우호적인 또는 적대적인 관계로 기대하는 것을 기대하는가에 따라서 우호적 또는 적대적 행위 간의 교류를 조종한다. 기대의 기대에 의해 처세술이 가능하다는 것은 자명하다. 왜냐하면 처세술은 단순히 타인의 기대에 대한 수행이 아니라 B가 자기 자신을 A의 시각에서 표시하고 싶어 하는 그 사람이 될 수 있기 위하여 A가 자기 자신을 B가 파트너로서 필요로 하는 그 사람이라고 표현하는 행위이다. 이러한 행위는 기대를 기대할 수 있는 사람만이 선택할 수 있다. 그러나 갈등에는 그 발생 원인이 있고 결정의 수준은 대개 기대의 기대에 있는 것이지, A가 B의 적대적 행동을 경험하고 이에 대하여 반응하는 데 있는 것이 아니며, A가 B의 적대적 행동을 기대하고 그것을 예방하는 것에 있는 것도 아니라 그보다는 A의 입장에서 B가 A로부터 적대행위를 기대하고 B의 행위를 적대적인 것으로 규정되는 것으로 기대하는 것이다. 이것이 동시에 A가 적이 될 수도 있고 또 그렇지 않을 수도 있게 한다. B의 기대에 대한 A의 기대 속에는 오직 무고한 적(敵)만이 있다가도 그다음 A의 행동에 의해서 적대관계가 점점 더 나타나서 결국 죄 있는 적(敵)으로 되어간다.

경험의 사회적 반영, 관점의 상호성, 나(Ich)에 대한 너(Du)의 근본적 의미와 관련된 이 테마는 도이치 관념론까지 거슬러 올라갈 수 있지만, 우리는 일상적인 공동생활에서 다지하게 얽힌 기대구조라는 건축물을 탐조하는 것에서 시작할 수 있다.[15] 앞 단락에서 시사하였던 것은 단

---

14) 분쟁사건에 관해서는 예컨대 Thomas C. Schelling, *The Strategy of Conflict*, Cambridge MA., 1960 특히 S.54 ff.; John P. Spiegel, "The Resolution of Role Conflict within the Family", *Psychiatry* 20, 1957, S.1~16; Thomas J. Scheff, "A Theory of Social Coordination Applicable to Mixed-Motive-Games", *Sociometry* 32, 1967, S.215~234 참조.

15) 심리학자뿐만 아니라 사회학자도 이에 대하여 관심을 가지고 있다. 지금까

순한 일상행동의 심층을 보여줄 수 있는 정도의 복잡성에 관한 첫 번째
의 미약한 관념을 준다. 우리는 세 번째, 네 번째 관념 등과 그에 대한 성
찰적인 면, 즉 기대의 기대의 기대(제1기대에 대한 제2기대), 기대의 기
대의 기대의 기대(제2기대에 대한 제3기대), 기대의 기대의 기대의 기대
(제3기대에 대한 제4기대) 등이 있을 수 있다는 것을 염두에 두어야 하
고, 또 이 모든 것이 다수의 주제를 가지고 다수의 사람에 대하여 상황에
따라 계속적으로 변화하는 타당성도 생각해야 한다. 첫째로 세 단계의
성찰에 따라 예컨대 어떤 사람이 사교술로 자기표현에 대한 타인의 일
시적인 안정성뿐만 아니라 이것을 넘어 타인의 안정적인 기대를 보호할
수 있다. 예컨대 아내가 저녁마다 찬밥을 내놓으면서 남편이 이것을 기
대한다고 기대한다면 남편은 그 스스로 이러한 기대를 할 수 있어야 한
다. 그렇지 않으면 남편은 그가 예기치 않게 따뜻한 수프를 원하는 것이
아내를 곤혹스럽게 할 뿐만 아니라 그에 관한 아내의 안정적인 기대가
훼손된다는 것을 이해하지 못한다. 결국 남편은 아내가 자신을 변덕스럽

지 가장 자세하고 인상적인 논문으로는 Ronald D. Laing/Herbert Philipson/
A. Russell Lee, *Interpersonal Perception. A Theory and Method of Research*,
London, 1966 참조. 그 외 Herbert Blumer, "Psychological Import of the
Human Group", in: Muzafer Sherif/M. O. Wilson(Hrsg.), *Group Relations at
the Crossroads*, New York, 1953, S.185~202; Ronald D. Laing, *Phänomenologie
der Erfahrung*, Frankfurt, 1969, S.69 ff.; Paul-H. Maucorps/René Bassoul,
Empathies et connaissance d'autrui, Paris, 1960, 특히 S.33 ff.; Dies., "Jeux de
miroirs et sociologie de la connaissance d'autri", *Cahiers internationaux de
sociologie* 32, 1962, S.43~60; Jean Maisonneuve, *Psycho-sociologie des affinités*,
Paris, 1966, 특히 S.322 ff.; Thomas J. Scheff, "Toward a Sociological Theory
of Consensus", *American Sociological Review* 32, 1967, S.32~46; Galtung,
a.a.O.(1959) 그리고 (기대개념에 대한 많은 유보에도 불구하고) Max Weber,
"Über einige Kategorien der verstehende Sociologie", in: *Gesammelte Aufsätze zur
Wissenschaftslehre*, 3. Aufl., Tübingen, 1968, S.427~474(441 ff., 452 ff., 특히 '동
의'(Einverständnis)에 관해서).

고 예측할 수 없는 사람으로 기대하는 그런 사람으로 기대해야 하는 새로운 균형상태로 진입하게 된다.

기대가 전망이 불투명한 단계로 고조되는 것은 인간관계에서 나타나는 운명의 장난 속에 직접적인 원인이 있다. 이러한 구조적 복잡성의 기능은 심리적·사회적 체계의 복잡성을 증대시키는 것, 즉 기대할 수 있는 체험과 행위의 재량영역을 확장하여 다기한 상황과 변하는 요구사항을 가진 복잡한 세계를 올바르게 처리할 수 있도록 하는 것이다. 그러나 의미 있는 방향을 설정할 수 있는 실제적 능력은 훨씬 큰 부담이 된다. 우리가 종종 너무 피곤하고 무관심하며 방심하고, 또는 배고프고 목마른 급한 상황에 있다는 사실을 제외하면 현재의 경험에서 이러한 기대구조를 실제적이고 구체적으로 묘사하는 것, 즉 항상 마음속에 두고 의식적으로 제어하는 것은 불가능하다.[16] 구체적으로 기대에 적절한 사회적 성찰이 소규모의 지속적인 사회체계, 즉 가정과 친구관계, 구식 대학교수회, 소규모의 군부대 내에서 문제상황을 처리할 수 있다고 할지라도 사회체계의 복잡성이 증가하거나 단순한 사회체계 내의 문제상황이 축적될 때에는 심리적 또는 사회적인 성질을 가진 단축, 단순화 및 부담경감이 이루어져야 한다.

기대의 복잡성과 상호연관성에 따라 불확정성과 오류위험이 증대하기 때문에 단축, 단순화 및 부담경감이 필요하다. 경우에 따라서 내가 타인이 내게 기대하는 것을 잘못 해석한 결과, 그 기대된 기대를 달성하려고 노력해서 그를 실망시킬 수도 있다. 그러나 그의 기대가 비현실적일 수도 있다. 또 그것이 옳든 그르든 간에 비현실적이고, 그래서 달성될 수 없다고 추정할 수도 있다. 우리가 품은 기대에 직접적으로 일치되거나 일치되지 않을 수도 있지만, 또한 어떤 사람의 기대에 일치되든지 그렇

---

16) 이에 관해서는 Vilhelm Aubert, *Elements of Sociology*, New York, 1967, S.64f. 참조.

지 않든지를 기대하는 것이 그에게 옳거나 그른 것일 수도 있고, 우리는 상대방이 기대에 일치되거나 그렇지 않은 것으로 옳게 또는 그르게 기대하는 어떤 사람이라고 옳게 또는 그르게 기대할 수도 있다. 다양한 차원에서 생길 수 있는 불일치를 정확하게 구분하고, 이에 부합하는 방어적 해석전략과 갈등상황에서의 행동전략은 상호작용과정과 그것을 조종하는 체계에 대한 과학적 분석을 위해서 불가피하다.[17] 물론 이것이 일상생활에서 그대로 적용될 수는 없다. 그러므로 불가결한 방향설정을 단순화하면 동시에 그에 따른 오류발생의 위험을 틀림없이 예방할 수 있다. 달리 말하면 방향설정의 단순화가 현실 또는 현실의 기대를 잘못 해석하는 경우에도 여전히 그것의 구조화 기능을 수행할 수 있어야 한다.

심리적 체계는 타인의 기대를 기대하는 것이 자기가 처한 환경에 대한 반응으로서 자기 스스로에 의해 수행될 수(확대하면 수행을 강요받게 될 수) 있다는 점에서 일차적으로 단순화를 지지하는 것 같다. 자기 자신의 시스템과 그 문제점의 일관성이 다소간 협소한 선택원칙으로 되고, 사람은 자기 자신의 시스템의 동일성을 강화하거나 훼손하지 않는 방식으로 타인이 기대하는 기대를 기대하게 된다.[18] 그러한 기대의 기대는 타인의 현실적인 기대와 행동으로 나타나는 반대에 대비하여 유연한 해명 계획을 수립함으로써 예방할 수 있다. 이러한 예방이 이루어지는 정도에 따라 자신의 성격규정과 타인의 성격규정은 심리적인 욕구를 충족하는 것에 기능적으로 상응하게 된다. 예컨대 사람은 자기 자신을 공격적이라고 생각하거나 타인을 공격적이라고 생각할 수 있으며, 두 경우 모두 적대적 행동에 대한 심리적인 긴장이 진정된다. 심리학자는 이러

---

17) Laing u.a., a.a.O. 특히 S.59 ff.; Scheff, *Consensus*, a. a. O. 참조.
18) 이것은 타인의 눈을 통한 자기이상화(Selbstidealisierung)를 초래할 수도 있다. 그러나 위에서 보여준 바와 같이 자기문제의 해결을 위하여 사용하는 공격성은 '무죄의 적대관계'(unschuldiger Feindschaft)라는 형식으로 정당화될 수 있다.

한 방향설정을 기획(企劃)이라고 부르고 있다. 기획적 체험가공이 현실적으로 어느 정도 충실한가는 분명히 그때그때의 심리적 체계가 가지고 있는 신축폭, 풍부한 선택지, 추상화능력 및 각 심리적 체계의 복잡성과 밀접하게 연관되어 있다. 그 사회적 환계의 심리적 체계가 충분한 복잡성을 제공하지 못하면 기획은 병리적으로 된다.[19]

여기에 기대에 관한 기대의 심리적 위험과 역기능이 있다는 것을 짐작하는 것은 하나의 적절한 가설이다. 그리고 우리는 바로 기획적인 체험이 자주 규범적인 기대의 형태를 취한다는 것을 가정할 수 있다. 그 외에 자세한 것은 자의식적인 성격 구성에 대한 기대의 규범적 기능을 연구하는 심리학의 성격이론에 맡긴다. 한편 법사회학은 내부의 심리학적 조건과 기제를 규범의 사회적 안정화에 관한 조건과 기제에서 분리하여 불안극복의 기능에서 법을 해제시키는 것이 가능한지와 그것이 가능하

---

19) 이에 추가해서 우리는 O. J. Harvey/David E. Hunt/Harold M. Schroder, *Conceptual Systems and Personality Organization*, New York/London, 1961에서 주목할 만한 가설을 찾을 수 있다. 이 가설은 특히 규범기획과 소당연 확정에 관해 체험적인 가공구조가 구체적이지만, 거의 발전하지 못한 증상으로 간주하는 부분에 한해서 우리에게 흥미롭다(S.38 ff.). 일반적으로 단순화 문제에 대한 순수심리학적인 해결방안은 특히 특이한 병리적인 행동에 관한 연구에서 분명히 발전되었으며, 그리고 그러한 해결방안이 사회적 규범에 의해 지지되지 않을 때에는 분명히 병리학적 영역에 놓여 있다. 즉 심리학자는 기획적·규범엄격적 행동(projektives, normstrenges Verhalten)에 관한 정신병리학적 연구에서 "너는 살해해서는 안 된다"와 같이 일반적으로 승인된 규범을 상정하는 것은 결코 아니다. 왜냐하면 이러한 규범을 지키는 배후에서는 아무도 변태적 또는 미발달된 성격을 예정할 수 없기 때문이다. 이러한 고찰은 지배적인 규범질서를 위한 심리학자의 편견을 반영할 뿐만 아니라 심리적 환원기제와 사회적 환원기제가 기능적으로 등가적이며 상호의존적인 것으로 간주되어야 한다는 것을 가르쳐 준다. 사회적으로 제도화된 규범은 심리적인 규범엄격증을 비병리화하고 있다. 말하자면 자신의 콤플렉스를 통상적인 방식으로 해소하고, 이러한 콤플렉스를 제도화된 규범에 복종시킬 수 있는 사람이 더욱 성공적이다.

다면 어떠한 경우에 가능한지에 관한 문제에 관심을 둔다.[20]

사회적 체계는 또 하나의 다른 환원양식을 사용하고 있다. 사회적 체계는 '사람들'이 지향하는 객관적이고 타당한 기대를 안정시킨다. 기대는 소당연의 형식으로 언어화되지만, 그것은 특징규정·행위분류·분별규칙 등과 결부될 수 있다. 결정적인 것은 단순화가 일반화된 축약으로 이루어진다는 것이다. '방문시간은 일요일 11~12:30까지'라는 규칙은 익명화되었고, 비인격성의 영역에 있다. 이것은 누가 기대하든 기대하지 않든 관계없이 타당하다는 것을 의미한다. 이러한 규칙은 시간적으로 안정되어 있다. 일요일마다 새롭게 확인할 필요 없이 적용될 수 있다. 또 이것은 내용적으로 추상적이어서 방문자와 피방문자의 상호간에 다소 폭넓은 행동양식을 가진 기대를 망라하고 있다. 이 규칙은 처음 한 번은 그렇지 않지만, 누구든지 누군가가 또는 누가 누구에게 오는지를 이미 알고 있으므로 행동을 계산할 수 있을 뿐만 아니라 기대의 기대를 규율하는 데에도 기여한다. 우리는 이 규칙의 보호 아래 방문할 수 있다(또는 경우에 따라 방문카드를 전달할 수 있다)는 것을 알고 있다. 우리는 그에 상응하는 피방문자의 기대를 기대할 수 있고, 최소한 그러한 기대의 기대를 기대한다는 것을 기대하며, 그래서 그들이 어떻게 행동할 것인지를 예상한다. 예컨대 그들이 방문카드를 가지고 오는 기사(Kutscher)에게 그 카드의 의미에 대해 묻지 않는다는 것, 그들이 기사를 방문자로 오인하지 않아야 한다는 것, 그들이 기사에게 방문자를 데려오도록 해서는 안 된다는 것을 기대할 수 있다.

우리가 지배적인 견해에 따라 오로지 행동기대에서 출발해서 기대에 부합하는 행동의 확보만을 지향하면 그러한 규제적인 의미종합의 기능은 완전히 이해되지 않는다. 규제적인 의미종합의 핵심은 기대의 기대라

---

20) 이 책 178쪽 이하 참조.

는 성찰적인 차원에 있으며, 여기에서 기대확실성을 만든다. 이러한 기대확실성에서 비로소 자기 행동의 2차적 확실성과 타인의 행동의 예측가능성이 나온다. 이러한 차이를 분명히 하는 것은 법을 완전히 이해하는 데에 중요하다.[21] 기대의 기대에서 확실성은 순수한 심리적 전략에 의해 달성되기도 하고, 사회적 규범에 의해서 달성된다고 하지만, 모든 상호작용의 필수적인 기초이며 기대성취의 확실성보다 훨씬 중요한 것이다.[22]

통상적인 경우 익명적인 행동종합은 의식적으로 구체적인 기대의 상호합치가 필요 없도록 만든다. 이러한 행동종합은 구체적인 기대의 통합을 위한 일종의 상징적인 약호(略號)로 기능한다. 준칙이 정해지면 기대에 지향할 필요가 없다. 더 나아가 준칙을 정하는 것은 기대의 오산위험

---

21) 무엇보다 이러한 구분은 단순한 사회가 낮은 단계의 제재안정성과 강제확실성을 담은 법을 가질 수 있다는 것을 이해하는 데 도움을 준다. 여기서 많은 다른 경우에서처럼 안다만(Andaman)제도(인도 안다만니코바르 연방직할주에 속한 제도로서 벵골만 남동부에 있다. 연방직할주를 이루는 2개의 주요제도 가운데 하나로, 북안다만·중안다만·남안다만·바라탕·소(小)안다만·루틀란드섬 등을 비롯한 204개의 섬으로 이루어져 있다. 원주민들 가운데 남안다만·루틀란드·소안다만 등의 작은 섬에 사는 자라와족과 옹게족은 사냥과 채집을 통한 전통적 생활방식을 유지하고 있다고 한다―옮긴이)의 주민은 그 고전적인 한계사례를 보여주고 있다. 이들은 집행을 위한 제도적 배려가 전혀 없는 단순히 표출적인 법적 행위를 알고 있다고 한다. 이에 관해서는 Alfred R. Radcliffe-Brown, *The Andaman Islanders*, Cambridge UK., 1922 참조. 우리가 다음에서 자세히 논구하듯이 기대의 정합성에 초점을 맞추면 이러한 질서에 대하여도 법이라는 성질을 부여해야 한다.

22) '방향설정의 확실성'(Orientierungssicherheit)과 '현실화의 확실성'(Realisierungssicheit)의 구분에 관하여는 Geiger, a.a.O., S.101 ff. 참조. 그러나 여기에는 기획적 기대구조의 배경에 대한 설명이 없다. 그러므로 기대확실성은 단지 인지적으로 규범을 안다는 것에 근거하고 있다. 그래서 사람이 살해되지 않거나 살인자가 처벌된다는 것을 확정할 수 있을 때 법적 안정성은 이미 보장된 것으로 간주된다. 규범적 관계에 의해 유지되지 않는 행동이라는 뒤르켐의 아노미개념도 이러한 관점에서 새롭게 생각해 보아야 한다.

을 배제하거나 감소시킨다. 왜냐하면 준칙에 의하여 우리는 그것에서 일탈하는 자가 잘못한 것이고, 기대와 실제 사이의 불일치는 자신의 잘못된 기대가 아니라 타인의 잘못된 행위에 그 책임이 귀속된다는 전제에서 출발할 수 있기 때문이다. 이 한도 내에서 준칙은 복잡성과 불확정성의 부담으로부터 의식을 해방시켜준다. 그러나 그 반대의 관계에도 주의해야 한다. 실제적 체험과 행동에서는 기대 또는 기대의 기대를 실제적이고 구체적으로 올바르게 기대할 수 있는 경우에, 그리고 그 한도 내에서 우리는 그 준칙을 항상 위반할 수 있다. 그렇게 될 경우 그 준칙은 다시 구체적으로 달성된 기대조정으로 환원될 수도 있고, 상호간의 양해가 규범변경적·수정적 행동 또는 일탈적 행동을 위한 기초가 될 수도 있다. 소규모의 사회체계에서는 단순한 규범구조의 유연성은 주로 상황에 따른 협정체결 또는 공동의 일탈에 대한 가능성에 근거를 두고 있다.[23] 규범의 효력(Geltung)은 언제나 모든 사람의 모든 기대에 대해 매 순간마다 실제로 상황에 따른 협정체결 또는 공동의 일탈에 대한 가능성을 방지하는 것에 근거를 두고 있다. 규범의 효력은 최종적으로 체험장(體驗場, Erlebnisfeld)의 복잡성과 불확정성에 근거하고 있으며, 체험의 장에서 규범은 복잡성과 불확정성을 감축하는 기능을 하고 있다.

---

23) 무력화(Unterlaufen), 변경(Abwandeln), 일탈(Abweichen)이라는 과정의 외적 모습은 다양하게 관찰되고 있다. 그 좋은 분석의 예로서 Ralpf H. Turner, "The Navy Disbursing Officer as Bureaucrat", *American Sociological Review* 12, 1947, S.342~348; Joseph Bensman/Israel Gerver, "Crime and Punishment in the Factory. The Function of Deviance in Maintaining the Social System", *American Sociological Review* 29, 1964, S.588~593; Anselm Strauss u.a., "The Hospital and Its Negotiated Order", in: Eliot Freidson(Hrsg.), *The Hospital in Modern Society*, New York, 1963, S.147~169; Gerd Spittler, *Norm und Sanktion. Untersuchungen zum Sanktionsmechanismus*, Olten/Freiburg, 1967, 특히 S.106 ff. 참조.

2. 인지적 기대와 규범적 기대

체험장의 복잡성과 불확정성에 대한 관련성은 구체적인 기대와 그 기대를 규율하고 통합하는 추상화에 대하여 하나의 구조라는 기능을 부여한다. 우리는 지금까지 구조라는 개념을 설명하지 않은 채 사용해왔는데, 이제 이에 관해 상술하려 한다.

통상적으로 구조는 어떠한 고유성, 즉 상대적인 항상성에 의해 정의되고 있다. 이러한 정의가 잘못된 것은 아니지만 불명확할 뿐만 아니라별 쓸모도 없다. 즉 왜 우리는 상대적인 항상성을 필요로 하는가라는 흥미로운 질문이 차단되고 만다. 이 물음을 제기하기 위하여 우리는 구조를 그 기능에 따라, 즉 이중적 선택성을 가능하게 하는 선택성강화로 정의한다. 의미에 의해 구성되기 때문에 고도로 복잡하고 불확실한 세계에서선택의 각 단계를 서로 관련시키는 것은 유용하고 필요한 것이다. 이것은 일상적인 의사교환과정에서 누구든 수많은 가능성 중 하나를 선택하여 전달하고, 수신자는 전달된 것을 선택이 아니라 사실 또는 선택의 전제로서 취급하며, 즉 다른 선택을 그전 선택의 결과와 연계함으로써 나타난다.[24] 이것은 개인이 대안을 스스로 검토해야 하는 부담을 경감시켜 준다. 구조는 어떤 선택을 근거로 한 선택결정에서 경감의 효과를 증대시킨다. 구조는 그 자체로는 의식되지 않는 선택행위로 선택의 범위를 한정한다. 구조는 먼저 선택할 수 있는 것을 골라낸다. 구조는 모호한것을 파악할 수 있게 전환시키고 넓은 것을 조밀하게 전환시킨다. 즉 구조는 선택을 두 번 적용하는 것처럼 작용하여 선택을 강화하도록 한다.가장 좋은 예가 언어이다. 언어는 그 구조를 통하여 가능한 의미의 코드

---

24) James G. March/Herbert A. Simon, *Organization*, New York/London, 1958, S.164 ff.는 '불확실성의 흡수'(absorption of uncertainty)라는 제목 아래 타인의 선택 작용에 대한 연결과정을 취급하고 있다.

(*code*)의 사전적 선택(Vor-Wahl)을 하여 그때그때 대화를 빨리 유창하고 의미있게 선택할 수 있도록 한다.

의사소통의 과정에서 구조는 공통적 전제에서 출발함으로써 비로소 성립하는 것이지, 이를테면 그 의미에 대한 의도적 의사소통에 의해 성립하는 것은 아니다.[25] 따라서 구조는 불분명하고 비구속적으로 나타난다. 구조의 고유한 선택성은 잠재적이지만 오히려 이를 통해 확실하게 된다. 그 감축작용은 무엇보다 선택지의 전환에 의존하고 있다. 그 작용의 결과로 우리는 구조화의 출발전제를 명시할 필요가 없게 된다. 구조가 일상생활에서 의심없이 받아들여지고 선택적 결정으로 파악된다고 하더라도 사회학적 분석에서 구조개념에는 선택성이 포함되어 있다는 점과 그 때문에 모든 구조가 명백하지 않다는 점을 기술해야 한다. 또한 현실을 살고 있는 사람들에게 보이는 것보다 더 착종되고, 대체가능성이 더 풍부한 현실을 설시해야 한다. 구조는 다른 여러 가지 가능성을 배경으로 할 때에만 주제와 문제로 될 수 있다.[26]

그러므로 구조선택이 의식적으로 수행되는 것이 아니라 일상화되어 있다고 하더라도 그것은 마찬가지로 선택이다. 다른 가능성은 존재하지 않으며, 다른 가능성은 기대가 위배(실패 또는 낭패)당할 때 나타난다. 기대달성의 규칙성에서가 아니라 기대위배의 가능성에서 기대의 현실

---

25) 그래서 Geiger, a.a.O., S.64 f.가 올바르게 지적하고 있듯이 명령의 기초적인 개념에 의해 규범의 개념을 정의하려는 것은 잘못된 것이다. 복잡하고 더욱 상세한 전제조건 아래서만 규범적 구조를 명령에 따라 만들 가능성이 있다.

26) 법사회학을 위해서 이처럼 구조의 배후까지 질문하는 것은 다음에 취급하는 기대위배문제(Enttäuschungsproblem)에서 그 성과가 부분적으로 나타난다. 그 외 여기서 앞서 언급하는 것은 우리가 모든 법에서 이미 선택작용을 본다면 자연법의 주제와 현대법의 실정성은 사회학적으로 잘 다루어질 수 있다는 것을 암시하고자 한다. 사회에서 법의 발전은 의식적인 구조적 선택의 증가 및 그 결과 구조적인 변경에 대한 통제가능성의 증대로 설시될 수 있다.

연관이 증명된다.[27] 구조는 가능성의 특별한 일부를 기대가능한 것으로 고정시킨다. 이로써 구조는 세계의 진정한 복잡성을 은폐하고, 위배당하지 않도록 유지한다. 이러한 방식으로 구조는 '간헐적'인 위배체험의 문제에 내재된 복잡성에 기인하여 '영속적'인 과부하를 변환시킨다. 여기서 위배체험에 내재된 복잡성은 어떤 것이 구체적으로 처리될 때 나타나게 된다. 심리적 체계에서 보면 구조가 불안을 규제한다고 말할 수 있다.

모든 구조 그 자체에는 기대위배문제가 내재되어 있다. 이는 (일시적인) 지식의 결핍 또는 (불행히 항상 재발하는) 인간의 악성(惡性)이란 점에서뿐만 아니라 구조가 만들어내는 문제특정화라는 점에서도 그러하다. 이것은 구조의 적응성을 판단하면서 기대위배문제를 항상 고려되어야 한다는 것을 뜻한다.[28] 수인가능한 복잡성과 좌절 부담과의 관계를 규격화하는 것은 구조를 합리화하는 것에 포함되고 있다. 자연법칙의 인식과 규범의 정립과 같이 의미있는 개요를 수립하는 것뿐만 아니라 동시에 구조의 유지와 수리를 동시에 하기 위하여 기대위배를 처리하는 기능장치의 준비 역시 구조를 안정시키는 데 포함된다.

구조는 항상적이어야 하지만 위배에 취약하다. 이러한 구조에 의존하고 있다면 위험을 인수할 수밖에 없다. 특히 점점 더 복잡해지고 불확정성이 많은 세계에서 기대위배에 대한 두 가지의 상반되는 반응을 설

---

27) 이에 관해서 Hans-Georg Gadamer, *Wahrheit und Methode*, Tübingen, 1960, S.329 ff.에서 '체험'(Erfahrung)에 관한 기술은 읽어볼 만하다.
28) 이러한 사회학적인 문제파악을 전통적인 윤리학적 문제파악과 비교하기 위하여 우리는 또한 아래와 같이 정식화할 수 있다. 구조는 다르게 선택될 수 있는 하나의 행위에 대한 인간행동의 영역에서 불확정적인 사건에 관계한다. 윤리적 문제파악의 특수성은 다르게 할 수 있다는 것을 개인의 결정자유로서 이해하고 (예컨대 Aristoteles, *Nikomachische Ethik* III, 1~5 및 V 참조), 이러한 구조에 입각해서 자유임에도 불구하고 구조위배적 자유행사를 유책한 범죄라고 평가한다. 이것은 이미 좌절의 일정한 해석 및 위배처리의 일정방식에 대한 선취이다. 이것은 오늘날 사회학적 이론에는 너무 구체적인 문제파악이다.

정하지 않는 한 전체사회의 사회적 체계에 견딜 수 없는 긴장을 야기하고 방향설정의 부담을 가중시킨다. 그 위배가 명백하고 체험의 대상으로서 현실 모습에 확실하게 구축될 수밖에 없는 경우에도[29] 그 좌절된 기대를 변경하여 좌절된 현실에 적응하거나 이를 고정하고 좌절된 현실에 대처하면서 계속 살아갈 수 있는 선택지가 존재한다. 이러한 선택지 중에서 어떠한 입장이 지배하는가에 따라 우리는 인지적 기대(*kognitive* Erwartung) 또는 규범적 기대(*normative* Erwartung)를 말할 수 있다.[30]

이러한 견해가 통상적인 것은 아니지만, 여기에서 인지적과 규범적이라는 구별은 의미론적으로 또는 활용론적으로 정의한 것이 아니고, 그렇다고 이것이 근거를 부여하는 명제체계와 관련된 것이거나 정보제공적인 진술과 지시적인 진술의 대립과 관련된 것도 아니다.[31] 오히려 이러한 구별은 기능적으로 일정한 문제를 해결하는 것과 관계되어 있다고 할 것이다. 이것은 일종의 예견되는 기대위배의 해결을 지향하고, 기초적인 법형성적 기제를 해명하는 데에 중요한 기여를 할 수 있다. 기대위

---

29) 여기서 우리는 동질적으로 중요하고 기능적으로 등가적이지만, 1차적으로 심리학적인 선택적 부지(selektive Nichtwahrnehmung)의 전략이나 억압(Verdrängung)의 전략에 대하여는 논외로 하고 지각된 좌절의 경우만 취급한다.

30) 이러한 용어법은 Galtung, a.a.O., 1959의 제안과 일치한다. 이와 매우 유사한 견해가 Vilhelm Aubert/Sheldon L. Messinger, "The Criminal and the Sick", *Inquiry* 1, 1958, S.137~160에 있다. 이 논문은 Vilhelm Aubert, *The Hidden Society*, Totowa/N. J., 1965, S.25 ff에 새로 인쇄되었다. 여기에는 범죄자의 규범적 기대와 환자의 인지적 기대가 비교되고 있다. 규범개념에 대한 사회학의 언어관용에 관한 일반적인 개관은 Rüdiger Lautmann, *Wert und Norm, Begriffsanalysen für die Soziologie*, Köln-Opladem, 1969; Jack P. Gibbs, "Norms. The Problem of Definition and Classification", *The American Journal of Sociology* 70, 1965, S.586~594 참조.

31) 통상적인 논쟁과 오해는 Alexander Sesonske, "'Cognitive' and 'Normative'", *Philosophy and Phenomenological Research* 17, 1956, S.1~21이 보여주는 바와 같이 이러한 구별에 기초해서 일어나고 있다.

배의 경우 실제로 적용되는 기대는 인지적으로 체험되고 처리된다. 규범적 기대에는 그 반대이다. 즉 우리는 누군가 그 기대에 반하여 행위하는 때에도 그 기대를 버리지 않는다. 예컨대 우리가 신규로 채용된 여비서를 처음 만날 때 그러한 상황에는 인지적 기대요소와 규범적 기대요소가 둘 다 있다. 그 여비서가 젊고 예쁘며 금발이었으면 하는 것을 인지적으로 기대될 수 있다. 이러한 관점에서 우리는 기대위배에 적응해야 한다. 그러므로 우리가 그녀에게 금발을 고집할 수도 없고 염색을 요구할 수도 없을 것이다. 그러나 그 여비서가 일정한 급부를 제공하여야 한다는 것은 규범적으로 기대할 수 있다. 이 점에서 우리의 기대가 위배된다고 하더라도 우리가 잘못 기대하였다는 느낌을 가지지 않는다. 기대는 고정되어서 기대와 실제 사이의 불일치는 행위자의 책임으로 귀속된다. 인지적 기대의 특징은 항상 반드시 의식적인 것은 아니지만 학습될 수 있다는 것에 있지만, 그러나 규범적 기대의 특징은 기대위배를 통해 학습하지 못하는 기결성(既決性)에 있다. 기대위배가 가능성으로서 예정되어 있지만, 우리는 타인도 예기치 않게 행위할 수 있는 복잡하고 불확정적인 세계에 있다는 것을 알고 있으므로 그러한 기대위배는 기대와 무관한 것으로 간주된다. 이때 이러한 무관성은 자연적인 경험에 의해 주어지는 것이 아니다. 마치 우리가 다른 집이 붕괴되더라도 이 집은 그대로 있을 수 있다는 것을 알듯이 그러한 무관성은 상징적 중화과정에 근거하고 있다. 왜냐하면 기대로서 기대는 그것이 준수될 것인가 그렇지 않을 것인가와는 무관하지 않기 때문이다.

그러므로 규범은 반(反)사실적으로 안정화된 행동기대이다. 이것은 규범의 효력이 사실적인 준수 또는 불준수와 무관한 것으로 경험되며, 제도화된 한에서 그 효력의 무조건성을 의미한다.[32) '소당연'(Sollen)의 상

---

32) 이러한 규범개념은 가이거(Theodor Geiger)가 과학이론적 및 방법론적인 근

징은 우선 먼저 반(反)사실적 효력에 대한 기대를 나타내고 있는 것이고, 이러한 기대의 질(質) 자체는 논의할 필요도 없으며, 그 안에 '소당연'의 의미와 기능이 존재한다.[33]

소당연은 반(反)사실적으로 설정되어 있음에도 그 의미는 소재연의 의미만큼 사실적이다. 모든 기대 및 그것의 준수 및 불준수도 사실적이다. 사실적인 것은 규범적인 것을 포함하고 있다. 그러므로 사실적인 것과 규범적인 것을 통상적으로 대조하는 것은 포기해야 한다. 이러한 대립은 마치 남자와 여자를 대립시키는 것과 같이 잘못된 개념구성이며 개념적인 술책이다. 그러나 이러한 개념적인 술책은 남자와 여자를 대립시키는 경우에 여성에게 불리하고 소재연과 소당연을 대립시키는 경우에 소당연에게 불리한 결과가 생긴다. 규범적인 것의 정확한 반대는 사

거에서 생각해야 한다고 믿고 있는 규범개념과는 엄격하게 구별해야 한다. Geiger, a.a.O., 특히 S.65 ff., 205 ff.는 규범에 따라 행동하든가 또는 제재를 받든가라는 양자택일이 관철되는 정도에 따라 단계적으로 구속적인 것으로 보고 있다. 그러므로 규범위반은 생각할 수 없다. 왜냐하면 규범은 제재를 받는 행동이라는 선택지도 포함하고 있고, 제재되지 않은 일탈행위는 규범의 구속력 정도를 감소시키는 것으로만 파악되기 때문이다. 가이거에게 행동의 차원이나 규범화의 차원에서도 불법은 존재할 수 없고 '과학적으로'(wissenschaftlich) 중요하지 않는 인적 판단으로 존재할 수 있을 뿐이다(S.206). 가이거의 법사회학은 불법과 반대되는 것 없이 법을 파악하며, 오로지 법으로서 '체험되는'(erlebt) 것에서 법을 파악하고, 불법은 의도적으로 도과하고 있다. 왜냐하면 불법에 대한 체험은 그의 법사회학에서는 과학적으로 인식가능한 실체를 가지고 있지 않기 때문이다.

33) 내가 아는 한 지금까지 소당연(Sollen)을 사회학적으로 분석한 것은 없다. 우리는 사회학적 규범개념을 소당연과 무관하게 수수한 통계적인 규칙성으로 정의하거나 그렇지 않으면 일상적인 언어사용에서 '소당연'의 의미를 설명하지도 않은 채 그대로 받아서 소당연적 관념의 사실성에 의해 규범을 정의하였다. 이 책 제2장 각주 1에서 자세히 본 바와 같이 법률가들은 일의적인 결론도 없이 소재연(所在然, Sein)과 소당연(所當然, Sollen)의 구분을 논의하고 있다. Peter Schneider(Hrsg.), *Sein und Sollen im Erfahrungsbereich des Rechts*, Wiesbaden, 1970 참조.

실적인 것이 아니라 인지적인 것이다. "기대위배의 가공을 위해 우리가 유의미한 선택을 할 수 있으려면, 사실적 차원과 규범적 차원으로 양분할 것이 아니라, 인지적 차원과 규범적 차원으로 구분해야 한다".

더 나아가 인지적 기대와 규범적 기대의 구별과 관련하여 소재연과 소당연 사이의 근원적인 내용적 또는 논리적 대립을 바로 부각시키는 것보다 우선 구별의 기능 그 자체를 인식하는 것이 중요하다. 사람들은 배울 수도 배우지 않을 수도 있다. 이러한 두 가지의 가능성은 기대위배의 상황에서 벗어날 수 있도록 도와주고, 그러한 한에서 양자가 반대 방향에 있지만 동일한 기능을 수행한다. 유사하고 동시에 정확히 대립적인 행동이 동일한 기능을 수행한다는 것에 성과를 얻을 수 있는 근거가 있다. 이것은 그때그때의 기대위배를 당할 경우에 대한 해결책 모색을 쉽게 한다. 두 가지의 가능성을 관철하는 기대와 기회의 의미에 따라 우리는 고수할 것인가 또는 포기할 것인가를 결정할 수 있다.

사회는 이러한 분화를 이용해 현실적응의 필요성과 기대불변성의 타협을 규율할 수 있다. 적응을 통한 이익이 지배적이면 사회는 행동에 대한 기대를 인지적으로 제도화하고, 기대를 현실의 행위에 적응시켜야 하므로 구성원을 비난하지 않을 것이다. 기대의 안정과 사회적 통합이 최우선적인 경우 사회는 기대를 규범적인 영역으로 확대하고 그것을 강조할 것이다.

이러한 이중전략에 의하여 모든 구조의 기대위배위험은 완화되고 또는 이미 주조된 형식으로 문제처리를 할 수 있다. 그래서 높은 복잡성과 불확정성 그 자체를 감내(堪耐)할 수 있다. 이러한 고찰에서 우리는 다음 장과 그 다음 장에서 논의하는 중요한 가설을 얻을 수 있다. 즉 사회의 복잡성 증대로 구조적 위험이 증가하고, 이러한 위험증가는 인지적 기대와 규범적 기대의 분화를 강화함으로써 대처해야 한다. 소재연과 소당연 또는 사실과 법의 분리는 '선험적으로'(a priori) 주어진 사회구조가 아니라 진화적인 성과에 불과하다.

먼저, 단순한 사회에서뿐만 아니라 오늘날 사회에서 기초적인 기대를 위하여 우리는 인지적 기대와 규범적 기대가 불명확하고 막연한 혼재상태에 있다는 것에서 출발해야 한다. 기대하는 사람에게 모든 경우에 먼저 인지적 기대와 규범적 기대 중 어느 한 양식으로만 결정해야 한다는 추상적인 강제는 존재하지 않는다. 그때그때의 기대위배에 대한 경험은 양식에 적합한 개연성이 높은 그러나 예외가 있는 기대에 의해 계산될 수 있다. 이러한 기대는 산발적인 기대위배에 의해서 부정되는 것으로 느껴지지는 않는다.[34] 인지적인 것과 규범적인 것의 구별이 단지 기대위배의 경우에 의해 규정되기 때문에 그러한 선결정(先決定)이 필요하지 않는 위배당할 가능성이 희박한 커다란 기대영역이 있다. 일상생활에서 대화할 때 보통 서로 일정한 간격을 유지한다는 것, 이를테면 상대방과 100미터나 떨어져 대화를 하지 않거나 반대로 5센티미터까지 접근하여 대화하지 않는 것[35]은 거의 무의식적으로 기대하므로 기대위배

---

34) 이에 대해 기대안정화에 대한 심리학적 연구 결과에 의하면 예외 없는 절대적인 기대가 때때로 좌절이 예정되어 있는 기대보다 더 불안정하다고 한다. Lloyd G. Humphreys, "The Acquisition and Extinction of Verbal Expectation in a Situation Analogous to Conditioning", *Journal of Experimental Psychology* 25, 1939, S.294~301; F. W. Irwin, "The Realism of Expectations", *Psychological Review* 51, 1944, S.120~126; William O. Jenkins/Julian C. Stanley, Jr., "Partial Reinforcement. A Review and a Critique", *Psychological Bulletin* 47, 1950, S.193~234 참조.

이와 관련하여 그 유명한 '사실의 규범력'(normativen Kraft des Fakischen) (Georg Jellinek, *Allgemeine Staatslehre*, 3. Aufl. 6. Neudruck/Darmstadt, 1959, S.337 ff.)이라는 것도 여기에 그 근원이 있다. 정형적인 것으로서 기대하는 쪽에서 기대위배의 경우에도 그 기대를 고수할 준비가 되었다는 것을 공존하는 반대의 기대로부터 심각하게 위협받는다면 기대되는 것이 규범적인 것으로 되는 것이다. 이렇게 하여 기대하는 사람은 기대의 위태로운 절대성을 규범적인 것으로 재확보하고 또 더 좋게 그것을 부수적인 반대의 기대와 조합시킬 수도 있다.

35) 직접적인 상호작용에서 공간분배에 관한 여타의 기대에 관해서는 Sherri Cavan,

의 가능성은 거의 생각하지 않아도 된다. 그러므로 일상 교제에서 통상적인 정확한 요구는 자연스럽게 규율된다. 또한 예를 들어 '좋은 아침입니다'라는 인사에 대하여 어느 아침인가? 몇시경까지인가? 얼마나 좋은가? 또는 어떤 점에서 좋은가? 라고 되묻지 않는다.[36] 결국 많은 행위들은 발생 가능성이 있더라도 이는 너무나 가당찮은 것이고 그 때문에 그러한 가능성은 의식적·규범적 배제에 포섭되지 않는다.[37] 그래서 일상적인 공동생활에서 헤아릴 수 없을 만큼 많은 자명한 사항이 부정형적이고 산만하며 기대위배의 경우 비결정적 기대형식을 취하고 있다. 통상 좁은 의미에서의 행동기대를 넘어서는 기대위배가 있는데, 이러한 기대위배는 우선 부정적으로 평가되는 개인의 상태 또는 성격으로 체험되고, 그다음에 다소간 불확실한 일탈행동의 잠재적 가능성으로서 표시된다. 이를테면 이국적 안색·불결·질병·기형적인 몸짓 등이 그렇다.[38]

Liquor License. An Ethnography of Bar Behavior, Chicago, 1966, S.88 ff.; Nancy Jo Felipe/Robert Sommer, "Invasion of Personal Space", *Social Problems* 14, 1966, S.206~214; Robert Sommer, "Sociofugal Space", *The American Journal of Sociology* 72, 1967, S.654~660; Philip D. Roos, "Jurisdiction, An Ecological Concept", *Human Relation* 21, 1968, S.75~84; Miles Patterson, "Spatial Factor in Social Interactions", *Human Relations* 21, 1968, S.351~361; Robert Sommer, *Personal Space: The Behavioral Basis of Design*, Englewood Cliffs/N.J., 1969 참조.

36) 일반적으로, 너무 글자 그대로 받아들이는 것(das Zu-wörtlich-Nehmen)은 정신병의 한 현상일 것이다. Roger Nett, "Conformity-Deviation and the Social Control Concept", *Ethics* 64, 1954, S.38~45(44. 각주 18)은 "필자는 정신병원에서 열광적인 성격을 가진 강박적인 정신분열환자가 속설과는 반대로 원초적인 자료(original data)를 거의 선택하지 않고, 비교적 일반적으로 받아들이는 정통적인 사고를 '너무 문언적으로' 받아들이는 것에 불과하다는 것을 알았다"라고 언급하고 있다.

37) 인간의 의식가능성은 미약하므로 또한 그에 따른 명시적인 거부 가능성도 미약하며, 진실로 심각한 주제를 위하여 아껴두어야 하기 때문에 포섭하지 않는 것이다.

38) 이를 위해서는 Fred Davis, "Deviance Disavowal. The Management of Strained Interaction by the Visibly Handicapped", *Social Problems* 9, 1961, S.120~132;

물론 내용적으로 자명하거나 기대양식이 결정되어 있지 않아도 모든 기대위배가 효과적으로 배제되는 것은 아니다. 기대위배가 생기면 규범 형성을 위한 사후적 규범화과정이 진행될 수 있다.[39] 우리는 이러한 기대를 포기해서는 안 되며, 그에 상응하는 행동을 요구해야 한다는 것을 의식하게 된다. 그래서 법은 기대위배에서 탄생한다고 생각해야 한다. 기대위배적 행동은 순수 사실적인 장애로 간주되거나 예외적인 것으로 격리시키고 또는 반복되거나 회피불가능한 경우 십중팔구는 규범화되는 것이 그 전형적인 발생형태이다.[40] 그러므로 기차여행과 같이 그 상황이 특별한 경우에는, 그 특단의 사정이 없는 한, 우리 문화권(여기에서 "우리 문화권"은 서유럽 문화권을 말한다――옮긴이)에서는 타인의 면전에서 졸아서는 아니 되며, 또 주의해야 한다는 상당히 자명한 생활규칙이 있다.[41] 달리 말하면 우리는 항상 어떠한 주제를 가지고 있거나 가지고 있는 것처럼 해야 한다. 그럼에도 이러한 규칙위반은 때때로 의식되지 않지만, 공개적인 장소에서의 졸음은 이상하고 변태적이며 양식 없는

Erving Goffman, *Stigma. Über Technik der Bewältigung beschädigter Indentität*, Frankfurt, 1967 참조. 이들 영역의 전형적인 문제는 규범이 준수되지 않을 가능성을 도외시하지 않지만, 그것이 자신의 좌절반응의 근거가 되지 않는다는 것이다. 이러한 상황의 이중성은 사교술이나 친분에 의해, 즉 기대에 관한 구체적 가능성의 보장에 의해 극복된다는 것이다.

39) 그러므로 규범형성은 발생학적으로 설명된다. 예컨대 Geiger, a.a.O., S.95 f. 참조.

40) Charlotte G. Schwartz, "Perspectives on Deviance. Wives's Definitions of Their Husbands's Mental Illness", *Psychiatry* 20, 1957, S.275~291(277 f.)은 '정상 상태의 정의에 관한 중압감'(strain toward a normalcy definition)에 관해 언급하고 있다. 그 외 Fred David, a.a.O., S.120~132; Lawrence D. Haber/Richard T. Smith, "Disability and Deviance. Normative Adaptative of Role Behavior", *American Sociological Review* 36, 1971, S.87~87. 참조.

41) 필요한 관여(involvement)의 규칙에 관한 자세한 것은 Erving Goffman, *Behavior in Public Places. Notes on the Social Organization of Gatherings*, New York/ London, S.33 ff. 참조.

행동으로 비친다. 이 규칙은 규범화되지 않는다. 대화 도중에 화제의 실마리를 잡거나 유의미하게 답해야 한다는 규범, 예컨대 시간을 묻는 질문에 "비가 온다"고 답하지 말아야 한다는 규범은 없다. 이러한 것들을 위반하는 것은 기행(奇行), 오해, 농담으로 취급되고, 이것이 반복될 때에는 바보로 취급될 것이다. 이것은 규범화가 아니라 정상화를 가져오는 것이다. 즉 장애가 설명되어서 해소되거나 또는 기대할 수 있게 된다.[42] 더 극단적으로는 중대한 위반을 자주 반복하는 경우에 기대위배행위자를 정신병자로 선언하는 전형적인 해결방법이 선택되고, 그 결과 그는 체험과 기대를 세계에 대한 해석으로 간주하는 인간이 주체가 되는 공동체에서 배제된다.[43] 이것은 이러한 영역에서 기대위반을 진리위반이나 세계를 인식하지 못하는 무능력과 같이 다루고 있다는 것을 의미하다. 이것은 인지적 기대양식과 규범적 기대양식이 서로 분리되어 있지 않는다는 것을 보여주는 분명한 증상이다.

정신병적 행동이 아닌 경우라도 일탈을 병리적 행위로 설명하고 취급

---

42) 이 점에서 거핑켈이 시도하고 평가했던 실험은 매우 참고할 만하다. 이 실험에서 그는 이러한 자명성을 의도적으로 파괴하였다. Harold Garfinkel, "A Conception of, and Experiments with, 'Trust' as a Condition of Stable Concerted Actions", in: O. J. Harvey(Hrsg.), *Motivation and Social Interaction. Cognitive Determinants*, New York, 1963, S.187~238; Ders., "Studies of the Routine Grounds of Everyday Activities", *Social Problems* 11, 1964, S.225~250; 위 두 논문은 Harold Garfinkel, *Studies in Ethnomethodology*, Englewood Cliffs/N. J., 1967에 재인쇄되었다.

43) 이른바 의학적으로 검증된 정신병징후에서 정상적인 행동의 규칙을 반사적으로 발견할 수 있다는 것을 널리 알린 것은 무엇보다 고프만이다. Erving Goffman, *Asylums, Essays on the Social Situation of Mental Patients and Other Inmates*, Chicago, 1962; Ders., "Mental Symptoms and Public Order", in: Ders., *Interaction Ritual, Essay in Face-to-Face Behavior*, Chicago, 1967, S.137~148; Thomas H. Scheff, *Being Mentally Ill. A Sociological Theory*, Chicago, 1966. 법학적 규범관과의 차이를 특징지우는 연구로는 Vilhelm Aubert, "Legal Justice and Mental Health", *Psychiatry* 21, 1958, S.101~113 참조.

하는 것은 기대의 기초가 극히 자명하고 또 미분화되어 있다는 것을 전
제로 한다. 이러한 반응은 대면적인 상호작용에 적용되는 적절한 규칙에
대한 현저한 위반과 연관되어 있다. 이러한 규칙위반이 한편으로는 즉시
알려지기 때문에 매우 드물고, 다른 한편으로는 현장에 있는 사람들에게
충격을 주며, 그 행위범위에서 소요가 생기기 때문에 매우 중요한 의미
를 가진다. 이러한 행동은 교도소에서 교도관이 보는 앞에서 이루어지는
범죄처럼 처음부터 미친 짓으로 보인다. 이러한 배경에 보면 특히 미국
에서 보고된 바와 같이 정신분석과 도덕을 독특하게 중첩시키는 방법이
특별한 의미를 얻는다.[44] 정신분석학적인 치료가 인간화되고 일상화되
는 정도에 따라 일상적 행동도덕이 점차 확대되어 기대영역으로 편입되
고, 일탈적 행동은 '내적' 장애에서 발생하는 것으로 생각할 수 있게 된
것 같다. 그 상징적인 충격은 일탈자에 대한 도덕적 비난 때문에 일탈자
의 행동에서 제거되는 것이 아니라 그 자신이 예외적으로 자유가 없는
사람으로 취급되고, 그 자신과 다른 사람에게 그렇게 설명된다는 것 때
문에 일탈자의 행동에서 제거된다.

---

44) 이들 연구의 중점은 정신병이 발생하는 일정한 사회적 조건이 무엇인가에
   있다(그래서 이들 연구는 사회적 조건을 객관적으로 확정할 수 있는 사실
   로서 취급한다). 이에 관한 개관을 위해서는 Heide Berndt, "Zur soziogenese
   psychiatrischer Erkrankungen", *Soziale Welt* 19, 1968, S.22~46; John W. Petras/
   James E. Curtis, "The Current Literature on Social Class and Mental Disease in
   America. Critique and Bibliography", *Behavioral Science* 13, 1968, S.382~398;
   일탈행동에 대한 정신분석학적 설명의 중요성이 증대되고 있다는 점에 관해
   서는 Bruce P. Dohrenwend/Edwin Chin-Shong, "Social Status and Attitudes
   toward Psychological Disorder. The Problem of Tolerance of Deviance",
   American Sociological Review 32, 1967, S.417~433; 특히 조직 환경에 관해서
   는 Peter M. Blau/W. Richard Scott, *Formal Organizations*, San Francisco, 1962,
   S.188 ff.; 대학의 상황에 대해서는 Klaus Dörner, *Die Hochschulpsychiatrie.
   Socialpsychiatrischer Beitrag zur Hochschulforschung. Stand und Kritik*, Stuttgart,
   1967 참조.

행동기대가 가지고 있는 가장 자명한, 말하자면 최하층의 특성은 통상적인 법사회학적 규범유형론[45]에 의해서는 적절하게 파악되지 않는다. 단순히 사실적인 관습의 문제가 아니다. 이러한 원초적인 단계에 있는 기대의 특징은 그 사실성이나 제재 없는 협약에서 유래하는 것이 아니라 인지적 기대요소와 규범적 기대요소가 불가분하게 하나로 형성되어 있다는 무분화성에서 유래한다. 그 밖에 이러한 전(前)규범적 기대단계를 규범과 구별할 수 있는 다섯 가지의 특징을 제시할 수 있다. 1) 이러한 기대의 충족은 그 위반이 진지하지 못하다고 생각되거나 불수의적인 것으로 규정될 만큼 높은 자명성을 가지고 있다. 그래서 일탈의 동기를 보아도 거기에는 어떠한 요해(了解)할 만한 인간적인 이익도 찾을 수 없다. 그래서 2) 이러한 기대에 대한 일탈자를 교정할 수 있는 노력이 기울여지지 않는 것이 전형적이다. 그 일탈자는 예외로서 추방되어 고립된다. 그러한 일탈자는 국외자·턱수염을 가진 자·유아적인 사람·정신병자 등과 같은 일탈자의 배역을 맡게 된다.[46] 우리는 그 일탈을 제거하려는 시도를 통해서가 아니라 이와 반대로 일탈을 일탈로서 지적하고 안정시켜 그러한 일탈이 예외로서 더 이상 규칙에 영향을 미칠 수 없도록 함으로써 이러한 기대위배에 반응한다.[47] 여기서 요구되는 단 하나는 일탈자를 그의 일탈행동의 영역에서 일관되고 예측가능하도록 유

---

45) 이 책 113쪽 이하 참조.

46) Robert A. Dentler/Kai T. Erikson, "The Function of Deviance in Groups", *Social Problems* 7, 1959, S.98~107. Gerd Spittler, *Norm und Sanktion*, a.a.O., S.115 f.에서 적절한 예를 찾을 수 있다. 다른 사람의 반응에 내포된 일탈자 역할의 인수에 관해서는 Michael Schwartz/Gordon F. N. Fearn/Sheldon Stryker, "A Note on Self Conception and the Emotionally Disturbed Role", *Sociometry* 29, 1966, S.300~305 참조. 이러한 역할전파의 기제는 기대의 기대에서 구할 수 있다.

47) Edwin M. Lemert, *Human Deviance, Social Problems, and Social Control*, Englewood Cliffs/N. J., 1967, S.44 ff.는 '2차적 일탈'(Secondary Deviation)이라는 제목 아래 안정된 일탈행위를 다루고 있다.

지시키는 것이다. 전규범적 단계의 기대에서 정상화를 통한 처리과정은 3) 개별사건의 구체적인 상황에 적응한다. 이러한 처리과정은 보편적인, 즉 누구에게나 동일하게 유효한 규준에 속박되는 것이 아니라 규범관철의 개별화라는 결과를 가져온다.[48) 또 이러한 기대는 4) 미래를 위한 시간 계획 없이, 즉 시간적인 효과의 제한 없이 이루어진다. 즉 이러한 기대는 행위를 겨냥하는 것이 아니라 상태를 겨냥하고 있다. 미래라는 관념을 필요로 하지 않으며, 그러한 한도 내에서 단순하게 취급될 수도 있지만 장기적으로 관련 당사자들 사이에서는 규범화와 제재 기제로서 작용한다. 그리고 5) 이러한 기대는 일탈이나 규범도 정형화되지 않고 또 그렇게 지칭되지도 않는다는 것으로 특징지을 수 있다. 즉 이러한 기대는 절도·계약위반·동성연애·하자 있는 행정행위·세금포탈 등과 무관하고, 손목시계 분실·마누라의 새 옷·회장의 질병 등과 같은 구체적인 경악, 즉 기대를 계속적으로 형성하는 데에 필요로 하는 것이 아닌 우발적 사건과 관련 있는 것이다. 분류나 명명의 결여로 말미암아 정형화하는 것이 불가능하고,[49) 여러 가지 진기한 사건들에 대한 경험이 동질적인 현상으로서 용이하게 인식되지 않기 때문에 이러한 기대는 위협적인 것으로 쉽게 느껴지지 않는다. 이러한 기대에 대한 위배는 사건별로 해결된다. 이와 같이 체험처리가 구체적인 성격을 갖고 있기 때문에 선택지를 구성하기 위한 단초도 존재하지 않는다.

규범적 기대와 인지적 기대가 분화되어 있지 않은 기반에서 기대의 주제와 양식이 더 강하게 특화된 행동기대가 나온다. 그것은 자명하지

---

48) '비공식적 규범'(informal codes)의 징표로서 강제의 개인화에 관해서는 Tamotsu Shibutani, *Society and Personality. An Interactionist Approach to Psychology*, Englewood Cliffs/N. J., 1961, S.428 참조.

49) 이에 관해서는 J. L. Simmons, "Public Stereotypes of Deviance", *Social Problems* 13, 1965, S.223~232 참조.

않은 것도 기대될 수 있다는 장점을 가지고 있다. 자명성의 보장이 없거나 그것이 충분하지 않은 곳에서는 기대위배도 함께 기대하는 것이 불가피하고, 그래서 어떻게 우리가 기대위배에 반응할 것인지를 학습 또는 학습거부를 통해 먼저 확정하지 않을 수 없다. 우선 기대가 자명하지 않은 영역에서, 인지적 기대와 규범적 기대의 분화가 발생할 것이다. 말하자면 이러한 분화는 자명성을 대체한다.

물론 이와 같은 확정에 수반되는 위험은 매우 크다. 더욱이 그러한 위험은 단순한 사회체계에서 훨씬 더 크다. 하지만 이것은 장래의 상황, 그 구체적 세부사항, 행동 가능성 및 합의기회에 대한 지식 없이 좌절된 기대를 고수할 것인가를 사전에 결정해야 한다는 것은 의미한다. 인지적 기대와 규범적 기대의 분리는 이러한 위험을 기대구조 안으로 끌어와서 의식화하고 통제하도록 요구한다. 이렇게 하여 우리는 이제 더 이상 구체적으로 불투명하고 불명하게 복잡하며 음험하게 살아 있는 '자연' (Natur)을 단순히 대상으로 보는 것이 아니라 복잡성과 불확정성의 이중문제를 하나의 모순이라는 형식으로 유지할 수 있는 기대구조 자체 안에 옮겨놓고 있다. 인지적 기대에서 이러한 기대는 근대과학의 진리개념에서 제도화되었던 것처럼 단지 가정적이고 수정이 예정된 현실적 가설로의 후퇴를 의미한다. 규범적 기대에서 이러한 기대는 국가에 의해서 보장된 법에서 전형적으로 전개된 것처럼 반(反)사실적 기획으로의 후퇴를 의미한다. 인지적 기대의 경우 이러한 분화는 기대위배의 상황에서 실제로 상당히 빠르고 명백하게 제시된 지도방향을 학습할 수 있도록 하는 예방적 조치를 요구하고,[50] 규범적 기대의 경우 이러한 분화는 기

---

50) 이와 같은 학습능력의 전제는 예컨대 과학이론 또는 계획모델에 의해 마련된다. 이러한 과학이론과 계획모델은 '변수'(Variablen)로 구성되고, 또 체험의 도식화를 준비하여 예측과 위배를 동일하게 일의적으로 보여준다. 이러한 전제는 그 자체로서 상당히 전문화된 분업시스템을 전제로 한다.

대위배의 상황에서 기대를 고수하는 것이 명시되고 또 신뢰할 수 있도록 한다. 이러한 진화적 성과가 품고 있는 원칙은 인지적 기대와 규범적 기대 양자에서 동일하고, 그 본질은 기대구조의 내적 복잡성이 증대하여 이 때문에 외계에 더 잘 적응하게 되었다는 데에 있다.

여기에 덧붙여 인지적 기대영역이나 규범적 기대영역에서도 위험감축의 전략이 형성된다. 인지적 기대에는 여전히 원칙을 학습하지 않을 가능성이 존재하며, 규범적 기대에는 원칙에 반해 학습될 가능성이 있다. 위험감축은 기대양식에 반하는 순간에 나타나고, 그것에 반하는 태도를 취할 가능성을 은밀하게 수립함으로써 이루어진다. 문제 해결은 잠재하고 있는 모순을 그대로 허용하는 데에 있다.

우리가 인지적으로 학습태세를 갖추고 있다고 기대한다고 하더라도 모든 기대위배에 적절하게 대응하지는 못한다. 그래서 우리는 기대를 유지하고 기대위배를 예외로 해석하는 '임시설명'(*ad hoc*-Erklärung)과 부가적 가설을 보조적으로 사용한다. 우리는 무엇보다 신뢰하는 기대 또는 인지적 구조의 중심적인 기대를 그렇게 빨리 포기하지 않는다. 또 인지적 기대에서도 원칙/예외라는 도식(Das Regel/Ausnahme-Schema), 통상과 특수의 전개과정이라는 관념 그리고 추상적인 근본가설에 의해 지지되기 때문에 복잡하고 거의 뒤집을 수 없는 세계상(像)의 구축은 인지적 기대에서 기대위배에 대한 높은 확실성을 보장해주고 있다.[51] 인식에 기초하여 특화된 근대과학은 원리적으로 가정적이고 수정이 예정된 것으로서 등장하였는데, 이러한 근대과학에서조차 통상적인 기대를 규율하고 있는 인지적 구조의 커다란 영역을 중요한 개별적인 경험으로

---

51) 이러한 맥락에서 앞(각주 34)에서 인용한 학습이론적 실험이 주목할 가치가 있다. 이들 실험은 한 번도 좌절에 노출되지 않아 틀림없는 것으로 인식된 절대적인 확실한 기대는 붕괴하고, 단지 개연적인 예측만 좌절에 대하여 고도로 면역이 될 수 있다는 것을 보여준다.

무너뜨린다는 것은 거의 불가능하다.[52]

반대로, 규범적 기대도 그 선언된 불학습의지에 전적으로 고정될 수는 없다. 반복적으로 위배된 기대를 내부적으로 일관되게 지탱할 수 있는 가능성에는 한계가 있다. 예컨대 주차금지 표지판 주위에 자동차가 주차된 경우 주차금지 표지판은 더 이상 주차금지라는 규범적 기대를 일으키지 못하고, 오히려 주차허용이라는 인지적 기대를 유발하게 된다. 그래서 사람들은 경찰이 주위에 있는지를 살핀다. 게다가 다수의 규범정식이 가진 탄력성은 적응과정을 만들어준다. 이러한 현상은 자주 논의 대상이 되고 있는 이른바 '법관에 의한 법의 계속형성'(richterliche Rechtsfortbildung)에서 그렇다. 즉 법 자체에는 묵시적인 학습이 있으며, 실정법을 가지고 있는 매우 복잡한 사회에는 합법적인 법의 변화, 즉 합법적 학습이 항상 존재하고 있는 것이다.

논리학자들은 이와 같은 모순현상을 곤혹스러워하거나 생각도 못하였을 수도 있다. 그렇지만 사회학자는 이러한 모순현상이 제도의 균형유지에 기여한다는 것을 반드시 인식하여야 한다. 모순가능성을 인정하는 것이 기본적인 의미방향을 부정하는 것은 아니다. 이것은 여전히 규칙에 부합하는 행동을 하는 데 기초를 제공한다. 규범영역에서는 우리가 기대를 고수하고, 또 기대위배에도 불구하고 그 기대를 신뢰한다고 하더라도 조소받지 않는다(그렇지만 인지적 기대영역에서 위배당하면 그 사실에 적응한다). 그러나 규칙에 맞는 행동이 상당한 곤란을 초래하는 경우 용인될 수 있는 탈출구가 있다. 이와 같은 방식으로 비로소 그 장점이 완전히 실현되는데, 그 장점은 대립적이지만 기능적으로 등가적인 위배처리 전략을 이용할 수 있다는 것, 즉 상황에 따라 학습(Lernen) 또는 불학습(Nichtlernen)으로 대처하는 것을 말한다.

---

52) Thomas Kuhn, *Die Struktur wissenschaftlicher Revolutionen*, Frankfurt, 1967 참조.

인지적 기대와 규범적 기대를 미분화적으로 혼합하거나 대립시키는 방식 외에 마지막으로 이제 양자를 조합하는 세 번째의 방식을 언급해야 할 것 같다. 이러한 방식은 앞에서 이미 다루었던 것인데, 기대를 기대할 수 있는 가능성에 기초하고 있다. 기대의 탈착성(脫着性)은 대립적인 기대양식을 서로 연결하고 학습가능성과 불학습가능성을 함께 수용할 수 있는 기대의 고리를 만들 수 있도록 한다. A는 B가 인지적으로 기대하거나 규범적으로 기대한다는 것을 인지적으로 기대할 수 있다. 또 A는 B가 인지적으로 기대하거나 규범적으로 기대한다는 것을 규범적으로 기대할 수 있다.[53] 두 단계의 기대의 재귀성에서는 인지적-인지적, 인지적-규범적, 규범적-인지적, 규범적-규범적이라는 4가지의 조합이 가능하고, 다단계적 기대의 재귀성에서는 그 조합에 따라 다수의 가능성이 있을 수 있다.

종래의 연구에서 얻은 자료는 이러한 조합가능성을 완전히 설명하는데에는 부족하다. 그래서 우리는 어떠한 기대영역에 어떠한 상황이 지배적인지를 알 수 없다. 그래서 여기서는 향후의 연구에 필요한 범위 내에서 비교적 간단히 이해할 수 있는 두 개의 도식을 사용하여 약술하는 데그친다.

기대를 규범적으로 기대한다는 것을 통해 기대양식은 규범적 규율에 지배될 수 있다. 기대위배를 당하는 경우 학습해야 하는가는 개개인의 임의에 맡겨둘 수 없을 만큼 중요하다. 어느 양식을 선택할 것인가가 제도화되어야 한다. 예컨대 교사는 학생의 예의바른 태도·복종·청결·정상복장·단발 등을 기대할 것이다. 이러한 기대들이 인지적인가 혹은 규범적인가는 다시 규범적 기대의 대상이며, 후자의 규범적 기대는 그 선택을 지도하고, 경우에 따라서는 그 선택을 변경시킬 수 있다. 교육청,

53) Galtung, a.a.O.(1959), S.220 ff.는 이러한 기대구성이 가진 의미를 발견하였다.

학부모회, 여론이 교사의 임의적인 기대를 학습상 수긍하지만은 않을 것이다. 예컨대 선생이 흰 셔츠 또는 획일적인 옷을 규범적으로 기대한다면 그러한 기대는 수용되지 못할 것이다. 또한 빨간 셔츠 또는 장발을 배제하려 한다고 하더라도 요즘에는 지지를 받지 못할 것이다. 이러한 예에서 우리는 규범적 기대양식과 인지적 기대양식의 선택을 규범화하는 것은 그 자체로서 변할 수 있고, 또한 시간의 흐름 속에서 규범적 기대양식의 많은 규범이 인지적 기대양식의 규범으로(또는 그 반대로) 이동될 수 있다는 것을 알 수 있다.[54] 물론 비규범적 기대라 하더라도 그 자체가 여전히 규범화되어 있으면 기대하는 사람 자신에게 기대될 수 있다. 기대하는 사람은 분쟁을 회피하기 위하여 그러한 경우 사람들이 그 자신에게 인지적 기대를 규범적으로 기대한다는 것을 인지적으로 기대할 수 있어야 한다.

인지적 기대양식과 규범적 기대양식의 분화는 주로 각 경우마다 기대양식의 선택이 기대될 수 있을 때에만 주로 유효하게 작동될 수 있다. 그럴 경우에만 그 선택이 사회적으로 규율될 수 있고 또 그것이 예정될 수 있다. 다른 사람의 기대의 기대가능성은 인간의 공동생활에 기초가 되는 중요한 성과이다. 이러한 기초 위에 비로소 규범적인 양식과 기대위배 경우의 지속성이 특화된 기대맥락이 형성될 수 있다.

이와 반대로 조합된 경우가 규범적 기대 또는 인지적 기대가 인지적으로 기대되는 경우인데, 여기서는 사회적 조종보다는 개인적 학습에 그 우선순위가 주어진다. 이러한 경우 개인은 다른 사람의 기대에 대하여

---

54) 기대하는 사람 자신에게는 기대양식의 규범화가 매우 어려우며 강제적인 것으로서 반영된다. 어떤 법관은 이러한 사실을 "결국 법정에서 미니스커트를 입고 있는 것에 대하여 법원조직법(GVG) 제178조의 질서벌(Ordnungsstrafe) 조항에 대한 예외를 인정하지 않을 수 없다"라는 말로써 고백하고 있다. 즉 그는 이것을 인지적으로 승인하고 있는 것이다. *Deutsche Richterzeitung*, 1968, S.7. 그밖에 Karlfriedrich Eckstein, 같은 곳, S.179 참조.

그것이 규범적이든 인지적이든 학습할 수 있는 준비태세를 취한다. 개인은 규범화하지 않고 뜻밖의 일에 주목하며 타인이 규범적 기대 또는 인지적 기대를 바꿀 때 예컨대 새로운 법이 공포될 때, 예기치 않은 판결이 나고 또는 규범화된 일상생활의 관습이 변하는 때, 유행이 바뀔 때, 도덕이 해이해질 때 스스로 그러한 상황에 적응한다. 더 살펴보겠지만 무엇보다 실정법의 조건 아래서는 규범구조에 관한, 순전히 인지적이고 가변적인 토대를 만드는 것이 중요하다.

지금까지의 고찰로서 법형성과 관련된 상당히 복잡한 전제 영역이 드러났다. 이것과 비교하면 상위규범에 의해 하위규범의 효력을 정당화하는 법말씀론적 관념은 상대적으로 단순하다. 법원(法源)의 위계질서에 의한 정당화 대신 기대의 기대에 관한 재귀적인 과정에 근거를 마련하는 것이 요구된다. 이것은 인지적 기대와 규범적 기대의 분화를 가능하게 하고, 다양한 변화상황을 통해 다양한 요구를 올바르게 처리할 수 있게 한다. 우리는 여기서 법을 형성하는 과정을 파악하기 위한 출발점을 개관하였을 뿐이다. 기대위배에 구애되지 않는 규범화된 기대는 아직 단지 하나의 기획, 즉 주관적인 의도일 뿐이다. 우리는 규범기획에서 의도된 기대위배의 해결을 위한 기제를 더 자세히 살펴보아야 한다. 이로써 우리는 지식사회학이 더 깊이 다루고 있는 초보적인 인지적 기대구조의 영역으로 떠난다.

3. 기대위배의 처리

복잡성과 불확정성을 줄이는 선택적 기대구조는 생활에 필수불가결한 것이다. 여기에서 기대의 미달(未達)이 문제된다. 기대의 미달은 부정적이든 긍정적이든 예기치 못한 결과를 가져오지만, 항상 개별적인 경우의 효과와는 별도로 당해 기대 자체에 문제를 제기한다. 그래서 상황은 그전과 동일하지 않다. 기대는 단지 기대에 불과하다는 것은 지금 명백하다. 그러한 의외의 사건이 행복한 것이라고 할지라도, 예컨대 그것이 기대하지 않았던 선물로서 온다고 하더라도 거기에는 불안한 측면이 있다. 그것은 구체적인 사건에서 적극적인 손해 또는 이익과 무관하게 기대의 계속성을 위태롭게 한다. 그것은 확립된 기대에 대한 감축 성과를 없앨 수 있고, 가능성의 본래적 복잡성과 다르게 행동할 수 있는 불확정성을 다시 부각하며, 지금까지의 경험과 검증의 역사를 불신케 할 우려가 있다. 위배는 불확실성을 초래한다. 이러한 문제점은 개별사건에서 손익균형으로써 해결할 수 없다. 기대 그 자체는 그것이 변하지 않고 또 새로운 보장에 의해 보충될 수 있을 때 그 범례화된 기능수준에서 그것을 표출하는 상징적인 과정과 기대위배 사건의 처리를 통해 회복된다.

규범적 기대의 위배에서 야기되는 당혹감은 개별적인 사건을 능가하는데, 그것은 반응의 강도에서 나타난다.[55] 기대위배는 활동을 자극하고, 사람들은 그러한 위배가 일어나도록 그대로 두지 않는다. 기대위배의 경험은 감정적 색채를 띠게 되고, 종종 생체 조직에까지 전달되는 경우, 특히 행동가능성이 마비되는 경우 생리적인 반응을 야기한다. 그 사람은 흥분한다. 억압을 제거하기 위한 생리적 기제는 작용하지 않더라도 심리적 기제는 발동된다. 이러한 발동은 다시 사회적 체계에서 도외시될 수 없다. 기대위배의 처리는 개인적인 분노와 자제의 차원의 문제만은 아니다. 위배당한 사람은 흥분해서 합리적으로 처리하지 못하고, 또

---

55) 아래에서 우리는 인지적 기대의 위배를 언급하지 않겠지만, 이에 관한 연구와 비교하기 위해서는 J. Merrill Carlsmith/Elliott Aronson, "Some Hedonic Consequence of the Confirmation and Disconfirmation of Expectancies", *The Journal of Abnormal and Social Psychology* 66, 1963, S.151~156; Robert H. Keisner, "Affective Reactions to Expectancy Disconfirmations Under Publix and Private Conditions", *The Journal of Personality and Social Psychology* 11, 1969, S.17~24 참조.

하나의 기대를 살리기 위하여 많은 기대에서 위배당할 수 있다. 즉 문제를 해결하기보다는 더 많은 문제가 생길 수 있다. 그래서 이중적인 위해가 발생한다. 또 그 사람은 격분해서 도가 지나친 행동을 할 수도 있고, 그에 따라 이성을 잃어서 자기표현의 계속성과 신뢰성을 저해시키며, 하나의 기대 때문에 그의 인격의 사회적 정체성을 위험에 빠지게 하여 결국 자신을 웃음거리로 전락시키고, 회복할 수 없는 손해를 보게 된다. 그러므로 사회적 체계가 기대위배의 처리를 인수하고 여과해야 한다. 이것은 올바른 기대를 효과적으로 관철하기 위하여 반(反)사실적이고 기대위배에 대비하는 규범적 기대가능성을 마련하기 위하여 필요하다. 기대하는 사람은 기대와 괴리가 있는 현실에 처하게 되는 경우를 대처하여야 하고, 그것에 대응하는 수단을 갖추게 된다. 이와 함께 기대위배를 여과하고 진정시키는 것도 구조의 안정화를 위한 요소이다.

규범과 제재의 통상적인 구분에는 기대의 보장과 위배처리의 상호관계가 숨어 있다. 일정한 규범, 이를테면 법규범을 제재준비태세로 정의하는 것은 충분하지 않고, 우리는 규범적 체험이 위배의 경우 행동가능성에 대한 예측을 통해 구성된다는 것을 알아야 한다. 자기의 기대가 위배당하게 되는 경우 그 기대가 관철되지는 않더라도 적어도 유지될 수 있다는 것과 어떻게 그렇게 될 수 있는지를 알아야 한다. 위배의 경우에도 기대가 여전히 제시될 수 있어야 한다. 기대는 위배당한 사람의 자기표현 요소로서, 또 여타 행동의 기초로서 손상 없이 남아 있어야 한다. 기대가 단지 오류로서 또는 인지적 착오로서 또는 부끄러운 무지로서 판명되는 것이 아니라 세상 속에서 하나의 자리를 차지하여야 하고, 함축된 의미를 찾아야 하며, 계속적 효력을 가져야 한다. 이것을 위해 사회적인 조력제공이 필요한 것이다.

수많은 규범위반은 의식되지 않기 때문에 그 자체로 이미 소멸되거나 그 상징적인 의미가 박탈되어버린다. 그렇지만 규범위반은 소규모로든[56] 대규모로든[57] 일어나고 있다. 이와 같은 무시가 겨냥하고 있는 것은 사실이 아니라 규범이다. 그것은 규범과 다른 정보나 규범에 대해 의문을 제기하는 정보로부터 그 규범을 보호하고 또 기대위배당하는 사람이 의무적인 반응을 하지 않도록 보호한다. 이러한 보호는 사실이 규범을 파괴하는 것이 아니라 오로지 의사소통만 규범을 파괴할 수 있다는 상황에 근거한다.

일탈행위가 명백하여 더는 간과할 수 없을 때, 또는 이익관계가 상충되어 더 이상 비밀스러운 담합이 불가능할 때 협조라는 더 큰 요청이 작동하게 된다. 이와 같은 협조 요청은 그것이 위배당한 자의 체험에 해당하는가 또는 행동에 해당하는가에 따라 두 그룹으로 나눌 수 있다. 그는 기대위배를 사실에 포함시킨 다음, 그 기대위배를 이해하고 평가할 수 있어야 하고, 위배된 기대가 계속해서 효력을 가지고 있다는 것을 표현할 수 있는 행동가능성을 지녀야 한다.

기대위배적인 행동이 대개 일탈로서 체험된다는 사실은 이미 규범의 존재를 보여주는 것이다. 그 속에 불일치의 귀속의 한 양식이 존재하기

---

56) 이 점에 관해서 특히 조직환경에 대한 많은 연구가 있다. Alvin Gouldner, *Patterns of Industrial Bureaucracy*, Glencoe/Ill., 1954, 특히 S.45 ff.; Peter M. Blau, *The Dynamics of Bureaucracy*, Chicago, 1955, S.28 ff.; Gresham Sykes, "The Corruption of Authority and Rehabilitation", *Social Forces* 34, 1956, S.257~265; Joseph Bensman/Israel Gerver, "Crime and Punishment in the Factory. The Function of Deviance in Maintaining the Social System", *American Sociological Review* 28, 1963, S.588~593; Dean Harper/Fredrick Emmert, "Work Behavior in a Service Industry", *Social Forces* 42, 1963, S.216~225; Louis A. Zurcher, Jr., "The Sailor Abroad Ship. A Study of Role Behavior in a Total Institution", *Social Forces* 43, 1965, S.389~400 참조.

57) Murray Edelman, *The Symbolic Uses of Politics*, Urbana/Ill., 1964, 특히 S.44 ff.; Heinrich Popitz, *Über the Präventivwirkung des Nichtwissens. Dunkelziffer, Norm und Strafe*, Tübingen, 1968 참조.

때문이다. 즉 잘못 기대한 것은 기대자가 아니라 행위자가 잘못 행동하였거나 특이하게 행동하였다는 것이며,[58] 기대자의 착오가 설명되어야할 것이 아니라 그 행위자의 행동이 검증의 주제로 된다는 것이다. 이렇게 되어서 이미 규범은 구조되고, 규범위반자가 이미 거의 패한 것이나마찬가지다. 이러한 불일치의 원인이 양자에게 거의 동일하게 있고, 그래서 순수한 인과적 고찰이 책임귀속을 엄밀하게 결정할 수 없다고 하더라도 기대에 대한 기대 차원에서의 선이해 때문에 명백한 책임귀속이 이루어진다. 그 결과 행위의 기초가 마련되고, 사건이 해결될 수 있는 방향이 정해지는 것이다. 법률가는 그 귀속근거를 희생자의 '능력', 즉 권리능력·귀책능력·행위능력·책임능력 등으로 파악하려는 경향을 보이고있다. 그래서 희생자의 선별은 행위자 자신에 의한 것이지 기대에 의해결정되는 것이 아닌 것처럼 보인다. 규범은 규범으로서 남아 있으며, 그리고 기대위배의 '원인'은 항상 일탈하는 행위 쪽에 있는 것이다.[59]

---

58) Ronald D. Laing, *Phänomenologie der Erfahrung*, Frankfurt, 1969, S.98은 "정신과 의사가 환자와 접촉하지 않았다는 사실은 환자에게 잘못이 있는 것이 아니라 정신분석가에 잘못이 있다는 것을 나타낸다"고 지적하고 있다.

59) 이러한 책임귀속의 문제에 관하여 사회학자와 심리학자 및 법률가는 모두 사회적·규범적 전제조건을 언급하고 있다. 근본적인 논구를 위해서는 Felix Kaufmann, *Methodenlehre der Sozialwissenschaften*, Wien, 1936, S.181 ff.; Hans Kelsen, *Vergeltung und Kausalität*, Den Haag, 1941; Fritz Heider, "Social Perception and Phenomenal Causality", *Psychological Review* 51, 1944, S.358~374; H. L. A. Hart, "The Ascription of Responsibility and Rights", in: Anthony Flew(Hrsg.), *Essays on Logic and Language*, Oxford, 1951, S.145~166; Edward E. Jones/Keith E. Davis, "From Acts to Dispositions. The Attribution Process in Person Perception", in: Leonard Berkowitz(Hrsg.), *Advances in Experimental Social Psychology*, New York, 1965, S.212~266; Harold H. Kelley, "Attribution Theory in Social Psychology", *Nebraska Symposium on Motivation*, 1967, S.192~238; Edward E. Jones et. al., *Attribution. Perceiving the Causes of Behavior*, New York; 1971. Paul Fauconnet, *La responsabilité. Étude de Sociologie*, 2. Aufl., Paris, 1928은 기대자 또는 행위자에 대한 책임귀속을 다루지 않고, 제재

그래서 사건들은 서로 분리되어 개별화되며 개인화될 뿐만 아니라 정교하게 처리된 위배해명을 위한 거점이 마련된다. 위배해명은 세상 속에 있는 그대로 부정할 수 없는 사실로 되어버린 위배에 대하여 하나의 자리를 정해주는 기능을 한다. 위배는 기지(旣知)의 사실로서 통합되어 이해될 수 있어야 한다. 개별적인 관점에서는 몰라도 결코 일반적 · 원칙적으로는 사실과 반대되는 기대를 할 수 없기 때문이다. 그렇지만 그러한 설명이 규범에 손상을 가해서는 안 된다. 그러므로 위배적 사건을 기대와 분리해야 한다. 위배는 상징적으로 기대와 분리되기 때문에 그 사건은 기대에 아무런 피해를 줄 수 없고 그 기대의 계속적 유지에 아무런 의문이 없다. 이에 기여하는 관점은 과학적으로 증명할 수 있는 설명과 아무런 관계가 없다. 왜냐하면 이러한 관점은 위배에 대한 규칙적이고 상황에 부합하는 기대가능성이 아니라 오히려 그 예외적 성격에 대한 근거를 제공하기 때문이다.

이와 같은 위배설명의 가능성은 돌발적인 사고를 초자연적 힘의 작용 탓으로 돌리는 것이다. 예컨대 마귀 · 사자의 보복 · 신(神)의 정당한 형벌 등으로 기술하는 것이다. 다른 설명모델은 행위자의 악의, 내심 및 죄의식으로 지향하는 것이다. 적 또는 이방인 등 역할에 기한 성격규정도 이와 유사한 기능을 하고 있다. 이러한 것들의 현대적 변종으로는 행위자의 '열등의식' · 아동기좌절 · 계급상황 · 체제강제 등에서 그 위배행동의 원인을 찾으려는 사이비 과학적 개념 또는 법칙도 있다. 또 이와 유사한 예로서는 부정적인 스테레오타입이 있는데, 이는 '관료제' '정치가' '유대인' '사법' '요즘 청소년' '자본가와 독재자'라는 말로 표현되거나 위배원인으로서 이해되고 있다. 부정적인 평가로서 위에서 제시된 위배원인들은 어떤 규범을 비판으로부터 보호하여야 한다는 것에 대한 상징

를 위한 희생자의 선택만 다루고 있다.

적 표현이다.[60] 여기에 관료제에서 '업무과중'에 의한 책임사유를 설명할 때처럼 다수의 특수상황적인 위배설명이 부가된다. 범죄행위가 처음으로 나타날 경우 단순사고로 설명될 수도 있다. 이러한 모든 경우에서 손상된 기대는 위배된 사건을 비정상이거나 부정적인 사건으로 전환시킨 다음 회생시킨다. 그래서 위배당한 사람은 기대의 보호적 기대 속에서 구조된다. 즉 그는 누구도 그가 진정으로 그러한 이유 때문에 그 자신의 기대를 변경하리라고 기대하지 않고 있기를 기대한다.

다양한 위배에 대한 설명이 가능하겠지만, 그 다양한 설명 중에서 고르는 것은 임의적인 것이 아니라 사회의 사회체계의 구조적 소여에 의해 미리 규정된다. 무엇보다 이러한 기대의 확고한 보장은 인지적 구조에서 현저하다. 다른 종류의 소당연관념이나 위배와 관련된 일탈적 도덕성을 언급하는 것은 위배에 대한 설명으로서 충분하지 않다. 왜냐하면 그러한 언급은 고유한 기대를 보장하는 것이 아니라 불확정적이고 또 미심쩍게 하기 때문이다. 일탈은 틀림없이 하나의 사실이다. 다만 일탈이 사실로서 소당연적 가치 없이 취급된다는 것으로써 중성화될 수 있을 뿐이다. 그래서 위배설명은 인지적 타당성을 확보하기 위한 사회적 원천에 의존하고 있고, 주술과 종교 또는 과학처럼 각각의 경우 적절한 신뢰의 근거로 되는 분야에 종속되어 있다.

모든 신뢰의 분야들이 동등하게 양질의 설명을 제공하지는 않기 때문에 중요하다. 예컨대 주술적·종교적 설명은 위배가 나 자신과 나의 기대에 영향을 미친다는 사실을 구체적으로 논증할 수 있게 한다.[61] 또 의

---

60) 이러한 점에서 뒤르켐학파는 규범위배에 대한 책임을 통해 규범을 상징화한다고 말하고 있다. Fauconnet, a.a.O., S.247 ff. 참조.

61) E. E. Evans-Pritchard, *Witchcraft, Oracles and Magic Among the Azande*, Oxford, 1937이 이 문제에 관한 고전적인 단행서적이다. Lars Clausen, "Behauptung der Magie", *Internationales Jahrbuch für Religionssoziologie* 5, 1969. S.141~155(141 f.) 참조.

도 또는 죄의식처럼 개인화된 위배설명이 부분적으로 위와 같은 효과를 달성할 수 있는 반면, 과학적인 설명 또는 부정적인 스테레오타입으로 일반화된 설명은 그렇게 구체적인 만족을 주지 못한다. 그래서 왜 아버지 없이 자란 아이가 곧바로 나의 차를 훔쳤는가라는 의문은 그대로 남겨두어야 한다. 그렇게 설명하는 것은 기대구조가 충분하게 안정되어 있어서 우연과 행운, 불운이 위배설명으로서 함께 수용될 수 있는 사회에서만 가능하다.[62]

결국 모든 설명방법이 규범적 기대양식에 부합하지 않는다는 것을 생각해야 한다. 인지적 기대와 규범적 기대가 나누어지는 한 이러한 구분은 고려할 수 있는 위배설명의 형태에 따라 선택적으로 적용된다. 그러므로 그 자체에 적용 가능한 위배설명을 배제하여야 하기도 하고, 한편 인지적 의외성의 영역에 남겨두어야 하기도 한다. 이러한 제한은 단순한 사회에서도 볼 수 있다. 그 자체로 일반적으로 사용 가능한 마술 또는 악령에 의한 신들린 상태라는 설명방법은 씨족구성원들 간의 비행, 즉 1차적이고 규범적으로 규율되는 기대영역에서 사용되지 않는다.[63] 범죄를

---

62) 더 오래된 사회에 대해서는 George M. Foster, "Peasant Societies and the Image of Limited Good", *American Anthroplogist* 67, 1965, S.293~315(306 ff.) 참조. Edward A. Suchman, "A Conceptual Analysis of the Accident Phenomenon", *Social Problems* 8, 1961, S.241~253은 현대의 실례를 다루고 있다.

63) 주목할 만한 것으로서 의도하지 않은 훼손은 초자연적인 힘의 작용으로 설명되고, 그래서 피의 복수를 피할 수 있는데, 이러한 경우에 주술적인 설명이 인정될 수 있다는 것이다. 원시사회는 법위배를 설명하기 위하여 상당히 폭넓게 이러한 문제해결방식을 적용한다는 것을 J. P. Gillin, "Crime and Punishment Among the Barama River Carib", *American Anthropologist* 36, 1934, S.331~344; Gertrude E. Dole, "Shamanism and Political Control Among the Kuikuru", *Völkerkundliche Abhandlungen* 1, 1964, S.53~62; Dies., "Anarchy without Chaos, Alternatives to Political Authority Among the Kuikuru", in: Marc J, Swartz/Victor W. Turner/Artur Tuden(Hrsg.), *Political Anthropology*, Chicago 1966, S.73~87은 기술하고 있다. 이러한 경우 미약하고 확정되지 않

'신의 섭리'라고 하는 종교적 설명이 반드시 배제되지는 않지만, 설명 체계에서 고도의 추상적 기능과 단계로 나누어진 위계적인 규범 구성이 필요하다. 범죄자가 '천벌'을 받은 것이라고 주장하면서 무죄 방면해달라는 것은 물론 배제되어야 하기 때문이다. 현대법질서에서 일탈행동에 대한 과학적 설명은 넘을 수 없는 한계에 직면해 있다. 사회적 또는 행위자가 책임질 수 없는 심리적 원인과 어떤 행동을 관련시키는 것에 원칙적으로 어떠한 어려움이 없으므로 과학적인 설명이 마술에 의한 설명과 마찬가지로 일반적으로 용인된다고 하더라도 규범영역에서 이러한 설명은 극히 제한되고 극단적인 경우에만 인정받으며, 통상 개인적인 범죄를 상정하는 것과 같이 광범위한 가정적 설명으로 대체된다.

위배설명이 늘 선택되지만, 그 기능은 괴리가 있는 사건에 직면하여 기대를 고수하는 것을 가능하게 하는 것이다. 여기에는 해석문제가 있는 것만은 아니다. 위배된 기대가 표명되지 않더라도 이러한 고수는 장기적으로 보면 거의 불가능할 것이다. 현재 위배되고 있지만 그것을 표명할 수 없는 기대는 점차 사라진다. 이러한 기대는 부지중에 망각되어서 결국 기대자는 그것을 스스로 더 이상 믿지 못한다. 기대자는 위배에 익숙해지고 또 그가 '정말' 기대하였던 것을 가끔 기억할 뿐이다. 표명의 불가능에서 기인하는 이러한 무력화는 위배가 사회적 상황에서 일어나서 다른 사람이 그것을 목격할 때에 가속화된다. 기대에 대한 상호 간의 기대에서 결정을 추진하는 압력이 생긴다. 이 문제를 보는 주위 사람들은 자신들 기대의 기대에 관하여 결국 불안해하고, 그 때문에 위배당

은 법이 있을 수 있다. 이러한 법적 기능구조와 주술적·의례적 위배처리의 전형적인 대용제도에 관해서는 Max Gluckman, "African Jurisprudence", a.a.O., S.439~454(450 f.); Ders., *Closed Systems and Open Minds. The Limits of Naivety in Social Anthropology*, Edinbruch/London, 1964, S.250 f. 참조(Gluckman의 두 번째 논문은 V. W. Turner, *Schism and Continutity in a African Society. A Study of Ndembu Village Life*, Manchester 1957에 기초하고 있음).

한 사람의 기대가 분명하게 설시될 것을 기대한다. 위배당한 사람은 주위 사람들이 그들의 기대를 분명하게 하는 것을 그 자신으로부터 기대한다고 기대할 것이며, 이를 통해서 그는 기대의 고수 또는 포기에 관한 결정을 하고 그 자신이 그것을 했다는 것을 보여주는 것이 필요하다고 느낄 것이다. 이것은 전형적으로 상황 그 자체에서 또는 그러한 상황과 밀접하게 연관되어서만 가능하다. 공개적인 모욕에 대해서는 그 즉석에서 반응해야 한다. 지체하게 되면 대응의 설득력을 상실한다. 왜냐하면 정당성이 상실되지 않는다고 하더라도 주위 사람들은 기대의 기대를 형성하고 이제 스스로 위배당하지 않으려 하기 때문이다.[64] 불안정한 기대에 대한 기대의 상호의존성은 항상 시간적 압박에 빠져서 생긴 문제를 더욱더 악화시킨다. 위배를 당한 사람은 현실을 무시하고 싶어도 그렇게 하지 못한다. 다른 한편 그것을 중지하지도 수용할 수도 없다. 그래서 그는 극히 제한된 행동가능성만 있는 강제적 상황에 빠지게 된다. 그 결과 그는 자기의 기대를 포기하지 않으려면 위배를 그의 행위의 주제로 만들고, 그것을 처리하는 방식에 따라 기대의 계속적인 타당성을 표현해야 한다.[65]

---

64) 이에 대한 좋은 실례는 때늦은 오스트리아의 최후통첩인데, 이것이 제1차 세계대전을 유발하였다.
65) 이러한 반응은 여기서 먼저 자유롭게 결정될 수 있는 것으로 설정하기로 한다. 그러나 이것은 단지 분석적 추상에 불과하다. 다음 절의 논의를 미리 적어보면 제도화된 규범에서 그러한 반응은 전형적으로 인지적 또는 규범적으로 기대될 수 있다는 것이다. 우리가 기대침해를 그대로 좌시할 때 스스로 웃음거리가 되고 또 비겁자로 표현된다. 그러므로 반응 또는 복수는 사회적 의무가 된다. 이러한 식으로 피해자의 자기반응을 규범화하는 것은 분화되지 않은 사회에서 볼 수 있다. 이러한 사회에서는 아무런 관계가 없는 제3자가 언제든지 피해자의 상황에 개입할 수 있고, 그래서 규범의 계속적인 타당성이 현시적으로 확인된다는 것에 생생하게 관심을 두게 된다. 이러한 여건은 예컨대 상류층의 부부싸움과 같은 분화된 사회의 일부에서도 이루어질 수 있다. 상세하고 흥미있는 기술은 Frederick R. Bryson, *The Point of Honor in Sixteenth Century Italy. An Aspect of*

설명을 언어적으로 표현하는 것은 설명과 반응을 연결하는 교량으로
서 역할을 하는데, 대체로 일상의 경우에는 이것으로서 이미 충분하다.
규범적 기대가 위배되는 경우, 논쟁이 발생하고, 설명과 해명, 사과, 변명
이 요구되며, 또 주어지기도 하고, 받아들여지기도 한다.[66] 이러한 과정
은 어떠한 의심, 고통 및 감정도 나타나지 않는, 의심의 여지 없는 상황
에서 번개같이 신속한 합의를 응축시켜 놓은 것이다. 이 경우에는 침해
될 우려가 있는 규범을 공동으로 구조하는 것, 즉 규범과 행동 사이의 간
극을 연결하는 것이 중요하다. 일탈은 상징적으로 중성화된다. 우리는
함께 규범에 머리를 숙여 경의를 표하고, 그 규범이 계속 타당한 것으로
취급하며, 그 규범에 대한 일탈에도 일탈자가 여전히 신뢰할 수 있는 사
람이라는 것을 적어도 묵시적으로 암시한다. 상황에 적절한 행동, 양식
의 무격식성 또는 형식성, 재판의 한계, 의제에 대한 준비 정도, 이전 행
동과의 최소한의 일관성 정도, 문화적 기준, 인지적으로 다루어질 사실,
자기 표정(얼굴을 붉혀라!) 등은 상황에 따라 관련자 상호 간의 친소 정
도에 따라 달라질 수 있다. 변명과 사과를 할 때의 언어적 규칙은 순수
규범적 기대로 구성되지 않는다고 하더라도 인지적-규범적 기대로 이
루어진다. 규범은 그것의 위반을 규제하고 있지만, 순수한 규범적 기대
는 종종 규범보다 더 큰 비중을 가지고 있다. 예컨대 사과할 때 바르지
못한 억양은 더 큰 규범위반행위일 수 있다.[67]

---

the Life of the Gentleman, New York, 1935 참조.

66) 이러한 것들에 대한 양식, 연계점, 표현기법과 위험, 수용조건, 상황에 적합한
    분화 및 문화적 불변구조와 관련되어 언급할 만한 상세 연구는 없다. 이에 관
    한 개괄적인 것은 Marvin B. Scott/Stanford M. Lyman, "Accouts", *American
    Sociological Review* 33, 1968, S.46~62에서 볼 수 있다(이 논문은 Lyman/Scott,
    A Sociology of the Absurd, New York, 1970에 재인쇄되었음). Erving Goffman,
    Interaction Ritual, a.a.O., S.242 f.는 사과에 관하여 약간의 설명을 하고 있다.
67) 이 경우에서는 의식적으로 2단계로 구성된 비행이 관련되어 있다. 이 비행은 이
    전의 비행과 그 비행으로 기대되는 사과를 하지 않는 것으로 구성되어 있는데,

그러나 이러한 모든 것은 침해된 규범, 적어도 침해된 규범의 본질적인 의미구성요소를 요해할 기회를 전제로 한다. 종종 이러한 요해에 이를 수 없거나 빠르게 이를 수 없음에도 특히 규범에 반하는 행동에 지향된 의도가 분명하게 드러나지 않을 때 그러하다. 이러한 경우에는 일방만이 규범의 편에 고립되어 있다. 이러한 강제적 상황에서 벗어나기 위한 가장 중요하고 전형적인 방법이 바로 제재이다. 기대위배를 당한 사람은 위배자가 기대에 맞는 행동을 하도록 하기 위해서든 또는 자신의 기대를 위배 이상으로 명시적으로 표시하기 위해서든 그에게 눈짓과 몸짓, 말 또는 거동으로 벌을 가한다. 사후적으로나 장래를 향해서나 그의 기대를 관철하려는 시도는 기대를 고수하려는 결의를 가장 분명하게 보여준다. 그러므로 위배사건에서 제재를 가하려는 태세로부터 규범개념을 정의하는 것은 용이하다.[68] 그렇지만 이것 때문에 가능성의 목록이 심히 제한되었고, 기대의 고수가 기대의 관철보다 중요하다고 잘못 이해하게 되었다. 무엇보다 '제재이론'은 기대자와 기대위배를 당한 자 사이

이 비행은 적어도 이러한 사과를 하지 않는 것으로 성립된다. 좋은 실례로서 모욕을 들 수 있다. 이것의 매력은 위배당한 사람에게 그의 기대를 문제시할 것인가를 생각할 수 있는 약간의 기간을 주면 이에 의해서 그 자신이 무방비상태가 된다는 데에 있다.

68) 이러한 견해는 특히 법률가에게 만연되어 있다(다른 사람보다도 Rupert Schreiber, *Die Geltung von Rechtsnormen*, Berlin/Heidelberg/New York, 1966, S.24 ff. 참조). 그러나 사회학자도, 특히 이론적 이유보다는 방법론적 이유 때문에 이러한 견해를 취하는 경우가 자주 있다. 제재는 경험적으로 쉽게 확인할 수 있는 행동이다. 짐작건대 이러한 선택은 사회학적 법이론의 충분하지 못한 발전수준과 연관되어 있다. Geiger, a.a.O., 특히 S.68 ff; Ralf Dahrendorf, *Homo Sociologicus*, 4. Aufl., Köln/Opladen, 1964, S.84 ff; Heinrich Popitz, "Soziale Normen", *Europäisches Archive für Soziologie* 2, 1961, S.158~198(193 ff); Spittler. a.a.O., S.19 ff; Karl F. Schumann, *Zeichen der Unfreiheit, Zur Theorie und Messung sozialer Sanktionen*, Freiburg i.Br., 1968 및 다양한 정의를 집약한 것으로는 Rüdiger Lautmann, *Wert und Norm. Begriffsanalysen für die Soziologie*, Köln/Opladen, 1969. 특히 S.107 f. 참조.

의 대립이라는 고정된 관념에서 출발하기 때문에 양자가 진실을 희생하지 않고도 파괴된 규범을 회복하기 위하여 협력할 수 있는 많은 경우를 간과하고 만다. 제재 이외에도 반(反)사실적인 안정화라는 기능적으로 등가적인 다른 전략이 있다.[69] 이러한 선택지에 관하여 다음의 몇 가지의 예를 통해서 분명히 하고자 한다.

내가 카페에서 친구를 만나기로 약속하였으나 그를 만나지 못하면 나는 인지적 기대뿐만 아니라 규범적인 기대까지 침해당한 느낌을 받을 것이다. 그 친구는 거기에 나왔어야 해! 이제 기대와 기대위배에 대한 어떠한 '처리'가 필요하지만 제재의 성질을 가지지 않은 수단도 많이 사용될 수 있다. 예컨대 나는 웨이터에게 그에 대하여 물으면서 묵시적으로 나의 기대규범의 위배, 분노 또는 우려를 표현할 수도 있다. 웨이터가 나를 알며 또 내가 가망 없이 기다리고 있다는 것을 안다면 이러한 방법을 추천할 수 있다. 나는 나 자신이 나의 규범에 따라 올바른 행동을 하는 사람이라는 것을 웨이터에게 보여준다. 어떠한 상황에 대한 이해관계가 다른 사람들에게 전제된 경우, 위배자의 변명은 알아볼 필요도 없이 그 다른 사람들은 청취자와 침해된 규범의 확인자로 고려될 것이다. 나는 관심 방향을 위배자 자신에게로 돌려서 그에게 전화하거나 뒤에 만날 때 비난할 수도 있다. 그에 따라 위에서 다루었던 사과표시로 나갈 수도 있다. 즉 나는 어떠한 제재 없이 나의 친구를 용서할 수 있다. 이 경우는 나의 기대가 원칙적으로 정당하였다는 것이 전제되어 있다. 이러한 용서는 의제적일 수 있다. 나는 이러한 용서가 의제적이라는 것을 알고 있

---

69) 우리의 이론과 제재이론의 가장 중요한 차이는 규범을 경험적 기제에 의해서가 아니라 기능적 문제를 통해서 정의하고, 어떠한 기능적으로 등가적인 기제를 통해서 이러한 문제가 각 상이한 사회적 상황과 체계에서 해결되도록 열어둔다는 데 있다. 이러한 관념은 제재의 대안에 관한 시각을 포기하게 하는 동시에 특별한 제재양식이 가지고 있는 특별한 이점을 논의하는 데에 더 나은 출발점을 제공할 것이다.

으며 또 나는 내가 이것이 의제라는 것을 알고 있다는 것을 알 수 있다. 이러한 의제는 일반적으로 다음 약속은 지켜져야 한다는 동의가 가능한 경우에 한하는 것이다.

다른 종류의 전략은 상황 그 자체의 비언어적 여건에 의해 작동한다. 나는 즉시 그 카페를 떠나서 늦게 오는 사람에게 손해를 전가할 수도 있다. 여기에는 물론 의도된 제재가 있다. 그러나 이러한 제재가 인식될 수도 있고 정당화될 수도 있으며 또한 알고 있는 일부 사람에게는 제재가, 다른 일부 사람들에게는 오로지 손해가 될 수도 있다. 나는 카페로 돌아가 앉아서 나의 희생만큼 규범의 의미를 증명하기 위하여 하염없이 기다릴 수도 있다. 나는 규범에 대한 사회적 반향이 없더라도 추문에 대한 사회적 반향을 만끽하기 위하여 그것을 추문으로 만들 수도 있다.[70] 기대위배사건을 널리 알리고 유포하며 추문으로 확대해서 그로부터 받는 타격을 만끽하는 수법, 규범이행을 촉구하고 기분 나쁘게 하거나 사과를 교묘하게 수용하는 방법, 스스로 침묵하고 끈기있게 인내하는 기법,[71] 또는 그에게 책임이 없는 손해를 확대하고 다른 사람에게 손해를 전가하면서 느끼는 쾌감을 즐기는 방법 등 과거의 규범을 새로운 상황에 맞게 표현을 부여하는 여러 가지의 가능성은 적지 않다. 그래서 성격이 강하지 않아 제재를 가할 수 없는 사람도 그 자신의 규범을 행사할 수 있다.

또 다른 하나의 해결방법은 무시와 제재 중간에 놓여 있다. 이 방법은

---

70) 유감스럽게도 추문(Skandale)을 끌 만한 연구는 찾아보기 어렵다. Hans-Joachim Winkler, "Über die Bedeutung von Skandalen für die politische Bildung", *Hamburger Jahrbuch für Wirtschafts- und Gesellschaftspolitik* 13, 1963, S.225~244이 그나마 있을 뿐이다.

71) Walter R. Murphy, *Elements of Judicial Strategy*, Chicago/London, 1964, S.197은 법관은 중요하지만 잘 알려지지 않은 규범을 방어하기 위하여 순교자의 선택 (Choice of Martyrdom)을 호소하는 사람 중의 일부라고 한다. 이 논문은 아메리카합중국 국내정책의 지평에서 공적인 명예훼손을 염두에 두고 있는 것이지, '제3제국'에서 법관이 직면한 문제는 염두에 두고 있지 않다.

위배 행위자를 당해 규범에 아무런 해(害)를 줄 수 없는 사람으로 규정하는 것이다. 예컨대 명예와 법을 공유할 수 없는 사람, 진지하게 상대하지 않아도 되는 사람, 다른 카스트나 계급에 속하는 사람, 제재를 부과할 능력이 없는 사람, 그 밖에 다른 이유로 아무런 상징적인 의의를 가지고 있지 않은 사람[72]으로 정의하는 것이 그것이다. 이 경우에는 확고하게 제도화된 사회적 경계와 거리를 유지하거나 단호함, 흔들리지 않는 위엄, 금욕적인 몰두 등 자신의 탁월한 표현기술을 구사할 수도 있다.

요컨대 이와 같이 일상생활의 모든 것들은 가능한 위배설명과 반응양식을 어느 정도로 선별하여 제공하고 있다. 이러한 방법으로 다수의 규범기획은 처음부터 규범의 합의능력, 일관성 또는 무모순성에 구애받지 않고도 관철기회를 제공받았다. 그때그때 표명할 수 있는 행동의 선택을 위하여 기대위배를 당한 사람의 행위잠재력, 감정의 절제가능성, 반응의 자제가능성, 기대구조에서 당해 규범이 차지하는 순위, 상황의 항상적 요소, 합의의 가능성 및 그 밖에 규정되지 않은 다수의 것들이 있다. 게다가 인지적 자명성을 부여하는 설명체계의 선별도 행동선택에 중요한 요소이다. 이처럼 적응가능성이 풍부하다는 것은 일상생활의 기대양식이 일관되게 규범관철적이라는 것에 상응하고 있다. 인간의 성격은 언제 어디서든지 자신의 선택능력의 규범적 안정화에 의존하고 있기 때문에 이와 같은 기대양식은 불가결하다. 그래서 규범의 과잉생산이 있는 것이다. 다시 말하면 비교적 안정적이고 관철가능한 규범기획은 사회적 체계에 통합되어 법으로 될 수 있는 것보다 많이 존재하고 있다.

규범적 기대의 불가피한 과잉산출이라는 명제 및 사회적 규범 구조에 존재하는 영속적이고 과도한 다양성과 모순성이라는 명제는 **법적 진화론**

---

72) Erving Goffman, *Interaction Rituals*, a.a.O., S.255 f. 바라지 않는 도발과 성격 테스트의 회피라는 관점에서 이러한 종류의 전략을 언급하고 있다.

을 위한 기초적인 의의를 가진다. 이러한 현상을 이미 확립된 법의 관점에서만 회고적으로 보고, 여기에서 이것을 불완전하게 단순히 주관적이고 구속력 없는 성격을 가지고 있는 기대, 진짜 법이 아니며, 단지 법형성의 전단계를 나타내는 규범적 기획으로 성격 규정하려 한다면 이것은 잘못된 것이고, 결정적으로 중요한 통찰을 놓치고 있는 것이다. 이와 같은 전(前)단계이론(Vorstufen-Theorie)이라도 발전관념으로서 불충분하다. 왜냐하면 이러한 전 단계이론은 법이 오래전에 발전한 뒤에 왜 전단계가 항상 필요한지를 설명할 수 없기 때문이다.[73] 제3장 1절에서 자세히 논의되는 바와 같이 현대적 진화이론은 설득력 있는 해석을 가능하게 한다.

규범적 기대는 기대가능성을 있는 그대로 이용하는 경향과 반(反)사실적인 의도를 결합하여 복잡한 시스템이 발전하는 데에 기여한다. 이러한 기여는 사회적 생활영위의 요청에, 즉 과잉산출을 초래하는 규범적 기대의 과잉수요에 근거를 두고 있다. 이러한 기제는 법형성을 대개 비로소 가능하게 하기 때문에 기초적인 것이라고 할 수 있다. 법형성을 가능하게 한다는 것은 상위규범이 하위규범을 정당화한다거나 변하지 않는 것이 변하는 것을 지지한다고 하는 그런 것이 아니라 이와 반대로 그 기제가 규범적 기대가능성을 창출하므로 법은 선택적인 구조일 수 있다는 의미에서 그렇다. 이 기제는 그 고도의 복잡성 때문에 그것을 불완전하게 나타내도록 하는 특성, 즉 그것의 불안정성, 주관적인 다양성, 모순 및 대립에 기초하고 있다.

동시에 이와 같은 분석은 우리에게 무엇이 결여되어 있는지를 보여준

---

73) 그 밖에 단계이론은 이 책 113쪽 이하에서 비판대상이 되었던 규범유형론(Normentypologie)이 가지고 있는 문제와 동일한 문제를 가지고 있다. 즉 단계이론은 전체적으로 발전과정이론(Theorie des Prozesses der Entwicklung)이라고 할 수 없다.

다. 지금까지 파악된 일련의 기제는 오로지 기대의 시간적 안정화와 항(抗)위배성으로 특화되어 있으며, 이를 통해서 오직 높은 가변성이라는 그 첫 번째의 요청이 달성될 수 있다. 이러한 방식으로는 규범구조의 일관성이나 무모순성과 기능적 특화를 얻을 수 없다. 계속해서 우리는 법으로 선별된 기대의 선택과 안정화의 과정을 주시해야 한다. 그리고 우리가 다음 절에서 시간적 차원과 사회적 차원을 고찰하고, 그다음 절에서 내용적-의미적 차원을 고찰한다면 이러한 과정을 발견할 것이다. 제도화는 어떠한 사회에서 사용할 수 있는 규범기획이 합의형성을 초월해 선택될 수 있도록 하는 진화적 선택을 수행한다. 내용적-의미적 동일화는 일관된 의미연관 속에 규범을 접수하고 확정시켜 이러한 성과의 진화적 안정화를 수행한다. 그 결과, 규범은 그 자체로 해석과 논거의 형식을 통해 합의를 산출하고 제도화하는 기제의 동요를 극복할 수 있을 정도로 분명하게 된다.

4. 제도화

규범적 체험만으로는 이행의 확실성이나 사회적 통합이 있을 수 없다. 이러한 가변성은 지적했다시피 불행이 아니라 일상생활에서 규범화 필요에 즉응할 수 있는 조건이자 법발전의 조건이다. 각 사회는 그 자체의 복잡성에 따라 변하는 범위 내에서 다양한 규범적 기대를 충분하게 허용하고, 구조적으로 예컨대 역할분화를 통해 그것을 가능하도록 해야 한다. 규범기획이 갈등에 빠지고 일방의 규범이 타방의 기대위배가 되는 것은 전적으로 정상적인 현상이다. 오늘날 사회학은 기대모순과 허용가능한 정도의 갈등을 사회체계의 정상상태로 평가하고 과도하게 복잡한 환경에서 체계의 유지조건으로 인식하고 있다.

그러나 이러한 인식이 갈등문제를 해소하거나 또는 완화하는 방안을

찾는 사회학적 과제로부터 면제된다는 것을 의미하지는 않는다. 규범적
기대는 물론 위배에 의해서 임의적으로 경감될 수 없고, 구조적으로 산
출되는 일상적인 위배에 대하여 그 허용성의 한계를 올바르게 정하고
있다. 대체로 규범적 기대는 그 효과를 가질 수 있도록 관리되어야 한다.
이렇게 작용하는 기제의 복합을 행동기대의 제도화라는 개념으로 논의하
려고 한다. 제도화는 제3자가 상정할 수 있는 기대의 기대에 대한 기대가 보
호될 수 있는 범위를 표시하는 것이다.[74]

---

74) 우리는 서로 유사하지만 구별되어야 할 세 가지의 개념파악(Begriffsfassungen)
에 대해서 언급하려 한다. 이러한 개념파악은 아래의 논술들과 구분하기 위한
것이다.
a) 법률가는 종종 제도(Institution)로서 그 내부적 상호관계가 해석적 도움
을 제공하거나 법원(法源)으로서 취급되는 규범의 복합체로 이해한다. 예컨
대 Santi Romano, *L'ordinamento giuridico*, 2. Aufl., Florenz 1946, 재판 1962;
Maurice Hauriou, *Die Theorie der Institution und zwei andere Aufsätze*(Hrsg.:
Roman Schnur), Berlin, 1965; Roman Schnur(Hrsg.), *Institution und Recht*,
Darmstadt, 1968 참조.
b) 사회학자는 제도라는 개념을 가끔 기초적인 인간학적 욕구의 충족과 연계한
다. 이러한 욕구는 세계에 대한 인간관계의 개방성 때문에 자연에서뿐만 아니
라 사회적 관계에서 계속적으로 충족될 수 있다. 예컨대 Helmut Schelsky, "Über
die Stabilität von Institutionen, besonders Verfassungen. Kulturanthropologische
Gedanken zu einem rechtssoziologischen Thema", *Jahrbuch für Sozialwissenschaft*
3, 1952, S.1~21(이 논문은 Ders., *Auf der Suche nach Wirklichkeit. Gesammelte
Aufsätze*, Düsseldorf-Köln, 1965, S.33~55에 재인쇄되었음); Arnold Gehlen,
Urmensch und Spätkultur. Philosophische Ergebnisse und Aussagen, Bonn, 1956;
Helmut Schelsky(Hrsg.), *Zur Theorie der Institution*, Düsseldorf, 1970 참조.
c) 파슨스의 사회학에서 제도화의 개념은 행위체계의 문화적 · 사회적 · 개인적
측면의 해석을 통한 보충적인 기대의 보장이라는 특별한 요청과 연관되어 있
다. 규범적 행동유형(normative Verhaltensmuster)은 제도화의 대상이다. 예컨대
Talcott Parsons, *The Social System*, Glencoe/Ill., 1951. S.36 ff. 그 밖에 이 책 505
쪽 이하 참조.
이러한 개념정의를 비교하면서 다음에서는 규범화하는 기능구조와 제도화하는
기능구조를 엄격히 분석적으로 구분하는 것에 비중을 둔다. 왜냐하면 법형성의
문제와 법형성의 진화는 명료하게 처리될 수 있기 때문이다.

우리는 지금까지의 분석을 기대자(들)와 행위자(들), 즉 기대에 적합하거나 적합하지 않은 행위자(들)로 구성되어 있는 두 가지 모델에 기초를 두었다. 이러한 기본관념은 임의적으로 많은 사람들을 받아들일 수 있었지만 오직 기대자와 행위자라는 두 종류의 지위를 상정하였고, 이러한 점에서 별로 복잡하지 않다. 이들 양자 간의 관계는 당연히 사회적 성질을 가지고 있다. 우리가 이제 법형성의 사회적 차원에 초점을 두면, 이와 같은 단순한 설시가 충분하지 않다는 것을 보게 될 것이다. 이러한 관계는 더 복잡해진다. 체험을 공유할 가능성이 있는 제3자가 부가적으로 생긴다.

아주 단순하고 일시적인 사회체계의 경우에는 행위자에 대하여 통일적인 기대자 집단이 대응하고 있다는 것을 상상할 수 있다. 그렇다고 하더라도 기대를 기대하는 기능구조를 고려해야 한다. 즉, 행위자는 기대자의 행위에 대한 기대가 아니고, 기대자 자신으로부터 무엇인가를 기대하는 것이며, 행위자는 기대자가 어떠한 행위를 행위자로부터 기대하는지를 기대할 수 있는 것도 아니다. 양자는 항상 기대하면서 행위하는 자로서 관계를 맺게 되고 또 처음의 방향은 계속 바뀐다. 기대 및 행위라는 명제의 내용적 분화와 함께 현실화에 대한 관심이 생기기 시작한다. 모든 사람이 항상 현실화된 기대를 할 수는 없다. 모든 사람이 모든 기대되는 행동을 수행할 수도 없다. 각각의 현실의 기대와 행동은 계속적으로 그러한 기대와 행동 자체를 분류하고, 그 동안 다른 것들을 선점한 잠재적인 공동체험자의 배경에 관한 성격을 규정한다. 이는 어떤 주제를 담당한 사람에게 발생하고, 이 점에서 모든 사람은 상호 공통적으로 잠재적·공동체험적 제3자에 해당한다.

기대, 행동 그리고 제3자 존재의 교착과 동시성을 올바르게 파악하는 것이 중요하다. 아래의 입론이 이에 좌우되기 때문이다. 사회체계에 대한 참가자는 누구나 실제적으로 동시에 이러한 기능을 수행하고 있다.

우리는 이미 이러한 것을 기대와 행위에서 보았는데, 여기서 중요한 것은 여러 가지 역할이 아니라 항구적인 체계상태적 요소이다. 마찬가지로 제3자가 있다는 것의 기능과 상태를 이해해야 한다. 누구든 처음부터 순수하게 구경을 위해 참여한 구경꾼으로서 특별하게 마련된 제3자가 아니라 다른 일에 종사하고 있지만 현실적인 체험·판단·비난·행위를 함께 할 수도 있는 그런 사람으로서 제3자인 것이다. 누구든 기대와 행위의 순간적인 현실 속에 있는 제3자가 아니라 현실적으로 가능한 공동체험자를 지향하고 있는 자의 기대지평에서의 제3자이다.

중립화하고 객관화하는 분쟁을 진정시키는 제3자적 기능은 사회학의 고전적 주제에 속하지만 이러한 기능은 구경꾼의 역할과 명쾌하게 구분되지 않는다.[75] 구경꾼은 구체적으로 파악할 수 있는 제3자이다. 구경꾼의 태도는 동요하면서 영향을 미칠 수 있으며, 구체적인 상황에 따라 수정될 수 있다. 그래서 오로지 구경꾼만의 제도는 신뢰할 수 없다.[76] 오히려 제도를 지지하는 것은 낯설고 익명인 제3자의 추정적인 의견이다. 그것은 바로 앞에 있으면서도 구경꾼의 눈에는 보이지 않는 지배자의 기관으로서 기능하고 있다. 무엇보다 문제는 현실적인 공동체험과 의견교환을 위하여 제3자를 주로 구경꾼으로 얻는 데에 있다. 제3자가 하는 다른 일 때문에 제3자에게서 의식적인 주목(注目)을 얻는 것이 부족하다. 이들을 끌어들이고, 동기부여하며, 구경꾼의 역할로 유도하고, 경우에

---

75) 예컨대 George Simmel, "Soziologie", *Untersuchungen über die Formen der Vergesellschaftung*, 2. Aufl., München/Leibzig, 1922 특히 S.32 ff.; Alfred Vierkandt, *Gesellschaftslehre*, 2. Aufl., Stuttgart, 1928, S.405 ff.; Leopold von Wiese, *System der Allgemeinen Soziologie als Lehre von den sozialen Prozessen und den sozialen Gebilden der Menschen*(*Beziehungslehre*), 2. Aufl., München/Leibzig, 1933, S.473 ff. 참조.

76) 유사한 언급으로 Karl F. Schumann, Zeichen der Unfreiheit. Zur Theorie und Messung sozialer Sanktionen, Freiburg i.Br., 1968, S.53 f. 참조.

따라서는 판단을 요구하기도 해야 한다. 추문과 규범의 유사성은 여기에 기초하고 있다. 제3자의 관심을 끌기 위해서는 경종을 울려야 한다. 참가하지 않은 제3자를 끌어들이기 위한 주요한 직업적 역할의 유리함은 바로 이에 근거하고 있다. 예컨대 법관의 역할에서 중요한 것은 우선 권한보다는 그 현장성, 즉 호출가능성의 용이함이다.

이와 밀접하게 연결된 두 번째 문제도 같은 근원, 즉 과도하게 복잡한 세계에 대한 주의집중의 결여에서 발생한다. 기대의 사회적 통합에 대한 문제에 관해 사회학자도 합의에서 그 해답을 찾으려는 것이 보통이다. 자연법의 붕괴 이래 법의 효력은 공동의 확신에 근거한다고 말하곤 한다.[77] 그러나 자세히 살펴보면, 이러한 관념은 사상누각이 되고 만다. 누가 언제 예컨대 도이치 민법(BGB) 제1753조[78]를 기억하는가? 무엇이 경험적 사실로 언급되고, 언제 공동의 확신에 대하여 말하는가? 합의 문제는 지금까지보다 더 신중하게 생각되어야 하고, 통합을 담지하는 기제도 철저하게 연구되어야 한다. 폭넓은 합의를 본질적이고 추구할 가치가

---

77) 이에 관해서는 Hans Welzel, *An den Grenzen des Rechts. Die Frage der Rechtsgeltung*, Köln/Opladen, 1965 및 기타 다수의 참고문헌 참조.
78) 도이치 민법 제1753조는 사후 입양에 관한 규정이다. 그 내용은 다음과 같다.
 a) 입양의 약속은 양자가 될 자의 사후에는 효력이 없다(Der Ausspruch der Annahme kann nicht nach dem Tod des Kindes erfolgen).
 b) 입양할 자가 사망한 경우 입양의 약속은 입양할 자가 가정법원에 신청을 하거나 공증인의 확인을 받은 후 공증인에게 신청하도록 위임한 때에만 인정된다(Nach dem Tod des Annahmenden ist der Ausspruch nur zulässig, wenn der Annehmende den Antrag beim Familiengericht eingereicht oder bei oder nach der notariellen Beurkundung des Antrags den Notar damit betraut, den Antrag einzureichen).
 c) 입양할 자의 사후에 입양이 약속되면 그것은 사전에 효력을 가지는 것과 같은 효력을 갖는다(Wird die Annahme nach dem Tod des Anhehmenden ausgesprochen, so hat sie die gleiche Wirkung, wie wenn sie vor dem Tod erfolgt wäre)(1. Januar 2002, 1. September 2009). 그러나 한국 민법에는 이와 유사한 규정이 없다──옮긴이.

있는 것으로 생각하였던 옛날 관념에서 출발해 합의를 경험적으로 변수로 보고, 아직 제한적이기는 하지만 그것이 필요하다고 생각하는 이론으로 나아가는 것은 충분하지 않다.[79] 그뿐만 아니라 실제적인 체험과 가능한 주제의 다양성을 처리하기에는 매우 제한된 능력도 고려되어야 한다. 사실적 합의를 동시에 같은 의미의 체험이라고 이해한다면 이러한 합의는 거의 있을 수 없는 사건이다. 어떻든 완전한 합의는 차치하더라도 구체적이고 풍부한 지시적 의미와 관련하여 전적으로 합치하는 실질적 체험은 있을 수 없다,

그러므로 사실적 합의를 본질적으로 증대시키는 것이 문제가 될 수 없다. 이러한 사실적 합의 증대는 다른 주제에 이용될 수 있는 주의집중력을 감퇴시키고 빠르게 고갈시킨다. 행동기대를 제도화함으로써 동시적·동의적 체험에 관한 최소한의 요소에 대하여 더 유익하게 사용하는 문제와 사회적 수요에 맞추어 기대가능하고, 이행가능한 합의를 만들기 위한 사회적으로 중요한 의미와 동력을 가진 자에게 고루 분배하는 문제가 등장하게 된다. 그러나 무엇보다 중요한 것은 '일반적인 사회적 합의'는 결국 일부 사람들의 현실적인 체험을 통하여 일부 사람들의 관점과 순간에 충족하여야만 하는 것이기 때문에 기존의 합의 준비를 넘어서는 것이다. 제도의 기능은 합의 자체를 창출하는 데 있는 것이 아니라 합의의 경제성에 있다. 이러한 경제성은 기대의 기대로부터 예상되는 합의, 예상을 벗어나지 않으므로 구체적인 검증이 필요 없을 정도의 통상적인 행동을 통하여 달성된다. 이러한 제도화 덕분에 인간 상호간 의사소통이 빠르고 정확하고 선별적으로 가능하게 된다. 요해의 기초가 상실되거나 그때그때 재건될 필요 없이 상황과 상대방이 원활하게 교류

---

79) 이것이 오늘날 사회학자들의 일반적인 견해이다. 규범구조에 관련된 구체적인 실례로서 Basil S. Georgopoulos, *Normative Strukture Variables and Organizational Behavior, Human Relations* 18, 1965, S.155~169 참조.

할 수 있다. 제도화가 도입되면 모르는 사람들 사이에도 합의 결과를 예견할 수 있고, 사전의 명시적인 합치가 없더라도 행동기대의 최소요건에 따라서 일반적인 동의가 도출될 것이라는 전제에서 출발할 수 있다. 우리는 어떻게 인간의 공동생활에 없어서는 안 되는 작용이 생기는지를 이제 더 자세히 기술해야 한다.

제도화의 기제는 문제가 발생하는 원인이 있는 곳, 즉 제한적인 주의집중능력에서 시작한다. 모든 사회적 상호작용은 공동의 주의집중을 위한 주제로서 의미의 선택을 해야 한다. 그러나 모든 의미는 의사소통으로 명백해질 수 있는 것보다 더 많은 내용을 함축한다. 그래서 우리가 의미연관적으로 행동할 수 있으려면 상황에 부합하는 정의를 전제로 하여 이것을 일정한 방향으로 전개하고, 그러한 상황에서 여타의 참가자들에게 역할을 부여해야 한다. 모든 사람이 동시에 말할 수 없으므로 중심에서 공동의 주의집중을 요구하고 의사소통을 청취하도록 하기 위해서 한 사람 또는 몇몇 사람에게 지휘권을 준다. 처음에는 누구든지 이의를 제기할 수 있는 자유를 가지고 있다. 그러나 상호작용에 참가하려면 아무도 묵시적으로 받아들인 모든 것에 대하여 명시적인 이의를 끊임없이 제기할 수는 없을 것이다. 우리가 선택적 주제의 전개 그 자체를 운영할 수 없을 때, 오로지 세부적으로 영향을 미칠 수 있는 방법은 그 관계를 파괴하거나 그 토대에 상정된 합의와 선택과정을 포기하는 길밖에 없다. 참가의 계속은 원하든 원하지 않든 포괄적인 합의를 표명해야 하고, 다른 참가자는 그에 따른 기대를 형성하기 때문에 그 표명에 구속된다는 것을 의미한다. 침묵하고 있는 자는 동의하는 것이다(*Qui tacet consentire videtur*). 이 전제는 그곳에 함께 있는 것은 바로 참가하는 것이 된다. 우선 공통적으로 상정되는 자명한 전제를 형성하고, 그 자체로 가능하고, 명시되는 견해의 다양성을 크게 줄일 수 있게 된다. 우리가 추구했던 다양한 규범기획을 제한하는 선택기제는 여기에 기초하고 있는 것이다.

이러한 제도적 감축을 행동의 사회적 강제 또는 사회적 결정으로 이해하는 것은 너무 성급하다. 이러한 제도적 감축은 단순히 일어나고 있는 것이다. 이것은 불가피하게 생기지만 다른 가능성을 배제한다는 의미인 강제력이 저절로 작용하는 것은 아니다. 규범적 기획의 다양성 중 좋은 부분, 일탈이 가능한 상태 및 특히 변경된 상황에 대한 적응에서 변경의 가능성은 온전하게 남아 있다. 행동의 전제를 주제화하고 변경하는 것이 반드시 중요한 이익에 반하는 것은 아니다. 대개 이와 같은 제도화의 기능구조는 특별한 규범적 기대를 안정화하기도 하지만 처음부터 즉 규범적인지 인지적인지 구분할 수 없는 상태에서부터 계속성이 전제되어 있다는 것을 나타낸다. 일탈적이고 비행적인 기층문화의 형성은 이러한 기능구조에 기초하고 있다.[80] 이렇게 파악하면 제도개념은 사회적 강제에, 또는 사실적으로 현실화되어 있는 합의의 위반에, 또는 기대의 규범성에 그 특별한 징표가 있는 것이 아니다. 그러나 제도개념은 이러한 징표 중 어느 것도 배제하지 않는다. 제도개념의 기능은 행동부담과 위험을 공식적으로 배분하는 것에 기초하고 있다. 이러한 배분에 의해 습관화되어 익숙해진 사회적 감축이 유지될 가능성이 커지고, 일정한 규범적 기획이 다른 규범기획보다 나은 기회를 가진다는 것을 예측할 수 있다.

제도에 반하는 것을 기대하는 자는 추정된 자명한 전제라는 막중한 무게에 직면하게 된다. 그는 다른 사람들에게 공연히 인정되고 수용된 행동의 기초를 잠정적으로 부정해야 한다. 그러므로 그가 자기표출을 시작하면 위험하지 않더라도 불편하게 된다. 그는 이전에 안정화된 기대에 의해 보호되지 않기 때문에 그의 주도권은 위험에 처하지 않을 수 없다.

---

80) David Matza, *Delinquency and Draft*, New York/London/Sydney, 1964, 특히 S.50 ff. 참조.

그의 기대는 기대될 수 없다. 다른 동석자들이 그 상황을 전혀 다른 목적으로 이용하고 또 전혀 다른 방향으로 전개하려 하더라도 그는 묵시적으로 전제된 것 또는 명시적으로 승인되어 있는 것을 주제와 문제로 만들어서 그것을 공동관심사의 중심으로 끌어들여서 그것을 파괴해야 한다. 그는 공동의 주목을 받는 중심을 차지하는 데 성공해야 한다. 그가 배석자 중 한 사람이 있는 가운데 그의 반대를 제대로 이야기하지 못하고 얼버무리거나 상황이 종료된 다음에 조소의 대상으로 삼는 것은 충분하지 못하다. 제도화된 기대에 대한 비판은 실제 내용과 무관한 저항을 이끌 수 있는 지도자의 허세와 연결되어 있다. 이러한 위험은 상대적으로 높고, 때때로 감당하기 어려울 정도로 높다. 그래서 비판자는 환영받을 수도 있고 또 잠재적으로 확산되어 있는 불만의 대변자가 될 수도 있지만, 한편 모든 사람의 눈에 그가 적(敵)의 바닷가에 닻을 내리려고 하는 사람으로 다소 이상하게 비칠 수도 있다.

여기에 더해지는 것이 언어화와 설명의 부담이다. 제도는 거의 부지중에 탄생하고 전개될 수 있다. 제도를 전복하기 위해서는 말이 필요하다. 공격자는 정확한 말, 즉 제도의 주축을 이루고 있는 사상을 찾아야 한다. 공격자는 제도에 반대하는 근거를 구축하고, 대부분 경우에 그 대안을 제시해야 한다. 이 경우에 공격자는 구체적인 체험과 실증에 의거할 것이 아니라 추상적인 관념에 근거해야 한다. 즉 공격자는 이미 살아온 생활에 의거할 것이 아니라 달라질 수 있는 막연한 가능성에 근거해야 한다. 게다가 제도가 스스로 변경가능성을 명시하고 있는 정식화된 기대, 원리, 체제 위에 존재하고 있다면 그의 공격은 쉽게 실패할 수도 있다. 그 경우조차 공격자가 복잡성의 부담을 떠안게 된다. 공격자는 사회적 불확정성과 가능한 규범적 기대의 다양성이라는 **자연상태**(*status naturalis*)를 재창출하여야 하므로 그 상태를 방치할 수 없고, 따라서 새로운 감축방법을 도출해야 한다.

어떠한 경우든 일탈 또는 변경을 주장하는 자는 타인의 주목을 자기 자신에게 끌어들이고 있다. 그는 자신을 표출하고 있다. 우리가 자신에 관하여 많은 것을 말하지 않고 제도화된 기대를 무의식적으로 정신없이 추종하고 있는 동안 반역은 극히 개인적인 특별한 표명을 하고 있다. 그의 행동은 타인의 주목을 끌어내고, 제도가 설명을 중단하고 있는 사이에 그는 개인적으로 그의 행동을 설명할 수 있게 된다. 제도의 우산 아래 있는 자는 안심하게 되지만, 감히 그러한 우산 밖으로 나가는 자는 위험한 자기표명을 해야 하고 수치스러운 결과를 당할 수도 있다. 보호를 받으면서 눈에 띄지 않은 상태에 남아 있는가, 그렇지 않으면 위험스럽게 앞으로 나아가는가의 양자택일은 제도화된 기대가 있는 경우 동기부여적인 상황의 특징이다. 이러한 양자택일이 모든 일탈, 갈등, 혁신제안을 저지하는 것은 아니다. 즉 중요한 행위를 하면서 위험, 도전, 동기, 기회를 세밀하게 살펴보는 개인과 집단은 항상 있을 수 있다. 규범적 소당연이 그렇듯이 양자택일이 항상 복종을 강요하는 것은 아니다. 그러나 양자택일은 결과를 받아들이지 않으려는 자에게 이의를 표시하지 못하도록 함으로써 제도적 의미에서 의사소통의 기회를 구조화한다. 양자택일은 그때그때 사실적인 기대의 다양성을 넘어서 통일적인 의견이 있는 것과 같은 인상을 만듦으로써 기대를 기대할 수 있도록 한다.

제도화된 기대의 기대를 통해서 이러한 선택적 기제는 일시적인 상호행위체계와 그때그때의 배석자들을 초월해서 일반화될 수 있다. 이러한 일반화에 의해서 비로소 위에서 기술했던 기대자와 다른 일에 종사하고 있는 제3자의 분화가 생긴다. 그리고 개별적 상황, 상황적 역사, 기초적인 상호행위체계에 독립적인 문화적으로 중요한 제도가 나타난다. 거기에 함께 있다는 것에 의한 관여는 사회적 존재에 의한 관여가 된다. 가능한 상호 의사소통을 통해서 만인과 만인이 결합하여 있기 때문에 누구든 공동의 관여를 함께 체험하지 않은 사람에게도 그 관계를 계속하

고 자기표명을 유지하려고 생각한다. 누구나 일단 군인, 남편, 시의회의
원이 되려 하거나 댄스 교실에 가입하거나 집을 상속받으려면 그 사람
은 위와 같은 것과 관계있는 사람들뿐만 아니라 모든 사람에게 의무를
지고 있는 것이다. 이것은 다른 맥락에서 거의 의의가 없을지도 모르지
만 부인, 자식, 집 및 당원자격을 가지고 있기 때문에 그것에 따른 제도
적 구속을 받고 있다는 것은 아무런 관계 없는 사람에 대해서도 거부할
수 없는 것이다. 그래서 사실적 체험에 대한 지속적인 통제 가능성이 없
거나 위태로운 혁신에 대한 즉시적인 동의를 얻을 가능성이 없어도 누
구든 이해관계 있는 배석자뿐만 아니라 다른 일에 종사하는 아무런 관
계가 없는 배석자로부터 이에 상응한 기대를 기대한다.

이제 우리는 행동기대의 사회적 안정화를 위하여 왜 기대수령자의 합
의만이 중요한 문제가 아닌지를 분명하게 이해한다. 합의가 쉽게 취소
될 수 있다면 시간적으로 안정될 수 없을 것이다. 그러나 그의 행동이 기
대되고 있는 사람, 이를테면 거리를 청소하고, 장례를 주관하며, 세금신
고를 해야 하는 사람에게 그때그때 적절한 동기를 부여하는 것으로 충
분하다고 생각할 수 있지만 이러한 생각은 분명히 잘못된 것이다. 즉 이
것으로 충분하지 않다. 필요한 동의를 너무 강하게 세분화하고 국한하
는 것은 제도적으로 뒷받침되기 때문에 사실적으로 동요하는 동의를 감
축시킬 수 있을 것이고, 제도를 둘러싸고 있는 의사소통의 장애물이 최
소한으로 줄일 수 있을 것이며, 항상 제도의 폐기 문제를 논의할 수 있을
것이다. '예 또는 아니오'라는 대답은 기분, 상황 및 성격 또는 동반자적
합의에 좌우된다. 장기적 차원의 기대, 기대의 학습 및 상당한 미지의 상
황에 대한 기대 예측은 불가능하게 되거나 곤란해질 것이다. 불확정성,
익명성, 불가측성 및 관련 제3자에 대한 접근 및 질문 불가능성은 제도
의 신뢰성과 동질성을 보장한다. 이것은 모든 준거점을 중성화하는 데에
기초하고 있다. 이에 따라 특정의 제3자는 구체적으로 제도와 다른 것을

기대할 수 있을 것이다.[81]

그러므로 제도는 요해가능한 의사표시의 사실적인 합치에 기초하고 있는 것이 아니라 그것의 실효성 있는 과대평가에 근거하고 있다. 거의 모든 사람이 동의한다고 가정하는 한에서 제도의 존속이 보장된다. 즉 거의 모든 사람이 동의한다고 거의 모든 사람이 가정한다는 것을 거의 모든 사람이 가정할 때 그 존속이 보장된다. 그러므로 사실적인 합의와 비교해보면 안정성과 기민성의 측면에서 사실적 합의보다 제도가 높다. 선택기제를 통해 현실적 체험의 취약성 위에 도달하지만 제도는 주제와 시점의 측면에서 실제 체험에 대한 사실적 분배, 개인적 선호, 기분, 순간적인 충동, 증가와 감소로부터 폭넓게 독립할 수 있게 만들고, 이러한 과정을 기대구조로서 주조한다. 제도는 제3자의 기대에 대한 기대의 수준에서 명확한 고정성을 달성한다. 이러한 고정성은 의견과 행동에 대한 구체적 현실로 되돌아가는 것을 더 이상 허용하지 않는다. 제도적 기대 확실성은 적시에 이의하지 못하는 즉각적인 가정의 내재화(內在化), 그 함의와 다른 가능성에 대한 부지(不知), 대부분의 일탈행위와 일탈적 기대를 나타내고 이에 대한 사회적 동조를 줄 수 있는 모든 의사소통의 잠재화에 근거하지만 무엇보다도 제도는 사실적 합의기회를 은폐하는 것에 근거하고 있다. 제도는 현실에 관한 순수한 이념으로서 지지가 없더라도 전적으로 동요하지 않는다. 그러나 제도의 동질성은 매우 의제적이기 때문에 사실적 의사소통에 있어 취약하다.[82] 그래서 여론조사에 의

---

81) "통상 어떤 사회적 유형의 지지자라는 것을 표시하는 것처럼 보이는 '그들' (they)이라는 말은 그 용어가 제시하는 만큼 동질적이지 않다. 그러나 개인적으로 가정된 균일성을 나타내기 위하여 사용하는 '그들'은 행태를 위한 기초로서 필요한 편의수단이다" E. P. Hollander, "Conformity, Status, and Idiosyncrasy Credit", *Psychological Review* 65, 1958, S.117~127(126).

82) 이러한 설명은 제도적 기대와 사실적 의견 사이의 차이에 대한 경험적 조사를 통하여 상당히 확실해진다. Richard L. Schanck, "A Study of a Community

한 제도의 교란가능성, 무제약적인 의사소통에 의한 국민투표(국민투표
가 충분한 다수에 의해서 제도를 확증한다고 하더라도), 그리고 온갖 종
류의 킨제이 보고서[83]를 이해할 수 있고, 마찬가지로 프랑스혁명 때에
그러했듯이 상당히 확고하게 조직되어 있는 것처럼 보이는 제도가 갑작
스럽게 붕괴하는 것도 이해할 수 있다.

제도화의 기능과 기능양식을 개관해 보면 결국 '순조로운 해결'이 아
니라 오히려 일단의 문제상황에 봉착하게 된다. 이것은 모든 사회체계의
확립에 전형적인 것이다. 사회의 복잡성이 증가할 때에는 어려움이 증가
할 것으로 예상하는 것은 무엇보다 다음과 같은 이유이다. 즉 사실적 합
의를 은폐하고 조작하며 또 대체할 필요성은 가능한 체험과 행동의 다
양성이 증가함에 따라 더 엄격한 조건에 맞추어 나가야 한다. 일정한 기
대를 위한 임의의 제3자와의 합의가 더 이상 진지하게 기대될 수 없고,
무엇보다 새로운 기대를 위한 제3자와의 합의는 더 이상 예상될 수 없
다. 농부가 어떠한 방향의 대학개혁을 선호할지, 가정주부가 어떠한 법
원조직을 더 좋아할지, 학교선생이 어떠한 대량거래조건을 선호할지는
알 수 없다. 그러한 의견은 존재할 수 없고, 또 만들어질 수 있는 것도 아
니며, 다만 제도적인 가정적 의견이 산출될 뿐이라는 전제에서 현실적

and Its Groups and Institutions Conceived of a Behaviors of Individuals",
Psychological Monographs, Bd. 43. No.2, Princeton N. J./Albany N. Y., 1932;
Ragnar Rommetveit, *Social Norms and Roles. Explorations in the Psychology of
Enduring Social Pressures*, Oslo/Mineapolis, 1955. S.116 ff., 139 ff. 그 밖에
Ronald D. Laing, "Phänomenologie der Erfahrung", a.a.O., S.69 ff. 참조.

83) 킨제이(Alfred Charles Kinsey, 1894~1956)는 아메리카합중국 출신의 동물학자
및 심리학자로서 인간의 성적 행위에 관한 연구로 유명하다. 특히 1938~56년
1만 1,240명(남성 5,300명, 여성 5,940명)과의 개인적인 인터뷰를 바탕으로 한
연구결과물, 『남성의 성행동』(*Sexual Behavior in the Human Male*, 1948)과 『여
성의 성행동』(*Sexual Behavior in the Human Female*, 1953)에서 아메리카합중
인의 성행위에 대한 다양한 형태를 제시하였다. 이 2권의 책들을 '킨제이 보고
서'라고 한다——옮긴이.

연구를 진행하여야 한다. 여기에 정치의 불가피성이 있다. 게다가 이해 관계가 있는 제3자의 규모가 커지게 되면 더욱 관심이 떨어지게 되므로 제도의 제한적인 적응능력마저 상실할 우려가 있다. 예측가능성, 탄력성 및 가변성을 위해서 가정되는 합의가 원초적인 상호 행위체계에서 흡사 자동적으로 보장되는 것 같은데, 대규모적인 관계에서는 그것의 대안이 만들어져야 한다.

뒤르켐이 이미 법사회학의 기초[84]로 삼았던 발전법칙의 결과가 나타 난다. 즉 일반적으로 사회의 기능적 분화가 증대하면 모든 사람에게 유 효한 기대의 수치는 감소하지만 특정역할과 부분체계에만 특히 유효한 기대의 수가 과도하게 증가한다. 달리 말하면 몇몇 일반적인 기대는 다 수의 특별한 기대로 대체된다. 다른 결과와 무관하게 이러한 발전법칙은 예측되어야 하므로 두 가지 측면에서 제도화의 기능구조에 부담이 된다. 즉 한편으로는 더 많은 기대가 전체적으로 기대될 수 있어야 하고, 다른 한편으로는 기대의 다양성이 수긍될 수 있어야 한다. 소집단이론에 기 초하였던 지금까지의 연구는 이러한 문제가 어떻게 해결될 수 있는지에 관해 충분하지 못한 그림밖에 제공할 수 없다.[85]

모든 사람에게 동일하게 유효한 기대에서 제도화는 쉽게 달성된다. 왜냐하면 기대자와 피기대자 및 제3자 사이에 규정적인 분리가 아니라 상황에 따른 분리가 있기 때문이다.[86] 기대자는 그 스스로 시장을 보아 야 하고, 주사를 맞아야 하며, 교회에 가야 하고, 아무런 불만 없이 죽어 야 하는 사람과 같이 그가 기대를 달성해야 하는 상황에 부닥칠 수 있다.

---

84) 이 책 95쪽 이하 참조.
85) 이것은 실험의 일관성이라는 이유에서 집단일체적인 규범과의 관계에서 이에 대한 동조와 일탈이라는 조건에 대해서만 논의하였으며, 주로 규범화된 견해와 규범화되지 않은 행동양식을 연구하였다는 것에서 분명하다.
86) Geiger, a.a.O., S.72 ff.의 이 문제에 관한 상론 외에 Spittler, a.a.O., S.68 f. 참조

그의 기대는 그 자신의 이익에 의해서 규율된다. 자기부담분이 명백하고, 자기부담분은 일종의 내재적 절제와 이성을 포용하고 있는 제도의 설득력에 이바지한다. 제도가 그러한 기대를 이행할 수 없는 제3자의 기대에 의존할 때 이러한 토대는 상실한다. 예컨대 누구든 세차를 할 때 자신이 얼마나 젖게 될지를 모른다. 위계적(수직적) 분화에서 지배집단은 국민이 노동하는 여건을 모르기 때문에 과중하게 요구하는 것을 자주 볼 수 있다. 오늘날 반대상황도 생각해야 한다. 즉 국민은 지배집단이 일하는 여건을 모르기 때문에 과중한 요구를 한다. 게다가 셀 수 없이 많은 수평적 분화가 전개되었다. 예컨대 판사는 얼마나 빨리 종을 고칠 수 있는지를 판단하기 어렵고, 그와 반대로 전기공은 소송이 얼마나 빨리 진행될 수 있는지를 알 수 없다. 기대되는 기대의 수와 다양성이 너무 증대하여 제3자는 적절한 기대를 기대할 수 없게 되고, 제3자는 구체적인 행동기대와 관련하여 타아(alter ago)로서의 기능을 상실한다. 제3자는 일반화되거나 과장되거나 너무 느슨한 기대를 하려고 한다. 그러므로 그 제3자가 하는 기대는 무능하다는 것이 명백하다. 그래서 전체 사회의 제도는 규범적 요구의 신뢰성을 상실하고 그래서 그 제도가 존재하는 한 배워서 적응하거나 소원해지는 인지적 소여로서 기대된다.

그럼에도 제도화의 기능구조는 이러한 조건 아래에서 행동기대의 긴밀한 선택과 사회적 안정화를 위하여 유지되어야 하고 성취능력까지도 얻어야 한다. 제도화하는 제3자의 자기부담분은 익명성으로 대체된다. 그러나 이러한 방식에서는 제도의 적응능력이 문제된다. 제도는 이제 익명적으로 구성된 고정성을 거의 고수할 수 없게 된다. 그러므로 정확하게 의사소통할 수 있고 적응할 수 있어야 하며 수용에 따라 변할 수도 있어야 한다. 그리고 이것을 달성하기 위해서 제도는 대표적인 대변인을 찾아야 한다. 직접적으로든 간접적으로든 필요한 구조와 과정 전체가 종합적인 사회이론에 의해서 적절하게 설시되어야 한다.[87) 법의 제도화를 위하여 세 가지의 특별한 진화적인 성과는 주목할 만하다. 즉 계약을 근거로 자기를 구속하는 방법에 관한 구체화, 기대를 공유하는 비중 있는 제3자들 중 더 친밀한 준거집단의 분리 및 특별한 역할을 담당하는 제도화하는 기능의 제도화가 바로 그것이다. 아래에서 우리는 이들 이러한 세 가지의 방안을 검토한다.

순수하게 법학적으로 문제설정하는 한계는 계약이라는 형상에서 특히 감지된다. 어떠한 규범에 근거하여 주어진 약속이 구속력을 가지느냐는 문제는 우리 각자가 자신의 약속을 지키지 않는다면 우리가 어떻게 되겠는가와 같은 동어반복적 공준 또는 그것이 필요하다는 추상적 주장 속으로 사라진다. 이러한 말은 옳지만 이것으로 아무런 인식을 얻을 수 없다. 물론 계약에는 개인적 의사가 아니라 사회가 개인에게 의무를 지우고 있다는 뒤르켐의 이론[88]도 근본적으로 이것을 극복하지 못하였다. 법사회학적으로 계약은 지켜야 한다(*pacta sunt servanda*)는 명제의 연원이 문제가 되는 것이 아니고, 어떻게 · 왜 이러한 특별 의무부과형식이 자기구속의 본원적인 기능구조에서 발전하고 법형식을 얻게 되었느냐는 물음이 중요하다.

결국 다른 사람들 앞에서 한 자기표출에서 구속력이 생기는 것이다.[89] 우리가 보았듯이 단순히 현장에 있는 것(배석)도 관여하는 것이다. 사회에서 모든 출현과 모든 행위는 다른 사람에게 계속된 기대를 생

---

87) 사회의 비교적 자급자족적인 부분체계의 경우에 관한 관찰을 Richard D. Schwartz, "Social Factor in the Development of Legal Control. A Case Study of Two Israeli Settlements", *The Yale Law Journal* 63, 1954, S.471~491에서 찾아볼 수 있다.

88) *De la division du travail social*, 2. Aufl., Paris, 1902, S.82 u.ö. 참조.

89) 이에 관해서 읽어볼 만한 것으로 Erving Goffman, *The Presentation of Self in Everyday Life*, 2. Aufl., Garden City/N. Y., 1959가 있다.

기게 한다. 이러한 계속된 기대는 인지적인 것에서 규범적인 것으로 변할 수 있다. 비흡연자로서 소개받은 사람은 어떠한 설명이나 해명 없이 흡연할 수 없다. 최소한 그는 평소의 그 자신이라는 것을 보증해야 한다. 각자의 개인적 정체성이 기대의 기대에 관한 사회적 상호행위의 맥락 속에서 구성된다는 사실에서 이러한 구속력은 기인한다. 그래서 자신의 동일성을 유지하려는 사람은 그가 다른 사람의 다른 사람인 한, 그 다른 사람과 함께 동일성이 유지된다는 원칙을 지켜야 한다. 즉 일방이 그의 정체성을 상실하면 그는 상대방을 위태롭게 하는 것이다.[90] 명시적으로 (*expressis verbis*) 일정한 행위에 대한 관점을 표현하는 자는 이러한 원초적인 기제를 발산시키고, 다른 사람에게 기대에 대한 규범적 해석과 일정한 기대를 쉽게 하도록 하며, 위배의 표출을 경감시킨다.

약속에 대한 구속은 법적 의무라는 좁은 부문 밖에서도 더 넓은 범역에서 제도화되고 규범적으로 기대된다. 그 필요성은 행위의 선택가능성이 많은 곳, 예컨대 자유가 고도로 제도화되어 있으므로 고도의 사회적 복잡성이 존재하는 곳, 즉 행동의 일반원칙이 상당히 빨리 그리고 일의적으로 감축될 수밖에 없는 곳에서 특별히 인식할 수 있다.[91] 이에 대하

---

90) Edward Gross/Gregory P. Stone, "Embarrassment and the Analysis of Role Requirements", *The American Journal of Sociology* 70, 1964, S.1~15; Lothar Krappmann, *Soziologische Dimensionen der Identität*, Stuttgart, 1971 및 그 책에 실린 자세한 개관 부분 참조.

91) 입법기구 내의 비공식적인 규범이 이에 대한 좋은 실례이다. 이러한 규범은 구속력 있는 의결에 의하지 않고도 또 법률적으로 보장된 결정의 자유에 반하여 개별 의원을 그 약속에 구속되게 한다. 그래서 이러한 비공식적 규범은 결정과정에서 개별 의원을 확인가능하고 예측가능한 존재로 만든다. John C. Wahlke/ Heinz Eulau/William Buchanan/Leroy C. Ferguson, *The Legislative System. Explorations in Legislative Behavior*, New York, 1962, S.144; James D. Barber, *The Lawmakers. Recruitment and Adaption to Legislative Life*, New York/London 1965, S.160 참조. 후자의 경우가 특히 흥미롭다. 아무리 현대적이고 또 전제가 풍부한 열린 법생활의 조직체라 하더라도 그 결정을 하는 데에서는 전적으로

여 계약은 그것이 규범적으로 기대할 수 있는 구속력을 만드는 데에서
가 아니라 그 형성을 명시적인 설명에 맡기고 자의(Willkür)에 대한 교
정으로서 계약당사자의 합의를 사용하도록 한다는 데 그 특수성을 가진
다.[92] 그 장점이 결론적으로 규제의 불가피성에 관한 규범적 명령의 부
담을 줄이는 데 있는 것이 아니다. 의사의 합치가 적절하다면, 그 자체가
근거가 되고, 그러한 의사 합치가 미치는 범위 내에서는 규범이 전제되
거나 설정될 필요가 없다. 이러한 합치는 법적 구속력이 있다. 그러나 계
약적으로 규율되는 경우에만 구속력을 가지며, 반복성이 있는 일반화된
선례로서 법적 구속력을 가지는 것은 아니다.

법사학적 관점에서 보면 계약은 결코 당사자 사이에서 장래의 구속을
위한 도구로서 발전하지 못하였다. 그러나 그 후에 계약은 이러한 기능
을 인수한다. 오늘날에도 쌍방이 이행하지 않은 계약의 구속력이 인정되
는가가 문제이다.[93] 믿을 만하고 이행가능한 '단순히' 계약적 구속력이

원시적인 기능구조에 의존하고 있고, 비교적 규모가 작은 사회체계에서 이러한
기능구조는 형식적인 법조문과 모순되게 제도화될 수밖에 없다.

92) 당사자의 명시적인 상호관련성과 상호구속성을 고려할 수 있게 되었으며, 이
것은 복잡한 전개과정을 추상적으로 종합하는 능력, 다양성 가운데에서 단일
성을 개념적으로 파악하는 능력을 전제로 한다. 이와 연계하여 미래의 계약적
구속력이 전개된다. Emile Durkheim, *Leçons de sociologique physique des mœur
et du droit*, Paris, 1950, S.206 ff.; Max Weber, *Rechtssoziologie*, Neuwied, 1960,
S.150 ff.; George Davy, *La foi jurée, Etude sociologique du problème du contrat; La
formation du lien contractuel*, Paris, 1922; D. Warnotte, *Les origines sociologiques
de l'obligation contractuelle*, Brüssel, 1927; Joseph Zaksas, *Les transformations du
contrat et leur loi. Essai sur la vie du contrat en tant qu'institution juridique*, Paris,
1939 참조. 그 외 이에 대한 전형적인 설명으로 Pospisil, a.a.O., S.123, 208 ff.
참조.

93) 이러한 중요한 문제에 대한 경험적 연구가 없다. Stewart Macauley, "Non-
Contractual Relations in Business Behavior. A Preliminary Study", *American
Sociological Review* 28, 1963, S.55~67. 우리는 호텔방 예약을 예약일 직전에 '취
소'하는 관행이 만연된 것을 생각해 볼 수 있다.

생겼다고 하더라도 법제도로서 계약의 기능은 여기에 한정되는 것이 아니다. 즉, 구속력 그 자체보다 계약에 대한 통제의 위험성과 계약의 점진적 이행 등 의무 내용에 대한 선택의 자유(이러한 한에서 새로운 종류의 의무 내용에 대한 창조)가 포함된다. 제도화된 제3자는 그때그때 약정을 일괄적으로 보장하는 지위로 후퇴한다. 동시에 구속내용의 변경과 경감의 기제가 특화되어서 적용이 쉬워진다. 그다음으로 규칙에 따른 상호합의와 고지를 위한 필요성이 있다.[94] 이 경우에 규범적 기대의 제도적 보장, 즉 가능한 제3자의 공동기대가 유지되어야 하지만 이러한 보장은 구체적으로 확정된 기대가 아니라 그때그때의 기대와 연관된다.

제도화의 원초적인 기제라는 점에서 보면 계약의 구속력은 현실적으로 거의 발생할 가능성이 없다. 그러나 초창기에 후진적이고, 매우 제한적인 자유가 존재하는 경우에 한해 규범적 기대의 다양성과 과잉생산은 제도화를 안정시킬 수 있을 만큼 충분하였다.[95] 이러한 비현실성은 자유로운 선택을 제도화하는 것, 즉 가변성을 구조적으로 허용하는 데에 원인이 있다. 제3자는 그 자신이 기대 내용에 전혀 영향을 미치지 않고, 그들과 관계없이 성립하였으며—그들이 그것을 열망하였다고 하더라도—당사자에 의해서 언제든지 취소될 수 있는 그러한 기대를 지지

---

94) Bernard Willms, "Gesellschaftsvertrag und Rollentheorie", *Jahrbuch für Rechtssoziologie und Rechtstheorie* 1, 1970, S.275~298(281)은 계약을 "자기 구속력이라는 자유의 상징이고, 의무와 기한을 모두 포함하는 범위"라고 한다.

95) 주지하는 바와 같이 로마법에서는 단지 순수한 계약적 의무로부터 구속력이 발생되고, 소구 가능성이 부여되도록 운용되지 않았다. 즉 "단순한 합의가 채권을 성립시키지 않는다"(nuda pactio obligationem non parit)(그러나 다만 "항변권이 발생한다"(sed parit exceptionem)고 한다)—D2, 14, 7, 4. 계약 상대방의 구속을 발생하기 위해 형식적(주술적) 또는 실질적으로 (제3자에 대한 약정근거로서 볼 수 있는) 급부가 반드시 필요하다. 그 후에 정형계약이라는 체계 속에서 예외적으로 낙성계약(매매, 임대, 조합 및 일방적 법률행위로서 위임)이 허용되었다.

하여야 한다. 이러한 요구는 제3자와 기대하는 행위자 사이에 비교적 폭넓은 구분을 전제로 한다. 그 외에도 이것은 약정내용에 대하여 제3자가 전혀 관여하지 않는 대신 제3자를 보장자적 지위로 끌어들이는 형태와 기능구조에 대하여 추상적인 차원에서 관심을 두는 것을 전제로 한다. 제도화하는 제3자의 기능이 이러한 전제를 충족할 수 있는 특별한 역할, 이를테면 법관의 역할[96]이 된다면 상당한 정도의 범위에서 계약을 법제도로 완성하는 것이 가능하다. 이 점에 대하여 다시 검토할 것이다. 우선 제도로서 계약의 발전은 제도화된 행동기대의 추상성, 탄력성 및 적응력, 분화력을 증대시키는데 기여한다는 점을 명백히 밝힐 것이다. 이는 변화되지만 파괴되지 않는 제도화의 원초적 기제에 기초한다.

지나치게 구체적이고 불변의 원초적인 제도화에서 벗어나는 다른 방법은 함께 체험하는 관련된 제3자로서 고려되는 사람들에 대한 제한을 가하는 데에 있다. 그러면 기대자는 전체사회에 전적으로 타당하지는 않지만 공통적인 관점을 대표하는 작은 준거집단을 지향하거나 이와 반대로 제3자의 기대가 제도화와 무관하여 무시할 수도 있는 상당한 영역을 배제한다.

이러한 준거집단을 형성하게 하는 기제, 이러한 기제에 의해서 제도화된 기대의 현실성, 사실상 합의에 대한 통제와 통일성의 가능성을 좌우하는 조건, 준거집단의 기대가 규범적으로 기대되는 정도, 필요한 의사소통기회와 학습기회를 갖출 수 있기 위하여 기대가 사실적 상호행동체계와 일치해야 하는 정도, 준거집단의 분화가 집단 상호간과 상호행위

---

96) 물론 다른 관점에서 낙성계약의 제도화는 고대의 사적 집행의 감소와 법정에서 객관적 증거조사의 가능성과 같은 소송절차의 발전을 전제로 한다. 이와 관련해서 그리스의 경우 Louis Gernet, *Droit et société dams la Grèce ancienne*, Paris, 1955, S.76 ff.; 인도의 경우 Walter Ruben, *Die gesellschaftliche Entwicklung im alten Indien, Bd. 2. Die Entwicklung von Staat und Recht*, Berlin, 1968, S.144 f. 참조.

체계와의 관계에서 나타나는 전체사회의 파생효과 등은 거의 연구되지 않았고, 개개의 경우에 따라 확연하게 다르다. 사회적 분화의 증대와 더불어 개인은 더 높은 계층 또는 자신과 동등한 계층을 준거집단으로 선택하려 하고, 상승의 기회가 있는 경우에는 더 높은 계층을 선택하려 한다. 그래서 유의미한 공동체험을 위한 한계가 사회 내부에 생긴다. 귀족은 귀족을 판단할 수 있을 뿐이고, 법률가는 언제 지배적 견해에서 벗어나는 것이 허용되는지를 적절하게 판단할 수 있으며, 의사는 살인사건이 의료과오에 기인한 것인지 여부를 증언할 수 있고, '상류층'은 피아노 위를 뒤러(Dürer)의 '토끼'[97]로 장식하는 것이 '어울리지 않는다'는 것을 배울 수 있다. 이러한 준거집단은 구체적인 상호행위체계에서 서로 다르므로 이들은 기대의 기대의 차원에서 형성되고, 그 기능은 부분적이기 때문에 분화될 수 있는 제도화를 가능하게 한다는 데에 있다.[98]

분화된 사회의 수많은 기대질서는 여전히 비교적 좁은 준거집단에 근거를 두고 있다. 이러한 대응책은 이를테면 중세의 단체법에서는 확실한

---

97) 지나치게 통속적이라는 것을 상정한다―옮긴이.
98) 오늘날 사회학적 논의에서 준거집단의 개념에는 모순적인 개념규정이 있지만 아직 명백한 윤곽을 잡지는 못하고 있다. 그 이유는 무엇보다 행위 통제의 수준으로서 기대의 기대가 충분히 주목을 끌지 못하고 있기 때문이다. 위에서 근거하고 있는 개념규정은 S. N. Eisenstadt, "Studies in Reference Group Behavior. I. Reference Norms and the Social Structure", *Human Relations* 7, 1954, S.191~216; Ders., "Reference Group Behavior and Social Interaction. An Explorative Study", *American Sociological Review* 19, 1954, S.175~185; Tamotsu Shibutani, "Reference Groups as Perspectives", *American Journal of Sociology* 60, 1955, S.563~569. 이 논문은 "Reference Groups and Social Control", in Arnold M. Rose(Hrsg), *Human Behavior and Social Processes. An Interactionist Approach*, Boston, 1962, S.128~147이라는 제목으로 가필되었음. 순수한 규범적 준거집단의 완전한 분화 문제에 관해서는 Theodore D. Kemper, "Reference Groups, Socialization and Achievement", *American Sociological Review* 33, 1968, S.31~45 참조.

단초라고 볼 수 있지만, 법형성 그 자체와 사회적 법발전에 대한 법의 적응을 위하여 중요한 의미를 얻지 못하였다. 이는 순수한 규범적 기대에서 낯선 집단을 준거집단으로 받아들이기가 매우 어렵다는 점과 연관되어 있다. 그러나 무엇보다 법의 사회적 차원에서의 중요성이 이러한 의미영역을 위한 준거집단을 특화하는 데 장애가 된다.[99] 법률가에게 이를테면 기술적인 법률용어의 사용, 개념적 범위의 확대에 대한 한계, 서술과 입론에 대한 문장스타일의 세련성 등에 대하여 의문이 있거나 결정을 내리기 위하여 부당한 근거를 배척하려 할 때 법률가가 지향하는 좁은 준거집단이 있다. 법과 관련된 직업적 역할의 전문화와 동료에 의한 통제도 우리가 앞으로 살펴보는 바[100]와 같이 중요한 기능을 수행하고 있다. 그렇지만 이것은 법 자체의 제도를 담지하지 않는다. 법은 법률가에게만 효력을 가지는 것이 아니다. 그래서 많은 제도가 준거집단과 연관하여 형성되고 또 그래서 많은 기대기준이 오늘날 비교적 작은 집단과 관계하고 있다 해도 법은 사회적 통합의 수단이 되어야 하고, 최소한 영토적 한계 내에 있는 정치체제에서 모든 사람의 기대를 구현해야 한다. 이것은 불가피하다. 그래서 법은 준거집단과 연관되어 제도화될 수 있는 종교적 정당성을 상실하며, 전체사회적인 기대보다는 오히려 그 신성성을 포기한다.

이러한 이유로 특수한 법제도의 발전을 위하여 한편에서는 사회적 복

---

99) 상인들은 자신들의 고유한 법 또는 고유한 상사재판 관할을 어느 정도 지속적으로 관철해왔다. 즉 상인들 사이에 타당한 관습을 주장하여 일반법의 적용을 면할 수 있었다. 동시에 중국에서 법의 유효성에 대한 의식이 미약하게 발전되었다는 실례를 Leang K'i-Tch'ao, *La conception de la loi et les théories des Legistes à la veille des Ts'in*, Peking, 1926, S.VIII f.는 그 서문에서 보고하고 있다. Sybille van der Sprenkel, *Legal Institutions in Manchu China. A Sociological Analysis*, London, 1962, S.80 ff. 참조.

100) 이 책 481쪽 참조.

잡성과 분화와의, 다른 한편에서는 원초적인 제도화과정과의 괴리 증대
에서 벗어나는 대응책이 발견되어야 한다. 그 대응책은 전체사회적 구속
력을 가진 법을 결정하는 특별한 역할과 부분체계의 완전분화에 있다.

우선 이러한 매우 위험하고 불확실하며 원초적인 제도화와는 전혀 이
질적인 문제해결방안이 더 나은 작용을 한다는 것은 놀라울 것이다. 적
어도 구성원 '전체'적인 성격을 가진 널리 퍼져 있는 집단 대신, 또는 동
일한 신분, 동료, 동창 대신 제도화 기능이 세분화된 개별 역할을 수행한
다. 더욱이 수많은 개인적으로 불특정한 제3자 대신 이제는 선발된 지위
에 있는 한 사람의 제3자 또는 소수의 제3자가 제도화하는 기능을 수행
한다. 왜 이러한 해결방안이 위와 같은 결정 역할이 존재하는 곳에서만
법이 언급된다는 그러한 성공, 즉 진화론적 성공을 하게 되는가?

원칙적으로 이러한 대응책의 장점은 제3자의 제도화기능이 '재귀적'
(reflexive)이라는 것에 근거하고 있다. 즉 제도화 기능이 그 자체로서 발
휘되기 전에 제도화하는 과정 그 자체와 관련되어 있다.[101] 규범적으로
중요한 합의를 얻기 위한 제3자의 특별 역할의 분화는 행동기대를 제도
화하기 위한 제도화의 기본 형태를 나타낸다.[102] 익명의 제3자에게 가
능한 공동기대는 한편으로 규범적으로 기대되는 행동과 직접적으로 관
련되어 있고, 다른 한편으로 규범적으로 기대되는 것으로 규정되어 있는

---

101) 일반적으로 재귀적 기능구조의 급부증진적 기능에 관해서는 Niklas Luhmann,
   "Reflexive Mechanismen", *Soziale Welt* 17, 1966, S.1~23 참조. 이 논문은 Ders.,
   Soziologische Aufklärung, Köln/Opladen, 1970에 재인쇄되었음.
102) Paul Bohannan, "The Differing Realms of the Law", in: Paul Bohannan(Hrsg.),
   Law and Warfare, Studies in the Anthropology of Conflict, Garden City/N. Y.,
   1967, S.43~56은 이러한 '이중적 제도화' 또는 재제도화를 법의 기준으로서
   주장하고 또 원시사회의 법을 이 개념으로 끌어들이려고 노력하였다. Geiger,
   a.a.O., 특히 S.149ff.는 이 과정의 재귀성을 인정하지 않고, 법형성의 결정적
   인 진일보로 파악하고 있다. 그 밖에 Herbert L. A. Hart, *The Concept of Law*,
   Oxford, 1961, '제2차적 규율'(secondary rule)이라는 중요한 개념 참조.

특별역할의 행동과 관련되어 있다. 개인적인 차원에서 보면 법관이 어떤 개인에게 기대하는 바를 일반인들이 그에게 기대한다는 것을 그는 기대해야 한다는 것을 의미한다. 더 면밀하게 구성한다면 법관이 어떤 개인에게 기대하는 바를 그의 행위 상대방이 그에게 기대하고, 그러므로 일반인들은 그 개인과 그의 행위 상대방 양자에 대하여 기대하게 되는 바를 그는 기대한다는 것을 의미한다.

　이것은 불필요하게 복잡해 보인다. 실제로 사실적인 체험은 여타의 것과 함께 '소당연'(Sollen)이라는 간편한 부호로 이러한 구조를 종합한다. 우리가 이러한 '소당연'으로 상징화되어 다소간 은폐된 기대구조를 해명할 때에만 이러한 구조가 진화적으로 성공하였다는 것과 그 이유를 인식할 수 있다. 이러한 구조는 위에서[103] 이미 논술한 바와 같이 인지적·규범적 기대요소를 분화시킬 가능성을 제공할 뿐 아니라(예컨대 법관의 규범적 기대를 인지적으로 기대하는 것) 제3자의 기대는 이산적이며 그래서 언급할 수 없어 익명적이지만, 법관의 재판 실무는 그것을 요구할 수 있고 영향력을 미칠 수 있기 때문에 제3자적 기대의 익명성을 법관의 재판 실무와 연계하여 분화된 구조 속에서 전혀 분화되지 않은 매우 작은 사회체계가 제공할 수 있는 것을 재생산할 수 있도록 한다. 제도화과정의 재귀성은 이러한 과정 안에서 내부적으로 기능적인 분화를 가능하도록 하고, 동시에 이를 통해서 서로 다른 성과를 획득할 수 있도록 한다. 즉 이것은 추상성의 획득, 정밀화 및 동기부여의 보장을 하나의 지위에서, 즉 법관의 역할에서 실현하고, 여기에서부터 전체적 기대구조로 중개할 수 있도록 한다.

---

103) 이 책 136쪽 이하.

5. 기대맥락의 동일화

앞의 두 절에서 우리는 법기제를 기능적으로 개념화할 수 있는 전(前)법적 질서문제를 연구하면서 마지막 두 단락에서 행동기대에 관한 시간적, 항(抗)기대위배적, 사회적 그리고 제3자의 기대된 기대에 기초한 안정화를 파악하였다. 우리가 법 자체의 특별한 급부에 관해서 묻기 전에 그것의 문제내용과 그 원초적 문제해결기제에서 여타의 질서차원, 즉 내용적 의미의 차원, 여기서는 행동기대의 내용적 의미의 차원을 소개하여야 한다.

지금까지의 고찰에서 우리는 기대구조의 구축과 안정화에 제공될 수 있는 급부에 관한 몇 가지 지시를 추출하여 내용적 의미형성, 즉 기대될 수 있는 것의 선택을 위한 일정한 필요조건을 제시해야 한다. 규범적 행동기대는 어느 정도의 모순적인 사실성을 방어하여야 하고, 또 인지적으로 인용할 수 있는 위배설명과 연결될 수 있어야 한다. 규범적 행동기대는 개별적으로 알려지지 않고, 이해관계가 극히 대립되는 상황에서도 합의를 효과적으로 예정할 수 있어야 하며, 그래야 이것이 생활세계의 체험가능한 구조와 밀접하게 연계되어서 달성될 수 있다. 그래서 시간적 차원과 사회적 차원이 선택적·내용적으로 가능한 것에 작용한다. 행동기대의 유의미한 상황이 가지고 있는 고유한 문제내용을 인식할 수 있기 위해서 우리는 기대의 기대의 근본문제로 되돌아가지 않으면 안 된다.

누구든 타인의 의식과 직접적으로 공유할 수 없으므로 기대의 기대는 기대들이 확정된 공통적 세계의 매개를 통해서만 가능할 뿐이다. 사물, 사건, 가시적인 행위 및 불가시적인 것을 위한 상징의 세계에서 다른 사람의 체험에 대한 의도적 배경이 나타나는 동시에 이에 따라 자신의 체험의 다른 가능성도 나타난다. 세계 체험의 다른 가능성에 대한 선택적인 통로를 질서 있게 하며, 그러한 한에서만 그것은 의미(Sinne)를 갖는다. 의미는 다양한 가능한 체험의 간주관적으로 접근할 수 있도록 하는 '종합'(Synthese)으로서의 기능을 한다.[104] 이러한 의미종합은 나타나는 모든 가능성을 한꺼번에 현실화하는 노력을 절약하고 선택을 위하여 그 가능성을 현상대로 유지한다. 그래서 의미종합은 정상적인 경우에 타인의 기대의 현실적인 의식적 기대, 즉 다른 사람들의 체험에 대한 공동체험을 할 필요를 줄여 다른 사람의 체험이 생길 수 있다는 전제 아래 의미에서 의미로 전달 과정을 단축할 수 있도록 한다. 우리가 동전을 타인에게 양도할 때 다른 사람의 태도에 대한 일반적인 지향이 상호행위를 예상할 수 있는 한 그 동전이 다른 사람의 관점에서 어떻게 보이고 또 자기 자신에게 어떻게 기대되는지를 생각하지 않고 그 동전을 넘겨준다. 교란이 생기게 되면 그러한 교란은 다른 사람이 진정으로 체험하고 기대하는 바가 무엇인지에 대하여 (항상 있을 수 있는) 반문하게 하는 동기를 부여한다.

체험주제(여기서는 행동기대)는 유의미한 동일화와의 관계를 통해서 그때그때 현실적인 의식적 생활로부터 독립하게 되는 것이다. 이들 체험주제는 인상일 뿐만 아니라 그 자체로 그것을 기억하지 않더라도 그대로 남아 있는 주제이고, 우리가 되돌아갈 수 있고 독립적으로 관계를 맺을 수 있는 주제 그 자체이다. 그러므로 행동기대는 모사상(模寫像)에서 모범상(模範像)으로 변화할 수 있고, 그것은 따를 수도 있고 따르지 않을 수도 있으며, 또 그것은 사회적 협의의 대상이 될 수도 있고, 제재를 위한 지향점 또는 일탈의 은폐를 위한 지향점도 될 수 있다. 이러한 행동기대는 다른 기대와 함께 상호 근거하고 확인하는 의미맥락에서 등장할

---

104) 이에 관해서는 Niklas Luhmann, "Sinn als Grundbegriff der Soziologie", in: Jürgen Habermas/Niklas Luhmann, *Theorie der Gesellschaft oder Sozialtechnologie-Was leistet die Systemforschung?*, Frankfurt, 1971, S.25~100 참조.

수 있고, 유력한 입론으로 갖추어질 수도 있으며, 방어될 수도 있다. 이 것은 기대로서, 그리고 오로지 그런 것만은 아니지만 기대된 행위로서 언어화될 수 있고, 상징화될 수 있으며, 명시되거나 거부될 수도 있다. 이것은 정보, 경험, 전통, 이익을 위한 결정점으로서 기여할 수 있다. 그 러한 의미맥락은 사회적으로 거기에 참여하는 사람들을 위해서와 마찬 가지로 개인을 위해서도 고유가치를 획득한다. 그래서 과거의 일회적 기 대위배 사건에 기대를 희생시키는 것이 곤란하게 된다. 통상적으로 일탈 행동은 의미형성적 성공을 수반하는 기대를 포기하는 이유가 아니다. 왜 냐하면 우리는 기대를 그렇게 빨리 대체할 수 없기 때문이다.

내용적 의미맥락 그 자체에 이미 위배당한 기대를 고수할 동기와 사 실에 배치되는 기대의 지지가 있다. 맥락의 확정성은 추상화기능에 근 거하고 있다. 일상생활에서 상호행위의 조종을 위하여 비교적 맥락으로 부터 자유롭게 이해할 수 있는 의미가 필요하다. 이 의미는 구체적인 관 찰에 대한 빠른 파악을 가능하게 할 수 있게끔 상당히 구체적이다.[105] 추상화기능의 증가는 사실적 체험에 대한 구체적인 주체(Wer), 방법 (Wie), 시기(Wann) 및 장소(Wo)로부터 점점 해방시킨다. 통상적인 사 회관계에 필요한 추상화작용은 사회적 발전에 따라 변한다. 그 필요한 수준에 미달하는 것은 병폐가 된다.[106] 이미 사실에 반하는 모든 명제에

105) Harold Garfinkel/Harvey Sack, "On Formal Structures of Practical Action", in: John C. McKinney · A. Tiryakian(Hrsg.), *Theoretical Sociology. Perspectives and Developments*, New York, 1970, S.337~366 참조.

106) 우선 유의미한 체험이해를 위한 구체적·추상적 차원의 중요성은 병리적 현 상을 통하여 분명하게 되었다. Kurt Goldstein/Martin Scherer, "Abstract and Concrete Behavior. An Experimental Study with Special Test", *Psychological Monographs* 53, 1941, Nr.2. 이 논문은 Carl F. Graumann(Hrsg.), *Denken*, Köln/Berlin, 1965, S.147~153에 독일어로 축약적으로 번역되었음. 이것을 더 연구한 것으로 O. J. Harry · David E. Hunt · Harrold M. Schroder, *Conceptional Systems and Personality Organization*, New York/London, 1961 참조.

서, 즉 모든 규범적 체험에는 어느 정도 정상적으로 기대될 수 있는 추상화작용이 들어 있다. 미개한 사회의 농부가 대통령 역할을 상상할 수 없거나 그가 대통령의 지위에 있음을 전제로 한 질문을 이해하지 못한다고 하더라도 아무런 해악이 없다. 그렇지만 중부 유럽인에게는 의미형성을 지나치게 구체적인 수준에 고정하는 것과 같은 무능력은 병리적일 것이다. 우리는 실례에서 통상적 체험이해의 추상화 정도가 사회구조에 의해서 수정된다는 것을 알 수 있다. 이것은 인지적 기대와 규범적 기대의 구분과 '존재'가 아닌 '타당'이라는 규범으로서 규범적 기대의 완전분화는 의미 있는 방향에 부합하고 일반적으로 기대가능한 추상화 정도를 변경하는 일정한 발전조건에 따른다는 것을 의미한다.

우리가 어떻게 기대가(여기서는 행동기대를 의미한다) 동일하게 정해지고, 그 상호관계에서 불변의 의미핵심을 통해서 확정되는가에 주의한다면 이러한 차이를 더 분명하게 인식할 수 있다. 기대는 개인에게 나타나지 않고, 개인에게 기대될 수도 없다. 기대라는 언어와 개념은 그 기호에 상응하는 대상들이 지속적으로 분리 가능한 단위로서 현실에 존재한다는 오해에 빠져서는 안 된다. 무엇이 하나의 기대이고, 어디에서 그것이 시작되고 끝나며, 무엇이 그것을 구체적으로 포섭하고, 그것이 어떠한 변화가능성을 허용하는지가 저절로 정해지지 않는다. '기대한다'는 것은 항상 변화하는 내용을 찾아보고, 그 변화에 의해 현실을 경험하는 체험흐름 속에 존재하는 미래의 의도성이다. 의미 있는 동일화는 추상화의 더 높은 차원에 있고, 이것은 필요에 따라 현실화할 수 있으며, 자세히 구분할 수 있는 수많은 기대의 종합이다. 우리는 예컨대 탁자, 집, 산맥과 같은 구체적 사물은 물론이고 또 구체적인 아는 사람, 역할, 과제, 가락(歌樂), 소설, 재판절차를 떠올릴 수도 있다. 중요한 것은 항상 의미원리의 동일성을 통해서 결합하고, 체험을 통해서 변경되며, 선택적 현실화를 위하여 필요에 따라 포기되는 가능한 기대들의 복잡한 다발이다. 의미는 기대의 상호관계를 창설하고, 하나의 기대가 다른 기대로의 전환, 기대맥락 안에서 체험과 위배의 조화, 낡은 기대를 새로운 기대로 대체할 가능성, 위배사건에서 기대맥락이 훼손된 범위 및 그러한 경우 기존의 학습가능성의 양태와 필요시간을 규율한다.

이러한 형태의 체험가공은 고도로 복잡하고 불확정적인 세계기획을 얻기 위한 조건이다.예측할 수 없는 세계를 계획한다고 하더라도 우리가 의미 있는 동일화를 모든 개별적인 기대가 아니라 항상 유지될 수 있고 개별적 기대의 생성규칙으로서 기능하는 추상적인 유형과 연계한다면 세계기획의 필수 요건은 처리 가능한 테두리 내에 남는다. 이러한 우회로 이외의 방법으로는 다수의 다양한 기대들에 관한 내용적인 조정이 거의 현실화될 수 없을 것이다. 필요한 일관성은 철저히 기대 그 자체에만 관계한다. 직접적으로 대립하고 장애를 일으키는 기대의 생성은 사회적 상호행위에서와 마찬가지로 개개인 그 자체의 가능성에 따라 지양될 수 있다.[107] 그러나 일관성 통제는 유의미한 추상화에 의해서만 실현될 수 있다. 그래서 일반성 조절은 표면적이다. 다양하게 주장되고 있는 '법의 무모순성'이라는 관념은 온갖 논리적 수단을 동원해 그것을 얻으려 하지만, 그것은 기대의 일관성을 보장하는 것으로서 필수불가결한 것도, 얻을 수 있는 것도, 충분한 것도 아니다. 그렇지만 그것은 오로지 생각할 수 있는 무수한 기대모순을 제거하고 그 나머지를 결정할 수 있도록 하는 고귀한 여과기로서 중요하다.

기대맥락의 유의미한 동일화는 기대의 보존과 재사용을 가능하게 하

---

107) Talcott Parsons, "Recht und soziale Kontrolle", in: Ernst E. Hirsch/Manfred Rehbinder(Hrsg.), *Studien und Materialien zur Rechtssoziologie*, Köln/Oplden, 1967, S.121~134(122)도 이와 마찬가지로 '이상적으로 그 관할 안에 있는 개인들을 서로 모순되는 기대 또는 의무로 고통받지 않도록 하는 경우' 그 법규들을 일관성 있는 규범으로 정의하고 있다.

고, 전승될 수 있는 무형문화재로서 확립할 수 있도록 한다. 우리는 사안마다 새롭게 그 자신의 기대를 만들거나 그때그때 상황마다 그 기대를 인용할 필요도 없고, 유의미하게 정돈되고 선재(先在)된 맥락에서 필요에 따라 기대를 재생산하고 설정할 수 있다. 이러한 토대 위에서 비로소 규범은 '타당하다'고 할 수 있는 성격을 취득하고, 권리는 '소유한다'고 할 수 있는 성격을 취득하며, 법제도는 우리가 결정에 의해 선택하거나 취소할 수 있는 유형으로서 이용할 수 있다.[108]

기대구조의 구체성 및 추상성의 정도는 범례화에 의한 동일화의 의미수준에서 결정된다. 실제의 의식화 과정에는 추상적·개괄적 선파악(Vorgriffe)과 구체적 묘사가 결합되어 양자는 서로 중첩적으로 겹친다. 예컨대 나는 내 앞으로 오는 우편물이 어떻든 내게 도달하기를 기대하고, 우편배달부 부스만(Bußmann) 씨가 아침 8시 30분쯤 술에 취하지 않고 우편함에 넣은 우편물이 접히거나 튀어나와 비에 젖지 않기를 기대하며, 우편함 안에 무엇인가가 있는지를 그 창구멍으로 인식할 수 있기를 기대한다. 추상적인 기대현상과 구체적인 기대현상이 서로 분리되지 않고, 현실적 모순으로 체험되지 않는다. 그러나 문제는 비교적 변하지 않는 의미형성의 중심점이 어떠한 수준의 추상화에서 정해지는지, 무엇에 의해서 기대맥락이 동일화되고 현재적 경험 처리가 규율되는지, 인지적 기대양식과 규범적 기대양식이 구분될 수 있는지와 구분된다면 이것들이 어떠한 구분선상에서 규율되는지, 어디에서 위배체험이 지각되고 어디에서 설명이 필요한지, 어떤 부분적 기대가 위배에 의해서 폐기되거나 불안정하게 되는지와 더욱 정밀한 통제 아래 들어가는지, 어디에서 다른 기대와 상호의존관계가 작용하면서 신뢰성에 대한 요구를 발생

---

108) 탤컷 파슨스의 체계이론은 이러한 작용이 '잠재적(!) 형태유지'(latent(!) pattern maintenance)기능으로 인정되어 기술되고 있지만, 이것을 규범적 기능과 분석적으로 충분히 구분하지 않고 있다는 점에 그 특징이 있다.

시키는지, 요컨대 얼마나 구체적 및 추상적으로 기대맥락이 **통합되는지**에 좌우되는 것이다.

위에서 든 실례에서 우편배달부라는 개인에 의해 우편물이 순조롭게 배달되기를 기대하고 있었는데, 그에게서 술 냄새가 나는 것을 알아챘다면 나는 그가 바르게 배달했는지 의심하게 될 것이다. 그다음에 나는 우편함에 신문이 튀어나와 젖어 있는 것을 우편배달부의 책임으로 돌리지 우체통의 잘못된 구조에 책임을 돌리지는 않을 것이다. 내가 어떤 역할의 수행만을 기대한다면 기대맥락은 수행의 개인적 세부사항과는 더 무관할 것이고, 기대맥락은 수용할 수 있는 변수를 띠게 된다. 반면에 내가 우편법의 집행만을 기대한다면 그 법률이 내게 행위가능성, 예컨대 이의 수단을 사용할 수 있을 때에만 기대위배는 유관하게 될 것이다.

그러므로 다음의 것들이 명백하다. 즉, 자신의 기대를 과도하게 구체적으로 통합하면서도 그것을 규범화하는 사람은 상당히 많은 위배를 당하면서 생활하지만 이를 학습하기 어려울 것이다. 이런 사람은 현실에 대해 불안정한 관계를 가질 것이다. 왜냐하면 기대위배를 극복하기 위한 자신의 능력이 과도하게 요구되지만 학습과정을 통해서 경감되지 않기 때문이다. 그는 늘 비현실적인 규범기획을 할 위험에 빠지고, 기대위배로부터 중대한 결론을 이끌어 낼 것이지만 주위 사람들은 그의 이러한 결론을 이해하지 못한다. 왜냐하면 그 주위 사람들은 그 기대위배를 기대위배로 함께 체험하지 못하고 있기 때문이다. 이러한 구조적인 결함 때문에 매우 어려운 생활을 영위하면서 많은 것을 달성하지 못한다. 여기서 인식해야 할 것은 특별한 규범적 기대양식의 확정은 그것에 상응하는 정도로 연관성이 없는 최소한의 기대맥락의 추상화를 전제로 한다는 것이다. 그러나 너무 지나치게 추상적인 체험가공에는 위해가 있다. 과도한 추상적인 체험가공은 무관심을 낳고 결국 환계에 대한 의미 충만한 참여를 불가능하게 만든다. 즉, 우리는 우편배달부를 모르고, 인사도 하지 않으며, 친절한 말을 하지도 않고, 새해 선물도 보내지 않는다. '너무' 구체적인가와 '너무' 추상적인가라는 이러한 성격규정의 배후에는 너무 구체적인 및 너무 추상적인 우리가 이미 직면하였던 문제, 즉 그것이 사회적 체계의 어떠한 구조에 종속되어 있는지, 어떠한 추상성 때문에 하나의 기대질서가 가장 마찰 없이 설정될 수 있는가라는 문제가 숨어 있다.

이 문제를 계속 추적하기 위해서 우리는 여러 가지 동일화원칙이 이용될 수 있는 다양한 추상화 단계를 구분해야 한다. 행동기대가 구체적인 개인 또는 일정한 **역할** 또는 일정한 **프로그램**(목적, 규범) 또는 일정한 가치와 연관될 수 있다. 이러한 여러 가지 가능성은 기대의 기대를 위한 교환가능한 관련성을 제공한다. 즉 예컨대 우리는 구체적으로 상호교환적인 행동과 기대를 기대하지 않고, 알고 있는 어떤 개인의 '특징'을 상정할 수 있다. 이러한 관련성은 서로 배척하지 않는다. 즉, 우리는 그 사람과 그의 역할을 동시에 볼 수도 있다. 그러나 어느 것이 우위를 차지하고 있는가에 따라 기대맥락의 근거, 설득력의 원천, 조합가능성 및 배척가능성, 파악된 기대의 수와 확정성 및 확정가능성과 유용한 대안이 달라진다.

개인의 **일체성**이 기대맥락의 보장으로서 기여하는 경우, 그 기대의 통합은 비교적 구체적이고 구상화될 수 있는 의미수준에서 정착한다. 기대는 구체적인 인간에게 체험과 행위로서 귀속될 수 있는 것과 관계를 맺는다. 이러한 기대는 당연히 다른 사람에게 이전될 수 있는 것이 아니다. 이 경우에 더욱 확정적이고 신빙성 있게 기대할 수 있기 위해서 우리는 그 사람을 개인적으로 알아야 한다. 이것은 공동적 상호행위, 즉 서로가 자기 자신을 표명하고 서로 사귈 수 있는 공동생활의 역사를 전제로 한다. 상호행위는 너무 비개인적이어서는 안 되고, 자기 표명을 할 기회를 제공해야 한다. 이것은 일상적인 접촉에서 결코 저절로 이해될 수 있는 것이 아니다.[109] 기대안정성은 근본적으로 자기 표명의 의무화 기제와 사회적 교류 안의 제재기능에 좌우된다.

이러한 개인적 규범동일화의 유형이 무엇보다도 친밀집단에 중요한 의미가 있다는 것은 명백하다. 이러한 집단은 개인적 규범동일화의 유형을 이용하여 그들의 특수성과 지역적 색깔을 규범화할 수 있다. 친밀집단 외부에서 이러한 동일화 유형은 일반적으로 기대할 수 없는 높은 성과물에 대한 규범화에 사용된다.[110] 상당한 기간 보통 이상의 성과를 올리는 사람, 스타하노프 방식[111]의 노동자, 재치 있는 연예인, 최고 단계에 있는 운동선수들과 같은 사람들은 그의 뛰어난 급부와 그 자신의 지위를 개별적으로 상승시켜 타인과 비교할 수 없게 하여 타인에게 구속되지 않는 방식으로 사적 규범화가 된다. 그 사람에게 상응하는 능력이 있음에도 그 능력을 실제로 발휘하지 못하면 혐오를 받게 된다. 즉 영웅을 기대할 수는 없지만, 일단 영웅이 되면 스스로 능력을 떨어뜨려 평범하게 되는 것은 허용되지 않거나 어려워진다.

이에 반해 역할에 의해 기대맥락을 동일화할 때에는 개개의 사적인 징

---

109) 현대적인 거대조직의 비개인적인 분위기에서 상호교류의 한계에 관해서는 Niklas Luhmann, *Funktionen und Folgen formaler Organisation*, Berlin, 1964, S.355 ff. 참조. 더 일반적인 것은 John E. Thibaut/Harold H. Kelley, *The Social Psychology of Groups*, New York/London, 1959, S.64 ff.; Theodore M. Newcomb, *The Acquaintance Process*, New York, 1961 참조.

110) 결론적으로 이러한 문제에 대한 법이론적 분석은 법과 도덕의 분리로 나아간다. 이에 관해서는 Join Feinberg, *Doing and Deserving: Essay in the Theory of Responsibility*, Princeton/N. J., 1970, S.3 ff. 참조.

111) 알렉세이 그리고르예비치 스타하노프(Aleksiej Grigorjewicz Stachanow, 1906~77)는 구소련에서 사회주의 노동영웅 칭호를 받은 광산노동자이다. 그는 1935년 일반적인 노동 기준량을 13배나 뛰어넘어 한 갱도에서 102톤의 석탄을 채굴하는 데 성공하였고, 그후 소련에서 이를 모범 삼아 증산기록갱신운동(스타하노프 운동)이 펼쳐졌는데, 이러한 그의 노동방식을 스타하노프 방식이라고 한다──옮긴이.

표가 사라질 수 있다. 역할은 개인이 그 기대를 수행할 수 있는 범위의 기대다발이다.[112] 그것은 한 인간이 수행할 수 있다는 것에 의해 그 범위가 한정되지만, 특정인에게 고정되어 있는 것이 아니라 교체하는 다양한 역할담당자에게 인수될 수 있다. 역할의 동일성에 따라 기대는 이 사람에서 저 사람으로 이동될 수 있다. 이 때문에 일정한 획득이 추상적으로 달성되지만, 다른 한편으로 기대위험이 고조된다. 사적으로 아는 사람의 동일성은 기대맥락의 보장으로서 부족하다. 즉, 이러한 보장은 다른 보장으로 보충되어야 한다는 것을 의미한다. 사적으로 서로 잘 아는 사이의 산촌거주자는 조난 시에 잘 아는 사이에 따라 도움을 기대한다. 이러한 기대는 역할에 의거하고 있다기보다는 오히려 기대하는 자들이 서로 여러 역할 속에서 늘 다시 만난다는 점에 의거하고 있다. 우리는 산악안내인을 잘 모르지만 그의 역할에 따라 그로부터 그러한 도움을 기대한다. 이 경우에 확실성은 역할의 제도화, 즉 제3자의 규범적 공동기대에서 나온다. 이러한 기대는 그 역할이 지향하는 것이지 개개의 사람에 지향된 것이 아니다. 그래서 산악안내인들의 조직과 단체가 존재한다. 우리가 산악안내인으로서 '어느 누구'를 신뢰하더라도 이들은 공동의 직업적 이익에서 선발과 감독의 일정한 기능을 수행하며, 그 기능을 발휘하게 되어 있다.

한 사람의 동일성과 마찬가지로 역할의 동일성도 여러 가지의 기대를

---

112) 역할개념에 대한 기대에 의한 이러한 정의에 이론이 없지 않다. 그러나 다른 정의는 생각하지 않는다. 이러한 정의를 회피하려는 자는 기대라는 전제조건 없이 행위를 동일화할 수 없으므로 기대를 슬쩍 포함시켜야 하고, 전형적으로 통제할 수 없게 된다. 이에 대한 대표적인 실례가 Heinrich Popitz, *Der Begriff der sozialen Rolle als Element der soziologischen Theorie*, Tübingen, 1967이다. 하인리히 포피츠는 행동기대로 파악하는 것을 거부하고, 역할을 순수한 행동빈도에 의해서 정의한다. 그러면서 행동의 정합성에 관하여 있을 수 없는 의문을 제기하고 있다.

결속하고 있다. 역할의 동일성은 학습적 보조도구와 해석적 보조도구로서 이바지하고, 기대가능성의 한계를 획정한다는 기본적 관념에 전형적으로 근거하고 있다. 대부분의 역할에서는 일정한 목적이 지배하고 있지만, 일정한 내면적 태도 또는 신조가 지배하고 있는 경우도 있다. 서열관계에 의해 정의되는 일부의 역할이 있는가 하면, 구성원자격에 의해 정의되는 역할도 있다. 이러한 역할유형은 각각 목적의 실질적 다양성 또는 실질적·구체적 태도의 사고, 서열적 지위, 구성원 자격의 체제에 따라 특화될 수 있다. 이러한 원칙은 필요에 따라 구성되며, 예컨대 산악안내인의 역할에서는 목적인자와 신조인자로 구성된다. 역할은 높은 추상화 정도에 의해 기대맥락의 특화와 분화의 기회를 제공한다. 그러나 이것은 결코 개인적 동일화와 같이 취급할 수 없다. 게다가 개인들은 사회적 역할분화의 결과로서 분명하게 개인화될 수 있기 때문에 더욱더 그러하다. 이러한 특화와 분화와 함께 사회는 기대를 안정화하고, 그 높은 위험을 극복할 새로운 기회, 즉 무연관성에 의한 안정성을 획득한다. 개인적 동일화에서 각 잘못된 행동은 도덕적으로 받아들여지고 기대맥락 전체를 훼손할 우려가 있지만, 역할에는 단지 약간의 위배가 일탈로서 중요할 뿐이고, 그 밖에 다른 기대위배는 간과하게 된다. 왜냐하면 다른 위배는 다른 역할 또는 그 개인에게만 귀속되기 때문이다. 산악안내인이 술을 마시는가, 그가 정규적으로 교회를 가는가, 그에게 귀책사유가 있는가, 지방의회의 선거를 거부했는가는 중요하지 않을 것이다.

우리가 기대맥락을 역할수행자의 일체성에 의존하지 않고, 제도화에 근거하여 그 적용이 보장되고 언어적으로 확정된 결정준칙에 그 근거를 두면 훨씬 높고 강력한 가변적인 추상화 정도를 얻을 수 있다. 개인 또는 역할에 대하여 다수의 결정준칙이 있을 수 있고, 하나의 결정준칙은 다수의 사람과 역할에 타당할 수 있다. 기대연결의 추상화 정도, 실행행위의 수 및 이들의 변수는 거의 마음대로 변할 수 있다. 문제가 될 수 있는 것은 한 대의 열차가 접근할 때 일정한 차단기를 내리는 것이나 철도망에 적정한 기차 시간표를 기획하고 매년 수정하는 것이다. 물론 개인이나 역할이 동일성을 상실하지 않으면서 준칙은 변경될 수도 있고, 반대로 구체적인 인간이 죽거나 일정한 역할을 가지고 있지 않더라도 준칙의 효력은 아무런 변동이 없다.

그 적용조건이 특화되어 있을 때 우리는 이러한 준칙을 프로그램(*Programme*, 기획표)이라고 명명하려 한다. 이것은 일정한 행위 또는 일정한 행위의 작용이 이 준칙으로 기대될 수 있다는 것을 말하고 있다. 프로그램은 결정보조수단과 기대보조수단을 제공하는 이중적 기능을 한다. 이것은 첫째, 기대되는 행위의 일정한 작용과 그 파생조건을 확정하는 목적프로그램(Zweckproramme)을, 둘째, '……이면/……이다'라는 도식(Wenn/Dann-Schema)에서 일정한 행위를 야기하는 일정한 원인을 확정하는 조건프로그램(Konditionalprogramme)을 수행한다. 아래에서 두 가지 프로그램의 차이를 더 자세히 논의해야 할 것이다. 여기서는 이들 프로그램으로 준칙의 제도적 시인이 행위의 시인으로 전환될 수 있다는 양자의 공통적인 것을 확인하는 것에 만족한다. 이 프로그램에 따르는 행위가 '옳은' 행위이다.

이러한 행위정당화는 기대의 맥락이 단지 추상적 범례화의 단계에서, 즉 그것이 가치(*Werte*)에 의해서만 동일화될 때에는 달성되지 않는다. 가치란 행위에 관한 선호성의 관점이다. 그렇지만 가치는 어떠한 행위가 다른 행위보다 선호되는지는 특정하지 않은 채 남겨둔다. 그러므로 가치는 기대의 형성과 상호행위를 위한 불특정한 지점을 제공할 수 있을 뿐이다. 프로그램의 영역과는 달리 가치영역은 허용된 행위와 관련된 매우 예측하기 어려운 복잡성을 가지고 있고, 합의가 이루어질 높은 가능성을 가지고 있으므로 변화하기 어려우며, 실제에는 모순으로 차 있다. 이 모든 것들은 가치가 프로그램과는 다른 기능을 수행한다는 표지이다. 예를 들어 위생(Hygiene)을 옹호한다면 중요한 가치를 주장하는 것이고 웃음거리가 되지 않으리라고 확신하고 있다. 어떠한 범위의 일과 행위가 이러한 관점에서 인정받을 수 있는지는 대강 정해지지만, 어떠한 행위가 위생을 촉진하는지, 규범적으로 기대되어야 하는지, 얼마나 많은 예산이 공공위생에 투입되어야 하는지, 다른 가치 이를테면 경제, 문화, 개인의 자유와 존엄과 같은 가치와 충돌하는 경우에도 공공위생을 우선시해야 되는지의 문제는 정해지지 않는다. 프로그램과는 달리 가치는 너무 추상적으로 정식화되기 때문에 여러 가치 사이의 관계가 한꺼번에 확정될 수 없다. 가치관점 자체만은 추상적이고 보편타당하게 제도화될 수 있지만, 가치 상호간의 관계는 그와 같이 제도화될 수 없다. 즉 '가치체계' 또는 '가치서열'이란 있을 수 없다. 그러므로 가치는 그 자체로서는 어떤 행위를 정당화할 수도 없고, 각 프로그램에서 무조건적으로 존중될 수도 없다. 가치의 긴급성은 그때그때 다른 가치의 공동 가치실현 실패 여부나 당해 가치의 성취 정도에 달려 있다. 그러므로 올바른 행위를 기대하고 결정하기 위해서는 보다 구체적으로 구조화된 프로그램이 필수적이다.

그러므로 인물, 역할, 프로그램 및 가치는 일반화의 여러 단계와 행동기대를 나타낸다. 여기서 행동기대는 내용적 동일화의 원리에 의해 연결되고 외부세계에서 확정될 수 있다. 복잡한 사회는 기대와 행동에 관한 더 많은 가능성을 구조적으로 허용하고 승인하기 위해서 더 추상적인 기대 전제를 증대할 필요가 있다는 사실로부터 우리는 출발할 수 있다. 원초적으로 인물지향적 규범에서 역할과 결부된 프로그램적 규범을 넘어 가치확정적(예컨대 이데올로적) 규범으로의 규범발전을 인정하는 것은 너무 단순하고 명백히 잘못된 것일 것이다. 오히려 사회의 복잡성이 증가할 때 모든 수준의 일반화가 더 강하게 요구되고, 그러므로 더 강하게 분화되어야 한다는 것은 그럴듯해 보인다. 법사회학은 이러한 분화를 위하여 어떠한 기능이 법에 부과되고, 이것이 법에 대하여 어떠한 파생적 문제를 일으키는가라는 문제에 답해야 한다.

다양한 의미수준은 전체로서 그리고 그 맥락의 원리에서 보아야 한다. 이들은 서로 전제되어 있고, 서로 조건지어져 있다. 그러므로 예컨대 가치의 제도화는 프로그램의 기획과 해석에 전제되어 있어야 한다. 그러나 역으로 의존관계도 존재하고 있다. 즉 가치는 프로그램이 있을 때에 제도화될 수 있다. 프로그램은 가치의 실현을 매개하고, 어떤 경우에 무시되었던 가치가 다른 경우에는 통용되는 것을 보장한다. 역할은 그것을 실행하는 인간을 전제로 한다는 것이 명백하다. 역할은 사회체계의 연속성에 의해 기대가능한 것을 요구하고, 특정인의 성격에만 맡겨놓을 수 없는 형태로 만든다. 역할은 특정인에게 다른 사람의 기대에 대한 인적 책임을 줄여준다. 반대로 역할은 개별적인 상급자·의사·선생 등이 그의 역할을 어떻게 파악하고, 이행하고 있는지를 기대하는 것을 배울 수 있도록 전제한다. 그 결과 우리는 인물의 교체 시 모든 기대는 아니더라도 적어도 일부의 기대를 변경해야 한다는 것을 역할을 통하여 알고 있고, 그러한 교체에 관한 결정을 위한 근거를 가지게 된다.

이 경우 다양한 의미수준의 구분이 서로 격리되는 것은 아니다. 즉, 다양한 의미수준을 구분한다는 것이 사실적으로 경험하는 우리의 기대를 이 수준 또는 저 수준에만 배타적으로 배치하였다는 것을 의미하지는 않는다. 구분의 기능은 상대적이고 독립적인 가변성을 설정한다는 데에 있다.

다양한 의미수준이 더욱 뚜렷하게 서로 구별되는 만큼 기대를 동일화하는 여러 가지 원리를 서로 나란히 결합하여 사용하고, 이를 서로 독립적으로 변경하는 것이 가능하게 된다. 우리는 가치를 공격하거나 바꿀 수 있다. 예컨대 역할구조 또는 인물의 동일성을 침해하지 않고도 민족성이라는 가치 또는 교육이라는 가치를 훼손할 수도 있고 끌어내릴 수도 있다. 바로 유지되고 있는 동일성은 기대확실성을 충분히 보장하고, 사회발전에 적응하면서 가치의 재평가를 위한 지지대를 부여하고 있다. 그러나 반대로 시대에 따른 차이(*diversita temporum*)는 현시대를 초월하는 이상의 실현을 위하여 다른 수단을 요구한다는 초기 중세시대 논쟁의 관점에서 우리는 불변의 가치라는 이름으로 변화하고 있는 현실에 맞추어 가는 프로그램과 역할을 재구성할 수도 있다. 사람은 그 역할을 바꿀 수 있고, 역할은 사람을 바꿀 수 있다. 이것에 의해 환계는 재학습과 주기적으로 반복되는 불확실성의 과부하를 부담하지 않게 된다.

모든 의미수준은 항상 기대형성에 관여하고 있다. 단순한 사회도 어떠한 가치에 대한 선호가 없거나 올바른 행위에 관한 프로그램이 없이는 성립하지 못한다. 단순한 사회에는 여러 수준의 동일화가 서로 강하게 결합하고 있기 때문에 하나의 변화는 전체를 위협하게 되고, 그래서 변화는 저항에 직면하게 된다. 예를 들면 종교, 친척질서, 오래된 신성한 법에 관한 한, 이들의 가치가 변할 때 역할수준이나 인적인 자기이해에 있어서 어떠한 대안이 없었다. 올바른 행위를 위한 프로그램, 즉 규범과 목적 등은 범죄자와 범죄행위를 구분하거나 범죄행위에 따른 결정프로그램의 결과로 형벌을 정하는 것이 어려워질 정도로 인물과 강하게 연결되어 있다. 비행(非行)은 사람 그 자체를 전부 훼손한다.[113] 입법에서는 법률의 의무부과력을 당시 개별 군주의 인적 의무부과가 아니라 그를 넘어 입법자의 (지속적인) 역할과 연계하려는 노력이 이미 중세 후

---

113) Geiger, a.a.O., S.156에 '눈에는 눈, 이에는 이'(Auge um Auge, Zahn um Zahn)라는 구약의 탈리오의 법칙(Gesetz der Talion)을 원시적인 형식주의로서가 아니라 진화적 성과로 보아야 한다는 중요한 시사를 하고 있는데, 이것은 정당하다. 여기에서 제재는 비행자의 개인에게 귀속되고, 그 경향에 따라 최대화한다. 그리고 이와 같은 제재가 하나의 결정프로그램에 들어와서 규율되고 있다. 이것은 의미수준의 초기적 분화에 대한 시사이다. 형식주의는 진화적으로 비현실적인 제도를 안정화하는 데에 있어 보조수단이다. 이러한 사고의 연원에 관해서는 Max Mühl, "Untersuchungen zur altorientalischen und althellenischen Gesetzgebung", *Kilo*, Beiheft NF 16, Leipzig, 1933, S.45 ff. 그 외 이 책 217쪽, 295쪽 이하 참조.

기에 준비된다.[114] 다른 한편 그것이 법률의 의무부과력을 안정되게 하지만, 그러한 결합에서는 순수한 개인적 인격, 근대적 의미에서 '양심' (Gewissen)[115]이 발달할 수 없는데, 하물며 제도화될 수 없다는 것은 말할 것도 없다. 당시 규범구성체는 더욱 구체적으로 인격화되었지만, 요즘보다 개인적이지 않다는 인상을 줄 수도 있다.

고대사회의 단순한 구조는 단순한 도덕관념에 반영된다. 근본적으로 원시사회나 고대고등문화(그리스·로마시대를 말한다──옮긴이)에서 근세까지는 단순한 이원주의로 충분했다. 이들 사회에서는 사실적 행위가 필요하고, 올바른 행위로 대치된다. 전자는 과오와 흠결을 가지고 있는 구체적인 인간이고, 후자는 누구든 지향해야 하는 진(眞)과 선(善)의 규범이다. 이런 간단한 대비가 도덕적 확신의 형태로 기대확실성을 보장한다. 규범적 기대가 변하지 않고 올바르다는 것은 사회적으로 지지된 확실성에 근거를 두고 있다. 위배는 잘못된 행위나 나쁜 행위를 한 행위자에게 귀속된다. 규범적 영역을 기능적으로 분화할 필요가 나타나지 않고, 나타난다고 하더라도 이해할 수 없는 상태에 있을 것이다.[116] 이러한 사고체계에서는 사회적 또는 기능적 의미를 일탈하는 행위가 불가능

---

114) Hermann Krause, "Dauer und Vergänglichkeit im mittelalterlichen Recht", *Zeitschrift der Savigny-Stiftung für Rechtsgeschichte*, Germ. Abt. 75, 1958, S.206~251 참조. 상세한 것은 아래 S.193 ff. 참조.

115) 오늘날 아직도 우리는 양심개념(Gewissensbegriff)을 상위규범에 대한 순수한 수용성으로부터 해체하고 개인화하려고 노력하고 있다. 이러한 노력은 이러한 전통의 계속적 영향을 증명해주고 있다. Heinz Scholler, *Das Gewissen als Gestalt der Freiheit*, Köln/Berlin/Bonn/München, 1962; Niklas Luhmann, "Die Gewissensfreiheit und das Gewissen", *Archiv des öffentlichen Rechts* 90, 1965, S.257~285 참조.

116) 모든 좋은 목적을 선으로 파악하는 것은 목적의 공통적 본질을 부각시키는 분류적 개념형성이다. 하지만 이것은 이 책에서 요구되는 프로그램과 가치의 구별을 혼동해서는 안 된다. 19세기에서야 비로소 커다란 각광을 받기 시작한 가치개념이 그때 윤리학에 결여되었다는 것은 우연한 일이 아니다.

하다. 당연히 법은 도덕의 편에 가까이 있다.

그러나 기능적 분화의 증대와 체험과정의 전제에 대한 추상성의 증대라는 결과로 사회의 복잡성이 증가하면 이러한 단순한 도식은 여러 가지의 이유로 부적절하게 된다. 규범에 반하는 행동을 가변적이라고 생각하는 것으로는 충분하지 않고, 규범 그 자체에 대한 변경을 요구하는 압력을 받게 된다. 더욱이 많은 행동가능성에 대한 경우의 수 때문에 기대의 확실성은 악(惡)에 반대되고, 구체적으로 확신할 수 있는 선(善)관념에 의해서 더 이상 보장될 수 없다. 사회의 발전은 다양한 의미형성의 수준이 강력히 분화되도록 하고, 이러한 분화는 기대구조를 전체적 차원에서 더욱 복잡하고 유연하게 만든다. 2차식(Zweier-Schema)은 기대맥락 산출의 각기 다른 수준으로서 인물, 역할, 프로그램 및 가치라는 4차식(Vierer-Schema)으로 대체되지 않을 수 없다. 이것은 현대사회의 진화 성과이며, 오늘날 이를 제도화하는 것에 여전히 많은 문제가 있다.

역할과 인물의 구별은 사실상 널리 익숙해져 있다. 이것은 우선 소외(Entfremdung)라는 관념이나 현대사회 생활방식의 비개인성과 익명성이라는 관념에서 인식되고, 그다음에 사회학에서 역할개념으로 정식화되었다.[117] 그러나 가치와 프로그램의 구별은 지금까지 비교적 주목을

---

117) 역할개념의 결정적인 이론적 작용으로서 개인과 사회 사이의 매개가 주의를 끌게 되었다는 것은 이러한 역사적인 문제상황을 설명하고 있다. Talcott Parsons, *The Social System*, Glencoe/Ill., 1951, S.25 f., 39 f.; Siegfried F. Nadel, *The Theory of Social Structure*, Glencoe/Ill., 1957, S.20; Ralf Darendorf, Homo *Sociologicus*, 7. Aufl., Köln/Opladen, 1968; Helmuth Plessner, "Soziale Rolle and menschliche Natur", in: *Festschrift Theodor Litt*, Düsseldorf, 1960, S.105~115; Friedrich H. Tenbruck, "Zur Deutchen Rezeption der Rollentheorie", *Kölner Zeitschrift für Soziologie und Sozialpsychologie* 13, 1961, S.1~40 참조. 그래서 역할개념은 최근 사회학의 이론적 자기 이해를 위하여 중요한 의미를 가지게 되었다. 그러나 이러한 의미는 역할개념의 내용적 범위 때문에 결코 시인될 수 없다.

받지 못하였다.[118] 프로그램과 달리 가치이론의 개념적 단초들은 가치의 제도화에 따라 얻어질 기능적인 특화를 위한 노력이라기보다 사회학 영역에서의 단념이라는 의미로 보일 정도로 상이하고, 지나치게 대립적이며, 상당한 파장을 미칠 수 있는 것으로 가득하였다. 어떠한 기제가 기대맥락을 동일화하는 4개의 수준을 분리하고 서로 독립시킬 수 있는지, 또 이러한 맥락에서 어떠한 의미가 법에 있는지에 대해 더 확실한 판단을 할 수 있게 하는 사전적인 연구가 거의 없다.

우리가 현대 산업사회의 현재 발전수준에서 볼 때 사회적 구조형성의 중심이 역할과 프로그램의 중간수준으로 옮겨가는 것 같다. 그러한 수준에서만 사회의 복잡성을 비로소 적절하게 기대구조에 반영할 수 있을 것이다. 이 시점에서 사람들은 너무 구체적으로 동일화되고, 반면에 가치는 너무 추상적으로 동일화될 것이다. 이러한 중간수준에서 사회가 달성할 수 있는 복잡성 정도가 특정된다. 수많은 다양한 역할을 고려할 때 사람들은 개별화되고 활력적으로 동원될 것이며, 개인은 특별한 비교우위 및 적성과 관련하여 교환가능하게 된다.

이와 같은 중간수준의 우위가 프로그램과 역할이 불변적으로 정해져야 하고, 가치 또는 인물보다 더 지속적으로 구조담당자가 되어야 한다

---

118) 체계의 구조적 형성수준을 구분하는 다양한 시도들이 늘 있었다. 여기에서는 '규범'과 '가치'가 철저하게 분리되었다. 예를 들면 Talcott Parsons, "Durkheim's Contribution to the Theory of Integration of Social Systems", in: Kurt H. Wolff(Hrsg.), *Emile Durkheim*, 1858~1917, Columbus/ Ohio, 1960, S.118~153(122 ff.)의 '통제의 위계질서'(hierarchy of control)라는 관념이 그러하다. Neil J. Smelser, *Theory of Collective Behavior*, New York, 1963, S.32 ff.; Daniel Katz/Robert L. Kahn, *The Social Psychology of Organizations*, New York/London/Sydney, 1966, S.37 f., 48 ff.; Leon Mayhew, *Law and Equal Opportunity: A Study of the Massachusetts Commission Against Discrimination*, Cambridge MA., 1968 등 참조. 파슨스의 규범개념은 이러한 맥락에서 다른 학자의 것보다 좁다. 즉 규범과는 다르게 만인에 타당한 것이 아닌 행위기대에 한정되어 있다.

는 것을 의미하는 것은 아니다. 이것은 단지 필요한 선택작용이 이에 의해 조종된다는 것을 의미할 뿐이다. 또한 프로그램과 역할은 역동화되며, '우위'에는 영속성의 관념이 포함되어 있지는 않지만 그 고유한 복잡성을 통해 스스로 변화의 욕구를 산출해낸다. 사회의 규범적이고 역할 부합적인 얼개를 변화시키는 원동력과 방향은 중세의 입법이 인법을 인간본성의 죄악성과 시대적 차이(*diversitas temporum*)를 고려해서 늘 다시 요청되는 신법 또는 자연법에 접근으로서 이해하여 정당화되었듯이 이제 그렇게 가치영역, 즉 '위에서' 얻어지지 않는다. 규범적·합역할적 구조의 역동성은 직접적으로 개개 인물의 필요성과 이익에서 나올 수 없고, 이러한 개인적 필요성과 이익은 그 다면성과 모순성에서 상호 지양되고, 변화과정을 유도하기 위한 정치적 역할로 집약되어야 한다. 오히려 역할과 프로그램에 의해 동일화된 행동기대 그 자체가 고도의 복잡성, 개방성, 의존성 및 모순성을 가지고 있기 때문에 그 역할과 프로그램은 부단한 변화의 필요성이 생긴다. 그 의존성이 높을수록 사회는 더욱 역동적으로 되고, 행동기대의 시간적 안정화, 항(抗)위배적 안정화, 사회적 안정화 및 제도적 안정화를 위한 새로운 해결을 찾는 것은 불가피하게 된다.

우리는 이와 같은 중심형성에 따라 법기제도 예전 사회보다 더 강하게 역할과 프로그램의 수준으로 이행되고 있는 것을 짐작할 수 있다. 법의 중심은 법적 결정프로그램에 의한 특별한 역할과 프로그램으로 이행되고 있다. 발전사적으로 볼 때 그 자체의 결정프로그램에 따라 작동하는 법적 역할 분화는 다양한 기대수준이 더 강하게 분리되기 위한 하나의 전제일 것이다. 그렇다고 이것이 인물과 가치가 법에 대하여 그 의미를 상실한다는 것을 의미하는 것은 결코 아니다. 이것은 오히려 법에 있어 동일화과 기대맥락의 가변성이 더 이상 인물의 단일성 또는 하나의 가치에 기한 근거에 고착되어 있지 않다는 것을 의미할 뿐이다. 구분은 고립화를 의미하는 것이 아니라 상대적인 불변성과 독립적인 가변성을 의미할 뿐이다.

6. 정합적 범례화로서 법

법의 사회학적 이론을 위한 예비적 고찰은 이것으로써 마무리되었다. 이와 같은 예비적 고찰에서 우리는 아주 복잡한 문제와 기제의 영역을 개관하였는데, 이제 이 영역에서도 법은 그 특수한 기능과 작용방식에 입각해서 자리매김되어야 한다. 왜냐하면 모든 규범과 제도 그리고 동일화원칙이 법적 성격을 가지고 있는 것은 분명 아니기 때문이다. 법에 대해서는 이미 언급된 상호행위영역과 관련하여 기능적이고 선택적으로 규정되어야 할 더 좁은 규준이 제시되어야 한다.

이러한 이해를 쉽게 하기 위해 우리는 지금까지의 결과를 다시 명제 형식으로 요약한다. 고도로 복잡하고 불확정한 세계에서 사회적 행동은 감축의 실행을 요구한다. 그러한 감축급부는 상호간의 행동기대를 가능하게 하고, 그러한 기대의 기대 위에서 조종된다. 시간적 차원에서 이러한 기대구조는 규범화로써 위배에 견딜 수 있을 정도로 안정될 수 있다. 이것은 사회적 복잡성이 증가할 때 인지적 (학습이 준비된) 기대와 규범적 기대의 분화 및 효과적인 위배처리에 대한 기제의 이용가능성을 전제로 한다. 사회적 차원에서 이러한 기대구조는 제도화될 수 있고, 제3자의 기대된 합의에 의해 지지될 수 있다. 이것은 사회적 복잡성의 증가라는 조건 아래 더 강력한 의제적 합의를 상정하는 것과 특별한 역할의 제도화를 제도화하는 것을 전제로 한다. 사항(내용)적 차원에서 이러한 기대구조는 동일한 의미를 통해 외부적으로 고정되고, 상호간의 확인과 한계의 맥락 속으로 들어오게 된다. 이것은 사회적 복잡성이 증대로 인한 다양한 추상화 수준의 분화를 전제로 한다. 이들 세 가지 차원의 필요조건에 대한 총괄적인 개념을 갖기 위해 우리는 다음에서 행동기대의 범례화, 즉 시간적·사회적·사항(내용)적 범례화를 개별적으로 언급하려고 한다.

이와 같이 하나의 개념으로 종합하는 것이 개별차원의 문제상황에 뚜렷한 유사성이 있기 때문에 인정된다. 공통적인 것은 범례화에 따라 각 차원에 특유한 불연속성이 연결되고, 각 차원의 특유한 위해가 배제된다는 점에 있다. 그러므로 기대의 규범화는 가끔 기대위배가 있더라도 지속성을 부여한다. 개별적인 동의가 없음에도 제도화를 통해 일반적 합의가 상정된다. 기대의 내용적 다양성에도 동일화를 통해서 의미일체성과 맥락이 보장된다. 그래서 범례화는 기대를 다른 가능성에 대해 상징적으로 면역시켜 주며, 이 기능은 무해한 무관성을 가능하게 하여 필요한 감축 절차를 지지한다.[119]

더욱이 개념의 일체성과 급부의 유사성 때문에 개별차원에서 범례화는 매우 다른 요구를 하고 있다는 것을 놓쳐서는 안 된다. 우리가 앞에서 분석했던 시간적 범례화, 사회적 범례화 및 내용적 범례화의 각 기제는 매우 이질적인 것이다. 그러므로 우리는 범례화가 처음부터 획일적으로 진행된다고 가정할 수 없고, 소재연(Sein)의 자연적 진리에 따라 같은 기

---

119) 이와 같이 기대의 범례화와 기능적으로 의미충만한 무연관성(funktional sinnvoller Indifferenz)을 결합하는 것은 행태주의적 학습이론(behavioristische Lerntheorie) 초석의 하나이다. 이에 대한 개관을 위해는 Franz J. Stendenbach, *Soziale Interaction und Lernprozesse*, Köln/Berlin, 1963, S.90 ff.; Klaus Eyferth, "Lernen als Anpassung des Organismus durch bedingte Reaktion"; dems., "Das Lernen von Haltung, Bedürfnissen und sozialen Verhaltensweisen", in: *Handbuch der Psychologie*, Bd. 1, Göttingen, 1964, S.76~117(103 ff.), 347~370(257 ff.) 참조. 이러한 견해는 당연히 파슨스로부터 사회학에 수용되어 규범과 가치영역으로 전환되었다. Talcott Parsons, *The Social System*. Glencoe/Ill., 1951, S.11. 209 ff., 240, 422(여기에서 명시적으로 규범을 제재기대의 범례화(Generalisierung von Sanktionserwartung)라고 표시하고 있다); 그 밖에 Talcott Parsons/Robert F. Bales/Edward A. Shils, *Working Papers in the Theory of Action*, Glancoe/Ill., 1953, S.41 f., 81참조.

대를 범례화하도록 설정된다고 가정할 수도 없다. 자연법의 관념과 일치하는 것처럼 보일 경우 법의 발전은 불가능할 것이다. 그러한 가정은 진화적 사실에 반하는 것이다. 실제로 이러한 기제의 기능양식에는 상당한 정도의 편차가 존재한다. 이러한 기제는 다양하고 불일치한 기대들을 범례화할 수 있다. 이것은 서로 방해하고 저지할 수도 있다. 그와 같은 부정합성은 각 사회의 구조문제를 만들고, 이러한 문제를 고려하면서 법은 그의 사회적 기능을 한다.

시간적-규범적 범례화와 제도화의 관계에서 특히 원시사회에서는 사회에 따라 분명한 차이를 보이고 있다. 자신의 권리를 주장하고 그것을 결투로 관철하는 것이 의무로서 제도화되어 있는지, 제도화된 경우에는 그 범위가 어떠한지, 반대로 이것이 제도적으로 금지되어 있는지, 그 금지의 범위가 어떠한지 등에 대해서는 사회마다 다양하게 답할 수 있다. 한편으로는 권리의식이 있고 명예를 애호하고 싸움을 좋아하는 민족이 있는가 하면, 다른 한편으로는 평화적인 협조와 양보를 최고의 미덕으로 보는 민족도 있다. 인류학자들은 뚜렷한 차이에 대한 설명을 시도하지도 않고 "어떤 민족은 소송을 좋아하고, 다른 어떤 민족은 소송을 좋아하지 않는다"라고 기술하고 있다.[120] 더 복잡한 사회에서 이러한 차이는 사라지거나 개인의 기질적 문제로서 치부하여 방치되고 있다. 그 대신 이러한 시간적 범례화와 사회적 범례화의 편차는 다른 형태, 즉 사회내재적인 형태를 취하고 있다. 즉 모든 사회에는 제도화될 수 있는 것보다 더 많은 규범적 기대가 있다. 우리는 규범의 과잉산출에 관하여 언급하였다. 이것은 개인이 자유로이 상상한 사적 규범에만 해당하는 것이 아니다. 보편적으로 확산되어 있어 강력하게 느껴지지만 제도화될 수 없는 규범적

---

120) Robert Redfield, "Primitive Law", in: Paul Bohannan(Hrsg.), *Law and Warfare, Studies in the Anthropology of Conflict*, New York, 1967, S.3~24(22) 참조.

기대도 있다. 그래서 각자는 그들의 상호작용에서 나타난 기대자에 관한 의견을 그대로 유지하고 지지하기를 기대한다. 달리 말하면 누구든 자신의 부재중에 상대방으로부터 멸시당하지 않기를 기대한다. 이 규범은 중요한 의의가 있다. 왜냐하면 각자는 다른 사람의 눈에 의해 구성되고, 다른 사람의 기대에 대한 계속적인 기대가능성은 이와 같은 규범이 유지되는 것에 좌우되기 때문이다. 동시에 규범은 기대할 수 있을 뿐 제도화되지는 않는다. 누구나 제3자가 부재중임에도 그에 관한 진술에 참가하고, 누구나 설령 자혜로운 신이 많은 재앙을 막고 있다고 하더라도 그러한 일이 그 자신에게 일어날 수 있다는 것을 알고 있다. 규범화와 제도화의 괴리는 해소될 수 있는 것이 아니라 고작 사람들에게 동일성을 가지고 있는 것처럼 그릇 인식하면서 돌아다니는 것을 허용함으로서 유화(宥和)될 뿐이다. 그 경우에 거기에 있지 않았던 사람이 예기치 않게 나중에 나타나는 것과 같은 상황은 피해야 한다.[121] 이러한 회피는 규범 대신에 제도화되어야 한다. 이러한 실례에서 정합성의 결여가 개별적인 관점에서 해결할 수 없는 문제는 아니지만 그것이 하나의 문제인 것은 틀림없다.

그 밖에 법규범이 공식적으로 공포되어 있는 규범영역에서도 위와 같은 문제에 해당하는 실례를 찾을 수 있다. 법관이 그 규범을 승인하지 않거나 일상생활에서 정상적인 기대가 그 규범의 준수를 거부하고 있다면,[122] 공식적인 법규범일지라도 그것이 제도화될 수 없는 경우가 자주

---

121) 이에 관해서는 Eugene A. Weinstein/Mary Glenn Wiley/William D. Vaughn, "Role and Interpersonal Style as Components of Social Interaction", *Social Forces* 45, 1966, S.210~216의 실험 참조.

122) 이러한 의미에서 관찰(Beobachtung)은 법을 근대화하려는 이른바 개발도상국에 많다. 하지만 이들 나라에서는 현대적인 것으로서 법이 여러 가지로 단지 규범화되었지만 제도화되지 않고 있다. 예컨대 Morroe Berger, *Bureaucracy and Society in Modern Egypt. A Study of the Higher Civil Service*, Princeton, N.

있다. 우리가 어떤 규정을 엄격히 준수하였을 때 예컨대 고속도로의 보수작업을 하는 곳에서 규범화된 시속 60킬로미터로 주행하였을 때 자신이 조소의 대상이 되거나 실은 제3자의 묵시적인 기대에 반할 수도 있다. 물론 자신이 의심할 여지 없이 옳지만 그럼에도 비난을 받는다고 느끼는 경우도 생길 수 있다. 처에게 배신을 당한 남편의 경우가 좋은 예이다. 결국에는 규범화와 규범표시를 위해서 적절하고 효과적인 위배대응 수단이 많이 있지만, 이를테면 물리적인 싸움과 같은 것은 제도적으로 지지받을 수 없다.

제도화과정의 특수성에서 출발한다면 그 반대의 시각에서는 다른 차이점을 인정할 수 있다. 제도화과정은 규범적인 기대뿐만 아니라 인지적 기대에도 해당하고, 양자의 기대 양식 사이에서 그 자체로 분화되지 않는다. 이것은 규범적 준칙으로 되지 못한 기대에도 마찬가지다. 예컨대 대화 시에 두 사람 사이의 합리적인 간격에 대한 기대가 그러하다. 그리고 제도화과정이 불명료하게 그대로 방치된 경우도 종종 있다. 이를테면 기대위배에 대한 처리를 담당하는지, 그렇다고 한다면 얼마나 담당하는지도 불분명하다. 이는 기대위배에 대한 반응의 문제를 개방적이고 가변적으로 두면서 제도화된 기대질서를 확고하게 충족시켜주는 원시사회의 특징으로서, 제도화의 원초적 기제가 지배하고 항(抗)기대위배적인 규범화의 기제는 아직 충분하게 발달하지 못하였기 때문일 것이다.

내용적 범례화, 시간적 범례화 및 사회적 범례화의 관계도 다르지 않다. 동일화된 의미형성과 내용적 무차별성의 필요성이 결코 규범적 안

J., 1957, 특히 S.114 ff.; C. Lloyd Mecham, "Latin American Constitutions, Nominal and Real", *Journal of Politics* 21, 1959, S.258~275; Fred W. Riggs, *The Ecology of Public Administration*, London, 1961, S.98 ff.; Gregory J. Massell, "Law as an Instrument of Revolutionary Change in Traditional Milieu. The Case of Soviet Central Asia", *Law and Society* 2, 1968, S.179~228 참조. 더 자세한 것은 이 책 451쪽 이하 참조.

정화 및 제도화의 필요성과 일치하는 것은 아니다. 무엇보다 주의해야 하는 것은 가치와 프로그램을 단순한 원망가치의 형태로 두는 것, 즉 가치와 프로그램이 내용적으로는 동일하지만 기대위배를 당하더라도 고수해야 할 기대로서 규범화하지 않는 것에 이익이 있을 수 있다는 점이다.[123] 이는 예컨대 미정의 원망을 정식화하고, 그것을 실현할 수 있는 자유를 강조하며, 좋은 성취(예컨대 평점)를 인정해 주는 것을 제도화하고, 법적 요구와 제재의 기제를 발동하지 않으면서도 실적에 대한 평가방법을 분배과정의 기초로 사용할 가능성을 부여한다.

그 외에 개개의 동일화원리가 규범화와 제도화에 부합하는 정도는 매우 다르다. 예컨대 추상적으로 개념화된 가치는 상당히 잘 제도화될 수 있지만, 내용적으로 충분히 배제되지 않으므로 교시적 규범형성과 내용적 행동지시를 할 수 없다. 합의 형성의 장점, 여러 상황에 타당한 지배적인 규범성, 너무 불확정적으로 정식화되어야 하는 의미원리 속에서 내용적인 질서가치가 크게 희생되는 경우가 매우 잦고, 반대로 의미원리를 구체화하려는 시도는 모두 합의의 기반과 규범화 요청의 범위를 위태롭게 한다. 기대를 조합하는 실질적인 능력이 당연히 합의를 이끌어 내는 것이 아니다. 왜냐하면 그것은 모순을 직면하는 선택작용과 항상 결부되어 있기 때문이다.[124]

---

123) 자주 볼 수 있듯이 이는 가치 또는 평가의 개념에서 규범개념을 정의하거나 소당연(Sollen)을 도출하는 것을 반대한다. 그 실례로는 Jack P. Gibbs, "Norms, The Problem of Definition and Classification", *The American Journal Sociology* 70, 1965, S.586~594(589) 참조.

124) Leon Mayhew, a.a.O.는 이와 같은 문제를 인종적 평등의 요청을 실례로 하여 연구하였다. 여기에서 그는 그러한 요청이 가치로서 제도화될 수 있을 뿐이지 프로그램으로서 완전히 제도화될 수 없다는 결론을 내리고 있다. 이러한 맥락에서 일의적인 내용의 조합과 간주관적인 전달가능성을 위한 준칙을 동시 발견한다는 것, 즉 세계체험의 내용차원과 사회차원 간의 정합성을 보장하는 논리의 기능이 인식된다. 바로 여기에서 법과 논리가 가지고 있는 기능적 친근성

가치의 제도화와 반대로 인물의 제도화는 거의 효용이 없다. 행동기대의 개인적 통합은 전혀 제도로 승화될 수 없다. 물론 여기에도 제도화의 단초는 있다. 예컨대 몇몇 인디언부족에서는 추장의 역할이 규정되어 있지 않기 때문에 어떤 자가 인물로서 그리고 지도자로서 두각을 나타내고 일정기간 존경을 받아 추장이 된다고 할 때 그렇다. 동시에 이러한 실례는 사회적 안정성이 이러한 방식으로는 얼마나 달성되기가 어려운지를 보여준다. 한 사람을 모범으로서 제도화된 인물, 즉 전설적인 영웅 또는 악한으로 고양시키는 것은 이러한 통합의 한계를 넓히려고 하는 매우 재미있는 시도이다. 이를 위해서는 당해 인물을 이례적인 사람으로 과도하게 승격시키는 것이 필수적인데, 이는 모범적인 개인에 대한 과도한 승격이 일상생활을 위한 규제자로서 큰 중요성을 가지지 못한다는 것을 의미한다. 행동기대의 사회적 범례화와 내용적 범례화의 정합성도 당연히 전제되어 어떠한 방식으로든 달성될 수 있는 것이 아니므로 다소간 문제가 있지만 시간구속적인 해결방안을 모색할 것이다. 시간적 차원과 내용적 차원의 관계에서 규범화 이익은 규범위반과 제재의 관계를 확정하려 한다는 것에 주목해야 한다. 그렇지만 이러한 규범위반과 제재의 관계는 당초에 내용적으로 불명확할 수 있다. 예컨대 모욕과 금전적 배상이 내용적으로 어떠한 관계에 있는가? 살인과 징역이 내용적으로 어떠한 관계에 있는가? 이러한 관계를 제도화하는 것에 대한 어려움은 이러한 관계를 실질적으로 확신할 수 없다는 데 있다. '눈에는 눈 이에는 이'(Auge um Auge, Zahn um Zahn)라는 탈리오의 원칙(Prinzip der Talion)은 바로 이러한 문제에 대한 세련된 해결방법이다. 뒤르켐은 사회적 발전과 함께 억압적 제재가 보상적 제재로 전환되었다고 주장하

<hr>

의 근거를 볼 수 있다.

였는데,[125] 이는 실질적으로 더 나은 기대위배처리의 출발점에 관한 연구로 보아야 한다.

이와 같은 실례들은 일반화 기제의 자연적인 비정합성을 설명하지만 이것은 또한 의미있는 조합의 가능성이 성공적인 진화의 형태로 발견되고 발전될 수 있다는 것을 보여준다. 원칙적으로 이러한 조합가능성은 각 차원에서 그때그때 하나의 문제해결방법일 뿐만 아니라 다수의 기능적으로 등가적인 문제해결방법을 이용할 수 있다는 것에 근거하고 있다. 시간적 차원에서 위배설명과 위배처리에 관한 상당한 가능성의 목록이 있고, 누가 어떠한 기대를 기대하는가에 따라 제도화 과정에 수많은 변수가 있으며, 실질적인 의미형성은 세계 그대로의 엄격한 논리에 구속되지 않으면서 요구사항에 맞추어 추상화 정도뿐만 아니라 내용으로도 적응될 수 있다. 가능성의 과잉공급은 기대구조가 수반하고 있는 위험의 상호결합관계로서 이해되어야 한다. 그때그때의 다양한 체험가공형태와 행위형태가 위험에 대처할 준비를 하고 있기 때문에 위험은 완화된다. 그러나 여기에 주어져 있는 선택가능성이 임의적으로 행사될 수는 없다. 이러한 선택가능성은 일정한 호환성의 요청에 의해 이미 사전에 한정되어 있다. 개별 차원의 기제들은 서로 연계하여 선택적으로 작용한다. 이 기제는 무엇이 그때그때의 다른 것을 위해 가능한 지를 제한한다. 필수적인 연동(連動)은 각 기제 상호 간의 호환성을 보장하는 한 조(組)의 구조적인 변경제한구역을 형성한다.[126] 이것은 일탈적 기대와 행위

---

125) 이 책 95쪽 이하 참조.

126) 이러한 의미에서 최근 체계이론에서는 '구조적 제약'(structural constraint)이라는 말을 하고 있다. 이것은 일정한 가능성의 영역에서 구조의 선택을 의미한다. 또는 이것은 어떠한 체계의 가능성을 구조적으로 제약하는 것이라고도 정식화할 수 있다. Walter Buckley, *Sociology and Modern Systems Theory*, Englewood Cliffs, 1967, S.82 f.; Talcott Parsons, *The Social System*, a.a.O., S.177 ff.; 민속학에서 나온 이러한 사유에 관해서는 Alexander A. Goldenweiser, "The

뿐만 아니라 일탈적 규범기획, 일탈적 제도화, 기대맥락의 일탈적 일반화를 효과적으로 배제하지 못한다. 그러나 이것은 시간적·사회적·사항적으로 범례화되어 있기 때문에 특별한 우위와 확실성을 부여해주는 행동기대를 선택하는 폭을 좁혀준다. 이러한 의미에서 우리는 정합적으로 범례화된 규범적 행동기대를 사회체계의 법이라고 명명하려 한다. 법은 선택적 정합성을 제공하고 이에 따라 사회체계의 구조를 형성한다.

법을 기능적·선택적으로 이해하면[127] 법이 소재연과 유사하게, 즉 이미 주어져 있는 '소당연'(Sollen)의 원초적 성질에 의하지 않고, 일정한 사실적인 기제 예컨대 '국가적 제재'(staatliche Sanktion)에 의하지 않고도 정의할 수 있다. 이러한 통상적인 정의의 징표들은 배제하거나 중요하지 않다는 평가를 하는 것이 아니라 이것을 법의 본질에서 규정하는 징표들로 해석할 수 없다는 것이다. 법은 우선 강제질서가 아니라 기대경감(Erwartungserleichterung)이다. 경감이란 정합적으로 범례화되어 있는 기대선로(期待線路)의 이용, 즉 다른 가능성에 대한 고도로 무해한 무차별성(hochgradig unschädlicher Indifferenz)에 있다. 이와 같은 무관성이 반(反)사실적 기대의 위험을 상당히 감소시킨다. 법의 구성

Principle of Limited Possibilities in the Development of Culture", *Journal of American Folk-Lore* 26, 1913, S.259~290; 원론적으로는 George J. McCall/J. L. Simmons, *Identities and Interaction*, New York, 1966, S.14 ff. 참조. 이러한 관념은 라이프니츠(Gottfried Wilhelm Leibniz)의 예정조화(Kompossiblität) 개념을 상기시킨다. 그러나 예정조화라는 개념은 세계에 있는 체계를 위해서가 아니라 세계 그 자체를 위해서 고안되었다.

127) 결과적으로 회벨(E. Adamson Hoebel, *The Law of Primitive Man. A Study in Comparative Legal Dynamics*, Cambridge MA., 1954 참조)과 유사하다. 회벨은 그의 비교법인류학의 이론적 단초에서도 마찬가지로 기능과 선택성을 강조하고 있다. 즉 "법의 주기능은 법체계가 설정된 문화의 기본적 요청과 일치하는 법적 지지를 위한 규범을 선택하는 것이다"(S.16, 고딕체는 루만이 강조한 부분임). 결국 이것은 더욱 추상적으로 전개된 의미적 체험의 세 가지 차원에 대한 시사를 하고 있다.

적 강제상황은 기대의 선택을 위한 강제이며, 이러한 강제 그 자체가 일정한 행동의 기대를 자극할 수 있는 경우는 거의 없고, 중요한 경우라도 이는 마찬가지이다. 법을 모양짓는 안정성의 필요는 우선 법 그 자체에 대한 기대, 특히 기대의 기대의 안정성과 관련되고, 그 다음으로 그것이 기대된 행동으로써 기대를 달성하는 것에 대한 안정성과 관련된다. 차원 특유의 범례화 및 기대의 기대에 대한 반사적 수준의 정합성에 대한 더 높은 형태가 발전할 수 있는 사회체제의 법을 통하여 기대정합성에 대한 안정성을 확보하는 것은 부차적인 문제이다. 이 점에서 사회의 진화를 위한 불가결한 기초 중의 하나이다.

그러므로 법의 기능은 세 가지 차원 모두에서 범례화될 수 있는 선택작용, 즉 행동기대의 선택(選擇)이고, 이러한 선택은 시간적·사회적·내용적 범례화의 일정한 기제에 대한 호환성에 근거하고 있다. 더 적정하고 더 호환적인 범례화형태의 선택이 법의 진화적 변수이다. 어떻게 역사발전과정에서 법이 전체사회체계의 변화에 반응하는지가 이러한 변수의 변동에서 나타난다.

규범적 기대의 시간적 항상성을 보장하는 위배처리의 가능한 행동전략 중에서, 예컨대 부지(不知), 남의 불행에 대한 쾌감(Schadenfreude: 害惡快), 고뇌의 현시, 제3자에 대한 불만표시, 추문퍼뜨리기와 같은 것들은 제도화할 수 없는 것으로서 배제된다.[128] 더욱 발전된 사회에서 어떠한 규범이 법규범이라는 것은 제재, 즉 실효적인 기대 관철에 의한 위

---

128) 단순사회에서 이러한 동기의 본질적 공동작용(Zusammenwirken)에 관한 좋은 증거는 Leopold Pospisil, "Kapauku Papuans and Their Law", *Yale University Publications in Anthropology* 54, 1958, 재인쇄된 o.O., 1964, S.144 ff. 중에 채록한 사례들에서 볼 수 있다(그렇지만 포스피실 자신은 이들 사례를 제재라는 징표에 의해 정의된 하나의 법개념에 입각해서 검증하고, 그래서 법이 그 반 이상의 사례에서 관철되지 않았다는 결론에 도달하였다).

배처리의 추가적 규범화에서 나타날 수 있을 뿐이다.[129] 왜냐하면 기대를 관철하려는 의도와 시도에 의해서만 어떤 제3자의 가정된 합의가 설득력 있게 명시될 수 있기 때문이다. 그렇게 되면 규범 자체의 효력이 충분한 제재근거가 된다. 다른 형태의 위배처리와 비교하면 제재는 효과가 없는 경우에도 반복되고 강화될 수 있다는 중요한 장점을 가지고 있다. 이에 상응해 제재의 단점은 일단의 제재조치가 위배처리의 다른 전략으로의 이행을 실질적으로 배제한다는 것이다. 제재는 반(反)사실적 안정화에 관한 순수한 시간상 이익을 가장 잘 나타내고 있다. 게다가 제재는 실질적 규율과 제도화를 위한 최선의 단초점을 제공한다.[130] 분화가 더욱 강력하게 진행된 사회에서 단순히 타인의 불행을 기뻐하는 것(예컨대 초자연적 제재를 기다리는 것), 자신의 고통에 대한 나눔에서나 악성 소문에서 제3자와 뜻을 같이한다는 것은 상상할 수 없다. 범법자 대한 제재가 규범유지를 위한 명시적인 수단으로서 제도적으로 우위를 차지하게 된다. 시간적 차원에서 정합적인 범례화에 대한 이익은 제재에 의한 위배처리에 대한 선호를 의미한다(이러한 한도에서 제재태세에 의한 법을 정의하는 것은 정당하지만, 이것이 반길 만한 것은 아니다).

물론 사회적 차원에서 제도화의 모든 가능성이 법형태로 될 수 있는 것은 아니다. 이들은 정합성의 관점에서 선별된다. 지속가능한 의미판단에 관한 시간적·사항적 이익은 극히 단순한 관계에서만 현장참석자들

---

129) 범법자에 대하여 법적 견지에서의 모든 공개적인 주장과 강제를 제도적으로 지양하는 (그리고 그 대신 가해자 및 이질분자(Außenseiter)에 대한 비밀스런 보복, 주술행사에 의존하는) 사회는 상당히 원시적인 단계의 문명에서 볼 수 있다. Gillin, a.a.O.; Dole, a.a.O.(각주 63 참조)가 연구한 카리브제도의 부족들 참조. 이 책 287쪽 참조.

130) 주목할 만한 것은 최근 연구가 제재개념의 구체화를 위하여 제도화는 필요불가결한 것으로 보고 있다. Karl F. Schumann, *Zeichen der Unfreiheit, Zur Theorie und Messung sozialer Sanktionen*, Freiburg i.Br., 1968 참조.

의 의견으로 충분할 수 있다. 분화된 사회에서는 현장참석자가 모든 사람을 대표하는 것은 아니다. 현장참석자가 그때그때 내용상 올바른 것의 복잡한 구조를 알 수 있는 것도 아니다. 제도적으로 구속력이 있다는 표현과 항(抗)위배적이고 의미적으로 분화된 기대형성의 요청을 합치시킬 수 있는 것은 집단적이고 구속력이 있도록 제도화된 결정을 내리는 특별한 절차를 세분화하는 것뿐이다. 제도화는 첫째로 제도화하는 절차와 관계하고, 이를 통해 비로소 규범 자체와 관계한다. 더 나아가 신고할 수 있고 설명하기에 적합하며 정치적·조직적인 파생문제를 떠안고 있는 제도화의 특별한 방법이 선택되어야 한다.

내용적 차원에는 기대맥락의 동일화원리로서 인물, 역할, 프로그램 및 가치 상호간에 강한 분열이 사회발전의 과정에서 생긴다. 그러나 이 모든 것이 법적 원리가 되는 것은 아니다. 여기에서도 정합적 범례화를 위한 필요가 선별된다. 제도화가능성이라는 관점에서 인물은 순수하게 개인적인 기대조합으로서 파악되는 정도를 넘어서는 배제된다. 왜냐하면 극히 개인적인 기대다발은 누구에게나 수용될 수 있다고 상정할 수 없기 때문이다. 선호의 관점으로서 추출된 가치는 잘 제도화될 수 있지만 (일반적 견해와 달리) 규범화는 잘 되지 않는다. 왜냐하면 이러한 가치는 프로그램의 확정에서 계속적으로 포기되고 철회되어야 하고, 항(抗)위배적인 기대기초를 제시하지 않기 때문이다. 그러므로 법은 역할과 프로그램 수준에서 그 자체를 확고히 하는 것을 더 선호한다. 왜냐하면 그 수준에서 최고의 복잡성과 동시에 가장 설득력 있는 기대정합성이 달성될 수 있기 때문이다. 법발전과정에서 이러한 경향은 (위배처리의 방법으로서) 제재와 (제도화의 방법으로서) 절차의 선별이 각기 다른 차원에서 역할을 하고 있다는 점에 따라 지지되고 수렴된다. 절차적으로 적절한 방법 안에서 순수한 가치나 개별 사람은 계속적 제재 부과에 의한 일관된 기대를 위한 준칙으로서 다루어질 수 없다. 또한 역할도 이러한 요청에서 너무 구체적이고 지나치게 다면적이다. 예컨대 우리가 아버지·이발사·손님 등으로서 가지고 있는 모든 기대가 소송절차의 대상이 되어서 판결 대상이 되는 것은 아니다. 이것은 법관으로서 가지고 있는 모든 기대의 경우에도 마찬가지이다. 이러한 요청에서 법은 **결정프로그램의 구성체로 환원된다.**

아래에 첨부한 표는 이러한 분석 결과에 관한 개관이다. 이 표는 세로축에서 차원의 일반화가능성을, 가로축에서는 다른 차원의 범례화가능성과의 호환성의 관점을 나타낸다. 정합성의 관점에서 그때그때 적절한 기제에는 밑줄을 그었다.

		범례화가능성		
		시간적	사회적	내용적
선택적 호환성	시간적		관람자 절차	가치 프로그램 역할 인물
	사회적	무지 고통 해악쾌(害惡快) 제재		가치 프로그램 역할 인물
	내용적	무지 고통 해악쾌 제재	관람자 절차	

이러한 제재-절차-프로그램이라는 기제의 결합을 통해 법에 관한 통상적인 정의 징표는 분명하게 된다. 법형성의 원초적인 과정으로 소급해 보면 이러한 징표는 법개념의 단순한 명목적 정의에 의해 도입되는 것이 아니라 그 징표의 선택이 사회학적으로 추론된다는 것을 보여준다. 즉 법은 순수한 관습이 아니라 우리가 개념적 요소로 강조한다면 문제

가 될 수 있는 사실에 근거하고 있다는 것을 보여준다. 다른 한편으로 이러한 특별한 징표를 가지고 있는 법은 사회구조에 종속되어 특별한 법적 기대의 세분화 과정에서 탄생한 진화적 성과이다. 정합적 범례화의 기능에서 보면 법은 모든 사회에 존재한다. 그러나 사회발전의 과정에서, 즉 사회의 복잡성이 증가하고 그 결과로 정합적으로 범례화된 규범적 기대에 대한 필요가 더 첨예화됨에 따라 법의 구조적 완전분화 정도는 변동한다. 명령과 금지, 본성적 경향의 억압, 외적 강제의 관점을 벗어나서 법만 가지고는 이해할 수 없다. 이렇게 하면 자유로이 사용가능한 법규범과 보조적 방향설정수단의 폭넓은 영역을 이해할 수 없을 것이다. 법은 우선 복잡하고 다전제적인 행위를 가능하게 하는 데에 기여하고, 그러한 행위의 불명확한 전제를 정합적으로 범례화하여 이것을 수행한다.

제3장에서 우리는 다양한 전체 사회의 발전단계에서 이러한 정합성 문제의 가능한 해결에 관한 세부사항을 상론할 것이다. 우선 법의 기능이 호환적인 구조의 선택을 통해 실행될 수 있다는 것과 그 실행방법을 확정한다. 그 다음에 기능과 진화적으로 가변적인 구조적 특징이라는 관점에서 법이 각 사회의 발전단계에서 다른 기능적으로 등가적인 급부에 의해서, 예를 들면 언어나 진리나 논리로 대체될 수 있는가와 그 범위를 검토한다. 하나의 기능적 정의는 늘 그렇듯이 여기에서도 비교적 넓게 규정되어야 하고, 특정사회에서 그 기능을 이행하고 있는 구체적인 구조 및 과정과 관련하여 특화되지 않아야 한다. 그러므로 이러한 법개념의 범위를 명확하게 하는 것이 더 중요한 것이다. 법개념은 **행동기대**와 관계하고 있는 것이고, 순수미학적 관점과 관계하고 있는 것이 아니지만, 방법은 다르더라도 호환성의 관점에서 선택하는 것에 좌우되는 것은 마찬가지이다. 그리고 법개념은 다른 사람의 행동기대와 관계하고 있는 것이지, 자기 행위의 합리성, 합목적성 또는 경제성과 관계하고 있는

것이 아니고, 방법은 다르더라도 정합적으로 일반화될 수 있는 것은 마찬가지이다.[131] 결국 법개념은 다소 세분화된 규범적 기대에만 관계하는 것이지, 과학적 진리나 방법에 따라 규율된 인지적 인식영역과는 관계하지 않는다. 이러한 한정은 단순사회에서 습속(Sitte)과 법 영역이 일치하지 않는다는 기존 연구결과를 인정하는 것이다. 이들 사이의 세부적인 경계를 짓는 것은 구체적·경험적으로만 시도할 수 있다. 토기를 다듬고 장식하는 기법(Art)과 양식(Weise)은 결코 법적 징표를 나타내지 않지만, 이미 치아를 일정하게 빼고 사냥물을 일정한 방식으로 분배하며 죽은 사람을 일정한 방식으로 매장하는 것은 이미 기대로서 법적 징표를 나타낼 수 있다.

법을 언어 및 그 부속물(예컨대 정서법(正書法))과 분명하게 구분하는 근거를 설정하는 것은 더 어렵다.[132] 법은 언어와 같지 않다는 것이 직관적으로 명백하다고 하더라도 그 차이의 핵심을 찾기 위해서는 몇 가지를 고려할 필요가 있다. 올바른 말하기와 쓰기에 관하여 정합적으로 범례화된 규범적 행동기대가 있다. 이러한 기대는 합의가능성과 견해

---

131) 물론 이러한 경계 획정이 타인의 합리적 행동이 법 이외 다른 규범도 되고, 법적 규범도 될 가능성을 배제하지 않는다. 연방예산법 제7조는 공무원에 대하여 예산의 경제적·절약적 사용을 법적 의무로 규정하고 있는데, 여기서 이러한 가능성과 동시에 문제점을 알 수 있다. 마찬가지로 일정한 한계 내에 아름다운 모습을 행동으로 규범화하는 것, 예컨대 대머리에게 가발 씌우는 것을 의무로 명하는 것도 가능할 것이다. Rudolf von Jhering, *Der Zweck im Recht*, 6~8. Aufl., Leipzig, 1923, Bd. 2, S.330 ff. 참조(특히 한국에는 이러한 부류에 해당하는 법률이 상당수 있다. 예컨대 경범죄처벌법이나 가정의례준칙 등—옮긴이).

132) 이 문제를 다루고 있는 논문으로서 쓸 만한 것은 지금까지 없는 것 같다. 여기서 천착된 기능주의적 법관념에 근거할 때, 이것이 문제로 된다는 것이다. 당연히 법과 언어의 관계에 관한 개별적인 측면은 논의될 수 있다. 중국의 법사고에서는 말과 글을 올바르게 다루는 것이 올바른 세계관계를 창출하는 기초이고, 서구에서는 법사고에 대한 언어적 형태의 영향에 관한 문제일 것이다.

의 변경가능성에 대한 범위를 형성하는 기능을 한다. 이러한 기대가 순수한 언어적 공식의 가능성 내에 있지 않다면 그것은 다른 사람의 행동이나 기대를 기대할 수 없게 만든다. 언어에 의해 규율되는 것은 무엇을 말하는가가 아니고 어떻게 말하는가이다. 언어는 살인을 요구할 수 있게 하지만 법은 이것을 허용하지 않는다. 그러므로 언어에 의해 선택자유가 구성된다. 법은 이러한 자유영역을 규율한다. 언어를 통해 다른 사람의 기대를 기대하는 것이 문제가 된다는 관념 안에 있는 복잡하고 불확정적인 선택영역으로서 세계는 구성되는 것이다. 그다음에 법은 이중적인 방식으로 언어에 종속된다. 즉, 언어 소통에서 구성된 다른 가능성의 세계와 관계하고, 이러한 가능성 중에 선택하기 위하여 언어를 사용한다.[133] 그러나 언어 그 자체는 이미 이러한 선택의 기능구조가 될 수 없다. 언어가 이 세계의 복잡성과 불확정성을 의미있게 표현하기 때문에 그것이 체험과 행동이 가능성의 분야를 지도하는 동시에 사회적으로 통합하는 지침이 될 수는 없다. 그렇지 않으면 언어가 표현하고 유지하려는 것을 감축을 통해 부정하게 될 것이다. 언어가 사람과 동물을 구분하게 하는 것은 언어 그 자체가 아니라 오히려 언어와 여러 종류의 선택기제들, 특히 진리와 법 사이의 구분을 안정화하는 것에 의해서이다.

이러한 고찰에 의하면 법을 정의하는 또 하나의 징표, 즉 사회적 체계의 구조로서 법을 사용하기에는 아직 부족하다. 이러한 기능을 위해 법은 올바른 대화에 대한 규율을 넘어서는 감축기술을 필요로 한다. 이러한 감축기술이 언어에 근거하여 말하고 생각하고 행동할 수 있는 것의 영역 가운데에서 말하고 생각하고 행동하는 것을 선택한다. 그러므로 언어에 의해 가능해진 것을 취소하지 않고 가능성으로 파악하면서 재차

---

133) 그래서 법이 언어의 한계에 구속되어 있다는 통찰에 대해서는 이 책 390쪽에서 상술할 것이다.

감축하여 더 협소한 선택을 위해 법은 기대의 정합성을 이용해야 한다. 다음절에서 다시 설명하겠지만 여기에 규범적 구조에 의한 명령 수행에 독특한 양면성이 존재하고 있고, 그 구조에 부합하는 행동뿐만 아니라 일탈하는 행동에도 의미를 부여하도록 한다.

우리는 이제 법을 규범적 행동기대의 정합적 범례화에 근거하고 있는 사회적 체계의 구조로서 정의할 수 있다. 우리는 이러한 정의를 포괄적 사회체계, 즉 '전체사회'의 법에 근본적으로 한정하지만 이것에 관한 본격적인 논의는 다음 장에 유보한다. 여기서는 이러한 법개념의 진화적 측면을 추가적으로 약간 언급하는 것으로 그친다.

개념적으로 고착화하는 것은 법의 형성이 진화적 성과이고 그것이 장구한 발전역사에서 개념에 상응하게 완분화하였다는 사실에 접근하는 통로를 막는다. 그러므로 우리는 인류역사에서 또는 현대의 간(間)문화적 비교에서조차 법이 없는 사회(즉 국가적 강제기구를 사용하지 않는 사회)가 있었다는 널리 알려진 주제로 회귀하지 않는다.[134] 우리의 기능적 법개념은 법이 유의미하게 구성된 각 사회에서 필수적인 기능을 수행하고, 그래서 항상 존재할 수밖에 없다는 것을 분명하게 한다. 법발전은 법 이전의 사회에서 법적 사회로의 도약으로 이해해서는 안 되고, 오히려 법의 점진적인 완분화와 기능적 독립화로 이해해야 한다. 이러한 발전과정에서 물론 법적 결정과 제재를 위한 특별한 역할이 생겨나서 중요한 기능을 하게 되었다. 우리가 이러한 것에서 법을 시작할 것이 아니라 여기에서 진리, 예술 및 합리적인 활동으로부터 법의 더 강한 분리(Trennung)를 가능하게 하는 법의 완전분화(Ausdifferenzierung des Rechts)의 중요한 발걸음을 볼 때 비로소 이러한 기능을 제대로 이해할 수 있는 것이다.

---

134) 이 책 114쪽의 각주 3 참조.

우리의 법개념에는 항상적 요소와 가변적 요소가 들어 있다. 항상적 요소로는 모든 인간 사회에서 어떻게든 수행되고 있을 수밖에 없는 정합적인 범례화기능이다. 이에 반하여 가변적 요소는 법기제의 기능적 완전분화 정도와 법개념에 부합하는 구조와 과정이 법을 위해서 형성되는 정도이다. 그러나 진화의 원동력은 사회적 복잡성의 증대에 있다. 이러한 복잡성은 개별적인 범례화 차원에서 괴리를 감지하게 하고, 그래서 법에 대하여 정합적인 범례화방향으로의 실효적인 작용, 즉 이러한 기능에 있는 더 강한 선택성과 강한 특유성을 요구한다. 그러므로 법의 진화는 그 조건에서는 사회의 복잡성으로, 그 기제에서는 특수한 법역할과 법과정의 완전분화로, 그 결과에서는 법적 기대구조의 자립화로 나타난다. 법적 기대구조는 점점 언어·세계 전체의 해석·진리·합리적 활동 등으로부터 해방되고, 결국에는 여타 규범영역, 특히 도덕으로부터 해방된다. 이와 같은 이론적 테두리는 법형성의 원초적인 기제의 복잡성에서 얻어지는 것이다. 이것은 우리를 제3장과 제4장으로 안내할 것이다. 제3장과 제4장에서는 전체 사회의 구조로서 법을 그 발전과 현재적 상태에서 실정법으로 다루고 있다.

7. 법과 물리적 폭력

우리는 일정한 관점에서, 즉 법 자체가 (다른 규범기획과 다르게) 근거하는 일정한 기대위배처리형식과 관련해 개별적 차원의 조건이 서로에 대해 선택을 제한하여 가능한 법의 영역을 선명히 한정한다는 확인을 더 추적해야 한다. 우리는 교란 시에 학습적 또는 비학습적인 해결 어느 하나에 고착되지 않은 혼화된 양식의 행동기대가 '정상화'를 위한 다수의 해법을 찾을 수 있다는 것을 보았다. 순수하게 규범적으로 기대하는 사람은 기대위배에 대한 해결방법의 전부를 사용할 수 있다. 이러한 가능성 모두가 정합적으로 범례화되지 않는, 즉 그 자체로서 규범화되지 않고 제도화되지 않으며 내용적 맥락에서 동일화될 수 없는 것은 분명하다. 정합성을 위해서는 하나의 선택이 되어야 한다. 행동기대의 시간적 범례화도 사회적 범례화도 내용적 범례화도 모두 다 의거할 수 있는 기대위배처리가 선호되어야 한다. 이러한 요청 때문에 **물리적 폭력**이 위법의 처리에서 우위에 서게 된다.

지배적인 견해는 법을 물리적 폭력이라는 수단, 즉 규범위반의 경우에 물리적 폭력의 정당한(사회적으로 인정된) 적용가능성에 의해 정의하고 있다.[135] 여기서는 물론 국가기관에 의해 조직되고 집행되는 폭력의 사용만을 생각하는 것이 아니다. 이러한 개념에는 정당한 자력구제라는 원초적인 경우가 포함된다. 이러한 개념은 법과 다른 규범의 구별을 쉽게 하지만 이것만으로는 남아 있는 문제에 답하는 데에 충분한 암시가 되지 못한다. 그래서 우리는 법을 그 기능, 즉 정합적 범례화로 정의하고, 이러한 기능의 관점에서 '왜' 그리고 '어떠한' 한계 내에서 물리적 폭력이 우선적인 지위를 차지하게 되는지를 논하려고 한다.

정합적 범례화는 이와 같은 기대를 위하여 규범화와 제도화 및 의미맥락이 만들어진다는 의미에서 통합을 필요로 한다. 그래서 위배가 법에 있어 기대유지에 대한 (순수한 시간적) 문제뿐만 아니라 이것을 넘어 범례화적 기제의 결속이라는 문제도 만든다. 기대의 기대가능성뿐만 아니

---

135) 특히 Richard Thurnwalt, *Die menschliche Gesellschaft in ihren ethno-soziologischen Grundlagen*, Bd. V, Berlin/Leipzig, 1934, S.2(다만 여기서는 '조직된' 강제에 한정하고 있는데, 이것은 문제다); Adamson E. Hoebel, *The Law of Primitive Man, A Study in Comparative Legal Dynamics*, Cambridge MA., 1954, S.28 참조. 파슨스와 그 추종자들은 원칙적으로 반대하고 있는데, 이들에게 있어서 물리적 폭력은 법체계의 밖에 있는 정치현상이다. Leon Mayhew, "Law. The Legal System", *International Encyclopedia of the Social Science*, Bd. 9, 1968, S.59~69(61) 참조.

라 합의와 의미에 따라 만들어진 기대의 보호가 기대위배의 경우에 발생하는 더 심각한 조건 아래서 보증되어야 한다. 어떤 기대가 존속력이 더 강한 것으로, 다른 어떤 기대는 더 좋은 것으로, 그리고 제3의 기대가 합의가능한 것으로 입증된다는 것에서 법이 붕괴되어서는 안 된다. 기대의 법적 성질을 상실하지 않기 위해서는 분쟁의 경우에서 상이한 기대 중 어떠한 것에 대한 합의가 제도화하는 제3자에게 배속되는가가 미정으로 남아 있어서는 안 된다. 그래서 합의 자체가 없더라도 합의의 담당이 연계되어 일의적인 결과를 갖는 기대위배처리의 방법이 준비되어 있어야 한다. 이것을 하는 것이 바로 물리적 폭력이다.

어떻게 이렇게 되는지 알기 위해서 우선 두 가지의 잘못된 해석을 배척해야 한다.

여기서 관심대상이 되는 물리적 폭력은 운동, 신체훼손, 상해, 살해와 같은 폭력의 물리적인 효력이 아니라 결정을 이끌어내는 물리적-유기적 현상이 수반하는 의미적-상징적인 측면이다. 물리적 폭력은 여타의 가능성을 위한 상징으로서 범례화를 통해 사회적 체계에서 폭넓은 의미를 획득한다. 신체적 격투의 직접적인 상호행위에서조차 격투 쌍방의 개별적인 상황, 그 목적과 전망, 그들이 회피하는 것, 그들이 피할 수 있는 것, 생명과 죽음 등과 같은 그들의 정체성은 상징화되고 계속적으로 유의미하게 가공되는 것이다. 그래서 예컨대 항복에 의한 격투의 종료가 현재의 가능성 중 하나로서 항상 생각되고 있는 것이다.[136] 물리적 폭력이 가지고 있는 권력으로서의 가치는 그 폭력으로 작용되는 물리적 효력 및 그 부수효과에 기인하고 있는 것이 아니라 오히려 물리적 폭력 사용을 중단할 수 있게 하는 상징으로서 범례화에 근거하고 있다. 물리적

---

136) 그러므로 투쟁의 종료를 위한 올바른 시점의 선택만이 문제될 수 있다(이것은 Lewis A. Coser, *Continuities in the Study of Social Conflict*, New York, 1967, S.37 ff.가 다루고 있는 문제이다).

힘의 명시적 표명, 즉 상징성의 집행은 오직 목적에 도달하기 위한 겉모습이다. 이러한 겉모습은 단지 겉모습으로 작용하게 되어 있는 것이지, 물리적인 집행의 물리적 효과에 작용하게 되어 있는 것이 아니다.

이러한 물리적 폭력은 (물리적) 강제와 동일시되어서는 안 된다. 물리적 폭력의 의미는 기대의 이행을 강요하는 것을 포함하고 있다. 즉 그것은 동기부여를 목적으로 하지만 거기에서 끝나는 것이 아니다. 기대된 행위가 어떠한 독립성을 나타내야 하는 한, 물리적 폭력의 현실적 사용은 가장 부적절한, 즉 비경제적인 강제수단으로 생각할 수 있다. 가장 먼저 물리적 폭력은 기대를 표명하고 확인하는 수단이지 관철하는 수단은 아니다. 우리가 이것을 고려할 때 비로소 단순한 사회에서 원초적·억압적·보복적 폭력사용을 법과 관련하여 이해할 수 있다. 보편적으로 확산되었던 피의 복수라는 제도에서 중요한 것은 그 의미상 범죄자의 처벌과 (피의 복수를 해소하기 위해서 고안되었던) 대체급부의 강제가 아니라 침해된 기대에 대한 고수가 대개 사회적으로 기대되어 거의 의무적으로 재현되는 것이다.

기대위배를 당한 사람은 생사가 걸린 위험이 수반되는 물리적 폭력의 행사로 자신의 기대를 고수하는 것을 보장하고, 그의 씨족의 결속을 보장하며, 법이 여전히 타당하다는 것에 관해 사회를 보장한다. 단순한 사회에서는 구체적이면서 극적으로 체험된 구체적 법위반에 대하여 물리적 폭력 이외의 다른 방법을 사용하여 중립화하는 것은 생각하기 어려워 보인다. 자신의 권리를 물리적 폭력으로 주장할 태세를 갖추고 있지 않은 자가 그것을 상실하는 것은 당연하다. 왜냐하면 이러한 태세가 권리를 유지하기 때문이다.[137] 당연히 현실에서 폭력사용의 특수한 규범적 동기는 다른 것과 구분되지 않는다.[138] 그럼에도 물리적 폭력은 우리

---

137) 무엇보다 Lucy Mair, *Primitive Government*, Harmondsworth, 1962, S.40 참조.

가 오늘날 결코 생각할 수 없는 방식[139]으로 법의 존재 근거로서 기여하고 있다.[140] 위해(Gefahr)의 크기는 법과 자기 존재의 동일성, 법과 삶의 동일성을 설명함으로써 법을 증명한다.[141] 위해의 크기는 법위반에 대한 책임을 증명하거나 법규범의 적용전제로서 사실을 증명하는 것이 아니라 법 그 자체를 증명한다. 위해의 크기는 수단이 아니라 구현이다. 그것은 결정력에 의해 법형성적 기제의 정합성을 상징하고 작동한다. 법 발전 단계의 후기에서 비로소 정합성의 상징화와 작동은 복잡한 제도적 전제 아래 구분된다. 이러한 전제에 관해서는 이제 곧 상론할 것이다.

이처럼 법을 폭력에 내맡긴 것처럼 보이는 명제는 불편하므로 논의를 필요로 한다. 물리적 폭력은 인간의 신체적 자연에 기초하고 있다. 우리는 인간의 공동생활에서 발생하는 가능성으로서 물리적 폭력을 제거

---

138) Ronald M. Berndt, *Excess and Restraint, Social Control Among a Guinea Mountain People*, Chicago, 1962가 이에 관한 극적인 인상을 전달해 주고 있다.

139) 아무튼 사랑의 증거로서 육체적 수행을 요구하는 오늘날의 사회는 이러한 종류의 주술적 관념과 거리가 멀지 않다는 것을 지적해둔다. 법과 폭력의 관계에 대한 설득력있는 해석으로는 Walter Benjamin, "Zur Kritik der Gewalt", in: Ders., *Angelus Novus*, Frankfurt, 1966, S.42~66 참조.

140) 이러한 문제를 법사학자가 다루고 있는 것으로서는 Otto Brunner, *Land und Herrschaft. Grundfragen der territorialen Verfassungsgechichte Südostdeutschlands im Mittelalter*, 3. Aufl., Brünn/München/Wien, 1943, S.120 ff.와 여타 자세한 지적 참조. 여기에서 자력구제에 기초하고 법질서의 법적 성격이 폭력에 가깝다는 것을 통찰하고 있다. 이에 대하여 John Gillin, "Crime and Punishment Among the Barama River Carib of British Guiana", *American Anthropologist* 36, 1934, S.331~334는 반대의 실례를 보고하고 있다. 이에 대한 근거로서 길린은 매우 단순하고 산재된 좁은 집단(15~50명 정도)으로 구성되어 조직적 제재로서 폭력이 없는 사회에는 발전된 법이 없고, 법집행의 도구로서 미미한 씨족연대가 있을 뿐이며, 그래서 이들 사회가 법위반에 대해서는 주로 비밀스럽고 주술적 반응을 하고, 공공연한 폭력적인 보복은 회피한다는 것을 들고 있다.

141) Erving Goffman, *Interaction Ritual. Essays in Face-to-Face Behaviour*, Chicago, 1967, S.149 ff.는 오늘날 사회에서 웃음을 부르는 성격 테스트에서 이러한 기제의 발전을 다루고 있다.

할 수 없다. 물리적 폭력이 다른 편에 있을 때 법은 법답게 남아 있을 수 없다. 그러한 때에도 규범기획은 유지될 수도 있고, 이에 의해 이상적인 법에 대한 요구도 유지될 수 있으며, 기대하는 자도 불굴의 인내, 타인의 불행을 기뻐하는 것 또는 비밀모임의 조직으로 생명을 지킬 수 있을지도 모른다. 그러나 다른 사람, 즉 제3자의 기대에 대한 기대를 확실하게 하는 복잡한 기제는 정지되거나 기획적인 체험에 의해 대체될 수밖에 없다. 반대로 물리적 폭력은 개별 행위로서, 즉 무법적인 행위로서 법과 구분될 수 있다. 그러나 그것은 자신의 기대를 지지하기 위한 지속적인 장치로서 기능할 수는 없다. 왜냐하면 물리적 폭력이 기대를 구성하고 기대를 정합적으로 설정하면서 법을 창조하기 때문이다. 따라서 물리적 폭력을 스스로 타당한 법을 집행하는 보조수단으로서도 보아서는 안된다. 오래된 법적 상징이 교시하듯이 물리적 폭력은 사회에서 법을 표출하고 현시하는 것이고, 질서의 선택성을 명백히 밝히는 것이다.

우리는 이러한 것을 볼 수 있는 용기를 가져야 한다. 그렇게 되면 왜 법의 진화가 물리적 폭력을 길들이는 역사와 결부되어 있는지를 파악할 수 있게 된다.[142] 물리적 폭력은 떼놓을 수 없는 그림자처럼 법과 동반하고 있다. 그러나 이처럼 법과 폭력의 제휴와 연결된 일정한 문제들은 더 복잡한 사회에서 더 잘 해결될 수 있다.

두 가지의 주된 문제를 추려낼 수 있다. 인간의 역사의식 저변에는 수많은 사람들의 살해와 재산의 파괴라는 엄청난 결과를 초래하는 장기간에 걸친 무력결투, 연쇄적인 피의 보복 및 약탈이 비교적 단순한 사회의 경제적·정치적 힘을 극도로 약화시킬 수 있다는 것이 깔려 있다. 이러한 명백한 결과는 물리적 폭력의 사용을 규제하도록 하는 계기를 마련

---

142) 이것은 법이 투쟁의 대용품으로 성립하였다는 오래된 명제와 관련되어 있다. Barna Horvath, *Rechtssoziologie. Probleme der Gesellschaftslehre und der Geschichtslehre des Rechts*, Berlin, 1934, S.149 ff. 및 참고문헌 참조.

하였다.

또 다른 문제는 분명하지 않지만, 사회의 복잡성 증가로 그 중요성이 증대하게 된다. 권력기초로서 물리적 폭력은 구조로부터 높은 독립적인 특성을 가지고 있다. 우리가 물리적 폭력을, 이를테면 다른 역할에 종속된 관계, 기능적 상호의존관계 또는 교란능력에 기반을 둔 권력, 선지불과 호의적 의무에 기반을 둔 권력, 인적 독립성에 기반을 둔 권력, 높은 지위에 기반을 둔 권력 등과 비교해보면 물리적 폭력이 가지고 있는 고도의 자유가 뚜렷하게 나타난다. 물리적 폭력은 체계구조로부터 상당히 독립적이다. 왜냐하면 물리적 폭력은 일정한 신분질서·역할관계·구성원지위·정보배분·가치관념을 전제로 하지 않고, 오직 우세한 힘만을 전제로 하기 때문이다. 어떤 사회적 종속을 만드는 것은 물리적 폭력의 행사에서 서로 도와주는 조직뿐이다. 그 외에 물리적 폭력은 거의 보편적으로, 즉 시간, 장소, 대상 그리고 행위의 의미맥락과 무관하게 폭넓게 사용할 수 있다. 물리적 폭력은 그 목적설정의 측면에서 기존의 구조로부터 자유롭다. 물리적 폭력 자체는 그에 부합하는 법규범과 법적 요건을 구분할 필요가 없고, 법이 복잡하게 되더라도 통일적으로 조직될 수 있다.

물리적 수단이 가지고 있는 인간사회의 진화에 대한 과소평가할 수 없는 의미, 혁신적 기능 및 탁월한 구성가능성은 물론이고 전체사회의 구조적 계속성에 대한 특별한 위해도 그것의 이러한 높은 자유도[143]에 근거한다. 물리적 폭력은 기존의 질서를 지지하거나 붕괴시킨다. 제도화된 구조에 유의미하게 적용될 수 있거나 적어도 그 구조를 개선할 수 있는 기대에 대한 지원을 보장하는 것은 물리적 폭력 그 자체에서 나오지 않는다. 물리적 폭력은 지배질서에 의해 좌절된 규범적 기대를 표현하고

---

143) 이에 관해서는 권력이론의 맥락에서 Niklas Luhmann, "Klassiche Theorie der Macht. Kritik ihrer Prämissen", *Zeitschrift für Politik* 16, 1969, S.149~170(155 ff.) 참조.

타당하게 할 수 있다. 이들 두 가지의 행사에서 그것은 폭력으로서 차이가 없다.[144] 물리적 폭력이 가진 이와 같은 양면성은 전체사회의 사회체계에서 제거할 수 없는 구성요소이다. 그렇지만 사회구조가 변하는 정도에 따라 물리적 폭력은 여러 가지의 형태를 취한다. 물리적 폭력은 더욱 복잡해진다는 전제 아래서 진화와 연속성을 동시에 보장한다.

기대위배에 대한 폭력적인 반응이 장기간 지배했던 자연스런 형태가 피해자 자신 또는 씨족의 무제한적인 응징, 즉 보통은 살인이었다.[145] 이러한 자력구제는 재판권과 경찰제도가 없는 경우에 궁여지책으로서 볼 수 있을 뿐만 아니라 법과 폭력의 관계를 원초적·직접적으로 표현하는 것이다. 법은 그것이 침해되는 곳에 나타난다. 그러나 여기서 생기는 회의(懷疑)는 법이 정당한 것처럼 보이는 과잉반응 행위도 불법으로 만든다는 것이다. 역사적으로 거슬러 올라갈 수 있는 한에서 보면 반응행위에서 자유롭고 임의적인 것을 배제하는 경향을 발견할 수 있다. 그렇게 하지 않으면 반응·행위를 위법행위 자체와 구별할 수 없기 때문이다.

---

144) 폭력이 지배질서를 위한 것인가 또는 그것에 반대하는 것인가에 따라 그것을 질적으로 구분하려는 시도의 배후에는 어느 한쪽으로 몰아가려는 욕구를 쉽게 감지할 수 있다. 예컨대 힘(force)과 폭력(violence)을 구분하는 것의 배후와 관련해서는 Georges Sorel, *Reflexion sur la violence*, 8. Aufl., Paris, 1936, S.256 f. 참조.

145) 이와 나란히 가장 단순한 사회(예컨대 에스키모)에서도 공동으로 사전협의에 기초한 형벌의 경우가 이미 있었다. 그러나 이것은 예외적인 성격을 가지고 있었다. 그러한 취급 대상이 되는 전형적인 범법행위에는 반복적이고 그래서 예상할 수 없는 살인, 마귀행위 및 성적 타부의 위반 등이 있다. Thurnwald, a.a.O., S.10은 이러한 범죄에서 예외적인 공동행위를 취하는 근거로서 사회 전체가 위협받고 있다는 것을 제시하고 있다. 그러나 왜 이러한 범죄에서 그러한 형벌을 가하고, 다른 범죄에서는 그렇지 않은가? 생각하건대 그 이유는 이러한 범죄에서는 피해자와 피해씨족이 특화될 수 없고, 그래서 피해자의 정당한 폭력적 반응 대신 공동행위가 들어올 수밖에 없다는 데 있는 것이다. 그러므로 이들 사례를 공법적인 형법발전의 출발점으로 볼 수는 없을 것이다.

그러나 폭력에서 법 자체가 구체적으로 표출되기 때문에 위배처리의 제도화는 복수와 결투를 방지하는 제한된 가능성을 제공하지만 과도한 경우에는 불안정하게 된다. 그러므로 규제를 위한 출발점은 복수의 범위제한보다 그 전제조건과 형태에 있다. 그러므로 그것은 이유 있는 폭력이어야 한다. 예컨대 북방 게르만족에서 복수는 사전에 고지된 행위여야 하고, 필리핀의 이푸가오족(Ifugao) 및 여타 다른 종족에서는 강제적 조정의 실패 후에 행사되는 최후수단이어야 한다는 것이다. 이것은 반응행위의 자유를 규제하지만 법제도의 핵심에 저촉되지 않는다. 반면 복수를 넘어서는 만족을 위한 모든 시도는 제도에 반하는 것으로서 설정되어야 하고, 관련 당사자에게 모욕감을 주어야 한다. 실제로 위에서 설명한 역기능적 결과는 제도 자체에 의해서가 아니라 명백히 설정된 권력격차에 의해 억제될 것이다. 이와 같은 권력격차는 약자로 하여금 양보하도록 강제한다.

원시법이 폭력적인 제재에서 보여주고 실증하는 것을 선서(*Eide*)라는 제도를 통하여 알 수 있다. 선서란 권리를 위한 폭력적인 투쟁을 주술적인 차원에서 제거시키는 것이다. 즉 선서는 이런저런 증거방법으로 진실을 찾아내어 법에 따라 판단하는 재판관을 향하는 것이 아니라 타도되어야 할 상대방을 향하는 것이다.[146] 선서 자체에 관해서는 전혀 결정이 내려지지 않는다. 선서는 스스로를 재판하는 것이다. 게다가 이것은 판결이라는 양식에 따르는 것이 아니라 그 자체의 직접적인 작용, 즉 선서하는 사람의 일신을 걸고 주어진 방식에 따라 주술적인 폭력을 불러내는 데에 있다. 그렇지만 선서에는 물리적 폭력 대신에 절차적인 진리탐구와 권리확정의 수단으로 전환될 수 있는 더 좋은 가능성이 있다. 그래

---

146) 이것은 특히 선서보조자(Eideshelfer)라는 제도에서 인식할 수 있다. 선서보조자는 관련 씨족단체에서 제공된다. 이것은 사실이나 신빙성을 확증하는 것이 아니라 권리를 위한 주술적인 결투를 함께하기 위한 것이다.

서 선서는 제도로서 그 의미와 기능은 변경되었지만, 그 연속성과 동일성을 유지하면서 후기고등문화의 법으로 전수될 수 있었다.[147]

위와 같은 법과 폭력의 원초적인 관계는 사회발전과정에서 재구조화가 이루어진다. 이와 같은 재구조화는 중요한 진화적 성과로서 파악될 수 있는 두 개의 전제와 연결되어 있다. 그 하나는 물리적 폭력의 사용에 관한 의사결정을 하는 정치적 집중에 있다. 이러한 정치적 집중은 서서히 이루어져 오다가 근세에 와서 비로소 최종적이고 포괄적으로 '국가'의 수중에 확보되었다. 이것은 법적 결정과 집행을 위한 개별적 역할의 분화(즉 비교적 복잡한 사회 구성)를 전제로 하고, 조직화한 결정과정에서 법으로서 확정될 수 있는 기대에 효과적인 우위를 보장하여 표출수단으로서의 폭력행위를 점차 포기하게 할 수 있다. 형의 집행은 뒤편으로 후퇴하고, 물리적 폭력의 공공연한 행사는 실제로 불필요하게 된다. 물리적 폭력이 행사되는 어떠한 경우에도 혼란을 야기한다. 즉 물리적 폭력의 행사는 정치적 실패를 나타내는 증상이며, 이것은 오늘날 지배질서가 폭력의 형태로 불법으로 보이도록 하기 위해 그렇게 도발될 수조차 있다.

폭력이 나타나 법을 대신하는 것은 부끄럽지만 그러한 폭력이 없어서는 안 된다. 그러나 폭력은 법의 상징과 증명으로서 기능을 상실하였다. 여기에서 재구조화의 첫 번째의 전제보다 적지 않게 중요하다고 할 수 있는 두 번째의 전제가 등장한다. 즉 법의 증거는 다른 방식으로, 즉 더욱 추상적이고 특화되고 분화된 방식으로 제시되어야 한다. 우선 물리적 폭력의 대체물은 모든 단순한 법질서에서 이질적이고 낯설 수 있는

---

147) 이를 위해서는 Louid Gernet, "Droit et prédroit en Grèce ancienne", *L'année sociologique*, série 3, 1948~49, S.21~119(특히 59 ff., 98 ff.); Ders., "Le temps dans les formes archaiques du droit", *Journal de psychologie normale et pathologique* 53, 1956, S.379~406 참조.

관념으로부터 발견된다. 그러한 관념은 법이 추상적으로 정식화할 수 있고, 서로 양립하는 규범의 구성체(Gefüge)이며, 구체적인 사건에서 이들의 해석을 통해 확정될 수 있다는 것이다. 이와 같은 관념의 등장으로 비로소 사실문제와 법문제가 분화하고, 그에 대응한 정보원도 분화한다. 이러한 분화는 법창조의 절차에 고도의 자율성을 부여한다. 즉 사건은 단지 규범 또는 규범을 발전시키는 사람에 의해서나 사실 또는 사실을 알고 있는 사람에 의해서만 결정될 수 없다.[148] 법의 증거는 이러한 구분의 해소와 사실문제와 법문제에 대한 조화로운 답에 있고, 이것은 판결로서 나타난다.

뒤의 설명에서 보충될 필요가 있지만 이러한 지적은 물리적 폭력의 길들이기가 상당히 복잡하고 진화적으로 희박한 기초에 근거한다는 것을 인식하게 해준다. 이러한 발전과정과 상호연결된 다양성은 여기서 세세히 살펴볼 수 없다.[149] 관심을 불러일으키는 것은 그 발생보다는 그

---

148) 이에 관해 자세한 것은 Niklas Luhmann, *Legitimation durch Verfahren*, Neuwied/Berlin, 1969, S.69 ff. 참조.

149) 적어도 이러한 발전에는 폭력 그리고 범법행위까지도 절대적으로 필요한 역할을 하였다는 것은 지적할 만한 가치가 있다. 고대 사회형태에서 친족관계와 무관하게 정치적 지배의 안정화를 위한 무력정벌의 중요성은 이미 알려진 실례이다. 고대고등문화 및 그 후 다시 중세의 국내평화운동(Landfriedensbewegung)에서 물리적 폭력에 대한 독점적인 정치적 통제가 확립되었는데, 이러한 확립은 결투법에 기초하고 있던 당시의 실정법 질서에 대한 명백한 위반이었다는 것은 거의 주목받지 못했다. 새로운 신들이 아레오파그(areopag)회의(아테네의 아레오파그 언덕에 있었던 최고의 법정이며, 여기에서 원로회의가 개최되었다—옮긴이)를 설정하여 고대법을 유린했다는 복수의 여신 에린네(Erinnye)의 탄원과 이러한 탄원에 대한 여신 아테네(Athena)의 이해(Aischylos, *Eumeniden*, S. 748 ff.) 참조. 그 밖에 법사학적 설명으로는 Richard Schröder/Eberhard Freiherr von Künssberg, *Lehrbuch der deutschen Rechtsgeschichte*, 6. Aufl., Leibzig, 1919, Bd. I, S.712 ff.(716); William Seagle, *Weltgeschichte des Rechts, Eine Einführung in die Probleme und Erscheinungsformen des Rechts*, München/Berlin, 1951, S.113 참조.

결과이다. 그 결과는 각각 다양한 발생적 조건과 독립하여 체계에 의해서 안정화될 것이다. 그러나 이러한 결과는 법적 정합성의 작용성과 상징성의 구분이라는 공식에 의해 그 특징이 규정될 수 있다.

행동기대의 정합적 범례화를 작동시키기 위하여 물리적 폭력을 적법한 기대의 편에 준비하는 것은 여전히 불가결하다. 즉 저항적인 개인에게 동기를 부여하기 위해서나 법에 대한 총체적 신뢰를 창출하기 위해 기대에 대한 기대의 수준에 물리적 폭력을 준비하는 것은 불가결하다. 극히 친밀한 동아리를 제외하고 점점 더 복잡해지고 있는 사회에서 어떠한 구체적인 동기가 동료를 움직이게 하는지 아무도 적절히 예측할 수 없다. 개인적인 동기부여구조와는 별도로 모든 경우에 기능하고 그 자체로 신뢰를 주는 고도로 일반화할 수 있는 동기부여수단에 대한 수요가 더욱더 커진다.[150] 위에서 다루었던 물리적 폭력이 가지고 있는 구조적 자유는 확고한 요소로서 기대구조에 편입된다. 그래서 우리는 조직된 폭력이 미지의 조건 아래 누군가에 대해서도 작용할 것이라는 점을 신뢰할 수 있다. 조직된 폭력이 가지고 있는 상황에 대한 무관성은 상황에 관한 정보부족과 대응하고 있다. 길고 복잡하여 어떠한 곳에서도 개관할 수 없는 기대연쇄는 이를테면 분업화된 경제질서에 이러한 기대연쇄가 필수적이듯이 기대위배당한 사람의 힘, 친구와 친척의 패거리, 재산 또는 정치적 관계(그러니까 개별적으로는 함께 기대할 수 없는 요인)가 문제시되지 않고도 (그 내용이 무엇이든) 법적으로 보장된 기대의 위배시에 도처에서 물리적 폭력이 발동할 수 있다는 전제에 근거해서 기대가능한 것으로서 유지될 수 있다. '법질서'는 이런 방식으로 미지의 내용과 가변적인 내용을 추상적으로 보장한다. 즉 법질서가 기대가능하

---

150) '체계신뢰'(Systemvertrauen)에 관해서는 Niklas Luhmann, *Vertrauen. Ein Mechanismus der Reduktion soziale Komplexität*, Stuttgart, 1968, S.44 ff. 참조.

게 한다. 법기제의 정합성이 근거하고 있는 기대는 타자가 법이 물리적 폭력에 의해 보장되고 있다는 것을 기대한다는 것이다.[151] 그러므로 추정적으로 제도화하는 합의는 도덕의 최소한이라는 최저의 공통분모로 확정된다. 즉 그러한 합의는 도덕과 개인적 양심결정 사이의 높은 분화 상태와 호환된다.

고도로 복잡한 현대사회에서 기대의 기대가능성의 확실성이 기대이행의 보장보다 더 중요하다. 소요가 발생한 경우에 임시적으로(ad hoc) 조직되고 도입될 수 있는 차선의 해결책·응급대책·대체방법·배상 등이 있다. 그러나 기대의 기대가능성의 확실성은 여전히 물리적 폭력이라는 최후수단에 근거하고 있다. 물리적 폭력이 가지고 있는 이러한 기능은 단순한 사회에서보다는 복잡한 현대사회에서 더 강력하게 특화되고, 법의 상징적 표시라는 다른 과제와 분리된다. 물리적 폭력에 의한 엄호가 법의 익명적인 자명성요소가 되어 그 이상으로는 기대에 대한 효과적인 자기주장의 형태를 가지지 못한다. 물리적 폭력이 한편으로는 미지의 가변적 내용과 관계하여 일정한 기대에 대한 구체적인 의미연관을 상실하고, 다른 한편으로는 더 이상 힘과 상황에 종속되지 않는다. 긴장을 수반하기 때문에 주의를 요하는 불확실성 요소는 육체적 격투의 종결이 아니라 당사자가 화해하는 결정과정의 결말에 숨어 있다. 자기주장에서 요청된 운명으로서 폭력을 주술적으로 해석하는 것은 (합법적인) 목적, 즉 그 합법성이 결정될 수 있는 목적을 위한 단순한 수단으로 무해하게 해석하는 것으로 대체되었다. 그래서 폭력은 그 상징성을 상실하고 그것을 결정에 양도하게 된다. 질서의 선택성은 이제 결정으로 선언되는 것이다.

---

151) 이와 동일한 것으로서 화폐의 가치는 다른 사람이 화폐가 가치로서 인정되고 있다는 것을 기대하는 기대에 기초하고 있다(화폐의 가치는 오로지 직접적인 수령기대에만 근거할 수 없다. 직접적인 수령기대는 수령자의 기대를 함께 기대하는 것 없이 그 자체로서 신뢰할 수 없다).

재현기능에서 물리적 폭력을 제거하여 진정-폭력적 상호행위가 야기되는 경우를 근본적으로 제한하는 것이 가능해진다. 폭력은 사회의 현상에서 소멸한다.[152] 우리가 거리로 나갈 때 무기를 소지할 필요는 없다. 이것은 그리스인들이 이미 폴리스에서 달성하였던 성과로 유명하다. 법률사건에 대한 폭력사건의 비율은 복잡한 사회에서는 극히 낮다.[153] 그 결과로 폭력의 파생적 부담, 즉 유책하게 살해된 자와 죄없이 살해된 자의 수, 장애인과 과부의 수 및 상호행위의 구조 속에서 기능적 장애의 횟수는 감축한다. 법은 인간성이라는 계명(誡命)에 적합하지 않다고 하더라도 기능적으로 분화된 사회의 요청에는 적합하게 된다. 이러한 요청은 법을 위해 폭력을 불필요하게 만드는 것이 아니고, 법에 대한 폭력을 불가능하게 하는 것도 아니다. 그러나 이러한 요청은 폭력과 법 양자에게 사회적 행위의 구조에서 다른 위치를 부여한다.

8. 구조와 일탈행동

행위체계는 소재연법칙(Seingesetze)에 의해서가 아니라 기대맥락에 의해 구조화된다.[154] 기대구조는 위배를 면할 수 없다. 여기에 기대구조

---

152) 그 결과 중 하나가 인간생활에서 폭력이 사라질 것이라는 환상이 있는데, 이러한 환상에 대해 Sorel, a.a.O.은 비난하고 있다.

153) 이것을 비교해보면 물리적 폭력에 대한 호소는 비교적 미분화된 단순한 사회적 체계의 정형적인 특징이다. 이에 관해서는 Coser, a.a.O., 1967, S.93 ff. 참조.

154) 이러한 견해에 대해 상호관계의 순수한 빈도를 나타내는 정태적 구조개념(statischer Strukturbegriff)을 표방하고 있는 다수 사회학자가 이론을 제기하고 있다. 예컨대 Paul F. Lazarsfeld/Neil W. Henry, *Latent Structure Analysis*, Boston, 1968; Peter M. Blau, "Structural Effects", *American Sociological Review* 25, 1960, S.178~193이 그러하다. 이러한 입장에 근거한 연구의 성과에 관해서는 현재 확실한 판단을 할 수 없다. 어떻든 이들은 인간 행동조종의 특이한 양식, 즉 의식적 선택을 중화할 수 있을 정도로 처리할 수 있다는 것을 전제로 하고 있다. 이러한 것 때문에 이러한 구조개념은 법의 연구를 위해 부적절한

의 실체가 있다. 이것은 반(反)사실적이기 때문에 흡사 부자연스러워 보일 정도로 복잡성의 감축을 감행하는 규범적 기대를 매우 타당하게 한다. 규범적 기대에 대한 위배는 다른 사람의 예기치 않은 행위에서 나타날 뿐만 아니라 다른 사람이 예기치 않게 기대하고 이러한 예기치 않은 기대에서 그의 동일성을 찾는 것에서 더 강렬하게 나타난다. 그러므로 일방의 기대는 상대방의 기대위배가 된다. 규범기획은 규범기획과 대립한다. 법 그 자체가 분쟁 속에 있다. 제도화 기제는 규범적 기대와 동일하지 않은 기회를 부여하여 고도의 통합을 배려하지만 규범의 과잉생산을 중단하지는 못한다.

순수한 일탈영역도 있다. 이 영역은 비록 규범이 없는 것으로 간주될지라도 더욱더 반규범적으로 행동할 수 있도록 하기 위해 기대를 지배적인 규범질서에 오로지 인지적으로만 지정한다. 그러나 위법행위자가 의사소통을 하게 되면 자신의 가치를 합리화하고 전개하기 시작한다. 자신의 규범은 아니더라도 다른 방법으로는 자신을 표현할 수 없고 체제에서 미래를 보장받지 못하기 때문이다.[155] 도둑질해서는 안 된다는 것을 시인하고 있는 도둑까지도 그 자신의 사정 및 형벌에 관해 자신의 규범(그것은 단지 변명만은 아니다!)을 투사할 것이다. 그러므로 기대위배

것이라고 할 것이다. 이러한 대립이 명시적인 구조(manifeste Struktur)와 잠재적인 구조(latente Struktur)의 구분과 혼동되어서는 안 된다. 우리가 구조개념을 기대개념에 근거를 설정한다고 하더라도 진정한 의미의 나타나지 않는 함의, 즉 잠재적 구조를 파악할 수 있다.

155) 이 점을 잘 보여주고 있는 것으로서는 A. L. Epstein, *Juridical Techniques and The Jurical Process, A Study of African Customary Law*, Manchester, 1954가 있다. 물론 Spittler, a.a.O., 1967, S.117 ff.도 참조할 만하다. 유사한 일탈이익을 가진 상당히 큰 집단이 형성되면 일탈을 정당화하기 위한 특별한 역할이 생긴다. 이에 관해서는 Howard S. Becker, *Outsiders, Studies in the Sociology of Deviance*, New York/London, 1963, S.38 f. 등; Erving Goffman, *Stigma, Über Techiken der Bewältigung beschädigter Identität*, Frankfurt, 1967 참조.

는 지배질서에만 생기는 것이 아니라 범죄자에게도 생긴다. 젊은이들은 질서에 장애를 일으킨다. 왜냐하면 그 질서가 젊은이에게 장애를 일으키기 때문이다(셸스키[156]의 말). 양쪽에게 모두 위배처리의 문제가 생긴다. 그렇지만 물론 각 문제에서 전략, 성공 가능성 및 파생적 문제의 배분이 상이할 것이다.

이러한 난국은 그것이 더 작은 문제로 전환될 수 있다고 하더라도 근본적으로 피할 수는 없다. 그것은 법적 생활의 참가자들이 상이한 자기재현과 동일화를 위하여 공동의 미래를 추구해야 한다는 것과 다음으로 결국 구조와 시간의 관계에 기인하고 있다. 행위체계는 열린 미래를 고려하면서 구조에 의해 과정을 조종한다. 구조는 선택의 성격을 박탈하지 않으면서, 즉 다른 선택의 가능성을 가능성으로서 부정하지 않으면서 선택을 지향한다. 오로지 가능성의 실현기회를 부정하는 것은 선택이 아니라 시간이다. 시간은 일단 발생한 사건을 과거로 만든다. 그래서 그 사건이 다르게 될 가능성을 박탈한다. 선택에서 다른 선택의 가능성을 지키는 것은 미래를 열어놓는 것이고, 이것은 열린 미래를 유지하는 것, 즉 세계에 대한 불확정성의 유지를 요구한다. 유의미하게 구조화하는 기대는 미래와 과거를 다른 것으로 재현한다. 즉 미래와 과거는 분리된다. 그래서 시간은 복잡성을 위한 질서적 차원으로 사용할 수 있게 된다. 사회는 시간을 질서적 차원으로 요구하지 않고서는 높은 복잡성을 달성할 수 없다. 사회가 계획에 따라 사건의 선후를 확정한다는(이것은 경미한 내용적·사회적 복잡성에서만 가능하다) 의미에서뿐만 아니라 구조와 과정을 준비함에 있어 불의타(不意打)에 대처해야 한다는 점에서 그러하다.

열려 있어 가능성이 풍부한 불확정인 미래를 위한 대가는 기대의 위

---

156) 헬무트 셸스키(Helmut Schelsky)는 도이칠란트의 사회학자이자 법사회학자이다──옮긴이.

배가능성과 구조의 불확실성이다. 복잡성과 불확정성이 시간적 차원에서 많이 나타날수록, 그리고 더 많은 사건과 장래의 변화가능성이 인식될수록 불확실성과 기대위배를 흡수하는 기대구조의 기능에 부담이 가중된다.

우리는 법의 발전과정에서 시간적 범주와 구조급부의 이러한 관계를 대강이나마 추적할 수 있다. 단순한 사회에는 제도화하는 것을 차치하더라도 미결정적인 미래, 즉 모든 것이 다 현실화되지 않은 채로 남아 있는 가능성을 체험할 수 있는 가능성조차도 없다. 이미 이를 표현할 가능성이 언어에 결여되어 있다.[157] 따라서 법제도는 미래의 선택적 확정이나 가능한 위배의 감축으로 구성되지 않는다.[158] 이러한 발전단계에서 기능적 우위는 시간의 문제가 아니라 통합의 사회적 문제에 있다. 일탈한다는 것은 이러한 상황에서 질서로부터 이탈, 즉 인간을 공동체에 묶어두는 유대감의 상실로서 체험되는 것이지 제도화된 교정프로그램의 발동으로 체험되는 것만은 아니다. 자살, 추방, 낙인, 씨족과 후손에 대한 해소될 수 없는 저주와 모욕은 일탈체험의 증상적 측면이지, 이것들이 행동에 동기를 부여 또는 수정하거나 위배에도 규범의 효력을 표명하도록 하는 제재는 아니다.[159]

---

157) John Mbiti, "Les Africans et la notion du temps", *Africa* 8, 2, 1967, S.33~41 참조. 그 외 D. Demetracopoilou Lee, "A Primitive System of Values", *Philosophy of Science* 7, 1940, S.355~378은 트로브리아(Trobria)섬 주민에 관한 말리노프스키(Branislaw Kasper Malinowski)의 연구와 연계하여 관계적 표현이 언어적으로 불가능하다는 결과로서 미래를 열린 가변영역으로서 현재와 관계를 맺는 것을 불가능하게 하는지, 그리고 법적·도덕적 제도가 구체적으로 가시적인 수준에서 고정될 수 있는지를 상당히 명쾌하게 밝혔다.

158) Louis Gernet, "Le temps dans les formes archaiques du droit", *Journal de psychologie normale et pathologique* 53, 1956, S.379~406 참조.

159) Siegfried F. Nadel, "Social Control and Self-Regulation", *Social Forces* 31, 1953, S.265~273 참조.

이와 같은 원시적 제도주의와 의식적으로 대치하는 윤리적 공식 (ethische Formel)이 그리스의 고전적 사유, 특히 아리스토텔레스로부터 제시되었다.[160] 그리스 폴리스의 구체적인 제도는 해석의 관점과 기초를 그대로 유지하지만 여기에 발전을 기록하여 새로운 진화적 성과를 안정시켰다. 그것이 바로 윤리적-정치적 제도이다. 제도는 인간 그 자체에 귀착한다는 본질을 가지고 있으며 그 인간이 언어 그리고 선과 악의 구분을 통해 지도될 수 있는 열린 가능성을 가지고 있어 짐승과 구별된다는 것이다.[161] 미래의 측면은 우리가 선서의 공식에서 보았듯이[162] 법에도 도입된다. 윤리적 제도는 선과 악을 선택할 수 있는 행위자로서 인간을 전제로 한다. 이러한 선택은 불확정적인 것으로 보인다. 그러나 이러한 선택은 임의적인 것(beliebig)이 아니라 존재론적(ontisch) 기반의 선을 우선시하는 성향에 의해 안내된다고 생각한다. 윤리학은 그것의 오래된 풍성한 사색적인 전통에서 선의 우선을 주석하고 논증하려고 진력하였다. 그렇지만 그것은 선행과 악행의 가능성에 대처해야 할 제도에 전제된 구조적인 요청에는 진력하지 않았다. 그래서 사회의 복잡성, 시간관념 및 규범적 기대구조의 상호관계는 깊이 있게 사색되지 못한 채 그대로 있었다. 일탈행위는 과학에서도 도덕적으로 비난받았다. 그러므

---

160) 여기에서 저자는 Joachim Ritter, "Zur Grundlegung der praktischen Philosophie bei Aristoteles", *Archiv für Rechts- und Sozialphilosophie* 45, 1960, S.179~199의 해석을 따른다.

161) "언어는 유익한 것과 유해한 것을 분명하게 하고, 그래서 올바른 것과 올바르지 않은 것을 분명하게 하는 것을 목적으로 한다. 인간만이 선과 악 그리고 법과 불법을 인식할 수 있다는 것, 즉 이것이 인간과 다른 생물의 본질적인 차이이다. 이러한 인식의 공유에서 가정과 도시가 탄생한다"(Aristoteles, *Pol.*, 1253a 14~18).

162) Louis Gernet, "Droit et prédroit en Grèce ancienne", a.a.O., S.21~119(S.117, Ann 4)가 이에 관해서 적시하면서 "언어적 범주의 발전은 다른 경우와 마찬가지로 제도적 진화를 결과한다"라고 부기하고 있다.

로 사회학은 고대유럽적인 전통의 윤리적 사고방식과의 단절을 통해서만 규범영역으로 접근할 수 있는 그 자신의 통로를 마련할 수 있다.

일탈행동에 대한 상당히 중요한 전(前)사회학적인 해석은 역시 실제로 기존의 사회발전과 연계되어 있다. 자세히 말하면 그것은 사회의 복잡성이 증진하고 종교의 추상화가 증가하여 '불안의 개인화'[163]가 증가할 때 가능해지는 기대위배설명에서 나타나는 것이다. 유대-기독교적 전통에 있어 개인과 신과의 종교적 관계의 인격화(Personalisierung)에서 개인의 죄(*Schuld*)에 대한 관념이 발전하였는데, 이것이 가능한 기대위배설명으로서 제도화되어 곧바로 지배적인 것이 되었다. 그래서 죄가 하나의 ('내적') 사실((*innere*) *Tatschache*)로 생각되었으나 규범적 구조의 문제로서는 간주되지 않았다. 오늘날 형법학과 법사학은 책임원리의 발전을 마치 사실의 발견이나 처벌의 고유한 근거의 발견, 즉 '진보'와 관련된 것처럼 다루고 있다.[164] 미덕의 찬양만큼 죄의 낙인 역시 이와 같은 진화적 성과의 진정한 기능을 밝히는데 미흡하다. 이러한 제도, 즉 새로운 원리의 희박한 가능성은 귀책양식이나 동기부여수단을 정교하게 하는 데에 있는 것이 아니라 죄가 구원(Erlösung)을 가능하게 한다는 것, 그러니까 죄가 시간적 차원에서 일탈행동의 결과에 대한 하나의 종결을 약속하고 있다는 것에 있다.

기독교적 관념세계에서 구원이라는 주제의 등장과 그 의미는 중대한 제도적 성과에 대한 중요한 징표이다. 죄와 구원의 기능을 이해하기 위해서는 우선 원시의 법질서를 돌아봐야 한다. 원시법의 구조는 전형적

---

163) Charles Drekmeir, *Kingship and Community in Early India*, Stanford CA., 1962, S.289는 이러한 정식화를 불교의 종교적 · 정치적 갱신과 관련하여 사용하고 있다.

164) 무엇보다도 Hans Fehr, *Deutsche Rechtsgeschite*, 4. Aufl., Berlin, 1948, S.146 f. 참조.

으로 대체가능성이 없었으므로 질서에서의 탈락에 대한 수정과 복귀의 가능성이 없었다.[165] 근친상간의 타부 또는 배우자선택의 준칙을 위반하는 자는 생활의 기초를 이루는 엄격한 친족체계를 파괴하여 그 누(累)를 자신과 후손에게 미치게 한다. 하나의 역할에서 신용을 상실한 자는 다른 역할에서 상대방을 찾을 수 없었다. 거의 보편적으로 널리 분포되었던 피의 복수 제도에는 책임과 관련이 없다. 그러므로 자연적으로 유의미한 종결은 있을 수 없다.[166] 이러한 구조적 현실은 체험으로 이전되고, 이것은 원죄 또는 씨족저주라는 신화에 반영되었다. 이러한 신화는 구약(das Alte Testament)과 그리스 비극을 통해 너무 익숙하나 이미 회의적으로 감지된 형식으로 전수되었다. 제도화하는 제3자의 목소리는 와해된 질서의 무자비한 폭력을 경악스럽게 주시하고 기록하며 경고하고 개탄하지만, 책임의 척도에 따라 결과를 측정하고 제한하기 위하여 스스로 개입하지는 않는다. 사회가 비교적 복잡해짐에 따라 일탈로 생긴 불화에 종지부를 찍을 필요성을 해결할 수 있게 되었다. 이러한 사회는 일탈적 사건발생을 다시 질서로 합류시키기 위하여 충분한 대안을 사용할 수 있고, 적어도 어떤 관점을 가지고 가변적인 미래를 내다볼 수 있다. 비로소 이러한 발전된 사회에서 죄와 구원은 일탈행동의 체험 및 이에 대한 처리 양식으로서 제도화될 수 있었다.[167] 형벌의 근거를 '죄'의 형태로 '내면적으로' 옮기는 것은 사회적 역할의 중성화, 이해관계, 공통

---

165) 이에 관해서는 Nadel, a.a.O., 1953 참조.

166) 이에 관한 개관을 위해서는 Richard Thurnwald, "Die menschliche Gesellschaft in ihren ethno-soziologischen Grundlagen", a.a.O., S.21 ff. 참조.

167) 그만큼 유명하지는 않지만, 그 외에도 이러한 종결이라는 문제를 위하여 다른 해결책이 있었다는 것이 샤이엔 인디언(Cheyenne Indian) 법에 대한 연구에서 밝혀졌다. 살인을 한 부족원에 대한 처벌은 주술적으로 정해진, 특히 관대할 경우 최고 5년까지의 추방형이라는 점은 놀라운 것이다. Karl N. Llewellyn/ E. Adamson Hoebel, *The Cheyenne Way, Conflict and Case Law in Primitive Jurisprudence*, Norman, 1941, S.132 ff. 참조.

의 원인이 되는 외부적·인과적 요소의 단절 등이 필요하다는 것도 동시에 의미한다. 이를 위하여 종래의 법의 관점에서 보면 명백히 모순적이어서 이해하기 어려운 방법, 즉 제재의 진정한 법적 근거를 피해자가 당한 위배에서가 아니라 행위자 자신에게서 찾는 방법이 발견되어야 했다.

윤리학이 사회와 법의 구조이론으로 재편되지 않았던 만큼 죄를 체험하는 데에서 그 기능은 정당한 목적이 될 수 없었다. 헬무트 쿤(Helmut Kuhn)은 이러한 한계를 "깊은 뉘우침은 죄로부터 구원한다. 그러나 양심은 이러한 결과를 알아서는 안 된다"[168]라고 기술하고 있다. 그러나 왜 그럴까? 더욱 합리적인 구원실무에 대한 요구가 늘 다시 터져나왔음에도 왜 그것이 충족되지 못하는가? 왜 캘빈주의적 비합리주의를 도입하여 구원에 대한 확실성을 불안정하게 하는가? 이와 같은 동기의 체증(Motivstau)이 근대적 성과추구의 세속화를 위해 가지는 의의에 관해서는 막스 베버와 연계하여 많은 것들이 사색되었다.[169] 그러나 여기에서 우리는 이 문제에 대하여 자세히 살필 수 없다. 우리가 종교적 구원신앙의 동기가치를 다소 낮게 평가하더라도 그것이 나타내는 형태에 기하여 그 전체 사회의 구조를 읽을 수 있다. 즉 구원에 대한 실용적-합리적인 계산의 금지는 사회가 구체적으로 사실과 위배설명으로서 죄의 기제를 필요로 하기 때문에 그것을 구원으로 가는 단순한 통과역으로서 기능화할 수 없다는 것을 상징화한다.

일탈행동에 관한 전(前)사회학적 관념은 전체적으로 기존의 선호구조에 구속되어 있다. 그런데 기존의 선호구조는 선량한 (규범적으로 기대된) 행위와 나쁜 (기대위배적인) 행위의 구분이 본질적이라고 보는

---

168) *Begegnung mit dem Sein. Meditationen zur Metaphysik des Gewissens*, Tübingen, 1954, S.132 ff.

169) "Die protestantische Ethik und der Geist des Kapitalismus", in: Ges. *Aufsätze zur Religionssoziologie*, Bd. I., Tübingen, 1922, S.1~206.

관점에서 일탈행동을 해석할 뿐 그것을 구조로서 문제화하지 못한다. 우리가 법적 소당연을 차원적 그리고 기능적으로 나누지 않고 그 단일성에 출발하는 한 법의 부정이라는 하나의 가능성, 즉 불법이 있을 뿐이다.[170] 이러한 경우 고유한 규범성은 악과 함께 일방적인 편파성에 존재하게 되고, 선과 악의 대립은 규범과 사실의 대립으로 직결된다. 선호가 부착된 이와 같은 이접(離接)[171]의 기능에 대해서는 문제가 제기되지 않는다. 이에 대하여 일탈행동에 관한 최근 사회학[172]은 상당한 진전을 보여주고 있다. 왜냐하면 최근의 일탈행동사회학은 윤리적·규범적 학문의 사고틀을 깨는 시각을 열었다. 그러나 이것도 아직 종래의 윤리적·규범적 사고를 완전히 이론적으로 극복하지 못하고 있다.

도덕철학적 분석과 비교할 때 일탈행동에 대한 사회학적 분석은 훨씬 더 '상징적 중립화'에 의존하고 있는데, 이것은 적어도 두 가지 방향에서 그러하다. 우선 연구자가 도덕적 판단이라는 관점에서 벗어나서 일탈행동을 다루고 그것에 대해 판단을 내리더라도 그 때문에(설령 그것이 학문적인 오류라고 하더라도) 연구자 자신이 비난받지 않을 때에만 사회학적 분석을 생각할 수 있다. 다음으로 사회학적 분석은 일탈행동의 비난가능성이 객관화되고 단절되어 설명적 맥락을 변색시키지 않을 것

---

170) 이와 같이 부정을 구분하지 못한 소박성(Naivität des undifferenzierten Negierens)을 지양하기 위하여 우리는 결론에서 법이론에 대한 약간의 비판적 문제를 정식화할 것이다(이 책 591쪽 이하).

171) 여기에서 '이접'이라는 말은 선을 일방적으로 우선시하면서 악과 선을 구별하는 것을 의미한다─옮긴이.

172) 일탈행동사회학은 법사회학 외부에서 병리적 행태(deviant behavior), 집단행태(collective behavior), 사회적 해제(social disorganisation)라는 표제 아래 그자체 내용이 풍부한 특수사회학으로서 확립되었다. 일탈사회학의 이론적 단초는 결국 법사회학과 분리될 수 없다. 하지만 우리는 이러한 맥락에서 세부사항으로 들어갈 수 없다. 입문적인 교과서로는 Marshall B. Clinard, *Sociology of Deviant Behavior*, 2. Aufl., New York, 1963; Albert K. Cohn, *Abweichung und Kontrolle*, München, 1968 참조.

을 요구한다. 왜냐하면 그러한 경우에만 실증적으로 평가된 원인과 연관
지어 또는 구조화된 체계의 전체 위에서 일탈행동을 설명할 수 있기 때
문이다. 바꿔 말하면 설명의 선택이 주관적으로든 객관적으로든 설명하
는 결과의 도덕성에 의해서 방해받아서는 안 된다는 것이다. 이것은 고
도로 발달된 부정(否定)에 대한 구분 능력을 전제로 한다.

일탈행동이 사회적인 원인에서 발생하고 사회적 과정에 의해 지지되
며 사회적 행동에 대한 연구 가능한 준칙에 따른다는 것, 즉 단순히 '비
사회적'인 것으로서 악성적 충동으로만 돌릴 수 없다는 것에 대해서는
더 이상 증거를 필요로 하지 않는다. 이와 같은 통찰은 일탈행동의 원인
에 대한 질문에 새로운 자극을 제공하고, 사회적 체계에서 구조적 모순
을 발견하게 한다. 즉 체계가 우선순위를 설정하는 방식에 따라 그 구조
에 적응하는 여러 가지 가능성들 중 하나로서 일탈행동의 원인과 동기
가 창출된다.[173] 일탈행동은 체계구조의 정상적인 부수현상으로 간주
된다. 즉 일탈행동은 인간의 본성에서 나오는 유감스러운 불순종적 부분
이 아니라 사회적 체계와 함께 그리고 사회적 체계에 따라 변할 수 있는
구조결정결과이다. 결국 에드윈 서덜랜드(Edwin H. Sutherland) 이래로
일탈행동을 야기하는 과정, 특히 그 중의 학습과정은 순응적 행동이 일

---

[173] 체계구조적으로뿐만 아니라 동시에 개인 전략적으로 생각된다는 이러한 단
초에 관하여는 Robert T. Merton, "Social Structure and Anomie", *American
Sociological Review* 3, 1938, S.672~683(이 논문은 이와 연결된 연구인 Ders.,
Social Theory and Social Structure, 2. Aufl., Glencoe/Ill., 1957, S.131 ff.에 새
로 인쇄되었음); 그 외 Ders., "Conformity, Deviation, and Opportunity
Structure", *American Sociological Review* 24, 1959, S.177~189; Richard A.
Cloward, "Illegitimate Means, Anomie, and Deviant Behavior", *American
Sociological Review* 24, 1959, S.164~176; Robert Dubin, "Deviant Behavior
and Social Structure, Continuities in Social Theory", *American Sociological
Review* 24, 1959, S.147~164; Kai T. Erikson, *Wayward Puritans. A Study in the
Sociology of Deviance*, New York, 1966 참조.

어나는 학습과정과 동일하다는 것이 강조되어 왔다. 그러므로 이러한 의미에서 일탈은 '정상적인' 반응이다.[174]

이와 병행해 발전되어온 또 하나의 일탈행동이론으로서 체계구조에서가 아니라 상호행위과정에서 출발하는 이론이 있다. 이 이론에 의하면 일탈이란 상호행위에서 발생하고 상호행위과정의 상징적인 필요의 척도에 따라 부착되는 딱지붙이기로 이해한다. 그러므로 일탈은 자연적 또는 도덕적 (유책한!) 성질을 가지고 있는 것이 아니라 상호행위과정의 역사 속에서 가공되는 상징적 재현이고, 이러한 상징적 재현은 참가자가 긍정적 또는 부정적 동일화에 관해서 자기 자신을 표현하고 자신의 행동의 불법적 요소를 중화하도록 하는 것이다.[175] 상호행위에서 생긴 사건의 가공이 '일탈행동'의 요건을 구성한다.[176] 사회적 환경이 심리적

---

174) Edwin H. Sutherland, *Principle of Criminology*, Philadelphia, 1934; Frank Tannenbaum, *Crime and the Community*, New York, 1951, S.51 ff. 참조.

175) Gresham M. Sykes/David Matza, "Techniques of Neutralization. A Theory of Delinquency", *American Sociological Review* 22, 1957, S.664~670; Geiger, a.a.O., S.76 f. 참조.

176) 예컨대 John I. Kitsuse, "Societal Reaction to Deviant to Deviant Behavior. Problems of Theory and Method", *Social Problems* 9, 1962, S.247~256; Howard S. Becker, *Outsiders. Studies in the Sociology of Deviance*, New York/London, 1963; Thomas J. Scheff, *Being Mentally Ill, A Sociological Theory*, Chicago, 1966 등 참조. 이러한 생각에 가깝지만 이러한 사고의 응용에 한정된 것으로는 Edwin M. Lemert, *Social Pathology*, New York, 1951; Ders., *Human Deviance, Social Problems, and Social Control*, Englewood Cliffs/N. J., 1967; David Matza, *Delinquency and Drift*, New York/London/Sydney, 1964; Aaron V. Cicourel, *The Social Organization of Juvenile Justice*, New York/London/Sydney, 1968; Earl Rubington/Martin S. Weinberg(Hrsg.), *Deviance and Perspective*, New York/London, 1968; Jack D. Douglas(Hrsg.), *Deviance and Respectability. The Social Construction of Moral Meanings*, New York, 1970 참조. 일탈행동을 설명하는 근래의 견해와 종전의 것을 통합할 것을 요구하는 것으로는 Ronald L. Akers, "Problems in the Sociology of Deviance, Social Definitions and Behavior", *Social Forces* 46, 1968, S.455~465이 있다.

과정의 중개를 통해 일탈행동에 동기를 부여한다는 종래의 견해를 넘어 지각과 명명에 의한 일탈은 순수한 사회현상의 하나라고 주장된다. 상호 행위과정에서 완전히 임의적으로 자유롭게 일탈행위를 구성할 수 있는 것이 아니라 더 커다란 체계의 테두리조건에 다소간 엄격하게 구속되지 않을 수 없다는 점을 생각해보고, 한편 이와 같이 생각하지 않으면 계속 적인 상호행위 과정에서 의사소통의 어려움이 너무 커진다는 점에서 볼 때 이러한 연구들은 체계구조이론으로 통합될 수 있다. 법사회학은 이 러한 생각을 받아들이고, '사회적 통제 네트워크'가 이러한 조건 아래서만 작동하기 때문에 정합적으로 범례화된 행동기대에서만 괴리를 일탈로 규정하고, 죄를 귀속시킬 수 있을 정도로 충분한 명확성이 달성될 수 있 다는 것을 보여줄 수 있다.[177]

사회적 체계에서 일탈을 규정하는 구조적이고 절차부합적인 조건성 에 관한 그와 같은 사고는 일탈행동이 여러 관점에서 긍정적인 기능을 수행한다는 주제로 보완된다. 예컨대 규범감정을 살아 있게 하고 지배질 서의 의식(儀式)적 승인을 통한 자극으로서, 혁신의 원천으로서 그리고 사회적 체계의 '다양성의 저장고'[178]로서 일탈행동은 불가피한 것일 뿐 만 아니라 유용하다.[179] 이와 같은 주장에는 일탈행동을 정당화하려는

---

177) Clarice S. Stoll, "Images of Man and Social Control", *Social Force* 47, 1968, S.119~127 참조.
178) Walter Buckley, *Sociology and Modern System Theory*, Englewood Cliffs/N. J., 1967, S.167.
179) 이와 같은 기능지정(Funktionszuweisungen)에 관한 개관으로는 Lewis A. Coser, "Some Functions of Deviant Behavior and Normative Flexibility", *The American Journal of Sociology* 68, 1962, S.172~181(이 논문은 Ders., *Continuities in the Study of Social conflict*, New York, 1967, S.113~133에 새로 인쇄되었음) 참조. 그 개별적 기능에 관해서는 Emile Durkheim, a.a.O., 1902, S.35 ff.; Ders., *Les règles de la methode sociologique*, 8. Aufl., Paris, 1927, S.80 ff.; George H. Mead, "The Psychology of Punitive Justice", *The American Journal of Sociology* 23, 1918, S.557~603; Roger Nett, "Conformity-Deviation and

의도가 있는 것이 아니라 일정한 문제는 해결되지 않는 채 남아 있으므로 근본적인 구조변경이 필요한 이상 일탈은 유용한 것이라고 설명하는 것이다.

일탈행동에 관한 새로운 관념을 형성하는 데에 이바지한 다양한 논문은 다양한 이론적 출발점(체계이론, 상호행위이론, 상징적 표출이론, 기능주의)에서 발전해 상이한 색채를 띠고 있다. 그러나 우리가 구조개념을 새롭게 파악한다면 이들은 하나의 모자이크로 조합되어 납득할 수 있는 모습을 갖게 된다.

일탈행위에 관한 모든 사회학이론에 공통되는 중요한 징표는 순응적 행동뿐만 아니라 일탈적 행동도 구조화된 사회적 체계의 구성부분으로 간주된다는 것, 즉 체계에 귀속된다는 것이다. 순응적 행동과 일탈적 행동의 구분이 환계에 대한 체계의 한계선을 표시하는 것은 아니다.[180] 이러한 구분은 체계내적 분화일 뿐이다. 사회적 체계는 '선(善)한' 행위로만 구성되는 것이 아니다. 기대순응적 행동과 마찬가지로 기대위배적 행동도 그 의미에 따라, 즉 그것이 행위자 자신에 의한 것이든, 그의 행위를 함께 체험하고 해석하고 규범적 기대요청을 따르는 다른 사람에 의해서든 기대구조와 관계하고 있다. 베버[181]를 따라 기술해 보면 질서의 효력을 결정하는 것은 질서에 대한 행위의 방향성이지 행위에 대한 복종성이 아니라는 사실이다.

그래서 하나의 행동을 일탈적 행동이라고 성격 규정하는 것은 체계내

the Social Control Concept", *Ethics* 64, 1953, S.38~45; Robert A. Dentler/Kai T. Erikson, "The Functions of Deviance in Groups", *Social Problems* 7, 1959, S.98~107 참조.

180) Kai T. Erikson, "Notes on the Sociology of Deviance", *Social Problems* 9, 1962, S.308~314는 이를 명백하게 하고 있으며, 자세한 것은 Ders., "Wayward Puritans", a.a.O., 1966 참조.

181) *Rechtssoziologie*, Neuwied, 1960, S.54 f.

적으로뿐만 아니라 동시에 체계관계적으로도 보인다. 그리고 이것은 거의 주목할 수 없을 만큼 전체에 걸쳐 서로 이론의 혼란을 일으킨다. 우리는 순응적 행동과 일탈적 행동, 내적 (체계에 고유한) 행동과 외적 (환계와 관련된) 행동, 인지적 기대와 규범적 기대라는 (최소한) 세 가지의 이분법(Dichotomie)을 생각해야 한다. 이러한 이분법은 곧바로 정합적으로 정해지는 것이 아니다. 한편 이들의 상호관계도 물론 임의적이지 않다. 체계의 경계는 내부와 외부의 차이에 따라 순응적 행동과 일탈적 행동 또는 규범적 기대와 인지적 기대를 동시에 분화시키지 않는다. 그 반면 체계의 경계에 기대 양식과 위배행동의 처리를 위해 무의미한 것은 아니다.[182]

스스로 한계를 설정하는 사회적 체계는 순응적 행동과 일탈적 행동이라는 단순한 이분법에 의해 성립할 수 없다. 그 밖에 사회적 체계는 외계의 행동을 위한 의미가 있어야 한다. 외계의 행동이 물론 기대되기는 하지만 체계 자체에서는 규범화되지 않는다. 영국에서 차를 왼쪽으로 운행한다는 것은 우리의 교통체계를 위해서는 규범화되어 있진 않지만 기대될 수 있는 외계의 행동이다. 어떤 가족이 어떤 치약을 사용하는가는 우리의 경제체계에서는 규범화되어 있지 않다. 치약의 변경은 경제체계에 대하여 일탈적 행동이 아니라 학습과정을 통해 적응해야 할 사건이다. 그러나 가정에서 어린이에게 달콤한 치약을 빼앗고 이른바 건강에 좋다는 바다소금치약으로 대체하는 것은 규범적 요구에 대한 기대위배를 의미할 수도 있다. 사회적 체계는 내부적 관계나 외부적 관계에서 모두 인지적 기대를 포기할 수 없다. 그러나 그것이 규범적 기대에 의해서 행동 전제로서 보다 좁게 선택될 수는 있다. 이 경우 구속성은 체계 그 자체에

---

182) 이 점에 대해 일탈을 내용으로서 허용하는 것은 외부에 대한 체계경계를 확정하는 기제라는 Dentler/Erikson, a.a.O., S.101의 이론 참조.

포함되는 행동에만 미친다. 이러한 좁은 선택과 관련해서만 순응적 행동과 일탈적 행동의 분화가 의미를 갖는다.

이를테면 규범적 기대와 그것에 상응하는 행위뿐만 아니라 분화 그 자체는 체계내적 구조이다.[183] 규범적 기대는 선택가능성이 풍부한 복잡한 사회에서 복잡성과 불확정성의 뚜렷한 감축을 가능하게 한다. 그러나 이러한 장점의 대가는 선택이 체계에 고유한 행위를 위해서만 타당하다는 것과 그 선택은 미래를 확정하는 것이 아니라 순응적 또는 일탈적 행동에 대한 양자택일의 가능성을 확정할 뿐이라는 것이다. 이러한 양자택일은 순응을 선호하는 내재적 성질을 가진 순응적 행위와 일탈적 행동의 도덕적 선언명제이고, 선택급부의 '내부시각'이라고 말할 수 있다. 순응적 행동과 일탈적 행동의 선언명제는 그 자체를 주제와 문제로 삼지 않으면서 내부 시각을 체계 안으로 끌어들인다. 즉 우리는 일상적 행동에서 더 이상 우리 자신의 순응적 행위 또는 일탈적 행위에 대한 양자택일 '에' 지향하는 것이 아니라 그 양자택일 '속으로' 지향한다. 이 경우 양자 간의 차이는 확정된 것으로 취급된다. 체계 내에서 우리는 순응적 행동과 일탈적 행위 사이에 이러한 선택권을 가지는데, 선택은 순응적 행위와 같은 의미를 찾기 쉽도록 하는 훈련이다. 그러나 우리는 보통 더 이상 이러한 선택을 선택할지에 대해서 규범적으로 묻지 않는다. 순응적 행동과 일탈적 행동 사이의 표면적인 선택가능성은 이러한 양자택일 그 자체의 전제된 선택을 모호하게 만든다. 이것으로써 구조 자체가 문제가 되는 것을 면한다. 구조는 적어도 정상적인 행동에서 전제되어 있다. 그뿐만 아니라 우리가 지배적 규범얼개에 의존하지 않고 원칙적

---

183) 비슷한 결론은 범죄학의 최근 발전에 관한 개관에서 나온다. Fritz Sack/Rene König(Hrsg.), *Kriminal-Soziologie*, Frankfurt, 1968, S.431~476(469ff)은 범죄를 사회의 분배기제의 테두리 내에 있는 소극적 선(negatives Gute)으로 성격 규정하고 있다.

대항권에 기초해 일탈적 기층문화를 확립하는 것은 불가능하다는 것을 짐작할 수 있다.[184] 그러므로 일탈행동은 가끔씩만 일어날 수 있고, 일탈행동에 대한 어떠한 자기정당화에도 불구하고 정합적으로 범례화된 고유한 기대구조를 성취하지 못한다. 오히려 일탈행동은 자기의미를 지배질서와 관련시켜야 한다. 이렇게 한정하면 도덕적 정합성은 선행 또는 악행에서 사회적 체계의 매우 불안정한 구조적 정합성을 은폐한다. 선악의 근거를 찾으려는 시도는 사건별로 처리되고, 철학자의 머릿속에서만 선한 것의 선성에 대한 논거 또는 악한 것의 가능성을 제안받게 되지만, 이러한 양자택일 그 자체를 구조화하는 기능에 대한 문제로부터 단절된다. 이런 식으로 구조는 '이중의 선택성'[185]을 설정하는 기능을 수행하면서 도덕적 선언명제라는 단초의 선택을 그 선언명제의 척도에 따른 행동의 선택과 분리한다. 도덕적 선언명제는 견딜 수 없고 다룰 수 없을 정도로 과도한 복잡성을 다룰 수 있는 문제로의 전환이다. 악도 그 자체로서 의도되는 경우에는 선에 의한 세계의 축소에 반대하는 항의로서 그의 고유한 권리를 갖는다.

우리가 윤리적 자연법이라는 고대 유럽적 전통에서 벗어나 일탈행동의 사회학적 이론을 법사회학에 수용하고 선택성의 관점 아래 사회적 체계를 위한 규범적 구조의 기능을 설명할 때 비로소 법진화이론의 가장 중요한 측면들이 서로 짜 맞추어지게 된다. 법의 발전은 덕과 이성의 더 나은 실현, 일탈행동에 대한 지속적인 배제, 혈투에 의하지 않는 오늘날의 재판 등과 같은 의미에서의 진보, 즉 그때그때의 사회구조와 무관하게 항상 타당할 수 있는 이상(理想)으로 접근한다는 의미로서의 진보로 파악할 수 없다. 오히려 법의 발전은 사회체계 그 자체의 수준에서 구

---

184) Matza, a.a.O.
185) 이 책 132쪽 이하 참조.

조적 변화와의 상관관계에서 보아야 한다.

체계경계와 규범적 구조선택의 상관관계에 관한 우리의 고찰이 맞는다면 사회발전과정에서 다양하고 명백한 체계경계에 대한 요구의 증대는 특별한 조건 아래 법기제를 놓아둘 수 있다고 짐작할 수 있을 것이다. 법발전은 사실 이러한 경계에 의존하면서 동시에 일의적인 확정을 가능하게 하였다. 여기에서 법발전과 관련된 체계경계를 위한 상징으로서 영토적 경계를 획득하였음을 알 수 있다. 그러나 영토적 지역분할을 단순 사회에까지 소급할 수 있고, 이것은 결코 정치적 지배의 성립과 함께 등장한 것이 아니다.[186] 그러나 사회가 1차적으로 친족체계로서 구조화되어 있는 한 그 체계경계는 영토와 명백하게 연관되지 않는다. 친족관계가 멀어지거나 모호해질 경우 그것은 불안정하다. 그래서 중요한 안정화 기제가 의존하는 것은 예컨대 분할의 가능성 또는 분쟁해결을 위해 먼 친족관계를 동원하는 것이었다.[187] 영토적 경계 내에서 법은 유목민족, 산악민족, 야만인, 이종의 문화라는 외계를 고려하지 않고도 육성되고 특화될 수 있었다. 그러나 영토적 경계 외부에서 각 민족의 법은 다른 민

---

186) 이러한 한에서 친족관계와 영역적 지배란 서로 상이하고 전후로 따라오는 법적·정치적 질서의 원리라는 종래의 명제(Henry Sumner Maine, *Ancient Law*, a.a.O., S.93 ff. 참조)는 수정되어야 한다. 이를 위해서 Robert H. Lowie, *The Origin of the State*, New York, 1927; R. F. Barton, *The Half-Way Sun, Life Among The Headhunters of the Philippines*, New York, 1930, S.106 ff.; 또는 Issac Schapera, *Government and Politics in Tribal Societies*, London, 1956; Rüdiger Schott, *Anfänge der Privat and Planwirtschaft, Wirtschaftsordnung und Nahrungsverteilung bei Wildbeutervölkern*, Braunschweig, 1956, S.187 ff. 참조.

187) Marshall D. Sahlins, "The Segmentary Lineage: An Organization of Predatory Expansion", *American Anthropologist* 63, 1961, S.322~345; P. H. Gulliver, "Structural Dichotomy and Jural Processes Among the Arusha of Northern Tanganyika", *Africa* 31, 1961, S.19~35; Lloyd Fallers, "Political Sociology and the Anthropological Study of African Politics", *Europäisches Archiv für Soziologie* 4, 1963, S.311~329(313 ff.)참조.

족에 대해서는 타당할 수도 없고, 타당해서도 안 되는 것이었다.[188] 이에 비하여 영토적 경계는 더 좁은 기대영역의 선택을 위한 물리적인 의미에서라기보다 그것을 위한 상징적 의미에서 더욱 높은 법형식의 발전을 위한 필수적인 전제조건일 뿐만 아니라 결정권한과 제재권력의 관계조정을 위한 불가결한 전제조건이었다. 영토적 경계 내에서 기대의 규범성과 순응적 행동 및 일탈적 행동의 이분법적 선택이 생활영역으로 많이 확장되고 세부적인 형태를 구성하게 되었다.[189] 내용적으로 확고한 근거가 오래전에 상실하였고 사회가 더 이상 영토적 경계에 의해 획정될 수 없는 오늘날에서조차 고도로 발전된 법규범은 영토적 경계 내에서만 타당한 경우가 있다.

확정된 체계경계 내에서 비로소 인지적 기대와 규범적 기대를 서로 분리시키고, 상황과 관계없이 순응적 행동과 일탈적 행동에 대한 이분법적 선택이라는 척도에 따라 규범적 기대를 처리하는 것을 사전에 확정하는 것이 가능하게 된다. 내부적으로 이미 규범이 설정되어서 어떠한 상황에서 학습적으로 또는 비학습적으로 행동해야 하는지가 분명하지만, 무엇보다 침해와 방해의 중지에 관한 한, 환계에 대해 규범적 기대와 인지적 기대가 혼합된 구체적 기대양식이 고수된다. 자기 확신은 동시에 환계와 학습준칙에 대한 규범이다. 가족, 유목집단 및 부족 사이의 원시적인 불간섭원칙은 사회적 분화의 증대와 원격지 간의 외교적 경계의 규율에

---

188) 자연법의 사상(Gedanken des Naturrechts)은 그 자신의 고유한 법의 선택성에 관한 의식을 억제하였는데, 우리는 이러한 발전상태가 동시에 자연법사상을 만들었다는 것을 이 책 337쪽 이하에서 자세히 살펴볼 것이다.
189) 우리는 현대적 조직체를 가진 전체주의 사회체계보다 낮은 단계에서 거의 유사한 것을 찾을 수 있다. 위와 같은 사회체계에서 구성원과 비구성원 사이의 역할 구분의 명확성은 같은 기능, 즉 조직체 외부에 대한 경계설정과 조직체 내에서 선택적·규범적 구조의 세분화 기능을 수행하도록 한다. 이에 관해 더 자세한 것은 Niklas Luhmann, *Funktionen und Folgen formaler Organization*, Berlin, 1964 참조.

대한 필요성에 의해 밀려나고, 이러한 요인에 의해 규범적 기대와 인지적 기대가 분화될 수 있는 영역이 확대된다. 이러한 분화에 의해 비로소 독자적인 문화적 성과로서 법이 나타난다. 이와 같은 분화는 체계경계에 의한 보호를 전제로 하고, 체계분화의 증대에 의존하며, 또 이와 더불어 발전한다. 공간적으로 거대하고 분화된 사회에서는 정치한 법규정, 세련된 도덕적 요구와 종교적 정향의 추상적인 원리를 기대할 수 있다. 외교 정치적 경계가 규범화의 욕구를 한정하기에 충분하지 않을 때, '국제법' (Völkerrecht)이 성립한다. 이것은 무엇보다 혼인과 통상으로써 사회가 정치적으로 현실화될 수 있는 범위보다 더 크게 확장된다는 것을 보여 주는 현상이다.

규범적 구조의 기능에 대한 분석에서 나오는 가장 중요한 결론은 '구조와 시간'의 관계와 관련되어 있다. 통상적인 구조 개념은 행동범형(行動範型)의 항상성으로서 구조라는 정의를 통해서 이러한 문제를 해결하고 차단한다. 이렇게 하면 시간의 문제가 (항상적인) 구조변동의 문제로서, 즉 내용상 모순(*contradictio in adiecto*)은 아니더라도 하나의 불명료한 개념이라는 형태로 제기될 수 있을 뿐이다. 실정법을 다룰 때 곧 살펴보는 바와 같이 이것은 충분하지 않다.[190]

그러나 우리가 구조의 기능과 선택에 주의하면 구조와 시간의 관계가 가변적이고 진화적으로 파악할 수 있는 지점을 얻게 된다. 미래와 과거의 분화에 대한 가능성 및 어떤 사회가 수용, 주제화, 제도화할 수 있는 미래의 개방성 정도는 그 구조가 어느 정도의 불확정성을 받아들이고 흡수할 수 있는가에 좌우된다. 이 점에 관해서는 이미 이 절의 초반부에서 언급하였다. 이제 더 분명하게 보아야 할 것은 어떻게 불확정적인 열린 미래가 순응적 행동과 일탈적 행동의 도덕적 선언명제에서 파악되고

---

190) 이 책 561쪽 이하.

그것이 현재적 행동기초로 전환되느냐는 문제이다.

만약 인지적으로 또는 학습적으로 미래에 적용할 가능성이 있다면 예측불가능하고 가변적인 미래는 견디기 어려울 것이다. 즉 우리는 '모든 가능성'을 파악하고 있어야 할 것이다. 그러므로 인지적 태도는 전형적으로 고정된 진리와 지속적인 과거의 경험에 의존한다. 인지적 태도는 근래에 들어서야 겨우 특별한 과학부문에서 순수 가설적인 것으로서 제도화되었고, 오늘날에서야 비로소 열린 미래와 마주하게 된다. 이와 비교하여 규범적 기대는 결정되지 않은 미래, 그러니까 다른 사람의 자유로운 행동을 예상할 수 있다. 왜냐하면 기대되지 않은 행동을 일탈행동으로 분류할 가능성이 허용되기 때문이다. 미래는 결정에 의해서가 아니라 도덕적 선언명제에 의해 정해진다. 즉 미래는 과거의 단순한 계속으로서가 아니라 우리가 현재 준비할 수 있는 두 가지 가능성을 제공하는 양자택일로 취급된다. 그러면 불확정성의 문제 대신 일탈행동이라는 '보다 처리하기 쉬운' 문제를 적용할 수 있다.

그러므로 그러한 확실성은 미래의 가능성과 우연적 불의타의 과잉생산과 함께 생활하도록 만든 규범적인(인지적이지 않은) 태도에서 발견될 수 있고, 제도화될 수 있다는 것을 이해할 수 있다. 법과 정치는 현재까지 사회의 진화에서 생기는 위험을 부담하는 방법이었다. 여기에서 현실에서 미래가 결정되어 있는지 그렇지 않은지의 여부는 실제적으로 중요하지 않다. 어떻든 이러한 결정은 인식할 수 없는 채 남아 있다(왜냐하면 시간이 너무 빠르게 흘러가서 이에 필요한 과거 탐색을 할 수 없기 때문이다). 그래서 사회는 그 구조의 측면에서 행위의 열린 가능성에 적응하여야 하고, 그래서 사회는 지금까지 이러한 태도를 주로 규범적으로 제도화했다.

미래개방성의 요구는 사회가 기능적 분화의 방향으로 전환되는 정도에 따라 강화된다. 이것은 개별적인 부분체계가 특수한 기능에 따라 조직되고, 넓은 사회 수준에서 현실화될 수 있는 것보다 각각의 추상적인 역할 지도에서 더 의미충만한 체험과 행동의 가능성을 산출하는 것, 예 컨대 정치적 시스템은 다른 사회 분야의 자율성과 합치될 수 있는 것보 다 더 많은 권력을 산출하며,[191] 사랑은 직업과 합치될 수 없는 요구수 준을 반영하고, 과학은 경제적 또는 정치적으로 주장될 수 없는 진리와 기술적 실현의 가능성을 산출하며, 가정은 경제적 변동의 가능성과 무관 하게 보장되어야 한다는 등을 의미한다. 이렇게 질서지어진 사회는 이미 기능적 분화라는 구조원리를 통해 가능성의 지속적인 과잉생산을 하고 있다. 이러한 가능성의 전부가 현실화될 수 있는 것은 아니다. 그래서 이 러한 사회는 그 시간적 체험에서 열린 미래를 내다보면서 불의타를 대 비해야 한다. 이러한 상황에서 우리는 순응적 행동과 일탈적 행동의 도 덕적 선언명제에 의한 미래의 폐쇄가 아직도 가능한지를 의심하지 않을 수 없다. 이러한 문제상황을 염두에 두고, 제4장과 제5장에서 실정법의 현상을 해석하고, 그 기능을 명백하게 할 것이다.

상술한 것에서 이미 규범적 미래기획은 복잡성에 대한 파악에서 한계 에 부딪힌다는 것이 암시된다. 이러한 한계는 위배행위를 일탈행동으로 간략하게 정하는 것에, 즉 확실성을 약속하는 기제에 포함되어 있다. 그 래서 그리스인들이 윤리를 발견하기 전에 알고 있었던 것, 즉 법 자체는 분쟁에서 필요불가결하다는 것이 은폐되었다. 그래서 소외자의 미래는 보장되지 못하였다. 새로운 것은 많은 경우 오로지 기존의 것으로부터 일탈로 나타날 수 있기 때문에 개혁의 정당성은 처음에서부터 박탈된 다. 급속하게 변함에 따라 혁신의 필요가 명백히 높은 사회는 일탈행동 에 대하여 그와 같은 간소한 비난을 할 수 없을 것이다. 왜냐하면 최소한

---

191) 이러한 문제를 고려하면서 나는 기본권의 기능을 해석하였다. Niklas Luhmann, *Grundrechte als Institution. Ein Beitrag zur politischen Soziologie*, Berlin, 1965 참조.

의 통제도 없이 필요한 혁신을 제도화할 수 없기 때문이다. 이러한 사회는 일탈행동에서 여전히 새로운 구조의 기회를 발견할 수 있고, 설사 새로운 것이 위법하거나 비도덕적인 양상을 띠더라도 그러한 양상에 미혹되는 것이 아니라 격분하지 않고 학습하면서 이에 반응할 수 있는 기제를 형성해야 한다.[192] 이와 같은 기제는 단순한 도덕적 선언명제가 제공할 수 있는 것보다 더 복잡하고 추상적인 정보 수용과 정보 가공의 도식이 필요하다. 이 기제에서 규범위반적 기대의 규범성, 즉 위반자가 느끼는 환멸에도 일정한 자리가 부여되어야 한다. 그 외에도 이것은 규범적 기획과 위배처리를 위하여 필요불가결한 기제와도 호환될 수 있어야 한다. 바꿔 말하면 사회는 기대위배의 처리를 위한 두 가지의 기본적인 전략인 학습과 비학습을 병행적으로 실시하여 더 합리적으로 조합해야 할 것이다.

원초적·법형성적 기제의 이론은 이러한 문제제기를 논증하기에 충분하지만, 제기된 문제에 답하기에는 충분하지 않다. 심지어 문제설정의 더 자세한 설명과 더 나아가 그 문제의 유의미한 해결에 대한 인식은 다양한 법의 근간을 타당하게 만드는 체계구조에 관한 폭넓은 추가적인 전제를 요구하고 있다.[193] 추가적인 전제의 선택은 어떠한 사회적 체계에 우리가 관심을 두는가와 무관하게 이론적 선택으로서 이루어질 수 있다. 우리는 이러한 체계 속에 정합적으로 범례화된 행동기대의 총합으로서 지멘스 회사(Siemens AG)의 법, 도미니크수도회의 법, 칼링가족

---

192) F. E. Emery, "The Next Thirty Years. Concept, Methods and Anticipations", *Human Relations* 20, 1967, S.199~237은 새롭게 대두하는 구조와 과정을 겉모습으로서가 아니라 그 자체에 대한 인식의 적시성(適時性, Rechtzeitigkeit)이 갖는 비판적인 의의를 강조하고 있다.

193) 이러한 진술의 방법론적 논거를 위해서 Niklas Luhmann, "Funktionale Methode und juristische Entscheidung", *Archiv des öffentlichen Rechts* 94, 1969, S.1~31 참조.

(Kalinga)의 법 또는 케네디가의 법을 연구할 수 있다.[194] 그러나 법의 중심적 관심은 전체 사회의 수준에서, 즉 사회에서 사회적 체계로서 제도화된 법이다. 오직 사회 자체에서 특별한 기대구조로서 법은 괄목할 만한 범위에서 세분화되고 있다. 사회는 정합적인 범례화의 기능을 위하여 고도로 특화된 기능구조를 발전시키고 있다. 이것은 변동이 많은 장구한 발전과정 속에서 이루어진다. 법사회학은 사회의 법에 집중하고 사회의 부분체계 안에 있는 다른 법형성을 다른 특수영역의 사회학, 이를테면 가족사회학과 조직사회학에 넘겨준다고 하더라도 많은 것을 잃지 않을 것이다.[195]

---

194) 법학 영역에 원리적으로 체계 관계적이고 다원주의적인 법관념은 Santi Romano, *L'ordinamento giuridico* I, 2. Aufl., Neudruck, Florenz, 1962에 의해서 제시되었다. 인류학에서 Pospisil, a.a.O., S.272 ff.; 법사회학에서 Georges Gurvitch, *Experience juridique et la philosophie pluraliste du droit*, Paris, 1935; Ders., *Grundzüge der Soziologie des Rechts*, Neuwied, 1960와 비교할 것. 이와 같은 법이해의 뿌리는 고대유럽 전통까지 거슬러 올라간다. 고대유럽 전통에서 각종의 인간공동체에 따라 법이 구성되었다는 것은 자명한 것이었다.

195) 이것이 전체사회의 법체계와 하위사회의 법체계 사이의 관계를 고유한 분석의 대상으로 하는 것을 배제하는 것은 아니다. William M. Evan, "Public and Private Legal Systems", in: Ders.(Hrsg.), *Law and Sociology. Exploratory Essays*, New York, 1962, S.165~184 참조.

제3장 사회의 구조로서 법

1. 사회의 발전과 법

고전적 법사회학은 (법사회학을——옮긴이) 사회이론과 연계하려고 노력했다. 그러나 그 당시 사회이론은 해체과정에 있었다. 새롭게 발전되는 사회학적 연구도구는 사회전체에 관한 낡은 거대 관념들이 더 이상 충족하지 못하는 이론적·방법론적 요청을 하였다. 인간의 공동생활을 포괄하는 전체로서의 사회에 관한 이론이 붕괴되었다. 그 결과 법사회학의 계속적 발전이 방해되었고, 방법론적으로 가능한 궤도로 이탈하여 더 이상 법 자체를 주제로 하지 않는 직업역할, 결정과정 및 의견의 사회학으로 방향을 바꾸게 되었다.

이러한 해체과정을 야기하였던 원인들은 아직 전혀 일소되지 않았다. 게다가 현재 새로운 기초 위에 어느 정도라도 합치하는 사회이론이 존재하지도 않는다.[1] 이와 같은 상황에서 이론적인 기초가 있는 법사회

---

1) 지금까지 주목할 만한 가치가 있는 유일한 시도인 Talcott Parsons, *Societies, Evolutionary and Comparative Perspectives*, Englewood Cliffs/N. J., 1966; *System of modern Societies*, Englewood Cliffa/N. J., 1971은 파슨스 자신의 사유 전제와 모순되게 자급자족(Autarkie)이라는 고전적인 개념으로 돌아가 있다는 것이 특

학을 세우려는 온갖 노력에는 잠정적이고 불확정적인 것이 있을 수밖에 없다. 그렇지만 그동안 사회학적 체계이론의 일정한 사유 단초들과 사회의 진화에 관한 일정한 관념들이 새롭게 형성되었다. 이와 같은 맥락에서 현재 진행되는 논의에 대하여 상술하거나 그것을 완전히 평가할 수 없다. 하지만 몇몇 기본경향에서 우리는 새로이 공고해지고 있는 개념적 기초를 소개할 필요가 있겠다. 이들 전제를 명료하게 하지 않고서는 사회발전과 법발전의 상호관계를 이해할 수 없다. 한편으로 법발전의 분석이 사회이론의 문제에서 해명되는 경우에만 비로소 법사회학이 사회이론을 구축하고 그것에 대한 경험적 통제에 기여한다는 것을 기대할 수 있을 것이다.

체계이론[2]의 계속적인 발전을 위한 제안과 연계하면 전체사회란 아주 복잡하고 불확정적인 환경에서 행위의 상호의미관계를 항상적으로 유지할 수 있는 하나의 사회적 체계로서 파악되어야 할 것이다. 이것을 위하여 선택급부가 체계 내에서 이루어져야 하고 고도의 복잡성을 파악하여 결정가능한 행위기초로 축소할 수 있도록 조직되어야 한다. 체계 자체가 복잡하면 복잡할수록 그것이 의미 있게 스스로 방향을 정할 수 있는 환경이 그만큼 더 복잡해진다. 어떠한 체계의 복잡성은 본질적으로 그 구조를 통해서, 즉 그 체계가 자신의 환경과 연관해서 수용할 수 있는 가능한 상태의 선행선택에 의해 규율된다. 그러므로 구조문제, 특히 법

이하다. 그리고 이 문제점에 대해서는 Samuel Z. Klausner(Hrsg.), *The Study of Total Societies*, Garden City/N. Y. 1967; 심화된 시도에 대한 개관은 Wolfgang Zapf, "Complex Societies and Social Change, Problems of Macrosociology", *Social Science Information 7*, 1, 1968, S.7~30 참조.

2) 대강의 기술로는 Niklas Luhmann, "Funktionale Methode und Systemtheorie", *Soziale Welt* 15, 1964, S.1~25.; Ders., "Soziologie als Theorie sozialer Systeme", *Kölner Zeitschrift für Soziologie und Sozialpsychologie* 19, 1967, S.615~644; *Soziologische Aufklärung*, Köln/Opladen, 1970 참조.

문제는 체계/환계관계(System/Umwelt-Beziehungen)와 그 관계 속에서 도달가능한 복잡성과 선택성의 정도에 대한 열쇠가 된다.

모든 형식의 체계, 예컨대 가족 · 기업 · 수도원 · 사단 하물며 정당 · 회의 · 연설 등과 같은 것에 대해서조차 타당성을 요구하는 이러한 견해는 전체사회를 위해 특별한 의미를 가진다. 전체사회는 다른 사회체계들이 연결될 수 있는 최종의 기축적인 감축을 규율하는 구조를 가진 사회체계이다. 이 구조는 불명확한 복잡성을 명확한 복잡성으로 변환하거나 다른 체계들에 대해 명확하게 변환한다. 이를 통해서 전체사회는 여타의 체계에 대해 이를테면 순응시킬 수 있고 더 작은 복잡성을 가진 환계를 담보한다. 이러한 환계에는 자의적인 가능성이 이미 배제되어 체계구조에 대하여 더 적은 요구가 제기된다. 그러한 한에서 전체사회의 구조는 그 속에 형성된 사회체계들을 위한 부담경감의 기능이 있다. 이와 같은 상관관계는 반대의 경우에도 성립한다. 체계가 전체사회 속에서 구조를 통해 이를테면 조직 혹은 사랑에 의해 복잡한 환계를 감당할 수 있는 만큼 전체사회는 총체적으로 복잡성을 얻을 수 있고, 경험과 행동의 더 많은 다양한 양식을 가능하도록 한다.

그러나 무엇이 이러한 사회체계의 환계인 전체사회인가? 아주 많은 것들이 이 질문에 올바르게 답하는 것에 좌우된다.

고대유럽의 사회 및 법철학(Gesellschafts-und Rechtsphilosophie)에서 자명한 전제이었던 것은 인간이 자유, 덕, 행복 그리고 법을 살아 있는 사회의 살아 있는 부분으로 생각한다는 것이다. 사회는 구체적 인간의 단체로 보았고 명시적으로 하나의 사회적 단체(胴体, Soziales Körper: 이것은 이를테면 부족 · 국가 등과 같이 인위적으로 조직된 단체를 말한다—옮긴이)로 자주 불리기도 했다. 사회가 인간으로 구성되었다는 점에서 납득할 수 있고 마음을 끄는 인간품성과 도덕적인 요청을 갖고 있었다. 비인간적인 자연을 제외한다면 사회의 환계는 단지 다른 사회, 즉 다른 인간으로 구성된 집단을 협동체(Gesellschaftskörper: 이것은 이를 테면 가족·씨족 등과 같이 자연적 내지 자생적으로 형성된 집단을 말한다──옮긴이)가 고려될 뿐이었다. 따라서 사회의 경계로서 인간을 소속 또는 소속외(所屬外)로 분류하는 혈통적 경계나 영토적 경계가 상정되었다.

그런데 사회학적 체계이론의 최근 발전은 이와 같은 관념을 깨도록 강요하고 있다. 사회학적 체계이론에서 사회적 체계란 서로 유의미하게 관련된 행위들이 구조화되어 있는 체계이고, 여기에는 구체적인 인간이 포함되는 것이 아니라 오히려 배제된다. 인간은 심리적 체계(인격성)에 의해 조종되는 유기체로서 생존한다. 이와 같은 심리적-유기체적 체계에 구조적으로 허용된 가능성은 전체사회라는 사회체계에 구조적으로 허용된 가능성과 다르다. 달리 말하면 여러 행위를 전체사회의 체계로서 연결하는 의미맥락은 한 인간이 유기체에 기초해서 유의미하게 조종하는 현실적 행위와 가능한 행위가 가지고 있는 맥락과 다른 것이다. 이들 체계를 구성하고 있는 행위의 동일성이 양 체계 자체의 동일성을 역추론하는 것을 허용하지 않는다. 체계는 가능한 것들의 다양한 취사선택으로서 그 단일성을 유지하고 있다. 그러므로 인간과 사회는 서로에 대해 환계이다. 인간과 사회는 그때마다 서로에 대해 너무 복잡하고 불확정적이다. 그럼에도 양자는 존속할 수 있도록 구조화되어 있다. 사회의 구조와 경계는 복잡성을 감축시키고 유기체적·심리적으로 가능한 것들의 불확정성을 흡수한다. 그것들은 특히 인간 자신에 대한 경계이다. 이렇게 하여 사회의 구조와 경계는 인간들의 가능성이 서로 기대할 수 있게 보장한다.

이와 같은 사고전환은 사회와 법의 관계를 판단하기 위한 전제조건도 변경한다. 이로써 고대유럽적 양식의 자연법적 사고는 그 기반을 빼앗기게 된다. 인간관계의 정당성은 인간의 본성과 사회의 일부로서 인간의 생활조건에서 도출될 수는 없다(물론 사회가 인간생활에 불가피하다는 것이 부정되어야 한다는 것이 아니라 사회의 부분으로서 인간을 파악한다는 것이 부정되어야 할 뿐이다). 그것은 상호행위, 즉 의미의 구성이 주로 이루어진다면 오히려 해결되어야 할 복잡성과 불확정성으로부터 나온다.

따라서 법은 사회체계의 경계와 선택양식을 규정하는 하나의 구조로서 보아야 한다. 법이 유일한 사회구조인 것은 아니다. 법 이외에도 인지적 구조라든가 진리, 사랑 등과 같은 소통의 매체와 특히 사회의 체계분화의 도식을 제도화하는 것을 주목해야 한다. 그러나 인간은 규범적 행동기대의 정합적 범례화 없이 자신의 방향을 정할 수 없고 또 자신의 기대를 기대할 수 없기 때문에 법은 반드시 구조이어야 한다. 그리고 이 구조는 사회 자체의 수준에서 제도화되어 있어야 한다. 그래야 이 구조가 전제조건 없이 구축될 수 있고, 다른 사회체계를 위해 환계를 길들이는 설비가 만들어질 수 있기 때문이다. 그래서 구조는 사회적 복잡성의 진화와 더불어 변천한다.[3]

이러한 견해를 전제로서 수용한다면 법이론은 사회적 진화이론과 연결될 수 있다. 최근 체계이론은 이에 대한 중요한 시사를 준다.

진화이론은 오늘날 더 이상 단순한 인과과정, 즉 원인과 결과 관계의 기본모델을 따라 구상할 수 없고 진화의 의미를 '진보'로 해석하는 도덕적 범주에 의존할 수 없다.[4] 오히려 진화이론은 체계이론적 관념을 이

---

3) 결과적으로 오늘날 승인되어 있는 견해이다. 예컨대 Edwin M. Schur, *Law and Society, A Sociological View*, New York, 1968, S.107 f.; Michael Barukun, *Law Without Sanctions, Order in Primitive Societies and The World Comunity*, New Haven/London, 1968, S.116 ff.; 그리고 경험적 자료를 정리한 것으로서 Richard D. Schwartz/James C. Miller, "Legal Evolution and Societal Complexity", *The American Journal of Sociology* 70, 1964, S.159~169 참조.
4) 자연적 인과성(*natural causation*)과 도덕적 해석의 이와 같은 조합은 빅토리아

용해야 한다. 체계이론적 관념에 의하면 왜 종래의 관점에서 보면 발생하기 어려운 구조적 변화가 진화적 성과[5]로서 안정화될 수 있는지 설명할 수 있다. 예를 들면 왜 집단적 불안극복의 주술적 방식들이 추상적으로 고안되고 개인적이고 암묵적 종교성을 가진 책임으로 대체될 수 있었는지, 또는 왜 욕구의 시간상쇄 도구로서 이웃사람의 도움과 감사와 같은 촌락의 옛날 방식들이 법적으로 담보된 신용에 의해서 해체될 수 있었는지, 달리 말하면 왜 더 높은 위험들과 더 큰 이익들을 새로운 방식으로 조합하는 것이 가능한지를 체계이론에 의해 설명할 수 있다. 이와 같은 안정화문제는 항상 체계와 환계의 관계에 관한 관점에서 판단되어야 한다.

이와 동시에 언급할 것은 적어도 사회적 영역에서는 유기체의 성장방식에 따른 내재적 발전을 체계 자체에서 생각할 수 없다는 것이다. 과거의 진화이론이 자기분화를 통한 유기체적 성장과 같은 과정을 상정한다든가 유일한 선택으로서 '생존을 위한 투쟁'의 원리에 따라 작업하는데, 최근의 체계이론은 사회적 체계의 복잡성과 환계와의 관계에서 출발한다. 이러한 관계는 진화의 규제를 전제로 하고, 그러므로 분화와 생존투쟁은 단지 이와 같은 기본적인 사고의 측면으로 나타날 뿐이다.

세계는 물리적 분화에 의해 이미 그렇게 되지만 살아 있는 유기적 체계의 분화에 의해 진정으로 더 복잡하게 되고 모든 개별체계의 환계로

시대의 진화이론 특히 스펜서의 특징이다. J. W. Burrow, *Evolution and Society. A Study on victorian Social Theory*, Cambridge UK., 1966. '유기체적 성장' (organisches Wachstum), 단선성(Unilinearität), 연속성(Kontinuierlichkeit), 비가역성(Irreversibilität)과 같은 다른 징표를 함께 주장한 사람은 거의 없고, 기껏해야 대부분 제2순위의 저술가들이 주장한다. 이들 징표는 오늘날의 신진화주의자들이 더 이상 읽히지 않는 스펜서를 믿지 않도록 하는 데 더 많이 기여한다.

5) 이 개념에 대해서는 Talcott Parsons, "Evolutionary Universals in Society", *American Sociological Review* 29, 1964, S.339~357; Ders., *Sociological Theory and Sociological Theory and Modern Society*, New York/London, 1967, S.490~520 참조.

서 더 혼돈스럽게 된다. 개별체계 속에서 그때그때 자신의 환계를 고려하면서 더 고도로 범례화된 더 풍부한 전제를 가진 적응형식들이 증명된다. 이 적응형식은 아마 '우연히' 생성되겠지만 그다음에 사용되고 유지된다. 예컨대 생식이나 자가운동성, 투쟁능력, 그들에 상응하는 조정체계를 갖춘 눈과 손, 언어, 글자 등이 그것이다. 이러한 진화적 성과의 안정화를 통해 세계의 가능성이 고양되고, 모든 다른 체계들에서 그 환계의 복잡성과 불확정성이 증가한다. 이것은 무연관성을 강화하고, 적응과 자기유지의 고유한 형식을 더 높게 발전시킨다. 그리고 더 많은 가능성 중에서 선택을 안정화하기 때문에 모든 경우에 그들의 상태는 이전보다 높은 선택성을 가진다. 그리하여 그 사회체계에서 진화는 처음에는 가능성에 관한 하나의 '우연적' 과잉생산이지만, 그다음에는 점증적으로 구조의존적이다. 오늘날 사회적 체계에서 부분적으로 이미 계획할 수 있는 가능성의 과잉생산을 전제하고 있다. 이들 가능성은 체계의 관점에서 구조를 통해 선택적으로 유지될 수 있는 것이고, 진화는 이러한 전제조건 아래서 비개연적인 질서를 개연적인 것으로 만든다. 진화의 자극과 규제는 체계와 환계 사이의 복잡성낙차이다.

이러한 기본적인 사고는 사회적 진화에 대해서도 하나의 해석도식을 제공한다.[6] 그리고 사회적 체계는 다소 우연적이지만 그 환계를 고려하는 더 나은 문제해결책들, 즉 과도한 복잡성에 대하여 대안이 풍부한 더 높은 적응형식을 고안한다. 그리하여 인간관계의 복잡성과 우연성이 높아지지만 사회적 생활은 기회이든 위험이든 간에 추가적인 가능성을 얻게 된다. 유목민이 말을 길들이고 그것을 통해 군사적 기동성과 우위성

---

6) Alvin Boskoff, "Functional Analysis as a Source of a Theoretical Repertory and Research Tasks in The Study of Social Change", in: George K. Zollschan/Walter Hirsch(Hrsg.), *Explorations in Social Change*, London, 1964, S.213~243은 파슨스에서 출발해서 유사한 관념으로 가고 있다.

을 얻으면 이는 다른 민족으로 하여금 요새를 구축하게 하거나 정치적 조직을 수용하도록 하는 계기가 된다. 농경민족이 잉여생산과 창고저장을 조직화하는 것을 습득하면 이러한 것들은 산악민족이 침략할 만한 표적이 된다. 더 현대적인 예를 들면 고도로 발전된 대중매체가 스캔들과 폭력사건을 보도할 때 새로이 생기고 있는 정치적 반대파는 아직 신문을 구독할 수 있는 자력이 없어도 스캔들과 폭력사건으로 여론의 관심을 끌 수 있는 길을 찾게 된다. 법적으로 말한다면 법이 있는 곳에 탈법행위가 있다(*trovato la legge, trovato l'inganno*)라는 것이다. 발전의 원리는 사회의 복잡성과 우연성의 증대이다. 그래서 사회의 구조들은 변화의 압력을 받게 되는데, 그 중에서 특히 법이 그러하다.

사회 내부에 사회체계가 있는데, 그 사회체계는 이를테면 무관련성의 증가나 특별한 적응기술 등을 통해 스스로 본질적으로 더 복잡해지지 않고서는 증대하는 복잡성의 압력을 피할 수 없다. 이를테면 현대사회에 있어 종교체계를 생각해보자. 다른 해결책은 높은 복잡성으로 인해 범례화된 기능특화적인 체계원리를 수용하는 것인데, 그것이 많은 적응가능성을 열어놓지만 사회 전반에 적용될 수는 없다. 또 사랑에 터잡은 소가족이나 이익에 터잡은 기업을 생각해 보자. 이러한 모든 부분체계의 특유한 해결은 사회의 전(全)체계가 그것에 길들여져 기대가능한 환계를 제공한다는 것을 전제로 한다. 하지만 복잡성이 증가하고 있다는 조건 아래서 그렇게 하는 것은 더 어려워진다.

그러므로 우리는 어떻게 전체사회체계의 구조가 스스로 그런 변화에 반응하는가라는 질문을 제기해야 한다. 진화적 구조변화의 일반적 노선은 분명하다. 즉 진화적 성과가 안정화되려면 더 많고 다양한 종류의 행위를 허용해야 한다는 것, 즉 사회의 보다 많은 상태와 호환될 수 있어야 한다는 것이다. 그것은 더 커다란 자유를 허용하는 것이라고 말할 수 있다.[7] 동시에 구조는 규범적 기대에 대한 현재의 과잉공급에 직면해서 기대를 거부할 수 있는 가능성을 더 많이 가져야만 한다. 즉 '아니오'라고 말할 수 있는 능력이 더 강화되어야 한다. 이와 같이 일반적이고 거의 무가치하다는 의미에서 진화에 대한 지구적인 필연성을 말할 수 있다. 그럼에도 이것만으로 어떤 구체적인 구조와 기제가 이러한 선택의 문제를 해결하기 위해 적절한지를 추론할 수 없고, 하물며 사회적 발전의 특정 상황에서 어떠한 해결책이 사실상 선택되고 실현되는지는 더욱더 추론할 수 없는 것이다. 더 높은 복잡성으로 향하는 진화의 일반적인 방향이 진화과정의 구체적인 진행과 그때그때의 결과에 기한 귀납적 추론을 허용하지 않는다. 구체화에 더 근접하기 위해 한편으로는 법형성의 기제에 관하여, 다른 한편으로는 진화기제에 관하여 우리는 정치한 가정(假定)을 도입하여야 하고, 두 가지 기제를 결합시켜야 한다.

앞 장에서 모든 인간상호관계에서 부상되는 불확정성과 유의미하게 지시되긴 하지만 개개인에게 과도한 요구를 하는 가능성의 복잡성을 법형성과 연관시켰다. 인간의 일상적인 상호행위의 영역에 있어 이러한 과도한 요구 때문에 학습의사가 없는 규범적 태도의 기초 위에 행동기대의 정합적 범례화를 할 필요가 생긴다. 문제와 기능 및 구조 사이의 이러한 관계가 처음에는 오직 정태적인 관점에서 서술되었지만 이제는 진화적이고 가변적인 것으로 파악되어야 한다.

---

7) 파슨스도 이러한 사유방식에 의해 사회적 발전에 대한 법적 의미라는 주제를 자주 논증한다. 예컨대 Talcott Parsons, "The Position of Identity in The Gereral Theroy of Action", in: Chad Gordon/Kenneth J. Gergen(Hrsg.), *The Self in Social Interaction*, Bd. 1, New York, 1968, S.11~23(21f.)이 그것이다. 그 외에 Chrales Ackerman/Talcott Parsons, "The Concept of 'Social System' as a Theoretical Device", in: Gordon J. Direnzo(Hrsg.), *Concepts, Theory and Explanation in the Behavioral Science*, New York, 1966, S.19~40(37 f.)은 분화의 증대가 상징의 범례화 및 재특정화를 요구하고, 교육체계와 함께 법체계가 필요한 재특정작용을 산출한다는 주제를 다루고 있다.

사회적 생활이 점점 다양한 모습을 취하면서 일상적인 행동에서 상호행위 영역의 불확정성과 복잡성은 변화한다. 그렇지만 그 불확정성과 복잡성이 변화할 수 있는 것은 그러한 변화에도 항상 다시금 경험과 행위의 합명제에 도달할 수 있는 가능성이 확보되어 있을 때뿐이다. 단순한 사회는 자명하고 공통적인 실체화에서, 동시에 자연적이고 도덕적인 (우주적) 세계관 속에서, 존재가 스스로 존재하는 것처럼 나타냈던 언어에서 그러한 합명제에 도달할 수 있었다. 그 후의 모든 발전에서는 더 높은 불확정성과 복잡성이 산출되고, 이에 상응하는 추상화와 위험이 제도화될 수 있어야 한다. 이러한 경향이 형상을 얻는 만큼 일상생활에서 동료 인간들에게 체험하고 행동하는 더 많은 가능성이 가시적으로 되고, 그와 동시에 그것을 처리할 수 있는 더 자유롭고 '더 주체적인' 가능성이 가시적으로 된다. 타인의 기대를 기대하는 것은 보다 어려워지게 된다. 그다음에 그것은 세계관과 사회체계의 더 높은 복잡성을 소화할 수 있고, 더 많은 가능성을 선택한다고 해도 체험하는 것과 행동하는 것이 서로 갈라지지 않도록 하는 유의미한 합명제에 이를 수 있는 것이어야 한다. 이것은 소규모적으로는 법제도와 법개념의 적용을 통해 가능할 수 있겠지만, 진화의 더 거대한 지경(地境)에 직면해서는 **정합성형성의 수준** 자체를 이동하는 것을 통해서만 가능할 것이다.

그것은 다음을 의미한다. 즉 원시사회에서 고등문화사회로, 그리고 다시금 현대사회로 이행되는 과정에서 행동기대의 정합적 범례화의 달성을 보장하는 기구가 변동하고, 이와 더불어 법의 타당성의 형식도 변동한다. 개개의 범례화기제의 상호 조절은 그 기제의 전제나 유효성에 따라 변한다. 그래서 더 많고 다양한 종류의 행동이 법적으로 가능해진다. 구체적으로 고정된 소여의 의미규정과 언어, 인지적 구조, 의사소통의 매개체, 사회화 형식 등과 같은 다른 기능권역(機能圈域)과 융합에 대한 법의 의존성이 저하되고, 타당한 법을 선택하는 특별한 장치, 특히 보충적이고 보완적인 기구를 전제로 하는 것에 대한 의존성은 증대한다. 법형성은 일상생활의 구조적으로 단순하고 기능적으로 불특정적인 접촉체계에서 후퇴하여 이 체계들을 위해 다른 체계들에 의해 '제정된다'. 법형성의 사회구조적 전제는 더 복잡한 전제조건들과 상호의존, 더 높은 비개연성 및 더 높은 수행능력을 지향하는 쪽으로 이행한다.

이 모든 것은 필연적 과정이 아니라 체계 형성을 통해 그 자신의 전제조건을 함께 만들어가는 하나의 가능한 과정이다. 그것을 과정으로 이해하기 위해서 우리는 진화이론으로 되돌아가야 한다. 유기체의 영역과 유의미한 영역에 복잡한 체계들의 진화를 위해서 세 가지 종류의 기제들이 함께 작용하고 있음이 틀림없다. 즉 1) 가능성의 과잉이라는 의미에서 변이산출의 기제, 2) 쓸 수 있는 가능성의 선택과 쓸 수 없는 가능성의 배제라는 기제, 3) 선별영역에 남아 있는 높은 복잡성과 불확정성에도 선택된 가능성의 유지와 안정화의 기제가 그것이다.[8] 이와 같은 조합은 상대적으로 비개연적인 체계구성요소의 발견과 유지의 조건이다. 다시 말

---

8) 분명하게 해 둘 것은 유기적 진화 속에서 이들 기능이 a) 변성(돌연변이), b) 적자생존, c) 생식적 격리에 의해서 수행되고, 학습과정에서 a) 과잉적으로 복잡한 환계의 인식, b) 쾌/불쾌의 분화, c) 기억을 통해 수행된다. 생물학적 진화이론에 대해서는 G. Ledyard Stebbins, *Evolutionsprozesse*, Sttutgart, 1968의 변이기제를 더 강하게 분류하고 있는 설명 참조. Donal T. Campbel, "Methodological Suggestions from a Comparative Psychology of Knowledge Processes", *Inquiry* 2, 1959, S.152~182은 이와 같은 일반모델을 심리적 체계의 인식적 학습의 영역으로 전환하는 것에 자극을 주었다. 자세한 것은 Ders., "Variation and Seletive Retention in Socio-Cultural Evolution", *General Systems* 14, 1969, S.69~85 참조. 규범적 기대에 대해서는 이에 대응하는 시도가 없는 듯하다. Timasheff, a.a.O., 1939, S.120 f.에서는 법의 진화조건으로서 a) 그 대부분이 비난받을 수 있는 새로운 가능성의 제시, b) 현행법과 감정인(!) 양립성에 의한 선택을 나누고 있다. 그의 본질적이고 심리학적인 감정으로 귀착하는 규범개념은 선택과 안정화의 기제를 분석적으로 충분히 분리하는 것을 방해한다. Huntington Cairins, *The Theory of Legal Science*, Chapel Hill/N. C., 1941, S.29 f.에서는 발명(invention), 소통(communication)과 사회적 유전(social heredity)의 분류가 있다.

해 이러한 조합은 진화의 진행과정에서는 역시 비개연적인 것이 개연적으로 되고, 세계의 복잡성이 증가한다는 것을 지지하는 것이다.

이와 같은 일반적인 모델, 이미 충분히 보장된 사회이론에 대한 부분적 통찰 및 앞 장에서 천착했던 법이론과 연계해서 구조적 변동에 관한 다음과 같은 가설을 주장할 수 있을 것이다.

1) 전체사회체계(Gesellschaftssystem)는 그 복잡성이 증대하는 만큼 분절적 부분체계형성에서 기능특화된 부분체계형성으로 재구조화된다. 이것은 변이의 증대, 부분체계에 있는 규범적 기획을 포함한 체험과 행위 가능성에 대한 과잉산출, 이에 의한 선택 강제를 야기한다.

2) 법의 영역에서 이와 같은 발전은 특별한 법 특유의 상호행위체계(절차)의 완전분화에 의한 선택작용 속에서 진행된다. 법 특유의 상호행위체계는 사회에서 매우 자율적으로 법에 관한 구속적인 결정을 내리는 담당자가 되고, 그러한 범위는 점점 증대한다.

3) 사회의 차원에서 인식적 기대와 규범적인 기대의 구분이 점차 늘어나는 결과, 법 자체는 독립되고 법의 의미구성체에서는 더 구체적인 관념에서 더 추상적인[변이가 풍부한] 관념으로 된다.

이들 세 개의 기제는 법형성에 있어 서로 다른 차원과 관련되어 있다. 가능성의 과잉생산에서 중점은 규범적인 것에, 그러므로 시간적 차원에 있다. 제도화의 기제는 선택인자로서 기여하고, 이것은 새로운 기대로부터 제3자의 합의가 상정될 수 있는 기대를 선별해낸다. 안정화는 전달할 수 있는 의미를 언어적으로 확정해서 달성되고, 그 의미는 법의 의미구성체에 들어와 보존된다. 그런데 이렇게 전개되는 기제들은 사회의 복잡성이라는 문제점을 공통적으로 가지고 있다. 이들 기제는 더 높은 복잡성에 대한 사회의 구조적이고 절차적인 적응을 위한 다양하지만 서로 보완적인 기여를 하고 있다. 이들 기제의 협력작용은 사회의 복잡성이 증가할 때에 규범적 행동기대의 정합성 유지를 담보한다. 이것을 통해 기제들은 서로 그리고 사회의 모든 중요한 체계구조와 연관한다. 여기에서 '연관한다'라고 함은 법의 규범적, 제도적, 그리고 내용적-의미적인 측면의 형성이 임의적으로 이루어진다는 것이 아니라 오로지 발전의 상태와 그때그때의 다른 차원들을 고려하여 변경될 수 있다는 것을 말한다. 우리가 사회와 법의 발전의 다양한 시기에 관한 이들 관점의 협력작용에 대한 자세한 연구에 들어가기 전에 먼저 이러한 관점을 각기 개념적으로 세밀화해서 설명하려고 한다.

분절적 분화와 기능적 분화의 구별은 어떠한 원리에 따라 사회가 부분체계로 나누어지느냐는 문제에 관한 것이다. 분절적 분화에서는 다수의 같은 혹은 적어도 유사한 부분체계가 형성된다. 이를테면 사회가 많은 가족과 종족 등으로 구성된 경우가 그것이다. 이에 반해 기능적 분화에서는 부분체계들이 각기 특별한 기능을 위해서 다르게 형성된다. 이를테면 정치와 행정, 경제, 종교적 욕구의 충족, 교육, 환자간호, 가족의 잔여기능(부양, 사회화, 휴식) 등을 위한 부분체계가 형성되는 경우가 그러하다. 사회의 가장 중요한 기능영역에서 분절적 분화에서 기능적 분화로 점진적으로 전환되는 것은 일반적으로 사회발전의 기본경향이다.[9] 그렇지만 정확히 말하면 두 가지의 형식은 항상 존재하고 있다. 아주 단순

---

9) 법사회학을 위해서는 특히 뒤르켐이 발전경향을 평가했다. a.a.O., S.15 f. 참조. 최근의 입장에 대해서는 David Eaton, *Political Anthropology*,. in: Bernard J. Siegel(Hrsg.), *Biennial Review of Anthropology* 1959, Stanford CA., 1959, S.210~262; Neil J. Smelser, *Social Change in the Industrial Revolution. An Application of Theory to the Lancashire Cotton Industry 1770~1840*, London, 1959; Talcott Parsons, "Some Considerations on the Theory of Social Change", *Rural Sociology* 26, 1961, S.219~239; Ders., "Introduction to Part Two", in: Talcott Parsons/Edward Shils/Kasper D. Naegele/Jesse R. Pitts(Hrsg.), *Theories of Society*, Glencoe/Ill., 1961, Bd. 1, S. 219~239; Joseph Lapalombala(Hrsg.), *Bureaucracy and Political Development*, Princeton/N. J., 1963, S.39 f., 122 f.; S. N. Eisenstadt, "Social Change, Differentiation and Evolution", *Amenrican Sociological Review* 29, 1964, S.375~386 참조.

한 사회에서조차 역할이 나이와 성별에 따라 기능적으로 분화되고, 고도로 발전한 산업사회에서 분절적 분화는 유의미한 것으로 입증되는 다수의 기능영역이 있다. 예컨대 많은 가족, 정당, 병원, 행정구역 등은 병존한다. 분절적 분화에서 기능적 분화로의 전환은 사회체계로서 전체사회의 기본적인 분화와 관련된 것이다. 사회의 주된 분화는 특히 종교와 정치 영역에서 초기의 수많은 준비단계를 지나 근세에서 총체적으로 분절적 구분에서 기능적 구분으로 재편되었다. 그때부터 특화된 급부는 더이상 가계나 씨족과 같은 분절적 부분체계들의 1차적 질서에 합당한 것이 아니라 분절적 부분체계의 잔재 또는 새롭게 나타난 형식은 그 자체로 기능적으로 특화된 부분체계의 특수한 전제조건에 합치되도록 정당화되어야 하는 것이다. 이와 같은 변화에 따라 체험과 행위에 상정 가능한 가능성과 실현 가능한 가능성이 엄청나게 증대하였다. 왜냐하면 기능불특화로 구조화된 체계는 그때그때 모든 기능을 고려해야 하므로 많은 가능성을 기획할 수 없는 데 비해 추상적 관점에 있는 각 부분체계는 개별적으로 특화된 기능마다 더 많은 가능성을 기획할 수 있기 때문이다. 기능적 분화는 가능성의 과잉산출을 증대시킴으로써 선택의 기회와 강제도 증대시킨다. 이것이 고도의 사회적 복잡성이 만들어지는 형식이다.

이것이 법의 영역에서 의미하는 바는 사회의 상이한 부분체계가 더 다양하게 분화되도록 규범기획을 자극해 법으로 될 수 있는 전체보다 더 많은 규범기획을 생성한다. 그러므로 제도화라는 선택인자는 더 강한 부하를 받게 되는데, 여기서 문제는 구조와 작업방식, 의식과 추상의 정도, 합의능력과 선택과정의 무관계성에 어떤 결과를 가져올 것인가라는 것이다. 선택가능성이 상호 전제가 되고 서로 보완하게 되지만 그 자체만으로는 더 이상 어떠한 의미완성을 달성하지 못하는 단위로 나누어질 때 그것들은 의식되고, 결국 의식적으로 조직된다. 이러한 발전에 대해서 살린스는 "우리는 선택된 인민이었으나, 이제 선택하는 인민이다"[10]라고 논평하고 있다.

이러한 결과는 우리의 두 번째 논점, 즉 '절차의 완전분화'로 이끈다. 절차란 법적 결정의 선택을 위해서 실시되는 상호행위체계를 말한다. 기억하는 구체적인 작위형상(作爲形象)으로부터 해방된 법의 더 추상적인 개념적 성질은 그 내재하는 선택작용이 생길 때 비로소 나타나게 된다. 이를 위해서 절차의 형식으로서 특별한 상황, 특별한 정식과 상징, 특별한 지위, 특별한 역할 그리고 마지막으로 심지어 특별한 규범에 의해 일상생활에서 떨어져서 자립하게 되고, 그래서 법적 결정, 특히 규범적 갈등의 해결에 집중할 수 있는 고유한 행태질서가 전개된다.

절차개념에서 나타나는 절차적 모습, 즉 정리된 진행과정의 관념은 과도하게 강조되었다. 그러나 이렇게 전후순서를 강조하는 것은 거의 진부한 것에 가깝다. 절차에 대한 진화적 성과로서 흥미롭고 중요한 것은 사회적 체계로서의 그 구조이다.[11] 절차는 단기적으로 설정되고 하나의 목적을 향해 구성되며 구속적 결정을 작업하는 특별한 기능을 가진 사회체계들이다. 그러므로 절차는 이 기능을 위해서 통상 갖추어져 있는 체계유형과 혼동해서도 안 되고 절차법과 혼동해서도 안 된다. 개별절차는 한시적 상호행위체계로서 기능적으로 특화될 뿐만 아니라 서로 분리되어 상대적으로 자율적으로 설정될 수 있다. 그리하여 절차는 독자적인 기회 및 중요한 것과 중요하지 않은 것을 판단하는 특별한 규칙을 가진 독자적인 주제를 얻고, 이러한 한계에서 가능성의 재량영역을 가지며, 그에 따른 불확실성과 그 불확실성을 흡수한 독자적인 역사를 가지

---

10) In: Marshall D. Sahlins/Elman R. Service(Hrsg.), *Evolution and Culture*, Ann Arbor, 1960, S.38.
11) 이 점에 대해 더 자세한 것은 Niklas Luhmann, *Legitimation durch Verfahren*, Neuwied/Berlin, 1969 참조.

게 되는 것이다.[12] 절차적인 법률행위와 달리 절차는 절차 체계 자체에서 선택적인 결정절차를 통해 제거되는 결과에 관하여 불확실한 경우에만 존재하는 것이다. 이것은 관련성의 한계를 의미한다. 세계에 타당한 것이 당연히 절차에 이미 타당한 것은 아니다. 그러므로 그것은 우선 절차에 '도입되어'야 한다. 소송절차에 존재하지 않는 것은 세계에 존재하지 않는다(*Quod non est in actis, non est in mundo*). 따라서 역할은 분화된다. 절차에서 예컨대 계모, 제빵견습생, 혼인파탄자 등으로 행동하는 것이 아니라 비로소 절차에서 관여자의 다른 역할이 관련성 있는지 아닌지가 결정된다. 이를테면 경찰이 특히 믿을 만한지, 피고인이 혼인파탄자인지, 판사가 다른 역할에 기인한 편견 때문에 회피되어야 할 것인지 등이 결정된다.[13]

결정절차의 정립이 가진 또 하나의 특색은 일정한 테두리 내에서 결정의 잠재력이 준비되어 결정이 기대될 수 있다는 점이다. 그 결과 결정을 하지 않고 그대로 두는 것도 또 다른 하나의 결정이 되고, 경우에 따라서는 책임을 묻지 않을 수 없게 된다. 이러한 책임은 분쟁에 대한 재판절차의 경우와 같이 재판거부의 금지로서 정식화될 수 있지만, 그것은 또한 입법절차의 경우와 같이 실정법을 개정하지 않은 것에 대한 영속적인 정치적 책임으로 나타나기도 한다. 여기서 읽을 수 있는 것은 절차의 도움으로, 그리고 그것을 통해 개방된 결정가능성의 한계에서 규범적 현상(現狀)에 대해 항상 현실화될 수 있는 책임이 제도화될 수 있다는

---

12) Erving Goffman, *Encounters. Two Studies in the Sociology of Interaction*, Indianapolis/Indiana, 1961, S.17f.의 상호작용체계로서의 게임분석은 하나의 유사한 시사를 주고 있다.

13) 오늘날의 사회에서도 절차의 세분화가 물론 단지 제한적으로만 실현될 수 있었다. 그와 같은 제한의 예로서 시사적인 자료는 Aaron V. Cicourel, *The Social Organization of Juvenile Justice*, New York/London/Sydney, 1968, 특히 S.172 f. 참조.

것이다.

법의 의미구성체는 또한 법에 있어서 고도의 복잡성을 유지하고 절차적으로 제공되는 문제해결방안을 안정화하기 위해 증대하는 요구를 충족하고 발생가능한 변화를 지배해야 한다. 이로써 우리는 위의 세 번째 구별에 이르게 된다. 유의미한 동일화에 의해 구체적인 기대가 법에서 발생되는데, 이러한 동일화는 더 많고 다양한 가능성을 구성하기 위하여 추상화되어야 한다. 진화과정의 본질적인 변이방향은 역시 구체적-추상적 차원에 있다.[14] 이러한 구별은 이분법적이 아니라 단계적으로 이해해야 한다. 이것은 선택을 위한 지속적인 전제로서 구조화하는 기능과 체험의 과정 안에 있는 의미와 관련 있다. 의미가 구체적일수록 직접적으로 주어지는 체험내용과 감명도(感銘度)의 주관적인 (인지적 그리고 감성적인) 조건에 더 강하게 의존하게 된다. 그러므로 구체적 의미는 대안이 전혀 없거나 거의 없는 (즉 결정부담이 적은) 체험과 행동을 직접적으로 제시하지만 그것이 다른 가능성, 즉 세상과 관련성에서 눈에 띄게 불확실하고 불확정적으로 된다. 그것은 막막한 세계에 하나의 익숙한 조각으로 나타난다. 그 결과 비교적 좁은 체험의 영역은 불확실하고 불확정적인 복잡성의 세계를 한정하고, 그 영역에 대한 깊은 주제 관련성은 구체적으로 경험하는 체계에서 전형적으로 볼 수 있다. 그러므로 특히 법에서는 자명한 판단을 하고, 환계의 사건에 대한 법의 자기참여(자

---

14) 이러한 차원의 더 정밀한 개념적 연구는 심리학에서만 이루어졌다. 그중 특히 발전의 개념적 맥락에서 그러하다. Kurt Goldstein/Martin Scheerer, "Abstract and Concrete Behavior. An Experimental Study with Special Tests", *Psychological Monographs* 5, 1941, No. 2(Carl F. Grauman(Hrsg.), *Denken*, Köln/Berlin, 1965, S.147~156은 이를 발췌하여 도이치어로 번역한 것임); O. J. Harvey/David E. Hunt/Harold M. Schroder, *Conceptual Systems and Personality Organization*, New York-London, 1961; Robert Ware/O. J. Harvey, "A Cognitive Determinant of Impression Formation", *Journal of Personality and Social Psychology* 5, 1967, S.38~44에서는 지난 몇 년간의 연구에 대한 조망과 함께 서술되어 있다.

기원인과 공동책임)를 간과하는 경향이 있다.

이것은 추상화를 통해 변경된다. 의미는 선택지가 풍부하게 되는[15] 동시에 상대적으로 맥락과 무관하게 이용할 수 있게 된다. 의미의 선택성은 재편성된다. 그것은 더 이상 직접적으로 충분한 체험과 행위를 불러일으키는 것이 아니라 우선 선택지와 선택관점의 선택에 관계하고 간접적으로만 행동과 연관된다. 유의미하게 정리되고, 체험 가능한 지시안은 이제 상당히 멀리 놓여 있는 가능성을 파악하고, 더 자세한 형식을 획득하며, 결정하는 것이 시간적으로 오래 걸리고, 모든 긍정은 더 많은 부정을 내포하게 된다. 현실화할 수 있는 다른 가능성의 지평, 특히 시간적 지평은 넓혀지고, 세계의 복잡성은 증대한다. 더욱 추상적으로 개념화된 법에서 더 나은 통합가능성이 생기고, 더 많은 규범적인 기대를 넣을 수 있는 동시에, 그러나 프로그램적 판단 전제와 사건 판단 사이의 넓은 간극을 연결하는 데 도움이 되는 더 효과적인 선택절차가 전제된다. 더욱 추상적인 법은 강하게 다른 의미영역으로부터 더욱더 떨어지게 된다. 이것은 자기본위의 고립이라는 목표에 의해서가 아니라 다른 영역의 고려가 법적 결정의 주제가 될 수 있다는 결과에 의해 그렇게 되는 것이다. 이 모든 관계에서 법생활의 기본방향이 허용/금지에서 유효/무효로 전환되면 그것은 예컨대 추상화의 한 전개과정이다.

이들 세 가지의 관점, 즉 규범의 과잉산출을 수반하는 분화, 절차 및 추상화는 상호의존적인 발전요인으로 간주되어야 한다. 이들은 선형적 인과관계에서 야기될 수 있는 것이 아니라 서로가 서로에 대해 전제가

---

15) 주목해야 할 것은 유(類)개념(Gattungsbegriff)의 형성이 단지 다른 것과 병존하여 추상화 유형의 하나라는 것(물론 특정언어를 위해 특히 설득력 있는 유형)이다. 이와 병존하여 특정화(Spezifikation)를 통한 추상화가 있다. 이것은 하나의 특수한 기능, 효과, 목적으로부터 출발하고 이들의 일방적인 관점을 무관련성(Indifferenzen)을 통해 보호하는 것이다.

된다. 엄밀하게 말하면 어느 방향에서의 발전적 진보는 다른 관점 아래에서의 특정한 발전상태를 전제로 한다. 그래서 결정권한이 있는 법절차의 제도화는 정치체계가 적어도 가족과 씨족의 인척체계의 고유한 역할의 단초들에서 분리된 다음 비로소 나타날 수 있었다. 절차의 도움을 받아 비로소 법규범은 정치적 지배의 정당성을 다시 보강할 수 있는 방식으로 추상화될 수 있었다. 반대로 절차규칙이 법제정으로 확장되는 것은 이러한 발전을 전제로 한다. 현행 입법에서 새로 얻어진 구조적인 가변성에 대한 정치체계의 적응이 뒤따르고 민주화의 형식, 즉 정치적 지지의 동원을 받아들였다. 법이 내용적으로 입법상의 개념적 추상도에서 성장하였다고 하더라도 합리적인 법정책을 가능하게 하는 법은 오늘날 아직도 부족하다. 이 점에서 볼 때 실정법의 가능성을 완전히 이용하는 것을 저지하는 발전의 애로가 있는 것 같다.

요약컨대 우리는 이제 다음과 같은 결과를 확정할 수 있다. 기능적 분화는 다양성, 풍부한 선택지 그리고 과잉적 규범생산을 만들어내는 기본적인 기제인 것으로 생각된다. 왜냐하면 기능적 분화는 추상적이고 부주의하여 평형감각이 필요한 세계관을 가진 부분체계에 적절한 기대를 부착시켜주기 때문이다. 절차는 무엇보다도 '선택적 제도화'의 기제이다. 그 절차에서 어떤 규범기대가 사실적으로 또는 상정 가능한 합의를 발견하고 그것이 사회에서 필요한지가 결정된다. 동시에 그 절차에서는 의미침전물 상수가 만들어져 확정된다. 이 상수는 해명적 해석의 맥락에서 규범을 고정하여 전수될 수 있도록 한다. 그리하여 그때그때 법으로서 타당한 규범구조의 추상도와 복잡성은 고정된 절차에 의존할 것이고, 이것은 다시금 사회체계 분화의 종류와 규모에 독립적으로 될 수는 없을 것이다.

이로써 이러한 개념도식의 도움을 얻어 다음에서 우리가 법의 발전사를 설명하려고 하는 개념도식이 제시되었다. 지금 기술된 가설의 완전한 증명은 여기서 기대해서는 안 된다. 그러기에는 지면이 충분하지 않고, 많은 경우 접근할 수 있는 자료도 충분하지 않다. 목표를 더 낮추기로 한다. 즉 사회학적 사회 및 법 이론의 일반적 가설을 위해 일정한 타당성을 얻는 것이다. 그러나 이들 개념과 가설이 원시법에서 현대적 산업사회의 실정법에 이르기까지 여러 가지의 법문화에 적용될 수 있고 이들 개념과 가설이 곧바로 법문화의 차이를 보다 명확하게 할 수 있다는 것을 확인함으로써 이미 많은 것을 얻었다고 할 것이다.

2. 원시법

일반적인 법사회학의 테두리 안에서 법 자체와 그 형태적 발전에 대한 법사학적 · 법민속학적 · 비교법적 서술을 하는 것은 불가능하다. 그렇다고 해서 법사회학, 법사학 및 법민속학이 이론적으로 모순되는 동떨어진 전문분야로 취급되어야 한다는 것은 아니다. 오히려 순전히 강학상의 이유로 존재하고 있는 장벽은 오늘날 철거되어야 한다. 왜냐하면 연구에서 자료의 풍부함으로 인해 서로 분업을 하는 것은 인정되지만 이것이 상이한 이론적 개념을 정당화하지는 않기 때문이다. 그것은 법사회학의 일반적 연구가설의 설시에 구체적, 역사적, 문화적으로 다른 법형성에 대한 다양성을 후퇴시키도록 강요하는 순전히 현실적인 이유이다. 그래서 그만큼 더 많은 고찰이 기존의 연구방식과 자료처리방식에 요구되고 있다.

법사학과 비교문화론의 견지에서 보면 법은 고도의 다양성과 형식적 분화를 보여주고 있다. 법형성의 출발상황과 진행과정은 통찰할 수 없는 아주 애매한 먼 과거까지 소급하고 아주 다양하기 때문에 법의 유일한 원인이나 원인상태를 개관가능한 시기로 가정할 수 없다. 이러한 상황은 모든 인간 사회에 법을 생성했고, 그러한 한에서 '등목적적'(等目的的)

으로 작용하였다.[16] 그렇지만 법은 매우 상이한 규범관념, 제도, 일탈이 익과 절차양식을 가지고 있고, 법 이외의 사회구조와 다양한 방식으로 맞물려 있다. 개별 법문화에서는 특히 상대적으로 고도로 발전된 법문화에서는 매우 이질적으로 성립하지만 특별한 이익상황이 구조화되어 거의 소수의 문제해결방안만이 고려되는 곳에서 대체적으로 유사한 법제도가 있는 것이다.[17] 사회적 공동생활에서 해결되어야 할 문제의 수가 많고 추상화와 문화적 접촉의 정도가 낮음에 불구하고 원시사회에는 체계문제에 아주 상이하게 답하는 다수의 구체적 제도가 형성된다.

추상적으로 볼 때 이러한 다양성은 시사하는 바가 하나 있다. 이것이 초기단계에서 진화를 비로소 가능하게 하는 것이다. 우선 과잉생산은 선별을 가능하게 하고, 시간의 경과과정이나 구체적인 상황에서 항상 진화적으로 성과가 풍부하도록 갱신하여 사회를 안정화시키며, 의사소통을 통해 전수될 수 있도록 하는 것이 예견되기 때문이다. 형식의 풍요함이 하나의 사회체계로 통합되지 않는 성질, 즉 세계사회와 세계법이 없다는 것은 출발점에서 발전의 본질적 조건으로 간주되어야 한다. 그러므로 찾아낼 수 있는 공통적 특질이 별로 없다기보다 오히려 옛날의 법질서가 다종다양하다는 것이 더 부각되어야 할 것이다.

---

16) Ludwig von Bertalanffy, "Zu einer allgemeinen Systemlehre", *Biologia Generalis* 19, 1949, S.114~129(특히 S.123 이하)는 같은 체계상태(여기서는 법이다)가 다른 발생상황에서 상이한 방식으로 달성될 수 있다는 사실을 등목적적 (Äquifinal)으로 표시했다. 법민속학(Rechtsethnologie)에서는 이 개념이 없지만 이 현상 자체는 잘 알려져 있다. 무엇보다 Robert Redfield, "Primitive Law", in: Paul Bohanann(Hrsg.), *Law and Warfare. Studies in the Anthropology of Conflict*, Garden City/N.Y., 1967, S.3~24(21) 참조.

17) 전형적인 예가 되는 것은 유언에 의한 상속의 동일결과적인 생성이다. 자세한 안내는 Huntington Carins, *The Theory of Legal Science*, Chapel Hill/N. C., 1941, S.33 ff. 참조. 그 밖의 예로서 계약적 구속의 생성에 대해서는 D. Warnotte, *Les origines sociologiques de l'obligation contractuelle*, Brüssel, 1927, S.35 ff. 참조.

단지 귀납적으로 범례화해서 처리할 때 공통분모로 할 수 있는 것[18]
은 공허한 추상화뿐이다. 이러한 설명은 어디에서나 타당하므로 자연법
이라고 추정할 수 있는 규범의 최소요건을 탐구하는 데도 적용할 수 있
다. 무엇이 법으로 존재해야 하는가를 일반적인 법이론에서 연역적으로
도출하면서 그것을 찾을 때까지 추구하는 전도된 진행방식도 마찬가지
로 의문이다. 이 경우에는 권리와 의무의 관념과 같은 추상성의 합리적
구성을 사용하여야 하는데, 이것은 현실적인 법체험과 관련 제도와 부합
하지 않는다. 그리하여 체험의 이해뿐만 아니라 법에 대한 해석적 도식
이 가정하는 것보다 더욱 구체적이고 불명확하고 애매하게 제도화되어
있다는 사실의 기능에 대한 통찰도 잘못하게 된다. 이와 같은 단점을 회
피하기 위해 우리는 상당히 복잡하고 구조화된 체계에 적용할 때 커다
란 장점을 가지고 있는 기능주의적 연구 단초를 이용한다.

우리가 불변의 법이론적 소여를 이용하는 것은 일정한 규범이나 제도
가 아니라 단지 가설적 성격의 문제제기,[19] 특히 법의 기본적 문제, 즉
규범적 행동기대의 정합적 범례화뿐이다. 이에 의해 원칙적으로 개방되
고 다양하고 확률이 높은 해결가능성을 고려하는 동시에 종합적인 문제
연관성을 통해 아주 다양한 규범과 제도의 비교가능성을 확보하는 것이

---

18) 아마도 가장 의미가 있는 시도로는 Richard Thurnwald, *Die menschliche
Gesellschaft in ihren ethnosoziologischen Grundlagen*, Bd. V, Berlin/Leipzig, 1934
참조.

19) 이 가설은 이 문제들이 어떻게든 해결되기 위해 사회체계(협의의 문제제기 경
우에 일정한 문제해결과 관계하는 구조를 이미 가지고 있는 사회체계)가 존속
해야 한다는 주장의 형식을 가진다. 그리하여 이 가설은 우선 문제와 체계존속
의 관계에만 관계하고, 예를 들어 문제와 문제해결의 관계에 관계하지 않는다.
그것은 문제와 문제해결을 위해 기능적 등가물을 주기 때문이다. 따라서 그와
같은 이론의 접근방식에 의하면 특정의 문제해결의 예측을 허용하지 않으며,
특정한 체계상태의 예측을 허용하지도 않는다. 그러나 예측은 항시적으로 정립
된 전제로서 특정한 체계의 구조결정이 연구의 개념적 테두리 내에 들어오는
것에 성공하는 한에서 가능하다.

가능하게 된다. 그러므로 이론적 출발점이 제도의 동종성이 아니라 기능적으로 등가적인 문제해결의 이종성을 지향할 때 시대의 구분이라는 어렵고 근본적으로 해결하기 어려운 문제가 퇴장한다. 분리된 법적 결정절차가 있는가, 또는 이것이 법적용에만 관계하고 있는가, 또는 법정립에도 관계하고 있는가에 따른 대강적인 구분으로 충분하다.[20] 이러한 뚜렷한 차이는 진화적으로 비개연적인 성과를 표시하고, 이것이 안정화되어 법의 총체적 문제점은 실제적으로 변한다. 이러한 의미에서 우리는 원시법, 전근대적 고등문화의 법과 현대사회의 실정법을 구분한다. 이들의 구분을 위해서는 객관적·연대기적 순서가 아니라 상대적인 발전 단계가 중요하므로 현시대의 사회체계라도 그것에 대응하는 특징을 나타내면 원시 및 고등문화로 보아야 한다.[21]

원시법의 이해를 위한 출발점은 사회구조에 있다. 우리는 원시적인 형태의 사회를 현존하고 있는 '원시'사회로 이해하면 되는데, 이러한 사회는 1차적으로 친족 원칙에 근거를 두고 있다는 특징을 보이고 있다.[22] 그래서 친족 원칙은 법적 분쟁의 관련자에게 여러 가지로 강한 영향을 미치고, 구속적인 결정을 내리는 법적 권능이 친족으로부터 독립해서 존재하지 않는다. 모든 사회적 기능은 우선 친족적인 친근에 자연적인 기반, 사회적 지지와 정당성이 있다. 이것은 상호 원조와 욕구 충족의 경제

---

20) 가장 자세하게 분류된 유형론은 예컨대 Georges Gurvitch, *Grundzüge der Soziologie des Rechts*, Neuwied, 1960, S.179 ff.와 A. S. Diamond, *The Evolution of Law and Order*, London, 1951에서 볼 수 있다.
21) (역사적 시간이 아니라) 구조와 발전상태에 의한 이러한 비교는 19세기에서 사회과학적 이질화(異質化)기법의 하나로서 관철되었다. 이 점에 대해서는 J. W. Burrow, *Evolution and Society. A Study in Victorian Social Theory*, Cambridge UK., 1966, S.13 f. und passim 참조.
22) 이 원리의 한계에 대해 법민속학적 관점에서 읽어볼 만한 것으로는 William Seagle, *Weltgeschichte des Rechts. Eine Einführung in die Probleme und Erscheinungsformen des Rechts*, München/Berlin, 1961, S.76 ff. 참조

적 기능과 정치적 세력뿐만 아니라 무엇보다도 주술적-종교적 기능조차 마찬가지이다. 친족단체가 공동생활을 하는 가족의 최대 규모를 넘어 성장하면 그것은 분절적 분화를 하게 된다. 특히 공동의 선조와 역사에 기초하여 하나의 씨족집단으로 통일되어 있는 다른 가족을 형성함으로써 분절적 분화를 하게 된다. 또한 이것과 중첩적으로 형성된, 이를테면 동성 혹은 동년배의 집단형성도, 개인이나 사회에도 자유롭지 않은 자연적-구체적인 연결에 근거를 두고 친족모델에 의해 해석될 때가 많다.

이러한 구조원칙은 같은 친척이라고 하는 높은 자명성과 일정하게 근친 및 원친이라고 하는 무선택지가 특징이다. 그러나 이것이 여러 씨족사회에서 많은 습속과 관념이 발전한다는 것을 배제하는 것은 아니다. 왜냐하면 '친족'이 그 습속과 관념의 내용을 결정하지 못하기 때문이다. 언어와 생활양식에 따라 매우 다양한 문화가 생성될 수 있다. 그러나 개별사회는 친족의 원칙을 통해 상대적으로 낮은 복잡성 위에 고정된다. 그러한 복잡성은 사회 내에서 동일한 것의 단순한 반복을 통해 본질적으로 가중될 수 없다.[23]

매우 낮은 정도의 기능적 역할분화에서는 법의 '타당성'(Geltung)에

---

23) 체계이론은 양과 복잡성의 증가를 상이한 변수로 구별해서 이러한 사실을 고려한다. J. W. S. Pringle, "On the Parallel between Learning and Evolution", *Behavior 3*, 1951, S.174~215(176 f.); Morris Zelditch Jr./Terence K. Hopkins, "Laboratory Experiments with Organizations", in: Amitai Etzioni(Hrsg.), *Complex Organizations. A Sociological Reader*, New York, 1961, S.464~478(470 f.); James D. Thompson, *Organization in Action*, New York, 1967, S.74; Richard H. Hill/Eugene J. Haas/Norman J. Johnson, "Organizational Size, Complexity, and Formalization", *American Sociological Review 32*, 1967, S.903~912 참조. 법사회학에서는 Barna Horváth, *Rechtssoziologie. Probleme Gesellschaftslehre und der Geschichtelehre des Rechts*, Berlin, 1934, S.121 ff.에서와 같이 (임의의 목표를 위한 적정성이라는 의미에서) 유효성의 성장과 증가라는 유사한 구별을 볼 수 있다. 이 두 변수의 관계(양의 증대는 복잡성의 증대 없이는 임의적으로 가능하지 않다)에 대해서는 아직 분명한 것이 없다.

관한 특별한 규준(이를테면 관습과 명령이 법으로 승인될 수 있는 조건
의 형식에서)을 파악하는 것이 필요하지도 가능하지도 않고, 마찬가지
로 법의 타당성만이 법관철의 충분한 근거로서 제도화되지도 않는다. 추
상적인 타당성은 역할중립적인 법관철을 위한 상징인데, 그것은 실제로
존재하지 않는다. 법적 분쟁에서는 선조와 재산, 명망과 복종과 관련해
누가 직접적 또는 간접적인 관련자인지가 도외시될 수 없다. 조정기능과
충족기능은 법의 실력친근성 때문에 단지 사회적 구조와 그것에 기초한
권력분배에 밀접하게 의존해서 실현될 수 있다. 개별적 규범은 타당성에
관한 어떤 절대적 요구도 할 수 없다. 이것은 피의 복수 혹은 선고된 사
형이 돈으로 쉽게 속죄될 수 있다는 상대적인 경이성(輕易性)에서 알 수
있다. "'최고법'(summum ius)의 원리: '세계는 멸망해도 정의는 행하
라'(fiat iustitia et pereat mundus)는 다수의 미개사회에는 낯선 것이고,
(우리의 관념에 따라) 법적으로 중요하지 않은 모든 행위상황을 아무
런 고려 없이 절대적으로 구속적인 규칙에 따라 판단하는 유럽의 법실
무는 완전히 몰이해적인 것으로 간주되고 비인간적인 것으로 거부될 것
이다."[24] 이것은 법이 필연적인 양자택일, 이것/저것(Entweder/Oder),

---

24) Rüdiger Schott, "Die Funktion des Rechts in primitiven Gesellschaften", *Jahrbuch
für Rechtssoziologie und Rechtstheorie*, 1970, S.107~174(133)에서 그렇게 서술
하고 있다. Leopold Pospisil, "Kapauku Papuas and Their Law", *Yale University
Publications in Anthropology* No. 54, 1958; Neudruck, a.a.O., 1964, S.144 ff.에서
그것을 보여주는 다수 증거를 볼 수 있다. 고도로 문화화된 고대중국의 법 역시
무조건적인 법적 지위를 고수하는 것을 부정하고 법의 유연성과 타협성을 요구
하는 등의 특징을 가지고 있을 뿐만 아니라 원시적인 성격을 함께 유지하고 있
다. 예컨대 Jean Escarra, *Le droit chinois*, Peking-Paris, 1936, S.17 ff.; Sybille van
der Sprenkel, *Legal Institutions in Machu China*, London, 1962, S.114 ff. 일본의
경우에는 Dan Fenno Henderson, *Conciliation and Japanese Law. Tokugawa and
Modern*, Seattle/Tokyo, 1965, 특히 Bd. I, S.10, 106 ff., 127 ff., 173 ff.; 한국의
경우에는 Hahm Pyong-Choon, *The Korean Political Tradition and Law*, Seoul,
1967, S.40 ff. 참조.

정/부정(Richtig/Falsch), 전부/전무(Alles/Nichts)로 귀착한다는 관념에도 마찬가지이다.[25] 법은 여전히 법형성의 기본적인 절차와 직접적으로 연결되어 있다. 그래서 그것은 어느 때든 구체적인 기대의 기대를 통해 확산되고 변경될 수 있다.[26] 그래서 더 우선적인 안정화방식은 제재가 아니라 선택가능성의 결여, 즉 사회의 낮은 복잡성이다.

타당성의 형성과정에서 추상적이고 관심을 끌만한 구속력이 없음에도 우리가 알고 있는 한 모든 원시적인 사회에는 이미 약간 분리된 규범들, 즉 반(反)사실적으로 유지되는 기대가 있다. 예를 들어 포스피실(Leopold Pospisil)은 신석기시대 정도의 발전단계에 살고 있는 뉴기니의 카파우쿠 파푸아스족(Kapauku Papuas)에 대한 연구에서 '보편적인 적용의 의도'를 일련의 행동규칙으로 생각했다. 그러나 이 의도는 절반의 사례들에도 관철되지 못했다.[27] 그와 같은 규칙은 항상 역시 언어적으로 정식화될 수 있었고, 사실상 동일한 것으로 인식할 만큼 여러 사안에서 적용되고 제도화되었다. 그러니까 그것은 법이다.

사회의 낮은 복잡성은 원시적인 법의 더욱 정교한 형성을 위해 법형성의 원초적인 기제가 직접적으로 작용하게 된다는 것을 의미한다. 법은 위배에 대한 위배당한 자의 반응, 즉 분노의 직접적 폭발에서 주로 나타나고, 그 다음 앞[28]에서 보았던 물리적 폭력과 밀접하게 관련된다. 당사

---

25) Bronislaw Malinowski, "A New Instrument for the Interpretation of Law-Especially Primitive", *The Yale Law Journal* 51, 1942, S.1237~1254(1249).

26) 이 책 131쪽 참조.

27) Ronald M. Berndt, *Excess and Restraint. Social Control Among a New Guinea Mountain People*, Chicago, 1962, 특히 S.393 ff.에서 이와 유사하게 서술하고 있다. 친족단체의 권력상황 및 전투력에 대한 법의 종속에 대해서는 R. F. Barton, "Ifugao Law", *University of California Publications in American Archaeology and Ethnology* 15, 1919, S.1~186; Lucy Mair, *Primitive Government*, Harmondsworth, 1962, S.35 ff.도 참조.

28) 이 책 227쪽 이하.

자와 그 씨족의 위력에 기한 자력구제 없이 인식적 기대와 규범적 기대
는 전혀 분리할 수 없을 것을 것이다. 아무도 어떤 기대를 유지하고, 위
배사건 중에서 어떤 기대가 적용될 것인지를 알지 못할 것이다. 분절적
사회에서는 전형적인 형태로서 폭력에 의한 자력구제, 피의 복수, 맹세,
저주 등의 원시적인 법제도가 법관철(마치 그것을 위해 경찰을 유지할
필요가 없는 것과 마찬가지로 시민에게 이러한 기능을 인수하게 해야
한다)이 아니라 우선 기대 자체의 보존과 반대의 경우에 있어 그 기대의
지속적 유지에 관한 것이다.[29] 기대 주장의 표현적 기능은 관철의 도구
적 기능보다 우월성을 가지고 있다. 우선 규범적 기대의 완분화, 즉 법의
성문화는 전자(표현적 기능)에 달려 있다. 이러한 장점 때문에 법체계의
수많은 역기능적 결과는 다소간 불가피한 것으로서 수용된다.

　자력구제와 피의 보복에 기초한 법의 중요한 기능적 조건은 친족집단
의 연대가 법 위반보다 더 오래 지속된다는 것이다. 즉 피의 보복이라는
대가적 위협을 부담하는 것이 법 자체보다 더 강한 구속력을 가진다. 극
단적인 경우, 예컨대 악행을 저지른 범죄자를 무시하면 씨족은 동료로
부터 법법자를 추방하는 것이 아니라 죽음의 위험에서조차 그를 대변한
다.[30] 이것은 위법행위만으로는 아직 사회적 고립이 초래되지 않는다
는 것을 말한다. 여기에 친족체계의 선택가능성 없는 우월성이 나타난
다. 뒤집어서 보면 개개인은 그의 씨족을 떠나서는 강제력의 발동을 위

---

29) 이론적 근거에 대해서는 이 책 230쪽 참조.
30) 아산티족(Ashanti)의 오래된 법은 이에 반대되는 흥미있는 증거를 제공해 주
　　고 있다. 여기서는 씨족은 외부인에 대항한 구성원의 법위반을 인정하지 않
　　는다. 그러므로 어떤 피의 복수 같은 것은 존재하지 않는다. 그 대신 조상숭배
　　에서 지지되는 추장의 유효한 권위와 재판과 유사한 중재절차가 있다. R. S.
　　Rattray, *Ashanti Law and Constitution*, Oxford, 1929, S.294 ff. 아주 단순한 사회
　　에서 볼 수 있는 반대의 예로서는 John Gillin, "Crime and Punishment Among
　　the Barama River Carib of British Guiana", *American Anthropologist* 34, 1934,
　　S.331~344 참조.

한 어떠한 수단도 가지고 있지 않다는 것이다. 그러므로 개개인은 씨족의 구성원으로서만 법인격자이고, 법적 문제에서 씨족의 양보압력에 복종할 수밖에 없다.

이러한 처리방식에 대응해 법 자체는 그 내용적 의미에 따라 구체적으로 기안되어 체험가공의 모든 체계가 그렇듯이 선택가능성의 결핍상태에 머문다. 이것은 여러 가지 관점에서 볼 수 있다. 씨족의 고유법이 유일하게 있을 수 있는 법, 즉 법 자체로서 체험된다. 그래서 그 씨족 구성원이 아닌 자, 공동의 혈연관계가 없는 환계에 있는 씨족은 그 법을 갖지 않는 것이 된다.[31] 법적 주장은 절대적이고 의문에 대한 검토와 결정의 과정과 관계없이 제기된다. 규범기획에 대한 자기 참여, 즉 법적 요청의 주체성은 객관적으로 효력이 있는 법과 분리될 수 없다. 그래서 효력에 기하여 스스로 관철되어야 하는 규범구성체로서의 법의 관념은 결여되어 있다. 규범관념 자체는 직접 경험이 가능한 사안의 내용과 밀접하다. 즉 그것은 투른발트(Richard Thurnwald)[32]가 잘 정식화하고 있듯이 '사실상'(事實像)에 긴밀하게 의존하고 있다. 이러한 사실상은 시간의 경과과정에서 유형화되고, 개별사례의 차이와 무관하게 되며, 때때로 말과 글로 정식화되고, 그 모든 것을 함께 전수할 수 있는 것이다. 사유연결은 구체적 사상(事象) 또는 가시적인 관념에 의해 매개되므로 그렇게 널리 전달되지 못한다.[33] 낮은 추상도 때문에 다른 유형의 사례가 전

---

31) 덧붙여 이것도 구체적인 법사고를 분명하게 보여주는 징후이다. 구체적인 법사고는 어떠한 법적 기대 내용의 부정과 그것의 소당연형식의 부정 그리고 단적인 법의 부정을 구별하지 않으므로 '다른 법'(anderes Recht)을 상정할 수 없고 구분된 형태로서 외계를 부정할 수 없다. 오늘날 기준의 심리학적으로 볼 때 그러한 경험은 '병리적'(pathologisch)인 것이다.

32) a.a.O., S.88.

33) 이 점에 대해 유명한 게르만의 예에 대해서는 Franz Beyerle, "Sinnbild und Bildgewalt im ältern deutschen Recht", *Zeitschrift der Savigny-Stiftung für Rechtsgeschichte, Germ. Abt.* 58, 1938, S.788~807 참조.

달될 수 없다. 낮은 추상도는 규범의 의미 자체가 새로운 종류의 사건의 결정 또는 대립적인 법적 기대에 대한 논증과 평가를 위한 도움을 제공하는 것을 방해한다. 그래서 법적 증명으로서의 폭력은 포기될 수 없다. 결정을 이끌어내는 것은 투쟁과 형식주의이지 의미에 대한 해석이 아니다.

친밀성, 구체성, 변이의 결핍을 원시적인 법체험의 구조적 특성으로서 본다면 (종종 과대평가되는) 신성하고 전통적인 의미맥락도 이해할 수 있다. 이러한 의미맥락은 자체적으로 존재하는 동기로서 간주되어서는 안 되고, 이것은 원시적인 법을 원시적인 '세계상'으로 설명하기 위해서도 충분하지 않다. 구조의 1차적인 기본특성은 질서의 무선택성이다. "미개사회에서 더 높은 문화 지평에 이르기까지 기존의 사회적 질서는 신이 의도하고 그래서 신성하고 유일하게 가능한 것으로 간주된다."[34] 과거뿐만 아니라 현재에도 다른 가능성이 존재하지 않는다는 것은 신성한 것으로 이해될 수 있다. 이들 두 가지의 의미는 오직 기존의 선택지에 대한 완전한 부재를 상징한다. 여기에서 원시법의 주술적-초월적인 기원이 신적 법창조의 관념으로 귀결되지 않는다는 것을 알 수 있다(창조란 우연성, 즉 다른 가능성 중에서 선택을 포함할 것이기 때문이다). 초자연적 힘이 법을 방어하고 벌을 주고 복수를 한다고 하지만 그것이 법을 산출하거나 변화시키지 못한다. 법은 인간과 마찬가지로 신도 구속한다. 신성성과 역사는 다른 가능성이 없음과 자유로이 처분할 수 없음의 상징이다. 그것은 사람들이 소여의 질서에 직면한 결과, 새로워서 익숙지 않고 행동과 구조적으로 안정되지 않은 기대를 느껴야 하는 두려움과 불확실성을 의미한다. 그것은 미지의 길로 일탈할 위험에 대한

---

34) Thurnwald, a.a.O., S.119가 그러하다. 다만 인용에서는 '신이 원하는 것'이라는 표현은 '신에 의해 창조된 것'으로 이해해야 한다.

반응이고, 과오와 변경을 허용할 수 없는 질서로부터 되돌릴 수 없는 탈락의 위험에 대한 반응이다.

따라서 원시적 의식생활의 주된 강조점은 과거의 어둡고 불특정한 시간의 범주 속으로 홀연히 사라져가는 거의 미래가 없어 위험하고 가능성이 빈곤한 현재에 있다.[35] 왜냐하면 단지 현재에서만 생활과 의사소통이 존재하기 때문이다. 여기서부터 비로소 다른 가능성의 갑작스러운 출현에 대해 현재를 보호하는 상징적 수단에 대한 현저한 선호가 이해된다. 신성 또는 전통적 상징에 대한 수요가 후퇴하는 곳에서 신성과 관계없는[36] 전적으로 생활기술적으로 필요한 법이 성립한다. 신법(*fas*)과 나란히 인법(*ius*)이 성립하고, 전통 의식은 상당히 주변적인 성격을 띠며, 그것이 현재에 단지 구체적이고 빠르게 이해되어 유지되는 한, 그 갱신을 방해하지 않는다.[37] 법의 효력 자체가 친족적 관념에 근거하고, 조상숭배에서 생기며, 죽은(그리고 사자로서 힘이 있는) 아버지에 대한 복

---

35) 이 점에 대해서는 John Mbiti, "Les Africains et la notion du temps", *Africa* 8, 2, 1967, S.33~41 참조.

36) A. S. Diamond, *Primitive Law*, London, 1935는 이것에 대한 실증에 집중한다. Karl Bünger/Herman Trimborn(Hrsg.), "Religiöse Bindungen in frühen in orientalischen Rechten", Wiesbaden, 1952에서는 종교적인 구속이 가장 강조되고 있다. 다만 그중에서 베두인족의 법에 관한 에빈 그레프(Ewin Gräf)의 논고만 주목할 만한 예외라 할 수 있다.

37) E. Sidney Hartland, *Primitive Law*, London, 1924, S.204; Günter Wagner, "The Political Organization of the Bantu of Kavirondo", in: Meyer Fortes/E. E. Evans-Pritchard(Hrsg.), *African Political Systems*, London, 1940, S.202 ff.; Stegfried F. Nadel, "Social Control and Self-Regulation", *Social Forces* 31, 1953, S.265~273 참조. 강력한 추장이 근친상간의 터부를 변경했다는 하나의 구체적인 사례에 대해서는 Pospisil, a.a.O., S.109, 165 f., 282 ff.; Ders., "Social Change and Primitive Law", *American Anthropologist* 60, 1958, S.832~837 참조. 단검(短劍) 휴대금지에 관한 다른 예에 관해서는 Bruno Gutmann, *Das Recht der Dschagga*, München, 1926, S.246 참조. 결국 원시적 법에서 전통이라는 것이 어느 정도 단명이고 변경가능한 것인지에 대해 판단을 내리기 위해서는 정보가 너무나도 없다.

종으로서 이해되는 것에 대한 수많은 증거가 있다.[38] 이것은 사회구조와 법의 상호연관에 대한 이해를 가능하게 한다. 그러나 신성한 의식이나 법적으로 특화된 의식은 그 분명한 형식에 의해 이러한 의미연관에서 해방된다. 이들은 바로 구체적 정착에서 참여자의 직접적인 규범기획에 대해, 또는 심지어 상황에 얽매인 전통적인 사실상에 대해 자립할 가능성을 제공한다. 그러므로 바로 신성한 의식주의와 전통적인 형식제도는 원시적인 법에서 근세 이전의 고등문화로 이전할 수 있는 불변요소를 제공하는 데에 적합하고 그래서 원시법 이상의 중요한 기능을 유지하고 있다.[39]

비교적 발전된 형식의 원시법이 보여주는 주술적 인과관계의 관념을 특징짓는 것이 선택지의 결여이다. 올바른 말, 올바른 몸짓, 올바른 마법, 선서와 저주가 법을 직접적으로 입증하고 실현한다. '약속하는가?'(*spondesne*)라고 물으면 '약속한다'(*spondeo*)라고 답한다. 그것이 계약(sponsio)이다. 근본적으로 인과관계에 대해서 말해서는 안 되고, 주술의 '기계적' 인과관계에 대해서 말하는 것은 더욱더 안 된다. 왜냐하면 후자의 인과관계 개념에서 선택성은 결정적인데, 그 선택성이 아직 체험되

---

38) 예를 들어 B. R. S. Rattray, *Ashanty Law and Constitution*, Oxford, 1929 참조.
39) 특히 신성한 의식주의에서는 이러한 이전기능이 기원전 6세기까지 인도의 법적·정치적 발전에 전형적으로 나타나 있다. 여기에는 생활 규율이 자세하게 의식화되어 있는 한편, 재판절차 자체의 의식화는 거의 볼 수 없다. 가장 법적·전통적 형식주의에 대해서는 이러한 이전이 거의 동시에 발전하였던 고대 도시국가들의 발전에서 알 수 있다. Narayan Chandra Bandyopadhaya, *Development of Hindu Polity and Political Theories*, Bd. 1, Calcutta, 1927, S.143 ff., 157. 재판절차에 대해서는 Nares Chandra Sen-gupta, *Evolution of Ancient Indian Law*, London-Calcutta, 1953 참조. 여기에서 저자는 절차적 논증이 일찍부터 강조되었다는 것을 중시하고 있다(S.49). 또 Louis Gernet, "Droit et prédroit en Grèce ancienne", *L'année sociologique* Série 3, 1948~49, S.21~119(특히 70 ff.); Max Kaser, *Das altrömische ius: Studien zur Rechtsvorstellungen und Rechtsgeschichte der Römer*, Göttingen, 1949 참조.

지 않기 때문이다. 우리의 실제 생활에서나 고대사회의 실제생활에서나 주술은 선택 및 조종도구로서 작용하지만 그것이 제도화되어 있지 않다는 것에서 출발해야 할 것이다. 이미 순수한 언어적 이유[40]에서 인과관계는 일방적으로나 쌍방적으로 가변적인 관계로 파악되는 것이 아니고, 사건 또는 행위의 내재적인 성질로서 파악되어야 한다. 현상과 형식은 의미 그 자체이다. 의미 속에서 원인이 결과로 나타난다. 목적한 결과가 나타나지 않으면 위배는 다른 탓으로 돌려진다. 원시사고에서 법을 사회적 형성, 즉 처분할 수 있는 수단으로 보는 것이 배제되어 있다.

그에 따라 법적 행위는 의식으로서 현재적 행위로서 법적 주장의 구체적 현존으로서 나타나는 것이지 다툼이 있는 과거의 해명이나 선호하는 미래의 선택으로 나타나는 것이 아니다. 원시세계에서 인간의 행위가 시간적 차원의 방향을 정한다는 것은 명백하지만, 법은 **차원으로서의** 시간에 따라 제도화되지는 않았다. 법에는 무엇이 과거이고 무엇이 미래인지를 현재에서 확정해야 할 2차적 고찰단계가 없다. 또 거기에는 과거를 설명하고 현재의 선택작용에 대한 미래상태를 보장할 수 있는 절차도 없다.[41] 그리하여 신의 결정도 현재의 구체적인 법의 확정으로 경험되지만 미래의 사건을 위한 선례로서 이해되지는 않고, 하물며 일반적 규칙의 계시로서 이해되는 것은 더더욱 아니다. 법적 의무는 현재에 정당화되는 기대가 침해되는 때에 생기는 것이고, 미래의 급부를 위한 의무로서 상정되는 것은 아니다.[42]

---

40) 이 점에 대한 좋은 논평으로는 D. Demetracopoulous Lee, "A Primitive System of Values", *Philosophy of Science* 7, 1940, S.355~378 참조.

41) 고대의 법발전에 대해 이러한 견해를 보이고 있는 것으로는 Louis Gernet, "Le temps dans les formes archaïques du droit", *Journal de psychologie normale et pathologique* 53, 1956, S.379~406 참조.

42) 이것은 고등문화기의 초기 단계에도 역시 해당된다. Gernet, a.a.O., 1956 외에 예를 들어 Hans J. Wolff, *Beiträge zur Rechtsgeschichte Altgriechenlands und*

이러한 사회의 구조적 조건과 이에 상응하는 사유적 전제 아래 법과 규범의 일반원리들이 정식화되지만 어떤 추상적이거나 비판적인 법사유가 정식화되지 않는 것은 분명하다. 즉, 정의의 관념은 현존하는 법에서 나타나거나 대치되지 않는다. 그렇지만 정의에는 시간의 가교, 내용적 동질성, 법의 사회적 차원이 함께 존재하고 있으며, 그 후 추상화된 모든 정의사상과 연계된 아주 지대한 영향력을 가진 동기관념이 있다. 즉 응보와 호혜라는 동기관념이다.

응보의 원칙에서 법은 여러 사람의 행위 사이에 시간적 연관에 의존하는 요구로서 이해되고 제도화된다. 위법에는 예방적 혹은 억지적 방어나 적정한 상태 자체의 형성을 넘는 응보가 있어야 한다. 상당한 시간이 지나거나(피의 복수가 세대를 넘어 행해지는 경우도 있다) 당초의 법적 기대로는 상상할 수 없는 행위를 할 수도 있다. 이러한 의미파악은 결정적인 성과이고, 반응에 대한 기준도 필요 없다. 응보는 법의 원초적이고 거의 무전제적으로 제도화할 수 있는 시간적-내용적-사회적 범례화이고, 가장 먼저 생각해낸 법원칙이다. 이것은 기대로서의 기대를 유지한다. 이것은 피해의 제거를 통해 아직 사후적으로 만족되는 것은 아니다. 그 중심은 표출적 기능에 있다. 그러므로 복수는 당초 무제한적이고 '정당하게' 거침없다.[43] 탈리오의 원칙과 정확하게 정해진 배상목록 등과 같은 것에 의한 억제는 후기 원시사회의 문화적 성과이다. 또한 이것은 규범구성체의 더욱 강력한 분화를 위한 본질적 전제조건인 동시에 법의 장구한 진화과정에서 최초의 법위반의 하나이다.

---

des hellenistisch-römischen Ägypten, Weimar, 1961, S.34 ff. 참조. 약속을 맹세하는 것이 비교적 늦게 등장한 것에 대해서는 Alexander Scharff/Erwin Seidel, *Einführung in die ägyptische Rechtsgeschichte bis zum Ende des Neuen Reiches*, Bd. I, Glückstadt/Hamburg/New York, 1939, S.29, 49 ff. 참조.

43) 예를 들어 Robert M. Glasse, "Revenge and Redress Among the Huli. A Preliminary Account", *Mankind* 5, 1959, S.273~289.

호혜의 경우는 훨씬 분명하지 않다. 이 원칙은 시간적 · 내용적 · 사회적 범례화라는 동일한 문제를 해결하지만, '긍정적' 결과를 얻기 위한 것이다. 여기에서 특징은 여러 사람들의 급부의 시간적 차이와 내용적 상이에도 불구하고 의미연관이 산출될 수 있다는 점이다. 권리와 의무가 존속하는 상황이 서로 바뀔 수 있는 범위에서 호혜는 자명한 것이다. 다른 사람이 처할 수 있는 상황에 자신도 처할 수 있는 사람만이 그 다른 사람으로부터 자기 자신을 인식하고 존중한다. 성과의 대향성, 즉 주고받음은 형식적 균형으로 나타나고, 이것을 통해 시점, 성과, 사람의 현격한 이질성이 정당화될 수 있다. 호혜의 질서효과는 같지 않은 것을 같은 것으로 보는 것에 근거하고 있다.

그렇지만 응보의 경우와 다르게 이러한 연관 조합이 원시사회에 존재한다거나 그 자체적으로 제도화되어 있다고 전제할 수 없다. 그런 한에서 호혜가 원시법의 기본원리라는 널리 퍼져 있는 견해는 원시법의 고유한 의미체험으로 정당화되기 어렵다고 생각한다.[44] 물론 장기간 상호성을 제공하면서 규범에 관한 일시적 불균형을 수인하는 제도도 있다. 이웃 간의 도움과 감사의무, 도움의 수용에 의한 종속화, 잉여의 교부의무 등의 제도들, 간단히 표현하면 시간적 수급 조정을 위한 제도가 그것이다. 그러나 이러한 균형은 매우 중요하기 때문에 그것을 일반적으로 구체적 규범으로 생각한다. 이 균형은 특정의 반대급부가 아니라 그 자체로서 기대될 수 있는 개별 급부에서 이루어진다.[45] 개별급부는 제도

---

44) 예를 들어 Trunwald, a.a.O., S.5 ff., 43 ff.; Bronislow Malinowski, *Sitte und Verbrechen bei den Naturvölkern*, Wien o. J., S.26 ff., 46 ff.; Christian Sigrist, *Regurierte Anarchie. Untersuchungen zum Fehlen und zur Entstehung politischer Herrschaft in segmentären Gesellschaften Afrikas*, Olten/Freiburg i.Br., 1967, S.112 ff.; Schott, a.a.O., 1970, S.129 ff.

45) 이 점에 대해서는 많은 자료가 있는 Marcel Mauss, *Essai sur le don. Forme et raison de l'echange dans les sociétés archaïques*, Neu Gedruckt in: Ders., *Soziologie et*

화된 의무로서 또는 제도화된 권력행사의 기회로서 제공될 때 비로소 그 반대급부가 선행급부에 종속적이고 관련 있는 불특정 의무를 규범화 한다. 이것은 상황의 역전성(逆轉性)과 상호간의 의존성이 아직 자명한 때 가능하고,[46] 높은 유연성과 적은 실패가능성이라는 결정적인 장점 을 가지며, 그래서 원시사회의 기술적·경제적 발전상태에 어울리게 된 다. 반대급부의 규모는 계약에서와 같이 미리 특정될 필요는 없고, 일방 의 급부관계의 장애가 자동적으로 타방의 급부관계에 전이되지도 않는 다. 그래서 곧바로 이행되는 교환도 존재하고, 자발적인 급부의 수령 이 후 불특정한 내용의 감사의무라는 아주 문제가 많은 제도도 있는 것이 다.[47] 반대급부를 위한 급부의 교환을 시간적 필요성 조절의 도구로 확 장시키는 쌍무계약은 그 범례성과 특정성에 있어 더 높은 발전상태를 전제로 한다. 여러 계기(契機)에 연계된, 특히 최초의 급부에 상정된 자 발성에 연계된 호혜에 대해서도 마찬가지일 것이다.[48]

응보와 호혜(광의의 호혜도 포함)는 행위기대의 정합적 범례화를 표 현하는 것이기 때문에 법의 기본사상을 형성하는 것이다.[49] 이것은 시

Anthropologie, Paris, 1950, S.143~279에도 수록. 독일어 번역판으로 *Die Gabe*, Frankfurt, 1968이 있다.

46) 테오도르 가이거(Theodor Geiger,*Vorstudien*, a.a.O., S.62)가 사용하는 용어로는 "규범수규자(Normadressaten)와 규범수익자(Normenefiziare)는 강력히 구분되 지 않는다면"이라고 정식화할 수 있다.

47) 예로서 Herodot, *Historien III*, S.139 ff.을 보라. 다레이오스(Dareios)가 아직 대 왕이 되기 전에 실로손(Syloson)이 그에게 선물했던 외투에 대한 답례로서 사모 스(Samos)의 지배를 요구하였다.

48) 그렇게 조건지어진 호혜의 시험적 연구로서 John Schopler/Vaida Diller Thompson, "Role of Attribution Processes in Mediating Amount of Reciprocity for a Favor", *Journal of Personality and Social Psychology* 10, 1968, S.243~250 참조.

49) 이러한 법원리을 파악할 수 있기 위해서 정합성사유(Kongruenzgedanken)를 기 대의 차원으로부터 행위의 차원으로 전이시켜야만 한다는 것을 주목해야 한다. 예컨대 시간적 차원에서는 기대의 단순한 관철이 아니라 행위와 응보 또는 급

간적 간극, 행위 사이의 유의미한 내용적 다양성 간극, 기대위배와 적극적 급부의 경우 사람들 사이의 간극을 덮는 것을 상징한다. 그러한 한에서 이것은 근본적인 법사상의 성질을 가지고 있다. 그렇지만 이러한 설명이 기본적 사상으로부터 사실적 행동이나 더욱이 타당한 법에 '대치되는' 추상적 규준을 볼 수 있다는 것을 물론 의미하지 않는다. 그리하여 원시법의 후기단계에서, 특히 이미 어느 정도의 정치적 조직과 그와 함께 조정절차 또는 판결절차의 맹아를 알고 있는 사회에서는 이러한 법사상에 대한 표준적인 특징이 응보 및 호혜와 관련된 평등의 원칙으로 인식되고 적용되는 것을 관찰할 수 있다. 그런 한에서 제도화는 탈리오의 법칙이 복수의 정도를 제한하는 응보영역에서 더 쉽게 성공하는 반면, 필요성 조정의 기능 때문에 요구되는 반대급부의 규모는 더 쉽게 확립될 수 없다. 특히 초기 그리스시대 법사상의 유산에서 어떻게 과잉문제가 법제도에 안착되어 표현되도록 촉구되는지가 분명해진다. 특히 응보에 대해서는 그들 고유의 법에 관한 주장과 강제가 부정의를 초래하였다는 깊은 통찰에서 그렇고, 호혜에 대해서는 불특정한 내용의 감사의무의 이행청구에 오만(Hybris)이 있다는 인식에서 그렇다.

끝으로, 한편에서 계속적 발전에 직접적인 동기를 주고, 다른 한편에서 그것을 가능하게 하고 촉진하는 원시사회와 그 법의 낮은 복잡성 속에서 우리는 특별한 압박감과 어려움을 발견할 수 있다. 진화이론은 선형적인 지속적 발전의 일정한 원인과 예정된 노선이라는 관념을 포기하는 것이다. 즉 진화에는 여러 가지로 이루어질 수 있는 개연성이 있다. 그럼에도 어떤 구조화된 시스템도 발전의 자의적인 가능성을 가지는 것은 아니다. 그리하여 원시적 사회의 구조분석은 환경적 상황과 복잡성의 관점에서 발전의 동인, 가능성 및 애로(隘路)에 관한 해명을 어느 정도

부와 반대급부 사이에 시간적 차원의 가교(중재)가 문제된다.

가능하게 하였다.

피의 복수의 직간접적인 비용은 원시법의 가장 심각한 역기능에 속한다. 이러한 역기능은 자력구제의 조건 및 집행의 규율과 기능적으로 등가적인 제재수단(예컨대 초자연적 제재 발동의 상정과 단순히 창피를 주고 수치스럽게 하지만 비폭력적인 제재)을 통해 완화될 수 있지만 일소될 수는 없고, 그것은 사회의 복잡성 증대로 점점 더 현저해진다. 씨족이 자력구제의 담당자가 되면서 씨족 내부적인 법을 창조하고 관철하는 데 어려움이 있다. 씨족 간의 무장투쟁을 규율하기 위해 설치된 '재판권'은 가(家)의 내부에 미치지 않는다. 그래서 가까운 친척들 사이의 살인은 단순한 사회에서 벌하지 않기도 한다. 한편으로 살인자가 직접 그 주위를 통제하고 있어서 아무도 보복자로 나설 수 없고, 다른 한편으로 법감정에 의하면 살인자도 마치 자해한 것과 마찬가지이기 때문이다.[50]

그 외에 법의 추상화 가능성과 세밀화 가능성이 적다는 것도 중요한 점이다. 추상화 가능성과 세밀화 가능성은 제재의 대담성에 의해 저지된다. 여러 가지 많은 수요에 적응하기 위한 법적 규제의 자세한 기술은 각각의 위법이 자력구제, 투쟁, 피의 복수를 자극하지 않고, 해결가능성의 정치한 목록을 준비하고 있는 때에만 가능하다.[51] 특히 중요한 것은 법

---

50) 예컨대 Erwin Gräf, *Das Rechtswesen der heutigen Beduinen*, Walldorf, 1952, S.41 ff.; Margaret Hasluck, *The Unwritten Law in Albania*, Cambridge UK., 1954, S.21 ff.; Issac Schapera, "The Sin of Cain", *Journal of the Royal Anthropological Institute* 85, 1955, S.33~43; Sigrist, a.a.O., S.78, 118 ff. 참조.

51) 그렇지만 원시사회는 경제적으로 중요한 개개의 법영역에 대하여 국가적 사법권 없이도 상당히 복잡한 규제를 한다. 실례로서 궁극적으로는 자력구제에만 기초를 두었던 이푸가오족(Ifugao)의 소유질서를 들 수 있다. 이에 관해서는 R. F. Barton, "Ifugao Law", *University of California Publications in American Archaeology and Ethnology* 15, 1919, S.1~186 참조. 그 외 유로크-인디언(Yurok-Indian)의 법에 관해서는 A. L. Kroeber, *Handbook of the Indians of California*, Washington, 1925, S.20 ff. 참조. 채집경제사회에서 세련된 분배규칙에 관해서는 Rüdiger Schott, *Anfänge der Privat- und Planwirtschaft. Wirtschaftsordnung*

적 사건에서 사실적 정보를 만족스럽게 처리할 가능성이 부족하다는 점
이다. 이것은 과거 사실의 해명과 판단규준의 정밀화와 관계가 있다. 이
들 두 가지의 관점에서 어떤 판결절차도 제도화되지 않는 한 법은 단지
최소한의 요청만 처리할 수 있을 뿐이고, 그래서 가능한 규범화의 복잡
성은 심각하게 제한된다.

이와 같은 문제상황과 구조적 조건 아래 추가적인 발전을 위한 논의
의 단초점은 어디에 있는가?

그 출발점은 행위와 응보 간에 시간적 간격이 허용된다는 것에 있다.
이렇게 해서 분쟁사건을 규율하는 데 작용하는 숙려와 사회적 영향이
개입할 수 있게 되는 것이다. 특히 규범의 절대적인 효력이 무조건적 형
벌집행을 명령하는 것은 아니다. 널리 유포된 망명권(Asylrecht)도 역시
1차적으로 시간을 얻는 기능을 하고 있다.[52] 그리하여 중재와 조정, 행
동과 억압의 감시를 위한 단순한 절차가 생기고, 이들 절차는 자력구제
의 합법성의 미리 정해진 조건으로 제도화할 수 있다.[53] 또한 이러한 절

---

und Nahrungsverteilung bei Wildbeutervölkern, Braunschweig, 1956, S.20 ff. 참조.
(구속력 있는 결정권한이 없음에도 상세하게 규율한) 절차법에 관해서는 Gräf,
a.a.O. 참조. 그리고 Richard D. Schwartz, "Social Factors in the Development of
Legal Control. A Case Study of Two Israeli Settlements", *The Yale Law Journal* 63,
1954, S.471~491(484 ff.)는 원시사회에는 기대와 행동의 선택지가 없기 때문
에 특별한 이해상황에서 상당히 구체적으로 잘 손질된 규범체계가 생길 수 있
었다는 가설을 지지하고 있다.

52) Gräf, a.a.O., S.78 ff. 참조.

53) 전형적인 자료는 Hoebel, *The Law of Primitive Man*; Franz Leifer, "Zum
römischen vindex-Problem", *Zeitschrift für vergleichende Rechtswissenschaft* 50,
1936, S.5~62; Pospisil, a.a.O., S.144 ff., 특히 254 ff.; Berndt, a.a.O., S.311 ff.에
서 볼 수 있다(이들 중 마지막 자료는 식민지 행정의 직·간접적 영향을 고려
하고 있다). 그 외에 Thrunwald, a.a.O., S.145; Robert B. Ekvall, "Law and the
Individual Among the Tibetan Nomads", *American Anthropologist* 66, 1964,
S.1110~1115; Redfield, a.a.O., 1967, S.8 ff. 참조. 오스트레일리아 원주민에게
특징적으로 볼 수 있듯이 폭력적 권리 주장의 색채가 농후한 절차에서도 예비

차에서 논의의 여지가 생긴다. 이러한 중간과정, 협상, 분쟁에 대한 공개된 진술의 의미는 법의 확정이나 관철보다는 법의 정지에 있다. 이로 인해 폭력행위가 중단, 지연 또는 회피된다. 분쟁의 계기로 생긴 상호행위 체계는 때로는 씨족의 지도자, 때로는 무관하나 권력을 보유한 제3자를 등장시켜 의견과 압력을 조성하지만 구속력있는 법적 근거를 통한 권리의 확정에 따라 분쟁을 종결하는 결정절차라고 생각하지 않았다.[54] 결정에 따라야 한다는 것이 특별히 규범화되어 있지도 않았다. 그리하여 이런 식으로 절차적 성질의 상호작용체계는 문화 유형으로서 만들어지고 관습화되는 것이므로 구속력 있는 결정을 하는 법원이 후에 성립하는 것은 무(無)에서 창조가 아니라 오히려 신뢰할 수 있는 것 및 확증된 것과 연계되면서 달성될 수 있었던 것이다.[55]

여기에서 우리는 하나의 사회적 체계가 기제들을 새롭게 조합하기 위해서는 시간을 필요로 한다는 것을 알 수 있다. 이것이 가능할 때 비로소 시간은 법적 관념의 요인이 될 수 있는 것이다. 그래서 기대위배사건에 대한 시간적 여유는 본질적인 전개조건이다. 그러나 이것뿐만 아니라 원시 법문화에 관해 앞에서 기술한 것에서 분쟁해결의 법적 기제가 아직 기능적으로 특화되지 않았고 독자적으로 확립될 수 없다는 것도 알 수

적 교섭에 의해(per anticipationem) 권리행사의 방식을 완화하고 있다.

54) 사례에서 분쟁은 강력한 추장들에 의해 성공적으로 수습된다. Pospisil a.a.O.에서 볼 수 있듯이 카파우쿠 파푸아스족에서 그러하다. 그러나 그 경우에도 개입은 규범의 구속적 적용을 의미하는 것이 아니라 법에 호소하면서 권위적으로 화해를 시키는 것이다. 당사자들을 설득시키기 위한 추장의 '최후 후단'은 자신의 눈물이다(S.255).

55) 이러한 이전이 '어느 정도까지 무의식적으로 이루어지는가?' 또한 '어느 정도까지 의식적으로 행해지는가?'는 경우에 따라 다를 수 있다. 고대의 도시국가는 근본적인 변화에 대한 고도의 의식이 특징이다. 예컨대 아이스킬로스(Aeschylos)의 「에우메니데스」(Eumeniden)에서는 이것이 증언되고 칭송되고 있다.

있을 것이다. 이것은 다른 종류의 원인 구조와 절차를 전제로 하고, 거기에는 다소간 발전지향적인 모방이 있는 것이다. 복수의 출발점이 진화적실험과 취사를 가능하게 한다. 뉴기니의 탕구족(Tangu)의 해결책은 갈등의 해소를 축제제도와 연결하는 것이다. 즉 축제라는 어차피 존재하는예외적 상황에서 지칠 때까지 춤을 추면서 노여움을 표현하고 연설을하며 협정을 체결함과 동시에 새로운 기대를 정의한다. 그러나 이것은다른 곳에서는 볼 수 없다.[56] 보다 많은 곳에 퍼져 있는 것은 구체적으로착상된 주술적 관념과 실행과 결합된 것이었다. 그러나 그것은 더 넓게보면 진화의 막다른 골목이었다. 분규해결기제가 집단 간의 세력차이 혹은 개인 간의 지위차이에 기초를 두고 있는 사회에서만 법문화가 더 높은 형식으로 돌파할 수 없었다. 이러한 분쟁해결기제는 처음에는 결코자명한 해결책이 아니었다. 즉 이러한 계기가 정치적 지배의 특수한 형식으로 분리되어 범례화되었다. 이것에 대해서는 나중에 논의한다.

다른 유형의 발전적 진보는 원시법 말기의 주술적 형식화와 의식화에서 많이 볼 수 있다. 회고적으로 고찰해보면 이런 유형의 형식주의는 무의미한 엄격성을 보여주고 있다. 잘못된 몸짓이 신을 화나게 하고, 잘못된 말이 법을 불법으로 바꾼다. 이것으로 과도한 판단의 부담을 덜어주는 것은 분명하다. 그래서 이 기능은 상당히 높은 수준의 문화의 재판절차에서도 여전히 볼 수 있다.[57] 그렇지만 법발전의 초기를 보면 의식주의(Ritualismus)의 기능은 법형식의 추상작용, 특화 및 역할중립성에 있

---

56) 이 점에 대해서는 Kenelm O. L. Burridge, "Diputing in Tangu", *American Anthropologist* 59, 1957, S.763~780 참조. 더 나아가 시간의 문제는 진지한 기대 갈등의 경우 사람들은 계절의 초기에 행하여지는 축제를 기다리지 않고, 그것에 상응하는 축제를 '즉흥적으로' 해야만 했다는 것에서 발생한다.

57) 인상적인 자료는 Heinrich Siegel, "Die Gefahr vor Gericht ond im Rechtsgang. Sitzungsberichte der Philosophisch-Historischen Classe der Kaiserlichen Akademie der Wissenschaften", *Wien* 51, 1865, S.120~172에 있다.

다. 그것을 통해 상황에 의존하지 않고, 이전이 가능하며, 형식으로서 다툼을 배제할 수 있게 된다. 이런 방식으로 재판절차는 처음에 형식주의와 계산할 수 없는 위험을 수반하는 압력의 구조로 편성될 수 있었고, 이러한 압력은 원시적인 사회에서와 같이 많은 경우 분규의 평화적 해결에 작용하였다.[58] 그래서 재판절차는 법을 구조적으로 씨족집단 구조의 종속성에서 벗어날 수 있게 하는데 기여했다.[59] 후기고등문화에서 법학적 말씀론(juristische Dogmatik)의 개념숭배주의는 이런 선행작업 없이 불가능하였을 것이고, 선행작업을 오직 불명확한 개념으로 확장하였으므로 변이와 응용 가능성이 매우 풍부해졌던 것이다. 그 이상의 발전과정에서 높은 추상성과 복잡성을 지향하는 법의 독자적인 형성은 의식이 전달을 도와주는 정도에 따라 어느 정도 좌우되나 의식이 그 유일한 기능담당자도 아니고, 법에 대한 유일한 차별화 원칙도 아니며, 그래서 구체적으로 필수불가결한 것도 아니고, 오히려 정치적으로 시작된 제도와 절차에 의해 무용해진 만큼 다시 감축될 수 있다. 이러한 조건은 고대 지중해 지역에서 충족되었고, 그다음에 근세로 넘어가면서 되풀이된다.

덧붙여 경제적 발전도 유의해야 한다. 즉 그것은 농경에서 광역적인 상거래관계로 옮겨진 결과로서 경제적으로 중요한 법적 지위에 대한 분화의 증대, 특화, 그리고 유동화를 야기한다. 이미 가장 단순한 수렵사회에서 볼 수 있는 획득에서 협력과 분배, 위험의 분산과 관련된 아주 오

---

58) 이러한 관점을 분명하게 시사하고 있는 것은 Frederick Pollok, "English Law Before the Norman Conquest", *The Law Quarterly Review* 14, 1898, S.291~306. Erich Gaisser, *Minne und Recht in den Schöffensprüchen des Mittelalters*(Dissertation), Tübingen, 1955 참조. 그 밖에 287쪽 각주 24에 있는 극동의 법질서에 대한 문헌 참조.

59) Otto von Zallinger, *Wesen und Ursprung des Formalismus im altdeutschen Privatrecht*, Wien, 1898은 이를 강조한다. 그의 주장은 형식주의가 본연의 원시적인 법의 특징이 아니라 절차에 의존하는 고등문화적 법으로 이행하는 시기에 생기는 것이라는 점을 근거로 한다.

래된 규칙은 그 형식이 변경되어 정치해지고 그 수가 늘어나면서 토지소유와 저장 등으로 확대되었음이 틀림없다. 화폐경제가 시작된 곳에서여러 사회적 계층의 사람들 사이에 법적 분쟁이 발생하자 그 결정을 요청하게 되는 것이다. 토지소유자가 채무를 부담하게 된다. 더 이상 상호적·근린적인 의존의 테두리 내에서 해결될 수는 없고, 예측 가능한 기능적인 법기제에 의거한 신용문제가 등장한다. 신용은 더 이상 친족적이고 부족정치적인 맥락의 기능으로서 자명하게 되는 것이 아니라 경제적인 수준과 관계없이 법적으로 보장되어야 한다. 직접적인 강제력이란 어차피 농경사회나 수렵사회에 친근하지 않은 것인데 재산의 형성이 직접적 강제력의 수용을 촉진한다. 피의 보복이 화해의 제도로 대체되는 것이 지배적이고 통상적이 된다.[60]

그런데 이러한 해결책은 처음에 확실히 자명한 것이었으나 발전의 진행과정에서 비생산적인 것으로 드러난다. 왜냐하면 그것이 다툼을 완화시킬 수는 있지만 중지시킬 수는 없었기 때문이다. 매우 급격한 구조변화가 요청되었다. 새로운 종류의 진화적 성과는 전혀 다른 길을 선택해서 나아간다. 경제적 발전과 더불어 법적 문제로서 다투는 사건의 수가아주 쉽게 증가한다. 그래서 자력구제와 투쟁이 점차 불편하게 되고, 법적 분쟁을 지속적으로 숙고하는 절차의 제도화에 대한 필요가 발생하며, 실체법에서는 자력구제에 기해서는 불가능하였던 민법과 형법의 분리에 대한 요구가 발생한다.[61] 동시에 분화가 증대하면서 생활을 설계할가능성이 점점 많아지고 장래에 공동생활을 할 가능성이 없는 분쟁당사자들이 점점 많아지게 된다. 그때에 화해와 투쟁이라는 원시적인 선택은

---

60) 그 개관에 관해서는 L. T. Hobhouse/G. C. Wheeler/M. Ginberg, "The Material Culture and Social Institutions of the Simpler Peoples", *An Essay in Corelation*, London, 1915, S.80 참조.

61) 이 점에 대해서는 Max Weber, *Rechtssoziologie*, a.a.O., S.92 ff. 참조.

구속력 있는 법원의 결정이라는 새로운 형식으로 대체된다. 법원의 결정
은 동의에 구애되지 않고, 당사자의 이해를 유도하지 않으며, 단지 다툼
이 된 일정한 법적 관계를 처리하고, 자신과 사회적 관계의 해결에 순응
할 것을 개개인에게 일임해둔다. 동시에 이런 절차에서 법은 예측 가능
하고 반복적인 매우 다른 유형의 문제 상황에 적용하고 구속력 있는 결
정을 통해 확정된다. 결국 문자가 발명되어 판결이 확보되고 기억능력과
구술적인 전승에서 독립되며, 법이 복잡해질 가능성은 엄청나게 확대된
다. 그리하여 법은 전근대적 고등문화의 문턱을 넘어가는 것이다.

　마지막으로 주목해야 할 것은 후기 원시시대 사회의 경제적 · 정치적
발전은 거대한 영토를 통일하고 평화를 실현한 곳에서도 범죄문제를 우
선 증가시켰다는 것이다. 그 발전이 범죄자에게 새로운 기회를 만들어주
었기 때문이다. 여기에서 기회란 바로 보복하는 씨족의 품에서 도망쳐
다른 지역으로 피할 수 있다는 것이다. 범죄자의 '추방'은 오직 유목민
에게 적절한 문제해결책이었다. 그런데 받아들이는 씨족이 더 이상 새로
운 강력한 동료를 얻는 데 관심이 없을 때에는 추방이 문제가 되고 생활
을 위해서 재화가 필요한 범죄자는 그런 생활을 계속하게 된다. 고대 중
국에서 형사사법의 중앙 집중화가 그러한 유랑범죄자의 원인이었다는
것은 순수한 추측이고,[62] 프랑크왕국의 **범죄자들**(*criminosi*)에 대해서는
이러한 연관관계가 입증된다.[63] 경제적 발전과 정치적 평화가 만들어낸
문제는 단지 정치적으로만 해결될 수 있을 뿐 직접적으로 개인에게 가
해지는 형사사법의 도입에 의해 이것을 해결할 수 있다.

---

62) 범죄자가 공간적으로 멀리 떨어져 있다는 것이 피의 보복을 중단시키는 정치적
　　수단이었다고 하는 그 반대의 관계가 생긴다. Tüng-Tsu Ch'ü, *Law and Society
　　in Traditional China*, Paris/Den Haag, 1961, S.82 ff. 참조.
63) Seagle, a.a.O., S.115 참조. 이 이후의 역사에 대해서는 C. J. Ribbon-Turner, *A
　　History of Vagrants and Vagrancy and Beggars and Begging*, London, 1887을 보라.

그러나 법적 사건을 위한 결정절차의 정비는 단지 사회의 정치체계에서 어떤 선행조건이 충족될 경우에만 가능하다. 특별한 정치적·행정적 역할과 상호행위체계의 분화는 법의 계속적 발전에 있어 단지 하나의 원인을 제공할 뿐만 아니라 중요한 필수적인 조건이다.[64] 그때그때 실질적 법규범의 내용적인 형성을 위해 통상의 사회적·경제적 발전이 중요한 만큼 절차의 제도화를 위해 정치적 발전도 매우 의미가 있다. 모든 단순 사회에서 집단을 구속하는 결정을 성립·강제하는 정치적·행정적 기능은 친족관계란 맥락에서 동시에 수행되고 그것을 통해 정당화된다. 그것은 상황에 따른 것이지 역할이나 영속적으로 안정화된 사회체계에 따라 다른 기능권역으로부터 분리된 것은 아니다.[65] 이러한 기초에서 강력한 인물, 씨족장로(Sippenälteste), 씨족유력자회, 특권가족의 가장 또는 제도권 밖에 있는 개인이 필요하고, 그들은 기회가 있을 때 행정적 기능을 담당한다. 그래서 개별 씨족과 지역적 거주공동체의 독자적인 씨족장을 가진 씨족연합체가 형성될 수 있고, 추장들 사이에서 위계질서가

---

64) 이 점에 대한 개관으로서 S. N. Eisenstadt, "Primitive Political Systems. A Preliminary Comparative Analysis", *American Anthropologist* 61, 1959, S.200~220; David Easton, *Political Anthropology*, a.a.O.; Mair, a.a.O. 참조.

65) 이와 같은 사회구조적 토대 위에서의 정치와 행정의 기능에 대해서는 M. G. Smith, "On Segmentary Lineage Systems", *The Journal of the Royal Anthropological Institute Of Great Britain and Ireland* 86, 1956, S.39~80; Lloyd Fallers, "Political Sociology and Anthropological Study of African Politics", *Europäisches Archiv für Soziologie* 4, 1963, S.311~329; Mair, a.a.O. 참조. 개별적 사례에 대해서는 Isaac Schapera, *Government and Politics in Tribal Societies*, London, 1956; John Middleton/ David Tait(Hrsg.), *Tribes Without Rulers. Studies in African Segmentary Systems*, London, 1958; F. Barth, *Political Readership Among the Swat Pathans*, London/New York, 1959; I. M. Lewis, A Pastoral Democracy. *A Study of Pastoralism and Politics Among the Northern Somali of the Horn of Africa*, London/New York/Toronto, 1961; Jan van Velsen, *The Politics of Kinship. A Study in Social Manipulation Among the Lakeside Tonga of Nyasaland*, Manchester, 1964; Sigrist, a.a.O. 참조.

생긴다.[66] 친족 사이의 상호연관이 수많은 다른 종류의 기능을 위한 토대와 규율로 남고, 기능적으로 불특정한 구조가 사회의 도달 가능한 복잡성을 제한한다. 법영역에서는 이것이 가능한 결정핵심이다.

추가적인 발전은 정치적 지배가 친족관계에서 벗어나고 그것과 독립해 비교적 자율적으로 구성되었다는 것에 의거하고 있다. 이렇게 되는 역사적 원인은 여러 가지 종류가 있을 수 있다. 민족이동과 (예컨대 콜롬부스 이전의 아메리카와 동아프리카에서) 군사적 정복, (강과 계곡이 풍부한 아시아와 이집트에서) 용수시스템의 구축과 관리 또는 (고대 지중해 지역에서) 도시형성을 수반한 자생적 경제발전이 그것이다. 안정화의 수단은 무엇보다 물리적 폭력의 집중과 더 추상적이지만 더 이상 조상숭배에 의존하지 않는 범주에서 주술적·종교적 정당성이다. 그 결과 수많은 퇴보가 있더라도 분쟁당사자로부터 독립적으로 인식되고 우

---

66) Marshall D. Sahlins, "Poor Man, Rich Man, Big Man, Chief. Political Types in Melanesia and Polynesia", *Comparative Studies in Society and History* 5, 1962~63, S.285~303은 이러한 구성을 보다 단순한 원시적 구조와 대비하고 있다. 분절적인 기초에서 가능했던 그러한 위계는 정치적으로 구성된 사회의 그 후의 위계와 구분되어야 한다. 전자에서는 상위를 차지하는 추장의 우위는 단순히 하위의 추장들과 같은 기능을 더 큰 단체를 위해 수행한다는 점에 있을 뿐이다. 그러나 그후의 사회에서처럼 특수한 기능(예컨대 물리적 폭력의 적용에 관한 결정)이나 그 기능을 위해 분리된 특별한 지위에 근거를 두는 것은 아니다. 분절적 사회의 위계도 분절원리에 따라 구성되고, 기능적 분리의 원리에 따라 구성되는 것은 아니다. 그것에 대응해서 상위를 차지하는 추장은 말하자면 단순한 '대부' (Großß-Väter)였고, 광범위한 합의나 커다란 친족적 단결에 의해 승인되지 않는 한 대체로 구속력 있는 결정을 내리고 관철하는 힘을 가지지 못했다. 그들의 권력은 더 포괄적이고 높을수록 약하게 된다. 즉 그 힘은 그들이 대표하는 가족보다 그들이 대표하는 씨족에서 더 약하고, 그것보다도 부족에서 약하며, 그것보다도 그들이 지도하는 부족연합에서 약하다. Aidan W. Southall, *Alur Society. A Study in Processes and Types of Domination*, Cambridge UK., o. J., 1953부터 이와 같은 옛날 유형은 개념적으로 '피라미드형'의 사회구성으로서 협의의 의미에서의 위계와는 구별되고 있다.

선적으로 적용될 가능성이 있는(가끔 지방의 유력한 가문과 타협하는 방식이 생기기도 하지만) 새로운 종류의 결정권한이 개별적인 많은 다른 사례에서 창설된다.[67] 구속력 있는 결정에 대한 가능성은 이제 일정한 선택폭을 가지고 제도화되어 결정의 선택을 실행할 절차가 조성될 수 있다. 이때부터 법발전은 다음 절에서 자세히 다루게 될 고등문화의 길을 취할 수 있었을 것이다(반드시 취하는 것은 아니다!). 그러나 법발전을 위한 하나의 중요한 선택이 아직 열려 있다. 즉 정치적 절차가 중국에서처럼 주로 형사사법을 지향할 것인가, 그렇지 않으면 그것을 넘어서 지중해 지역의 고대 도시국가들 특히 로마에서처럼 개개인이 정치적 시민으로서 참여하는 '정치적 사법(시민법)'(Politisches Privatrecht (Zivilrecht))이라는 놀라운 제도를 만들어 개인이 정치적 시민으로서 관여할 수 있도록 할 것인가라는 선택이 그것이다.

요약하면 지금까지 언급한 모든 관점에서 법발전이란 사회적으로 처리할 수 있는 복잡성이 얼마나 증가하는가에 좌우된다고 확정할 수 있다.[68] 그것을 위해서는 특히 법형식의 영역과 경제영역, 정치적·행정적인 기능연관관계에서 일정한 전제조건이 성립되어야 한다. 원시사회에는 비교적 낮은 복잡성의 수준에서 안정화되어 있다. 원시사회의 문제는 간단하다. 왜냐하면 문제해결책이 적기 때문이다. 또 그 문제해결 역시 간단하다. 왜냐하면 문제가 적기 때문이다. 원시사회의 안정성은 선택의 결여에 근거를 두고 있다. 원시사회의 세계체험, 법적 주장의 형식, 기대위배의 처리방식, 그 전형적인 문제들, 위험과 방어전략은 사회적인 체

---

67) 그러한 정치적 지배의 안정화문제에 대해서는 S. N. Eisenstadt, *The Political Systems of Empires*, New York/London, 1963 참조. 그보다 이전의 발전단계에 대해서는 Sigrist, a.a.O., 특히 S.240 ff.를 보라.

68) 인류학자도 그곳에서 법발전의 결정적인 변수를 보고 있다. 예컨대 Hoebel, a.a.O., 특히 S.289, 327; 혹은 Redfield, a.a.O., S.22 참조.

계의 낮은 복잡성이라는 이러한 기본적 경향에 서로 연관되어 있다. 문제와 문제해결책은 이 조건 아래에서 상호 보완적이다. 이것은 높은 외적 위험에서 고도의 내적 안정성을 보장하고 있다. 그러므로 추가적 발전의 기회는 개별사회의 구조에 있는 것이 아니라 오히려 서로 다른 출발상황과 내적 상황의 조건 아래 아주 다양한 조합이 시도되는 상이한 종류의 사회가 다수 존재한다는 것에 있는 것이다.

특히 개별의 기능영역에 고도의 복잡성이 형성되면 위기에 처하게 된다. 이를테면 의례적 의식의 증가, 불안의 개인화, 도덕의 범례화, 정치적 권력지배, 경제적 가동능력의 증가를 통하여 위기에 처하게 된다. 이러한 경우 비교적 짧은 시간 내에 보충적인 전제조건이 사후 보완되지 않으면 사회의 안정성을 위협하고 퇴행적 전개를 야기하는 불균형(개인적 실존 불안 또는 경제적 필요성과 무관한 형식적 잡다함, 충분한 경제적 잠재력과 충분한 추상적이고 종교적인 정당성이 없는 독재, 충분한 정치적·행정적 결정권능과 경제적으로 중립적인 종교성 없는 경제발전)은 위협을 구조화한다. 하나의 과도기는 허용된다. 즉 모든 것이 한번에 변경될 수는 없다. 선행형식(의식화된 법규범, 조정절차, 피라미드식 위계 등)은 이러한 전도기능(傳導機能)을 수행한다. 이러한 선행형식은 우리가 논증한 것처럼 정치적으로 구성되고 고도로 문화화된 사회의 새로운 질서에 거의 단절 없이 전수될 수 있다. 마지막으로 더 높은 복잡성, 즉 변화와 선택의 풍부성은 스스로 가장 안정적인 안정화 요소가 되고, 그렇게 될 경우 퇴행적 전개는 생길 가능성이 없어진다. 사회는 높은 복잡성의 수준에서 바로 이 복잡성에 의해서 스스로 안정화된다. 이를 통해 법은 개별규범이 변화 없이 남아 있더라도 하나의 다른 총체적 의미를 얻는다.[69] 법은 결정 전제의 복합체로 완성되고, 원초적인 법형성적 과

---

69) Andreas Heusler, *Germanentum*, 2. Aufl., Heidelberg, 1936, S.11은 중세에 대해

정과의 관계가 결정절차를 통해 매개된다.

3. 전근대적 고등문화의 법

원시사회에서는 비교적 단순한 법질서가 보여주는 여러 유형의 다양성 때문에 일괄적인 논의가 어려워 모든 세부적인 것을 배제할 수밖에 없었지만 이제 문제는 개별 고등문화의 법이 가지고 있는 내부적 복잡성에 있다. 하지만 법분야가 문화의 징표를 보여줄 수 있는 발전상태에 도달한 것은 아주 소수의 사회뿐이다. 여기에 해당하는 것으로서는 중국 법권(圈), 인도법권, 이슬람법권, 그리스·로마법권 및 유럽대륙법권 그리고 앵글로색슨법권을 떠올릴 수 있다. 그러나 마지막의 2개, 즉 유럽대륙법권과 앵글로색슨법권에서만 고도로 세련된 사회체계의 내적인 분화가능성이 법영역에 충분히 발현되어 그후 계속적인 발전, 즉 법의 실정화를 감당할 수 있는 기반을 제공하는 법질서가 탄생한 것이다. 그러니까 관심대상이 되는 것은 단지 아주 소수의 법권이다. 하지만 이들 법권에 대해서조차 법질서의 내적 복잡성, 즉 효력이 있는 규범의 다양성이 너무 커서 일반적인 법사회학의 테두리 내에서 규범구성체 자체를 적절하게 취급하는 것은 불가능하다. 그러므로 본절에서도 우리는 몇몇 기본경향, 주로 법생성의 조건과 법체험의 일반적인 양식에 한정할 수밖에 없다.

전근대적 성격을 가진 고등문화는 **불충분한 기능적 분화**를 수반하는 사회에서 형성된다. 종교영역에서뿐만 아니라 경제영역과 정치영역에서는 이미 각기의 특수한 작용에 의해 정당하게 완성된 기능중심이 있

"더욱 느슨한 자력구제국가에서 경찰국가로 이행되면서 모든 가치의 전환이 생기게 되었다"고 기술하고 있다.

다. 사원, 교회 및 수도원, 승려와 학자들은 더 이상 오로지 사건의 종교적 해석만 다루는 것이 아니라 종교 그 자체의 해석을 취급한다. 비(非)친족 사이의 경제적인 필요조정에 기여하는 시장 또는 저장과 분배의 중심지가 있다. 일정한 범위에서 통상 관철될 수 있는 결정을 내릴 수 있고, 지방의 개별권력의 힘을 능가하며, 정치적 · 행정적인 질서작용을 위한 필수불가결한 정치적 지배가 있다. 그렇지만 일상생활의 관점에서 보면 이들 대부분 도시의 기능중심은 오직 예외적 상황만 관장한다. 고래의 친족질서에 속해 있던 민중은 이들 외곽에서 이들로부터 비교적 독립적이고 이들에게 비교적 영향을 받지 않으면서 '가'(家)와 '촌'(村)에서 살았으며, 가끔 도시의 직업단체에 가입하는 정도이다.[70] 여기에서는 전승된 생활방식의 틀에 고정되어 있었다. 따라서 법에 대한 수요는 증가하지만 오늘날의 관념으로 추측해보면 아직 극히 적다.

초기의 고등문화에서, 특히 동양의 고등문화에서 사회의 정치적 부분체계와 종교적 부분체계는 혈족질서에서 벗어나기는 하였지만 서로 분리되지는 않았고, 폐쇄적으로 전승되는 종교적인 법이 발달하여 절차적인 통제와 발전이 제대로 이루어질 수 없었다. 그리하여 법은 대개 실제와는 동떨어진 경향을 보였고, 부분적으로 매우 자의적인 처리로 치달았다. 그럼에도 메소포타미아에서는 종교적 · 경제적 그리고 정치적 · 군사적 제도와 재판권이 일찍 분화해서 거래법이 형성되어 통용되었다. 이 거래법은 나중에 성문조항화된 '신성한 법'(heilige Rechte)의 토대로서 기여한다. 그러한 신성한 법의 가장 최후적이고 인상적인 것이 이슬람법인데, 이는 종교개혁운동에서 탄생한다. 이들 법은 종교적 사고의 추상화에도 불구하고 그 개념적 도식화에서 우리가 로마법에서 경탄해 마지

---

70) 현재까지 언급되고 있는 전형적인 예로서는 Margaret Hasluck, *The Unwritten Law in Albania*, a.a.O.를 보라.

않는 그 학습능력, 즉 문제적 경험에 대응하는 방책을 형성해내지 못했다. 다시 말하면 그것은 특수한 법적 경험에 따라 통제되고 발전되었던 것이 아니라 하나의 법전과 학식자의 작업적 대상으로 전승되었던 것이다.[71] 법의 합리화를 위한 요인은 상품거래증가의 문제에 있었던 것이 아니라 "모든 생활관계의 종교적 평가에 대한 일정한 범위의 신앙심 있는 사람들의 필요"[72]에 있었다. 그런 신성한 법의 규범영역 내에서 충분히 유효한 거래법이 실행될 수 있다는 것은 오리엔트의 법발전에서 수차 입증되었다. 그러나 이러한 거래법의 체계화와 합리화는 신성한 법을 반드시 고려해야 했기 때문에 방해를 받았다. 이러한 상태가 매우 지속적이지만 발전가능성이 떨어지는 형태로서 흥미로운 예를 중국법에서 찾을 수 있다. 중국법은 전승된 원시적인 가족질서를 기반으로 하되 종교적 색채가 강하면서 정치적 중앙집중성을 가지고 있다. 그래서 형법과 형벌에 의해 지지되는 국가법과 행정법만이 정치적으로 집중되고, 이러한 모순은 전승된 원시적인 법실무와 자연과의 조화적 합치라는 범례화된 관계적인 상황윤리를 통해서 조정되는 것이다. 이러한 상황윤리는 타당하기 때문에 법이 관철되어야 한다는 것을 부인하고, 그러한 한에서 원시적이지만 그것은 범례화된 세계이해와 분화의 강조에 관한 고등문화의 요청과 일치하며, 그 외 중국어의 특별한 가능성에도 상응하는 것이다.[73]

---

71) 이 점에 대해, 또 그것에 의해 주어진 사실적인 상황에 대해 신성한 법으로 취급하는 태도에 대해서는 이슬람법이 좋은 예를 보여준다. Joseph Schacht, *An Introduction to Islamic Law*, Oxford, 1964 참조.

72) Jeseph Schacht, "Zur soziologischen Betrachtung des islamischen Rechts", *Der Islam* 22, 1935, S.207~238(221).

73) 이러한 법이해의 내용에 대해서는 예컨대 Jean Escarra, "La conception chinoise du droit", *Archives de philosophie du droit et de sociologie juridique* 5, 1935, S.7~73; Ders., *Le droit chinois*, Peking/Paris, 1936, S.7~84; 그리고 입법의 효과에 대해서는 Karl Bünger, "Die Rechtsidee in der Chinesischen Geschichte", *Saeculum* 3,

위에서 본 것과 유사한 제한이지만 그 결과적으로 아주 다른 것은 정치시스템이 종교적 구속에서 비교적 강하게 거리를 두고 있더라도 정치적 지배자가 가(家)와 경제(여기에서 경제는 토지소유를 말한다)에 결속되어서 가부장적 지배의 형태가 되는 경우이다. 이에 대한 예로는 자생적 기초를 가진 호메로스 시대의 그리스, 아프리카의 왕국, 전근대적인 러시아 등에서 볼 수 있고, 비교적 강하게 분화된 정치질서의 퇴행형태로서는 이집트, 특히 로마 멸망 후의 이집트에서 종종 볼 수 있다. 이러한 경우에는 사법이 행정적으로 운영되고 지배 가문의 법과 의무 목록으로 편성되지만 어떠한 독자적인 질서목표를 추구하지 않고, 개별사건에서 유래한 관습과 민중법에 의거한다. 여기에도 역시 법의 특수한 법률가적인 정련(精鍊)을 위한 자극이 결여되어 있다. 법실무는 영토적으로 확립된 경계와 그 경계 내의 통일적인 법을 전혀 필요로 하지 않고 다만 인적 집단에 따라 분화된 법을 받아들인다.

고대도시국가의 역사가 증명해주듯이 법은 지배자의 가(家)로부터 대개 독립하여 재판절차에서 그것을 위해 종교적으로 정립되는데, 이러한 법은 **정치적 기능 중심의 사회적 우위**를 전제한다. 이러한 전제조건 아래에서만 로마법을 특징짓는 그 위대한 법학적 성과가 나올 수 있었고, 무엇보다도 거의 비자연적이지만 거래친화적이고 절차적으로 현실성 있는 법적 구성이 관철되었다. 예컨대 물건이 유래한 매도인이 아니라 매수인에게 하자위험을 부담시키는 사고 또는 현재(과거가 아니라)의 점유로부터 소유권의 추정을 도출하는 사고가 그러하다. 고대의 지중해 지역에서 법이 전문사법으로 처리되어 세련되었던 것은 도시의 정치적 설립, 즉 원시전통의 가와 혈족을 초월하는 폴리스의 건설에 기인한다.

1962, S.192~217; Ch'ü T'ung-Tsu, *Law and Society in Traditional China*, Paris/Den Haag, 1961 참조.

그러므로 아리스토텔레스가 회고하면서 자유민 사이의 관계에 대한 법적 성질을 '폴리스 또는 정치적 사회'(Polis oder politischen Gesellschaft, *pólis kái he koinoniá he politiké; civitas sive societas civilis*)[74]의 진화적 성과로 파악한 것은 우연이 아니다. 이러한 정식은 18세기 말까지 학문적 전통의 확고한 요소로 남아 있었던 것이다. 정치질서는 더 이상 씨족집단 사이의 분쟁만 다루는 것이 아니라 점차 친족관계와 무관한 개인 사이의 관계에도 구속력을 요구하는 데에 성공하였다. 그리스인이 전제적으로(가족적으로) 통치되는 야만인왕국에는 없는 것으로 생각하였던 고유한 정치적 급부는 지배와 결정의 관철이 아니라 인간, 즉 다르게 행동할 수도 있는 생물로서의 인간에 관한 법의 제도화에 있다는 것이다. 인간은 선택의 자유를 가지고 있는 행위자로서 법과 사회에 편입되어야 하고, 이를 위해서 법적으로 정돈된 결정절차가 필요하다. 촌(村)은 가(家)의 단순한 파생물로서[75] 그 기능을 얻을 수 없다. 공공기관과 절차 내에서 사회가 정치적으로 구성되어 있다는 것은 그리스인의 자기해석에 타당하다. 그러므로 이것은 자유로운 인간 공동생활을 이성적 법형식의 실현조건으로 보는 고대유럽전통 전체에도 해당하는 것이다. 그리고 사회학은 이러한 주제를 입증할 수 있을 뿐이다.

이와 병행해 두 번째의 제도적인 성과가 그 고유권을 주장하였다. 그 이전 사회의 피라미드식 구조에서는 거의 인식할 수 없을 정도로 움직이면서 서서히 발전해온 위계적 지배형태가 바로 그것이다.[76] '상부'와 '하부'의 구분이라는 암시적인 형상에 의해 처음에는 전혀 함께 소속될 수 없는 구조상의 다양한 것들이 통일체로 녹아들어가 자연적이고 해체

---

74) *Pol.*, 1252a 참조
75) *Pol.*, 1252b 17: 아포이키아 오이키아스(apoikía oikías)는 대개 '가(家)의 식민지'(Kolonie der Häuser)로 오역되고 있다.
76) 이 책 306쪽 각주 65 참조.

할 수 없는 상호연관으로서 제도화된다. 즉 1) 상부에서 하부로 지향된 일반적인 지위격차이다. 이것은 하나의 대체적인(정치적으로뿐만 아니라 종교적으로 정당화되고, 경제적, 군사적, 학문적인 등등) 서열차이가 설정되어 신분상징, 동일지위자 및 상급지위자 간의 교류를 위한 상이한 말투까지 포함해서 다른 의사소통양식과 같은 여러 자지 제2차적인 기제에 의해 가시화되고 또 지지된다. 2) 이러한 서열차이에 상응한 임무배분이다. 이것은 높은 서열의 역할을 가진 사람에게 낮은 서열과는 다른 활동이 할당되므로 상이한 규범과 자유가 부여되어 높은 서열에 있는 자의 활동이 더 중요한 것으로 간주된다는 것을 의미한다.[77] 3) 따라서 비대칭적 의사소통구조이다. 지시권능은 상부에 있고 하부에는 복종의무가 있다. 끝으로 4) 상응하는 역할의 지속적 지정이다. 이것은 영속적 행동가능성과 상황과 관계없는 타당성을 의미한다. 이에 의해 기능할 뿐만 아니라 기대할 수 있는 결정급부가 가능해진다.

한 요인이 다른 요인을 지지하는 질서도식으로 다양한 행동국면을 끄는 이러한 종합이 원시사회에서는 가능할 수 없었을 것이고, 그 연관관계도 밝혀지지 않았을 것이다.[78] 원시시대 말기의 사회에서 이에 관한 중요한 단초가 있었다는 것을 알 수 있다. 고등문화에서는 서열차이와 상황무차별적인 영속성을 결합하는 것이 늘 문제적인 것으로 남아 있었

---

77) 그러므로 고대유럽의 사회철학은 전체/부분, 목적/수단, 위/아래라는 이분법을 독특하게 결합하고 있다. 즉 사회는 여러 부분으로 이루어진 전체로서 간주되고, 부분은 부분으로서 필연적으로 지위차이에 의해 질서지어져 있으며, 지배적인 지위에 있는 부분은 비록 부분에 불과하더라도 전체의 목적에 종사하고, 전체를 대표하는 것이 된다. 예컨대 Aristoteles, *Pol.*, 1254a 28 ff. 참조. 또 이러한 사유모델을 세계질서로 전환한 것으로는 Thomas von Aquino, *Summa Theologia*, I q. 65a. 2. 위계구조와 '탁월한 부분'(maiores partes)의 지배는 이 사회질서에서 정당화되고, 세계질서 그 자체라고 할 수 있다.
78) 이 점에 대해서 인디언부족의 예로서는 Walter B. Miller, "Two Concepts of Authority", *American Anthrophologist* 57, 1955, S.271~289 참조.

음에도 위계를 범례화하는 종합은 불가결했다.[79] 역사적으로 조건지어진 개별적인 해결책 사이의 다양성을 넘어 우리는 사회구조와 그 복잡성 정도와 관련 있는 위계적 지배를 위한 일반적인 안정화 조건을 추정할 수 있다. 사회의 위계구조가 상당히 구체적이고 선택지 없이 안정화되어 있다는 것을 알 수 있다. 말하자면 관직의 교체가 제도화되었고, 심지어는 관료제의 틀내에서 이미 관직과 사람이 상이하게 동일화되었다. 그리하여 직무수행의 연속성은 사람을 넘어 보장될 수 있다. 다른 한편 피지배계층에게는 기존의 질서 내에서 다른 질서와 그 독자적 지위가 상정될 수 없고,[80] 단지 소수 지배계층만이 관직을 둘러싸고 경합하며 경력을 쌓을 수 있으므로 그들만이 정치와 행정을 선택문제의 영역으로 취급할 수 있다. 지배자의 측면에서 선택의 부재는 고도의 '신분정합성'을 전제했다.[81] 이것은 사회적 신분을 배분하는 규준이 너무 다양해져서는 안 된다는 것을 의미한다. 탁월한 역할은 모든 면에서 탁월성을 보장해야 한다. 정치적으로 지배하는 사람은 부자여야 하고, 당연히 현자여야 하며, 최고의 집에 거주한다는 것을 보여주고, 거대한 가계를 꾸리는 그 나라의 최고인사들과 친족관계이며, 군사적 지도자여야 한다는 것

---

79) 이 문제는 특히 지배역할의 승계를 아무런 마찰 없이 규제하는 데에 어려움이 있다는 점에서 나타난다. 그러한 구조적 조건의 문제는 유력한 추장가족에 의해 지배된 비교적 커다란 부족사회에서도 볼 수 있고, 전근대적 제국에서 되풀이해서 위기를 일으킨 것이기도 하다. 예컨대 Jack Goody(Hrsg.), *Succession to High Office*, Cambridge UK., 1966 참조.

80) 그와 같이 상정하기 어렵다는 것을 보여주는 하나의 징표는 반(反)사실적인 질문(예컨대 왕이라면 당신은 무엇을 할 것인가와 같은 질문)이 잘못 설정되었고, 무의미한 것으로서 체험된다는 것이다. 이 책 280쪽에 기술했던 개념으로 말하면 이것은 사회구조가 비교적 미발달한 추상화능력(체험가공의 비교적 구체적인 전제들)을 전제한다는 것이다.

81) 최근의 사회학 이론에서 중요하게 여기는 (그리고 지위의 결정화 혹은 지위의 일관성이라고 부를 수 있는) 개념에 대해서는 예컨대 George C. Homans, *Social Behavior. Its Elementary Forms*, New York, 1961, S.232 ff. 참조.

등 간단히 말해 거의 모든 관점에서 걸출해야 한다. 환언하면 사회는 아직 다수의 신분질서를 수용하지 못한다. 그래서 현세적인 권력과 정신적 권력이 분리되었던 중세에서처럼 신분질서가 분열적으로 형성된 곳에서는 불안정적인 상태가 있고, 그러한 불안정한 상태는 사회체계를 통합하는 추상적 형식을 위한 출발점이 된다.

왜 그리고 얼마나 근세 이전의 고등문화가 사회체계의 불충분한 기능적 분화를 전제하는지를 우리는 이제 더 분명하게 알 수 있다. 사회의 위계구조는 기능분산적 범례화와 선택지 부재에 의해 확고해지고 이에 사회체계의 통합이 의거한다. 이로써 법에 대한 수요와 법의 가능성을 제한하는 일정한 일반조건들이 미리 정해진다.

이러한 테두리 내에서 전근대적 고등문화의 법이 전개된다. 법은 이미 상당히 복잡한 사회, 법적 결정절차의 실행에서 일정한 선택가능성(자유)의 제도화를 지지하고 또 당사자 친족의 무력에 의하지 않고도 결정하여 그 결정을 정상적으로 관철할 수 있는 관직위계질서의 상황에 무관한 존속을 지지한다. 절차와 기관이 갖추어져 있어 개별적으로 예측할 수 없을 정도로 지속적으로 생기는 개개인의 법적 분쟁을 결정할 수 있다. 우리는 법 자체에 대해 이러한 선행조건이 가지는 귀결을 곧 논의할 것이다. 그 선행조건 아래 행동기대의 정합적인 범례화의 기능은 이전보다 더 높은 복잡성과 추상성의 차원에서 충족되는데, 이것이 바로 새로운 양식의 법의 제도화이다. 이제 법은 소송이라는 방법으로 법원에서 인정받을 수 있는 규범적 행동기대의 복합체이다. 기대위배처리는 법원에 대한 소제기의 길이 열려서 많은 역기능적인 부작용에서 면제된다. 기대의 기대구조에서 법관의 기대의 기대는 최종적으로 결정요소로서 수용된다. 규율되는 결정절차는 가능한 규범기획, 절차의 제도화 및 기대의 동일화에 대한 선택을 실행하고, 그 결과 법은 시간적·사회적·사항적 차원에서 정합적으로 된다. 가장 다양한 종류의 규범기획과 그중에서 선택된 법은 이제 서로 점점 분리되어 사회의 복잡성과 발전잠재력이 높아진다. 그러므로 가장 중요한 성과는 사법절차의 제도화에 있다. 사법절차는 특별한 양식의 상호행위체계인데 그 기능의 본질은 결정을 위한 개방적인 상황을 만들고, 불확실성을 흡수해 원시적인 법적 투쟁을 선택지가 풍부하고 논증된 선택을 가능하게 하는 절차로 대체하는 데에 있다. 법의 발전은 더 복잡한 절차체계의 발전 위에서 이루어진다.[82]

그러한 법적 절차의 제도화가 이루어지기 위한 조건이라는 점에서 법질서는 각 사회의 구조와 연계되고, 그 발전수준에 종속적이다(물론 절차법이 자동적으로 사회구조에서 생긴다는 것은 아니다). 상대적으로 자율적이고 결정력 있는 상호행위체계로서 절차의 분리는 정치적 지배의 분리를 전제한다. 어떻든 분쟁 당사자보다 힘있는 제3자가 있다는 것이 독립적인 결정의 자유를 보장한다. 그것을 통해 절차 자체에서 결정을 발견할 수 있게 된다. 즉 권력과 합의문제가 아닌 규범지향적인 결정을 발견할 수 있다. 결정은 주어져 있는 권력상태를 통해 예컨대 우세한 힘을 과시하는 당사자의 측근 세력에 의해 정해지는 것이 아니라 절차 이전이나 절차진행과정에는 미정이다. 결과의 불확실성은 당사자가 능동적으로 절차에 관여하도록 동기 부여하는 절차의 본질적인 구조요소이다. 이것은 도덕적 · 법적 요청으로서 '법관의 중립'원칙에 상징화되어 있다. 이것은 높은 합리성과 선택자유의 차원에서 투쟁 결과 및 '신판' (神判)에 의한 주술적 결단이 가지고 있는 고전적 불확실성의 원리를 대체한다.

정치적 지배가 사법에 검을 수여하는 것에서 그 법적 기능이 끝나는 것은 아니다. 정치적 지배는 고립된 지배자의 역할이나 이 역할에 놓여

---

82) 이것은 드물지 않게 주장되는 주제이다. 예컨대 Barna Horváth, *Rechtssoziologie. Probleme der Gesellschaftlehre und Geschichtlehre des Rechts*, Berlin, 1934, S.269 ff.; Hoebel, a.a.O., S.329 ff. 참조.

있는 자유에서 보아서는 안 된다. 더욱이 정치적 지배의 전제주의적인 변형이 발전의 정체상태로서 존재하기도 한다. 그러나 성공적인 혁신은 상당히 높은 불확실성을 상호행위적 선택과정을 통해 제거하여 결정을 내리고, 더 높은 위험을 그 구조 안에 인수할 수 있는 새로운 절차체계의 형성에 있다. 새로운 절차체계 자체의 복잡성과 불확실성에 의해 법적 절차는 그것이 간단한 물리적·주술적 투쟁 때보다 복잡한 방식으로 규범적 갈등을 묘사할 수 있고 갈등해결기제로 전달할 수 있다.[83] 정치적 지배자는 우선 절차의 주재자이지만 스스로 법관이거나 법관에 대한 지시자일 필요는 없다. 이런 전환은 이행의 초기에는 우선 (예컨대 선서와 같은) 주술적 요소가 결정의 보조수단으로서 절차 속에 구축되어 절차체계의 결정역량이 확장될 수 있는 정도에 따라 그 의미가 상실한다고 하더라도 구조적 혁신의 성격을 가지고 있다.[84]

지배자-법관의 역할뿐만 아니라 특수한 사회적 체계로서 절차에 주목하면 결정과정의 완전분화와 그 자율성의 측면에서 약간의 추가적 조건이 눈에 띈다. 이들 조건은 절차 자체에서 절차나 법관에 대한 규범적 기대로서 나타난다. 이들 조건에 해당하는 것은 특히 모든 중요한 환경을 개입시키면서 조정의 일반적인 과제 대신 사전에 확정된 규칙 중에서 구속적인 법적 결정을 준비하기 위한 **상호행위체계의 특화**, 결정요소로서 법관의 (그의 개인적 기호와 관계, 기억과 지식에 관한) 개인적 인

---

83) 이론적 토대에 대해서는 특히 Johan Galtung, "Institutionalized Conflict Resolution", *Journal of Peace Research*, 1965, S.348~397 참조.

84) Hans Jurius Wolff, "Der Ursprung des gerichtlichen Rechtsstreits bei den Griechen", in: Ders., *Beiträge zur Rechtsgeschichte Altgriechenlands und des hellenistisch-römischen Ägypten*, Weimar, 1961, S.1~90은 정치적으로 설립된 사법이 원시적인 화해절차에서 발전한 것이 아니라 혁신적인 성격을 가진다는 점을 밝혔다. 바빌로니아에 대해서는 Jurius Georg Lautner, *Die richterliche Entscheidung und die Streitbeendigung im altbabylonischen Prozeßrechte*, Leipzig, 1922가 이와 유사한 해석을 보여주고 있다. 그러나 아래 각주 86도 참조.

격의 중립화, 결정주제가 되지 않는 한 모든 참여자에 대한 '자신을 다른 역할'로 지향하는 것의 배제, 여론 반응의 무시, 특히 관철조건 또는 관철장애로서 특히 '공분'(*colère publique*: 뒤르켐적 표현)의 무시, 끝으로 법원의 통일성이 기대형성과 정당성의 요소로서 기능하지만 한 법원이 많은 다른 절차를 순차적으로 또는 동시적으로 진행하며 그래서 꾸준히 변하는 문제를 객관적으로 처리할 수 있다(즉 관직으로서 법원의 구조를 통해 아직 선결되어 있지 않다)는 의미에서 **법원과 법절차의 구분**이다. 이 모든 것들이 흡사 입법자의 결정에 의해 도입되듯이 단번에 이루어지는 것은 아니다. 그러한 구분은 그 자체로 복잡한 사회적 전제를 가지고 있다. 이들 전제로는 예컨대 접촉유동성, 체험가공의 추상도, 사회적 관계에서의 관용과 무연관성이 중요하다. 따라서 개별적인 법문화들 사이에 절차원칙의 실현 정도와 형식에 있어 큰 차이가 있고,[85] 그리고 막스 베버[86]가 언급한 바 있는 법의 합리화 정도에는 아주 커다란 차이가 있는

---

85) 이러한 차이는 영국의 절차체계를 인도에 도입하였던 때에 생긴 어려움에 아주 잘 나타나 있다. 예컨대 Bernard S. Cohn, "Some Notes on Law and Change in North India", *Economic Development and Cultural Change* 8, 1959, S.79~93 그리고 새롭게 인쇄된 Paul Bohannan(Hrsg.), *Law and Warfare. Studies in the Anthropology of Conflict*, Garden City/N. Y., 1967, S.139~159는 전통적인 인도의 법절차에서는 사회구조적인 이유로 당사자의 자의적 제거, 특히 귀속 카스트의 제거가 불가능하였다는 것(오히려 이것은 화해절차의 중요한 기초로 된다는 것), 분쟁조정이라는 일반적인 과제가 법적 결정으로의 특화를 허용하지 않았다는 것, 그러므로 개별사건이 법적 주제에 따라 나누어질 수 없었다는 것, 그리고 이러한 모든 것이 힌두법의 지적 전통의 효과적인 적용이 비교적 진척되었다는 사정과 연관되어 있다는 것을 입증하고 있다. 그러므로 인도에는 영국의 사법절차를 도입하기 위한 사회적 전제조건이 결여되어 있었고, 그 결과 그러한 절차는 불법적인 지위획득을 위한 절차로써 이용되지만 고유한 법적 분쟁의 해결을 위해서는 이용될 수 없었다. 또한 극동아시아의 법체계에서도 유사한 이유로 재판절차의 비효용성이 나타나고 있다. 이 책 287쪽 각주 24의 문헌 참조.
86) a.a.O., 특히 S.217 ff. 참조.

것이다. 게다가 그러한 모든 점에서도 어떠한 최적달성도 필요하거나 성취될 수 없다. 그러나 법이 고유한 종류의 규범체계로 내용적으로 발전하는 것은 이 요청이 충족되는 정도에 좌우된다.

증거와 논증의 힘이 정치적으로 안정된 권력의 비호 아래서 확장된다. 절차에서는 구체적으로 옳다는 것(das konkrete Im-Recht-Sein)이 단지 생사를 걸고 지킬 것을 결의한 기대에 근거하여 주장되거나 재현되지 않는다. 고도로 발전된 원시적인 사회의 조정절차에서 논증의 양식은 이미 사회적 관계의 지속을 위한 준비자세를 보여주고 있고 자신의 입장을 선하고 이성적인 것이라고 주장하지만, 또한 그 판결에 복종한다는 것에서 나타난다.[87] 규범적 청구는 그 명시적인 직접성을 상실한다. 이들 청구는 도덕적 성격을 띠는데, 즉 누구나 공생의 전제조건으로 수용될 것으로 기대한다는 가치와 규범과 명백하게 관련되어 있다. 이러한 도덕성에는 모든 다툼 위에 있는 공동질서에 대한 요청이 있다. 이 공동질서 속에서 사람들은 장래 함께 살기로 하고, 이에 스스로 복종하며, 그 안에서 분쟁의 해결을 기대하는 것이다. 공동의 원칙은 범례화될 수 있다. 이미 알고 있어서 추론할 필요가 없는 구체적인 삶의 조건을 가지고 있고, 선택지가 별로 없는 작은 공동사회에서는 생활의 계속적인 영위가 거의 문제되지 않으며, 오히려 중요한 것은 범례화된 도덕의 관점 아래 이성적이고 수용가능한 인간이라는 것을 보여주는 것, 즉 사회적 존재로서의 계속적인 생존이기 때문이다.

일탈행동에 대한 도덕적 고려의 가능성은 '이성적 인간'이라는 형상

---

87) 이 점에 대해서는 A. L. Epstein, *Judicial Techniques and the Judicial Pricess. A Study in African Customary Law*, Manchester, 1954에 의해 관찰된 개별적인 사례를 보라. 그 외에 Paul J. Bohannan, *Justice and Judgment Among the Tiv*, London, 1957, 그리고 추후의 결정절차와 비교가능성에 대해서는 Max Gluckman, *African Jurisprudence*, a.a.O., S.439~454(441ff.) 참조.

에서도 발견된다. 비행자도 이러한 형상을 이용하여 승인된 질서의 가치와 논증수단을 가지고 '통상'적인 이유를 말하며, 단지 그들 자신의 행동의 특수한 불법적 내용만을 상징적으로 중화하려 시도한다.[88] 이러한 방식으로 예컨대 옛날의 규칙에 대한 예외를 새롭게 승인하는 형식으로 이루어지는 것처럼 법의 변경이 개시될 수 있다. 이와 같은 전략에는 더 높은 추상도의 가치, 즉 규범에서 이탈한 행동에 대해 사회적으로 승인된 가치가 원용될 수 있다는 상황이 이용되는 것이다. 이러한 전략이 법적 논거로서 허용된다면 그것은 사회의 다른 의미영역에서 법의 완분화가 미완이라는 징후이다. 이와 같은 논증은 널리 퍼져 있다. 즉 그것은 사회의 각 발전상태에 따라 사법절차에서 일반적으로 관용되기도 하고, 드물지만 법문언의 해석에서 의문을 해명하기 위해 전문적인 통제 아래 제한적으로 사용되기도 한다.[89]

요약해보면 절차는 사회적으로 받아들일 수 있는 자기재현, 즉 장래에 다른 사람에 의해 법 동료로서 수용될 수 있는 한 사람으로서 나는 누구인가라는 질문에 대해 분명하고 구속력있게 표명될 대답에 대한 더 높은 언어화와 성찰을 강제한다. 이러한 때에 기대의 기대는 다양한 가치와 규범에 의해서 조종된다. 그러한 가치와 규범이 가지고 있는 통합

---

88) 이 점에 대해서는 일반적으로 Gresham M. Sykes/Dabid Matza, "Techniques of Neutralization. A Theory of Delinquency", *American Sociological Review* 22, 1957, S.664~670; David Matza, *Delinquency and Drift*, New York/London/Sydney, 1964, S.60 ff., 75 ff. 참조.

89) Max Gluckman, *The Ideas in Barotse Jurisprudence*, New Haven, 1965; Ders., "Reasonableness and Responsibility in the Law of Segmentary Societies", in: Hilda Kuper/Leo Kuper(Hrsg.), *African Law. Adaptation and Development*, Berkeley/Los Angeles, 1965, S.120~146; Siegfried F. Nadel, "Reason and Unreason in African Law", *Africa* 26, 1956, S.160~173; Edward Green, "The Reasonable Man. Legal Fiction or Psychological Reality?" *Law and Society Review* 1, 1968, S.241~257 참조.

적 기능을 반드시 의식함에 따라 누구나 자기 마음대로 행동하는 것이 불가능하게 된다. 사람들은 규범에 복종하고 그 규범이 권리를 부여한다고 생각하게 된다. 그래서 곧바로 타당한 규범과 자신의 법적 주장이라는 두 개의 차원이 구분되는 것이다. 체험과 재현의 착종에서 새로운 절차의 복잡성이 반영되고, 그 복잡성은 개개인의 법체험을 간접화한다. 권리는 절차에서 비로소 결정된다. 정당하고 절차에 부합하는 법은 개개인이 자신의 권리라고 느낀 것과 일치한다거나 그 일부를 할당한다는 것은 더 이상 고려할 수 없게 된다.

또 하나의 추가적인 측면으로서 절차는 법관이 그의 결정을 통해 기대를 제도화하여 구속력을 '제3자의 기대'로서 정당화하는 권한을 주는 방식으로 '재-제도화'(再-制度化)의 기능을 실현할 수 있다.[90] 충분히 발달한 절차는 논증의 내용적인 의미관계에 의해서 분쟁결정의 사회적 효과를 변경한다. 끝으로 시간적 차원에서도 절차에 대응하는 변동을 관찰할 수 있다. 즉 법관은 더 이상 단순히 중재하고 설득하고 의식(儀式)을 감독하고 주술적인 법적 현상에 보조만 하는 것이 아니라 결정해야 한다. 그래서 법관은 그의 결정을 자신의 규범적 기대로서 주장해야 한다. 그래서 구체적으로 정형화되는 규범의 중점은 미묘하게 변화한다. 좌절된 기대에 관한 관철이 더 이상 문제가 되는 것이 아니라 좌절된 기대에 관한 결정의 관철이 중요해진다. 당초에는 법관의 역할로 생각하기 어려운 것이었지만 이제 법관은 규범성을 자신의 판결과 관련해 정식화된 기대를 규범화해야 한다.[91] 법관은 내용적으로 무관하고 진정 이해관계

---

90) 이 점에 대해서는 이 책 189쪽 참조.

91) Louis Gernet, "Sur la Notion du jugement en droit Grec", in: Ders., *Driot et société dans la Grèce ancienne*, Paris 1955, S.61~81은 이러한 발전의 어려움을 보여주는 예를 제공한다. 제르네에 의하면 고전적 시기에 아테네 사법절차의 높은 결정 자율성에도 판결 자체가 늘 법분쟁에 개입해 그것을 종결시키는 것으로 이해되었지만 앞에 존재하는 규범에 비추어 단순한 권리주장을 음미하는 것

가 없는 것으로 보여야 한다. 그럼에도 자신의 기대를 관철하는 것을 의욕해야 한다. 그리하여 법관은 스스로를 규범의 한계와 일관성의 요청 아래에 두게 된다. 법관은 결정에서 표현되는 기대를 유지하고, 다른 사건에서 다른 당사자에게 그 결정을 계속할 수 있도록 결정해야 한다. 이것은 당초의 법적 다툼이 해소되고 당사자들이 그들의 관심을 바꾸어 그 의미가 상실했을 때조차 그러하다. 새로운 종류의 더 추상적인 양식의 규범은 결정과 기대의 정합성을 보장하는 다른 수준을 나타낸다. 그리고 이것은 다툼에서 기획된 법은 단순한 법적 주장으로 격하되고 기존의 규범에 기해 검토될 수 있다는 사실을 위한 전제조건이다.

고등문화의 사법절차는 결국 모든 차원에서 기대의 범례화가 이룬 아주 다양한 진화적 성과의 조합이다. 그러한 조합으로서 절차는 비로소 법의 정합성의 수준을 변경한다. 그러므로 절차는 '자연적 단일체'가 아니라 우리가 위에서 위계의 이념에 대해 보았듯이[92] 장점들을 조화한 하나의 범례화이다. 그와 같은 확고부동한 단일체로의 융합은 저절로 되는 것이 아니고 처음에는 진화적으로 비개연적이지만 상호 지지하며 강화되고 전제조건으로 되기 시작하여 부분적으로 현실화되는 도정에서 비로소 조금씩 나타난다. 그래서 장구한 발전의 끝에서 비로소 그 성공적인 결과, 즉 절차에서 구속력 있는 결정이 내려진다는 추상적인 관념이 신뢰할 수 있게 되는 것이다.

이와 같이 법발전의 선택적 기제가 구속력 있는 결정을 산출하는 절차로 재편되면 법을 안정화하고 보존하는 형태에 변화가 생긴다. 결정은 당사자들에게 분쟁의 주제를 처리하는 것, 즉 자기도덕화에 일임하는 것을 요구한다. 도덕적 자기화가 가지고 있는 도덕적 이원론이 법관에게는

으로 파악되지는 않았다.
92) 이 책 315쪽 이하 참조

일방 또는 타방 당사자만 옳을 수 있다는 논리적인 이분법으로 전개된다.[93] 그렇게 되면 어느 쪽이 옳은가를 결정하는 것만 남는다. 그리하여 그리스 비극이 원시적 법체험을 종합해 전수하는 것, 즉 법의 주장에 불법이 숨을 수 있다는 사유[94]에서 벗어난다. 법의 양자택일구조는 법관에게 모든 법적 분쟁의 결정가능성, 그의 역할수행능력, 정보수요의 간소화 그리고 당사자들의 법적 견해와 합치 또는 그렇지 않을 수도 있는 객관적인 규범관점을 보장한다.

그렇지만 법관이 내리는 결정의 객관성 확보는 장구한 발전의 결과이다. 여기에서 다루고 있는 고등문화에 대해 아주 제한적으로만 다룬다. 오히려 우리는 고대사회가 법관의 판결에 포함된 주관적이고 개인적이며 그래서 아주 '우연적인' 요소에 대해 오늘날보다 훨씬 덜 민감할 수 있다는 것을 가정해야 한다.[95] 그 당시에는 조정과 분쟁종결의 원시적인 형태의 기억이 영향을 미치고 있었고, 그 외에 법 자체가 절차 밖에 있지 절차에 종속되어 있지 않다고 보았다. 기껏해야 결정 자체가 법의 재현으로 되고, 장래행동의 방향설정에 기여하는 만큼 주관적으로 선정된 결정요소를 배제하는 것이 제도적인 필요조건이 된다.

이러한 문제와 무관하게 절차체계는 상호작용이 서로 교환되면서 기대의 기대가 안정화되는 과정에서 참여자의 다양한 관점을 새롭게 통합하는 데에 도달한다. 결정에 작용하는 규범 및 사실에 대한 법관의 이해

---

93) 이 점에 대해서 Vilhelm Aubert, *The Hidden Society*, Totowa/N. J., 1965, S.102 ff.에 있는 지적을 보라.

94) Erik Wolf, *Griechisches Rechtsdenken*, Bd. I & II, Frankfurt a.M., 1950과 1952의 해석 참조.

95) J. Walter Jones, *The Law and Legal Theory of the Greeks. An Introduction*, Oxford, 1956, S.150 f.도 그렇게 서술하고 있다. 이 책 195쪽 이하에서 개발된 개념을 사용해서 언급하면 존스는 인물, 역할, 프로그램, 가치의 의미수준이 아마 구분되어 있지 않다는 것을 지적해 둔다.

가 당사자들의 도덕적 자기기획의 준거점이 되고 변론 대상이 되며 복잡성을 감축하고 불확실성을 흡수하는 공동작업의 목표가 된다. 자신의 권리를 주장하는 사람들은 이른바 일반적으로 타당한 도덕과 이성에 구속되고, 거기에서부터 법관은 그것에 찬성하거나 반대하는 결정을 내린다. 절차는 결과에 대한 어떠한 납득도 보장할 수 없지만 아마도 새로운 종류의 추상에 의해서 고찰하고 사안에 따른 객관적인 규준을 집적하는 것을 보장한다. 그래서 그러한 규준에 의거하여 사안에 관해 결정이 내려지고 그러한 규준에 반하는 사람들은 고립되는 것이다. 이제 '법'이라는 것과 정합적인 범례화로서 취급되는 것은 개별적으로는 기억할 수 없는 수많은 절차들이 남겼던 그러한 의미집적으로 이루어진다.

이렇게 하여 법적 논쟁을 처리하고 결정할 수 있는 규범질서가 탄생한다. 이 규범질서는 근본적으로 새로운 것이다. 이러한 발전의 직접적인 사회적 동인은 막스 베버가 추측했듯이[96] 개인의 신분권과 토지소유권에 관한 논쟁의 등장에서 찾을 수 있을지도 모른다. 이러한 논쟁은 사회의 정치적 구조변화와 화폐경제의 시작과 밀접한 관련이 있고, 불법행위와 권리침해에 대한 제재라는 옛날 방식으로 더 이상 처리될 수 없었다. 로마법상 청구권(*vindicatio*)에서 실체법의 형성을 위한 이러한 근원과 그 결과를 전형적으로 읽을 수 있다. 여기에는 다른 하나의 동인도 있는데, 바로 원시적인 자력구제의 단계를 넘어서서 이제 범법자에게 권리와 보호가 부여된다는 기회를 이용하여 정치적으로 제도화된 법절차를 소개함으로써 범죄자에 대한 기소에 반대하는 자를 찾아볼 수 있다는 점이다.[97] 이를 통해서 법 자체는 더 높은 추상의 단계에 도달한다.

---

96) *Rechtssoziologie*, a.a.O., S.114f.

97) 고대 바빌로니아법에 대해서는 이 문제가 해결되지 않았던 것으로 보인다. Jurius Georg Lautner, *Die richterliche Entscheidung und die Streitbeendigung im altbabylonischen Prozeßrecht*, Leipzig, 1922, S.10 참조. 고대 그리스법에 대해서

법은 더 이상 기대위배를 당한 자가 기대를 재현하고 그 반응을 정상화하는 데에 있는 것이 아니다. 법은 더 추상적인 규율로 변형되어서 '쌍방'이 표면적으로 제시하는 법적 요구를 서로 대향시켜 이를 단순한 법적 주장으로 간주하고 취급한 다음 전제적 기준에 기하여 중립적·비판적으로 평가할 수 있게 한다. 이제 법은 문장형식으로 고정된 **결정프로그램**의 형식을 띤다. 다시 말해 법은 결정이 정당하다는 것에 관한 조건을 정식화한다. 이와 연계하여 허용되는 (좋은) 행동과 금지되는 (나쁜) 행동에 관한 생활과 밀접한 구체적인 구별을 정식화하는 법은 타당한 규정과 타당하지 않은 규정의 더욱 추상적인 구분으로 변경되고, 그 타당성에 대한 비판적인 검토에 근거를 둔 타당성을 바탕으로 적용된다. 그러므로 이러한 사회발전의 동인은 단지 절차적 관리의 장점뿐만 아니라 거대한 영역을 가진 사회의 영토적인 법 통일성의 장점에서도 나타나는 것 같다.[98] 특수한 유효성 판단 기준을 완비하면서 규범화과정과 평가과정은 분리하게 되는 것이다.[99]

이러한 변화에 수반하는 중요한 현상은 특별히 지적되어야 한다. 분쟁행위 자체, 권리주장과 그 전체적인 논증도구, 수사와 해석의 규칙, 유형론, 개념선택과 설득력의 기준은 법 자체에서 분리된다. 이들은 법의 내적인 체계화가 가능할 수 있도록 밖으로 배제된다. 법은 더 이상 투쟁이 아니며, 논점(*topoi*) 및 논증에 관한 투쟁도 아니라 추상적으로 규율되

는 Wolff, a.a.O., 1966, S.420~437 참조.

98) Julian-Text D 1.3.32에 연계된 논의 참조. 또 그것에 대해서는 Dieter Nörr, *Zur Entstehung der gewohnheitsrechtlichen Theorie. Festschrift für Wilhelm Fegentraeger*, Göttingen, 1969, S.353~366, 중세에 대해서는 William E. Brynteson, "Roman Law and Legislation in the Middle Ages", *Speculum* 41, 1966, S.420~437 참조. Joseph Schacht, "Zur soziologischen Betrachtung des Islamischen Rechts", *Der Islam* 22, 1935, S.207~238(215)는 퇴행적 발전을 이슬람법에서 관찰하고 있다.

99) 이 책 205쪽 참조.

는 질서이다. 법률가의 기교는 물론이고 말씀론의 구성적인 사유형상까지도 법의 내재적 구성요소가 아니다. 법은 타당한 명제로 환원된다. 이렇게 해서 인격적 의미연관과 프로그램적 의미연관의 엄격한 분리가 있게 되고, 법적 청구는 그것을 제기하는 사람과 관계없이 자체적으로 음미할 수 있게 된다. 이와 동시에 안정화 요소인 법명제의 체계는 규범적 기대를 산출하고 선택하는 기제로부터 더욱 강하게 분화되어 진화적 기제의 작용이 높아진다.[100] 이러한 축소경향에 대해 최근 법학문헌은 반대를 표명하여 성과를 얻고 있지만[101] 우선 진화적인 관점에서 볼 때 이들은 모든 추가적인 법발전의 토대가 되는 성과로 보아야 한다.

이러한 변화에 기초해 법은 더 추상적으로 될 뿐만 아니라 더욱 분화되어 사회의 복잡성 증가를 더 잘 계산할 수 있게 된다. 점점 더 특수한 '사법적'(司法的) 개념성이 생기는데, 그 개념은 더 이상 초보적인 표현기능을 갖는 것이 아니라 초보적인 도구기능을 갖게 되고, 법체험을 직접적으로 표현하는 것이 아니라 그것을 내용적으로 분석하고 범주화하여 분류하고 평가한다. 간단히 말해서 그 개념은 분쟁사건에서 법에 관한 합리적인 결정을 가능하게 하는 것이다. 이렇게 해서 권리보장은 사전에 정의되어 있고 보편적으로(즉 결정자의 개인적 성향과 친소관계와 관계없이) 적용될 수 있는 **특별한** 규준에 귀속되게 하는 것이 원칙적으로 가능해진다. 물론 이러한 법원칙은 개별적인 법문화마다 아주 다르게 실현되고, 아마 처음으로 메소포타미아의 도시문화에서 대개 실현되었다.[102]

---

100) 이론적 기초에 대해서는 이 책 274쪽 이하 참조.
101) 특히 Theodor Viehweg, *Topik und Jurisprudenz*, 3. Aufl., München, 1965; Josef Esser, *Grundsatz und Norm in der richterlichen Fortbildung des Privatsrechts*, Tübingen, 1956 참조.
102) 이 점에 대해서는 S. N. Eisenstadt, *The Political Systems of Empires*, New York/London, 1963, S.98에서 그것에 상응하는 파슨스적 범주들과 관련된 약간의

가장 뚜렷하기 때문에 가장 인상적인 법문화의 변이는 로마법과 앵글로색슨의 보통법을 형성한다. 양자에는 명백히 법기술적이고 절차관련적 성격의 개념이 특징적이지만 내용적인 규범체계의 사고가 우선 생소하다. 양자는 일상적 운영에서 법의 실현과 계속적 발전을 위해 일반인에게 널리 유포되지 않은 특수한 전문지식을 필요로 한다. 이러한 전문지식은 내용적으로 타당한 현행 법규범에 대한 지식이라는 의미에서뿐만 아니라 그것을 넘어 개념의 작동가능성과 분쟁에서 집행가능성 및 논증가능성, 일정한 법적 실효성을 달성할 수 있는 실천적 기회와 관련된 경험과 판단력을 의미한다. 요컨대 규범구성체는 개방적이고 선택지가 풍부한 측면이 지배하여 법에서 유효하게 함께 안정화되지 않는다.

고도로 문명화된 법질서는 역할형성의 단계에 '법률가'[103]를 필요로 하고, 법률가의 역할에서 독특하게 두 갈래의 동떨어진 법에 대한 법전문가의 태도를 제도화해야 한다. 여기에서 중요한 것은 내적 결속이 아니라 작동의 기민성이다. 이러한 기민성은 결정을 설득력 있는 오직 하나의 옳은 것으로 증명하고, 그럼에도 다른 가능성을 고려할 수 있게 하여 불확실성의 지평에서 작동하지만 확실성을 보장해준다. 이 모순적인 역할요청에서 이해할 수 있는 것은 비단 로마뿐만 아니라 많은 고등문화에서 법률전문지식이 책임 있고 구속력을 가지는 결정을 끌어내는 절차의 바깥에서 발전하기 시작하였다는 것이다. 법률가는 해답을 주는 법률가로서 세상에 등장한다. 법률가는 그때그때의 요청사항과 사회적 맥

언급과 문헌을 제시하고 있다.

103) 비아커의 훌륭한 논문 "Vom römischen Juristen", in: Franz Wielacker, *Vom römischen Recht*, Leipzig, 1944, S.7 ff.(최초로 in: *Zeitschrift für die gesamte Staatswissenschaft* 99, 1939, S.440 ff.) 참조. 그 외 자세한 것은 Wolfgang Kunkel, *Herkunft und soziale Stellung des römischen Juristen*, 2. Aufl., Graz/Wien/Köln, 1967; 또 그후의 발전에 대해서는 Paul Koschaker, *Europa und das römische Recht*, 4. Aufl., München/Berlin, 1966 참조.

락을 떠나서 일정한 사항과 관련된 법적 조언을 처리하는 것이 중요하
기 때문이다.

특수한 관료제적인 규율이 발전하고 나서야 비로소 법률가는 판결
그 자체에 접근할 수 있게 된다.[104] 법과 간격을 두고 법적 인물들의 교
류의 자유 때문에 오늘날에도 여전히 재현할 수 없는 기능적 요소들이
법률가의 역할에 들어오는데, 직업적인 특수한 역할위험으로서 부담되
고 직업윤리적으로 강조되는 기교적인 중간자적 이익교량과 경우에 따
라 부당한 사상적 상황이 그것이다. 그래서 새로이 생겨난 법의 복잡성
은 법률가의 역할요청에 상응한다. 그러한 역할요청의 부담은 명망가로
서의 지위, 기능적 특권, 직업조직, 직무규율에 통해 또는 항상 그렇듯이
경감될 수 있지만 무엇보다 특별한 그들 편에서도 다시금 의심스러운
소득기회로 나타나고 승인된다.[105] 심리학적으로 볼 때 이것은 법을 익
히는 연수가 상당히 추상적인 수준에서 법률가의 자기정체성과 동기구
조를 주조하여 법률가에게 법에 대해 그 특유한 간격을 가능하게 한다
는 것을 의미한다. 여기에서 간격이란 고위험의 법적 사건에 대한 지나

---

104) 법률가의 사적 조언이라는 법실무 관행은 이미 로마공화정에서 정치적 관직
에 지원하는 데에 유용하였지만 그것은 별개의 문제라고 할 것이다.

105) 법률가의 유상활동에 대한 반감은 영국을 제외하고 보편적으로 볼 수 있을 것
이고, 도덕적 비판에서 대가의 법적 금지 또는 대가소구의 금지를 넘어 이유
없는 제소나 소송선동에 대한 가벌에까지 이른 것도 있다. 그 원인은 주로 본
문에서 기술한 역할문제에 있지만 그보다는 법률가가 대가를 얻으려고 분쟁
을 선동하고 장기화하지 않을까 하는 우려에서 찾을 수 있다. 이와 함께 순수
하게 수사학적 동기도 한 역할을 했을지 모른다. 예컨대 아테네의 법정 변사
는 의뢰인의 비이기적인 '친구'로서 등장하였고, 그것은 동시에 그가 대변하
는 입장에 대한 더 효과적인 자기 동일화를 가능하게 하였던 것이다(Robert
J. Bonner, *Lawyers and Litigants in Ancient Athens. The Genesis of the Legal
Profession*, Chicago, 1927, 특히 S.200 ff. 참조). 통상 승인된 직업윤리는 소송
대리인의 동기를 순수하게 전문적인 것으로 상정하고, 그것에 대한 의문의 표
명을 억제하도록 함으로써 이러한 어려움을 극복할 수 있다 .

치게 세부적인 관여에 대한 방어로서의 간격이며 작용의 기민성의 기반 및 교환 가능한 수단을 이용하는 합리적인 실무토대로서의 간격이다. 이러한 태도를 가지고 법률가는 법분야의 작업을 위해 사회화되는 것이다.

법이 법률가에 의해 개념적으로 정제되고 전문적으로 판단될 때 비로소 법문제(Rechtsfragen)와 사실문제(Tatfragen)에 관한 사고는 명확하게 분리될 수 있다.[106] 로마 소송에서 '법정절차'(in jure)와 '심판인절차'(in iudicio)를 단계적으로 구분하고, 이 구분을 절차의 시간적 질서에 관한 중요한 원리로 만들어 순수한 법적 문제에 대한 계속적 작업을 위한 기초를 마련한다. 이러한 법적 문제는 사건을 계기로, 그러나 사실 확정과 독립해서 결정 전제의 총체로서의 법을 정련하고 계속적으로 형성하며 수정한다. 법은 이제 더 이상 구체적 사건 자체에 안주하는 것이 아니라 사건에 대한 법적 판단의 기초로 기여하는 규범 속에 있다. 법의 올바른 해석은 원칙적으로 개별사건에 선재하는 사실과 독립적으로 판단될 수 있는 사항이다. 반대로 사실을 확정하는 것은 법률문제와 독립해서 가능하지만 여전히 사실확정의 중요성을 판단하는 것만은 법에 달려 있다. 이제야 법의 '적용'에 관해 말하는 것이 의미가 있는 것이다.

이 구별은 법의 '유동화'의 문제에서 과대평가할 수 없는 의미가 있다. 왜냐하면 그것은 구성요건적 사실을 법적으로 비판할 수 있게 할 뿐만 아니라 사실에 기반을 둔 법의 비판, 즉 낡은 **법적 엄격주의**(rigor legis), 소의 형식을 너무 좁게 파악하는 것 등을 비판할 수 있게 하기 때문이다. 그러나 특히 그 속에는 잠재적이지만, 그러므로 더욱 효과적인 **사법절차의 자율성 보장**이 숨어 있다. 법에 대한 정보와 사실에 대한 정보는 각기

---

106) Pospisil, a.a.O., S.285 ff. 참조. 그는 이러한 구별이 이미(주장이 아주 실효적인 결정권위를 가지고 있는) 원시사회에서 확인할 수 있다고 여기지만 아마도 그가 발견하였던 것은 사실의 해명과 판결의 발견이라는 다소 일반적인 구별이었을 것이다.

다른 환경에서 절차체계에 공급된다. 그래서 오직 어떤 지위의 의사소통이 개별절차의 결과를 결정한다는 것은 있을 수 없다.[107] 그것은 무엇보다도 절차체계에서 결과의 불확실성이라는 동기구조와 법관의 독립성에 대한 신뢰를 위한 기본조건이 된다.

결국 행동기대의 법적 정합성은 더욱 강하게 추상화되고 특수화되어 제도적으로 더 많은 전제를 가진 의미영역으로 전이된다. 이러한 정합성은 이제 더 이상 위배사건에서 그 성과가 가시적으로 풍부한 (폭력으로 강제하고 사회적으로 승인되며 초자연적으로 정당화되고 증명되는) 권리주장에 있는 것이 아니라 유의미하게 안정화되고 항상 타당한 규범개념과 법제도에 있다. 사람들은 이러한 법개념과 법제도에 대해 다른 선택가능성 없는 수용이 아니라 의미해석의 방향으로 선택하는 것이다. 반사실적인 지속적 효력, 합의의 상정과 기대연관의 내용적 일관성은 순전한 언어적 사유수단에 의해서 이념적으로 통용되는 유형으로 통합된다. 이러한 유형은 점점 눈으로 볼 수 없게 되어 개념 속에서 현실처럼 다루어진다. 또 예컨대 점유와 소유권의 구별, 계약 체결에서 착오에 관한 고려, 비가시적인 청구권의 양도, 거의 모든 법률행위에서의 대리, 모든 법적 청구권의 원칙적인 소구가능성 등이 인정되기 전에 어떤 관념상의 어려움이 극복되어야 하고 개념적인 추상이 갖는 어떤 미지의 위험이 서서히 검토되어 법에 편입되어야 했는지는 판덱텐법학에 이르기까지 로마법의 내적 발전에서 특히 잘 인식할 수 있다.

전근대적 고등문화의 법은 정합적인 범례화기능을 충족하는 관념형태와 추상도에서는 그것이 만들어진 법적용절차에 근거하고 있다. 제한된 선택여지를 가진 이러한 절차의 결정작업이 법형성의 토대이다. 이

---

107) 이것에 반하는 실례를 제공하는 것으로서 근대국가의 특정종류의 정치재판절차이다. 여기에서는 절차의 설정자가 규범이나 사실에 관한 정보를 제공하는 것이고, 이 정보독점에 의해 결정의 자율성은 상실한다.

절차의 결정작업이 중심에 서서 법적으로 가능한 것을 규제하는데, 거기에서도 입법행위 또는 법학적 반성은 법형성에 기여한다. 법은 비록 그것이 정치적 관직 및 정치적으로 확보된 물리적 폭력의 투입준비에 의해 보장된다고 하더라도 내용적으로 법률가법이다. 법발전의 동인은 법적 거래 또는 법적 분쟁 때 법 자체에서 나타나는 문제와 규범화 요구에서 나오는 것이지 법의 도움으로 사회적 현실을 계획적으로 변화시키려는 의도에서 나오는 것이 아니다. 일상생활에 대한 법적 규율의 정도는 오늘날의 현실을 감안할 때 상당히 적다. 분쟁규제에 대해서조차 특히 촌락(村落)에는 별다른 변화 없이 지금까지 이어져온 준원시적인 법률관계가 그대로 있다.[108] 법률가법은 추상성과 유형적 다양성에 의해 탄력적으로 유지되고 사회적 욕구의 점진적 변화에 적응할 수 있지만, 원리상 변화를 겨냥해 계획된 것은 아니다. 개개인 또는 개개 법률가의 체험지평에서는 발생사적으로 법의 구성으로 나아간 다기한 긴 취사(取捨)사슬은 더 이상 선택적 행위로 가시화할 수 없다. 그래서 전체로서의 법은 하나의 결정절차에 포함될 수 없다. 법적용을 위해 특화되고 정리된 결정절차는 고도로 분화된 법문화를 가능하게 하는 동시에 그것을 제한하고 제도화할 수 있는 법관념의 원천이자 제약이다.

법의 모든 의미측면을 위해 물론 절차가 존재하는 것이 아니며, 모든 법이 결정할 수 있는 것으로서 상정되지 않고 또 결정에 의해 변경가능한 것으로 상정되지 않는다. 모든 전근대적 법문화에서 법적 기초와 통상적으로 전통적인 규범축적은 결정의 변화가능성에서 생겨나지 않는다. 이것은 로마의 12표법과 같이 입법으로 도입된 다음 신성한 제도가 되었던 법에도 타당하다. 이러한 한정이 법적용절차에서 전망과 자명성

---

108) 인도에서 고도로 세련된 법률가법과 마을 재판의 병존에 대해서는 Bernard S. Cohn, "Anthropological Notes on Disputes and Law in India", *American Anthropologist* 67, 1956, Part II, No. 6, S.82~122 참조.

을 위해 처음에는 구성적이다. 이러한 한정에서 법에 대한 봉사가 갖는 특별한 에토스가 설정되는데, 법관은 그러한 에토스를 가지고 당사자와 대면하고 이에 대해 당사자로부터 요구받는다. 상정된 법의 근본적인 불변성에 의하면 모든 기대의 불확정성은 우연적이고 단지 주관적인 것으로 나타난다. 협소한 규범지평이 가변성의 문제로 되긴 하지만 이러한 불변성은 결정상황을 단순화하여 모든 법이 절대적으로 우연적이고 자의적인 성격을 갖는다는 수용불가능한 사고를 차단한다. 무엇보다 이러한 사고는 복잡성이 너무 높고 불확정적인 상황에서 앞을 내다보면서 작동할 수 있는 입법절차가 보장되어 있지 않기 때문에 받아들여지지 않는다.

그리하여 전근대적 법문화는 법영역의 좁은 한계 내에 이미 작동재량을 제도화하여 선택가능성을 예견할 수 있다는 점이 특징적이다. 무엇보다 다양한 사회 간에 교류가 확장되어 이민족을 더 이상 단지 기이하게 법 없이 살아가는 것으로 처우할 수 없게 된다. 간단히 법적 성격을 부정할 수만 없는 다른 법형식이 있다는 인식이 주목을 받는다.[109] 이것과 마찬가지로 자기 자신의 법이 여러 법들 중에서 사회적·역사적인 조건을 가진 하나의 현상에 불과하다는 것을 의식하게 된다. 그렇지만 법의 성립이 순전히 자의적이라고까지는 인정되지 않는다. 왜냐하면 이것은 법의 생산이 전적으로 정치폭력에 일임되고 법의 준수를 임의 또는 강제에 맡긴다는 것을 의미하기 때문이다. 어떠한 전근대적 사회도 거기까지는 이르지 않는다. 전근대적 사회는 체계로서 아직 너무 단순하게 조직되어 있기 때문이다. 어떤 경우든 정치적 지배는 법에 구속된 것으로

---

109) 더 잘 알려진 예로는 특히 그리스인이 타민족의 법(Barbariká nómina)을 수집하여 연구하는 것에 흥미를 느끼고 있었다는 것을 제기할 수 있다. 그렇지만 그 연구의 성과는 거의 소실되어 버렸다. 초기의 문헌적 증거로서는 Herodot, *Historien III*, 38 참조.

서 법의 보호자이자 수호자로서 편성되지만 법의 총체적 생산이나 지속적인 변경에 대해 책임지지 않는다. 그 정치적 지배의 기반이 종교적·문화적 관념영역과 함께 변화한다. 나아가 세계질서는 스스로 법적·도덕적인 것으로서 파악된다. 즉 소재연적 현상 자체는 공과와 상벌로 평정되고,[110] 반대로 도덕질서는 장기간의 성공적인 행위를 위한 규칙으로 나타난다. 그러므로 그것을 준수하는 것은 선할 뿐만 아니라 유익하다. 법적용은 아직 세계법칙의 작용과 확인이라는 상징적 표현기능을 압도적으로 높게 가질 뿐 현실 변경에 관한 의도를 거의 갖지 못한다.[111] 그리스인의 정치적·윤리적 사회철학은 이와 같은 우주적 사변으로 거슬러 올라가 법이 인간사회의 필요와 목적에 내재되어 있다는 것을 강

---

110) 이 사상이 다르마(Dharma)의 개념으로 파악하는 힌두법에 형상화되어 있다는 것은 잘 알려진 바이다. 다르마는 이 원리 및 그것을 실현하는 원리들과 행동규준 전체를 표현한다. 예를 들면 Narayan Chandra Bandyopadhaya, *Development of Hindu Polity and Political Theories*, Part I. Calcutta, 1927. 특히 S.269 ff., 285 ff. 참조. 그리고 다르마와 실정법이 분화하는 맹아에 대해서는 U. C. Sarkar, *Epochs in Hindu Legal History*, Hoishiarpur, 1958, S.21 ff.; R. Lingat, "Evolution of the Conception of Law in Burma and Siam", *The Journal of the Siam Society* 38, 1950, S.9~31; 중국의 경우에는 T'ung-Tsu Ch'u, *Law and Society in Traditional China*, Paris-Den Haag, 1961, S.213 ff.; 일본의 경우에는 Dan Fenno Henderson, *Conciliation and Japanese Law. Tokugawa and Modern*, Bd. I, Seattle/Tokyo, 1965, S.47 ff. 참조. 그외에 소크라테스 이전의 철학을 보여주는 가장 오래된 증거 중 하나인 아낙시만드로스(Anaximandros)의 단편("사물이 탄생하는 곳에서는 필연적으로 소멸이 또한 전개된다. 왜냐하면 그것은 시간의 질서에 따라 차례로 자신의 불법에 대해 죄와 죗값을 치러야 하기 때문이다")을 보라. Werner Jaeger, *Paideia. Die Formung des griechischen Menschen*, Bd. 1, 3. Aufl., Berlin, 1954, S.217 ff.는 이 단편을 폴리스 법이념의 범례화로 해석한다. 즉 세계를 '사물의 법공동체'(Rechtsgemeinschaft der Dinge)로 보았다.

111) 이와 관련해 고대 타일랜드(Siam) 관료제의 상징적인 기구와 의식에 관한 상론으로는 Fred W. Riggs, *Thailand. The Modernization of a Bureaucratic Policy*, Honolulu, 1966에 인상 깊게 서술되어 있다.

조하고, 거기에서 자의에 한계를 정한다.[112)]

어떻든 그 기반 및 기본경향, 즉 법규범의 본질적인 부분은 변하지 않는 것이고 임의처분이 허용되지 않는다. 규범의 타당성 근거와 (우연한) 내용의 분리는 아직 생각할 수 없고, 이것은 절대적인 창조신이라는 중세적 관념을 통해 가능해진다. 법은 그 타당성과 내용에서 참으로 상정하여 그 규범적인 성질에도 불구하고 인지적 기대의 취급방식으로 처리된다.[113)] 즉 규범에 대해 반(反)사실적이고 지속적인 효력의 특수한 기능을 보장하기 위해 진실성은 필수적인 것으로 보인다. 그러므로 인지적 기능은 완전히 분리될 수 없고, 학습가능한 지식으로 독립된다. 세계상은 규범적 기대와 인지적 기대의 기능적인 혼재로 인한 부동적인 융합에 의거하고 있다. 인지적으로 기대행위와 규범적 기대행위, 즉 소재연과 소당연은 법기술(法技術)적인 실천에서는 분리될 수 있지만 기초파악에서는 분리되지 않는다. 사회의 불충분한 기능적 분화는 규범적 기대와 인지적 기대의 불충분한 분리에 대응하고 있다.

---

112) 이 점에 대해서는 Joachim Ritter, "Zur Grundlegung der praktischen Philosophie bei Aristoteles", *Archiv für Rechts- und Sozialphilosophie* 46, 1960, S.179~199; Ders., *'Naturrecht' bei Aristoteles*, Stuttgart, 1961; Ders., "'Politik' und 'Ethik' in der praktischen Philosophie des Aristoteles", *Philosophisches Jahrbuch* 74, 1967, S.235~253(뒤의 두 논문은 Ders., *Metaphysik und Politik. Studien zu Aristoteles und Hegel*, Frankfurt, 1969에 재인쇄되었음); Manfred Riedel, "Zur Topologie des klassisch-politischen und des modern-naturrechtlichen Gesellschaftsbegriffs", *Archiv für Rechts-und Sozialphilosophie* 51, 1965, S.291~318(295f.); 원전으로는 Aristoteles, *Nikomachische Ethik, Buch VIII*, Kap. 11 ff. und *Eudemische Ethik, Buch VII*, Kap. 9f. 참조..

113) 일부에서는 진리와 법이 언어적으로 분화할 가능성조차 없다고 하는데, 이집트가 그러하다. Alexander Scharff/Erwin Seidl, *Einführung in die ägyptische Rechtsgeschichte bis zum Ende des Neuen Reiches*, Bd. I, Glückstadt/Hamburg/New York, 1939, S.42; John A. Wilson, "Authority and Law in Ancient", *Egypt Journal of the American Oriental Society* 74, 1954, Supplement, S.1~17(6 f.).

이와 같이 제한적으로 허용되는 법의 선택성과 인지적 - 규범적인 관념에 기한 실무적 규범처리의 구조조건적인 양면성은 어쩔 수 없지만 이러한 양면성은 특별한 종류의 사상적 재현을 요구한다. 힌두법에는 (존재의 영원론과 계약론이라는) 경합하는 창설신화가 있는데, 이들 신화는 선택이라는 분기점에서 정교하게 나누어져 중화한다. 이와 마찬가지로 중국에도 이 문제는 유가(儒家)와 법가(法家) 사이의 학설 다툼의 대상이 되었다.[114] 그렇지만 그리스 사상에서는 더 추상적인 문제를 지향하는 길이 개척된다. 그 길은 이러한 차이 자체를 사상과 학파형성의 대상인 것이 아니라 이러한 차이에 대한 해석이 사상과 학파형성의 대상인 것이다. 그것은 선택된 법과 선택되지 않은 법이라는 두 가지 가능성 중에서 결정하는 것이 아니라 두 가지 가능성의 관계에 관해서 결정하는 것이다. 이러한 문제설정에서 고대 유럽적 전통은 이 문제에 대한 주목할 만한 가치가 있는 미래지향적 해결안을 만든다.

법질서는 중요한 기본성격에서 불변의 것으로 이해되지만 통상 풍부한 선택지를 가지고 있고 사회마다 상이하게 변경될 수도 있는데, 바로 이러한 상황에서 주조된 것이 바로 그리스에 있어 자연법과 노모스(nomos)에 기한 실정법의 구분이다.[115] 여기에서 비로소 자연법의 개념

---

114) Leang K'i-Tch'ao, *La conception de la loi et les théories des Légistes à la veille des Ts'in*, Peking, 1926; J. J. L. Duyvendak, *The Book of Lord Shang. A Classic of the Chinese School of Law*, London, 1928; Joseph Needham, *Science and Civilization in China*, Bd. 2, Cambridge UK., 1956, S.20 ff., 518 ff.; T'ung-Tsu Ch'ü, *Law and Society in Traditional China*, Paris/Den Haag, 1961, S.226 ff.; Léon Vandermeersch, *La formation du légisme*, Paris, 1965; Su Jyun-Hsyong, *Das chinesische Rechtsdenken im Licht der Naturrechtlehre*(Dissertation), Freiburg, 1966, 특히 S.44 ff. 참조.

115) 개관으로는 J. Walter Jones, *The Law and Legal Theory of the Greeks. An Introduction*, Oxford, 1956, S.34~72; 중세에 있어 계수에 대해서는 특히 Sten Gagnér, *Studien zur Ideengeschichte der Gesetzgebung*, Stockholm/Uppsala/Göteborg, 1960, S.179 ff. 참조.

은 차별적인 개념으로 등장하는 것이며, 각 고유법질서의 원시적인 절 대화와 혼동해서는 안 된다.[116] 자연법의 개념은 관습의 변화나 입법에 의해서 다양한 내용으로 변형되는 가변적인 법에 대해 변하지 않은 법 을 구분하는 데에 필요하다. 달리 말하면 자연법의 개념은 법의 가변성 이 갖는 구조적 제약에 대한 일정한 해석을 제공한다.[117] 이 경우 자연 (Natur)의 개념에는 체계외적인 귀속, 즉 귀속체계의 자기인과성의 부 정이 결정적인 것이다. 이를테면 아직 비교적 단순한 체계에 전형적인 질서유지책이 그것이다. 그 외에 후기의 사고에 뚜렷한 자연적이라는 것 과 동등한 것(인위적으로 다르게 선택되지 않은 것)이라는 연상은 여기 에 그 뿌리가 있다. 노모스(nomos)의 개념은 이 반명제[118]에서 그리고 이것을 통해 비로소 중요한 법개념으로 평가절상된다.[119] 그러므로 피

---

116) Siegfried F. Nadel, "Reason and Unreason in African Law", *Africa* 26, 1956, S.160~173(164 f.)도 법적 사건에서 다른 가능성을 표상할 수 있는 사회, 즉 법 을 단순히 소여의 것으로 생각하지 않고 선택적인 것으로 생각하는 사회에서 는 이성이나 자연적 정의라는 개념의 적용을 발견할 수 있다고 한다. Francisco Elias De Tejada, "Bemerkungen über die Grundlagen des Banturechts", *Archiv für Rechts- und Sozialphilosophie* 46, 1960, S.503~535(532).

117) Helmut Coing, *Naturrecht als wissenschaftliches Problem*, 2. Aufl., Wiesbaden, 1966은 이것에 가까운 입장을 취하고 있다. 하지만 코잉(Helmut Coing)은 역 사적으로 전승된 자연법사상의 해석을 위한 구조적 제한이란 사고방식을 이 용하고 있다. 이것에 대해 우리는 역으로 자연법사상을 법의 구조적 제약에 대 한 하나의 해석으로 보고 그러한 해석은 오늘날 사회체계 자체의 더 높은 작용 을 고려하는 체계이론적 해석으로 대체되어야 한다고 생각한다.

118) 자연의 개념은 노모스의 개념에 대한 안티테제이다──옮긴이.

119) 이러한 개념의 초기 의미는 민중의 의사에서 불확정적인 것과 불합리적인 것, 본성과 비교되는 학습된 것, 우연적이고 비구속적인 관행, 순수하게 약속된 것 을 가리키는 것이다. 이 모두는 그 내포라는 점에서 선택성의 관념을 공통으 로 하고 있으며, 선택성과 함께 재평가되는 것이다. 이 점에 대해서는 John W. Beardsley, *The Use of 'PHYSIS' in Fifth-Century Greek Literature*(Dissertation), Chicago, 1918, S.68 ff. 참조. 그후의 의미사(意味史)에서 특징적인 것은 노모 스가 특히 Aristoteles, *Rhetorik*, 1373b S.4 ff.에서 사적 노모스(nomos idios)와

세이(*physei*, 피시스[*physis*]의 복수형이다—옮긴이)에 의해 타당하게 되는 법과 노모이(*nomoi*, 노모스[*nomos*]의 복수형이다—옮긴이)에 의해 타당해지는 법의 구별은 법의 선택성을 이해하지만 제한적으로만 파악하고자 하는 것이다.[120] 이러한 구별이 충분한 의미를 갖는 것은 기껏 여기에서 취급되었던 종류의 사회에 대해서뿐이다. 이것은 이에 관한 아리스토텔레스[121]의 설시가 새롭게 분화된 사고도식에서 존재의 여지가 없는 원시적·전통적인 법정당화에 대한 엄격한 거부와 결부되어 있었다는 것에서도 드러난다. 이러한 원시적인 사고 대신 '실천'(*praxis*), 즉 인간행위의 선택성으로 이해되는 사고가 등장한다. 이것이 바로 실천철학으로서의 윤리학이다. 그후 피시스(*physis*)와 노모스(*nomos*)의 구분이 처음에 훨씬 더 정교한 로마법사상으로 계수될 때와 그 이후 특히 중세에서 자연법(*lex naturalis*)과 실정법(*lex positiva*)의 위계적인 법원(法源) 구분의 형식을 얻어 비로소 자연법사상은 그 보호 아래 결정으로 정립된 법과 동일시되는 실정법을 전개할 수 있는 통제원리의 힘을 획득하

공적 노모스(nomos koinos)의 구분으로 상위개념으로 상승하고, 그 결과 렉스(lex) 또는 유스(jus)로 번역되었다. 이러한 개념변화의 정치적 기초에 대해서는 Masrtin Ostwald, *Nomos and the Beginning of Athenian Democracy*, Oxford, 1969 참조.

120) *Institutionen* I 1. 2 .11 참조. 『법학제요』(*Institutionen*)의 이 부분은 다음과 같이 기술하고 있다. "Sed naturalia quidem iura, quae apud omnes gentes peraeque servantur, divina quadam providentia cinstituta semper firma atque immutabilia permanent: ea vero, quae ipsa sibi quaeque civitas constituit, saepe mutari solent vel tacito consensu populi vel alia postea lege lata"(그렇지만 만민의 기본으로 똑같이 행해지는 자연법은 물론 신의 어떤 배려로 정해진 것이고, 항상 확실하고, 영원히 불변적이다. 실제 각국이 자신을 위해 제정하는 것 자체는 국민의 암묵적 합의에 의해, 그리고 제정법에 의해 자주 변하는 것이다). 여기에는 자연법의 전인류적 타당이라는 또 하나의 요소가 편입되어 있고, 자연법의 어떠한 신적인 기원의 암시를 수반하며, 위계적인 도식화도 편입된 것을 알 수 있다.

121) *Nikomachische Ethik*, 1134b 18~1135a 5 참조.

였다.[122)

법의 복잡성이 현저히 증대해 법이 특화되어 추상화되고, 특히 부분적인 선택적 분화와 변동을 하게 되면 결국 전근대적 고등문화에서 법원리가 추상적인 규준으로 정식화되어 기존의 법에 대한 척도로서 분리될 가능성이 생긴다. 법원리는 공평과 정의의 사상으로 하나의 범례화된 도덕형식을 수용한다.

이를 위한 동인은 우선 원시사회의 권력배분과 재산배분에 대한 수정필요성에 있었던 것 같다. 정치적 지배자가 분명한 목적으로 가지고 돌보는 과제가 강자에 대해 약자를, 부자에 대해 빈자를 보호하는 것이다. 이러한 의도가 법 또는 법률의 개념에 들어간다. 이에 관한 가장 오래된 언급은 메소포타미아의 입법례에 있다.[123) 지중해 지역의 고대 도시국가들의 초기 법형식 역시 이런 경향을 보여준다. 여기에 또 '노모스'의 선택성이 의식되었기 때문에 올바른 선택의 규준에 관한 질문이 불가피하다. 그것은 법의 정합성을 공준과 같은 규준으로 표현할 것을 요청한다. 정의의 그러한 척도를 문제로 거론하고 개념적으로 설명하는 것은 1차적으로 종교적으로 규정되어 있는 법문화에는 불필요할 것 같으나 무엇보다 법기술적으로 최고로 진보되어 법률가가 지배하는 법문화에서는 불필요할 것 같다. 정의의 척도를 문제로 거론하고 개념적으로 설명하는 것은 그리스의 폴리스 덕분임이 틀림없다. 그리스의 폴리스는 항상 비록 자신의 제도에 대한 협의의 의미연관에서라고 하더라도 정의

---

122) 이 점에 대해서는 이 책 353쪽 참조.

123) 이 점에 대해서는 Emil Szlechter, "La 'loi' dans Mésopotamie ancienne", *Revue internationale des droits de l'antiquité* 3, série 12, 1965, S.55~77 참조. 또 고대 이집트에서 행하여졌던 준칙을 보라. 이에 의하면 고대 이집트의 대신들은 매일 법정 밖에 나가서 겁약한 자, 가난한 자, 허약한 자에게 그들의 소원을 들을 기회를 마련해야 했다고 한다.

자체에 대한 숙고를 불러일으켰다.[124]

원시법에는 오직 내재적으로만 기능하는 응보와 호혜라는 법적 사고가 있었다. 이러한 법적 사고는 규범적 기대와 법적 행위에서 법을 표현하는 정합적 범례화에 관한 기본적인 문제형식이다.[125] 그리스적 법사상에서 이러한 기본사상은 행동뿐만 아니라 법 자체에 이의를 제기할 수 있도록 하는 정의의 개념에 이르게 된다. 이제 규범집합으로서 법과 그 통일체의 원리 사이에는 본질규정이자 규범으로서 조정적 관계가 상정된다. 그래서 응보와 호혜라는 원시적인 규준에서 더 추상적인 양식을 끌어내 그 내재적 제약을 극복하고 더 복잡한 생활관계에 맞추려 한다. 이렇게 하여 법의 원리는 새로운 역사적 내용을 얻는다.

결국 정의는 규범적 행동기대에 대한 범례화의 정합성을 위한 하나의 상징이기 때문에 그것은 아직 신비하지만 이미 합리적이고 평등으로서 정의된다. 그러나 여기에서 평등이란 시간, 실질적 본질연관 및 합의능력에 관한 규범의 관철을 의미한다. 즉 평등은 자명하고 지속성을 가지고 있는 합의를 의미한다. 나아가서 그것에 상응하는 의도에서 중용(das Maßvolle)과 중도(die Mitte)라는 사상이 등장하게 된다. 이 사상은 이성적인 상태에서 모든 가치와 극단적 입장에 대한 등거리를 유지한다는 것이다. 여기에서 역시 하나의 합명제가 나타난다. 이러한 합명제에서는 극단적 가치에 대한 동일간격을 통한 의미가 기대할 수 있는 합의와 계

---

124) 이와 같은 모델에도 그것은 구두적 전승에 그치지 않고 이러한 발전 자체가 현실적으로 반복되었다. Walter Schöfeld, *Das Rechtsbewußtsein der Langobarden. Festschrift Alfred Schultze*, Weimar, 1934, S.283~291(283ff.)에 의하면 랑고바르드인의 민중법에서는 '재판관법'(lex iudicium)과 '정의'(iustitia)가 원래 미분화인 일체였던 상태에서 점차 구별되었던 것을 볼 수 있다. 이에 의하면 정의(iustitia)는 "원래 그러했고, 오늘날에도 그러한 회복(Genugtuung)에서 정의로 점차 순화되어왔다"(S.301)고 언급되어 있다.

125) 이 책 295쪽 이하 참조.

속적인 타당성을 보장한다. 오직 정의의 원리가 법의 본질 및 기능과 합치하기 때문에 그것은 아주 법적으로 중요하다. 정의의 원리는 후기의 윤리학에서 말하는 미덕만 의미하는 것은 아니다.

그후 아리스토텔레스가 정의라는 주제를 논의하였을 때 이미 정의의 기능에서는 전혀 해명되지 않는 상징에서 벗어나 그것을 법철학과 연관된 전통으로 옮겨놓는다. 법의 정합적 기능에서 보면 아리스토텔레스의 논의는 너무 합리적이고 현실에 밀착된 개념적인 정밀화라고 할 것이다. 교환적 정의와 배분적 정의라는 두 가지 정의 유형은 분절적(평등한) 사회편성과 기능적(불평등한) 사회편성의 기본적 차이(그리고 그러한 한에서 폴리스의 현실적 문제)와 연계되어 있지만 이런 분류에서는 더 이상 평등사고가 법과 무슨 관계가 있는지, 그리고 왜 그런 사고가 법원칙을 상징화하는지를 인식할 수 없게 한다. 정의라는 기준은 탈신화화되고 윤리화되며, 규범이라는 방식으로 지배자와 법관을 그 수신자로 한다. 그 결과 법에 대해 그 기능으로 대체되는 것이 아니라 오히려 타당한 법규범에 대해 일종의 초규범으로 대체되고 지배자에게는 그 덕으로 대체된다. 이것은 아주 잘 다듬어진 법에서, 특히 로마법과 '코먼 로'(common law)에서 정의와 형평의 혼재상태가 된다. 여기에서는 원칙/예외-도식(Regel/Ausnahme-Schema)에 의한 기존의 규범구성체의 세세한 수정과 지금까지 고려되지 않은 경우를 위한 새로운 종류의 법적 방책의 도입에 의해 보편적으로 이해된 정의를 지향하는 원리적인 개선이 이루어진다.

이와 같이 평평하게 되고 구체화되는 현상은 말씀사(Dogmeng-eschichte)에 우연히 나타난 사상가와 그러한 말씀의 전승으로 돌릴 수는 없다. 그것은 사회구조에 상응하고, 사회가 도달한 복잡성의 정도와 일치하며, 법제정을 위한 프로그램적 성격의 규준을 아직 발전시킬 수 없다는 것에 대응한다. 법원리로서 정의 중 일부는 법의 불충분성에 대한 반성과 합리화로서, 일부는 새로운 법발전의 동인으로서 작용한다. 그렇지만 이러한 발전으로 법이 중요한 수정을 하게 되지만 결코 정당한 법을 산출하는 것은 아니다. 이 점에서도 전근대적인 고등문화는 구체적인 체험가공과 추상적인 경험가공 사이의 중간적 상황에 있다는 것과 그 자체에 조준된 가능성이 불충분하게 실현되었다는 것이 특징적이다.

전근대적 고등문화에는 이미 상대적인 독자성을 가진 법발전이 있었고, 법의 제한된 개념적 학습이 있었으며, 개별 법제도 또는 논증원칙이 사회에서 사회로 이전되기까지 했다. 법기술적 추상성, 절차적 갱신, 법률적 고안의 과정은 독자적인 길을 간다. 예컨대 왜 로마인은 그리스인에 비하여 낙성계약을 그렇게 늦게 발전시켰는지, 어찌해서 서증제도가 로마 제국의 몰락기에 비로소 발전하기 시작했는지 등의 문제를 통찰하고, 어떻든 사회구조로 환원하기는 어렵고 설명되지도 않는다. 그럼에도 이들 사회의 법질서는 기본경향·추상능력의 한계, 절차적으로 조직된 결정자유의 범위, 인식적 기대와 규범적 기대의 분리정도에서 무엇보다도 법의 복잡성, 변화성, 비판능력에 관한 그 사회구조에 의해 결정된다. 개별 법제도에 채용된 법학적 관점에서 전근대적인 법문화의 구조결정적인 유형적 통일성을 파악하기는 어렵다. 이러한 통일성은 사회발전과 법발전에 관한 사회학적 구상 속에서 비로소 나타난다. 하지만 우리가 해당 법양식이 자신의 시대를 끝맺는 발전한계를 밝힐 때, 즉 실정법으로의 이행이 사회학적으로 새로운 무엇을 가져오는가가 인식할 때 그 법양식의 통일성과 한계는 가장 분명하게 드러날 것이다.

4. 법의 실정화

개개의 법형상이 계속 발전하고 지속하는 데에 독자성이 있다고 하더라도 법양식의 근본적인 변화는 사회의 구조변동에 달려 있다. 즉 그것은 사회의 구조변화를 통해 촉진되고 가능하게 된다. 근세기로 접어들면서 사회의 복잡성이 급속히 증가해 새로운 종류의 문제들이 아마 거의 모든 의미영역에서 제기되었고, 따라서 법에서도 제기되었다. 동시에 사회의 복잡성이 가져온 풍부한 가능성은 새로운 종류의 문제해결책을 위한 보장이 아니더라도 그것을 위한 잠재력을 내포하고 있다. 그런데 사회적 복잡성의 증대는 결국 사회체계가 기능적 분화를 진행한다는 것에 기인한다.[126]

기능적 분화가 사회의 특수한 문제들을 해결하기 위해 사회의 부분체계를 형성한다. 그 해결을 위해 필요한 문제 제기는 사회적 발전의 과정에서 변화하고 세밀해진다.[127] 이와 같은 사회적 발전은 점차 더 추상적이고 전제가 많으며 구조적으로 더 위험한 완전분화를 가능하게 한다. 그러한 완전분화에는 예컨대 조달을 위해서뿐만 아니고 경제적 수단의 배분을 위한 체계, 자녀양육과 방어와 같은 필수적인 목표를 위해서뿐만 아니라 연구 심지어 연구에 관한 연구까지 선택된 목표를 위한 체계, 교육을 위해서뿐만 아니라 교육학을 위한 체계, 집단적인 구속력을 가진 결정의 산출을 위해뿐만 아니라 그것의 정치적인 준비를 위한 체계, 사법뿐만 아니라 입법을 위한 체계 등이 있다. 그 중요한 결과로는 여러 가능성이 과잉적으로 생산된다는 것이다. 그렇지만 이러한 가능성은 제한 범위 내에서 사실상 현실화될 수 있으며, 그래서 의식적인 선택이 증

---

126) 발전을 지지하는 변수로서 기능-구조적 분화라는 주제는 19세기 이래 널리 유포되었다. 최근의 문헌에 대한 안내는 이 책 275쪽 각주 9 참조. 그러나 다양한 비판에 직면해 엄밀하게 정식화하는 것이 필요하다. 여기에서 염두에 두어야 할 것은 분화 일반(취미의 분화, 사회교감의 분화, 가족관계의 분화, 바람이나 기후에 대한 용어의 분화 등)이 아니라 부분체계의 형성이다. 그것도 어떠한 종류의 사회체계라도 좋다는 것이 아니라 '전체사회체계'에서 부분체계의 형성이다.
127) 그 외에 파슨스는 각 행위체계에서 어떠한 문제가 해결되어야 하는가를 행위체계의 일반이론에 의해 분석적·연역적으로 확정할 수 있다고 한다.

가하는 과정을 요구한다. 부분체계의 기능적 관점이 추상화되면 사회가 역동화된다. 이러한 관점에는 부분체계 특유의 가능성지평이 포함되어 있으며, 그러한 가능성지평은 사회가 가진 공동의 신앙표상과 외부경계를 통해서는 더 이상 통합될 수 없다. 그 결과는 상시적인 목표미달 상태이다. 이것은 시간관념이 미래개방적으로 변경되어야 하고 계획이 필요하다는 것으로 표현된다. 과학적으로 달성할 수 있는 진리와 정치적 요청이나 경제적 요청이 충돌할 수 있다. 다른 한편 경제적 결정이나 정치적 결정의 필요를 감당할 만큼 충분한 진리가 제공될 수 없다. 사랑은 가족의 체계원리로서 (특히 여성의 경우) 거의 직업적 노동과 합치할 수 없는 요구를 한다. 경제는 정치적으로 불편한 결정주제를 생산한다. 심리학은 가정의 교육과정과 학교의 교육과정에도 수행될 수 없는 과제를 제기한다. 군대와 병원의 기술적인 적정 장비는 경제적·정치적으로 옹호될 수 없다. 이러한 체계형성 원리 때문에 가능성과 현실성은 멀리 벌어지게 되고, 여기에 현대사회가 '아노미적' 경향을 보이는 실질적인 이유인 것 같다.[128]

체험과 행위의 가능성이 이처럼 폭발적으로 증대되면 그 불확정성도 증가한다. 모든 파악할 수 있는 의미는 다른 가능성으로 나타나고 연관되어 문제로 제기된다. 의존성과 대체관계가 가시화되고, 합리적 계획과 생산의 기회 및 합리성의 조건에 의한 과잉요구도 나타난다. 합리성은 예전보다도 더 달성될 수도 있을 것 같기도 하고 또 더 달성할 수 없을 것 같기도 하다. 이러한 변화에서 사회의 모든 부문에 대한 적응압력이 나오는 것은 분명하다. 각 실제적 상태는 많은 가능성 중 하나의 선택이고, 그래서 사실로서 더 높은 선택성을 가지고 있다. 모든 긍정은 더 많

---

128) Robert K. Merton, *Social Theory and Social Structure*, 2. Aufl., Glencoe/Ill., 1957, S.131 ff.는 같은 문제를 적절하게 파악하고 있지만 이것을 사회적으로 유효한 행위에 대한 목적과 수단의 분열로서 파악하고 있다.

은 부정을 내포하고 있다. 모든 구조와 부분체계는 무관련성을 증대시키든 탄력성을 증대시키든 이러한 사실들을 고려해야 한다. 여기에서 우리가 관심을 갖는 것은 오로지 법에 대한 귀결이다.

위에 설시한 상황 아래에서 규범적 행동기대를 정합적으로 범례화할 필요성은 변화하지 않은 채 그대로 있지 않다. 가장 중요한 전체사회적인 기제들, 즉 진리, 사랑, 권력과 경제적 수요조절의 각 기제는 제각기 특수한 기능을 지향하면서 그 내적 규준, 즉 그것에 내장된 균형감을 상실한다. 이들 기제는 이제 사회에 정해져 있는 그 자체의 자유에 대한 외부적 제약을 통해 사회적 수인성의 한계 내에서 유지되어야 한다. 이러한 제약은 더 이상 본성이라고 파악된 자명성에 의해 사물의 본질로 간주되지 않고 규범적인 규칙, 급부의무, 기대가능성, 우선순위 등으로 생각된다.[129] 그리고 이들 기제는 갈등을 잉태하고 있기 때문에 세밀하게 규율되어야 한다. 그 외에도 기능적 분화는 사회 내부적 문제와 갈등을 증가시켜 범례화의 모든 수준에서 결정부담을 증대시킨다. 전체사회의 부분체계들은 이전보다 더 서로 의존하게 된다. 즉 경제가 정치적 보장과 조종결정에, 정치가 경제적 성공에, 과학이 재정과 정치의 계획능력에, 또 경제는 과학적 탐구에, 가정은 정치적 완전고용프로그램의 경제적 달성에, 정치는 가족의 사회화작용 등에 의존하게 된다. 그러나 동시에 부분체계들은 각자의 기능을 변함없이 확실히 제공하기 위해 다른 영역에서 자기가 지배할 수 없는 변동으로부터 보호되어야 한다. 부분체계 상호 간의 의존성과 독립성은 동시에 증가한다. 이것이 원칙적으로 가능한 것은 사람들이 의존적이고 독립적일 수 있다는 시각이 증가하기 때문이다. 그렇지만 개별적으로는 다양한 마찰과 그에 따른 조정의 필요

---

129) 나는 이러한 관점으로 *Grundrechte als Institution-Ein Beitrag zur politischen Soziologie*, Berlin, 1965에서 기본권의 기능을 해석한다.

가 생기고 이들을 극복하는 것이 법에 요구된다. 그래서 처분의 자유와 보호에 대한 요구가 증대한다. 이러한 요구는 일방의 자유가 상대방을 불안정하게 하지만 충족되어야 한다. 이들 문제의 심각한 증상을 의식하게 된 것은 19세기 말경 계약의 자유와 그 한계에서였다. 여기에서 기능적 분화로 생긴 문제들이 나타나는데, 그 문제점은 개별 법제도의 측면에서, 익숙한 법적 형상이 의문시되고 불확실하게 된 것에서, 그리고 말씀론의 균열에서 나타난다. 많은 새로운 현상들이 거칠게 즉석에서 처리되고 말씀론적으로는 처리되지 못한다. 예컨대 보험법, 도로교통법, 단체협약법이 그러하다. 이들 현상은 법을 과잉생산하고, 법률적 개념기교는 사안처리의 수준을 현저히 저하시킨다. 법관의 판단 업무를 아무리 새롭게 평가한다고 해도 이들 문제는 종래의 법률가법의 수준과 형식으로는 더 이상 해결할 수가 없는 것이 분명하다. 그것이 대체로 법으로 해결될 수 있는 한, 이들 문제는 점차로 입법을 요청한다.

입법은 근대의 창조물이 아니다. 이미 메소포타미아의 초기 고등문화[130]에서 입법이 실행되었고, 고전시대에는 입법에 의한 법정립이 완전하게 실행되었다. 몇몇 경우 대대적인 개혁적 입법작업은 특히 아테네와 로마에서 정치적·종교적 법문화의 초기 형식에 대해 전통의 한계를 형성하거나 중국에서 진나라(기원전 221~207)의 법률과 같이 거대한 영역의 정치적 통합을 달성하도록 한다. 고등문화의 경계를 넘어서지 못한 사회에조차 그 사회가 정치적인 결정권한을 대체로 분리하고 있는 한 전승된 법과 일반적으로 지배자로부터 강제되는 명령[131]이 병존하고

---

130) 물론 출처의 제약 때문에 이들 가장 오래된 '법률'(Gesetze)의 의미 및 그 기초에 있는 법사상을 밝히는 것은 아주 곤란하다. Emil Szlechter, "La 'loi' dans la Mésopotamie ancienne", *Revue internationale des droit de l'antiquité* 3, série 12, 1965, S.55~77; Wolfgang Freiser, *Zur rechtlichen Natur der altorientalischen 'Gesetze'. Festschrift für Karl Engisch*, Frankfurt 1969, S.17~36 참조.

131) Jan Vansina, "A Traditional Legal System: The Kuba", in: Hilda Kuper/Leo

있다. 견고한 정치적 지배가 있었던 더 고도로 문명화된 사회에서, 특히 고대세계의 거대하고 관료적으로 관리되고 있는 국가에서 법을 개관할 수 있도록 관리하고 통일적으로 정리하는 것에 대한 정치적 관심이 형성될 수 있었다. 따라서 이러한 관심은 법의 집대성으로 나아갔고, 특히 불확실하거나 다툼이 있는 복잡한 법분야를 권위에 의해 성문화하여 확정하였고 새로 공포하거나 선별적으로 정리하여 편찬하고 개정하였다. 이러한 것들은 이미 메소포타미아, 그 다음에는 중국, 후기 로마, 비잔티움, 사산 왕조, 고대 멕시코에 전래되었고, 부분적으로는 그 내용도 알려져 있다. 그것과 함께 수행된 정치적 목표는 대개 독자적인 입법적 성격이었다기보다 오히려 1차적으로는 질서유지적인 재판권의 성격이었다. 즉 법의 통일성, 공공성과 접근가능성의 확보, 지역적 분열 및 변형, 권력적 영향으로부터 사법(司法)의 독립성을 유지하는 데에 있었다. 그 외에 입법이 정치적 투쟁과정에서 권능으로서 관철되고 그러한 충돌에서 무기로 이용되는 등 비교적 구체적인 상황소여적 목표에 구속되었던 경우가 있다. 이에 대한 실례는 중세 중기 내지 말기에 많이 볼 수 있다.[132]

그렇지만 그러한 입법의 법적 지위는 불확실하다. 그렇지 않아도 법적 불안정성이 높은 경우 지배자의 명령과 규범제정은 거의 구분되지

Kuper(Hrsg.), *African Law. Adaption and Development*, Berkley/Los Angeles, 1965, S.97~119(117)는 "시간이 되면 규범이 되는 것"(which in time become norms)이라고 더욱 특징적으로 기술하고 있다. 이 책 292쪽 각주 37도 참조.

132) 특히 Hermann Krause, *Kaiserrecht und Rezeption*, Heidelberg, 1952, S.54 참조. "황제가 새로운 법을 의식적으로 창조한다는 사상은 혁명적 사상이다. 그것이 행해지는 데에는 시간을 요한다. 그것은 장기간 국법에 확고한 지위를 차지한다기보다는 하나의 정치적 원리 혹은 정치적 가능성이었다. 그 실제적 작용은 유동적이고, 황제가 홀로 법률을 만든다든가 제국귀족과 공동으로 만든다든가 하는 것은 명확하지 않았다. 그리고 전래의 보수적인 법관념과의 부조화 혹은 일종의 혼재상태가 계속되었다." Ders., "Königtum und Rechtsordnung in der Zeit der sächsischen und salischen Herrscher", *Zeitschrift der Savigny-Stiftung für Rechtsgeschichte*, Germ. Abt. 82, 1965, S.1~98 참조.

않는다.[133] 명령이나 제정된 규범이 법으로 편입되는 것은 절차에 따라 안정적으로 생기는 효과가 아니라 시간, 습관, 공지가능성의 문제이고, 적응가능성 및 정치권력의 문제이기도 하며, 위기에서 초래되는 압력과 상황의존적 설득력의 문제이기도 하다. 객관적으로 보면 입법에 대한 이러한 제약은 임의적인 가능성에서 유의미한 선택을 효과적으로 할 수 있는 제도나 그 결정과정이 없다는 데 그 이유가 있다. 또한 주제의 측면에서 이들 제약은 모든 법이 자의적으로 입법에 의해 만들어지거나 변경되는 것이 아니라 자연적이고 진실하며 전승에 의해 타당한 법의 테두리에서 단지 제한된 영역만이 중세의 초기 내지 중기에서 언급되었듯이 '시대적 차이'(*diversitas temporum*) 또는 '자연적 다양성'(*varietas naturae*)이라는 세부사항에 대한 적응을 위해 입법으로 처리될 수 있다는 관념에 나타난다. 그래서 제정법은 법질서의 구성부분으로 생각될 수 없다. 그것은 그 자체에서가 아니라 제정법의 외적 기반에 의해서 법적 성격을 가졌기 때문이다.

그럼에도 불구하고 법은 신법(神法)조차도 수많은 경우에 의식적이건 무의식적이건 변경될 수 있다는 것이 분명하다. 왜냐하면 규범의 형성은 기대에 대한 기대를 고려해서 확산되고 수정될 수 있기 때문이다.[134] 다수의 경우 예컨대 메소포타미아와 인디아에서 미묘한 의미변

133) 중세에 관해서는 예컨대 Carleton Kemp Allen, *Law in the Making*, 6. Aufl., Oxford, 1958, S.420 ff.; G. Barraclough, "Law and Legislation in Medieval England", *Law Quarterly Review* 56, 1940, S.75~92; T. F. T. Plucknett, *Legislation of Edward I*, Oxford, 1949; Rolf Sprandel, "Über das Problem des neuen Rechts im früheren Mittelalter", *Zeitschrift der Savigny-Stiftung für Rechtsgeschichte*, Kan. Abt. 79, 1962, S.117~137; Hans Martin Klinkenberg, "Die Theorie der Veränderbarkeit des Rechts in frühen und hohen Mittelalter", in: Paul Wilpert(Hrsg.), *Lex et sacramentum im Mittelalter*, Berlin, 1969, S.157~188; 그 외에 Weber, a.a.O., S.185 참조.
134) 이 책 131, 287쪽 참조.

경도 이에 대한 기반을 제공했다. 즉 신에 의해서 창설된 법은 신에 의해서 정통성을 부여받은 입법자를 통해 재구성되고 보완되어 부연되었다. 어떤 경우든 법규범의 **정당화될 수 있는** 가변성은 좁은 한계 내에서 이루어졌다.[135] 그래서 법구조의 변경한계는 상당히 높다. 원칙적으로 법의 타당성은 변하지 않는 것으로 간주되고, 적어도 변하지 않는 타당한 규범에 기초하는 것이지, 이를테면 부단한 적응에 의한 적절성에 기초하는 것이 아니다. 그러므로 법적 타당성은 자체적으로 문제시되어서는 안 되고, 불확정적인 것으로 근거지어져서도 안 된다. 법원(法源)에 관한 로마의 이론은 예컨대 법규범이 성립하는 여러 양식을 구별하였지만[136] 아주 나중에서야 비로소 이를테면 현대적인 관습법이론의 의미에서와

---

135) 랑고바르드 왕국의 칙령에 대해서는 예컨대 Walther Schönfeld, *Das Rechtsbewußtsein der Langobarden. Festschrift Alfred Schultze*, Weimar, 1934, S.283~391(323)에서 개별적 자료에 의해 "칙령은 낡은 것을 해체시키는 반포가 아니고, 그것을 보완하고 새롭게 하며 개선하고 분명히 하며 불확실성과 오류를 제거하고 흠결을 보충하는 것이었다"라고 확정하고 있다. 고대인도에서 입법자적 야망의 최정점에 대해서는 Charles Drekmeier, *Kinship and Community in Early India*, Stanford CA., 1962, S.234는 "변화하는 범위 내에서 마우리아(Mauryan)의 왕은 입법권능을 행사하였다. 그러한 사실 후에 나타나는 이론에 의하면 왕의 칙령, 즉 라사아나(Râjásánna)는 관습법과 신법과 조화되어야 했다. 라사아나는 정확히 말하면 왕이 만든 법이 아니라 주석, 행정명령, 법전 또는 다르마(dharma)에 대한 민중을 교화하기 위한 시도라는 성질의 것이다"라고 기술하고 있다. 여기에 다음을 부가해도 좋을 것이다. 즉 이러한 제약은 대체로 제정된 법의 추상적인 타당조건으로서 명확히 정식화된 것이 아니라 미분화의 자연적·도덕적 의미에서 정식화된 것이다. 중국의 제정법 및 그것이 문필가에 의해서 법전화된 도덕으로부터 영향을 받았다는 것에 대해서는 Karl Bünger, "Die Rechtsidee in der chinesischen Geschichte", *Saeculum* 3, 1952, S.192~217; Joseph Needham, *Science and Civilisation in China*, Bd. II, Cambridge UK., 1956, S.518 ff. 참조. 특히 법률개념의 흠결에 대해서는 S.543 f. 참조.

136) *Institutionen* 1, 2, 1; *Digesten* 1, 1, 7, pr. 참조.

같이 법의 더욱 추상적인 타당성 규준의 개발을 시작하였다.[137) 입법이
허용되었음에도 불구하고 법은 전체적으로는 오래된 것이고 진리나 신
성한 약속과 전통에 의해 타당한 법이었지 만들어지고 언제든지 변경
할 수 있는 실정적인 법은 아니었다. 헤겔조차 이미 시민적 사회에는 법
이 그 자체로 실정적인 법이 된다는 것을 예견했고 사비니(Friedrich von
Savigny)와의 논쟁에서 입법에 의한 편찬의 시의적절성을 강조하였다.
마치 자명하다는 듯이 그는 "하나의 시스템에 그 내용에 따라 새로운 법
률을 만드는 것이 중요한 문제인 것이 아니라 현존하는 법률적 내용을
정해진 일반성에서 인식하는 것, 즉 그것을 생각하면서 파악하는 것이 중
요한 문제일 수 있다"[138)라고 부기하고 있다.

18세기에서 법의 효력에 관한 사고는 아직 자연법에 의한 형식적인
비호 아래 있으면서도 완전한 실정화의 방향으로 선회한다.[139) 19세기
에 처음으로 입법으로서의 법제정은 국가생활의 상시업무가 되고 절차
가 갖추어진다. 그 절차는 당초에는 연중 다소 긴 기간에 걸쳐 입법을 취

---

137) 타당성 규준이라는 후에 도입된 문제화의 일반적인 맥락에 대해서는 Dieter
Nörr, *Zur Entstehung der gewohnheitsrechtlichen Theorie. Festschrift für Wilhelm
Felgentraeger*, Göttingen, 1969, S.353~366; William E. Brynteson, "Roman Law
and New Law. The Development of a Legal Idea", *Revue internationale des droit
de l'antiquité* 3, série 12, 1965, S.203~223; Krause, a.a.O., 1965, S.52 ff., 97 ff.
참조.
138) *Grundlinien der Philosophie des Rechts*, §211.
139) 이러한 전환의 유럽 공통적 성격에 대해서는 Sten Gagnér, *Studien zur
Ideengeschichte der Gesetzgebung*, Stockholm/Uppsala/Göteborg, 1960, S.15 ff.
참조. 또 입법학에 대한 그 당시의 단초들은 오늘날 다시 주목받는다. Gerhard
Dilcher, "Gesetzgebungswissenschaft und Naturrecht", *Juristenzeitung* 24, 1969,
S.1~7 참조. 그리고 그 당시의 실정성 개념에 대해서는 Jürgen Blühdorn, "Zum
Zusammenhang von 'Positivität' und 'Empirie' im Verständnis der Deutschen
Rechtswissenschaft zu Beginn des 19. Jahrhunderts", in: Jürgen Blühdorn/
Joachim Ritter(Hrsg.), *Positivismus im 19. Jahrhundert*, 1971, S.123~159 참조.

급하지만 오늘날에는 실제로 상시적으로 입법을 취급한다. 엄청나게 많은 법이 필요한 것으로 인정되고 생산된다. 오래된 자료는 재검토되어 법전의 형식으로 편철되지만 이는 더 이상 단지 재판실무에서 실용성과 더 쉬운 확인가능성을 위한 것뿐만 아니고 법의 합리성을 보장하는 제 정성 및 변경가능성, 효력의 조건성을 위한 것이다. 그래서 1811년의 오 스트리아 일반시민법전 제9조는 "법률은 입법자에 의해 변경되거나 명시적으로 폐지될 때까지 그 효력을 유지한다"고 규정하고 있다.

실정화의 방향에서 법을 재편성하는 것은 고대 유럽적 전통의 사유양식과 제도에서 준비되고 있었기 때문에 별 마찰 없이 실행될 수 있었고 입법을 위한 더 높은 필요성으로서 대두하였다(어려움은 당초 법 자체에 나타나기보다는 오히려 정치적 결정준비의 구조전환에 더 많이 나타났다). 그러한 준비와 전환을 간편하게 하는 방안은 여러 가지 측면에서 볼 때 법 자체에서 확인할 수 있다.[140]

우선 로마 말기의 법실무에서 황제의 입법을 위한 확정된 모델이 있었다. 그 모델은 중세에 추상적으로, 즉 구체적인 것을 한정하는 사회적 맥락 없이 계수되고 문화적 모델로서 수용될 수 있었다.[141] 그러므로 그

---

140) 원시법에서 고등문화 법으로 이행 시에 나타나는 동일한 문제점에 대해서는 이 책 309쪽 이하 참조.
141) 그 외에 매개 역할은 다른 절차상의 문제처럼 특히 카논법으로 달성되고, 법률전문가(Legister)는 여기서 생겨나기 시작한다. 매개의 역할은 엄격하게 중앙집권화된 교회조직의 요청과 로마적 모델과 유사한 재현이 이루어졌던 국내 평화의 정치적 확보 필요성이다. Max Jürg, *Der christlich-kirchliche Anteil an der Verdrängung der mittelalterlichen Rechtsstruktur und an der Entstehung der Vorherrschaft des staatlich gesetzten Rechts im deutschen und französischen Rechtsgebiet. Ein Beitrag zur historischen Strukturanalyse der modernen kontinentaleuropäischen Rechtsordnungen*, Basel, 1957; Hermann Krause, "Dauer und Vergänglichkeit im mittelalterlichen Recht", *Zeitschrift der Savigny-Stiftung für Rechtsgeschichte*, Germ. Abt. 75, 1958, S.206~251(231 f.); Gagner, a.a.O., S.288 ff.; Krause, a.a.O., 1965; Klinkenberg, a.a.O.; William E. Brynteson,

것은 처음으로 발명된 것이 아니라 고유한 제도에서 발전되었다고 해야
할 것이다.[142] 그것은 혁신에 따른 예상할 수 없는 위험을 피하고 설득
력 있는 논거를 제공하였다. 그래서 입법을 법형성의 형식으로 고안될
가능성이 확보되었고 그 정당성은 전통에 의해 가능했다. 황제는 '오래
된 법'을 다시 실시한다고 해야 했다.

이에 덧붙여 (상이한 표현이라고 할지라도) 일반적으로 수용된 법목
록이 있다. 즉 신법, 영구법, 자연법 그리고 실정법으로 구별하는 법원
(法源)과 법종류에 관한 위계적 질서 관념이 그것이다.[143] 이러한 사고

"Roman Law and Legislation in Middle Ages", *Specculum* 41, 1966, S.420~437
참조. 마지막의 문헌에는 중세 초기에서도 법제정이라는 사상이 일관되게 유
지되고 있었다는 것을 보여주는 증거를 포함하고 있다.

142) 성과가 가장 많았던 예의 하나는 "군주는 법률에서 자유롭다"(princeps legibus
solutus est)(D1, 3, 31)라는 격률이 중세 후기, 특히 프랑스 공법에서 계수되
는 것이다. 그 본래 의미 및 로마 후기의 용법에 의하면 이 명제는 단순히 스
스로 정한 규정(특히 민사적·경찰적 성격의 것)은 스스로 처분할 수 있다는
권능을 의미하는 것에 불과하고, 이 권능은 얼마간 행사되었던 것 같다. 따라
서 그것은 극히 한정된 '개인적 특권'을 의미하였을 뿐 법질서 전체에 대해 구
조적인 영향을 미친 것이 아니다. 그것이 사회적·법적 맥락에 대한 고려 없
이 문자 그대로 계수된 결과 '불구속의 결정권능'이라는 의미가 여기에 부여
되었다. 즉 법적 구속력이 있는(법관도 포함!) 결정에 대하여 법 전체에 구속
되지 않는다는 의미인 것이다. 말하자면 이것은 미래를 선취하는 오류이지
만 그와 같은 위험한 불확정성을 통제할 수 있는 정치질서 및 절차가 만들어
지기까지 장기간에 걸쳐 문제적이고 논쟁대상이 되어 정치적으로 다투어지
고 법률적으로 해석이 필요하다는 것이었다. 이 점에 대해서는 A. Esmein, "La
maxime princeps legibus solutus est dans l'ancien droit public français", in: Paul
Vinogradoff(Hrsg.), *Essays in Legal History*, London, 1913, S.201~214; Otto
Brunner, *Land und Herrschaft. Grundfragen der territorialen Verfassungsgerichte
Südostdeutschlands im Mittelalter*, 3. Aufl., Brünn/München/Wien, 1943, S.442
ff.; Krause, a.a.O., 1952, S.53 ff. 참조.

143) 특히 Thomas von Aquin, *Summa Theologiae II*, 1 qu., 91 ff. 참조. 이러한 사상의
발전에 대한 훌륭한 개관으로서는 Odon Lottin, *Psychologie et morale aux XIIe
et XIIIe siècles*, Bd. Ii, 1, Louvain/Gembloux, 1948, S.11 ff.; Gaines Post, *Studies
in Medieval Legal Thought*, Princeton, 1964, 특히 S.494 ff.; 그리고 실정법의 사

는 규정형식으로 기술되어 있는 상위법에 대한 구속이라는 관념이 비로소 가능할 수 있도록 하는데 중세 중기에 법의 종교적 침윤이라는 초기의 아주 구체적인 형식을 대체한다. 그리하여 그때 그때의 높은 단계의 법에 의해 낮은 단계의 법을 정당화하고 제한하는 엄격한 형식이 굳어졌다. 이 경우에도 많은 경우와 마찬가지로 위계적 사고는 관계를 드러나지 않게 유동화하는 도식으로서 기여한다. 변동은 조금씩 그리고 영향권(圈)에 대해 별 의식 없이 이루어진다. 상위의 법이라는 이름 아래 그리고 그 테두리 내에서 입법은 다시 도입될 수 있고 확장될 수 있었다. 그 외에 위계적 규범구조는 불충분성, 모호성, 규범의 흠결에 관한 반응을 문제가 어떠한 수준에 있는가에 따라 분화시키고 정상화한다. 이 모든 것이 확장되어 가는 실정법에 대한 일종의 정치적 보호기간을 제공하였다. 위계적 모델 내에서 많은 규범과 그 비중이 눈에 띄지 않게 전이되고 결국 오늘날까지 자연법적 사고에는 규범위계의 공허한 형식이 아직 남아 있다.

고대자연법의 기독교적인 수정도 마찬가지로 중요한 의미가 있었다. 이것은 모든 법의 기초를 제도에서 신의 의지로, 전통에서 초월성으로, 실천적인 측면에서 보면 신학적으로 논쟁될 수 있는 원리의 수준으로 전이시켰다. 그래서 신학자들은 신적 전능의 절대성과 이것이 세계의 자연적 질서에 대해 갖는 귀결을 극히 추상적으로 논의하였는데, 이러한 극단적인 추상성이 법적으로 중요하다.[144] 모든 질서와 모든 법이 불확

상적 기초라는 관점에서 본 것으로서는 Gagner, a.a.O., S.121 ff. 참조.

144) 이러한 대립이 후에 비로소 생겼다는 것, 즉 그것이 개념상 이미 자명하게 된 법구성체에서 생겨났다는 것은 유럽의 법발전을 위해 매우 중요한 의미를 가지고 있다. 법률가법은 당초 종교적 구속 아래에서 발전한 것이지만, 그 종교적 구속은 신학 없이 극히 구체적으로 확정된 다신교에서 비롯된 것이어서 그 불확정성이 신 및 제사의식의 선택이라는 방식으로 표현되었다. 이러한 기초 위에 정치와 종교가 사회적 복잡성이 이미 확실하게 진전되었음에도 통합되

정성의 원리에 있다고 하지 않는다면 법구성체의 현저한 불안정화[145]
가 종교적 기초에서 더 이상 방지될 수 없었다. 신학적 논의의 추상도에
서도 종교와 법의 분리는 이미 예정되어 있었다. 신이 법을 창조하였다
는 사상은 고대 법문화에는 낯선 것이었거나 적어도 탈신화화되지 않았
다. 이 사상은 법을 가능한 어떤 수준으로도 끌어올릴 수 있고, 모든 법
을 불확정적이고 상이할 수 있는 것으로 보이게 하였으며, 그 다음에 법
을 인간 주체, 이성, 양심, 입법자 등으로 이전시켜야만 했다.[146] 그래서
그때그때의 법을 종교적으로 정당화하는 데서 가장 높은 추상도가 달성
될 수 있었으며, 논증에 충분히 이르지 못했다고 해도 적어도 그러한 논
증을 지향하고 있었다. 법적 규범내용의 불변성을 신학적으로 근거짓는
것은 이제 더 이상 불가능하거나 말씀론적인 논쟁이나 종파적인 논쟁이
라는 테두리에서 논란이 되는 입장에서만 여전히 가능하다. 이러한 논쟁
의 영향은 반드시 정치적으로 중립화되어야 한다.

　법생활의 사회적 현실은 그것으로 잉태된 법의 변이가능성을 조금도
고갈시키지 않는 것이 분명하다. 신법에 대한 구법의 우위, 따라서 법제
정의 금지가 아니나 법변경의 금지는 중세 초기에 제도적으로 처음으로
확실하게 보장되었다.[147] 아무튼 신법에 대한 구법의 우위는 결정원칙

어 법률가에 의한 법발전에 장애나 문제가 생기지 않았다. 이와 같은 선택가능
성이 일신교에 의해 소멸된 후에는 아주 추상적인 신학이 필요해졌다. 그것은
불확정성의 문제를 신의 뜻에서 재발견하고, 궁극적으로는 종교와 정치와 법
의 준별로 나아갔다.

145) 여기에서 법기초의 불안정화라는 것은 물론 세속법의 발전에서 카논법이 가
　　지고 있었던 의의를 가리키는 것이 아니다. 카논법은 많은 분야에서 고도의 안
　　정성을 산출하였다.

146) 이 점에 대해서는 일반적으로 Hans Blumenberg, *Die Legitimität der Neuzeit*,
　　Frankfurt, 1966 참조.

147) 이 점에 대해 많이 인용되지만 많은 경우 고루한 상론을 하고 있는 Fritz Kern,
　　"Recht und Verfassung im Mittelalter", *Historische Zeitschrift* 120, 1919, S.1~79,
　　(Neudruck) Tübingen, 1952 참조. 중세 초기 '신·구'에 관해서는 Walter

으로서 정식화되었다는 것이 관심을 끈다. 이것은 이미 숙고를 뜻하고 신법이 구법을 파기한다는 준칙으로 원리의 전환을 가능한 사고영역으로 가져온다. 그렇지만 그것이 현실화되는 데에는 실정적 법제정의 문제가 전통적인 법사고에서 잘못 설정되어 잘못된 방향에서 해답을 구하는 것이 특히 장애가 되었던 것 같다. 사람들은 당초에 새로이 제정된 불안정한 법에서도 역시 오래된 법에서와 마찬가지로 구속적 효력을 만들어 내려 하였다. 법제정의 행위, 특히 특권의 분배는 이해관계자 또는 국가의 유력자들과 합의되었다. 즉 그것은 계약형식으로 포장되었다. 왜냐하면 계약은 자유의지를 구속하는 기지의 형식이었기 때문이다. 계약에는 항구적인 서약이 덧붙여졌고, 일정 시간이 지나면 안정성을 위해 계약이 다시 체결되거나 새롭게 강화되었다. 지배자는 또한 그 후계자의 새로운 법에 대한 구속을 명세하였고, 이것은 공직 취임 시 그의 전임자에 의해 정립된 법의 계수와 강화를 위해 유지되었다. 그리고 이 모든 것은 마치 이러한 노력의 무용성에 대한 의문을 무마할 수 있는 것처럼 긴요하게 유지되었다.[148]

장기적으로 진화적인 성과는 바로 상반된 방향을 향하고 있었다. 즉 입법자는 그가 제정한 법에 구속되지 않는다는 원칙이 수립되고 법은 언제든지 변경될 수 있다는 더 높은 위험이 제도화된다. 게다가 지배자의 인격과 입법자로서 해야 할 역할이 지금까지보다 훨씬 분명하게 분리되었다. 공직이 고유한 명칭을 가졌고 사람이 교체되더라도 그대로 유지된다는 과거의 의미에서뿐만 아니라 실정법에 대한 사람의 구속

Freund, *Modernes und andere Zeitbegriffe des Mittelalters*, Köln/Graz, 1957 참조.
148) Hermann Krause, "Dauer und Vergänglichkeit im Mittelalterlichen Recht", *Zeitschrift der Savigny-Stiftung für Rechtsgeschichte*, Germ. Abt. 75, 1958, S.206~251 참조. 고대에서의 유사한 현상에 대해서는 Max Mühl, "Untersuchungen zur altorientalischen und althellenischen Gesetzgebung", *Klio*, Beiheft N.F. 16, Leipzig, 1933, S.88 ff. 참조.

과 공직의 구속 및 불구속이 구별되어야 한다는 한에서도 또한 그렇다. 지배자는 더 이상 '국가'일 수 없고 단지 국가에서 하나의 역할일 뿐이다.[149] 그래서 사람은 공직에 의해서 그리고 오로지 공직을 통해서만 법을 변경할 수 있다. 이러한 분화는 국가의 법적 인격성의 고안에 의해 법률가에게 명백하게 될 수 있었는데, 역할과 관련된 '인적' 관계를 중성화하는 법률 변경 절차는 오직 이 분화의 도움에 의해서만 제도화될 수 있었다.

그렇지만 고대 특히 아테네의 법 역사가 가르쳐주듯이 법률을 변경하기 위한 절차를 법형식적으로 갖추는 것만으로 충분하지 않다. 그 외에도 그러한 절차의 존재는 **불복종과 변경욕구를** 분화하게 하는 데에 사용되어야 한다. 이처럼 법을 변경하는 권능이 유효한 법으로 만드는 것으로 이해되어서는 안 되듯이[150] 법을 변경하려는 의도가 불복종자의 위법행위로서 유효한 법에 대한 거역으로서 나타나서는 안 되고, 그것은 그에 상응한 차별적 취급을 넘어 통제되거나 제약되어서는 안 된다.[151] 기

---

149) "**짐이 곧 국가다**"(*l'État, c'est moi*)라는 주장은 국가 자체를 약화시키고 믿을 수 없는 것으로 만든다는 것만으로도 아주 매혹적이다. 이와 반대로 중국의 법가(法家)에서는 지배자와 공공기관의 개념적 분리는 고려되지 않았다. 이것이 그들의 충성심 경쟁과 정치적 실패에 커다란 기여를 한 요소였는지 모른다. 이 점에 대해서는 Léon Vandermeersch, *La formation du légisme*, Paris, 1965, 특히 S.175 ff. 참조.

150) "군주는 법률로부터 자유롭다"(Princeps legibus solutus est)라는 격률과 유사한 의미변화에 대해서는 이 책 353쪽 각주 142 참조.

151) 그리스 도시국가에서 그 자체로는 헌법적으로나 절차적으로 허용된 법변경의 가능성을 무제한 사용하는 것을 방지하기 위한 방책의 하나가 바로 이것이었다. 그러나 이것은 대체로 성공하지 못하고 끝났다. 즉 폴리비오스(XII, 16)가 로크리에의 주민들에 대해 특히 열심히 보여주듯이 발의가 법위반의 위험을 부담하는(변경되어야 하는 법과 규범의 입장에서) 것이 되어 그것을 방지하였다. 그때 적어도 폴리비오스가 전하고 있는 사례에서는 타당한 법해석의 수정과 법변경이 아직 명확히 구별되지 않았다. 법제정절차는 구법의 대변자와 신법의 대변자 사이의 소송이라는 방식으로 법정절차의 모델에 따라 조직되었

획된 법변경의 조종과 예비적 선정은 다른 방식으로 처리하여야 한다. 그것은 유효한 법에서가 아니라 오로지 정치적으로 행해져야 하고, 실익의 한도 내에 그쳐야 한다. 알려졌듯이 아테네 법실무가 불안정했다는 것은 전래문헌에서 저주(詛呪)로 후세에 전해지고 있는데, 그 불안정의 이유는 무엇보다도 업무와 조직에 따라 충분하게 분화되고 기능할 수 있는 정치(특히 예로부터의 종족반목에서 비롯된 당파에 대한 고질적인 반감에서)가 부재했다는 것에 있었던 것 같다.[152] 아테네의 입법에는 편찬된 법 전체를 해마다 검토할 기회가 제도화되어 있었다. 아테네의 입법은 법을 불확정적으로 파악하는 전형적인 경우로 간주할 수 있다고 해도 고대도시국가는 법을 체계로서 완전히 실정화할 만큼 크거나 복잡하지 않았다. 근대국가의 형태에서 비로소 '절대적' 지배에 대한 요청이 해소되면서 충분히 개방적이고 1차적으로 정치적인 목표를 지향하는 의사형성이 나타났다. 이런 상황에서 약간의 정치적 체계들은 (지배자의) 법파괴에 대한 (피지배자의) 저항과 (국가권력 담당자의) 법제정에 대한 (일반 국민의) 반대를 개념적으로, 그리고 그 다음 제도적으로 구별할 가능성을 만들고,[153] 그리고 여기에서 법률을 부단히 변경할 수 있고

다. 노모스위반의 소(Paronomie-Klage, 무조건적인 조처를 구하는 소송)라는 후기 형태 및 아테네의 위법입법개폐(違法立法改廢, *nomon me epideion theinai*)의 소는 상위법에 대한 위반 내지 발의의 규칙에 대한 형식위반, 즉 법전화의 과정에서 간과하기 쉬운 회피가능한 위반에 한정되었다. Ulrich Kahrstedt, "Untersuchungen zu athenischen Behörden", *Klio* 31, 1938, S.1~32(19 ff.); K. M. T. Atkinson, "Athenian Legislative Procedure and Revision of the Law", *Bulletin of the John Rylands Library* 23, No. 1, 1939, S.107~150(130 ff.) 참조. 또 다른 방식은 발의권을 시의회에 유보한 것으로서 예컨대 로마에서는 이것이 선택되어 여러 조건에서 정치적으로 더 잘 운영되었다.

152) 그 외의 이유로는 법정립과 법적용을 위한 절차의 분화가 불충했다는 것, 개념적으로 충분히 확고한 것으로 되지 못했다는 것, 그래서 저항에 견딜 수 없는 법조법이라는 것이 없었다는 것을 들 수 있다.

153) 그 시작에 대해서는 Ingeborg Bode, *Ursprung und Begriff der parlamentarischen*

선택가능성이 풍부하고 잘 정비된 정치적 준비를 하기 위한 기초를 발견하는 것이다.

절차의 확립, 기관과 사람의 구별, 불복종과 변경욕구의 구별, 저항과 반대의 구별 및 정치적 과정의 제도화라는 이 모든 조건은 사회구조의 변화 때문에 법말씀론이 지금까지 다루어온 규범영역 밖에서 새로운 종류의 결정문제들이 생기지 않았더라면 법의 실정화를 가져오지 못하였을 것이다. 원시적인 자력구제법에서 고등문화의 법으로 넘어가는 전환기에 거래경제, 개인의 토지소유, 빈자와 약자의 보호, 정치적·군사적으로 중요한 지위의 보호라는 새로운 종류의 문제상황과 결정의 필요성 때문에 통일적인 구법에서 민사법과 형사법의 절차적 분화로 대체되었듯이 당초에는 신분적 사회질서에서 산업화된 사회질서로 구조가 변하고, 그 다음 이러한 새로운 사회유형에서 점증적으로 발생하는 여러 문제를 해결하기 위해 이제 공법적으로 결정되어야 할 새로운 문제에 주도적인 역할이 주어지게 된다. 법말씀론의 전통적 기초에는 구조화된 더 높은 복잡성을 가진 의미형상이 이미 제시되어 있었다. 그래서 아무리 더 발전한다고 해도 여기에서 어떻든 '법전편찬'에 가능한 것은 합리화와 체계화를 위한 분명한 경향에도 불구하고 본질적으로 기존의 법과 연계될 수밖에 없는 것이다. 계몽주의가 전승된 법을 해체하고 이성적으로 재구성할 것을 요청하는 등의 모든 급진성에도 그 입법작품에는 이전에 발견되어 정리되고 수정·보완된 법이 주종을 이루고 있다. 예컨대 프랑스의 '시민법전'(code civil)은 완전히 의식적으로 '관습법'(coutumes)으로 돌아갔고, 프로이센의 '일반 주(州)법'(Allgemeine Landrecht)은 의식적으로 로마법의 판덱텐법학을 도이치화하였다. 이 부문에서는 법을 이성적으로 성찰하고 입법자에게 법 전체를 개정할 수

Opposition, Stuttgart, 1962, 특히 S.134 ff., 85 ff. 참조.

있는 권능을 유보한다는 요청이 관철될 수 있었지만 원리적으로 가변적이고 부단히 적응하며 이러한 가능성에 기해 효력을 갖는 법에 대한 요청은 관철될 수 없었다. 다음 장에서 자세히 논할 터인데, 이 점에서 법의 완전한 실정화는 공법분야 또는 노동법, 주택법과 같이 일의적으로 편입시킬 수 없지만 어떻든 전통적인 말씀론의 관념영역 밖에 그 보금자리를 잡을 수 있는 법분야에서 그 토대를 가졌다. 여기에는 오늘날 일반적으로 구속력 있는 새로운 종류의 법양식이 성립할 수 있는 자유로운 공간과 그 필요도 있었다. 그렇지만 특히 초창기에 처리할 수 없을 정도로 매우 많은 입법적 규율의 문제가 발생할 때처럼 많은 입법의 문제가 생기는 곳에는 국가기구의 영속적인 기능요소로서 법치국가적으로 정서된 입법절차의 확립(오로지 필요시에 행사되는 왕의 '권리'가 아니라)이 필수적이라는 것이 19세기 중에 드러난다. 이에 따라 정치적인 결정을 준비함에 있어 복잡성이 증대하여 점점 더 전일근무와 조직, 말하자면 정치체계에서 특수한 (정당)정치적 영역의 완전분리가 요청된다. 이 모든 것을 위한 사회구조적인 전제조건은 기능적 분화의 진전 및 부분체계의 특화와 아주 복잡하게 연관되어서 다중적으로 얽혀 있다.

국가적 · 정치적 생활의 제도적 요소로서 입법절차를 확립하는 것은 결정의 제정성이라는 의미에서 실정적인 법으로 전면 전환하기 위한 필수불가결한 전제조건이다. 그래서 실정화에 대한 이념사적 준비와 실정법이라는 법학적 개념은 처음부터 입법절차와 관련되어 있다.[154] 그러므로 입법절차는 이론적으로 불충분한 추상성 수준에 고정되어 있다. 입법절차의 정착과 더불어, 즉 입법의 작업방식과 결과가 분명해짐에 따라 미지의 새로운 리바이어던(Leviathan, 여기서는 새로운 국가, 즉 적극국가나 복지국가 또는 사회국가를 의미한다고 할 것이다——옮긴이)에

---

154) 이것에 대한 수많은 증거에 대해서는 Gagnér, a.a.O. 참조.

대한 공포가 감소하는 한편, 입법의 내재적 제약에 대한 통찰은 증가한다. 모든 법이 법률의 일반적인 형태로 만들어질 수 없고 입법자의 프로그램적 확정도 타당한 법의 의미를 완전히 고정할 수 없다는 인식이 불가피하게 나타난다. 그 결과로서 20세기에는 불변적인 원리 또는 법원(Quelle des Rechts)은 승인받지 못하게 되고 실정성의 토대 위에 법관법(Richterrecht)에 새로운 강조점을 두게 된다.

법관법 또는 법관의 법창조라는 이름 아래 한편으로 고전적인 양식으로 법률가법을 재수용하는 데에 모아진다. 이를테면 법관에게 정치적 중립성, 사회적 법의식의 표현, 결정결과에 대한 책임, 법말씀론적 형상을 신중하게 변환시키는 미묘한 느낌이 강조될 때 그러하다. 하지만 여기에는 분화된 결정과정에서 법관이 그 지위에서 하는 특수한 기여를 정당화하고자 하는 주장이 따라온다. 즉 이러한 주장은 법의 제재수단에 대한 법관에 의한 통제가 직접적이라는 것, 법관이 사건에 가까이 있고 그의 일상적인 법경험이 구체적이라는 것, 법관이 불완전하게 결정되어 있는 규범을 파악하고 있다는 것, 법관의 결정이 법률에 의해서 프로그램적으로 고정된 것이지 최종적으로 고정되어 있는 것이 아니라는 것에서 나온다. 이 모든 것들은 보충적으로 입법과정을 환기하고 있다.

이들 관점이 서로 밀접하게 연관되어 있다는 것은 법률가의 직업적인 자기 이해와 에토스도 법의 실정성을 지향해서 전환된다는 징후로 간주할 수 있다. 법관의 결정이 늘 불확정적으로 선택되어 재현되는 것은 아니지만 입법과의 분업적 기능공동체에서 법선택과 그 실정성을 가지고 있다.[155] 입법에 대한 고려는 법관의 의무이자 자유이다. 법관이 입법

---

155) Hans Peter Schneuder, *Richterrecht, Gesetzesrecht und Verfrassungsrecht. Bemerkungen zum Beruf der Rechtsprechung im demokratischen Gemeinwesen*, Frankfurt, 1969에서 지나치게 대비하는 것에 반대하고 있는 것은 정당하다. 요제프 에서도 법의 실정화 절차를 사법적 결정절차로 파악하고 있다.

이후의 가능한 교정의 방향을 알고 있다면 그는 더 선명한 법발전을 수행할 수 있다.

사실 오늘날 많은 것을 볼 수 있다. 즉 법의 실정성은 입법권한이 법전체를 관장하고 있다는 사실에 의해 충분하게 파악될 수 없다. 법의 실정화라는 발전과정에서 문제되는 것은 오로지 기존 법구성체에 대한 입법자적 권능의 추가가 아닐뿐더러 법의 위계성이 사라지는 단계, 즉 더 높은 법원(法源)에 대한 믿음이 떨어져나간 후 실정법(*lex positiva*)의 단순한 잔재가 아니다. 정확하게는 실정성이 법이 제정성을 기초로 해서 유효하다는 것을 의미하다면, 그것은 제정, 즉 결정이 법의 기반이 된 이후부터 비로소 말할 수 있다. 그리고 제정은 단지 그 선택성 자체가 법의 안정화를 위해 이용되는 만큼만 법의 기반이 된다. 실정법은 더욱 고차적인 규범이 그것을 허용하기 때문에서가 아니라 자신의 선택성이 정합적 제정기능을 충족하기 때문에 타당한 것이다.

결정에 의해서만 타당하고 결정을 통해 변경될 수 있는 실정법으로의 이행은 다시금 법양식 전체를 변경하고 행위기대의 정합적 범례화가 추구되고 보장되는 의미차원을 변경한다. 법의 복잡성과 불확실성은 구조적으로 가능해져서 잴 수 없을 만큼 늘어난다. 그래서 가능성 지평이 엄청나게 확장되어 개별적인 법규범과 법개념이 전혀 변하지 않더라도 법의 질은 변한다. 이러한 과정은 구조변경의 범위에서나 그 사회적인 조건과 결과에서도 아마 원시적 자력구제법에서 고등문화의 시민법으로 이행되는 과정과 비교될 수 있을 것이다.

이러한 법의 실정화 과정이 전체사회체계의 기능적인 분화의 완성과 결부되어 있다는 것은 결코 우연이 아니다. 복잡하게 얽혀 있는 직간접

Josef Esser, *Grundsatz und Norm in der richterlichen Fortbildung des Privatsrecht*, Tübingen, 1956; Ders., *Vorverständnis und Methodenwahl in der Rechtsfindung*, Frankfurt, 1979.

적인 상호의존관계가 드러났다. 이와 관련해서 경제와 가족 또는 경제와 정치의 불충분한 통합에서 생긴 수많은 입법의 동기만 생각해보면 된다. 결정적인 것은 원리적인 수렴이다. 기능적 분화는 전체사회의 부분체계의 관점을 특화하고 추상화하며, 이들 부분체계에 상이한 기능으로써 상이한 가능성 지평을 배당한다. 우리는 이것을 가능성에 대한 구조적으로 조건지어진 과잉생산이라고 하였다. 이런 변동은 처리할 수 있는 많은 가능성을 정해진 절차에 수용할 정도의 법 및 풍부한 가능성과 그 감축을 담당할 수 있는 원리를 요구한다. 사회체계의 기능적 분화와 법의 실정성은 복잡성과 우연성이 측정할 수 없을 정도로 넘치고 있다는 기본 특징에서, 즉 전체사회의 체계내적 선택과정을 유발하는 자기과부하에서 수렴된다.

　이러한 변동은 법의 관념적인 자리매김과 성격규정에 영향을 미친다. 항상 인간의 선택영역과 그것에 의한 세계의 유의미한 구축(세계가 인간에게 가능한 것으로 제공하는 바의 것)은 사회구조에 달려 있다. 단순한 사회는 비교적 구체적이고 의인적인 세계상을 가지고 있다. 이러한 세계상에는 알 수 없는 두려운 것을 위한 잔여범주[156]가 있고 규정할 수 있는 복잡성과 비교해 볼 때 규정할 수 없는 복잡성의 부분이 훨씬 많아 선택성은 거의 조직되어 있지 않다. 단순한 사회는 세계에 의해 과도하게 요구받고 있다고 느끼고 세계를 최대한 구체적이고 불변적인 것으로 확정한다. 우리가 본 바와 같이 이전의 고등문화는 자신의 법을 세계질서로 파악한다. 이에 대해 기능적 분화로 말미암아 가능성은 사회구조의 변동과 함께 변화하고 세계 자체 속에서 고정될 수 없어 사회에는 과잉적인 자기요구가 생기게 된다. 그렇게 되면 법에도 이에 상응하는 이해

---

156) 특히 Emil Durkheim/Marcel Mauss, "De quelques formes primitives de classification. Contribution à l'étude des représentations collectives", *L'année sociologique* 6, 1901~02, S,1~72 참조.

가 생기게 된다. 법은 규범적인 전제 속에 안착하고 그러한 전제 위에 같은 내용으로 결정될 수 있다. 법은 결정과정에서 성립하고 기능하며, 어쩌면 있을지도 모르는 불명확한 점에 대해서는 기술적 또는 경제적 논증으로 대응한다.[157] 법은 결정프로그램으로서 자신의 적합성을 스스로 입증해야 한다.

그래서 결국 법의 실정성은 법의 증대된 선택성으로 파악할 수 있다. 체험과 행위로서 가능할 수 있는 지평이 확장되어 불변적이라고 생각되었던 자연법을 다른 가능성의 관점으로 가져온다. 세계질서로서 불변적인 것으로 전제되었던 것이 이제 선택으로서 인식되게 된다. 그리고 이제 그것이 만약 개별 규범이 유지되거나 변경될 수도 있다면 결정으로서 그 책임을 부담해야 한다. 이 구조변화(구조변화는 하나의 결정이 아니다)는 결정을 법의 원리로 만든다. 법의 실정성은 헌법에서 도출되는 것이 아니고(헌법이 실정성을 부인하고 자연법이나 변경할 수 없는 법으로 신봉할 때에도 법의 실정성은 역시 타당하다), 일정한 결정에 규범적 타당성을 부여하는 근본규범(Grundnorm, 여기서 루만은 한스 켈젠을 염두에 두고 있다. 그러므로 근본규범은 켈젠의 근본규범이라고 할 것이다—옮긴이)과의 논리적 연관에서 도출되는 것도 아니며(법의 실정성은 기껏해야 그러한 근본규범의 이념을 통해 상징화되고 법학적으로 구성될 수 있을 뿐이다), 사회발전의 결과이고 기능적 분화에 의해 과잉적인 가능성이 만들어져서 모든 법을 불확정적인 것으로 나타나게 하는 경향을 가진 사회구조와 상관관계를 갖는다.

---

157) 이 점에 대해서는 Niklas Luhmann, *Recht und Automation in der öffentlichen Verwaltung.*, Berlin, 1966, S.52 ff. 참조.

제4장 실정법

1. 실정성의 개념과 기능

법의 실정성(實定性)이라는 개념은 법철학과 법학에서 잘 알려진 개념이다. 그 분야에서 실정성은 근본적으로 법의 제정성(制定性)[1]을 의미하지만 이러한 제정성을 더 자세히 살펴본다면 실정성에 대한 법사회학적 개념을 얻기 위해 우리가 밝혀야 할 몇 가지 다른 의미가 있다. 법의 실정성에 대한 법학적 이해에는 실정성이 동시에 말씀론화되어 있다. 즉 그것은 실정성이 실정성 자체의 기초로서 정립되어 있다는 것을 의미한다.[2] 그런데 항상 다른 가능성을 조망하려는 사회학은 여기에 만족

---

1) 이것은 특히 해석론역사의 초기에 타당하다. Stephan Kuttner, "Sur les origines du terme 'droit positiv'", *Revue historique de droit français et étranger* 15, 1936, S.728~740; Damian van den Eynde, " 'Ius positivum' and 'signum positivum' in Twelfth-Century Scholasticism", *Francian Studies* 9, 1949, S.41~49; Sten Gagnér, *Studien zur Ideengeschichte der Gesetzgebung*, Stockholm/Uppsala/Göteborg, 1960 참조. 19세기 법의 완전한 실정화 이후 이 개념은 불분명하고 다의적이 된다. 그래서 한편으로 그 개념이 범례화되고 타당성과 동일시되며, 다른 한편으로 법적 타당성의 논거에 대한 요청도 충족시킨다.
2) 그 외에도 이것과 동일한 것이 과학의 실증성에 관한 학문적 이해에 대해서도 지적될 수 있다. 예컨대 Jürgen Habermas, *Erkenntnis und Interesse*, Frankfurt a.M.

할 수 없다. 더욱이 고전적인 법학적 실증주의는 오늘날 (다른 학문적 실증주의보다) 널리 부인되고 있지만 법의 정당성에 관한 다른 이론으로 그것을 대체하려는 진지한 노력이 보이지 않기 때문에 법의 실정성이라는 사실은 여전히 해명되어야 한다.

그리하여 법학과 사회학에 있어 견해차이는 사회학에서 법원(法源)이라는 관념이 수용되지 못한 점과 관련된다.[3] 법원관념은 법의 성립양식과 법의 효력근거가 (그리고 종종 인식 양식과 인식 근거도) 결합할 때만 그 의미가 있다.[4] 그러나 사회학자의 시각에서 범례화된 규범관념이 생성되는 사실적 과정을 인과적으로 보면 어떠한 법률에 '그' 생성원인이 무엇인지 제시할 수 없을 정도로 너무나 넓고 복잡하다. 따라서 입법자의 결정도 제정된 규범의미의 타당성을 설명하는 원인으로 취급될 수 없다.[5] 인과적으로 보면 다른 추가적인 원인과 선행적인 원인이 늘 있고 때로는 입법자의 결정보다도 더 중요한 원인이 있는 경우도 있다. 법은 입법자의 펜끝에서 나오는 것이 아니다. 입법자의 결정 이전

1968, 특히 S.88의 비판적인 언급 참조.

3) 이 점에 대한 더 자세한 것은 Niklas Luhmann, "Die juristische Rechtsquellenlehre aus soziologischer Sicht", in *Soziologie: Festschrift René König*, im Drunk 참조(저자는 *Soziologie: Festschrift René König*를 『법사회학』 초판(1972)에서 인용하면서 인쇄 중이라고 하고 있지만, 이 책은 1981년 이미 출간된 것으로 추정된다. 이 부분은 제3판(1983)에서조차 여전히 수정되지 않은 채 출간되었는데 저자의 오류라고 생각된다. 이 책은 *Soziologie in weltbürgerlicher Absicht. Festschrift für René König zum 75. Geburstag*, Wiesbaden, 1981으로 판단된다──옮긴이).

4) 이것은 법학이론에서도 다양한 비판을 받고 있다. 그럼에도 법원개념(der Begriff der Rechtsquelle)을 인식이론적 의미에 유지하려 한 고전적인 문헌에 대한 비판적 개관으로서 Alf Ross, *Theorie der Rechtsquellen. Ein Beitrag zur Theorie des positiven Rechts auf Grundlage dogmenhistorischer Untersuchungen*, Leipzig/Wien, 1929 참조.

5) 이러한 구별은 법률가들에게도 익히 알려졌다. Georg Ripert, *Les forces créatrices du droit*, Paris, 1955, S.78 ff. 참조.

에 이미 다량의 규범기획이 존재하고 있다(이것은 오늘날 널리 인정되고 있듯이 법관의 결정에도 마찬가지다). 입법자는 이러한 규범기획에서 다소 큰 결정자유를 가지고 선택하는 것이다. 그렇지 않다면 그 결정은 법적 결정이라 할 수 없다. 그 결정의 기능은 법의 창조, 즉 법의 생산에 있는 것이 아니라 구속력 있는 법으로서의 규범을 선택하고 상징적으로 권위를 부여하는 것에 있다. 법형성의 과정에는 사회 전체가 관련된다. 그 과정에는 절차적 여과기가 삽입되고 사회적으로 구속력 있는 법이 되기 위한 모든 법적 사고가 그것을 통과해야 한다. 이러한 절차에서 법은 만들어지지 않지만 법의 양자택일구조가 만들어질 것이고 당부(當否)는 결정되지만 무(Nichts)에서 법이 창조되는 것은 아니다. 이러한 차이를 주목하는 것이 중요하다. 그렇지 않은 경우에는 법의 결정제정성이라는 관념이 입법자의 사실적 또는 도덕적 전권이라는 전혀 잘못된 관념과 연결되기 때문이다.

달리 말하면 귀속과 인과성은 구별되어야 한다는 것이다.[6] (입법자나 법관의) 결정절차의 각별한 탁월성과 이것이 갖는 법적 타당성의 실정화에 대한 의의는 창조물 또는 원인물이라는 관점에서 파악될 수 없다. 이것은 가능성의 기획과 결정으로의 감축을 가능케 하는 체계구조에서 나와 그러한 결정에 대한 법의 타당성의 귀속에 존속한다. 그러므로 인과성, 결정되어야 할 가능성의 예비적 처리와 선택은 물론이고, 하물

---

6) 예컨대 Felix Kaufmann, *Methodenlehre der Sozialwissenschaften*, Wien, 1936, 특히 S. 181 ff.; Hans Kelsen, *Vergeltung und Kausaltät*, Den Haag, 1941; Fritz Heider, "Social Perception and Phenomenal Causality", *Psychological Review* 51, 1944, S.358~374; Edward E. Jones u. a., *Attribution. Perceiving the Causes of Behavior*, New York, 1971. 법률가의 문헌으로 예컨대 Karl Larenz, *Hegels Zurechnungslehre und der Begriff der objektiven Zurechnung*, Leipzig, 1927; H. L. A. Hart/A. M. Honoré, *Causation in the Law*, Oxford, 1960; Joel Feinberg, *Doing and Deserving: Essays in the Theory of Responsibility*, Princeton, 1970 참조.

며 사실상의 권력관계조차 완전히 설명되지 않지만 아마도 비난, 정치적 제재, 변경욕구가 누구에게 지향되어야 하는지는 해명될 것이다. 여기서 주목할 가치가 있고 구조적으로 중요한 것은 인과의 끈이 항상 짜이듯이 법적 타당성은 하나의 가변적 요소, 즉 하나의 결정에 연계된다는 점이다.

물론 이것으로써 의미하고자 하는 것은 역사적인 인과발생적 소급, 즉 입법자나 법관에 의해 결정되었다는 단순한 사실이 아니다. 그것은 항상 있었다. 그래서 입법자의 결정이라는 역사적 사실도 법의 실정성에 대한 충분한 증거는 못 된다. 로마법이나 후기 게르만 부족법도 전면적으로 실정적인 법을 만들어내지 못했다. 그 규준은 '법원'에 있는 것도 아니고 획기적인 결정행위에 있는 것도 아니며 오히려 부단한 현실적인 법적 체험에 있다. 입법이라는 역사적 행위가 법적 체험에 기억되어 있을 때라도 법은 실정적으로 유효한 것이 아니다. 왜냐하면 법의 역사성은 바로 불변성의 상징으로서 전통적인 법사고에 봉사할 수 있기 때문이다. 법이 입법이라는 결정에 의해 타당한 것이 되고 다른 가능성 중 선택으로서, 그리고 변경가능한 것으로서 체험되는 때에만 오로지 법은 실정적으로 타당한 것이다. 법의 실정성이라는 역사적으로 새롭고 모험적인 것은 **법변경의 법률화**이다.

모든 법의 변경가능성을 그렇게 현재적으로 보유한다는 것에 추상적인 시간관념이 포함되어 있다. 시간적 관점에서 보면 이것은 법이 어느 시점에 제정되든 동일하다는 의미에서 시간의 동등화를 전제한다.[7] 법을 제정하기 위해 유리하거나 불리한 시기(時期)란 더 이상 존재하지 않고, 단지 유리한 혹은 불리한 상황(狀況)만 존재한다. 법이 정립되었던

---

7) 중세에 있어 시간과 법의 관계가 전환되는 시기에 관해서는 Hans Martin Klinkenberg, "Die Theorie der Veränderbarkeit des Rechts im frühen und hohen Mittelalter", in: Paul Wilpert(Hrsg.), *Lex et sacramentum im Mittelalter*, Berlin, 1969, S.157~188 참조.

시간, 예컨대 역사의 시작, 계시의 시간, 진리와 법의 종교적 원천에 대해 인간이 직접적인 관계를 맺었던 시간 등은 다시 돌아오지 않는다고 한다든가, 반대로 입법을 위해 아직 시간이 성숙하지 않았다는 고전적 사고는 법제정이 언제든지 가능해져야 한다면 포기되어야 한다. 같은 이유로 실정화는 새로운 법과 낡은 법이라는 질적 구분과 합치할 수 없다. 타당성의 시간적 지속은 법적 구속력의 성질과 강도에서 아무런 의미가 없게 된다. 구법이 신법보다 더 좋다는 중세적 관념은 반대로 신법이 구법보다 더 좋다는 관념으로 재평가되는 것이 아니라 이미 시간관계적 문제설정에서 그 의미를 상실한다. 단지 일정한 법규범이 타당한가에 관한 문제가 여전히 남아 있으며 이러한 문제제기의 테두리에서는 입법자가 모순적인 구법을 폐지하고자 한다는 추정이 결정규칙으로 타당할 뿐이다.

이처럼 변경가능성이 그렇게 현재상태로 유지되면 그때그때 타당한 법은 선택의 결과이고 언제든지 변경가능한 선택으로 타당하다는 것이 부단히 의식상태에 유지된다. 법제정성이란 불확정성을 뜻하고 타당성은 다른 방법으로 정해지는 제정에 근거한다. 그러한 제정성의 의식은 선택적인 결정과정이 선사시대의 수수께끼로 빠지지 않고 가시적이 되어 부단히 현재적 가능성으로서 확고하게 될 수 있는 만큼에서만 유지된다. 그러므로 실정적인 법은 불확정성의 의식이라고 특징지을 수 있다. 실정법은 다른 가능성을 배제하기는 하지만 이것은 법체험의 지평에서 다른 가능성을 제거하는 것이 아니라 법적 타당성을 위해 가능한 주제로 현존케 하고 실정법의 상응한 변경이 시의적절해 보이는 경우에 대비하여 이용할 수 있도록 유지한다. 그것은 임의적으로 규정되지만 임의적으로 규정할 수 있는 것은 아니다.[8]

---

8) Jurius Kraft, "Paradoxien des positiven Rechts", *Internationale Zeitschrift für Theorie*

이와 같은 실정성 개념은 다음과 같이 정식화될 수 있다. 즉 법이 결정에 의해 제정될(즉 선택될) 뿐만 아니라 결정에 근거해서(즉 불확정적이고 변경가능하게) 타당하다. 법의 구조를 실정성으로 변경함으로써 법의 불확정성과 복잡성은 엄청나게 높아져 기능적으로 분화된 사회의 법수요가 충족된다. 그리하여 법의 불확정성과 복잡성은 새로운 종류의 구조적 전제조건과 조직화 가능성, 새로운 종류의 위험과 결과의 문제와 같은 다른 수준으로 옮긴다. 이런 변화는 기대를 범례화하는 모든 차원에 미치는 것이고 오직 법의 정합성을 새로운 방식으로 확보하는 것에 의해서만 현실화될 수 있다.

법은 시간적으로 그 규범적 기능을 손상하지 않고 변경될 수 있는 것으로 제도화되어야 한다. 이것은 가능하다. 구조의 기능은 어떤 절대적인 불변성을 전제로 하는 것이 아니라 구조를 구조화하는 상황에서 구조가 문제시되지 않도록 요구할 뿐이다. 이것은 구조가 다른 상황에서(다른 시점에서 또는 다른 역할이나 사람을 위해) 결정주체가 될 수 있다는 것, 즉 가변적이라는 것과 완전히 부합한다. 그때에 필요한 것은 오직 분명하게 인식할 수 있고 확고하게 제도화된 경계만 이러한 상황을 분리한다는 것이다.9) 법의 실정화는 체계분화의 기반 위에서 구조를 모순적으로 처리하는 데에 있다.

그래서 법은 시간적으로 다양해질 수 있다. 어제는 타당하지 않았던 법도 오늘은 타당할 수 있고, 내일은 아마도 또는 상당히 또는 확실히 타당하지 않을 수도 있다. 법은 시간적으로 서로 나누어져 모순적일지라도 타당할 수 있다. 임대계약의 해지는 일단 금지될 수도 있고, 그 다음 다시 허용될 수도 있으며, 그후에는 다시 어렵게 만들 수도 있고 다시금

---

des Rechts 9, 1935, S.270~282(271)가 그렇게 기술하고 있다.
9) 이 점에 대해 더 자세한 것은 아래 4절 참조.

쉽게 될 수 있다. 타당성에는 기한이 부여되고, 법의 부단한 수정은 예컨대 연금제도의 수정에서와 같이 사전에 계획되고 심지어 규범화되기도 한다. 법은 일시적으로 발효될 수 있다. 큰 규모의 개혁은 그렇게 빨리 결정될 수 없기 때문에 작은 개혁이 고려될 수 있다. '좋은 법'(das gute Recht)은 이제 더 이상 과거에 있는 것이 아니고 열린 미래에 있다. 무엇보다도 시간차원은 법의 복잡성을 기술하기 위해 요청된다. 이리하여 법은 기술적으로 통제될 수 있는 정당한 형식으로 유동화된다.[10] 기능적으로 분화된 사회에서는 모든 사건의 상호의존성이 높기 때문에 시간은 거의 없고 더 빨리 흐르기 시작하지만 법은 이러한 상황을 대비한다.[11]

임의로 정할 수 있는 유효기간에 법을 연계한다는 새로운 방식은 법의 시간적 복잡성과 내용적 복잡성을 동시에 증대시킨다. 즉 같은 시간대에서 법률화할 수 있는 주제의 수가 증가한다. 내용적으로 법이 될 수 있

---

10) 이 점에 대해 풍부한 자료를 담고 있는 흥미로운 논문으로는 Hartwig Bülck, "Wissenschaftsverfassungs- und Wirtschaftsverwatungsrecht in nationaler und übernationaler Sicht", in: *Staat und Wirtschaft im natioalen und übernationalen Recht*, Schriftenreihe der Hochschule Speyer, Bd. 22, Berlin, 1964, S.15~42; 대개 거의 변경되지 않는 것으로 간주되는 형법(예컨대 Emil Durkheim, *De la division du travial social*, 2. Aufl., Paris, 1902, S.44 참조)에 대해서조차 Georg W. Kirchwey, "The Prisons Place in the Penal System", *The Annals of the American Academy of Political and Social Science* 157, 1931, S.13~22는 "최근 1년간 시카고에서 체포된 10만 명 중 반 이상이 25년 전에는 존재하지 않았던 규정을 위반한 자였다. 연방교도소의 현재 수감자 중 76퍼센트가 15년 전에 범죄행위가 아닌 범죄로 수감되었다"라고 확인하고 있다. 그렇지만 이 숫자는 그 당시의 금주법으로 왜곡되었다는 것을 고려해야만 한다.

11) 분화 및 역할특화의 진행과 시간의 부족, 필요한 속도의 가속 및 시간적인 정밀화와의 상호관계에 대해서는 Norbert Elias, *Über den Prozeß der Zivilisation. Soziogenetische und psychogenetische Untersuchungen*, 2. Bde., Basel, 1939, Bd. II, S.337 ff.; Wilbert E. Moore, *Man, Time, and Society*, New York, 1963, 특히 S.16 ff.; Niklas Luhmann, "Die Knappheit der Zeit und die Vordringlichkeit des Befristeten", *Die Verwaltung* 1, 1968, S.3~30(Ders., *Politische Plannung*, Opladen, 1971에 재인쇄됨) 참조.

는 것은 과거에도 항상 법이었다는 명제에 이제 더 이상 좌우되지 않는
다.[12] 그래서 전에는 그렇지 않았던 수많은 새로운 행동양식에 대한 법
적 규율이 가능해진다. 사람들은 사과를 폐기처분하는 것에 대한 보상청
구권, 자동차에 일정한 종류의 경고등을 부착하는 것 또는 전기배선을
직접 수리해서는 안 된다는 것을 법적으로 정할 수 있다. 다른 법적 자
료, 예컨대 경제정책상의 많은 조치들은 현상황에 대한 반응에 따른 것
이므로 법으로 될 수 있다. 그 법은 미래를 위한 요청을 더 이상 계속적
으로 제기하지 않을 것이기 때문이다. 그리하여 법의 시간적인 처분성
은 빠르게 변동하고 매우 강하게 분화된 생활상황에서 법규범을 고도로
세밀화할 수 있게 한다. 법은 더욱 매우 세부적인 면에서 현실을 계획적
으로 변경하기 위한 도구가 사용된다. 어떠한 전(前) 근대적인 법문화도
이러한 가능성은커녕 주장조차 갖지 못했다. 조항수도 개관할 수 없을
정도로 증대한 결과, 법률가도 그 전문지식에 기초해서 해결할 수 없는
특유한 문제들을 야기하고 있다.

　법적으로 가능한 것이 확장되어 사회적 차원에서 그것에 상응하는 것
을 발견한다. 동시에 다양하게 강화된 법은 아주 많고 다양한 종류의 사
람들을 위한 법이어야 한다. 즉 법은 사회적 측면에서 더 강하게 범례화
되어야 한다. 법은 개인의 지식과 감정으로부터 실질적으로 독립적이어
야 한다. 그럼에도 법은 개인의 지식과 감정에 의해 수용되어야만 한다.
단지 개인의 관여를 최소화해야만 법이 빠르고 명백하게 변동하고 개관

---

12) 구법의 증명이라는 요구가 갱신을 전혀 배제하는 것이 아니라는 것은 잘 알
려져 있고, 자주 논의되기도 한다(특히 Rolf Sprandel, "Über das Problem
des neuen Rechts im früheren Mittelalter", *Zeitschrift der Savigny-Stiftung für
Rechtsgeschichte*, Kan. Abt. 79, 1962, S.117~137 참조). 그러나 좁은 경계에 머무
르더라도 혁신의 가능성은 그 안에 있다. 사람들은 기억의 공백이나 가공 또는
위조에 의존하고, 그것은 문서를 사용하는 것이 발달되지 못하였음을 전제로
한다.

할 수 없을 정도로 확장되는 것을 제도화할 수 있다.

그렇지만 단지 기존 상호작용의 틀을 유지하고 분쟁을 규율하는 것, 다시 말하면 현존상태를 그대로 유지하는 것만으로 법의 기능을 본다면 가능한 법의 지평이 그렇게 확장된다는 것은 이해할 수 없다(그래서 계속 주목받지 못한다). 이러한 파악에 의하면 단순히 현존하는 그때그때 바로 타당한 법에서 출발하여 법의 성질이 다른 가능성과의 대결에서 획득되고 그것에 의해 변한다는 것을 인식하지 못한다. 기대위배적인 행동의 '다른 가능성'의 관점이긴 하지만 문제시되고 자명하지 않은 기대의 안정화가 순정규범적인 기대의 완전분리로 나아가는 첫 번째 원시적 단계에서 이미 이루어진다는 것을 우리는 추론할 수 있었다. 비개연적인 것이 법의 발전과정에서 계속 공고하게 진행되어 법의 실정화에 의해 거의 한계가 없을 정도로 확고하게 되었다. 법의 측면에서 볼 때 사회적 발전에 더 이상 아무런 제약이 없다. 왜냐하면 그때그때 필요한 구조(구조가 충분히 확실하게 될 수 있는 한에서)도 법률화될 수 있기 때문이다. 오히려 법은 이제 사회발전의 도구로서, 즉 기회를 만들고 배분하며 기능적 체계분화가 가속되어 불가피하게 생기는 역기능적인 파생문제를 해결하기 위한 기제로서 기여한다. 기능의 관점에서 볼 때 법의 실정화는 인식적 기대와 규범적 기대의 분리에 이미 소질이 있는 것, 즉 사회발전의 척도에 따라 점증적으로 위험해지고 진화적으로 비개연적인 기대구조의 구축을 완성한다.

한편 구조의 관점에서 보면 법의 실정화는 하나의 근본적인 내적 재구축과정을 의미한다. 구조가 아주 광범위하게 변화하는 때 법의 정합성은 다른 방식으로 추구되고 재조정되어야 한다. 법의 정합성은 더 이상 법의 불변적·자연적·도덕적 기반을 가진 진정한 세계질서에 대한 믿음에 기반을 두는 것이 아니라 법의 복잡성의 감축을 수행하는 사회체계에 준거해야 한다. 이러한 현상은 새로운 것이다. 그래서 최종적으로 법이 안정화될 것인지, 그럴 경우 어떤 해결책으로 법이 안정화될 것인지는 거의 예측될 수 없다. 어쨌든 이러한 신질서의 몇몇 본질적인 기능조건들은 우리가 해결책을 확정하고 이에 다음 분석을 연계할 수 있을 만큼 분명하게 나타난다.

먼저 추측할 수 있는 것은 법의 범례화가 총체적으로 무관련성이 더 높은 수준에서 고양된다는 것이다. 시간적으로는 의미하는 바는 이전부터 타당한 법과 이후부터 타당한 대립적인 법에 대한 무관련성이다. 내용적으로는 의미하는 바는 각 다른 법영역에 있어 불호환적 의미에 대한 무관련성, 즉 일관성에 관한 주장수위의 감축이다.[13] 사회적으로는 이것이 일탈적인 의도와 행동이 가지고 있는 상징적 함의에 대한 무관련성, 다른 말로 하면 관용을 의미한다. 이러한 무관련성은 순차적으로 강화되어 부담을 덜어주고 상호작용 속에서 법의 도덕적인 통속화를 초래할 것이다.[14]

여기에 보충적으로 법적 결정과정에서의 선택성을 강화하는 형식은 더 약화된 무관련성을 유지할 수 있도록 한다. 우리는 이러한 형식 중에서 가장 중요한 것을 규범화의 재귀성[15]이라는 개념으로 파악할 수 있다.

---

13) 말씀론적 체계화는 여러 가지의 함의를 전달하고 무관련성을 배제하는데, 여기에서 이러한 말씀론적 체계화를 포기하는 것도 포함되어 있는지는 아직 알 수 없다. 실정적 법제정의 주요 영역인 공법의 발전과정은 분명히 이러한 방향을 보여주고 있다. 그러나 이것과 마찬가지로(그리고 이와 같은 체계화와 기능적으로 등가적인 것으로서) 말씀론적 함의를 개념적으로 통제하는 새로운 형식이며 훨씬 높은 무관련성에 합치될 수 있는 것으로 발전할 수도 있다.

14) 이 점에 대해서는 이 책 434쪽 참조.

15) 우리는 더 간단히 기술하기 위해 분석을 시간차원, 즉 규범화에 한정한다. 동시에 같이 주목할 것은 행동기대의 범례화의 다른 차원들도 재귀적 형식을 개발해야 한다는 것이다. 제도화는 우선 제도된 절차에, 그 다음에는 내용적 법주제로 확대하고(Bd. 1, S.79 f.), 법의 의미있는 주제를 의미구성적·의미해석적인 개념에 의해 보충되어야 한다. 그러한 한 법적으로 규율된 절차와 법말씀론도 우리가 문제 삼고 있는 전체상을 구성하는 한 측면을 이루는 것이고, 여기서는

재귀성[16]이란 어떤 과정이 우선 자기 자신 내지(또는 택일적으로) 동종의 과정에 적용되고, 그다음에 비로소 최종적으로 활동하기 시작한다는 것으로 이해되어야 한다. 재귀적 기제(reflexive Mechanismen)는 의미가 공의 매우 일반적인 한 형식인데, 이것의 맹아는 아주 멀리까지 소급해서 찾아볼 수 있다. 그 의미에 대해 우리는 위[17]에서 기대의 기대행위의 경우를 이미 논급하였다. 사회발전의 진행과정에서 그 의미는 다양하게 내부적으로 서로 제약하면서 증가한다. 중요한 예로는 단어에 관한 화행(話行), 개념의 정의, 언어에 관한 화행(話行), 화폐 형태의 교환가능성의 교역 그리고 이와 연계해 금전대출, 생산수단의 생산, 권력자에 대한 권력의 적용, 학습의 학습과 교육이란 형식에 의한 학습의 학습과 교습의 교습, 타인의 신뢰에 의한 신뢰, 연구에 대한 연구(방법론), 표현 자체를 포함하는 표현(예컨대 현대적 예술작품에서 제작양식을 포함하는 표현), 관료제에서 결정 또는 무결정의 결정, 자신의 혹은 타인의 느낌의 (즐기는 또는 고통스러운) 느낌, 이데올로기 형식에서 가치의 가치평가, 그리고 여기에서 우리의 관심을 끄는 경우로는 규범제정의 규범화가 있다.

그러한 재귀적 편성의 장점은 절차에서 산출하는 선택급부를 강화하는 데 있다. 과정은 더 많은 가능성과 더 높은 복잡성을 가진 사실관계를 고려하도록 한다. 규범화의 경우 재귀성에 의해 각 규범에 내재하는 선택급부가 의식적으로 사용되어 스스로 규범화된다. 이제는 규범제정을

발전의 원칙을 분명히 하기 위해 그 전체 중 한 단면을 취급하는 것에 불과하다.

16) 이것에 대해서는 일반적으로 Niklas Luhmann, "Reflexive Machanismen", *Soziale Welt* 17, 1966, S.1~23, 실정법의 적용에 대해서는 Ders., "Positives Recht und Ideologie", *Archiv für Rechts- und Sozialphilosophie* 53, 1967, S.531~571 참조. 이 두 논문은 Ders., *Soziologische Aufklärung*, Köln/Opladen, 1970에 수록되어 있다.

17) 이 책 120쪽 이하(원전에 Bd. 1, S.32 ff.라고 되어 있으나 아마 합본을 하면서 수정이 되지 않은 듯하다. 이하 동일하게 수정함—옮긴이).

규범화하는 규범이 있다. 이를테면 법제정의 절차와 일정한 기본조건이
바로 그것이다.[18] 그러한 규범제정의 규범화는 위계의 형식을 채택할
수 있지만 그렇게 되어야 하는 것은 아니다. (예컨대 절차법이 반드시 높
은 서열의 법으로서 파악될 필요는 없다.) 어떻든 규범제정의 규범화는
가능한 규범화의 영역을 확대하고 확실성과 기대가능성을 규범화하며,
그 규범을 변경할 수 있는 더 커다란 자유와 합치할 수 있도록 한다. 즉
규범구성체는 고도로 유동화되지만 그 통제가 가능하게 된다. '헌법'은
다수의 규정들 중에서 처음부터 확정되는 것이 아니라 단지 다양한 법
의 선택양식을 규제할 뿐이다.

　법이론적으로 보면 이러한 지적은 아직 최고도로 성숙된 것이 아니고
명료하지도 않다.[19] 그러나 이러한 지적은 일반적인 법이론을 구축하고
법사회학과 연결하기 위해 중심적인 문제, 즉 (재귀적인 과정에서 유지
될 수 있는) 법적 규범화의 동일성이 정확히 어디에 있는가,[20] 달리 말

---

18) Lon L. Fuller, *The Morality of Law*, New Haven/London, 1964는 이것과 유사
　　한 사고방식을 도덕이라는 옷을 입고 있는 "자연법의 절차적 차원"(procedural
　　version of natural law)(S.96)으로 제시하고 있다. 그는 "'절차'라는 용어는 우리
　　가 관심이 있는 것을 넓은 의미에서 지시하는 것으로서 적절하다. 우리가 관심
　　이 있는 것은 법적 준칙의 실체적인 목적이 아니라 인간행위를 관리하기 위한
　　준칙체계가 유효하고 동시에 그 본래 의도한 대로 유지되려면 그것이 어떻게
　　구성되고 운영되어야 하는가라는 것이다"(S.97)라고 설명하고 있다.

19) 이 점에 대해 Carl Friedrich Ophüls, "Ist der Rechtsposivismus logisch
　　möglich?", *Neue Juristische Wochenschrift* 21, 1968, S.1745~1752와 Nobert
　　Hoerster, "Zur logischen Möglichkeit des Rechtspositivismus", *Archiv für Rechts-
　　und Sozialphilosophie* 56, 1970, S.43~59의 논쟁 참조. 이에 대해서는 결론부분
　　에서 추가적으로 언급한다(여기에서 말하는 결론부분이란 제1판의 결론을 말
　　한다. 제2판, 제3판의 결론에서는 없다—옮긴이).

20) 이것에 대한 유추적인(per analogiam) 증명으로서 흥미있는 예로서는 마찬가
　　지로 과정(여기에서는 인식적 표출과정)의 재귀적 생성(Reflexivwerden der
　　Prozesse)에 의해 야기되는 선험적 인식론(transzendentalen Erkenntnistheorie)
　　에서의 동일성 논쟁(Identitätsdiskussion)이다. 여기에서 문제는 어떻게 인식주

하면 예컨대 법적 연구, 교육, 연설, 도덕화가 아니라 법적 규범화의 법적 규범화(rechtliche Normierung rechtlicher Normierung)가 관건이기 때문에 어떠한 의미내용이 필수불가결한가라는 문제가 제기된다. 이 난제와 그 필요한 해명을 위한 예비적인 개념은 실정법이 그 규범적 타당성을 자연법이라는 도덕적인 (또는 최소한도로 도덕적인) 규범에 의존하고 있는가, 그렇지 않다면 실정법의 구속성은 실정법에 선행해서 도덕적으로 규범화된 모든 소당연적 타당성과 관계없이 독자적이고 도덕과의 합치 또는 불합치로부터 독립적인가[21]라는 물음에 관한 논의가 제공하였다. 이 문제는 도덕과 법의 관계에 대한 고전적인 관념[22]에 의해 해결될 수 없을 것 같다. 법의 정합성기능에서 출발한다면 그 단초가 시간적·사회적·내용적 범례화를 분석적으로 분리해 더 복잡해서 논의가 잘못되고 법내재적으로 반복될 것 같지만 그것이 어쩌면 더 좋은 결과를 약속한다.

우리가 법사회학적 연구방식에서 열어둔 가능성을 무시하면 실정법의 재귀적인 생성은 재귀적 기제의 다른 경우와 구조적으로 유사하게 구축되어 있으고, 다른 경우와 공통으로 구조의 더 높은 복잡성과 위험성을 위한 잠재력을 가지며, 단지 그 급부를 강화하는 과정의 종류에 따라 다른 경우와 구별되는 것에 불과하다. 그러므로 우리는 재귀적 기제의 일반적 이론에서 법의 실정화라는 문제에 대한 일정한 결론을 도출

체가 자기 자신을 대상으로 표상하고 있음에 불구하고 자기의 표상작용을 그 표상과 관련시켜 자기 자신의 동일성을 유지하는가라는 것이다.

21) 이 점에 대해서 특히 명쾌하게 하고 있는 것은 H. L. A. Hart, "Positivism and the Separation of Law and Morals", *Harvard Law Review* 71, 1958, S.593~629와 Lon L. Fuller, "Positivism and Fidelity to Law. A Reply to Professor Hart", Ebda., S.630~672의 논쟁 참조. 그 외에 Samuel L. Shuman, *Legal Positivism. Its Scope and Limitation*, Detroit, 1963도 참조. 이들 논쟁 전체는 법의 실정성을 종전 그대로 자연법 및 도덕과 대비함으로써 불충분하게 규정하는 오류를 범하고 있다.

22) 이 점에 대해서는 이 책 387쪽 참조.

할 수 있다.

공통적인 특징은 복잡성과 우연성을 체계구조 안으로 끌어넣는 것에서 생기는 독특한 위험이다. 그 위험은 항상 존재하고 있지만 개개의 기제에서 그것이 의식되는 것은 아주 다양하다. 생각을 생각할 때의 위험은 이미 일찍이 의식되었고, 이와 반대로 교육학적으로 조정되는 교육에 의한 훈련의 위험은 거의 전혀 의식되지 않았으며, 오로지 사랑을 위해서 사랑하는 것의 위험은 종종 의식되었고,[23] 화폐경제의 위험은 자체적으로 가치 없는 지폐가 도입된 때부터 상당한 정도로 의식되었다. 그렇지만 무엇보다 (최고의 가치도 가치평가의 대상이 되는) 이데올로기적 의혹의 보급과 법의 실정화에는 아주 첨예한 문제의식을 동반하였다. 법의 순수실정성을 그대로 인정하라는 것은 오늘날 아직도 법률가에게는 어려운 일이고 가치의 전도가능성을 고백하라는 것은 관념주의자에게 또한 어려울 것이다. 불변적 정초의 잔재, 즉 최소한 몇 가지의 절대적 가치 또는 규범에 대한 윤리적·자연법적 공약수를 불러내 순수자의성에 의한 허구적 결론을 피하기 위해서 늘 다시 지대한 노력이 경주되어 왔다.

그러나 이미 달성된 사회적 복잡성의 수준을 유지하기 위해 재귀적 기제가 불가결하다는 전제에서 출발해야 한다면 전(前)재귀적 질서관념으로의 그러한 소급은 회의적이다. 그러한 소급이 약속하는 확실성은 점차 공상적으로 된다. 어떻게 복잡성이 더 적은 의미내용이 더 높은 복잡성을 가진 의미내용을 규제하는가? 어떻게 매우 불확정적인 복잡성의 관념이 더 확정적인 복잡성의 관념을 규제하는가? 오늘날 사회에서도 어느 정도의 도덕적 원칙을 추출하여 불변적이고 불가침적으로 제도화하는 것은 가능할지도 모른다. 그렇지만 그렇게 확립된 기본원칙에는

---

23) 예컨대 낭만적 사랑에 대한 문학적 논의를 보라.

질서를 충분히 보장할 수 있는 내용이 이제 더 이상 포함되어 있을 수 없다.[24) 이들 원칙은 부단한 구조적인 변동과정을 실질적으로 조정할 수 있을 정도로 충분히 훈고적이지도 못하다. 이들 원칙은 너무 적게 배제하고 있으며, 그때그때 사용할 수 있는 해결책에 대한 충분한 지시도 포함하고 있지 않다. 이들 원칙은 바로 그 부동적인 성질 때문에 지나치게 확장되면서 실무적으로는 보잘것없다. 그러므로 부동적인 것에서 가동적 기준과 안전성을 어떻게 찾아야 할지 의문스럽다.

한편 사회체계에서 재귀적 기제를 안정화하는 일반적 전제조건을 주목하면 단지 절대적인 가치들 또는 자연적으로 타당한 규범보다 훨씬 더 많은 것이 눈에 들어온다. 그러면 법의 실정화라는 문제는 더 이상 도덕적으로가 아니라 사회학적으로 다루어져야 하고, 더 높은 자유의 남용가능성이라는 관점에서가 아니라 더 높은 자유의 구조적인 호환성이라는 관점에서 보아야 한다. 재귀적 기제는 임의적인 체계에 도입될 수 있는 것이 아니라 체계구조에 대해서, 특히 체계에 이미 허용된 복잡성에 대해서, 모든 부분체계에 적응가능성과 대체가능성의 유지에 대해서, 다른 재귀적 기제의 현존에 대해서 고도의 요청을 하는 것이다. 또한 우리는 실정법이 진화의 후기급부로서만 가능하다는 근거를 여기서 찾을 수 있다.

재귀적 기제를 이용해서 법의 실정화 조건과 파생문제에 대해 질문하면 우리는 다음의 연구를 위한 실마리를 얻는다. 우리는 먼저 실정법이 다른 사회적인 기대구조로부터 분리되고 기능적으로 특화되었다는 것 (2절)과 그것이 어떻게 그렇게 되는지를 밝힐 것이다. 그 결과로 실정법은 조건프로그램의 형식을 취한다(3절). 나아가 실정화는 프로그램화하

---

24) 이것으로써 뒤르켐이 일찍이 제기하였던 도덕적 문제설정의 실용성에 대한 의문이 입증된다. 이 책 113쪽 참조.

고 프로그램화되는 결정을 위한 절차의 분화를 전제한다(4절). 이와 연계되어 있는 구조변동의 문제(5절)는 우선 정치적 결정준비 그 자체로서 파악될 수 있으나 이것을 넘어서 실정성의 일반적인 사회적 위험과 파생문제(6절)로서 파악될 수 있다. 이것들과 함께 법의 정당성(7절), 법의 관철(8절), 법의 통제(9절)가 문제된다. 이 문제는 더 어려워진 조건 아래 있는 정치체계의 활동과 조직에 의해 해결될 수 있다.

2. 법의 완전분화와 기능적 특화

재귀성의 장점은 과정이 그 자체에 또는 동종의 과정에 적용되는 것에 의해서만 달성될 수 있다는 것이다. 그것은 사랑이란 사랑한다는 사실에 기반을 두는 것이고(사랑을 생각하면서 대상화하고[25] 연구하거나 사(買)거나 배우는 데에 있는 것이 아니다), 연구가능성이란 연구하는 사실에 기반을 두고 있으며(연구가능성을 평가하거나 지불하거나 강제하는 데에 있는 것은 아니다), 혹은 규범화란 규범화하는 것에 기반을 두고 있다(규범화를 가르치거나 즐기거나 믿는 데에 있는 것이 아니다). 그래서 재귀적 기제가 정비되기 위해서는 이종(異種)의 과정에 의한 간섭을 어느 정도 차단하는 것이 필요하다. 사회적 현실에서 재귀적 과정의 그러한 자기상주(自己常住, Bei-sich Bleiben)는 전체사회의 각 부분체계의 완전분화와 특화를 통해서만 확보될 수 있다. 그러한 한에서 재

---

25) 그 외에도 이것은 재귀성과 분리의 상관관계가 특히 분명하게 파악될 수 있는 하나의 예이다. 이 주제에 관한 근세초기의 논의에 의하면 예컨대 보슈에 (Bossuet)와 페늘롱(Fénelon)의 논의에 의하면 사랑에 대한 생각에 있어 신학적·도덕적 문제는 사랑을 사랑한다는 낭만주의적 표상(Jean Paul)에 의해 해결되었다. 이러한 표상은 신학에서 지지된 도덕에서 사랑이 분리되고, 사랑이 전사회의 기능이 특화된 부분체계인 시민가족으로 되는 과정을 통해 서서히 성립했다.

귀성은 기능적 분화와 연관되어 있고, 기능적 분화를 요청하며, 기능적 분화와 동시에 가능하게 된다.

화폐경제, 학문체계, 사랑에 기초한 가정, 권력교체제도를 가진 정치적 체계, 교육체계, 결정을 담당하는 관료제 등에 적용되는 이러한 일반규칙은 실정적인 법의 경우에도 타당하다.[26] 규범제정의 규범화는 규범제정만 규범화하거나 규범제정도 규범화하고 이것에 의해서 비로소 그 최종목표를 달성하는 규범이 제정되는 방식으로 규범적 기대를 고정화하는 과정의 상호해체를 요구한다. 그러한 연쇄적 구조는 특히 방해받기 쉽기 때문에 그 기제가 어느 정도 격리되는 것에 의존한다. 예컨대 도이칠란트 연방공화국 기본법 제1조가 "인간의 존엄은 불가침이다"라고 규정할 때 이 규정이 어떠한 법적 결정과정에서도 규범으로 취급되는 것은 확보된다. 이를테면 단순한 신념의 고백으로서 취급되거나 반증이 시도될 수 있는 가정적인 진리확정으로서도 취급되어서는 안 된다. 동시에 이렇게 해서 위배처리의 방식을 사전에 규정하여 확립시키는 것이 보장되고, 예컨대 위법에 대한 간접적인 적용학습을 배제한다. 달리 말하면 그 과정은 규범적 시각을 유지해야 하고, 진리 또는 신앙의 시각으로 일탈해서는 안 된다. 그러므로 여기에서도 그 명제의 해석은 다른 법명제의 해석과 조화되어야 하고 너무 자구대로 해석해서는 안 된다는 것을 의미한다.

---

26) 법체계의 분리에 대하여 고등문화의 법으로 소급하는 일반적인 고찰은 파슨스의 계열에서 볼 수 있다. Talcott Parsons, *Societies. Evolutionary and Comparative Perspectives*, Englewood Cliffs/N. J., 1966, passim; Ders., *The System of Modern Societies*, Englewood Cliffs/N. J. 1977, passim; Leon Mayhew, "Law. The legal System", *International Encyclopedia of the Social Science*, Bd. 9, 1968, S.59~66 참조 그 외 James R. Klonoski/Robert I. Mendelsohn, "The Allocation of Justice. A Political Approach", *Journal of Public Law* 14, 1965, S.323~342; Lawrence M. Friedman, "Legal Culture and Social Development", *Law and Society Review* 4, 1969, S.29~44 참조.

실정법의 이러한 완전분화와 기능적 독립이 어떻게 달성되고, 긴 결정의 연쇄를 넘어서 유지되는가?

  원칙적으로 그 답이 말하는 바는 분리된 법체계 내에 절차를 확립해서라는 것이다. 이미 276쪽 이하와 318쪽 이하에서 설시하였듯이 절차란 유형적합적으로 제도화되지만 그때그때 일회기적으로 지나가면서 집단적으로 구속적인 결정을 선택하기 위한 특유의 성격을 지닌 사회체계이다. 그러한 절차는 법의 완전분화의 담지자로서 봉사한다. 우선 법적용의 수준에서 절차는 많은 역할적 고려로부터 법적용을 해방하면서 결정프로그램으로서 특수한 법적 규범을 정식화하여 그것에 따라 결정이 내려지도록 한다. 다음으로 규범제정의 절차가 점증하고 그 절차 속에서 규범생산의 기능은 더 이상 잠재적이고 부차적인 것이 아니라 의식적으로 실행된다. 고등문화의 법으로 이행되었을 때와 같이 실정화된 법(positiviertes Recht)으로 이행되는 때에도 그것에 상응하는 절차의 발전은 실정법으로의 이행을 가능하게 하는 예비적 성과이다. 단지 확고하게 제도화된 행위전형으로서의 절차가 항상 이용될 수 있을 때에만 또 그러한 한에서만 결정을 위한 법의 완전분리와 해방이라는 높은 위험성이 수용될 수 있고, 법은 자기 자신에 기초하여 정립될 수 있다. 이미 강조한 바와 같이 이것은 법이 외부로부터 자극 없이 자체적으로 성립된다는 것을 의미하지 않지만 절차의 여과지를 통과하고 그것에서 인식될 수 있는 것만 법일 수 있다는 것을 의미한다. 그렇다고 법의 완전분화란 법이 다른 사회적 구조, 규제, 의사소통매체와 아무런 관계도 없이 마치 단절된 토막처럼 공중에 떠 있는 것을 의미하지는 않는다. 오히려 법의 완전분화는 이제 법이 규범적 행동기대를 정합적으로 범례화하는 특수한 기능에 전보다 훨씬 더 수미일관되게 맞추게 되고, 또 이러한 기능을 기초로 하여 중요한 구속이나 자극을 다른 기능영역으로부터 받아들이는 것을 의미한다.

법적 결정과정의 모든 측면을 위한 법형식적인 절차를 제도화하는 것과 (또한 이를 위한 전제조건으로서) 더불어 나아가 법과 물리적 폭력 사이의 관계구조를 변경하는 것이 필요할 것 같다. 우리는 원시시대에 물리적 폭력이 법을 관철하는 데뿐만 아니라 표현하는 데도 불가결한 수단이었다는 것을 보았다.[27] 고등문화는 이러한 상태로부터 해방되어 법과 물리적 폭력의 완전분화를 준비하였다. 이러한 완전분화는 다수의 법질서에서 눈에 띄게 널리 진전되었다. 그렇지만 고등문화에서는 물리적인 폭력에 관한 결정이 정치적으로 집중되었을 뿐 법적 처분은 그렇지 못했다. 여기에서 법원을 관할하는 영주와 법률전문가를 완전히 분화케 하는 요인이 생기게 된다. 전자는 절차를 개최하고, 법관을 임명하였으며, 당사자의 출석과 사법의 평화 및 판결의 관철을 보장하고, 후자는 법을 형성하였다. 이러한 완전분화는 정치적 지배와 법이 확고하게 종교적 구속에서 완전하게 해방되었던 고대 유럽사회에서 특히 뚜렷하게 나타난다. 그리하여 내용적으로 법은 이제 소(訴)의 방식을 기초하는 계획적 법률가나 전통에서 영감을 받은 법의 대변인에 의해서 결정되었다. 게르만법에서와 같이 로마법에서도 직접적인 정치적 고려가 없었고, 물리적 강제에 대한 고유한 책임에서 생기는 제약의 개입도 없었다.

법의 완전분화와 기능적인 독립화가 널리 진전되어감에 따라 그 상황은 변한다. 규범적 행위기대의 정합성은 이제 자유롭게 처분할 수 없는 세계의 구조, 예컨대 종교적인 세계구조, 도덕적인 세계구조, 인식적 진리로 인정되는 세계구조에 과거보다 훨씬 적게 의존하면서 기초를 다질 수 있다. 사회체계의 구조로서 전체사회는 규범적 행위기대의 정합성을 이들 체계의 현실화와 그 관철의 가능성에만 의존하게 한다. 규범화과정이 더 강하게 조직적으로 서로 완전히 분화될수록 더 간접적이고 재귀

---

27) 이 책 제2장 7절(227쪽 이하).

적으로 되므로 모든 법은 그것이 타당한 한 더욱 철저하게 관철될 수 있다는 것이 전제되어야 한다. 그리고 이를 위해서는 상황과 사회적인 세력관계, 정치적 합의 또는 권리자의 명예, 개인적인 동기구조, 그 분포를 예측할 수 없는 모든 요소에 좌우되어서는 안 된다. 법은 이제 전보다 훨씬 더 근본적으로 물리적 폭력의 추상적인 이용가능성에 의존하게 된다. 바꿔 말하면 관철가능성의 문제는 법을 적용하는 결정과정에서 예상되는 문제가 아니고, 구체적인 정보조달을 위한 필요성도 야기하지 않으며, 오히려 어떤 경우에도 해결할 수 있는 것으로 상정될 수 있어야 한다. 그러나 강제장치의 특별한 선택성은 배제될 수 없다는 것을 보게 될 것이다. 강제가능성을 고려할 수 없거나 강제가능한 행위규정의 전제로서 기여하지 않는 규범은 법적 성질을 상실한다.[28] 이것이 강제가 법준수의 유일한 동기로 된다는 것을 말하는 것은 아니다. 오히려 이와는 완전히 반대의 것을 말하고 있다. 즉 행위기대의 시간적·사회적·내용적 범례화가 너무 증대되어 그 정합성은 더 이상 특정의 정상적인 동기상황에 의해 확보될 수 있는 것이 아니라 오히려 더욱이 각종 개인적인 동기부여구조에 대한 높은 무관련성에 의해서만, 즉 저항할 수 없는 강제를 발동시킬 가능성을 통해서만 확보될 수 있다는 것이다. 관철가능성은 실정법의 고유한 특징이 된다. 관철가능성은 이미 높은 일탈률, 알려지지 않은 범죄추정치, 관용과 소송비용이라는 단순한 사실에 의해서만 방해되는 것이 아니다. 이와는 반대로 관철가능성은 원리적으로 강제될 수 없는 어떤 법도 용납하지 않고, 실정법에 대한(gegen) 물리적 폭력의 상

---

28) 법이론에서 강제가능성이라는 징표는 법의 일반적인 기준인 동시에 개별 법명제에 대한 직접적으로 타당한 기준으로서 인정받지 못하고 있다. 예를 들어 Herman Kantrowicz, *Der Begriff des Rechts*, Göttingen o. J., S.72f.; H. L. A. Hart, *The Concept of Law*, Oxford, 1961 참조. 비판적인 견해로는 Jack P. Gibbs, "Definitions of Law and Empirical Questions", *Law and Society Review* 3, 1968, S.429~446 참조.

징적이고 전시적인 사용에 알레르기적으로 반응한다.

법은 법형식의 결정과정 자체에서 생산됨에 따라(그러한 때만 아주 높은 복잡성이 효과적으로 관리될 수 있기 때문에) 물리적인 강제가능성의 한계는 법 자체를 제약하게 된다.[29] 그 한계는 새로운 법을 만들어 낼 때 고려된다. 물리적 강제가능성에 기한 관철가능성으로만 법적 결정과정은 여러 국면 또는 단계로 분리될 수 있다. 입법자의 결정 당시 이미 행정 또는 법원의 결정이 관철될 수 있으리라는 것에 대한 충분한 확신이 마련될 수 있다. 이를테면 부부생활공동체를 지속할 의무와 같이 전통적인 위상을 갖되 강제가능성이 없는 법적 의무는 그럭저럭 유지될 것이지만 손해배상의무 또는 다른 간접적인 결과(예컨대 이혼의 경우 책임의 분배)에 의해서 강제할 수 있는 법영역에 들어갈 수 없게 되는 한 불확실한 성격을 띤다. 법적으로 새로운 것을 만드는 것은 전형적으로 강제가능성의 이러한 한계에 주목해 예컨대 임차인에게 아이가 있다는 이유로 임대차계약체결을 거절하지 못하도록 임대인에게 금지하는 것과 같이 생각할 수 있고 법정책적으로는 아마도 바람직할지도 모르는 다수 규범을 법적으로 가능한 영역에서 배제한다. 특히 경제법에서 자주 그렇듯이 본래 강제할 수 없는 행동에 관하여 법의 도움으로 동기를 부여하려는 한 그 행동은 직접적으로 법률화되는 것이 아니라 그 행동의 계산범위 내에서 강제가능한 청구 또는 부담을 '통한' 우회적인 방법으로 변경되어 영향을 미친다.

강제가능성은 법이 아래의 3절에서 논의하는 조건프로그램이라는 형식을 취한다는 것에 본질적으로 의존하고 있다. 목표지향적인 법이 강제

---

29) 이 점에 대해서는 Roscoe Pound, "The Limits of Effective Legal Action", *International Journal of Ethics* 27, 1917, S.150~167; Ders., *Social Control Through Law*, New Haven, 1942; Neudruck o. O., Hamden/Conn., 1968, S.54 ff. 참조. 후자에는 특히 법의 도덕화에 대한 강제문제를 서술하고 있다.

가능한 규범의 정확성을 결여하고 있는 것은 흔하다. 왜냐하면 목표의 관점에서 요청된 행위에 대한 다른 선택가능성이 등장하고 정당화될 수 있기 때문이다. 그리하여 아메리카합중국에서 인종차별을 반대하는 입법이 제대로 확립되지 못했다. 즉 그 법률에 위반된 것이 확인되었을 때 강제기관의 협력이 전제되어 있었지만, 법률의 목적을 고려해서 미래의 행위를 준비하거나 단지 개선을 약속하는 것에 만족했다.[30] 여러 선택지를 활성화하는 목적기능은 특정행태를 입법적으로 고정하는 것을 의문시한다. 그것은 법적 결정과정을 보다 강력하게 사회과학적 방면에서 지향할 때 직면하는 가장 어려운 문제 중 하나이다.

강제가능성의 한계는 규범 그 자체의 의미와 형식에서 감지할 수 있을 뿐만 아니라 관련 당사자의 협력적 자세에서 더욱 잘 감지할 수 있다. 이것에 대해서는 아래 8절에서 자세히 언급할 것이다. 강제가능성은 모든 법에 표현된 대로 현실화되지 않는다는 것을 의미하는 것이 아니고 오히려 (비록 간접적이라도) 법적 타당성이 강제의 경우를 위한 사전 배려와 연결되어 다른 동기에 타당한 전제조건에서 해방될 수 있다는 것을 의미한다. 그러므로 모든 법적 계획에는 강제를 위한 계획도 포함되어야 한다. 개별인 결정은 강제가능성을 위한 각각의 사전배려로부터 그 부담이 경감되어야 한다고 할 때 바로 그렇다. 여기에서도 합리적인 법제정에 관한 한계가 있다.

---

30) 예컨대 Robert E. Goostree, "The Iowa Civil Rights Statute. A Problem of Enforcement", *Iowa Law Review* 37, 1952, S.242~248(244 ff.); 자세하게는 Leon Mayhew, *Law and Equal Opportunity. A Study of the Massachusetts Commission Against Discrimination*, Cambridge MA., 1968 참조. Frederick K. Beutel, *Some Potentialities of Experimental Jurisprudence as a New Branch of Social Science*, Lincoln/Nebr., 1957, S.256는 목적프로그램에서 조건프로그램을 형식적으로 위법하게 재해석하는 다른 예를 연구하고 있다. 미국의 형사소추기관의 실무는 부도수표행위를 처벌하지 않고 형벌의 위력으로 그 채무액을 추징한다.

가능한 규범들의 넓은 영역이 법적인 성질을 포기해야 한다고 하지만 동시에 완전분리, 기능적 특화와 실정화에 의해 가능한 법의 영역은 또한 현저히 확대되었다. 극단적으로 기술하면 이러한 재편(再編)은 가능한 법의 제약에 의해 가능한 법의 엄청난 확장을 동시에 가져온다.[31] 제시된 조건에서처럼 과거 어느 때에도 이렇게 많은 규범이 법적 성질을 가진 적은 없었다. 이 역설적인 상황은 이미 여러 번 언급한 바와 같이 기능적 분화와 특화가 사회의 복잡성을 고양하여 체험과 행동의 더 많은 가능성과 함께 규범화의 더 많은 가능성을 고려할 수 있고 선택할 수 있는 사정에 의해서 이해될 수 있다.

법의 기능적 특화(그리고 그에 상응하는 '기능상실')로 향하는 행보가 몇몇 관점에서는 거의 부지중에 이루어지고 다른 관점에서는 대단한 시선을 끌지만, 아무튼 이론적인 지지를 충분히 얻으면서 성취된 것은 아니었다. 왜냐하면 법 자체의 기능이 설명되지 않았기 때문이다. 이것은 몇가지 예로 설명할 것이다:

법사상의 근대적 축소판으로서 가장 많이 논의되었던 주제가 '법과 도덕의 분리'이다. 이것은 초기 로마에까지 거슬러 올라가는 법의 세속화라는 장구한 전사(前史, Vorgeschichte) 이후 18세기에 완성되었는데,[32] 행위의 내부적 결정원인과 외부적 결정원인의 구별에 따르고 있

---

31) 그 밖에도 동일하기 때문에 전형적인 성격을 갖는 것은 인지적 기대영역에서 확인할 수 있다. 즉 인지적 기대영역에서도 근대에 있어 진리의 조건이 강제적인 간주체적 확실성으로 정밀화한 결과, 그때까지에 비해 진리의 가능성이 현저히 제한되었지만 진실된 정보와 진실일 수도 있는 정보는 압도적으로 증대하였다.

32) 이와 같은 법과 도덕의 분리는 고대 중국에서 이미 주목해야 할 형태로 나타났다. 그것이 유럽식의 발전에 아무런 영향을 미치지는 못했지만, 법과 도덕의 구분에 관한 중국적 형태는 그 역사적 측면을 전제하여야만 충분히 이해할 수 있다. 중국에서는 후기 원시사회에서 정치적으로 통일된 고등문화로 이행 당시 이미 각각의 사상적 전통을 가진 두 개의 다른 기제가 형성되었다. 형벌권력의

다.[33] 그래서 법은 인간이 존중되거나 자기 자신을 존중할 수 있는 조건
들을 한꺼번에 정식화하는 부담에서 벗어났다. 무엇보다도 도덕적으로
제안된 생활방식을 따르고 상호존중을 보장하는 것은 이제 법의 사항일
수 없다.[34] 정합성요청은 일정한 정도까지 인간관계에 있어 다른 종류의
아주 사적인 매개물, 즉 상호존경과는 구분된다.[35] 자기 존중의 경우를
포함해서 특정인에 대한 각별한 존중은 오직 정합적으로 범례화된 행동

집중에 기초를 가진 정치적 입법과 원시시대의 의식(儀式)에 대한 일반화·윤
리화에 기초를 둔 본질적으로 반법률주의적인 유교도덕, 즉 예(禮)이다. Joseph
Needham, *Science and Civilisation in China*, Bd. II, Cambridge UK., 1956,
S.518ff.; Ch'ü T'ung-Tsu, *Law and Society in traditional China*, Paris/Den Haag,
1961, S.226 ff. 참조. 입법은 단지 법정책적으로 도덕에 의해 지도되는 것에 불
과하고, 법과 도덕이 대립하는 경우에는 엄격한 형벌의 위협 때문에 법이 도덕
에 우선하였다. 이러한 해결책은 형식적으로 근세유럽의 해결책을 떠오르게 하
지만 중국에서는 법과 도덕 사이에 연결된 간극이 매우 좁다. 왜냐하면 도덕
은 주체의 내적 자기규정의 원칙에 관련되는 것이 아니라 폐쇄적이고 문인적인
전통 속에서 법과 유사하게 법전화되었기 때문이다.

33) 예컨대 칸트의 도덕형이상학(Metaphysik der Sitten)의 편성과 기초를 보라. 이
와 함께 특히 영국 공리주의에서 존재하는 법(소재연으로서의 법)과 (도덕적
으로) 존재하는 법(소당연으로서의 법)의 구별이 있다. 이들 두 개념의 자세한
설명에는 독특한 어려움이 있지만 어떤 경우든 법과 도덕의 차이에 대해 사회
학적으로 말해야 할 것을 파악하고 있는 것은 아니다. 이것을 개관하는 것으로
는 Hans Nef, *Recht und Moral in der Deutschen Philosophie seit Kant*, St. Gallen,
1937 참조.

34) 이것은 항상 다시금 새롭게 논의되는 주제이다. 관련된 글로는 Patrick Delvin,
The Enforcement of Morals, London, 1965; H. L. A. Hart, *Law, Liberty and
Morality*, London, 1963; Basil Mitchell, *Law, Morality and Religion in a Secular
Society*, London, 1970 참조.

35) 이와 같은 분리도 실제 경험 속에서 그대로 달성되지만 상호 관련되지 않는다
는 것을 근자의 경험적 연구가 보여주고 있다. Nigel Walker/Michael Argyle,
"Does the Law Affect the Moral Judgement?", *Britisch Journal of Criminology*,
1964, S.570~581; Troy Duster, *The Legislation of Morality. Law, Drugs, and Moral
Judgment*, New York, 1970; Jean Piaget, "Les relations entre la morale et le droit",
in: Ders., *Etudes sociologiques*, Genf, 1965, S.172~202에서도 문제를 이러한 관
점에서 이론적으로 다루고 있다.

기대를 기초로 해서는 더 이상 달성될 수 없다. 인간적인 목표설정과 노력은 가능한 것을 더욱 넓게 특히 경제적으로 편성하는 방향으로 지향한다. 이 경우에 권리와 의무를 배분하는 그때그때의 적법성은 여전히 오직 외적인 제약을 제시하는 것에 불과하고 더 이상 존중할 만한 성과 자체에 대한 척도를 제시하지 못한다. 다른 한편으로 법적 문제해결은 벌써 상호존중의 조건에 근거하지 않는 형식을 취한다. 이에 대한 좋은 예로서 손해배상을 위험부담의 문제로 보는 경향이 점증하고 있다는 것이다. 그리스철학의 윤리적 법사고에서 표현되어 있듯이 법적 성질과 인간의 요구수준을 융합하는 것은 포기되어야 한다.[36) 그러므로 법의 규준은 어떤 (오로지!) 개인적으로 추구할 만한 가치로서 정의라는 윤리적 목적의 형식을 취할 수는 없다. 법과 도덕의 구분은 자유의 조건이 된다.

그 밖에 법과 도덕의 분리는 법 그 자체의 특화가능성의 조건이 된다. 즉 법이 도덕과 합치하는 한 법준수와 법관철은 도덕화되고, 따라서 법제정의 과정에서 동시에 새로운 도덕이 탄생한다. 준수하는 것 또는 준수하지 않는 것, 체포되고 수사받고 처벌받는 것 등 이 모든 것은 존중되어야 할 인격적 정체성이 그에 따라 구축되거나 파괴되는 과정이다. 이것이 일어나는 한, 일정한 행동양식을 목적으로 하는 특수한 법적 규제는 극히 불명확하고, 때로는 승복할 수 없는 결과를 가져온다.[37) 그 결과는 입법자의 목표와 무관계한 경우도 흔하고 일탈행위자의 정체성을

---

36) 이것이 의미하는 바는 물론 법적 결정절차에 맞게 정리된 작업을 위해 목적관념이나 요구수준이 더 높으리라는 것이 아니다. 이런 한정과 함께 우리는 Lon L. Fuller, *The Morality of Law*, New Haven/London, 1964의 본문에서 정식화된 것과 같이 일반적으로 보급된 법과 도덕의 구분 이론에 대한 비판을 고려할 수 있다.

37) Duster, a.a.O.는 아메리카합중국의 마약 입법을 예로 들어 일탈행위를 강화하는 경향을 가지고 있다는 것 등을 포함해서 이와 같은 도덕화의 효과를 자세히 연구하고 있다.

일탈에 고정시켜 일탈을 강화하는 데에 기여할 수도 있다. 이러한 상황에서 그것은 새로이 제정된 법이 준수의 동기와 관철보조수단으로서 도덕에 아직도 유의미하게 의존해야 하는지 여부와 그렇다고 한다면 어느 정도 의존해야 하는가라는 바로 그 문제가 대두된다.

법과 도덕의 분리가 더 강화되면 법은 개인의 인격성, 즉 자기 자신을 규범화하는 정체성의 확보라는 의미를 지닌 양심규제의 기능에서 벗어난다.[38] 개인적으로 규범화된 인격은 기능적으로 분화된 사회질서에서 당연하다고 할 수 없는 인간 상호존중의 증명과 같이 더 이상 같은 규칙으로 같은 한계 내에서 보장될 수 없고, 이들 두 가지는 법이라는 정합성기제와 완전히 합치되지도 않는다. 이제 양심은 더 이상 높은 법을 선언하는 장소로서 보호받는 것이 아니라 법에서만 보호받아야 한다.

훨씬 중요하고 풍부한 결과가 있었던 변화는 과거의 인지적·규범적인(즉 위배처리와 관련해 분화되지 않은) 진리개념을 붕괴시키고 근대 과학의 의미에서 그것을 정치하게 했던 것이다.[39] 법은 그 기초에서 관념의 간주관적인 전달가능성의 불가결한 확실성에 대한 새로운 방법론적 요청을 만족하게 할 수 없었다. 그 외에 법은 새로운 진리개념의 높은 위험성, 특히 단지 가정적 성격과 탈중심화된(!) 연구를 통해 상시적 반증가능성을 그 구조 안으로 접수할 수 없었다. 이러한 두 가지의 사정은 모두 과학적 진리와 법의 엄격한 구분과 각기 특별한 위험에 대한 양자의 대비를 강요하였다. 여기에서 이를 촉진하게 된 계기는 오히려 과학영역과 인지적 기능에 대한 법의 특화기능에 있었고, 그것의 작용으

---

38) 이 점에 대해 자세한 것은 Niklas Luhmann, "Die Gewissensfreiheit und das Gewissen", *Archiv des öffentlichen Rechts* 90, 1965, S.257~286 참조.

39) 이 점을 약간 논하고 있는 것으로는 Niklas Luhmann, "Selbststeuerung der Wissennschaft", *Jahrbuch für Sozialwissenschaft* 19, 1968, S.147~170; Ders,, *Soziologische Aufklärung. Aufsätze zur Theorie sozialer Systeme*, Köln/Opladen, 1970 에 재인쇄되었음.

로 비로소 법의 전통적인 진리관련성이 붕괴되었다. 그것은 도덕의 경우에서와 같이 법에 의한 기능의 축출이라기보다는 오히려 다른 체계에서 이루어지는 완전분화에 의한 기능의 박탈이라고 할 것이다. 이러한 발전은 순수한 법률적 필요에 따른 것이 아니고, 그래서 법사고에서 오히려 도덕과의 관계에서보다 훨씬 더 급격하거나 더 많은 경계가 요구되는 것으로 느껴지지 않았다(이것은 특히 재판에서 자연법사상과 진리와의 관계가 계속되고 있었던 것에서 읽어낼 수 있다).

기능분화의 세 번째 예는 아직 거의 주목을 받지 못하였기 때문에 하물며 세심한 연구대상이 되지 못한 것은 당연하다. 왜냐하면 법과 사회화기능, 교육적 기능, 교화적 기능과의 분리가 없었기 때문이다. 법의 교육적 기능은 특히 그리스 법철학에서 볼 수 있다.[40] 그러나 옛날부터 그 기능은 잠재적으로 법의 상징화와 함께 이루어졌다.[41] 기술적 법사고가 분리되어 비법률가에게는 접근의 어려움이 있음에도 이전의 법문화는 법의 정식화에서 언어의 경고적·설득적·교육적 작용에 커다란 의미를 부여했다. 이것은 법무에 대한 문외한의 참여라는 이유로 생긴 법언(Rechtssprichwörter)[42]에서, 그리고 규정과 경고, 논증, 결과의 시사 및 근거가 서로 혼재되어 법률처럼 이용되었던 법문헌의 오래된 구절[43]

---

40) 예컨대 Platon, *Nomoi*, 857 E ff. 참조. (구)소련에서 이러한 노력에 대해 Harold J. Berman, *Justice in the USSR*, 2. Aufl., New York, 1963, S.277 참조.

41) Franz Beyrle, "Sinnbild und Bildgewalt im älteren deutschen Recht", *Zeitschrift der Savigny-Stiftung für Rechtsgeschichte*, Germ. Abt. 58, 1938, S.788~807 참조.

42) Arthur Daguin, *Axiomes, Aphorismes et Brocards Français de Droit*, Paris, 1926에서 인상적인 모음을 발견할 수 있다.

43) 그 예로서 정치적 지배자에 대해 처형되는 죄인의 재산을 탐내어 빼앗는 것을 금지하는 『마누법전 IX』, 243과 246을 보라. "덕이 있는 군주는 도덕적 잘못을 범한 자의 재산을 자신의 것으로 해서는 안 된다. 게다가 그가 탐욕에서 그것을 취하면 (그 죄인의) 죄에 오염된다. ……군주가 (죽을) 죄인의 재산을 취하지 않는 그런 (나라)에 사는 사람들은 달이 차서 태어나 오래 살 수 있다"(Georg Bühler, *The Law of Manu*, Oxford, 1886에서 재인용). 객관적으로 사실에 입각

에서 읽을 수 있으며, 그 외 법률학교운영의 좌우명(Parömien), 정식화에 따라 논증을 대체하는 관용적 어법, '프랑스 민법전'에서나 볼 수 있는 로마법률가의 세련된 경구에서도 읽을 수 있다.[44] 그러나 오늘날 법률언어는 다른 목표를 추구하고 있다. 그것은 기억이나 설득을 보조하는 것이 아니고 듣거나 읽기 위한 것도 아니며 오히려 단지 특수한 문제해결책을 구할 때 사후적으로 찾아보는 참고용일 뿐이다. 실정법은 그러한 말로 구체화되어 있는 설득수단을 더 이상 필요로 하지 않는 것처럼 보인다.[45] 법적 문제에서 자동화된 자료처리의 필요성도 이러한 방향을 보여주고 있다. 더욱이 학교운영에서 법이 없다는 것은 우리의 교육자가 법에서 아무런 교육효과도 기대하지 않는다는 것이고 학교는 기껏 선택적인 인문주의를 대표한다는 정도를 가르쳐준다. 대학의 전공으로서 법학강의에서조차 입법 실무는 너무 동떨어져 있고, 새로 창조되고 늘 변경되고 있는 법에 대한 교육가능성은 전혀 배려되지 않고 있다.

이러한 지적은 법의 완전분화, 기능적 특화 그리고 실정화가 어떻게 서로 연관되어 있는지, 즉 법의 완전분화, 기능적 특화 그리고 실정화가 어떻게 정말 종국적으로는 오직 한 현상의 다양한 국면을 나타내고 있는지를 인식하게 하기에 충분하다. 이전의 법에서 같이 수행되었지만 반

한 재판을 확보하기 위한 규정의 기능이라는 본래의 진정한 문제는 이만큼 불특정적인 기능을 가진 것으로 인정되는 규범에서는 의미요소로 되는 것도 아니고 '법의 이성'(ratio legis)으로서 해석의 지침이 되는 것도 없다.

44) 그 밖에도 이 경우 이미 Max Weber, a.a.O., S.263 ff.에서 언급한 것처럼 법률가적 엄밀함과 적용가능성이 상당히 희생된다. 그후로 특히 공산주의 국가는 민중적인 법용어가 법기술적 문제라고 경험을 반복하고 있다.

45) 미국인들은 그 엄청난 법률언어에서나 법률집행의 보조과정으로서 교육에 대해 낙관적인 사고를 얼마 전까지 가지고 있었다. Frank E. Horack, "Cases and Materials on legislation in Eliminating Racial Discrimination", *Race 7*, 1965, S.107~122 참조. 이러한 낙관주의에 경각심을 일깨워 준 경험적 연구는 특히 Leon Mayhew, *Law and Equal Opportunity. A Study of the Massachusetts Commission Against Discrimination*, Cambridge MA., 1968이다.

드시 그것과 연결될 필요가 없는 인접한 기능들이 제거되어 법에는 물리적 강제가능성을 통해 생긴 한계 내에서 운동성이 마련되었다. 진리, 인간존중의 기초, 개인의 자기동일화와 몸에 밴 습관과 체험가공의 형식은 결정에 의해 수정할 수 없거나 매우 수정하기 어려울 뿐이다. 그것들은 어떻든 현대법이 그것들을 필요로 하는 것과 다른 변경의 리듬과 조건을 가지고 있다. 그러한 종류의 기능들을 결합하면 법이 부동적이 된다. 반대로 더 강력한 분화에 의해 법은 더 높은 가변성을 가질 수 있고 종국적으로는 원리적으로 가변적인 구조로 개조될 수 있다. 그래서 개별 기능부문과 관계에서 상호의존과 배려는 배제되지 않지만, 초기에는 일단 독립적인 가변성에서 출발할 필요가 있기 때문에 개별 기능부문은 독자적으로 프로그램화되고 결정되어야 한다. 따라서 떨어져 수행될 수 있는 기능들의 부조화는 법의 완전한 실정화의 불가피한 부산물이다. 즉 분리된 기능들이 법과 관계없이, 그리고 법의 변동에도 충족될 수 있을 때, 달리 말하면 이들 기능을 위하여 효율이 높고 적응능력이 있는 부분체계들이 전체사회에 갖추어져 있을 때 이것이 비로소 가능하다.

이러한 발전의 결과로서 실정법은 더 이상 정합적으로 범례화된 규범적 기대 전체와 단순히 동일시될 수 없을 정도로 분리된다. 법의 성격은 변한다. 법개념에 대한 우리의 정의는 더 이상 존재적으로가 아니라 오로지 기능적으로만 생각할 수 있다. 이는 실정법에 대한 불안감의 광범위한 유포와 법의 정당화에 대한 질문의 등장을 설명한다. 바로 정합적인 범례화의 기능적 연관성은 사회체계의 복잡하고 빠르게 변경되는 구조조건 아래 반드시 비(非)동일성(Nichtidentität)을 야기한다. 법은 더 이상 단순히 그것이 제공해야 하는 것일 수 없다(Das Recht kann nicht mehr einfach das sein, was es *leisten soll*)(이것은 루만의 법에 대한 단적인 표현이라고 말할 수 있다. 즉 법이란 소당연적인 것(das Sollen)이 아니라는 것이다——옮긴이). 여기에서 자연법은 붕괴한다. 그리고 '정의'

(Gerechtigkeit)는 윤리적 원리로서 이제 법 외부에 존재한다.

3. 조건적 프로그램화

복잡성의 증대와 사회적인 상황 그리고 기대의 정합성이 추구되어 확보되는 수준과 더불어 법형식도 변한다. 우리가 보았듯이 법은 집단적인 구속력을 가진 결정을 만들어내기 위한 절차를 정비해서 결정프로그램이 된다. 프로그램 개념이란 체계문제가 한정적인 해결조건('제한')의 제시를 통해 정의된 다음 이 정의를 근거로 결정을 통해 해결할 수 있다는 것에서 더 나아가 절차에서 문제정의 자체가 결정에 의해 생기고 그 결정에 의해 검증된다는 것을 말한다.[46) 그러므로 법구조를 결정프로그램 형식으로 변경하는 것은 실정화의 한 동인으로 보아야 한다. 그것은 이미 결정이 법적으로 정당하다는 조건을 정식화하는 단초와 더불어 시작된다. 그렇다고 이것은 우리가 법을 절차 안에서만 생각하고 절차 밖에서는 더 이상 생각하지 않는다는 것이 결코 아니고, 이러한 입장은 이제 어떠한 조건 아래에서 법관이 법률적 문제의 해결로서 결정을 정당하다고 보는가를 고려한다는 것, 그리고 이러한 우회로에서 비로소 (원초적으로 규범적인 기대에 대비해) 정합적 기대행위의 이점을 얻을 수 있다는 것을 말하고 있다.

---

46) 프로그램 개념은 컴퓨터 프로그램의 개념보다 일반적이다. 그 개념이 체계이론과 (문제해결의 행동이론으로서) 결정이론과의 연결부분이라는 것이 실증되고 있다. 특히 심리학에서는 이미 이것을 기초로 한 발전을 볼 수 있다. 예컨대 Walter R. Reitman, "Heuristic Decision Procedures, Open Constraints, and the Structure of Ill-defined Problems", in: Maynard W. Shelly/Glenn L. Bryan(Hrsg.), *Human Judgements and Optimality*, New York/London/Sydney, 1964, S.282~315; Ders., *Cognition and Thought, An Information-Processing Approach*, New York/London/Sydney, 1965; Werner Kirsch, *Entscheidungsprozesse*, 3 Bde., Wiesbaden, 1970~1971, 특히 Bd. II 참조.

법규범의 조건화경향은 올바른 판결을 위한 조건확정의 필요와 아주 일찍부터 결합되며 법문의 정식화로는 아니지만 법문의 판결적합적인 사용으로 표현된다. 그 기본형식은 만약 ……이면(*wenn*)이라는 일정한 조건이 충족되면(만일 미리 정의된 구성요건이 주어지면) 일정한 결정이 내려져야 한다는 것이다. 이 특별한 형식에서 법은 더 이상 단순히 정당한 행위기대가 아니며 또한 윤리적인 차원에서 행위 자체가 현실화되어 그 본질을 실현하고 행위자가 자신의 미덕을 실현하도록 하는 윤리적으로 선량한 목표제시도 아니다. 오히려 법은 구성요건과 법적 효과를 하나의 기대가능한 '……이면……이다'-상관관계(ein erwartbarer Wenn/Dann-Zusammenhang)로 결합하고, 그 연관관계의 실현은 검증과 선택, 즉 결정활동을 전제로 한다.

이러한 형태로 법을 생각하는 경향은 실정법보다도 훨씬 오래된 것이다. 전승되어온 가장 오래된 법률도 이미 조건적인 서술방식을 이용하고 있다.[47] 로마의 방식서소송은 분명히 이 도식을 따르고 있다. 즉 이것은 어떠한 소송이 어떠한 조건 아래서 효과를 가질 수 있는지를 법관에게 보여주고 있다. 그렇지만 항상 그런 조건프로그램을 세우는 데는 윤리적이고 공리적인 목적요소가 동시에 들어가고, 이른바 고대유럽적 전통의 자연법은 좋은 행위목적의 법으로 생각되었지만 조건화된 결정프로그램으로서 생각되지는 않았다. 오늘날조차 법규범이 일반적인 형식으로 조건프로그램이라는 지적은 단지 산발적이고 동시에 비전형적으로만 생각될 뿐이며,[48] 그래서 대부분 경우 이러한 원리의 적용범위와 구

---

47) 이 점에 대해서는 William Seagle, *Weltgeschichte des Rechts. Eine Einführung in die Probleme und Erscheinungsformen des Rechts*, München/Berlin, 1951, S.165 ff. 참조.

48) 그렇지만 Theodor Geiger, *Vorstudien zu einer Soziologie des Rechts*, Neudruck/ Neuwied, 1964, S.49는 그것을 법 자체의 일반적 기본형식으로 보고 있다. 그리고 이러한 사실을 '현실주의적'으로 승인한 것은 예컨대 Jerome Frank,

조적 함의에 대한 충분한 통찰이 되지 않고 있는 것이다.[49] 여전히 법률
가들은 목적론적으로 생각하고 논증하기를 좋아하는 나머지 착종된 합
리성문제 또는 논리문제까지도 개관하지 못하고 있다.[50] 법률가들에게
전형적인 것은 조건적 프로그램의 이점을 법의 논리적 완결과 통제라는
방면에서 찾고 있을 뿐이고, 논리적 일관성은 조건프로그램화와 전혀 다

Courts on Trial. Myth and Reality in Amenrican Justice, Princeton, 1949, S.14 참
조. 한층 법이론적이고 논리적인 설명으로는 Alf Ross, *On Law and Justice*,
London, 1968, S.170; Karl Larenz, *Methodenlehre der Rechtswissenschaft*, Berlin/
Göttingen/Heidelberg, 1960, S.160, 195 ff.; Karl Engisch, *Logische Studien zur
Gesetzesanwendung*, 3. Aufl., Heidelberg/New York, S.9 ff.; Rupert Schreiber, *Die
Geltung von Rechtsnormen*, Berlin/Heidelberg/New York, 1966, S.9 ff.; 이에 대
해 목적지향과 목적론적 논증이 계속적인 의미를 가진다는 점을 지적하고 비
판하는 것은 Louis H. Mayo/Ernst M. Jones, "Legal-Policy Decision Process.
Alternative Thinking and the Predictive Function", *The George Washington
Law Review* 33, 1964, S.318~456(특히 381ff.); Josef Esser, *Vorverständnis und
Methodenwahl in der Rechtsfindung*, Frankfurt, 1970, S. 141ff. 참조. 이와는 반
대로 Walter Schmidt, "Die Programmierung von Verwaltungsentscheidungen",
Archiv des öffentlichen Rechts 96, 1971, S.321~354(331 ff.)는 목적프로그램 역
시 조건적 요소를 가진다고 언급한다. 조건프로그램의 법사회학적 분석의 요
청으로서 주목할 만한 것은 Paolo Farneti, "Problemi di analisi sociologica del
diritto", *Sociologia*, 1961, S.33~87; 체계이론적 · 결정이론적 취급의 가능성
에 대해서는 Niklas Luhmann, "Lob der Routine", *Verwaltungsarchiv* 55, 1964,
S.1~33; Ders., *Politische Plannung*, Opladen, 1971; Ders., *Recht und Automation
in der öffentlichen Verwaltung. Eine verwaltungswissenschaftliche Untersuchung*,
Berlin, 1966, S.35 ff.도 참조.
49) 반대로 베버는 조건프로그램의 함의를 보고 있지만 그것을 정확하게 개념적으
로 파악하지 않고 조건프로그램과 목적프로그램의 대립을 '형식적' 법형성과
'실재적' 법형성이라는 극히 불충분한 방식으로 정식화하고 있다.
50) 이것도 부분적으로는 학제적 문제이다. 왜냐하면 목적/수단의 도식에 대한
합리화라는 문제는 법학이 아니라 경제학에서 다루어지기 때문이다. 법명제
와 목적의 관계에 대한 진지한 문제의식과 광범위한 논의는 구소련에서 볼 수
있다. Hubert Rodingen, "Die gegenwärtige rechts- und sozialphilosophische
Diskussion in der Sowjet-union", *Archive für Rechts- und Sozialphilosophie* 56,
1970, S.209~244(217 ff.)의 시사 참조.

르며, 법에서 요구되거나 달성될 수 있는 것도 아니라는 것이다.

진정으로 조직적이고 결정기술적인 분석을 해야 비로소 어떤 이점이 조건프로그램과 결합되어 있는가를 통찰할 수 있다. 이러한 통찰에 기해 비로소 실정법이 이전의 법질서보다 더욱더 분명하고 배타적으로 조건프로그램으로 전이되었고 또 왜 그렇게 되었는가가 드러나게 된다.[51] 결국 그 이유는 오직 이러한 방식으로만 아주 높은 복잡성을 정합적으로 기대가능한 결정으로 변환할 수 있기 때문이다.

우리가 조건프로그램과 불확실성의 관계를 바르게 볼 때만 이러한 조건화와 복잡성의 연관을 제대로 파악할 수 있다. 어떤 체계 속에서 현실적으로 경험하고 행동하는 사람의 관점에서 보면 특정한 사실적 행위가 나타날 것인지는 항상 불확실하고, 특정한 제재가 내려질 것인지도 마찬가지로 항상 불확실하다. 이러한 불확실성은 규범화와 조건적 프로그램화에 의해 제거되지는 않는다. 그렇지만 아마도 이들 불확실한 사항은 '불확정적인 불확실성'의 형식으로 주어질 때, 즉 행동의 '불확정성'과 제재의 불확정성이 하나의 선택적인 '……이면 ……이다' 관계(Wenn/Dann-Beziehung)로 정립될 때 감당할 수 있게 되는 것이다.[52] 엄밀히 말하면 이러한 관계는 실제사건으로서 행동과 제재 사이에 있는 것이 아니라(사건이 없다면 그러한 관계는 존재하지 않을 것이므로) 행동의 불확정성과 제재의 불확정성 사이에 있다. 이 관계는 행동의 선택과 제재

---

51) 이 점 및 이에 상응하는 정당화수단으로서의 목적을 배척한다는 것에 대해서는 역시 Niklas Luhmann, *Zweckbegriff und Systemratioalität*, Tübigen, 1968, 특히 S.58 ff. 참조.

52) 이 명제에 포함되어 있는 논리적 및 상황이론적 문제는 대체로 아직 해결되지 않았다. 많이 논의된 반(反)사실적 조건(counter-factual conditionals) 문제를 가능성기획에 관한 일반이론에 수용하기 위한 논쟁적 시도로 Nelson Goodman, *Fact, Fiction and Forecast*, London, 1955; 그와 관련된 논의로 Paul Teller, "Goodman's Theory of Projection", *The Britisch Journal for the Philosophy of Science* 20, 1969, S.219~238 참조.

의 선택을 하나의 연관관계로 만들어 구조기능을 수행한다. 이러한 기능은 사실적인 경과에 관한 (이를테면 동기에 적합한 행위의 결정을 통해서) 불확정성을 제거하려는 데 있는 것이 아니라 감당할 수 있는 불안정성을 증대시키려는 것에 있다.[53] 그래서 조건적으로 프로그램화된 체계는 사실관계의 높은 불확정성과 복잡성과 공존할 수 있다. 이 첫 번째 기본적인 장점에 다른 모든 장점이 터를 잡고 있다.

두 번째의 장점은 조건프로그램이 목적/수단-지향(Zweck/Mittel-Orientierung)을 공유하고 있다는 것인데, 이것은 원시적인 법체험(또는 일상적·직접적 법체험)을 차단하기 위해서 중요하다. 이 장점은 변경가능성의 개방에 핵심이 있다. 이것은 단순한 행동기대, 즉 구체적으로 상정된 사건경과가 이원적이고 양극적인 구조로 대체된다는 것에 기초하고 있다. 이것은 일방 또는 타방, 조건 또는 결과를 교체할 수 있도록 하며, 이때에 그 의미를 전달하는 모든 것을 갖고 있는 반대편을 변화의 기준점으로 확정하는 것을 가능하게 한다. 이런 식으로 상황과 결과에 대한 행위의 구속은 완화될 수 있다. 검증된 행위와 허용된 행위(또는 금지된 행위)는 유지될 수 있고, 그것에 대응하는 규범은 다른 사안에도 적용될 수 있다. 예컨대 유사한 상황에 대해 이의를 보증할 수 있다. 유발원인자로 규정된 상황이 유지되지만 프로그램에 기하여 발생되는 결정 또는 행위는 변경될 수 있고, 다시 말하면 같은 상황에 다른 효과가 부여될 수도 있다. 이렇게 하여 조건프로그램은 서로 독립적으로 변하는 다수 체계 사이에서 연결고리로서 적합하다. 예컨대 사회적 필요에 따라 범죄구성요건이 변경되고 심리적 인식과 그 작용가능성에 따라 형벌조치가 변

---

53) 이러한 중요한 통찰은 Wendel R. Garner, *Uncertainty and Structure as Psychological Concepts*, New York/London, 1962에 의해 범주적으로 조종된 경험가공영역에서 전개된 것이다. 이에 특히 '불확정적인 불확실성' 개념을 수용한 위의 설명도 연결된다.

경되는데, 이 경우 우리는 일방의 변경이 반드시 타방의 변경과 연계하지 않고도 적응할 수 있다.

변경을 관리할 수 있도록 하는 것 외에도 기술화가능성이 조건프로그램을 주목케 한다. 이것은 법에 항상 있던 작용의 순수한 생산을 의미하는 것이 아니라 에드문트 후설(Edmund Husserl)에까지 거슬러 올라가는 언어관용으로 표현한다면 유의미한 지시를 현실적으로 실행하는 것에서 체험가공을 경감하는 것을 의미한다. 그 가장 순수한 실례가 논리적 또는 수학적 계산이라고 할 것이다.[54] 조건프로그램은 극단적인 경우에 산술(算術, Algorithmen)이고 그렇게 되면 자동화할 수 있게 되는 것이다. 그렇지만 경감의 기술적 완성도가 이 정도에는 이를 수 없더라도 조건프로그램은 결정과정을 근본적으로 단순화할 수 있다. 그래서 결정자는 오로지 그 프로그램을 알고(경우에 따라서는 해석하고) 그 안에 규정된 정보가 있는지 여부를 검증하기만 하면 된다. 그러므로 결정자는 단지 그 상황에 국한된 측면과 그 프로그램에 의미있는 과거의 상황에만 주의하면 되고 통상의 것에는 관심을 두지 않아도 상관없다. 이러한 경우 프로그램 실행을 위한 특별한 절차체계가 분리되어 있다는 것이 결정자를 지원하고 있다. 그래서 시간은 크게 절약되고 신속히 합의할 수 있는 주제를 찾아내 결국 일정한 의식능력으로 더 많은 정보를 가공할 수 있게 되는 것이다. 그래서 근대법의 기술적인 측면은 적절한 장치에 의한 효과를 부여하는 데 있지 않고 특정한 목적을 적확하게 실현하는 데도 있는 것이 아니라 오히려 의식작용의 높은 선택성에 있는 것

---

54) Edmund Husserl, *Die Krisis der europäischen Wissenschaften und die transzendentale Phänomenologie. Husserliana*, Bd. 6, Den Haag, 1954 참조. 주목할 만한 것으로 Hans Blumenberg, *Lebenswelt und Technisierung unter den Aspekten der Phänomenologie*, Turin, 1963은 이 기술개념을 설명할 때(S.20 f.) 특히 조건프로그램의 경우 가까운 예를 들고 있다. 그 예로는 복잡하게 매개된 작용을 야기할 정도의 기능에 인간행위를 환원하는 것이다.

이다. 이러한 선택성은 다른 방면에서 마치 기계처럼 가능성의 새로운 조직화를 용이하게 한다.

이러한 경감의 특례가 특별한 주목을 끄는데 결정의 결과에 대한 주의와 책임의 경감이 그것이다. 선뜻 시인하기에는 유쾌하지 않지만 조건프로그램 아래에서 이루어지는 법률적 결정의 작업양식에 불가피한 점은 '……이면 ……이다'이라는 조건으로 규정되어 계산되거나 평가되지 않으나 결론으로 수용된다는 것이다.[55] 수감자가 자살하더라도 법률에 의해 유죄판결을 내린 법관에게는 책임이 없다. 파산담당 법관은 채무자의 자식이 학업을 포기해야 하는지 또는 그의 아내와 이혼하게 될 것인지를 검토하고 형량할 필요가 없다. 결정의 주된 근거는 결과에서 가치관계가 아니라 규범의 효력이다. 효력은 어떻든 규범이 제공하는 해석여지 내에서 적용 당시 통상적으로 기대되는 결과가 합리적이고 지지될 수 있도록 판단하는 것이다.[56] 그러므로 법관은 자신의 결정이 가지는

---

55) 법관의 결정에서 이러한 한계는 특히 스칸디나비아 법사회학에 의해서 잘 연구되었고, 법관의 결정을 학문적 연구나 계획적 결정과정과 대조시킨다. Vilhelm Aubert/Sheldon L. Messinger, "The Criminal and the Sick", *Inquiry* 1, 1958, S.137~160; Vilhelm Aubert, "Legal Justice Mental Health", *Psychiatry* 21, 1958, S.101~113. 이 두 논문은 Ders., *The Hidden Society*, Totowa/N. J., 1965에 수록; Ders., "The Structure of Legal Thinking", in; *Legal Essays. Festskrift til Frede Castberg*, Kopenhagen, 1963, S.41~63; Torstein Eckhoff, "Justice and Social Utility", in: *Legal Essays*, a.a.O., S.74~93; Torstein Eckhoff/Knut Dahl Jacobson, *Rationality and Responsibility in Adminstration and Judicial Decision-Making*, Kopenhagen, 1960 참조.

56) Richard A. Wasserstrom, *The Judical Decision. Toward a Theory of Legal Justification*, Stanford CA., 1961도 '정당화의 2단계절차'라는 사고방식, 개별사건에서 결과가 아닌 규범이라는 일반적 차원의 공리적 계산 사고방식에 의해 법관이 하는 개별 결정을 순수하게 공리적으로 근거짓는 경향을 논박하고 있다. 이러한 사고방식은 후기 공리주의에서 설명된 행위공리주의와 준칙공리주의의 구별에 유래하는 것이다. 이에 대해서는 Richard B. Brandt, *Ethical Theory. The Problem of Normative and Critical Ethics*, Englewood Cliffs/N. J., 1959, S.380

모든 가치관련적 결과를 검토하고 개연성의 관점 아래 미래를 규명해야 하며, 수단과 그 대안의 적합성을 검토해야 하고, 파생적 결과의 가치를 형량해야 할 부담을 덜 수 있다. 간단히 말해 법관은 자신의 결정에서 부담하는 과도한 고려로부터 해방된다. 그런데 법관이 부담하게 되는 과도한 고려의 복잡성, 어려움 그리고 단순화 필요성에 관해서 현대 경제학적 결정이론은 우리에게 분명하게 보여주고 있다. 구체적인 책임을 배제하는 조건 아래에서만 법관의 독립성과 법 앞의 평등과 같은 여타의 기본원칙이 의미를 가지게 되고,[57] 이들 원칙은 법과 법관이 목적지향적인 미래계획의 체계에 너무 강력하게 편입되지 않는 경우에만 유지될 수 있다.[58]

조건화의 이러한 측면은 인격성을 주조하는 작용을 하고 그것에 맞게 처리된 인격을 가진 인물을 유도하는 것 같다. 카우펜의 연구[59]에 따르

---

ff.; Markus G. Singer, *Generalization in Ethics*, London, 1963, S.203 ff.(존 스튜어트 밀까지 소급되는 논거와 함께); John Rawls, "Two Concepts of Rules", *The Philosophical Review* 64, 1955 참조. 마지막의 문헌은 Norman S. Care/Charles Landesman(Hrsg.), *Readings in the Theory of Action*, Bloomington/Ind./London, 1968, S.306~340에도 수록되어 있다.

57) 전자에 대해서는 Torstein Eckhoff, "Impartiality, Separation of Powers and Judicial Independence", *Scandinavian Studies in Law* 9, 1965, S.11~48 참조. 후자에 대해서는 Adalbert Podlech, *Gehalt und Funktionen des allgemeinen verfassungsrechtlichen Gleichheitssatzes*, Berlin, 1971, 특히 S.106, 117 참조.

58) 이러한 이해는 직접적인 절차목표와 관련해서 다툼의 여지가 있다. 이를 보여주는 것으로서 Herbert L. Packer, "Two Models of the Criminal Process", *University of Pennsylvania Law Review* 113, 1964, S.1~68; Ders., *The Limits of Criminal Sanction*, Stanford CA., 1969는 조건지향적 적법성과 효율적인 범죄박멸 중 어느 것이 우위를 차지하는가에 따라 형사절차의 두 가지 접근법을 구별하려 한다. 파커는 합목적적인 범죄통제모델(*crime control model*)에 경도된 실제적 경향에 대해 정당절차모델(*due process model*)을 더 크게 고려해야 한다고 주장한다. 후자는 적법성이라는 프로그램화된 조건에 따라 일정한 승인된 가치실현을 위해 절차를 억제하는 것이다.

59) Wolfgang Kaupen, *Die Hüter von Recht und Ordnung. Die soziale Herkunft,*

면 그렇게 유도된 선택기제와 사회화기제에 의해 프로그램형의 구조화 작용이 강화되고, 결정과정의 프로그램적 구조와 인적 구조 간의 갈등은 모든 편향성에 수반하는 높은 위험의 대가로 치르고서야 피할 수 있다. 결국 결정행위의 조정에 필수적인 의사소통의 비용에 비추어볼 때 조건적 프로그램화는 상당한 이점을 가지고 있다. 이것은 수직적 의사소통방식, 즉 위계적 감독의 부담을 경감시키는 데에 적합하다. 목적프로그램은 결정에 밀접한 직접적인 감독과 통제를 상당히 필요로 한다. 왜냐하면 목적만이 수단을 정당화시킬 수 없고 상황의존적인 수단선택은 오히려 항상 불만족스런 결과를 가져올 수 있기 때문이다.[60] 위임문제의 합리적 해결책은 여기에서는 결과평가의 계량화, 즉 실제적으로 금전계산을 전제로 하는 것 같고, 정치한 수학적 기법을 요구한다.[61] 목적프로그램이 우선하는 경우 그곳에는 좀 엄격하게 감독하는 부하가 있는 다단계적 위계 또는(그리고) 그것과 나란히, 예컨대 정치적 단일 정당의 형태로 정해진 통제위계가 존재하는 것이 전형적이다. 조건프로그램은 위임에 더 나은 기회를 열어줄 수 있다. 조건프로그램은 목적프로그램보다 강하게 결과를 예측할 수 있기 때문에 사후적으로 부단하게 조종할 필요가 없다. 조건프로그램은 전형적인 결정제안으로서 일반적으로 정립될 수 있고 적용상황의 수와 세부내용에 대한 정확한 지식이 없이도 자체적으로 전달할 수 있다. 필요한 경우 세부적인 것은 조건으로서 프로그램에

Erziehung und Ausbildung der deutschen Juristen-Eine soziologische Analyse, Neuwied/Berlin, 1969. 예컨대 "목적지향적 도구적 행위에 대해 규범적 행위통제를 중시하는" 가정의 출신자가 많다는 결론(S.216) 참조. 이 결론은 추후의 연구 특히 다른 직업과의 비교를 요한다.

60) 이 점에 대해 더 자세한 것은 Niklas Luhmann, *Zweckbegriff und Systemrationalität*, a.a.O., 특히 S.177 ff. 참조.

61) 최근의 논의를 전형적으로 보여주는 것으로는 Yuji Ijiri, *Management Goals and Accounting for Control*, Amsterdam, 1965 참조.

수용된다. 그 경우에는 기대하지 않았던 결과도 나타날 수 있어 장애와 위기의 후속보고가 조직화되어야 한다. 그러나 전체적으로 보아 감독은 엄밀하게 이루어질 수 없다.[62] 사건의 결정을 도출하는 것과 전형적으로 사건 결정의 통제를 하도록 하는 것은 프로그램이 사전에 작동조건으로서 규정하고 있는 정보와 이해관계를 가진 사람에게로 넘어간다. 그래서 프로그램은 이해관계자에게 일종의 권위, 즉 결정을 정당하게 내리는 당국에 대한 위계적이 아닌 부차적인 권위를 부여하는 것이다.[63] 이 방식으로 의사소통부담의 엄청난 증가에도 결정체계의 조종과 통제는 유지될 수 있으나 그것은 결정프로그램의 정립과 변경이라는 형식으로만 유지된다.

'심급제'에서 이러한 부담경감작용이야말로 법원의 독립과 절차상 당사자주의를 사법의 기본적인 원칙으로 규범화하는 것을 가치있게 만들고 가능하게 만든다.[64] 결정프로그램의 형식에 의하면 개별사건에서 감독이 어차피 불필요하고, 사건 당사자가 아닌 제3자에 의한 주도가 예정될 수밖에 없기 때문에 그러한 조직규범과 절차규범이 사법이라는 제도를 지지하는 법률로 될 수 있다. 그렇지 않으면 사법제도는 반대방향으로 작용하는 구조화된 필요에 의한 부담으로 붕괴되어 버릴 것이다. 위에서 우리는 이미 유사한 방식으로 확인했듯이 법원의 독립성과 법 앞에서의 평등의 원리는 결과에 대한 책임부담의 경감에 의해 조건지어져 있다. 이러한 고찰은 법의 형식유형론(Formentypik)이 제도적 기본원칙 및 조직적 관점과 맞물려 있다는 것을 보여주고, 이들이 어떻게 맞물리는지

---

62) Niklas Luhmann, "Lob der Routine", a.a.O., S.22 ff.; Ders., *Funktionen und Folgen formaler Organisation*, Berlin, 1964, S.97 ff.도 참조.

63) 그것에 의해 프로그램의 실행도 확보되는가라는 문제에 대해서는 이 책 456쪽 이하에서 자세히 다룬다.

64) 이 점에 대해서도 Eckhoff, a.a.O., 1965 참조.

를 보여준다. 이러한 상호연관 때문에 프로그램형식과 사법원리가 자의적으로 가변적이 되지 않는다. 사법원리의 진정한 현실적 근거는 정의가 목적달성을 위한 필수적 수단이지 보편타당한 도덕적 원리를 완수하는 데에 있는 것이 아니다. 이것은 사법원리를 가능할 수 있도록 하여 요구하고 또 정의의 명령으로서 그것의 도덕화를 지지하는 결정발견의 구조적 맥락에 유효한 것이다.

무엇보다도 조건프로그램 형식은 법이 실정성으로 그 구조를 변경하고 이에 따라 그 복잡성이 증대할 때 필요불가결한 용량의 확장을 가능하게 한다. 합리적 변경의 원리적 가능성, 주의력과 결과책임 그리고 협력적인 의사소통에 대한 과도한 요구로부터 부담경감이 그것이다. 법의 기능적인 특화와 실정화는 이러한 관점에서 요구수준을 낮추는 것과 상응하고 있다. 그러나 그러한 포기, 즉 요구수준을 낮추는 것에 아무런 문제가 없는 것이 아니다. 그것은 결과책임의 포기에서 가장 극명하게 볼 수 있다. 그러한 포기는 문제들을 미해결상태로 두기 때문에 보완적이고 보충적인 장치에 대한 질문을 제기하는 원인을 제공한다. 그 해결책은 법의 실정성의 원칙 자체, 즉 결정프로그램에 관한 결정 가능성에서 찾을 수 있다.[65] 그것은 프로그램화하는 결정과 프로그램화된 결정을 분화하고, 그에 상응하는 결정절차를 여러 가지 심지어는 역방향적인 요구와 수용조건들 아래 설정하는 것을 허용한다. 그 외에도 조건프로그램의 시각의 편향성을 더 높은 결정수준에서 상반되는 원리에 의해서, 즉 목적적 관점 아래 조건프로그램의 제정과 변경에 관한 정치적 결정으로 수정하는 것이 가능하다.

---

65) Wasserstrom, a.a.O., S.169는 전혀 다른 출발관점에서 그에 의해 추천되는 법결정에 대한 두 단계의 정당(앞의 각주 56 참조)은 법준칙의 변경가능성을 전제로 하고 있다.

4. 결정절차의 분화

입법절차와 사법적 분쟁해결절차의 구별과 제도적 분리는 실정법을 가지고 있는 현대사회의 자명한 장치에 속한다. 그러나 이와 같은 분리에 대한 해석은 확립되어 있다고 말할 수 없어서 이러한 분리와 법의 실정화 사이의 관계는 이제부터 해명되어야 한다.

우선 통상적인 견해는 일반적 법률과 개별사건에 대한 구체적 규율의 구별을 견지하고 있다. 여기에서 개별사건은 법적 분쟁에서 '사례'(Fall)로서 성격을 얻고 있다. 일반적 법률에 관한 결정을 내리는 1차적 임무가 입법자에게 부과되지만 구체적인 법적 분쟁에 대한 판결을 내리는 것은 법관에게 부과된다. 이 경우에는 법의 동일성이 상정되어 있다. 즉 두 가지 절차에서 중요한 것은 동일한 법이라는 것이다. 법은 입법자에 의해 생산되고, 법관에 의해 적용된다. 그렇지만 이를 더 정확하게 이해할 필요가 있고 많은 논쟁의 여지를 남기고 있다. 여기에서 우선 다툴 수 있는 것은 도대체 결정절차의 어떠한 부분에서 합리성이 보장되고 있고 법의 핵심에 가장 가까이 접근하는 곳이 어디인가이다. 즉 법의 핵심은 일반적 규칙을 정식화하는 때에 있는가, 그렇지 않으면 사건을 해결하는 것에 있는가가 다툴 수 있다.[66] 더 자세히 고찰하여 문제되는 것 자체와 관련된 질문을 찾으려는 시도에서 의문이 생긴다.

법원의 결정절차를 더 자세히 분석해 볼 때 분명한 것은 법관도 그의 결정을 위한 일반적 규칙을 정식화한다는 것이다. 즉 일반적 규칙이 법관에게 사전에 제시되어 있지 않을 때 법관은 그 규칙을 '발견한다'. 그 일반성은 기대의 규범성, 즉 시간적 폭(과 그 결과로서 판례들)을 초월

---

66) 이들 두 가지 결정양식의 장점과 단점을 논한 전형적인 것으로는 George W. Paton, *A Text-Book of Jurisprudence*, 2. Aufl., Oxford, 1951, S.181 ff. 참조.

하는 범례화에 있다. 그러므로 법적 결정의 규범적 함의는 범례화를 주장하고 같은 종류의 다른 사건도 동일하게 결정될 것이라는 것에 있다. 그래서 법관의 결정에 관하여 '개별사건을 위한 법률'[67]로 파악하는 것은 적절하지 않다. 그러나 범례화가 이미 규범적 기대 자체 속에 포함되어 있다는 것을 인정하면 어떻든 이러한 분화는 일반적인 것의 취급방식에서 찾을 수 있겠지만 여기서 일반적인 것이란 일반적인 것과 비일반적인 것의 이분론에서 그것이 아니다.

여기서 입법과 사법의 차이에 관한 고전적 견해의 재구성을 시도하면 법률가법에 관한 최근 사고방식을 잘 알 수 있는 관념에 도달한다. 이러한 견해에 의하면 입법은 법관의 판결작용 일부를 분리해 기술적으로 집중화하는 것에 불과하다. 즉 요약적인 처리와 합법적인 정식화에 특히 적합한 약간의 판결전제에 관한 일종의 개괄적 판결이라는 점을 시사하고 있다. 이러한 견해는 입법자에 의한 입법절차와 법관에 의한 판결절차에서 법체험과 규범적 시각의 통일성이라는 관념을 유지할 수 있고, 양자의 구별을 2차적 순위의 현상으로서 받아들이며, 그러한 한에서 고전적인 법학적 사고의 잔재를 보여주고 있다.[68] 그렇지만 이 견해는 두 가지 결정과정을 분리해 얻을 수 있는 장점에 대해 어떠한 만족스러운 개념도 제공하지 못한다.

말하자면 이 견해에는 법관이 자신의 결정과 그 속에 설시된 결정의 전제에 구속되지만 입법자는 그렇지 않다는 판결절차의 본질적인 차이

---

67) Thomas Aquino, *Summa Theologiae II*, II. qu. 61 art. 1은 법관의 판결을 "어떠한 특별한 사건에서 어떠한 특별한 법이라고도 해야 할 것"(quasi quaedam particularis lex in aliquo particulari facto)이라고 해석하고 있다.

68) 이러한 견해에 대한 예시로는 예컨대 Léon Husson, *Les transformations de la responsabilité. Étude sur la pensée juridique*, Paris, 1947, 특히 S.12 ff.; Josef Esser, *Grundsatz und Norm in der richterlichen Fortbildung des Privatrechts*, Tübingen, 1956 참조.

가 과소평가되고 있다.[69] 이러한 법관의 구속이 법형식을 취하는가 또는 법관의 역할이해에서 나오는가의 여부는 법관의 자기구속이 법질서를 통해 다른 법관에게 확대되는지 그렇지 않은지에 관한 물음과 같이 부차적인 의미를 가지고 있다.[70] 중요한 점은 법관만이 반복적인 상황에 있다는 것, 특히 동일한 것으로 간주되는 전제 아래 수차 동일한 결정을 내려야 한다는 것이다. 법관은 입법자와 달리 평등원리의 지배를 받는다. 즉 법관은 동일한 관계를 동일하게 취급해야 할 뿐만 아니라 동일한 사건에 대해서 동일한 결정을 내려야 한다. 그러므로 법관은 결정을 내릴 때마다 자신의 결정에 의해 장래의 판례가 구속받는다. 그래서 법관은 새로운 사건을 다른 종류의 사건으로 인식하고 처리할 때에만 새로운 법을 창조할 수 있을 뿐이다.[71] 법관은 결정전제를 해석·적용하는 자의 관점에서 결정을 정식화해야지 결정전제를 전적으로 주재하는 자의 관점에서 그렇게 해서는 안 된다. 법관이 일반적인 적용가능한 개념을 정식화할 수 있지만 일반적인 구속력 있는 법명제를 선언하는 것은 위험하다. 왜냐하면 그 경우 그 명제를 철회할 수 없거나 철회하기 곤란한 확정상태로 만들기 때문이다. 더욱이 그것은 빠르게 변하는 현대사회에서 특히 위험하다. 예컨대 프랑스의 국사원(Conseil d'Ètat), 다소 정도

---

69) 이러한 차이에 대한 시사는 영국의 법이론에서 발견할 수 있다. 예컨대 Carleton Kemp Allen, *Law in the making*, 6. Aufl., Oxford, 1958, S.409 f. 참조. 최근 문헌에서 법관의 이러한 자기구속이 점차 의문시되고 있다. 예컨대 Josef Esser, *Richterrecht, Gerichtsgebrauch und Gewohnheitsrecht. Festschrift Fritz von Hipel*, Tübingen, 1967, S.95~130 참조. 그렇지만 법관은 조직적으로나 정보기술적으로도 '사법입법'을 위한 충분한 장비를 갖추고 있다.

70) Allen, a.a.O., S.157은 법관의 선례에 대한 구속의 역사적 발전에 대한 공부할 만한 풍부한 개관을 제공하고 있다.

71) 그 외에도 이것은 법관의 결정과정에서 사회학적 분석이 도움을 주는 하나의 중요한 점이다. 사회학은 법관에게 변화된 사회상황에 따라 새로운 사례를 보고, 그 특수성을 설명하는 것을 도울 수 있다. 이 점에 대해서는 Paolo Farneti, "Problemi di analisi sociologica del diritto", *Sociologia*, 1961, S.33~87(74) 참조.

는 덜하지만 초기의 도이치 제국법원(Reichgericht)과 같은 최고법원들은 일반적인 결정원칙을 정식화할 때 현명하게 자제적 태도를 취하였던 것도 이러한 이유에서 그 나름의 근거를 두고 있다. 법관은 자신의 판결을 근거짓는 원리를 발견하고 확정하며 체계화하는 것을 법학에 일임할 수 있지만 법학의 권위에 구속되지는 않는다. 법관은 재판실무의 선례에만 구속된다고 느끼지만 과거의 사례와 새로운 사건의 유사성에 의문을 제기할 자유를 가지고 있다. 도이치 연방최고법원들은 이러한 자제적 태도를 사실상 포기했고, '지도조항'에 의해 '원칙결정', 즉 법률을 사실상 편집하고 공포함으로써 그에 상응한 변경압력을 받고 있다. 이와 관련하여 도이치 최고법원들은 범례화위험을 가능한 한 학문에게 전가하지 않고 학문적 권위와 격렬한 논쟁을 하고 있다. 이와 같이 지도조항을 즐기는 태도는 그러한 지도조항을 무시하거나 법관 스스로 자신이 내린 판결의 과거 원칙을 무시한다고 비난하는 입법자가 있을 때에만 장기적 관점에서 수용될 수 있다. 평등원리는 과도한 자기구속이나 불변적인 사회적 관계로부터의 해방에 관한 정치적 내지 위계적인 요구를 필요로 한다.

그러므로 법관의 결정과정에는 법을 변경하는 어떠한 제도적 형식이 있는 것이 아니라 어떤 경우든 규범의 형식적인 동일성과 조화할 수 있는 학습, 적응 및 수정에 관한 은밀한 기술이 있을 뿐이다.[72] 각 법원 사이에서 또는 법원의 각 부(部) 간에서 판결의 상충을 해소하기 위해서 고안된 절차(예컨대 선례변경을 위한 대법원 전원합의체—옮긴이)가

---

72) 구체적으로는 이 기술의 오늘날 형태에서 어디까지나 (법관이 아니라) 입법자가 법을 만들었다는 것을 전제로 한 결과 입법행위의 시점을 확정하고 추상적인 입법자의 '의사'를 상정해서 법관에게 비교적 넓은 해석의 여지를 주는, 말하자면 법을 수정하는 파생적 법(그것은 그러한 방법으로는 입법이 존재하는 때에만, 그리고 입법이 미치는 범위에서만 행해진다)이 가능한가라는 점을 검토하는 것은 의미가 있다.

기존의 지배적인 실무에 대한 반항으로서 이용될 때가 있는데, 이것도 이러한 은밀한 형식의 일종이다. 통상적으로 법률에 반하는 법관에 의한 변혁조차 가능하지만 이것은 비교적 드물고 그 법률이 개정되어 구법으로 표현될 때까지는 일정기간 잘못된 주장으로 유지될 수밖에 없다는 사실과 관련된다. 그리하여 법관은 수정된 상황에서 이전에는 일반적으로 효력이 있었지만 이제는 단지 다른 논거들과 병존적으로 고찰되는 것에 불과하다는 태도를 견지하는 것이다.

법관에 대한 이러한 제약은 법관이 이미 기대위배가 발생한 상황을 취급한다는 사실과 밀접하게 관련되어 있다. 즉 법관이 기대위배의 처리를 해야 하지만 그러한 위배처리를 위해서는 더 확고한 판결테두리와 판결규범을 지속하는 것이 중요하기 때문이다. 법관은 그러한 긴장감이 넘치는 상황에서 법을 자기의 임의적인 규범이자 동시에 지속되어야 할 규범으로서 주장할 수는 없을 것이다. 그렇게 되면 위배상황에서 학습한다는 것이 어려워지기 때문이다.

기능적 측면에서 규범의 사법적 유동화의 한계는 법의 유동화에 관한 필요성이 증대될 때에도 왜 이를 위한 별도의 절차가 마련되지 않으면 안 되는지를 이해할 수 있게 해준다. 이러한 요청은 더 폭넓은 고찰을 해보면 선명하게 부각될 수 있다. 더 폭넓은 고찰을 위해 우리는 앞에서 기술한 법형성의 원초적인 절차에 관한 설명으로 되돌아가야 한다. 이미 보았듯이 기대의 규범성은 기대위배에서 학습하지 못한다는 결의를 나타내는 것이다. 법의 불변성이라는 낡은 관념은 여기에 기초하고 있다. 이러한 학습하지 않으려는 태도(學習不願性)를 변경하는 것만이 학습방법으로서 의미있는 방식으로 설정될 수 있을 뿐이다. 그러므로 법변경은 학습하지 않을 것을 학습하는 것(lernen, nicht zu lernen)이라는 의미이다. 이와 같이 가혹한 요구를 관철하고 제도화하는 것이 어렵다는 것은 자명한 것이다.

그렇지만 법의 실정화는 바로 이러한 것을 요청하고 있다. 법의 변동이 학습과정 아래 놓이게 되는 때 법은 비로소 가변적인 것으로 제도화될 수 있다. 이러한 경우 타당한 법이 기대위배를 조장한다는 사실은 가장 중요한 학습을 위한 계기가 된다. 즉, 법이 계속적으로 침해되거나 그렇지 않으면 그것에 역행하는 규범적 기대를 좌절시키거나 양자가 모두 학습 계기로 된다. 그러므로 기대위배는 법적 결정과정에서 부단히 다시 반영되고 그 과정에서 정보로서 인지적 태도에 접수되어 그 정보가 법의 변경을 근거지을 수 있는지 여부가 숙고된다. 한편 법적 학습과정에서 법의 학습불원성이 매장되어서는 안 된다. 학습가능성은 고수의 사(固守意思)를 방해해서는 안 된다. 모든 것이 변화할 수 있다는 사실이 아무것도 더 이상 진지하게 수용되지 않아서는 안 된다. 결국 법의 실정화가 초래하는 결과는 하나의 같은 법질서에서 같은 규범에 관해 학습과 비학습의 가능성이 함께 제도화되어야 하고 인식적 태도와 규범적 태도가 함께 제도화되어야 한다는 것이다.

이것은 매우 복잡하고 충분히 분화된 사회에서만 가능하고, 특히 학습과 기대위배처리를 위한 절차의 분화를 전제하는 것이다. 절차의 제도적 분리에 의해 한쪽에서 구조인 것이 다른 한쪽에서 문제로 전환될 수도 있다. 더 정확히 말하면 구조가 가진 부담경감기능은 구조가 구조를 구조화하는 상황에서 문제로 전환되지 않고, 스스로 변화할 것을 요청하고 있다. 그렇다고 해서 이것이 개별 결정영역 사이에 충분한 분화와 의사소통을 위한 배려가 마련된다는 점에서 다른 상황, 다른 시점, 다른 역할 또는 다른 체계에서 생길 수 있는 가능성을 배제하는 것은 아니다.

물론 이러한 분화성과는 입법과 사법의 견제를 통해 생긴다. 타당한 법의 재현, 선정된 규범적 기대의 고수와 제재, 위법행위자로부터 배우지 않는다는 결의의 재현은 사법의 영역에서 이루어진다. 법적으로 규범화된 기대가 침해될 경우 법관은 그 기대를 사실에 적용하기보다 그 기대를 고수하여야 한다. 그러나 이와는 반대로 입법자는 규범과 사실이 다른 관점으로 다른 상호연관 아래 나타난다. 입법자는 규범의 효과(작용), 비준수율과 관철의 비용, 그 역기능과 갈등, 그리고 점잖고 화내지 않게 표현하는 그 규범을 대체하는 행위를 고려할 것이다. 입법자는 반란자와 범죄자의 은밀한 법이나 법규정에 의해 침해되는 이익에 대해서도 개방적인 태도를 취할 수 있다. 입법자는 기대를 수정할 태세를 보여줄 수 있고, 오히려 그러한 태세를 보여주어야 한다. 입법자는 변경 희망의 수취인이자 제도화된 법적 학습을 위한 기관이다. 입법자는 자기수정의 가능성을 가지고 있어 그것을 이용하고 수정의 방기와 학습의 거부에 대해 책임질 것으로 기대된다.

법의 학습적 변경 또는 불변경 그리고 실정화를 위해 기능특화적으로 선택된 적절한 테두리를 만들기 위해 입법의 임무는 위배상황에 대한 법적용의 임무로부터 분리되어 그 고유한 조건에 의해 조직화되어야 한다. 입법절차는 더 큰 협상능력을 위해 기대위배의 직접적인 압력과 이미 침해된 규범의 재현을 위한 압력으로부터 벗어나야만 한다. 다른 한편 입법절차는 아직 결정되지 않은 사항으로서 법규범 자체를 다룰 수 있어야만 하고, 가능한 법규범에서 훨씬 큰 선택의 복잡성을 바로잡아야 한다. 그렇다고 급진적인 계몽주의자들이 요구하는 바와 같이 모든 법을 전혀 존재하지 않은 것으로 간주하고 이성에 근거해서 새롭게 구성하는 것이 필요하다고 주장하는 것은 아니다. 오히려 다른 가능한 법적 조건 중에 현존하는 법도 함께 포함되어 있는 것이다. 왜냐하면 그것은 항상 개별적으로 변경되는 것에 불과하고 가령 중요한 관점에서라고 하더라도 전체로서 변경될 수는 없는 것이다.[73] 적어도 그때그때 문제화되고

---

73) 그러므로 그것이 처음에는 놀라울 수도 있지만 법을 새로운 이데올로기적 방향으로 근본적으로 급격히 전환하기 위해서는 입법보다 오히려 어떠한 지도법률, 인사조치 그리고 적나라한 테러에 의해 재판이 각 사안에 대한 새로운 지침과의

전제되어야 하는 경계는 선택될 수 있어야 하고, 다시 말하면 절차의 급부능력과 합치되어야 한다는 것이다. 그렇게 법은 결정해야 할 자의 관점에서 새로운 종류의 객관성을 획득해야 한다. 여기서 말하는 객관성이란 모든 공격에도 불구하고 관철되어야 하는 결정규범의 객관성이 아니라 특정 효과를 위해서 만들어지고 필요한 경우 변경될 수도 있는 기대구조의 객관성이다.

거의 주목을 받지 못하고 있는 분화의 또 다른 장점은 바로 물리적 폭력과 법의 관계이다. 우리는 이미 앞에서(제2장 7절) 보았듯이 물리적 폭력은 가시적으로 드러나지 않더라도 그것을 요소로서 구성하고 있는 법에 전제되어 있는 것이다. 법제정과 법적용에서 법적 결정과정을 분화하는 것은 이러한 관점에서도 특정효과를 얻을 수 있도록 한다.

물리적 폭력의 높은 **추상성**이 법제정에서 고도의 **임의성**과 직접적으로 관련 있는 것은 아니다. 정치와 정치적으로 정해진 입법은 물리적 폭력을 직접적으로 장악하기에 너무나 높고 불명확한 복잡성을 가지고 있다. 그래서 정치가는 물리적 폭력에 대한 책임을 수행할 수 없다. 그래서 정치가는 물리적 폭력을 과다하게 또는 과소하게 사용할 위험에 처하게 될지도 모른다. 어떤 경우에든 우세한 물리적 폭력을 포함하는 추상성의 위험을 수행하는 것은 고정적인 프로그램을 작동하는 절차에서만 가능하다. 그 위험은 입법부에게는 면제되나[74] 사법부에 집중된다. 그것은

적합성을 음미하도록 하는 것이 가장 효과적인 수단일 수 있다. 이 점에 대해서는 Bernd Rüthers, *Die unbegrenzte Auslegung. Zum Wandel der Privatrechtsordnung im Nationalsozialismus*, Tübingen, 1968의 풍부한 자료 참조. 그러나 그러한 경우에조차도 이데올로기적으로 중립적인 법은 폭넓게 유지된다.

74) 그리하여 의회가 법형성권력을 대표할 수 없다는 것도 여기서 유래한다. 그것은 Walter Benjamin, "Zur Kritik der Gewalt", in: Ders., *Angelus Novus*, Frankfurt, 1966, S.42~66(53 f.)가 정확히 지적하고 있지만 그는 "가련한 연극"(jammervolles Schauspiel)이라고 잘못된 평가를 하고 있다.

소송절차를 통해 물리적 폭력을 이용하는 통로를 여과하는, 즉 폭력을 요구하는 모든 사적 혹은 국가적 행위를 사법적 통제 아래에 두는 '법치국가적' 요청에 상응하고 있다. 이 해결방안으로서 법의 실정화의 결과 법에 의해 내재적으로 구속된 '권력'(potestas)이라는 환상이었던 관념으로 대체되는 것이다.

이 모든 것을 요약하면 법적 결정과정의 기능적 분화는 전통적인 권력분립론이 생각한 것보다도 훨씬 더 광범하게 나아갔다고 결론지을 수 있다. 우선 사법과 입법의 분리는 극복해야 하는 복잡성 면에서 현저한 차이를 근거로 하고 있다. 이와 관련해서 조직론의 문헌에서는 프로그램화하는 결정과 프로그램화된 결정을 구분하고 양자에 대해 각기 상이한 조직적인 기본조건을 요구하고 있다.[75] 하나의 결정이 내려지기 전에 얼마나 많은 다른 가능성이 관련되고 선택되어야 하는가에 따라 상이한 문제의식과 환계감수성이 발전하는 것이다. 고도로 복잡한 결정상황에서 정보에 대한 수요는 본질적으로 높아지기 때문에 부족한 정보에 의해 결정이 나올 필연성은 상대적으로 더 커진다. 그러므로 결정하는 절차체계의 의사소통방식은 현저한 차이를 보여준다. 즉 입법절차가 가진 초고도의 복잡성으로 인해 신뢰에 대한 더 높은 수요가 생긴다. 즉 입법절차에 있어 정보과정의 더 강한 개인화, 착상과 우연에 대한 더 강한 종속, 정보입수 시점에 대한 더 강한 종속성 및 사전에 정식화된 결정기여

---

75) Herbert A. Simon, "Recent Advances in Organization Theory", in: *Research Frontiers in Politics and Government*, Washington, 1955, S.23~44는 특히 이러한 구별에 대하여 적절하게 연구하였지만, 그는 후에 이것을 약화해서 결정이 프로그램화되고 있는 정도의 차이로서 파악하게 된다. Ders., *The New Science of Management*, New York 1960, S.5 ff.(도이치어판, Ders., *Perspektiven der Automation für Entscheider*, Quickborn, 1966). 행정법 문제에 대한 적용에 대해서는 Walter Schmidt, "Die Programmierung von Verwaltungsentscheidungen", *Archiv des öffentlichen Rechts* 96, 1971, S.321~354 참조.

에 대한 더 강한 종속, 형식적으로 비합법적인 약속과 합의의 광범위한 보장이 그것이다.[76] 여기서 책임지는 것, 즉 인수된 위험과 답책성, 즉 석명해야 할 규범적 의무는 더 강하게 나누어진다. 따라서 합리성의 규준은 더 불명확할 수밖에 없다. 전형적인 것은 입법자 자신이 더 이상 조건프로그램 아래서 활동하는 것이 아니라 공공복지를 증진해야 할 임무처럼 다소 불명확하게 규정될 수 있는 목적프로그램 아래에서 활동하게 된다는 것이다.[77] 여기서는 달성기준이 불명확함에도 위에서 언급된 법관의 결과책임을 경감하는 것을 보충할 수 있는 일정한 가능성이 제공되는 것이다. 입법자는 자기수정의 가능성을 가지므로 자신이 만든 법률의 결과에 대해 보증할 수 있고 또 보증해야 한다. 그래서 새로운 종류의 정치적 답책성이 형성되는 것이다. 이러한 답책성은 책임을 추궁하는 것이 아니라 실패와 그에 따른 지도자의 교체를 통해 달성되는 것이다. 이것의 제도화와 일상적 실현가능성은 무엇보다 교체가 너무 과도하게 개인적인 운명에 개입한다거나 개인의 삶과 죽음에 관한 결정에 개입한다는 사실에 좌우되는 것이 아니고 경제적 생존의 부정이나 정치적 무대

---

76) 이 점에 관한 경험적 자료는 입법단체(의회)의 행동에 대한 미국의 최근 연구에서 발견할 수 있다. 특히 John C. Wahlke/Heinz Eulau(Hrsg.), *Legislative Behavior*, Glencoe/Ill., 1959; John C. Wahlke/Heinz Eulau/William Buchanan/Leroy C. Ferguson, *The Legislative System. Explorations in Legislative behavior*, New York/London, 1962; Aaron Wildavsky, *The Politics of the Budgetary Process*, Boston/Toronto, 1964; James D. Barber, *The Lawmakers. Recruitment and Adaption to Legislative Life*, New Haven/London, 1965 참조.

77) Werner Krawietz, *Das Positive Recht und seine Funktion. Kategoriale und methodologische Überlegungen zu einer funktionalen Rechtstheorie*, Berlin, 1967 참조. 재판과 입법을 조건프로그램과 목적프로그램이라는 기준으로 구별하는 입장은 명시적이라기보다 묵시적으로 주장되고 있다. 분명한 정식화로는 Paolo Farneti, "Problemi di analisi sociolgica del diritto", *Sociologia*, 1961, S.33~87; Horst Ehmke, "Prinzipien der Verfassungsinterpretation", *Veröffentlichungen der Vereinigung Deutschen Staatsrechtslehrer* 20, 1963, S.53~102(70) 참조.

에서 성공적 활동을 막는 것에 좌우되는 것도 아니며, 다만 '반대파'의 독자적인 역할을 개방해놓고 있는 것에 좌우된다.

이 모든 것에 의해 일정한 수준에 달한 체계분화의 함의와 결론이 정식화되는 것이지 미래에 대한 예측이 정식화되는 것이 아니다. 두 절차 유형 사이에 중심 이동은 항상 가능하고 분화의 퇴행도 가능하다. 법관의 스타일을 사회치료사로 전환하고 법관을 조건프로그램에서 점점 벗어나도록 하는 형태로 발전하는 맹아가 현재 사회주의권 국가에서는 물론, 아메리카합중국에서도 보인다.[78] 그러한 해결방안은 특히 형사사법이나 소년사건, 가사분쟁의 심판에서 나타나고 있다. 그렇지만 그런 발전의 파급효과가 함께 욕구된 것은 아니다. 이러한 파급효과로 한편으로 법적 안정성이 상당히 훼손되어 일상생활에서 행동의 법적 방향설정이 훼손되기도 하고, 다른 한편으로 사법에 대한 정치적 압력이 강화되어 사법이 형성적 과제를 인수하는 만큼 사법의 정치적 중립화를 상실한다.

현재의 지식에 기초해서 현실의 발전 전망을 예측할 수 없다. 그러나 문제해결 방안이 임의적으로 조합되어서는 안 되므로 전위(轉位)가 체계분화의 영역에서 결과를 가지게 될 것이라는 통찰은 법의 실정성에 대한 사회학적 이해에 해당한다. 특히 결정을 프로그램화하는 특별한 상황은 아주 높은 복잡성이라는 조건 아래에서 인식되고 적절하게 평가되어야 할 것이다. 결정을 프로그램화하는 합리성이 프로그램화된 결정의 합리성규준에 의해 판단될 수는 없다. 이것은 이러한 분화기능을 오인하는 것이다. 입법은 법적용이 아니므로 법적용의 기준으로 고려되어서는 안 된다. 타당한 법 자체는 곧바로 문제가 되고 변경될 수 있기 때문

---

78) 이미 Roscoe Pound, "The Administrative Application of Legal Standards", *Reports of the Forty-Second Meeting of the American Bar Association*, Baltimore, 1919, S.445~465에서는 법관을 일종의 사회공학으로 해서 행정에 현저히 근접시키고 있다.

에 입법절차에 대한 판단을 위해 어떠한 충분한 근거도 제공하지 못하며 또 입법절차에서 판결에 관한 아무런 충분한 구조를 제공하지 못한다. 그 기본조건과 실정법의 가능성조건은 체계구조적인 요청에서 추구되어야 한다. 그렇지만 이러한 요청은 연구되기는커녕 아직 거의 문제조차 되지 않고 있다. 그래서 이 문제의 규명을 다음 절에 할애해야 할 것이다.

5. 구조적 변이(變異)

실정성이란 법의 구조적 가변성을 의미한다. 그러한 구조적 가변성의 기초 위에 구조문제를 더욱 합리적으로, 즉 심사숙고한 결정에 의해 해결하는 것이 가능해진다. 그러한 변이의 조건과 한계를 연구하는 것이 필요하다. 그렇지만 '사회적 변동'에 대한 온갖 관심에도 불구하고 (구조화된 체계의 단순한 과정과 구별되는) 구조적 변이라는 특별한 문제는 일반사회학에서 아직 충분히 해명되어 있지 않다.[79] 지배적인 고찰방식은 구조변화의 특수한 원인과 효력에 대해 문제를 제기하지만 이렇게 해서는 연구대상인 체계의 복잡성에서 반드시 좌초하고 만다. 그러므로 우리는 이러한 방식을 택하지 않고 우선 구조변화에 대한 체계적 조건에 대해 문제를 제기하지만 개별적인 경우 구조변화는 어떻게 야기되고 작용하는지에 대해서는 논의를 열어두어야 한다. 더 자세히 기술한다면, 즉 어떤 조건 아래에서 하나의 사회체계가 일정한 발전수준에서 자신의 존속을 위태롭게 하지 않으면서 자신의 구조변화를 달성할 수 있고, 빈번한 구조변화를 달성할 수 있으며, 중요한 구조변화를 달성할 수 있는가? 또한 어떤 조건 아래에서 하나의 사회체계가 그 구조의 선택성

---

79) 자세한 것은 제5장 491쪽 이하 참조.

을 내적으로 활성화하고 변화하는 환계에 대한 적응수단으로서 그것을 통제할 수 있는가?

이러한 구조의 탈(奪)안정화는 사회체계가 수정파고를 낮추는 것으로서 파악할 수 있다. 이것을 통해 문제에 접근하기 위한 유리한 통로가 얻어지는 것이다. 종국적으로는 모든 사회체계는 구조수정으로써 위협적 위기에 반응하고 극단적인 경우에는 자기해체를 통해 반응한다. 구조적 가변성을 고양하는 것은 위기파고를 더 앞으로 이동시키고 축소하여 반응할 시간과 기회를 더 얻는 것이다. 그렇게 되면 초기적 징후와 미미한 동력이동만 있어도 이미 구조수정의 동인으로서 충분하다. 체계는 환계에 좀 더 민감하게 된다. 그래서 위기가 가지고 있는 이점, 즉 수정필요성에 대한 높은 증명이라는 이점은 더 큰 위기를 피하기 위해 포기된다.[80] 환계복잡성의 감축은 위기 자체를 방치하는 것이 아니다. 그렇지 않고 체계는 엄청나게 많은 가능한 변화요인에 직면하여 이제 이들 요인 중에서 선별해야 한다. 달리 말하면 체계는 더 높은 환계복잡성을 유의미한 것으로 인정하고 더 개량된 선택기술로써 극복함으로써 위기를 절감해야 한다. 이러한 고찰로 체계/환계관계에서 구조적 가변성과 복잡성의 상호연관을 추정할 수 있다. 체계의 높은 구조적 가변성은 무엇보다도 체계/환계의 관계가 충분히 높은 수준의 복잡성에서 활성화될 수 있는지에 달려 있다. 그러나 이것은 체계가 가진 선택작용을 강화하고 그에

---

80) 반대방향에서 보면, 조직사회학자는 위기에 이르러야 비로소 변화의 필요와 방향이 설득력을 갖게 되기 때문에 변화의 필요성은 그때까지 축적된다는 것에 주목하였다. 예컨대 Cyril Sofer, *The Organization From Within. A Comparative Study of Social Institutions Based on a Sociotherapeutic Approach*, Paris, 1963, S.34, 259 ff, 291ff, 360f; William J. Gore, *Administrative Decision-Making. A. Heuristic Approach*, New York-London-Sydney, 1964; 특히 Charles F. Hermann, "Some Consequences of Crisis Which Limit the Viability of Organizations", *Administrative Science Quarterly* 8, 1963, S.61~82 참조.

상응한 구조적인 준비를 하라고 요청한다.

이러한 일반적인 모델을 법의 실정화라는 사안에 전용하면 인지하게 되는 것은 입법의 법학적 해석이 사실상 위기적인 법 변화에서 일상적인 법 변화로, 즉 예외적인 상황을 위한 초월적 법(*ius eminens*)에서 일상적인 국가기능으로 가는 길로 접어들었다는 점이다. 선택능력을 향상시키는 기술로서 앞 절에서 논의한 절차분화를 파악하는 것도 어렵지 않다. 이러한 내적 기능분화를 통해 정보가공의 능력이 높아지고 입법절차에서 특히 법관에게는 논의될 수조차 없는 변화요인을 고려할 수 있는 가능성이 높아진다. 이것뿐만 아니라 구조적 변화의 조건에 관한 모델은 고려해야 할 다른 몇 가지 관점을 성찰하는 계기를 제공한다.

우선 뚜렷하게 부각되는 것은 고도의, 그럼에도 결정가능한 복잡성이 전체사회 차원에서 규율되는 것이 아니라 사회적 부분체계, 즉 정치체계의 사회 내부적 환계와 관계에서 규율된다는 것이다. 여기에서 물론 그 관념에 의해 자연법과 실정법도 구별된다. 자연법은 그 성질상 환계로부터 사회에 부과되는 것이고 실정법은 전체사회의 부분체계에서 그 환계를 고려해 선택되어 유효하게 된다. 전체체계의 환계인 전체사회는 자연적·심리적 체계 및 경우에 따라 다른 사회이기도 한데, 전체사회는 구조변경을 위한 어떠한 암시도 거의 제공하지 못한다는 것이 분명하다. 그래서 전체사회로 지향하면 정적 법(ein statisches Recht)이 생긴다. 실정법(Positives Recht)은 부분체계가 법을 결정하는 권한을 전체사회로부터 찬탈하고 전체사회체계(Gesellschaftssystem)가 정보·압력·규범화자극의 원천인 환계로 취급될 수 있을 때, 간단히 말해 아주 복잡한 선택영역으로 취급될 수 있을 때에 탄생한다. 사회체계 자체가 가진 높은 복잡성은 이런 식으로 사회내재적 체계/환계-대결(gesellschaftsinterne System/Umwelt-Auseinandersetzungen) 안에서 처리된다. 사회는 오로지 내적 분화를 통해, 즉 체계/환계 분화의 내재적 반복을 통해 자체적으로 역동화될 수 있다.

그러므로 국가와 사회의 '분리'(Trennung)라는 관념이 법을 실정화하는 시대에 나타나는 것은 우연이 아니다. 실정법은 불가피하게 정치적으로 선택된 '국가의 법'(staatliches Recht)이다. 실정법의 숙명은 사회 내의 정치체계의 숙명과 연계되어 있다.[81] 왜냐하면 오직 이러한 식으로만 사회 내부의 선택과정을 통해서 통제되는 법의 높은 가변성을 달성할 수 있기 때문이다. 이것은 순수 정치적 법정립의 자의에 맡기는 것이 아니라 무엇보다도 정치체계가 순전히 자체적으로 흡사 무한계인 것처럼 법을 결정할 수도 있다고 주장하는 것도 아니며, 오히려 법선택의 구조적 조건과 제약을 탐구해야 하는 방향을 제시하고 있을 뿐이다.

중요한 귀결이 특히 정치체계 자체에 대해 생긴다는 것이다. 높은 사회적 복잡성과 구조변화의 제도화준비 아래에서 정치체계의 위계적 조종양식은 보충되거나 제2순위로 밀려나야 한다.[82] 정치체계의 위계적 조종양식이 가진 중요한 장점에 대해 우리는 이미 공부한 바 있다.[83] 위계적 통일체로 구성되고 게다가(und) 법을 실정적인 자유자재적인 것으로 취급하는 정치체계는 없다. 그러한 위계적 질서유형은 진화적 성과로서, 즉 행정부나 고도로 조직된 정당 같은 정치체계의 관료적 부분체계

---

81) 사회적 진화과정에서 법이 정치체계로부터 점차 독립해 간다는 반대의 명제는 파슨스에서 볼 수 있다. 예컨대 Talcott Parsons, *Societies. Evolutionary and Comparative Perspectives*, Englewood Cliffs, 1966, S.27 u. ö. 그것은 파슨스에 있어 문화체계와 사회체계의 준별과 관련된 동시에 정치체계를 문화적으로 먼저 주어진 집단목표의 현실화에 한정해 파악하는 개념과도 관계가 있다. 그리고 이것은 '고전적 법사회학'이 법의 실정성을 적절히 파악하지 못하고 있다는 것을 실증하는 하나의 예이다.

82) 이 점과 그 아래의 점에 대해서는 Niklas Luhmann, "Politische Plannung", *Jahrbuch für Sozialwissenschaft* 17, 1966, S.271~296; Ders., *Politische Plannung*, Opladen, 1971에 재인쇄되었음.

83) 이 책 315쪽 이하.

내에서 계속 유지된다. 그러나 정치체계의 통합은 더 이상 하나의 위계의 통일적인 정점에 의해서가 아니라 다른 아주 매우 복잡한 방식으로 작동된다. 정치와 행정을 기능적으로 분화하고 두 부분을 포괄하는 정치체계의 전체적인 통합을 양자 간의 의사소통과정을 통해 달성해야 하는 구조가 위계적인 통일체를 대체한다.

정치와 행정의 기능적 분화는 고전적 권력분립론의 기능도식과 혼동되어서는 안 되고[84] 앞에서 다룬 입법과 사법의 분리를 (정부 (*government*)의 고전적 의미인) 행정체계 자체의 내적 분화로서 파악하는 것과 동일시해서도 안 된다. 고유한 의미에서 정치는 집단적인 구속력이 있는 결정을 발휘하는 과정의 전반부에서 연출된다. 입법부, 사법부, 행정부의 고전적 구별은 행정부의 내적 분화와 관련되어 있고 행정부에 대한 정치적 영향을 등급화하고 여과하는 데에 기여한다. 입법부에 대한 정치적 영향은 정당한 것이며, 행정부에 대한 정치적 영향은 부분적으로 정당하고 부분적으로 법이라는 이름으로 방어되나 사법부에 대한 정치적 영향은 항상 부당한 것이다. 그러므로 이러한 권력분립도식은 집단적인 구속력 있는 결정과정으로서 행정을 점차 정치적으로 중립화하기 위한 것으로 이해하고, 전체로서 정보처리의 고유한 정치적 과정, 즉 오늘날 실제적인 정당정치의 과정과 대립된다. 그렇게 되면 사법부의 완전한 정치적 중립화는 전체 구조의 초석이자 정치에 대한 행정의 척추이고, 정치와 행정의 기능적 분화를 위한 조건의 하나로서 입증되는 것이다.

정치적으로 법을 새롭게 제정하고 변경하는 것이 자유롭게 되면 법

---

84) 이러한 도식이 의식적으로 반위계적이라 생각되고 정치체계의 단일위계적인 구축은 폭발되어버린다고 할지라도 그러하다. 반대되는 견해로는 특히 Frank J. Goodnow, *Politics and Administration. A Study in Government*, New York/ London, 1900 참조.

자체가 변화의 요구를 거절할 수 있는 근거를 더 이상 제공하지 못한다는 점은 더 커진다. 단지 법이라는 이유로 법은 법의 변경을 거부할 수 없다. 그 이전의 법질서와 비교할 때 이러한 점은 입증부담과 논증부담의 전환을 초래한다. 이것은 무제한적 원망과 요구에 관한 일종의 자연적 기본권을 탄생시킨다. 그것을 부정하는 자는 스스로 그 근거를 마련해야 한다. 논증부담은 정치 차원으로 넘어가게 되고 정치는 선별, 이동, 축소라는 다소 극적인 방법으로, 즉 조용한 요구보다 시끄러운 요구를, 비물질적인 요구보다 물질적인 요구를, 복잡한 요구보다 단순한 요구를, 일탈적 요구보다 순응적 요구를 선호하는 방법으로 그것에 반응할 수 있는 것이다.[85]

그러므로 법적으로 가능한 것을 우선 예비적으로 선별하는 것은 고유한 의미에서의 정치적인 작업이라는 더 협소한 영역에서 이루어진다. 이 정치적 과정은 지극히 고도의 복잡성이라는 조건 아래 결정전제들을 만들어내는 기능을 가지고 있다. 여기에는 아주 상이한 정당체계(주된 분류로 일당체계와 다당체계)가 적합할 수 있다. 결정전제들은 강령이라는 형식으로 설정될 수도 있지만 조직결정과 (결정전제로서 알려진 정치적 선호기능을 하는 인격체를 가진 행정체계의 고위직을 통한) 인사결정이라는 형식으로 설정될 수도 있다. 정치적 상황의 높은 복잡성은, 결정전제는 물론이고 여론에 의해 정치적으로 지지되는 결정전제의 조건을 변경시킬 수 있다는 것에서 생기는 것이다. 즉 정치적 상황의 높은 복잡성은 상호 가변적이어서 매우 불안정한 관계가 생기고, 그럼에도 조직과 노력의 투입에 의해 그때그때 정치적으로 가능한 합의가 끊임없이 이루어질 수 있어야 생긴다. 이것이 정치적 이상이라는 관점에서 '민주

---

85) 이 점에 대해서는 David Easton, *A Systems Analysis of political Life*, New York/London/Sydney, 1965, S.128 ff. 참조.

주의'라고 명명하는 바의 기능측면과 활동측면이다. '민주주의'는 여러 가지 지배형태 중 하나이지만 그것은 법의 실정화에 의해 정치체계의 규범이 되는 것이다.

이에 관한 세부사항은 정치사회학 영역에 속한다. 그렇지만 협의의 정치적 과정과 관련된 기본적 특징에 대한 약간의 기능적 이해는 물론 법사회학에도 중요하다. 더 자세히 말하면 이러한 기능적 이해가 중요한 이유는 법적으로 가능한 것이 일정한 조건과 규준 아래 비로소 구조화되고 그러한 조건과 규준은 고도의 복잡성을 감축하고 그러한 한에서 기능적으로 자연법을 대신한다는 것에 있다. 그런데 자연법은 바로 이러한 기능을 위해서는 법 자체와 (본질적으로) 다르게 구성되어 있어 실정법에 포함될 수 없고, 그래서 법률가들의 해석적 관점에는 더 이상 나타나지 않는 것이다. (그래서 법률가들은 실정법의 임의성이라는 진공상태에 대해서 사회학적으로 정당하게 평가되어 있는 것보다 더 많은 불안을 가지고 있다.) 자연법에 의존적인 정태적인 법을 가변적인 실정법으로 대체할 수 있는 조건 중에서 다음을 강조한다.

1) 법적 타당성을 겨냥하는 모든 규범기획안을 정치적 통로로 유도하는 것

2) 정치적 갈등을 집중시키고 규제하는 것

3) 최고의 가치를 편의주의적으로 취급하는 것

실정법을 새로 제정하고 변경하는 것을 정치적 통로로 유도하는 것은 정당 정치적 기제를 기능하게 하고, 제도화되게 하며, 마치 다수의 개발도상국가에서 볼 수 있듯이[86] 아무런 영향력이 없는 장식물로서 겉돌게 하지 않는 것을 의미한다. 아주 중대한 기대갈등을 이러한 통로로 흡수하

---

86) 하나의 특징적인 예에 대해서는 Fred W. Riggs, *Thailand, The Modernization of a Bureaucratic Polity*, Honolulu, 1966 참조.

는 것은 정당정치적 기제를 부단히 실증하고 끊임없이 작동시킬 때 성
공할 수 있다. 이렇게 하여 정치적 통로로 유도하는 것은 우선 입법의 조
직적 집중화에 기여한다. 그 결과 일정한 법말씀론적 난제, 예컨대 행정
법 '총론'[87]이 입법에 적합한 것이 아니라 법관이나 학문에 맡겨놓아
야 한다는 견해가 확산되면 그 점에 있어 정치는 그 기반을 상실하게 되
는 것이다. 이러한 견해는 많은 경우에 정당성을 부정당하지 않는다. 권
력획득과 갈등해결의 특수한 정치적 합리성은 법말씀론적 사고형상이
가지고 있는 자유, 숙고 그리고 풍부한 함의를 거의 정당하게 취급할 수
없다. 법말씀론 자체는 적어도 오늘날의 형태에서는 아직 법의 실정성
과 조화되지 않고, 거의 그 선택영역에서 정치적으로 결정될 수 있는 문
제를 찾아내거나 정식화하지 못하고 있다.[88] 그래서 장기적인 관점에
서 볼 때 정치가와 법률가 사이의 갈등과 상호이해의 어려움은 정치와
행정의 그러한 기능적 분화에 지불해야 할 비용이라고 할 것이다. 정치
의 고유한 성질과 법의 범주적 구조라는 두 가지의 이유에서 정치적 계
획은 오늘날 광범위하게 (입법부의 예산기능이 요구되지 않는 한) 입법
부의 외부에서, 그래서 법의 밖에서 전개되고 있다.[89] 법의 반응능력과

---

87) 이 점에 대해서는 *43. Deutschen Juristentag. Verhandlungen*, Bd. 2, Teil D.의 논의
를 보라.

88) 이 점에 대한 하나의 특수문제를 예로 든 것으로는 Niklas Luhmann, *Öffentliche
Entschädigung rechtspolitische betrachtet*, Berlin, 1965, 특히 S.201 그 외에 제5장
2절 535쪽 이하 참조.

89) 예컨대 정치적 계획에 관한 유명한 교과서인 Yehezkel Dror, *Public Policy-making
Reexamined*, San Francisco, 1968은 아직 법에 준거하지 않는 입법부의 이러한
측면의 적정성에 대해 그 의견형성의 정치적 구조 때문에 극히 회의적인 판단
을 내리고 있다(S.278 ff.). 도이칠란트에서도 계획에 법률의 형식을 부여할 가
능성에 대한 의문이 바로 증대하고 있다. 이 점에 대해서는 Niklas Luhmann,
"Systemtheoretische Beiträge zur Rechtstheorie", *Jahrbuch für Rechtssoziologie und
Rechtstheorie*, im Druck 참조(원서에는 수정되지 않은 채 아직 '인쇄 중'이라고
되어 있으나, 루만의 위 논문은 *Jahrbuch für Rechtssoziologie und Rechtstheorie* Bd.

유연성 및 고도의 상호의존을 위한 통제의 적응성이 높아진다면 어떻든 법은 지금까지 계획기법적으로 더 잘 이용될 수 있을 것이다. 실정법은 이미 그 프로그램의 형식, 즉 조건프로그램을 통해 결정전제들에 관한 결정의 집중가능성을 예정하고 있다. 그럼에도 법관의 결정과정에서 사회적 사실 또는 평가의 변화에 반응할 가능성이 있다는 것은 논쟁의 여지가 없지만 그러한 가능성은 더 많은 보충적인 의의를 가지는 것이다. 즉 그러한 가능성은 특히 변경의 욕구(또는 변경의 거부)가 정치 조건에 좌우되어 정치화할 수 없는 곳에 존재한다.

정치적 갈등의 규제가능성에 관한 조건과 형식은 훨씬 더 중요하다고 할 것이다. 거기에 가치적 기반에 관한 합의가 요청된다는 종래의 견해는 여전히 자연법론에 가깝다. 그러나 이 견해는 하나의 가능한 해결책을 시사해주고 있는 외에 다른 해결책 특히 '다원주의'라는 해결책을 제공하고 있다. 이러한 해결책은 원칙적으로 사회집단 사이나 그 사회집단과 정치 사이에서 전선(戰線)의 이동가능성에 근거하고 있다. 예컨대 종교 단체 간의 대립, 사회계층 간의 대립, 경제부문 간의 대립, 지역 간의 대립, 도시거주자와 지방거주자 간의 대립, 또래집단 간의 대립 등과 같은 사회적 갈등은 그 자체가 항상 정치적 갈등이라고 할 수 없으므로 정치라는 수단에 의해 격화되지 않는다. 이미 사회를 관통하는 전선이 형성될 우려가 있는 때, 예컨대 종교적 대립이 벌써 계층대립 또는 지역대립을 통해 강화되는 때에도 특히 정치라는 수단에 의해 격화되어서는 안된다.[90] 갈등을 다시금 강화하고, 공연한 투쟁으로 번지게 할 수 있는 수

II, 1972, S.255~276에 게재되어 있음 — 옮긴이).

90) 이와 같은 상황은 네덜란드 사회학에서 유래하는 개념에 따라 '입주화'(立柱化, Versäulung)라고 명명한다. 예컨대 Jacob Pieter Kruijt/Walter Goddijn, "Versäulung und Entsäulung als soziale Prozesse", in: Joachim Mattes(Hrsg.), *Soziologie und Gesellschaft in den Niederlanden*, Neuwied, 1965, S.115~149; 같은 문제에 대해서는 Seymour M. Lipset, *Soziologie der Demokratie*, Neuwied/Berlin,

단을 정치적으로 사용할 수 있다는 관점에서 보면 이것은 위태롭다. 더욱이 정치체계가 법적 통제 자체를 임의로 사용하기를 요구하는 때에는 이는 더욱더 우려스럽게 된다. 법의 실정화, 즉 법구조에 대한 변화의 경계를 낮추는 것은 정치적 갈등기제의 일정한 사회적 중립화를 전제로 한다. 정치적 전선은 동시에 사회를 관통하는 대립을 반영해서는 안 된다. 그러나 정치적 전선은 스스로 갈등으로서 조직화하고, 이를 통해 변동하는 사회적 이해대립을 정치에 수용하며, 거기에서 프로그램적 결정의 경우 해결할 수 있는 준비상황에 있어야 한다.

마지막으로 정치는 예비적 선택을 통해 법제정을 준비해야 하고 가치와 관련하여 편의주의적으로 처리할 수 있어야 한다. 앞에서[91] 이미 점증적으로 복잡한 사회는 프로그램과 가치가 강력하게 분리되고 서로 대향적이고 가변적으로 정해져야 한다는 것을 살펴보았다. 응축적인 결정프로그램에 대한 직접적인 평가는 사회를 부동화하고 또 가치도 부동화한다. 그렇게 되면 가치가 행동을 근거지을 수 있는 것처럼 보인다. 그러나 프로그램이 결정방식으로 산출되는 만큼 사람들이 전적으로 존중하고 다른 결정과의 상호연관에서도 장려하기를 바라는 가치들이 끊임없이 후퇴되어야 한다는 것이 분명해진다. 이것은 결국 기대의 상호연관을 동일하게 하는 두 수준을 분리하게 하고 '가치체계' 또는 '가치위계'라는 프로그램과 유사한 질서를 포기하게 한다. 가치는 평가의 관점에서 추상화될 수 있기는 하지만 고착화된 순위관계라는 의미에서 항구적으로 설정되지는 않는다. 어떤 때는 위생의 문화가 선호되기도 하지만 다른 때에는 다시금 문화의 위생이 선호될 수도 있다. 각 가치의 달성수준

1962, S.18 ff., 81ff.; 규정된 해결가능성에 대해서는 Gerhard Lehmbruch, *Proporzdemokratie. Politisches System und politische Kultur in der Schweiz und in Österreich*, Tübingen, 1967 참조.

91) 이 책 206쪽 이하.

과 혼란에 따라, 상황과 기대되는 부수효과에 따라, 그리고 정치적인 편의성에 따라 그렇게 되는 것이다. 동시에 프로그램의 가변성, 즉 법의 우선순위에 대한 결정 대신 실정화가 가치를 편의주의적으로 취급하는 것을 용이하게 한다. 순간적 우선성에 대한 결정이 우선순위에 대한 결정을 대신한다. 뒤에 제쳐놓은 가치에 좋은 권리가 있다는 것에 대해 이의를 제기하지 않는다. 이들 가치는 축적된 요구가 그 가치를 긴요하고 우선적인 것으로 만들 때까지 기다리고 성장할 수 있다.

그러므로 협의의 정치적 과정은 정치체계의 부분체계로서 가치를 편의주의적으로 취급할 수 있도록 하는 구조와 작업조건을 제시해야 한다.[92] 이것은 일당제(一黨制)에서는 가치전환을 가능하게 하는 **변증법**적 이데올로기의 도움으로 이루어질 수 있고 다당제(多黨制)에서는 목표의 공식화를 통해, 즉 정치적 경쟁에서 선거의 승리가 모든 다른 가치들을 수단으로서 종속시키는 최고의 목표로 되는 것에 의해서 이루어진다.[93] 그것이 이루어지기 위한 개별조건, 주의사항 및 보상물은 매우 상이하다. 그러나 이 두 가지 경우 정치체계는 '국가이성'(Stattsreäson)의 의미에서 존속상태를 유지하고 증대시키기보다 오히려 과도한 복잡성의 감소를 위해 법제정을 위한 초도덕적 지도양식을 필요로 한다. 이 두 가지의 경우에는 고도의 복잡성과 이로 인해 조건지어진 조종방식 때문에 행동의 근거에 대한 책임이 아니라 결과에 대한 책임이 있을 뿐이다. 그리고 이것은 하나 또는 다른 방식으로 권력의 교체가능성과 학습능력

---

92) 이 점 및 아래의 점에 대한 자세한 것은 Niklas Luhmann, "Positives Recht und Ideologie", *Archive für Rechts- und Sizialphilosophie* 53, 1967, S.531~571(이 논문은 Ders., *Soziologische Aufklärung*, Köln/Opladen, 1970에 실려 있음); Ders., "Opportunismus und Programmatik in der öffentlichen Verwaltung", in: Ders., *Politische Plannung*, Opladen, 1971, S.165~180 참조.
93) 그 동안에 알려진 이러한 사고방식은 최초로 Josef A. Schumpeter, *Kapitalismus, Sozialismus und Demokratie*, Bern, 1946, S.427에 기술되어 있다.

을 가진 정치가 어떠한 방식으로든 제도화되어야 한다는 것을 말한다. 제도적으로 예정된 정권교체는 집권자의 결정위험을 증가시킨다. 그러나 그렇게 되면 정보가능성과 의사소통가능성이 개선되는 만큼, 즉 학습가능성이 마련되는 만큼 의미를 가지게 되는 것이다.

그러한 작동조건은 사회적이긴 하지만 보편적으로 정해지는 것은 아니고 더욱이 도덕적으로 선포되는 것은 아니다. 그것은 더 좁은 체계의 경계에 의존하고 있고 정당정치라는 분리된 부분체계 속에서 실현되는 것이다. 결과적으로 얼마나 정치가 오직 정치적 문제만을 해결할 수 있는가라는 의문이 생긴다. 예컨대 정치적 활동과 배려의 증거로서 하녀에 관한 법률을 제정할 수는 있지만 그 법률은 비현실적이고, 또한 더 이상 아무런 의미를 가질 수 없을지 모른다.[94] 나아가 구조적인 변이의 용이성에 대한 일반적인 고찰과 관련해 정치가 구조변경을 용이하게 하기 위해 그 자체의 고유한 위기를 생산하려 할 수 있다는 것을 이해할 수 있다. 여론의 지지 없이 법을 변경할 때, 이를테면 이해관계를 위해 법을 변경할 때는 위장된 위기로 정치적 공작을 하는 것을 드물지 않게 볼 수 있다. 그러므로 정치과정의 상대적 자율성과 문제를 스스로 생산하려는 경향 사이에서 의사소통작용을 증대시키고 농축시켜 균형을 이루어야 할 것이다. 그러나 이것은 정치적 상황의 높은 복잡성에 직면해 불충분한 선이해가 예상되고 통상 모든 사람이 항상 다른 방법으로 이해해야 한다는 것에서 한계가 있다.

그러므로 구조를 탈안정화하고 변화경계를 낮추는 것은 체계의 선택능력과 적절한 관계에 있어야 한다. 이것을 위해 한편으로 개념성은 충분히 추상적이고 학습능력이 있으며 가변성이 풍부하고 문제와 연관 있

---

94) 이와 같은 예는 Vilhelm Aubert, "Einige soziale Funktionen der Gesetzgebung", in: Hirsch/Rehbinder, a.a.O., S.284~309에 따른 것이다.

으며 진화적 관심을 보여줄 필요가 있지만 단순히 구체적인 현상(現狀, *status quo*)이 아니고, 다른 한편으로 결정급부를 제공할 수 있는 충분한 힘, 즉 능력을 필요로 한다. 수문을 열어두면 수로체계는 범람할 수밖에 없다. 그러한 연계망이 없다면 신청, 청원, 제안, 반대의견 그리고 압박이 범람하게 되어 그것을 적절히 선별하는 능력이 대응하지 못하게 된다. 정치체계는 수세에 몰리고 단지 정지하고 방어하며 반응하는 역할만 하게 되며, 시간적 압박을 받아 문제제기를 통제하지 못하게 된다. 법률적으로 대학개혁을 하고자 하는 근래의 경박스러운 시도는 모든 것이 가능하므로 더 이상 아무것도 가능하지 않다는 상황을 예시적으로 보여주고 있다.

여기에서 우리는 이러한 모든 고찰을 높은 구조적 가변성의 파생문제라는 관점 아래 종합하고자 한다. 이들 고찰에 의하면 실정법이 더 이상 단지 상위규범의 의미에 대한 소급적 해석을 통해서 또는 행위자에게 책임지우는 것으로 해결될 수 없는 문제를 제기하고 있는 것이 증명된다. 이들 고찰에 의하면 법이 만들어지는 체계조건이 그 적용되는 조건과 다르다는 것을 보여준다. 이러한 괴리는 고전적인 권력분립이론이 본 것처럼 분업적으로 협력하는 '국가기관'에서 상황에 적합한 행동여건과 관련되어 있을 뿐만 아니라 그 외에도 극복되어야 할 복잡성의 정도, 합리성의 규준과 그 통제가능성, 정보의 유관성과 작업방식의 적합성, 기대의 규범적이고 인식적인 구성부분의 배분과도 관련되어 있다. 그렇다면 이것이 법을 만들고 적용할 때 동일한 의미내용으로 파악되는 것을 배제하는 것이 아니라, 오히려 선택성이 다양한 지평 간에 규범적 의미의 동일성을 매개하고 더 넓은 지평에서 나온 법결정과정을 더 좁은 지평으로 중개하는 기능을 보여준다. 조직이론에서는 그러한 중개과정의 측면을 '불확실성의 흡수'라고 한다. 이것은 정보영역에서 결론을 이끌어낸 다음에는 정보 자체가 아니라 그 결론이 전달된다는 것에 핵심이 있다.[95] 그러므로 구조적 가변성이 사회체계에서 선택성의 강화를 요구한다는 앞에서 이미 정식화한 통찰로 돌아가게 되는 것이다.

6. 실정성의 위험과 파생문제

높은 복잡성과 가변적 프로그램화가 초래하는 파생문제는 이전부터 법정립을 예정하고 있어 가능한 법의 사전선별에 기여하는 정치적 행동영역에만 생기는 것은 아니다. 이미 여러 번 강조한 것처럼 법의 실정화는 개별적인 규범, 제도, 사고상(思考像)의 연속성에도 불구하고 더 높은 복잡성으로 법의 구조를 총체적으로 재편한다. 그래서 실정화는 정치체계와 법적으로 규제된 절차에서 결정전제와 문제만 변경시키는 것이 아니라 전체사회 자신이 가진 사회체계의 규범적 구조도 변경한다. 정치적 결정의 종속성에도 불구하고 법은 전체사회의 구조로서 남는다. 개별행위에서는 물론이고 사회의 모든 부분체계에서 정합적으로 범례화된 행동기대가 직접적 또는 간접적 연관을 가진다. 법결정실무에서 그 사회적 의의에 주목하지 않는 정치체계는 전혀 어떤 법도 생산해내지 못할 것이다.

총체적인 사회체계에서 법의 지위를 바라보면 법규범은 더 이상 오로지 특정역할을 위한 결정프로그램이 아니라 본래적 의미에서 전체사회적인 상호작용에 대한 참가자 모두의 기대구조로 보이는 것이다. 그렇게 되면 법이 실정적인 것으로 전환하기 위한 아주 광범한 조건들과 파생문제들이 나타난다. 여기에서 가장 중요한 몇 가지를 간단히 설시해 보

---

95) James G. March/Herbert A. Simon, *Organizations*, New York/London, 1958, S.164.

기로 하자.

아마도 첫 번째에 해당하는 것이 위험의 무한상승인데, 이것은 법의 실정화와 결부되어 있지만 당연히 수많은 법제도(예컨대 계약의 자유, 기업의 법인격의 인정, 영업인가 등)와도 결부되어 있다. 이 위험은 이미 근대 초기에 '주권적'이나 '절대적인' 정치적 지배가 괄목할 정도로 형성되었다는 것에 의식되었다. 그런 까닭에 이 위험은 정치적 폭력 및 그것에 의한 법의 장악과 연계되어 남용이나 자의의 위험으로 기술되었던 것이다. 이러한 문제평정은 자연법에 (보증하든 그렇지 않든) 전제된 것이고 적절히 제도화된 재판을 통해 그 현실화가 이루어진다는 것이다. 진단과 구제방안은 19세기에 정치적·법률적 원리로 확립되었던 **법치국가**(*Rechtsstaat*) 개념으로 종합되었던 것이다.[96] 법치국가는 전체사회의 정치체계가 '국가'로서의 본질에 상응하게 법적 기초(起草)로 정해진다는 관념이다. 이것은 그 핵심이 법이라는 것을 말한다. 그러므로 정치권력에 대한 법의 승리가 요청되고, 문제는 법과 정치의 현실적 관계의 단순한 전환에 의해 '해소되었던' 것이다.[97]

이러한 사상적 교시 아래 법치국가는 권리보호국가로 발전되었다. 그러한 발전에 일정한 말씀론적 재편성이 선행한다. (사회적·정치적으로 비로소 형성된 것이 아닌) 생래적인 주관적 공권,[98] 즉 자유권은 국가

---

96) 법치국가사상의 이와 같은 국지화에 대한 자세한 것은 Niklas Luhmann, "Gesellschaftliche und politische Bedingungen des Rechtsstaates", in: *Studien über Recht und Verwaltung*, Köln/Berlin/Bonn/München, 1967, S.81~102 참조. 이 논문은 Ders., *Politische Plannung*, Opladen, 1971에 재인쇄되었다.

97) Fritz Scharpf, *Die politischen Kosten des Rechtsstaats*, Tübingen, 1970도 언급하였듯이 법치국가원리가 확장되어서 결정과정의 정치적인 평형유지가 곤란해질 수 있다는 것을 지적하지 않을 수 없다.

98) 편면적인 추상적 권리라는 사고형상도 이와 관련되어 있으며, 고도로 분화된 사회의 요청에 대응하는 것이기도 하다. 이에 대해서는 아래 539쪽에서 다시 언급한다.

적 법실무의 제약으로 전제되며, 법률에 의해 창설된 권리도 그로티우스(Hugo Grotius)까지 소급하는 법률적 기교[99])에 의해 그 금전가치에서 정치적·행정적 처분은 물론이고 입법적 처분까지 면제되며, 수용에 대한 보상으로 보호받게 된다. 게다가 사법의 정치적인 독립을 정점으로 하는 조직적·절차적 조처가 이루어진다. 이러한 조직적·절차적 조처는 공포가 (19세기 도이칠란트의 경우인) 군주적 행정부에 대한 공포인가, (20세기 도이칠란트의 경우인) 정당정치적 음모에 있는가, 또는 (아메리카합중국의 경우인) 사법을 포함하는(!) 관료제적 정부에 있는가에 따라 아주 다른 모습을 띤다.

그렇지만 결국은 법의 실정화에서 야기되는 위험과 파생문제는 사상적으로든 제도적으로든 완전히 파악될 수 없다. 진화적인 이행에서 전형적인 것처럼 여전히 사람들은 낡은 범주와 관습적인 사유의 전제조건 아래에서 그 주제를 사고하며 추구하고 있다. 여기에서 낡은 범주와 관습적인 사유의 전제조건은 자연법의 전제이다. 주권적 폭력의 남용이라든가 그 조처에 대한 보호와 같은 개념들은 자연법적 전제에서 비로소 그 의미를 갖는다. 새로운 실정적 법구조가 갖는 위험은 오로지 법 자체에서만 저지될 수 있는 것이 아니다. 이미 일반적이고 정합적으로 범례화된 기대는 생활영위를 위한 안정성을 보장할 수 없다. 사회와 법의 새로운 발전과 함께 이러한 불확실성은 증가하고 그 형식을 변화시킨다. 다른 사람에 의한 위해(危害)는 법의 형태로 더 많이 방어될 뿐만 아니라 허용되기도 한다. 위해는 이미 상당한 정도로 법 자체에서 생긴다. 그래서 위해에 대한 전선구축은 더 이상 불법에 대한 합법의 토대와 관련되는 것이 아니다. 그것은 법 자체에서 위험의 규제와 배분으로서 진행

---

99) 즉 권리의 성립근거에 관한 문제와 징수에 대한 보호 문제를 구별함으로써 그러하다. Hugo Grotius, *De iure belli ac pacis libri tres. II*, 14 § VIII, Ausgabe, Amsterdam, 1720, S.416.

된다. 법률은 변경될 수 있으나 오직 헌법의 테두리 내에서 또는 특별한 조건 아래서 가능하다든가, 계약은 해지될 수 있지만 특별한 사유가 있어야 하고, 권리는 박탈될 수 있지만 오로지 공공이익을 위해서 가능하고 보상해야 한다든가, 예측가능하고 전형적으로 손해를 끼치는 경향이 있는 행동은 허용되지만 그 결과 과실책임이 인정되지 않을 경우에 대해해 위해책임이 마련된다.[100] 그러한 규율의 중요성은 가중되고 있다. 침입자가 내 돈을 도둑질해가는 것은 여전히 생기지만 이것이 내가 거래하는 은행의 파산, 나의 실업, 내가 소속된 기초자치단체의 건설계획 변경, 내가 경영하는 공장의 파업, 또는 심지어 국민생활에 중요한 국가 공무원의 파업 등과 비교해 무엇을 의미하는가? 법적으로 허용되는 그러한 위협에 직면해서 확실성 문제는 재정의되고 다시 지각되어야 한다. 이제 더 이상 불법적 행위에 대한 안전, 권리보호가 문제되는 것이 아니라 합법적 행동에 대한 안전 그리고 그것과 함께 법 자체에서 법정책적 감독과 적응을 요구하는 서로 상반되는 복잡한 예방조치가 문제된다. 그러므로 오늘날의 법은 사람들이 옳다고 알고 있는 것에서 단순히 유래하는 그러한 도덕적 기대안정성을 확보할 수 없다.

두 번째의 문제도 첫 번째의 것과 같은 뿌리를 가지고 있다. 즉 법은 전근대적 고등문화 시대에 이미 단초에서 그러하지만 결정적으로는 근대에 복잡하게 되어 개개인이 그것을 더 이상 알 수 없다. 법률가의 전문지식마저 정상인의 관용적인 지식이라는 의미에서나 전문적인 특수화의 방향에서 벗어나 협소한 단편적인 영역으로 집중될 수밖에 없다. 즉 법관은 '팔란트'[101]를 참고로 하고 변리사는 세무사에게 조언을 구한

---

100) 위해책임이 일반적으로 승인되지 않는다는 이와 같은 근거에 대해서는 Niklas Luhmann, *Öffentlich-rechtliche Entschädigung rechtpolitisch betrachtet*, Berlin, 1965, S.139 f. 참조.

101) '팔란트'(Palandt)는 출판사 벡(C.H. Beck) 출간 도이치민법(BGB) 간

다. 법을 완전히 알지 못하는 것은 물론 오래전부터 있었던 현상이지만
102) 그것은 끊임없이 일상적인 것을 내포하고 있는 법문제의 해결에서
조차 예외가 아니라 원칙이 되고 있다. 이를 도외시하고 개인이 법지식
을 재고품으로 저장하면서 이를 계속 최신의 것으로 유지하는 것은 그
개인의 직분에서 자주 일정한 법률사건에 직면하는 경우가 아닌 한 더
이상 합리적일 수 없다. 소모하는 것이 거두어들이는 것과 비례하지 않
는다. 법적 문제에서 알지 못한다는 것은 피하기 어려울 뿐만 아니라 유
익하기도 하다. 이 경우 모든 법은 성문화되어 어느 정도 확립되어 있다
는 것이 전제되어 있다. 우리는 어떠한 상황에서 행동하기 전에 법적 가
능성에 대한 정보를 스스로 입수하는 것이 특별히 필요한가를 말해주는
일종의 도시적인 세련미를 신뢰할 수밖에 없다.103)

이주석서를 말한다. 이것은 나치시대인 1938년에 처음으로 발간되었고,
1949년부터 해마다 출간되고 있는 도이치법률가의 손도구와 같은 책이
다. 당초 '팔란트' 주석서는 나치시대에 일반민사법률실무에 국가사회주의
(Nationalsozialismus)적 이데올로기를 불어넣기 위해 BGB를 국가사회주의이
데올로기에 입각해서 재해석하고, 특히 1933년 이전에 출간된 유대적 기원을
가지고 있는 다른 BGB 주석서의 영향을 폐기하기 위한 불순한 의도로 출간되
었다. '팔란트'라는 이름은 프로이센주 사법시험청장이었으며 제3제국 법무
부국장 그리고 도이치법아카데미의 회원으로서 제3제국 시절 가장 영향력 있
는 나치 법률가의 한 사람이었던 오토 팔란트(Otto Palandt, 1877~1951)에서
비롯되었다. 사실 오토 팔란트는 '팔란트' 주석서 제10판의 첫머리의 서언과
서설만 썼을 뿐이다. 그래서 팔란트가 출판사 창립자로 오인되기도 한다. 주
석서 '팔란트'의 최초 편집자는 구스타브 빌케(Gustav Wilke, 1889~1938)였
는데, 초판이 출간되기 전에 자동차 사고로 죽었다. 백출판사는 제2차 세계대
전 후에도 마케팅상의 이유로 팔란트라는 이름을 계속 유지하고 있다고 하는
데 어쩌면 이것이 바이에른 지역의 보수적인 도이치 민족정서인지도 모르겠
다―옮긴이.

102) 예컨대 Pospisil, a.a.O. S.252 f.가 카파우쿠 파우아스족에 대하여 보여준 결론
을 보라.

103) 이와 같은 경향과 가능성이 사회에 분포하는 방식은 사회에 따라 아주 다
르고, 다른 변수들과 상관관계에 있을 것이다. 이 문제에 대한 조사연구는

앞에서 다루었던 위험은 광범위하게 법 자체에 수용되어 가공되거나 적어도 문제로 간주되어 완화되지만 법에 대한 불가피하고 합리적인 부지(不知)는 법 자체가 거의 알지 못하는 사실이다. 법의 부지는 용서받지 못한다는 오래된 원칙이 여전히 이의 없이 타당하다. 이 원칙의 포기는 거의 생각할 수도 없는 결과를 낳을 것이다. 그리하여 문제는 부지중에 총체적으로 얻은 신뢰와 자신의 특별한 생활상태에 따라 얻은 중요한 약간의 정보를 가지고 별 탈 없이 지내야 하는 개인에게 전적으로 전가된다. 이러한 해결책은 단지 법이 불안을 규제하는 전통적 기능에서 해방됨과 동시에 양심과 도덕적 존경의 문제와 연계를 벗어날 때만 용인될 수 있다. 이것은 우리가 앞에서[104] 법의 기능적 특화라는 관점 아래 언급한 주제이다.

인간이 인식할 수 없을 정도로 크게 요동치는 복잡성에 대면할 때 전형적으로 그렇듯이 단편화·총체화·중성화라는 방어전략이 도입되는 것이다. 그래서 선택지가 많은 사회에서는 **통속화** 전략이 세계에 대한 종교적 해석을 대신한다.[105] 실정법은 널리 퍼져 있고 변경될 수 있는 만

Leon Mayhew/Albert J. Reiss Jr., "The Social Organization of Legal Contract", *American Sociological Review* 34, 1969, S.309~318에서 볼 수 있다. 법률지식의 보급에 대한 경험적 연구에 관한 최근의 개관으로는 Adam Podgórecki, "Loi et morale en théorie et pratique", *Revue de l'Institut de sociologie*, 1970, S.277~293, 특히 278. f 참조.

104) 이 책 387쪽 이하.

105) 이와 같은 상호연관은 F. E. Emery, "The Next Thirty Years. Concepts, Methods and Anticipations", *Human Relations* 20, 1967, S.199~237(225 f.)에서 암시하고 있다. 인지적 기대영역에 대해서는 Robert E. Lane, "The Decline of Politics and Ideology in a Knowledgeable Society", *American Sociological Review* 31, 1966, S.649~662 참조. 법에 대해서는 이미 Jean Cruet, *La vie du droit et l'impuissance des lois*, Paris, 1908, S.219 ff.에서 법률의 도덕적 권위의 약화가 일반적이고 정상적인 현상인 것으로 평가되고 있다. 또한 Georges Ripert, *Les forces créatrices du droit*, Paris, 1955, S.171 ff.도 참조.

큼 그것은 통속적 법이다. 특정 수확연도에 사과의 폐기에 대한 보상청
구권을 확정하는 데에 이용되는 형식이 동시에 신성한 것을 표현할 수
는 없다. 그것이 예술품으로서 가치가 인정되지 않는 한 만들어진 것은
그 존재 자체에 근거가 있는 것이 아니라 제조과정에 그 근거가 있는 것
이다.[106] 물론 여기서 모든 법형식에 부여된 내용이 통속적이라는 것을
의미하는 것은 아니고, 살인금지, 결혼 또는 소유권 등에 대해서는 확실
히 그렇게 주장할 수 없을 것이다. 그렇지만 아마도 그러한 의미의 법적
성격이 통속적으로 되고, 그 의미내용 중에서 그것의 위치가 다른 기능
적 관계에서 생긴다는 것을 말한다.

　통속성이란 차이에 대한 높은 무관계성을 의미한다. 거의 모든 규정
은 개개인을 다른 개인과 동일시할 수 없을 때에는 의미가 없다. 그래서
개인은 법 자체를 자신의 것이라고 느끼는 것이 아니라 오로지 (다소간
법을 통해 방어되는) 자신의 규범기획, 청구권, 그리고 이해관계 속에서
자신을 재발견할 뿐이다. 이것은 본질적인 의미내용을 중요 부분에서 떼
어내지 않고도 필요할 때마다 소수자들의 이익을 기준으로 거의 부지중
에 규범을 교체할 수 있게 한다.[107] 법을 변경할 수 있는 한계는 사회적
으로 모든 사람이 같은 이해관계가 있는 친밀권(親密圈)에 있고, 정치적
으로 사회의 중요한 분야를 대표하는 거대조직들이 균형을 이루는 곳에

---

106) 이것은 Friedrich Carl von Savigny, *Vom Beruf unsrer Zeit für Gesetzgebung und
　　Rechtswissenschaft, Heidelberg, 1814, S.43에서 사비니가 "우리 눈앞에서 사
　　람의 손에 의해 창조된 것은 민중의 감정 속에서 항상 볼 수도 없고 잡을 수
　　도 없는 방식으로 생성되는 것과 구별된다……"(Was so vor unseren Augen
　　von Menschenhänden geschaffen ist, wird im Gefühl des Volkes stets von
　　demjenigen unterschieden werden, dessen Entstehung nicht eben so sichtbar
　　und greifbar ist, …)고 역설하였을 때 염두에 떠올린 것이다.
107) Robert A. Dahl, *A Preface to Democratic Theory*, Chicago, 1956은 이 점에 관해
　　민주주의 특징을 다수파의 지배가 아니라 다수에 대한 소수파의 지배로 성
　　격 규정할 것을 제안하고 있다.

있는 것이지 더 이상 법 그 자체의 법적 성격에 있는 것은 아니다.

법에 대해 취할 수 있는 가능하고 전형적인 입장이 이렇게 변형되어 개인의 심리적 체계도 법의 더 높은 복잡성을 수용할 수 있게 된다. 이러한 변형은 법의 실정화에 대한 개인의 적응에서 생겨나는 파생문제를 해결한다. 전체사회를 구성하고 있는 사회체계들에서는 다른 전환을 관찰할 수 있다. 즉 전체사회의 부분체계로서 자신의 고유한 기대를 범례화하는 방식의 전환이 바로 그것이다.

이 변화와 함께 나타나는 결과로서 많이 논의된 것이 '비국가적' 법의 증가이다. 특히 경제·노동·직업영역의 약관이나 규제약정, 기업내규 등이 폭증하는 것을 관찰할 수 있다. 이러한 것들은 입법자가 그것에 관여하지 않거나 폐해가 생기는 경우 예외적으로 관여하는 등의 방법으로 필요 시 규제를 보충하는 것이다. 이러한 2차적으로 생겨난 이들 법의 특수성을 순수하게 법학적으로만 인식하는 것은 어렵다. 그 특수성은 성립형식에 근거하는 것이 아니다. 간접적이긴 하지만 법률에 기초할 수 있어, 예컨대 계약자유나 소유권에 근거하고 있다. 그 특수성은 단지 특정상황, 특수한 역할 또는 특별한 사회체계에만 타당하다는 것에 있는 것도 아니다. 이것은 널리 제정법에도 해당한다. 이들 2차적인 법의 사회학적 성질과 함께 사회적 조건은 이들 법을 제도화하는 체계와 이들이 제도화되는 태양에 대해서 문제를 제기할 때, 이들이 관계하고 있는 객체에 대해서가 아니라 그것을 수용하는 주체에 대해 문제를 제기하는 때에 밝혀질 것이다.

사회체계의 수준에서 형성되어 참여한 모든 제3자에게 요구할 수 있는 법은 문제되지 않는다. 예컨대 어떠한 영업장 내의 금연이 (경찰의 규제대상이라는 문제가 되는 경우를 제외하면) 외부의 제3자에게도 규범적으로 기대된다고 기대할 수 없다. 오히려 정합적 범례화, 즉 이러한 법이 정당하게 만드는 것은 단지 전체사회의 부분체계 내에서만 수행된다.

그 결과 이러한 부분체계들의 성원만 행위자와 기대자로서 이들 기대의 규범성에 구속되고, 다른 사람들은 체계에 대해 단지 인지적인 태도를 보이며, 그 규범화에 학습적으로 적응하는 것에 불과하다.

비(非)사회적인 법(전체사회에 타당한 것이 아닌 법을 말한다——옮긴이)은 모든 분화된 전체사회 내의 부분체계에서 생성된다.[108] 그렇지만 그러한 법이 형성되는 방식은 전체사회의 구조와 발전상태에 독립적일 수 없다는 것을 인정해야 한다. 사실 현대 산업사회에 형성된 2차적인 법을 고대고등문화의 '가법'(家法) 혹은 중세의 '단체법'과 비교하는 것은 거리가 아주 멀다. 이러한 2차적인 법은 고도로 복잡하고 유동적인 사회에서만이 발달할 수 있는 특별한 기제, 즉 **공식조직**에 기초하고 있다는 것이다.

이러한 법형성의 전체사회적 선행조건과 마찬가지로 부분체계적 차원에서 법형성의 발전으로 달성되는 부담경감효과도 공식조직이 갖는 이러한 기제가 파악되어야만 이해될 수 있다.[109] 이러한 기제는 본질적으로 유동성, 엄밀히 말하면 가입과 탈퇴를 결정하는 데 유동성에 근거를 둔다는 점에서 특수한 현대적 특징이 있다. 조직에 의해 만들어진 법은 특유한 형식의 조건을 가지고 있다. 그러한 형식에 대한 승인이 가입결정과 탈퇴결정을 위한 조건으로, 즉 체계 내에서 구성원으로서의 역할을 인수하는 조건으로 정식화된다. 가입하는 사람은 체계 내에서 타당한 기대 및 그러한 기대의 변경에 관한 제도화된 조건들을 일괄적으로 준수해야 한다. (단지 가끔 위배하는 것이 아니라) 근본적으로 반항하는 자는 탈퇴해야 한다. 그러므로 부분체계의 법도 상정된 합의로서 수용되고, 그러한 합의는 구성원 자격을 유지하는 것으로 표현된다. 전체

---

108) 종종 '다원주의적' 법이론으로 명명되는 주제에 대해서는 이 책 262쪽을 보라.
109) 이러한 점 및 다음의 점에 대한 자세한 것은 Niklas Luhmann, *Funktionen und Folgen formaler Organisation*, Berlin, 1964 참조.

사회에서 부분체계의 법도 이러한 방식으로 실정화될 수 있으며, 이것은 정치적 과정을 통하지 않고도 그렇게 될 수 있다. 즉 그것은 단지 구성원 자격조건의 변경에 대한 승인도 요구하도록 하면 되는 것이다.

이미 전체사회의 수준에서 실정화를 통해 달성된 작용증대는 조직이 가진 이러한 기제에 의해 다시금 강화된다. 전체사회의 제도화와 정치적 통제라는 제한적 전제조건도 상실된다. 조직에 의해 부자연적인 기대도 상당한 정도로 정합적으로 범례화될 수 있다. 법의 자명성이라는 낡은 전제는 곧바로 그 반대로 전도된다. 그래서 실제로 필요에 따라 자명하지 않은 것이 기대가능하게 되는 것이다. 이로 인해 비로소 법에 대한 필요, 즉 규범적 행동기대의 정합적 범례화에 대한 필요는 기능적으로 분화되고 고도로 상호의존적 작용구성체의 유지를 위해 불가피할 만큼 충족될 수 있다.

이러한 기제도 그 나름의 특수한 위험과 파생문제를 가지고 있다. 19세기 공장과 20세기 카르텔에서는 사람들이 가입과 탈퇴의 형식적 자유가 있음에도 불구하고 임의적으로 특정한 행동기대의 조직적인 자기 정당성에 의해 어디로 갈 수 있는지가 분명해졌다. 이와 유사하게 부동 문자로 인쇄되어 있어 일괄적으로 승인되는 계약 서식에 근거를 두고 있는 수많은 세부규제에 대해서도 타당하다. 법형성에서 이러한 조직적 및 계약적 형식이 가진 절대적인 이점을 손상하지 않는 구제방법이 어디에 있는지는 별로 분명하지 않다. 법률가가 조직에 의해 만들어지는 그러한 법을 국가적으로 정당화하고 있는 (현행) 법제도를 재편하는 것, 즉 소유권과 계약에 대한 개인주의적 관념을 사회적 관념으로 전환하는 것을 고민하는 것은 자명한 것이다. 그러나 이러한 제안들은 법과 집행 절차를 불가피하게 복잡하게 만들어 쉽게 실패하고 말 것이다. 물론 국가적인 감독에서도 거의 희망이 없다. 더욱이 국가 자체의 운영에서 민주적 정당화라는 요청에 의해 방해받는다고 느끼지 않으면서도 조직과 규약에 의한 법형성이라는 같은 기법을 사용하고 있다. 따라서 그러한 법형성의 사회적 조건을 주목하고 그것에 대한 해결책을 찾는 것이 매우 효과적일 것이다.

조직에 의한 법형성은 유동성에 기초를 두고 있고 그것에 의해서 정당화된다. 즉 이러한 유동성은 형식적으로뿐만 아니라 실질적으로 만들어지는 것이 확실하다. 예컨대 직업노동의 부문에서 노동시장질서의 투명성, 완전고용정책, 실시가능한 기능양성제도의 준비 등이 그것이다.[110] 전체사회가 중앙집중적인 입법권을 가지고 있다고 하더라도 전체사회 자체는 조직에서 생성되는 부분체계의 법에 대해 책임질 수 없다. 전체사회 자체가 책임진다는 것은 법형성의 그러한 위임의 장점을 폐기하는 것을 의미하기 때문이다. 오히려 전체사회의 책임이 범례화되어야 한다. 이것은 조직에서 만들어진 개별규범에 개입하지 않는 것이 아니라 이러한 규범형성을 가능하게 하고 동시에 수용가능한 한계 내에 유지되는 사회 내부적인 유동성에 개입하는 것을 말한다.

이러한 고찰에 의하면 여기서는 전체사회의 아래 있는 체계수준에서 법의 실정화로 사회적 복잡성의 새로운 단계가 이룩되었다는 것, 즉 전통적인 법말씀론 같은 낡은 해결모델에서는 부적절하다는 것을 새삼스럽게 배운다. 이러한 문제는 또 하나의 다른 차원을 얻는다. 조직에 의한 법형성의 불가피성과 위험성은 소유권의 처분제한, 계약의 구속력제한, 계약해지통고의 보호 등과 같은 방법으로 해결될 수 있다는 사고를 파괴한다. 전체사회와 그 법이 고도의 복잡성을 가지고 있으며 수많은 다른 가능성이 사용될 수 있다는 것이 더 새롭고 강하게 범례화된 문제해결책을 제도화하는 데에서 기초되어야 한다. 이러한 상황에서 법정책

---

110) 사적 규범화에 대한 대항력으로서의 시장에 대해서는 Lawrence M. Friedman, "Legal Rules and the Processes of Social Change", *Stanford Law Review* 4, 1967, S.786~840(806) 참조.

적으로 중요시해야 하는 것은 정적 안정성보다는 동적 안정성이며, 기존 법에 대한 기본 저장소의 보호, 즉 현상(status quo)유지보다는 오히려 다른 가능성에 대한 접근을 충분히 분산시키는 것이다. 노동시장의 동요가 기업 내부의 '도덕'에 대해, 즉 기업경영자의 규범기획의 관철가능성에 대해 갖는 의의는 앞에서 본 것처럼 자연적인 실험에서와 같이 유토피아적인 제언이 아니라는 것을 보여주고 있다.

7. 정당성

하나의 불확정적이고 결정의존적인 기대구조에서 법이 점증하여 결국에는 완전히 재편되면서 법의 구속력에 관한 문제가 새롭게 제기되지 않을 수 없다. 이러한 주제에 대한 사고의 발전은 '정당성'이라는 표제 아래 이루어졌다. 그러나 이러한 사고의 발전은 결정에 구속력을 부여하는 특별한 기제에 대한 해명 없이 이루어진 것이다. 정당성의 개념은 중세적인 뿌리를 가지고 있고, 처음부터 하나의 법적 개념이었다. 이것은 지배의 계승과 관계가 있으며 불법적인 찬탈과 폭정의 방어에 기여했다. 그 개념은 19세기에 자연법의 해체로, 더 자세히 말하면 새로운 지배의 정당화와 부당한 권력이양의 법적 구성이라는 심각한 문제에 직면해 붕괴하였다. 이러한 문제를 법적으로 해결한다는 것은 불가능한 것으로 증명되었다.[111] 그 결과 순전히 사실적인 기초 위에서 개념을 새롭게 구성하게 되었다. 즉 정당성이란 처음에는 정치적 지배의 순수한 사실성과 동일하게 정하였다가 오늘날 지배적인 정의는 법의 유효성이나 구속력 있는 결정이 의거하는 원리와 가치의 유효성에 관하여 사실적인 확신이

---

111) 이것을 특징적으로 보여주는 것으로는 Friedrich Brockhaus, *Das Legitimitätsprinzip. Eine staatsrechtliche Abhandlung*, Leipzig, 1868 참조.

널리 유포되었음을 의미한다는 것이다.[112]

그러나 제도화과정에 대한 우리의 분석에 의하면 그러한 확신은 사실적 · 의식적인 것으로서 언급할 만큼 널리 유포될 수 없다는 것이 나타난다. 그러므로 정당성 개념은 다시 정의되어야 한다. '확신'이라는 개념징표는 경험적으로 확인할 수 있는 사실이라는 주장으로써 매우 복잡하게 뒤엉켜 있는 구조연관을 은폐하고 있다. 더 자세히 말하면 그것은 변화가 법의 실정화에서 생긴 결과로 추정될 수 있도록 하는 구조적 관련성을 은폐한다. 그러므로 이러한 개념적 기초 위에서 순수한 합법성의 정당성에 관한 문제에 대하여 만족할 만한 답을 발견할 수 없다는 것은 놀랄 일이 아니다.[113] 따라서 우리는 확신이라는 개념징표를 해소하고 목

---

112) 특히 Georg Jellinek, *Allgemeine Staatslehre*, 3. Aufl., 6 Neudruck/Darmstadt, 1959, S.285, 332 ff.; 또다른 법률가의 논의로서 Hans Welzel, *An den Grenzen des Rechts. Die Frage nach der Rechtsgeltung*, Köln/Opladen, 1966; 사회학적 · 정치학적 논의에 대해서는 Max Weber, *Wirtschaft und Gesellschaft*, Köln/Berlin, 1964, S.22 ff., 157 ff.; Johannes Winckelmann, *Legitimität und Legalität in Max Webers Herrschaftssoziologie*, Tübingen, 1952; Leonard Binder, *Iran. Political Development in a Changing Society*, Berkley/Los Angeles, 1962; Carl J. Fredrich, *Man and His Government*, New York/San Francisco/Toronto/London, 1963, S.232 ff.; David Easton, *A Systems Analysis of Political Life*, New York/London/Sydney, 1965, S.278 ff.; 이와 달리 확신보다는 사회적 타당성에 기준을 맞추고 있는 것으로는 Peter Graf von Kielmansegg, "Legitimität als analytische Kategorie", *Politische Vierteljahresschrift* 12, 1971, S.367~401 참조.

113) 베버의 주제인 합리적 · 법적 정당성에 대해서는 특히 그것이 이와 같은 문제를 단지 정식화할 뿐이지 이것을 해결할 수 있는 사회적 기제를 제시해 주는 것은 아니라는 것이 주장될 수 있다. 이 점에 대해서는 Peter M. Blau, "Critical Remarks on Weber's Theory of Authority", *The American Political Science Review* 57, 1963, S.305~316(311); Easton, a.a.O., S.301 f.(Anm.); Walter F. Buckley, *Sociology and Modern Systems Theory*, Englewood Cliffs/N. J., 1967, S.197 f.의 비판적인 언급 참조. 법준수(legal compliance)에 대한 사회심리학적 논급 (Daniel Katz/Robert L. Kahn, *The Socal Psychology of Organizations*, New York/London/Sydney, 1966, S.341 ff. 참조) 자체는 만족할 만한 문제해결을 아직 보여주고 있지 않으며 거의 문제해결에 침묵하고 있다.

적달성을 위해서 출발점으로 삼은 법형성의 원초적인 문제와 그 과정에 관한 고찰로 되돌아가야 한다.

사회적으로 지지되는 기대형성의 문제와 이 문제의 해결은 사람들이 다른 사람들의 불확정적인 기대를 기대할 수 있어야 하고, 기대할 수 있다는 것에 근거하고 있다. 기대를 기대하는 것은 개별 상황에 따라 상호작용하는 사람들에게 뿐만 아니라 현실적으로 함께 행위하지도 않고 체험하지도 않은 제3자에게도 미치게 된다. 그렇지만 기대는 제도화의 기제를 통해 그 기대가 지금 일치하든 그렇지 않든 제3자의 기대와 관련해서 형성되는 것이다. 상황에 관여하고 있는 사람들은 제3자가 그들에게 기대하는 바를 상정하고 있다. (또 그들은 제3자가 그들에게 기대하는 바를 상정하고 있다는 것을 서로 기대하고 있기도 하다.) 제3자가 이러한 기대를 처리하고 정식화하며 경우에 따라서는 변경까지 할 수 있는 대변인에 의해 상징화되는 때에는 제3자의 기대에 대한 이러한 기대가능성이 문제가 된다. 그렇게 되면 이전에는 단지 상징적인 현실에 불과했던 것을 의사소통행위에서도 파악할 수 있게 된다. 의사소통행위는 제도와 같은 구속력을 요청한다. 이때부터 그러한 구속력을 가진 결정을 내리는 의사소통행위의 정당성이 문제가 된다. 이 문제는 비록 그것이 명백한 것처럼 보인다고 할지라도 그 결정이 제3자의 진정한 의견과 일치하고 있는가라는 방식으로 제기되지 않는다는 것이다. 이 문제는 제도화라는 기제의 재편성으로 제도적으로 표현되어야 한다.

단순한 제도는 규범적 기대의 단절이 없는 연쇄로 성립한다. 즉 직접적 참가자들은 어떠한 규범적 기대를 제3자가 그들에게 하고 있는지를 규범적으로 확고하게 기대하고 있다. 직접적 참가자들 스스로가 무엇을 기대하고 있으며 또 어떻게 행위해야 하는지가 그들로부터 기대되어야 한다. 그렇게 연속적인 규범적 구조에서 기대자 모두는 규범에 대해 공동의 입장에 서 있다. 군주나 심지어 신조차도 법에 대하여 피지배자와 동일한 지위에 서 있다. 개인으로서 이러한 기대맥락에서 이탈하는 자는 잘못된 것으로 기대되고 비난받을 행위를 한 것이 된다. 이러한 단순한 해결은 법에 불확정성과 변경가능성을 구축함으로써 근본적으로 바뀌게 된다. 제3자의 대표행위가 집중화되고 구속력 있는 결정가능성을 가진 기관으로 편성되면 다른 사람들은 그 상황에 대한 참여자이건 다른 제3자이건 배워야 하는 상황에 처하게 된다. 그들은 결정되고 전달되고 변경되는 것에 대비하는 것을 학습해야 한다. 변화가능성의 구축은 법적 학습가능성의 구축, 즉 구축을 1차적인 규범적 기대구성체에 인지적인 기대구조의 구축, 더 자세히 말하면 인지적으로 규범화된 기대구조의 구축을 요구하고 있다.

법이 실정화될 때에는 결정자만 학습할 것을 학습해야 하는 것이 아니다. 결정수용자도 그렇게 해야 한다. 결정자의 학습은 본 장의 4절과 5절에서 이미 다루었다. 거기에서 결정과정에서 법에 대한 상이한 태도가 병존적으로 제도화되어야 한다는 것이 명백해졌다. 관련자와 그외의 제3자는 그것에 보충적이지만 완전히 다른 종류의 학습상황이 생긴다. 즉이 학습상황에서 결정은 수용이라는 기대에 의해 정당화된다. 합법성에 대한 정당성은 이러한 두 학습과정의 통합이다. 이러한 정당성은 위와 같은 이중적 방식으로 학습된다는 것, 즉 분화된 학습이 규범적 기대에 관한 결정과 수용을 규제한다는 것이 상정될 때 제도가 된다. 즉 합법성에 대한 정당성은 타당성요구의 진실성이 승인되었다는 것을 나타내는 것이 아니라 조화된 학습과정, 즉 결정자가 스스로 학습할 수 있기 때문에 결정수용자는 규범적으로 구속력 있는 결정의 기준에 따라 기대하는 것을 학습한다는 것을 의미한다.

문제를 이렇게 파악하게 되면 몇 가지 상호연관성이 분명해진다. 무엇보다 민주주의와 정당성이 서로 연관되어 있는 현상이라는 것이다. 두 개념은 학습의 필요성이 규범적 기대영역에 도입된다는 것을 보여준다.

양자는 인지적 태도의 구축에 의한 법의 기저적 불안정화와 위험증대에 기초를 두고 있다. 그러므로 민주주의와 정당성에 대한 통상적인 이해에는 의문이 증폭하고 그 신뢰성이 파괴되어 논거가 보충되어야 한다. 민주주의는 자체로서 하나의 가치이든, 그것이 모든 결정을 정당화할 수 있는 원리이든 간에 민주적으로 학습하는 정치는 그것만으로 아직 결정을 충분히 정당화할 수 있는 것은 아니다. 정치의 학습상황은 결정을 받는 상대방의 학습상황과 전혀 다르다. 전자는 만족하든 실망하든 주어진 결정에 대비해야 하는 것인데 반해 후자는 아주 복잡하고 열려 있으며 상대적으로 기대위배로부터 자유롭다. 게다가 정치의 민주적 결정과정에는 결정을 받는 사람들이 학습하였다는 것, 즉 그들이 추가적인 기대와 행동의 전제로서 결정을 수용하였다는 것을 상정할 수 있는 기구가 추가되어야 한다. 정당성의 제도적인 측면은 가치의 도출이나 의식적인 합의에 대한 현실적 보급이 아니라 수용을 전제하는 것에 있다. 여러 갈래로 나누어진 문제를 더 정확하고 중요도에 따라 정식화하면 다음과 같다. 즉 결정자에 의해 규범적 기대로 전달되는 것에 대해 결정수용자가 인지적으로 대비한다는 것이 임의의 제3자에 의해 규범적으로 기대된다는 것을 전제할 수 있는 경우 그 결정은 정당한 것이다.

어떻게 그러한 상태가 달성될 수 있는가를 더 자세히 알기를 원한다면 개인의 수용행위와 수용행위의 가정은 구별되어야 한다. 개인의 수용행위는 구체적인 과정으로서 오직 심리학적으로 설명될 수 있고, 고도로 분화된 사회에서는 그것이 곧바로 제도화된 기대의 기초가 될 수 없다. 특히 이것은 개인이 기대위배를 극복해야 하는 상황에 해당하고 알다시피 개인으로서 예상할 수 없는 것이다. 다툼이 있는 모든 결정에는 전형적으로 학습준비조차 갖추지 못한 평균 50퍼센트의 기대위배를 당한 자가 생기게 마련이다. 그럼에도 어떻게 위와 같은 개연성에 반하여 결정수용자가 학습한다는 것을 전제할 수 있겠는가?

이것을 수행하는 기구는 물리적 폭력을 상징적으로 범례화하는 작용과 절차에 대한 관련자의 참가라는 두 가지 보완적인 기제에서 나올 수 있다.

통상적인 견해와는 반대로 물리적 폭력과 합의 내지 물리적 폭력과 정당성을 서로 대립시킬 것이 아니라 서로 배제하는 것으로 파악해야 한다. 이미 경험적으로도 양자는 분리될 수 없다. 우리는 이미 앞에서(제2장 7절) 물리적 폭력이 법을 재현하고 법적 신뢰를 확고하게 하는 요소로서 법에 가까이 있다는 것을 강조했다. 이것은 그 형식이 변형되었다고 하지만 실정법에 여전히 타당하다. 실정법에서 물리적 폭력은 절차로서 타당한 법을 상징하는 결정절차에 그 표현기능을 양도하지만 그것은 (비록 보충이 필요하다고 하더라도) 필수불가결한 정당화 인자로 남는다.[114] 물리적 폭력은 앞[115]에서 언급한 구조적 독립성이라는 이점 외에 성과를 예견할 수 있는 높은 확실성이라는 장점도 가지고 있다. 물리적 폭력의 '부담한계'는 높고 쉽게 추정할 수 있다. 이것은 관철되어야할 결정, 결정수용자의 상황과 동기구조에 대한 자세한 지식이 없더라도 결정수용자가 승산이 불투명한 투쟁을 하지 않고 이의 없이 우월적인 물리적 폭력에 복종한다는 것을 상정할 수 있다는 것을 말한다. 여기에서 중요한 것은 그렇게 고도로 범례화될 수 있다는 상정이다. 제3자가 결정과 관철상황에 대한 더 자세한 정보를 얻는다는 것은 더 이상 기대할 수 없고, 그렇게 추정하는 것은 더 이상 설득력이 없다. 그러므로 제3자가 기대한다는 점에서 기대는 모든 사람이 그때그때 결정수용자가 물리적 폭력에 복종한다는 것을 기대한다는 일반적인 가정에 근거해야 한다. 달리 표현하면 모든 사람이 아무도 반란을 일으키지 않는다는 것을

---

114) 이것은 동시에 조건프로그램이 강제적으로 관철가능한 작용에 관해 전문화된다는 383쪽 이하에서 주장되는 주제를 위한 근거가 된다.
115) 이 책 232쪽 이하.

기대하는 기대에 근거해야 한다는 것이다.

그렇지만 통상 결정의 원활한 소통을 보장하는 이러한 총괄적인 기대가 반드시 우월한 물리적 폭력의 준비에만 근거하는 것은 아니다. 물리적 폭력이라는 하나의 기제만 분리해서 사용된다면 극도로 불안정한 공포체제에 이르게 될 것이다. 그것은 공포에 대한 공동관심사를 제기할 가능성을 유효하게 배제할 수 없기 때문에 불안정하다.[116] 그러므로 구속력 있는 결정에 대항하는 제3자의 기대가능한 이익을 확고하게 하는 것을 방지하는 장치가 첨가되는 것이다. 여기에 법률적으로 규제되는 절차, 특히 정치적 선거, 입법절차와 사법절차의 본질적인 기능이 있다.[117]

앞에서 이미 간단하게 설명했듯이[118] 절차는 구속력 있는 결정을 획득하기 위해 단기적이고 잠정적으로 구성되는 특수한 종류의 사회체계이다. 이러한 기능을 위해 절차는 일반적인 사회적 역할연관에서 다소간 폭넓게 분리된다. 절차를 정당화하는 기능은 이러한 역할구분에 근거하고 있다. 절차에서 참여자는 선거인, 국민대표자, 원고, 피고, 신청자, 청문회주관자 등으로서의 특수한 역할을 갖고 있다. 그 역할에 관하여 그들은 절차체계의 규칙준수 아래에서만 자유롭게 행동할 수 있고 직접적으로 남편, 사회학자, 노동운동가, 의사로서 행동하는 것이 아니다. 그래

---

116) 그 밖에 테러의 유효성은 상징적 일반화에 근거를 두고 있는 것이지 물리적 작용의 물리적 유효성에 근거를 두고 있다는 것이 아니다. 많은 문헌 중에서 특히 Thomas P. Thornton, "Terrors as a Weapon of political Agitation", in: Harry Eckstein(Hrsg.), *Internal War. Problems and Approaches*, New York/London, 1964, S.71~79 참조.

117) 이 점 및 아래의 점에 대해 자세한 것은 Niklas Luhmann, *Legitimation durch Verfahren*, Neuwied-Berlin, 1969; 이에 대한 상세한 비판으로는 Josef Esser, *Vorverständnis und Methodenwahl in der Rechtsfindung*, Frankfurt, 1970, S.202 ff.; Hubert Rottleuthner, "Zur Soziologie richterlichen Handelns(II)", *Kritische Justiz*, 1971, S.60-88(69 ff.) 참조.

118) 이 책 274쪽 이하.

서 그들의 행동은 일상생활의 자연적 상호연관에서 이탈한다. 그들의 고유한 다른 역할은 그 절차적 역할을 통해 중립화되고 정당하게 어떠한 '주제'와 심리 대상이라는 형식으로 절차에 진입될 수 있다. 의사소통적인 결정의 발견에 대한 이들의 의사소통적 기여는 자유롭게 선택된 행동으로 분류되어, 즉 개인적인 것으로서 그들에게 귀속된다. 동시에 그러한 기여는 절차체계의 규칙과 요청에 의해, 말하자면 결정에 수용되지 않을 가능성을 제거해서 복잡성을 감축하는 성질에 의해 규제된다. 그러므로 참여자는 절차의 진행과정에서 어떠한 결론도 정해지지 않았다는 관점에서 그들의 지위를 특화한다. 그리하여 그들의 관심사는 결국 더 이상 단지 제3자만의 관심사로 볼 수 없게 된다. 그들의 관심사는 모든 사람들의 기대에 대치하는 견해와 이익으로서 상정되고, 어떤 경우든 진리나 자명한 공동선(共同善)으로 상정될 수 없게 된다. 참가자는 절차에서 자신의 입장표명을 하는 것에 의해 다시금 개인으로 존재한다. 개인은 그의 견해와 이해를 명확히 하고 그의 지위를 고유의 것으로서 자발적으로 확립하므로 그 자신의 사안을 위해 제3자의 기대와 행동에 대한 효과적인 형성을 유동화할 기회를 거의 얻지 못한다. 그러면 마치 결정이 참여자에게 지향된 제3자의 기대를 대표하는 것처럼 될 수 있다. 그리하여 절차는 물리적 폭력이 발동되기 전에 갈등주제를 특화해서 반항하는 자를 개인으로 고립시켜 비정치화되도록 하는 것을 목표로 하고 있다. 절차는 물리적 폭력과 함께 범례화 기제와 특화 기제의 조합을 형성한다. 이러한 조합이 법적 결정을 정당화하는 것을 담당한다.

절차에 의한 정당화가 갖고 있는 이러한 공통적인 사항은 아주 다양한 절차의 상호연관 속에서 실현된다. 이들 절차는 서로가 서로를 전제로 하고 감축되어야 하는 복잡성의 정도와 이들 절차가 남겨놓은 상호관여의 정도에 따라 구별된다. 정치적 선거의 절차는 구속력 있는 결정에 대한 정치적 지지도의 추정치를 산출한다. 여기에서 역할 중립화는 단지 약간의 대안에 대한 긍정과 부정만 허용하는, 즉 어떠한 합리적인 이익확장도 인정하지 않는 형식주의에 의해 실현된다. 사전에 예시된 계획에 대한 형식적 지지에 자기구속의 기초가 있다. 그러한 계획을 구속력 있는 프로그램이라는 형식으로 전환하는 것은 그때그때 개별프로그램에 대해 충분한 정치적 합의가 추구되는 입법절차에서 달성된다. 이러한 절차는 법적으로 가능한 것을 정치적으로 가능한 것과 통합한다. 즉 기존의 법질서에 채택할 수 있는 것을 정치적 지지의 이동가능성에 의해서 충족되는 것과 통합한다. 여기에서 역할중립화는 공공이익을 공적으로 설시하는 강제로써 실현되고, 나아가 스스로 정치적 행위자로 이해하는 자만 협력자로 허용하는 절차의 집중화에 의해 실현된다. 마지막으로 사법절차에서는 결정절차가 사건단위로 구체화되고 이의(異議)의 흡수는 결론에서 도출된다. 여기서는 결정프로그램에 의해 이미 대폭 감축된 약간의 복잡성이 견해와 이익을 미세하게 전개되도록 하여 폭넓은 정치적 파문을 일으킬 수 없다. 즉 여기서는 두 당사자 사이의 특별한 사실적·법적 문제만 항상 고려대상이다. 다만 예외적으로 법원의 결정에 대한 불만이 다시금 범례화되어 선거 기제와 입법이라는 정치적 경로로 되돌려진다. 이 모든 영역에서 절차적 이념을 실현하는 것과 그 실현가능성의 정도는 아주 크게 동요하며──유권자의 무관심 또는 오늘날의 민사소송을 상기하라──그때그때 결정유형의 정당화 필요성과 일치되어야 한다.

범례화와 특정화, 체계규제와 자유, 복잡성과 감축, 역할의 중성화와 자기연루(自己連累)라는 다양한 상황 사이의 상호작용 속에서 우리는 구속력 있는 결정에 환멸을 느낀 사람들이 제도화된 합의에 이의를 제기할 수 없고 다만 배워야 한다는 일반적인 인상을 얻게 된다. 참여를 통해서 스스로 절차에 복종하게 한다는 절차의 수사학(Rhetorik)은 이러한 인상을 규범으로 강화한다. 이러한 방식으로 **모든 결정 대상자**는 인지적으로 학습준비를 갖추면서 구속력 있는 결정이 규범화하는 것에 적응한다는 것을 제3자가 규범적으로 기대한다는 것에 대해 이의없이 기대한다는 것을 개개인에게 시사한다. 이것이 법의 정당성 구조이다. 그것은 규범적 기대에 대한 인지적 기대를 규범적으로 기대한다는 인식적/규범적 기대의 혼합이다. 기대구조를 그렇게 분석할 때에 비로소 그것이 얼마나 많은 전제 아래 구축되는가, 장애·갈등·공연한 이견 또는 명료한 불신에 의해 얼마나 다양하게 위태로울 수 있는가, 그리고 동시에 이러한 위험이 기대형성의 모든 수준에 동시에 생기는 것은 아니므로 얼마나 안정적인가 등이 밝혀진다.

우리는 이러한 고찰에서 정당성의 개념이 사회체계의 수준에서, 여기서는 전체사회의 수준에서 정의되어야 하고 순수하게 심리적 범주에 의해서 이를테면 규범이나 가치의 내면화로서 또는 그러한 내면화의 총체로서 충분히 파악될 수 없다는 것에 주목했다. 그래서 일정한 심리적 기제가 실제로 존재한다거나 그것이 사회적 체계에 대해 의의를 가진다는 것에 관해서는 다투지 않지만 실정법을 가진 고도로 분화된 사회에서 법의 정당성은 특정한 심리적 동기구조가 그 기능을 담당한다는 사실에 의존하지 않을 것이라고 주장할 수 있을 것이다. 근대 이전의 사회에서는 사회적인 구조와 심리적인 구조가 거의 분화되지 않았을 것이다. 이러한 사회의 법은 그 규범내용 또는 적어도 불변적인 기초에서 상대적으로 구체적이지만 전반적으로 애매한 심리적 구조에, 이를테면 아래에서 다루고 있는 확산된 역할고려의 기제 또는 그 이후의 내면화와 강제에 근거할 수 있었다.[119] 그와는 반대로 근대사회에서는 인격구조가 더 강하게 개별화되고 또 법의 규범적 결정에 대한 전제조건이 심하게 변동하게 되어 심리적 구조와 사회적 구조가 더 강하게 분리되고 상호 무

---

119) 이 책 473쪽 이하.

관하게 되었다.[120] 그리하여 상호관계가 더 복잡하게 되었고 또 양측에서 서로 회피와 조정의 가능성이 더 많이 요청되었다. 규범적 기대의 학습과 재학습은 통상보다 더 많이 요청되고 심리적으로 달성되어야 한다는 것은 의심의 여지가 없을 것이다. '분리'는 모든 상호관계의 해체가 아니라 타방에 대한 그때그때 적응전략적 선택에 의한 무관련성이다. 그러나 개인이 자신에게 실망을 주는 구속적 결정을 자기 행동의 전제조건으로 배우면서 인수하는 방식은 더 이상 전체사회적으로 사전에 제시된 것이 아니라 개인 자신이 불안정한 상태에서도 새로운 기대구조로 넘어가기 쉽도록 자신의 심리적 유연성과 친밀집단에 맡기는 것이다. 앞에서 실정화의 결과로 다룬 법의 통속화는 여기에서 많은 도움이 될 것이다. 부정적이지만 행위 비효율적인 전형적인 '정치인' '세무서' '사법부' 등은 같은 문제에 대한 다른 해결책이다.

이상의 검토를 되돌아보면 고전적인 정당성이론과 뚜렷한 차이점이 분명해진다. 그 결과 정당성개념을 계속 사용하는 것이 의문시될지도 모른다. 이 차이는 첫째, 정당성개념이 갖는 근본 규범과 가치 또는 그 규범과 가치의 효력에 대한 확신의 현실적 보급과의 관계가 단절되고, 그것이 기능화되어 효력신앙에 대한 의문이 가변적인 것으로 취급된다는 것에 있다. 둘째, 이와 같은 차이점은 이렇게 기능적으로 파악된 정당성개념이 정치적 체계에 의해 사전적으로 주어진 논거와 가변성의 제한이 아니라 정치적 체계 그 자체의 작용을 나타낸다는 데 있다. 물리적 폭력의 적용에 관한 결정의 독점화와 절차의 운용이 정치적 체계의 작용이

---

120) 이에 일치하는 견해는 '사회화'(Sozialisation)의 이론에 대한 최근 기여에서도 유지되고 있는 것 같다. 예를 들어 Dennis Wrong, "The Over-socialized Conception of Man in Modern Sociology", *American Sociological Review* 26, 1961, S.183~193; Howard S. Becker, "Forms and Functions of Adult Socialization", *Social Forces* 44, 1965, S.35~45 참조.

다. 정치적 체계는 구속력 있는 결정의 원활한 흐름에 의해서 고유한 정당성을 조달한다. 정치적 체계는 자체를 정당화하는 것이고 그래서 이러한 점에서 여전히 비판할 수 있게 된다. 그렇게 되면 비판은 더 이상 정치체계가 사전에 주어진(정치적으로는 책임지지 않는) 규범의 테두리 내에 남아 있는지에 대한 음미형식을 갖는 것이 아니라 정치적 체계 자체적으로 제도화된 그런 방식에서 학습을 가능하게 하고 또 제도가 될 수 있는지를 묻게 된다.

이러한 재구성은 정당성개념이 초기에 등장하여 일정한 사회현실에 상응하게 되었던 그 형식과 관련된 것이지 사회구조적으로 조건지어진 그 문제와 관련된 것이 아니다. 즉 이러한 재구성은 정당성 개념에 기초하고 기능적으로 분화된 모든 사회의 영속적 문제로서 해결되어야 할 문제, 즉 인지적 학습과 규범적 기대의 재학습문제와 관련된 것은 아니다. 법이 실정화되는 만큼 규범의 효력형식이나 규범의 효력에 대한 사실적 믿음형식이라는 측면에서 이러한 문제가 본질적으로 이미 해결된 것으로 간주될 가능성은 상실된다. 그 해결에 대한 책임은 인수되어야 하고, 그 책임은 오직 정치적 체계만 인수할 수 있다. 정당성개념에 대한 고전적인 파악은 법의 실정화가 미치는 전(全) 범위를 은폐하고 전환시키는 기능이 있다. 법의 실정성이 인식 가능한 실체가 된 후에는 정당성 개념도 그것에 적합하게 되어야 한다. 즉 정당성개념은 그 기능에서 정의되어야 한다. 이것이 사실상의 법관철(8절)과 법적 결정과정의 통제 기능(9절)을 (그리고 오로지 위계질서 내부의 문제로서가 아니라) 포괄적으로 충분하게 다룰 수 있기 위한 하나의 전제조건이다.

8. 실정법의 관철

실정법의 완전분화와 특정화에 의해 야기된 일련의 결과 중 특별히 주목받는 것이 하나가 있는데, 무엇보다 법학적·규범주석학적인 견지에서 적절하게 주장되지 못하여 법률가들에 의해 지배된 입법실무에서도 등한시되기 때문이다. 그것은 법의 실정화와 더불어 입법적 결정을 실행할 때에 어려움이 증가함과 동시에 그 어려움의 중심이 이동한다는 것이다.

일반적으로 법의 준수 내지 준수율과 관철 내지 관철률을 구분한다. 여기에서 우리는 규범에 적합한 행위가 이루어지는 경우 그러한 한에서 준수라고 하고, 규범에 적합하지 않은 행위가 법의 유지 또는 법에 적합한 상태로 복구하기 위해 특별한 활동을 하는 경우 그러한 한에서 관철이라고 하고자 한다. 그러니까 관철은 준수가 아니고 그 자체로 다시금 규범을 준수할 수도 있고 준수하지 않을 수도 있는 다른 종류의 행위이다. 준수율을 위해서는 기대되는 관철이 가장 본질적인 결정변수의 하나이다. 법준수에 관한 충분히 복잡하고 경험적으로 확증된 이론이 우리에게 없다.[121] 그래서 아래에서 우리는 법관철의 조건에 대한 논의를 더 잘 개관하는 데에 그치고자 한다.

고려되어야 할 점은 모든 법체계에는 형식적으로 효력있는 법 또는 언어적으로 표현된 법관념이 가진 상당히 높은 비관철률이다. 달리 말하면 이것은 법관철을 걸러내는 기제를 고려해야 한다는 것이다. 이에 관하여 원시사회에서나 고도로 문화화된 사회에서나 제도의 관점에서 개관할 수 있는 비교적 간단한 형상을 그릴 수 있다.[122] 실정법을 가진 근

---

121) 법준수와 제재의 관계에 대한 최근의 저술 중에서 예컨대 Richard D. Schwartz/Sonya Orleans, "On Legal Sanctions", *University of Chicago Law Review* 34, 1967, S.274~300; William J. Chambliss, "Types of Deviance and the Effectiveness of Legal Sanctions", *Wisconsin Law Review*, 1967, S.703~719; Charles R. Tittle, "Crime Rates and Legal Sanctions", *Social Problems* 16, 1969, S.409~423; Troy Duster, *The Legislation of morality. Law, Drugs, and Moral Judgment*, New York/London, 1970, 특히 S.23 ff. 참조.

122) 이것을 증명하는 좋은 예로서는 Leopold Pospisil, *Kapauku Papuans and Their Law*, New Haven, 1958; Sybille van der Sprenkel, *Legal Institutions in Manchu*

대사회는 관철률의 의문에서 전근대적 사회와 거의 비교가 되지 않는다. 본질적인 분명한 차이는 법적 구성요건의 큰 다기성과 사안별로 법관철을 좌우하는 사회적 상황 및 기제의 커다란 다양성에 있다. 옛날과 달리 법제정이 곧바로 법관철이 아니듯 사회학적으로 볼 때 법이 관철될는지 여부가 '죄' 또는 '우연'의 문제는 아니다.

통상적인 견해에 따르면 정립된 법관철은 서로 보완하는 두 개의 요소, 즉 합의와 강제력에 의해 지지된다. 그렇지만 합의란 동의하여야 할 의미내용을 알고 있을 때만 얻어질 수 있다. 그리고 강제력은 강제력을 행사할 수 있는 자가 위법행위를 알 때만 발동될 수 있다. 그러므로 두 가지 점에서 정보문제가 사전에 연계되어 있다. 거기에 다양한 종류의 동기부여문제가 연결된다.[123] 정보에 대해 주의를 기울이는 것에 이미 동기부여가 있어야 하고, 정보를 계속 전달하는 것과 정보에 근거해서 결론을 끌어내고 행동하는 것에도 동기부여가 있어야 한다. 규모 및 주제와 사람의 다양성이 증대하면서 정보문제와 동기부여문제가 비중을 얻고 그것이 정치적 지배의 고전적 문제를 이른바 제왕적 지위에서 끌어내린다. 동시에 새로운 법률의 시행에서 정보의 곤란은 중심 문제가 되기 때문에 그 외의 모든 문제는 상대적으로 뒤로 물러나게 되고 입법에 대한 관철 성공은 실제적으로 정보문제가 된다. 이러한 논제는 더 자세히 논의하여 나머지 동기부여문제와 관련시켜야 한다.

정보이론과 정보공학에 널리 유포된 언어관용과 구별하여 여기서는 '자료'와 '정보'를 엄격히 구별해야 한다. 의미내용이 현실로 의식에 수용되고 예기치 않거나 불확정적인 기대를 정밀하게 하여 의외성과 구조

China. *A Sociological Analysis*, London, 1962 참조.

123) Roscoe Pound, *Social Control Through Law*, 1942, Neudruck o. O., Hamden/ Conn., 1968, S.61도 규범내용의 단순한 승인을 넘어서 실행동기가 있을 필요성을 언급하고 있다.

변화를 유발하는 때에만 정보라고 말하고자 한다.[124] 그 결과, 정보는 의식적 집중을 위한 제한된 능력의 결과로서, 그리고 위험을 무릅쓰고 선택된 범례화에 의해서만 충족될 수 있는 구조적인 필요성으로서 문제될 수 있다. 종국적으로는 체계와 환계 사이에 있는 복잡성낙차의 결과가 문제된다. 일반적으로 체계분화가 증대하고 선택가능성이 많아지면서, 즉 전체 사회에서 행위의 불확정성이 증대하면서 정보의 필요가 높아진다고 할 수 있다. 실정법의 시행에서 정보문제는 이러한 일반적 법칙의 특례이다.

앞에서 이미 그때그때 타당한 법에 대한 적합한 지식이 당사자에게 있다는 것은 더 이상 전제될 수 없고, 하물며 제3자에게는 더욱 그러하다는 것을 보았다.[125] 법실무는 부지의 위험을 개인에게 전가해서 그러한 사정을 대폭 무시하고 있다. 여기서 흥미로운 것은 반대의 경우이다. 즉 직업상 법실무에 종사하는 배역―여기에서 배역이란 간단히 강제기관이라 하고, 법관철에 종사하는 행정청, 법원, 경찰로 이해하고자 한다―도 당해 실제적 현상에 대해 충분히 알지 못하고 있다는 것이다.

문제는 이러한 이해도 역시 복잡하다는 데 있다. 우선 하인리히 포피츠[126]의 견해에 의하면 행위와 행위자가 알려졌지만 제재되지 않고 있는지, 또는 행위만이 알려졌거나 행위와 행위자가 함께 알려지지 않았는지에 따라 법률의 불관철을 몇 단계로 나누어야 한다. 이 견해는 형법을 염두에 두고 위법행위를 숨기려는 범죄자의 일반적 동기에 관하여 생각

---

124) 정보개념 및 구조문제와 상호연관에 대해 자세한 것은 Niklas Luhmann, "Reform and Information. Theoretische Übelegungen zur Reform der Verwaltung", *Die Verwaltung* 3, 1970, S.15~41 참조. 이 논문은 Ders., *Politische Plannung*, Opladen, 1971에도 수록되어 있다.

125) 이 책 434쪽.

126) Heinrich Popitz, *Über die Präventivwirkung des Nichtwissens. Dunkelziffer, Norm und Strafe*, Tübingen, 1968.

454

하고 있다. 그러나 이러한 구별은 문제를 충분하게 분류하지 못하게 하고, 법실현의 특수한 근대적 문제도 제대로 해명하지 못하게 한다. 개관할 수 없을 만큼 수많은 제정법들(특히 사회정책적 입법과 경제정책적 입법을 생각해보라)을 실행함에 있어 일탈자의 '개인적 이익' 이외에도 공무수행에서 정보의 흐름을 빼돌리고 방향을 바꾸고, 심지어는 막기도 하는 여러 가지 사회적 기제가 작동하고 있다. 문제는 사회공동체가 범법자를 붙잡을 수 없다는 것만 아니다. 오히려 사회체계의 구조에 자신의 목표와 규범을 법실현에서 다시 선택적으로 취급하는, 즉 일부는 실현에 가치를 두고 그 실현에 이르게 하며, 다른 일부는 그렇게 하지 않는 근거가 마련되어 있는 것이 문제이다.[127] 또한 우리는 이 문제를 다음

127) 이 점에 대해서는 개별적인 경험적 연구가 산재해 있다. 이상의 기술은 그러한 연구에 의거한 것이다. 다양한 분야에서 선별해보면 예컨대 Clark Warburton, "Prohibition", *Encyclopedia of the Social Sciences*, Bd. 12, 1934, S.499~510; Folke Schmidt/Leif Gräntze/Axel Ross, "Legal Working Hours in Swedisch Agriculture", *Theoria* 12, 1946, S.181~196; Frederick K. Beutel, *Some Potentialities of Experimental Jurisprudence as a New Branch of Social Science*, Lincoln/Nebr., 1957, S.187 ff.; Harry Ball, "Social Structure and Rent-Control Violations", *American Journal of Sociology* 65, 1960, S.598~604; H. Laurence Ross, "Traffic Law Violation. A Folk Crime", *Social Problems* 8, 1960, S.231~241; Michael A. Bamberger/Nathan Lewin, "The Right to Equal Treatment. Administrative Enforcement of Antidiscrimination Legislation", *Harvard Law Review* 74, 1961, S.526~589 참조. 이를 따르는 것으로서 특히 Leon Mayhew, *Law and Equal Opportunity*, a.a.O.; William J. Chambliss, "A Sociological Analysis of the Law Vagrancy", *Social Problems* 12, 1964, S.67~77; LaMar T. Empey/Maynard L. Erickson, "Hidden Delinquency and Social Status", *Social Forces* 44, 1966, S.546~554; Vilhelm Aubert, "Einige soziale Funktionen der Gesetzgebung", in: Hirsch/Rehbinder, a.a.O., S.284~309; Jerome H. Skolnick/J. Richard Woodworth, "Bureaucracy, Information and Social Control. A Study of Morals Detail", in: David J. Bordua(Hrsg.), *The Police. Six Sociological Essays*, New York/London/Sydney, 1967, S.99~136; Erhard Blankenburg, "Die Selektivität rechtlicher Sanktionen. Eine empirische Untersuchung von Ladendiebstählen", *Kölner Zeitschrift für Sociologie und Sozialpsychologie* 21,

과 같이 제기할 수도 있다. 어떠한 구조가 합법적 행위를 강제하거나 강제하지 않는 정보처리의 선택적 과정을 조정하고 있는가? 또는 어떻게 일탈행위의 실제 사건에서 그 지식 또는 정보화과정이 합법적 행동으로 강제되는 다른 가능성을 더 이상 갖지 않는 단계에 도달할 때까지 정보를 취급하거나 정보로서 취급되는가? 이러한 문제설정에는 심리적 구조와 사회적 구조, 개별화된 구조와 범례화된 구조, 전형적인 구조와 비전형적 구조가 공동으로 작용하고 있다는 것과 이들이 공동작용하고 있는 방식에 대해서는 언급되지 않은 채 그대로 둔다.

첫 번째로 생각되는 것은 규범위반에 대해 실망하거나 격분하는 것이다. 이로 인해 말문이 열리고 사실이 공지된다. 규범위반에 대한 도덕적 분노가 오늘날에도 의의가 있지만[128] 정보매체 또는 정보전달매체로서 신뢰성은 도시문명에서는 분명히 감소하고 있다.[129] 특히 새롭게 제정된 법에서 누가 위법행위에 대해 도덕적으로 격노하고 그 때문에 관철을 위한 조처를 한다면 그것은 순전한 우연일 것이다. 격노가 별개의 동기부여구조에, 예컨대 경제적 목표에 의해 지지될 수 없는 한 장기적으로 계속되는 절차 동안 유지되고, 부단한 협력에 동기부여를 하는 것은

1969, S.805~829; John A. Gardiner, *Traffic and the Police. Variation in Law-Enforcement Policy*, Cambridge MA., 1969; Kennth M. Dolbeare/Philip E. Hammod, *Prayers and Politics*, Chicago, 1971 등 참조.

128) 법관철과 입법을 위한 '도덕적 기업가'의 의미에 대해서는 Howard S. Becker, *Outsiders. Studies in the Sociology of Deviance*, New York/London, 1963, S.121 ff., 147 ff. 참조.

129) 그 외에 다른 사람의 행위를 감시하고 고발하는 순수 종교적·도덕적 동기의 자립성도 하나의 문제이다. 청교도의 유명한 '신성한 감시'(holy watching) 마저 그 뿌리는 분명히 혐의자의 추적을 위한 자치단체의 집단적 책임이라는 중세적 관행에 있으며, 순수히 종교적인 이유로 새롭게 개발된 것은 아니다. Georg Lee Haskins, *Law and Authority in Early Massachusetts, A Study in Tradition and Design*, New York, 1960, S.91. 캘빈이 제네바에서 실시하였던 동일한 제도가 실패하였던 것은 그 반증이다.

절대 기대할 수 없다.[130) 규범관철이 도덕적으로 스스로 작동된다는 것은 통상적으로 고려할 수 없다. 그래서 정보를 제공하고 강제하기 위한 별개의 기제를 찾게 되고 이것을 법제정과 함께 계획해야 한다.

가능한 여러 측면에서 우리는 두 가지를 검토한다. 이들 두 측면에서는 법을 실현하는 정보화과정의 문제가 법의 실정화와 이에 상응한 주제의 증가에 의해서 변화한다는 것과 그러한 변화가 어떠한가가 예시적으로 나타날 것이다. 이에 적합한 것으로서 하나가 이의신청기제에 대한 분석이고, 다른 하나가 강제기관 자체의 선택적 작용에 대한 분석이다.

"이익 없으면 소송 없다"(Pas d'intérêt, pas d'action)라는 것은 잘 알려진 법언이다.[131) 이 법언은 애당초 민중 누구라도 제기할 수 있는 민중소송을 배제하는 것과 관련된 것이다. 이 법언은 "소송 없으면 이익 없다"(Pas d'action, pas d'intérêt)라고도 말할 수 있고 이는 누군가 제소하는 때만 오로지 정당한 이익이 음미되는 것을 의미한다. 이에 의하면 신고로서 법실현을 시동하는 것은 위법행위에 대한 피해자에게 일임된 것이다. 개인의 활동이 실효하면 개인의 이익이 존재하지 않는다는 징후로 간주된다. 입법자는 규범위반을 처리하는 이러한 형식에 상당히 의존하고 있고,[132) 그러한 한에서 법실현을 위한 고유한 사전배려를 포기한다. 그러나 사회학적 시각에서 보면 소송이 일상적으로 일어나지 않는 사항이라는 것은 아주 분명하다. 그러므로 우리가 이의신청기제라고 부르려 하는 이러한 법실현 형식의 기능조건과 선택효과를 더욱 자세히 파악하는 것

---

130) 이 점에 대해 Skolnick/Woodworth, a.a.O.; Philip H. Ennis, *Criminal Victimization in the United States. A Report of a National Survey*, Washington, 1967 참조.

131) Arthur Daguin, *Axiomes, Aphorismes et Brocards Français de Droit*, Paris, 1926, No.1137 참조.

132) 예컨대 Frank E. Horack Jr., *Cases and Materials on Legislation*, 2. Aufl., Chicago, 1954, S.116 ff., 195 ff. 참조.

이 법사회학의 과업이다.[133]

  법적 문제와 관련된 결정을 위한 체계가 분화되면 우선 이와 연계해서 법관철이 시동하는 정보의 흐름이 분화된다. 개인은 말하자면 전환스위치로서 기능한다. 개인의 입장에서 보면 개인이 정보를 얻는 데 기초가 되는 정보제공체계와 법실현을 시동하는 소식을 줄 수 있는 정보수령체계를 구별해야 한다. 그러므로 두 체계가 연결되고 그러한 한에서 단일한 체계처럼 기능하도록 누군가가 두 체계에서 행위한다는 것을 기대할 수 있는 조건에 문제점이 있다.[134]

  정보의 흐름이 이루어지기 위한 첫 번째 전제조건은 두 체계에서 매개자 역할의 호환성에서 찾아야 한다. 즉 정보제공체계에서 매개자 역할은 정보수령체계에서 그의 역할과 커다란 행동곤란 없이 합치할 수 있어야 한다. 법적 진행과정의 작동을 위해 어떠한 적이 정의되어야 하지만 그렇게 하는 것이 원천체계와 항상 조화되는 것은 아니므로 이것은 특히 어렵다.[135] 정보수령체계에 상호작용이 수용되는 즉시 정보제공

---

133) 기존의 경험적 연구들(각주 127에서 인용한 문헌 참조)은 이의신청기제의 유효성과 문제감수성에 관해 회의적으로 생각하고 있다. 그렇지만 개별연구에서는 정상적인 연구성과로 어느 정도 기대할 수 있는지에 대한 확실한 판단이 없기 때문에 유리한 자료인지 불리한 자료인지 알 수 없다.

134) 이러한 정식화의 이론적 배경은 Charles P. Loomis, *Social Systems. Essays on Their Persistence and Change*, Princeton, N. J., 1960, S.32 ff.; Ders., "Tentative Types of Directed Social Change Involving Systemic Linkage", *Rural Sociology* 24, 1959, S.383~390에서 체계적 연계(*systemic linkages*)의 개념 참조.

135) 경찰실무에서도 가족이나 인근 집단과 같은 공생적이고 생활밀도가 높은 소규모 체계의 '보호'(Schonen)를 볼 수 있다. 이 영역에서의 경미한 범죄의 통보는 주저없이 이루어지지 않지만 명백히 요청되는 경우에만 비로소 이루어진다. 상해 등 비교적 중대한 사건에서도 피해자는 그 후에도 함께 살고, 또 살려고 하는 자를 고소하기를 자주 주저한다. 이 점에 대해서는 James Q. Wilson, *Varieties of Police Behavior, The Management of Law and Order in Eight communities*, Cambridge MA., 1969, S.23 f., 58 f. 참조.

체계에서 상호작용이 차단되거나 차단될 수 있다면, 즉 엄격히 시간적으로 전후관계에 있다면 역할의 호환성이 가장 잘 형성될 수 있다. 그러나 원천체계에서 이후의 상호작용에 대한 차단은 항상 실현가능하거나 예측가능하고 또한 법정책적으로도 바람직한 것이 아니라는 것이다. 예컨대 노동보호법의 실현이 노동자가 일자리를 떠난다는 전제조건과 유의미하게 연결될 수 없다. 다른 해결책은 정보제공체계의 일정한 크기와 복잡성을 전제한다. 그리하여 구성원 지위가 지속적인 경우 그 역할의 호환성은 정보제공체계(이를테면 생산공장)가 원래 이미 많은 갈등 속에서 안정화되어 있을 때, 또는 동료관계의 지속이 아주 가까운 원초적인 상호작용을 거의 요구하지 않을 때 훨씬 쉽게 달성될 수 있다. 이 모든 것은 우리가 다음 장에서 더 자주 부딪칠 추측의 근거를 제공한다. 그것은 사회의 조직화 정도와 사회가 조직으로 결합된 비교적 거대한 부분체계로 구성되는 규모가 실정적 법정책의 실현을 유리하게 하는 하나의 중요한 요소일 수 있다는 추측이다.

그러나 여기에는 다른 것이 첨가된다. 곤란은 정보수령체계에도 있을 수 있다. 많은 경우, 예컨대 성범죄의 경우[136]에 누군가가 정황에 근거해서 위법행위에 관한 정보를 받았을 때 그러한 정황은 법적 진행체계에서 이러한 특별한 행동곤란을 야기한다. 그것은 그 사람에 대한 혐의일 수도 있고 또한 그 사람을 곤혹스럽게 하는 해명문제가 기다리고 있을 수도 있다. 그것이 고통스런 대결에 직면하게 할 수 있거나 비일상적인 공식적 분위기에서 얼마나 책임 있게 행동해야 하는가에 관한 불안이 생길 수도 있다.[137] 그 외에 법적 진행체계가 일상과 거리가 먼 것

---

136) Skolnick/Woodworth, a.a.O. 참조.

137) 이 점에 대해서는 Blankenburg, a.a.O., S.815 ff.의 관찰을 보라. 이에 의하면 상점의 절도범이 도망칠 뿐만 아니라 상점 절도를 인식한 사람도 도망친다. 이와 유사한 것은 교통범죄의 경우에도 볼 수 있다. 이처럼 비관여자가 고의로 눈을

이라는 것에서도 나오는 결과는 단순히 돈과 시간의 소비가 필요하다는 것과 법관철이 어떻든 자연스런 일상행동의 계속으로서 말하자면 저절로 생기는 것이 아니라 이례적인 결단으로 개시되는 것이 틀림없다는 것이다. 체계분화 자체에서 이미 행동을 차단하고 여과하는 것이 마련되어 있는데, 이것이 반드시 특수한 체계목표의 의미에서 작동하는 것은 아니다.

마지막으로 우리는 정치체계의 결정과정에 대한 다른 참가영역들과 마찬가지로 여기에서도 계층특유의 선택인자가 작용하고 있다는 것을 알게 된다. 고위층에 속한 사람, 부자, 교육을 받은 자는 이의신청에서 차지하는 비율이 상대적으로 높다.[138] 이의신청기제도 경찰과 마찬가지로 지위라는 관점에서 차별화하는 효과가 있다. 우리는 이러한 사실을 확실히 알 수 있고, 그래서 입법자는 이의신청이라는 관철방법을 선택하는 경우 그 효과에 대해 책임져야 한다. 이 경우 비용면제, 소송구조 등과 같은 방법으로 해결되는 순수한 경제적 문제나 재정적인 문제는 중요하지 않다. 왜냐하면 '경제체계에 대한 참가'(예컨대 고소득층으로의 진입, 소비 관행, 금전을 다루는 능력)도 다시금 계층특수적으로 조종되기 때문이다. 오히려 낮은 계층의 소속자에게는 별도의 다른 장애들이

감거나 돌리는 경향 중 예컨대 고대중국에 대한 Sybille van der Sprenkel, a.a.O., S.72 f.에서 볼 수 있듯이 재판절차 그 자체에서 모든 관여자에게 간과할 수 없는 위험이 숨어 있는 경우에는 훨씬 강하다.
138) Harold Goldblatt/Florence Cromien, "The effective Social Reach of the Fare Housing Practices Law of the City of New York", *Social problems* 9, 1962, S.365~370; Leonard Zeitz, "Survey of Negro Attitudes toward Law", *Rutgers Law Review* 19, 1965, S.288~316(306 f.); 그 외에 Leon Mayhew/Albert J. Reiss Jr., "The Social Organization of Legal Contacts", *American Sociological Review* 34, 1969, S 309~318의 조사결과도 참조. 형사법 영역에서는 Ennis, a.a.O., S.45 ff.가 신고 성향과 수입액 또는 인종과의 사이에 아무런 상관관계가 없다는 것을 찾았다.

더 있다는 것이 중요하다. 즉 지식의 결여, 낯선 상황이 등장할 때 안정성의 결여, 주도권의 결여 그리고 과거 경험에 젖은 형식으로서의 숙명적 태도가 그것이다.[139] 이러한 특수하고 상이한 인자들이 법적 진행체계에 정보를 전달해주는 것을 조종하고 있는데, 이 외에도 그러한 장애물의 존재 자체에서 또 추가적인 고찰을 얼마간 이끌어낼 수 있다. 그 하나가 경미한 사건의 여과이다. 특히 계속적 관계에 있는 관여자들은 사소한 위법에 대해 '호혜적 면제'(reciprocal immunities)를 서로 인정하고 있다.[140] 비교적 중요하지 않은 것으로 보이는 위반은 더 이상 추급(追及)하지 않는다. 이 경우 사소한 것이라는 판단은 '개별적'인 경우에서 내려지고, 그래서 많은 사례를 염두에 두고 있는 입법자의 법정책적인 의향은 무력화될 수 있다. 그렇게 되면 법은 경미한 사건에서 붕괴되는 것이다. 개별사건에서는 거의 피해가 생기지 않을 정도의 위법이 축적되어서 그 효과가 생기는 경우가 있다.[141] 이를테면 직장의 안전이나 병원의 위생에 관한 규정과 같이 개별적으로는 생길 가능성이 없어도 일단 생기면 아주 큰 손해를 야기하는 위험을 방지하도록 되어 있지만 경미한 위반을 방치하는 과정에서 희생되는 규정이 드물지 않다.

다른 한편에서 우리는 모든 사회체계가 규범위반사건에 대해서도 행

---

139) 후자에 관해서는 Franz-Xaver Kaufmann, *Sicherheit als soziologisches Problem*, Stuttgart, 1970, S.200 ff. 특히 S.365의 표를 보라.

140) Lawrence M. Friedman, "Legal Rules and the Process of Social Change", *Stanford Law Review* 19, 1967, S.786~840(S.806 f.) 참조.

141) 예컨대 행정관료조직에서는 급한 사항을 나타낼 때 '긴급서류철'을 이용한다. 그렇지만 업무 규정상 긴급하지 않은 사항을 그 서류철에서 제외하는 것은 정하고 있지 않다. 그래서 개별사건의 경우에는 거의 무의미한 규정으로서 실행 불능의 것이 된다. (이미 긴급하지 않은 것이 아직 긴급서류철에 들어 있다고 해서 부하를 질책하는 상관은 없다). 그 결과, 긴급사항으로 되어 있는 다수의 것 중에서 진정으로 긴급한 사항을 선별하는 것이 곤란해지고, 중요한 결정이 지연되어 예측할 수 없는 손해가 발생하게 된다.

동선택지를 준비하고 있다는 것에서 출발할 수 있다. 이것은 법집행의 선택지일 수 있으나, 또한 법집행을 대신하는 선택지일 수도 있다.[142] 규범실현과 관련되는 요구수준은 변화될 수 있다. 규범을 통해 달성할 목표를 위해 기능적으로 등가적인 현실화 형식을 발굴해야 한다. 마지막으로 바로 규범위반을 개방해놓은 것도 넓은 의미에서 선택지의 하나이다. 조직사회학적 연구가 보여주고 있듯이 위반에 대한 지식은 원천체계 내에서 교환가치를 가지고 있고 권력기반이나 심지어는 학문적으로 추천되는 지배수단이 될 수도 있다.[143] 규범위반 또는 지속적인 규범위반적 관행을 알고 있는 사람은 이러한 지식을 다른 사람에게 전달하지 않는 것에 대한 반대급부를 기대할 수 있다. 그것은 명시적으로 요청되기도 하고 기대에 대한 기대수준에 도달하여 관여자들 서로가 알고 있다는 것을 알고 있고, 그와 동시에 이러한 지식이 부지와 같이 취급되어야 한다는 것을 함께 알고 있는 경우도 있다. 법적으로 중요한 정보 일부가 이런 식으로 원천체계 내에서 내부적 이용을 위해서 나누어지고 규범의

---

142) William M. Evan, "Due Process in Military and Industrial Organizations", *Administrative Science Quarterly* 7, 1962, S.187~207(194f.)에서 보는 바와 같이 예컨대 정식의 신청절차에 대한 대안으로 종군목사 또는 정신분석의사를 두는 것이다.

143) 예컨대 Fritz J. Roethlisberger/William J. Dickson, *Management and the Worker*, Cambridge MA., 1939, S.449 ff.; Alvin W. Gouldner, *Patterns of Industrial Bureacracy*, Glencoe/Ill., 1954, 특히 S.45 ff., 172 ff.; Peter M. Blau, *The Dynamics of Bureaucracy*, Chicago, 1955, S, 28 ff., 167 ff.; Peter M. Blau/W. Richard Scott, *Formal Organizations. A Comparative Approach*, San Francisco, 1962, S.141ff.; George Straus, "Tactics of Lateral Relationship. The Purchasing Agent", *Administrative Science Quarterly* 7, 1962, S.161~186; David Mechanic, "Sources of Power of Lower Participants in Complex Organizations", *Administrative Science Quarterly* 7, 1962, S.349~364; Michael Schwartz, "The Reciprocities Multiplier. An Empirical Evaluation", *Administrative Science Quarterly* 9, 1964, S.264~277 참조.

관철을 위해서가 아니라 다른 목표의 관철을 위해서 혹은 달리 가능하지 않은 관계들의 안정화를 위해 이용된다.

지금까지의 모든 고찰은 원천체계에서 생긴 위법행위에 대한 정보를 법적 진행체계로 전송하는 것의 선택성이라는 우리의 첫 번째 논점과 관련된 것이다. 하나의 다른 선택기제는 강제기관 그 자체, 즉 구체적으로 말하자면 감독업무와 검사업무에 관한 경찰이나 행정청 및 법원이다. 이들에 대한 분석은 오늘날 확증되어 있는 조직사회학적 정리(定理)를 기초로 할 수 있다. 이 정리에 의하면 체계분화와 프로그램분화로 인해 항상 '내부적' 체계/환계지향성의 새로운 형성과 이에 상응하는 가치관점의 재편성이 이루어진다. 그러므로 체계 전체에서 보면 어느 정도의 이탈행위가 생긴다는 것이다.[144] 각 부분체계는 일반적으로 승인된 포괄적인 가치관점 외에 부분체계 특유의 판단규준, 방어가치, 작업기술 등이 포함되는 하나의 고유한 선택양식을 형성한다. 법실현에 특화되어 있는 사회체계도 이러한 일반법칙에서 제외되는 것은 아니다. 무엇보다도 경찰의 경우 접촉강도가 높고 갈등이 많으며, 규제가 어려운 환경상황에 대한 반작용으로서 경찰 특유의 선택양식으로 자기 도덕화되는 경향을 볼 수 있다. 이는 반드시 일탈행위는 아니지만 그 자체로서는 일반적인 승인을 얻지 못하고 있음에도 일반적으로 승인된 가치라고 주장하는 방식이다.[145]

---

144) 이와 같은 통찰을 일반적 형식으로 정식화한 것으로는 James G. March/Herbert A. Simon, *Organizations*, New York/London, 1958, S.112 ff., 150 ff. 참조. 경험적 연구는 대체로 '목적전도'(goal displacement)나 목적/수단 전도라는 표제어에서 볼 수 있다. 예컨대 Roy G. Francis/Robert C. Stone, *Service and Procedure in Bureaucracy*, Minneapolis, 1956; David L. Sills, *The Volunteers. Means and Ends in a National Organization*, Glencoe/Ill., 1957, S.179 ff. 참조. 그 외 이것과 관련된 연구는 분업과 과제특화의 역기능이라는 관점 또는 소집단의 동일성이란 관점에서 정리될 수 있다.

145) 예컨대 William A. Westley, "Secrecy and the Police", *Social Forces* 34, 1956,

강제기관의 선택양식에 관해서 우리가 알고 있는 것을 종합하면 지금까지의 경험적 연구는 개별적으로 결정하는 자에 대부분 집중하였고 결정에 영향을 미치는 요소로서 이데올로기적인 예단, 선호도, 소속계층성에 관해 또는 법적 재량행사의 규준에 관해 이루어졌다.[146] 그러나 (논쟁의 초점이 이데올로기적으로 정해지는 경우를 제외하고) 통상적인 결정과정에서 강제기관이 미치는 영향을 평가하는 데에 우리는 애매한 추측에 의존하고 있다. 아메리카합중국의 인종평등입법을 실현하였을 때 편견에 관한 조사가 얼마간 있었다.[147] 이 조사에서 편견이 있다면 그 편견은 결정과정에 영향을 미친다는 명제(These)가 일반화되었는데, 이는 하나의 동어반복과 다를 바 없다. 이처럼 특정 주제와 결합된 (그래서 항상 부분적으로만 작용하는) 편견 외에도 체계분화와 프로그램분화에 의해 전형적으로 발전하고 또 강제기관에게 법실현 과제를 다시금 선택적으로 취급하도록 하는 일반적인 작업태도도 고려해야 한다. 법이 실현될 사안의 선택은 다른 관점에서 법의 선택과 연계된다. 특히 우리가 경

S.254~257; James Q. Wilson, "The Police and Their Problems", *A Theory Public Policy* 12, 1963, S.189~216; Skolnick, a.a.O., S. 227 ff.; Albert J. Reiss Jr./David J. Bordua, "Environment and Organization. A Perspective on the Police", in: David J. Bordua(Hrsg.), *The Police. Six Sociological Essays*, New York/London/ Sydney, 1967, S.25~55(37 ff.); Johannes Feest/Rüdiger Lautmann(Hrsg.), *Die Polizei. Soziologische Studien und Forschungsberichte*, Opladen, 1971 참조. 자기도덕화와 함께 직업적 냉소주의도 기능적으로 등가적인 문제해결을 제공한다. 이 점에 관해서는 Arthur Niederhoffer, *Behind the Shield. The Police in Urban Society*, Garden City/N. Y., 1967, S.90 ff., 187 ff. 참조.

146) 특히 '사법적 행동'에 대해서는 이 책 78쪽에 소개된 연구를 보라.
147) 예컨대 Robert E. Goosree, "The Iowa Civil Rights Statute. A Problem of Enforcement", *Iowa Civil Rights Review* 37, 1952, S.242~248; Michael A. Bamberger/Nathan Lewin, "The Right to Equal Treatment. Administrative Enforcement or Antidiscrimination Legislation", *Harvard Law Review* 74, 1961, S.526~589 참조.

찰체계의 연구에 기초해서 짐작할 수 있듯이[148] 취사선택인자로서 희소
재의 투입, 특히 인원투입의 의미에서 경제성과 **효율성의 구체적 조건**, 그
것과 연관하여 교환형식적 결합관계의 수용, 그리고 마지막으로 규범적 기
대의 내용적 수정을 일으킬 수 있는 환계와의 구체적인 '교제적 이해'가
작용하는 것이다.

인원부족은 자주 공공연하게 사용되는 하나의 논거이다. 이것은 예컨
대 교통범죄, 마약범죄, 영업경찰적 규제위반의 영역에서 법적 절차 진
행활동이 미미한 데 대한 근거가 된다.[149] 법집행이 정보를 전제로 하
고, 정보는 의식적인 주의를 전제로 하기 때문에 (이러한 논법은 '옳다'
고 할 수 없더라도) 이치에는 전적으로 맞는 것으로 보인다. 다른 한편으
로 변화가능성의 관점에서 두 변수의 관계에 관한 계획, 즉 인원증가가
법관철강도의 개선에 도움을 줄 만한 계획이 없다는 것이다. 그러한 계
획은 유의미한 법관철의 한계, 즉 계획적인 비관철률을 계획에 포함시키
는 것이다. 그것은 법률가에게 이상하게 보일 것이 틀림없다.[150] 그러나

---

148) 예컨대 Beutel, a.a.O.; Joseph Goldstein, "Police Discretion not to Invoke the
Criminal Process. Low-Visibility Decisions in the Administration of Justice",
The Yale Law Review 69, 1960, S.543~594; Wayne R. LaFave, "The Police and
Nonenforcement of the Law", *Wisconsin Law Review*, no. 1, 1962, S.104~137,
179~239; Ders., *Arrest*, Boston, 1965; Alan Barth, *Law Enforcement Versus
the Law*, New York, 1963; Jerome H. Skolnick, *Justice Without Trial: Law
Enforcement in democratic Society*, New York/London/Sydney, 1966; Egon
Bittner, "The Police on Skid-Row. A Study of Peace Keeping", *American
Sociological Review* 32, 1967, S.699~715; Aaron V. Cicourel, *The Social
Organization of Juvenile Justice*, New York/London/Sydney, 1968; Willson,
a.a.O.; Gardiner, a.a.O. 참조.

149) 예컨대 Beutel, a.a.O., S.196; Goldstein, a.a.o., S.561; LaFave, a.a.O., 1962, S.113
ff.; 그 외에 이 주제는 소음 등 어떠한 근린적인 위반행위를 경찰의 도움을 받
아 효과적으로 중단시킬 수 있듯이 언제라도 경험적으로 검사할 수 있다.

150) 이러한 통찰에 대한 하나의 귀결은 법관철의 계획이 순수히 규범적 관점에
서 수행될 수 있는 것이 아니라 법적으로 표현할 수 없는 포기의 태도를 내포

인건비와 법관철강도와의 관계가 개별적인 상황에서 설명될 수 없다면, 그리고 그렇게 될 수 없는 한 인원부족의 논거는 순전히 방어적 기능을 가지게 되고, 또 순전히 사실적인 것으로서 비밀리에 전개된 선택양식을 감추는 것이다. 여기에 속하는 것으로는 예컨대 도식적으로 규정된 순찰이나 검사에서 훈련된 눈에 의해 의심스러운 것이라는 선택,[151] 또는 익명이 아닌 서면에 의한 신고에 근거해서 조서(調書)에 기록된 것의 선택이나 이미 서류가 만들어진 범죄자의 선택이 있다. 두 경우에는 눈에 보이는 것이라든가 쓰여 있다는 것이 중요성에 대한 징표로서 기능하고 있다. 그런데 이러한 징표에는 아주 문제가 많다. 두 경우에는 그 징표가 자체로서 일단 정당화되었다면 그것은 선택적인 방관상태를 만들어내기 위해 이용될 수 있다.[152]

조건화를 지향하는 경향과 효율성을 지향하는 경향의 대립[153]은 실정법 전체를 관통하고 있는데, 이것은 법실현에서 현저히 느낄 수 있다. 왜냐하면 법실현에서는 더 이상 (아직 비교적 추상적인) 결정을 가공하는 것이 문제가 아니라 사회생활에 대한 개입이 문제이기 때문이다. 이러한 개입은 그것의 고유한 효율성 조건을 따른다. 법계획과 법정립의 차원에서 이러한 지향적 경향의 대립은 말하자면 추상화를 통해 슬쩍 넘어가 등한시되나 법실현의 구체적인 단계에서 비로소 표면화된다. 이것은 규

한다고 말할 수 있다. 법적 규제의 행정적 실행 시 승인할 수 있는 실패율이라는 문제의 경우에도 유사하게 적용된다. 이 점에 대해 Niklas Luhmann, *Recht und Automation in der öffentlichen Verwaltung. Eine verwaltungswissenschaftliche Untersuchung*, Berlin, 1966, S.75 ff. 참조.

151) 전형적으로 세부적인 것에 대해서는 Johannes Feest, "Die Situation des Verdachts", in: Johannes Feest/Rüdiger Lautmann, a.a.O., S.71~95 참조.

152) 자료가 드물다는 제약 아래 경찰의 개입 또는 불개입의 기준을 법적인 부분까지 검토하여 실무관행에서 이끌어내려는 시도는 LaFave, a.a.O., 1962에서 볼 수 있다.

153) 이 책 400쪽을 보라.

범과 지위의 정당화가 더 이상 문제시되는 것이 아니라 오직 역할을 활성화할 때 선호와 우선순위의 차원에서만 갈등이 해결되어야 한다는 장점을 가지고 있다.[154] 스콜닉이 관찰한 바와 같이 이러한 문제상황에서 경찰은 특유의 체계의식, 작업의식 및 한계의식에 힘입어 문자로 설시된 법의 세계, 특히 절차법의 세계가 환경으로서 취급되고 도덕적으로 중성화될 수 있다.[155] 그것에 경찰이 여론에서 평가되는 업적의 성취, 즉 무엇보다 심각한 범죄의 방지와 공공질서의 확립은 특히 아직 확실하지 않은 혐의를 추적하고 또 증거를 확보하는 때에 그것이 위법적이지는 않더라도 부분적으로 법에서 벗어나는 것을 제시하고 있다. 그러한 것을 포기하라는 것은 경찰에게 이해하기 어려운 무지막지한 외부적 요청으로 간주될 것이다. 그러한 목적지향적 입장에서 원래 부분적으로만 달성될 수 있는 목적으로서의 법실현을 전략적·선택적으로 취급하는 것은 불가피하다고 생각한다.

또한 이러한 맥락에서 정보전달[156]에서와 유사하게 법실현의 경우와 규모에 대한 취사선택을 다소간 묵시적인 의견합치의 대상으로 만들어 사회적으로 보장하는 **교환형식적 동기부여와 이해의 모형**이 나타나는 것이다.[157] 그리하여 인종평등권법의 실시라는 과제를 부여받은 아메리카

154) Derek Pugh, "Role Activation Conflict. A Study of Industrial Inspection", *American Sociological Review* 31, 1966, S.835~842는 이것을 기업경영에서 품질관리와 생산 효율성 사이의 모순이라는 유사한 사례에서 보여주고 있다.

155) Skolnick, a.a.O.는 이 문제를 법과 질서의 긴장관계로 표시하고 그렇게 해서 삶과 좋은 삶, 평화와 정의, 안녕과 질서라는 고대유럽적 문제형식에 그 내용을 도덕적으로 중립화하는 특징적 방식으로 변경하면서 반복하고 있다. 마찬가지로 Michael Banton, *The Policeman in the Community*, New York, 1964, 특히 S.6 ff., 127 ff.도 법 집행관으로서 경찰의 역할을 평화유지관으로서 그것과 구별한다.

156) 이 책 457쪽을 보라.

157) Georg F. Cole, "The Decision to Prosecute", *Law and Society Review* 4, 1970, S.331~343이 제안한 바로는 법관철 결정의 분석 시 교환형태적 내부체계관계

합중국 위원회는 관계자 집단으로 하여금 개별사례를 넘어 협력하도록 하기 위해 그 법적 권한을 전면적으로 발동하는 것을 포기했다.[158] 법실현에 있어 허용된 경계선의 언저리에서 업무가 이루어질 때는 직접적으로 협력하는 사람들 간의 합의를 구하는 것은 자명하고 법실현에 관여해야 하는 사람의 가장 중요한 교환적 재화는 법실현을 부분적으로 포기하는 것이다.[159] 이러한 포기는 형식적으로 (그러나 여기에서의 형식적이란 교환형식의 사용에 대한 그것은 아니다) 적법한 재량범위에 속할 수 있다. 그러한 포기가 합법성의 테두리를 벗어나는 것도 있을 수 있다. 예컨대 스파이활동 또는 유도신문을 하는 것이 문제될 때 그렇게 된다. 그래서 그러한 실무를 정당화할 수 없는 법[160]은 동시에 그것에 대

라는 조직사회학적 모델을 사용할 것을 주장하고 있다. 그렇지만 이 모델은 교환할 것인가 그렇지 않는가의 자유가 전제될 수 있는 한도에서만 현실주의적이다.

158) Morroe Berger, *Equality by Statute. The Revolution in Civil Rights*, 2. Aufl., Garden City/N. Y., 1967, S.160 ff.; Leon Mayhew, *Law and Equal Opportunity*, a.a.O. 참조. 문헌 중에는 이 정책에 대한 비판적 평가가 지배적이지만 엄격한 법집행 실무 결과가 어떻게 되는가는 보여주고 있지 않다. 이와 반대로 형사법 분야에서 법의 강제를 삼가야 한다는 것이 주장되고 있다. 이것은 사회학자들의 직업적 편견을 보여주는 흥미로운 증거의 하나이다.

159) 미국 법원의 실무에 관해 오래된 논의에 대한 새로운 문헌으로는 Donald J. Newman, "Pleading Guilty for Considerations. A Study of Bargaining Justice", in: Norman Johnston/Leonard Savitz/Marvin E. Wolfgang(Hrsg.), *The Sociology of Punishment and Corrections*, New York, 1962, S.24~32; Ders., *Conviction. The Determination of Guilt or Innocence Without Trial*, Boston/Toronto, 1966; Dominick R. Vetri, "Guilty Plea Bargaining. Compromises by Prosecutors to Secure Guilty Pleas", *University of Pennsylvania Law Review* 112, 1964, S.865~908; Abraham S. Blumberg, "The Practice of Law as Confidence Game. Organizational Co-operation of a Profession", *Law and Society Review* 1, 1967, S.15~39 참조.

160) Alfred R. Lindesmith, *The Addict and the Law*, Bloomington/Ind., 1965, S.35 ff. 참조.

한 규제와 통제를 포기하는 것이다.

추상적으로 정식화하면 여기에서 중요한 것은 요구되지 않은 (또는 그렇게 크게 요구되지 않은) 그러나 강제할 수 있는 측면에 대하여 준 (準)교환형식적 포기대가로 얻은 법관철 과정에 대해 요구되지만 강제할 수는 없는 측면을 함께 관철하는 것이다. 이 추상적인 정식화는 두 번째 사례 그룹에 속한다. 법관철이 동시에 적법한 행동을 교육하는 임무와 연계되어 있다면 위와 유사한 방향설정의 갈등이 생기게 된다. 널리 인정되고 있는 파슨스의 모델에 의하면 교육은 위반에 대한 관용 그리고 어느 정도 제재의 포기를 필요로 한다. 기대위배에 대한 엄격하지 않은 유연한 규범적 태도, 즉 위배를 격분의 동인으로가 아니라 학습의 동인으로 취급하는 것이 필요하다.[161] 그리고 교육적으로 지향된 법실현에 대한 실무적 경험에 의해 말하자면 맹목적인 조건반사적 반응은 후퇴하고, 용의 주도하게 요령을 부리는 관행이 그것을 대신하게 된다. 이러한 관행은 평등원칙을 위배하고 인과적 과정에 대한 확실한 통제의 흠결로 개인적이고 정치적인 자의에 빠질 위험에 항상 처해 있다.[162]

마지막으로, 또 하나의 비교적 독자적인 취사선택인자로서는 강제체계에서 형성되어 나오는 상황과 관련된 아주 구체적인 교제적 이해를 들어야 할 것이다. 전선에서는 사물들이 작전을 계획하는 사령부에서와는 달리 보인다. 시대에 뒤진 외설법규 위반사건에 대한 수사를 맡은 경찰은 그 사건의 이해에서 종종 법의 측면보다 오히려 범죄자의 측면에 있게 된다. 경제경찰의 책무와 결부된 곤란, 사정, 비용은 기업을 보면 잘 이해할 수 있다. 그 책무는 집행가능성에 관해서 상의하지 않고서는 잘 관철할 수 없게 된다. 그 결과 본질적인 점에서 입법자의 의도에 부응하

---

161) Talcott Parsons, *The Social System*, Glencoe/Ill., 1951, 특히 S.297 ff. 참조.
162) 이에 관하여 역시 Leon Mayhew, *Law and Equal and Opportunity*, a.a.O.의 관찰이 참고된다.

는 상태에 대해서만 공동책임을 부담하게 된다.[163] 그래서 체계경계선을 넘어서는 상호작용은 우리가 자주 맡을 수 있는 '범죄의 냄새'[164]가 있는 곳에 그 자체의 규범이 복종한다. 이 문제는 기준이 되는 규정의 불확정성에 의해 어느 정도 완화될 수 있다. 그러나 이 불확정성은 단순히 경계지역을 위해 접촉을 용이하게 한다는 관점에서만 선택될 수 있는 것이 아니라 그 자체로 그것은 받아들일 수 없는 역기능과 위험을 가지고 있다.

여기에서 요약된 일반론을 끌어내보면 이 모든 형식 속에는 법규범에 대해서 필요에 따라 도덕적으로 중성화하는 실용적·선택적 태도가 법실현에서 관철되는 것으로 보인다. 이런 소견은 우리가 앞에서[165] 일상생활의 규범에 대한 자연적인 태도로 표시했던 것을 확인해주는 것에 불과하다. 여기에서 자연적 태도란 기대를 기대하는 것에 있어 구체적으로 규범을 수정하거나 경우에 따라 배제하는 자세를 가진 양면적 태도이다. 노동집약적 결정절차와 문자화되고 정교하게 정식화된 확실한 법명제조차 법이 일상생활에서 서로 얼굴을 맞대고 있는 원초적인 상호작

---

163) 이에 관하여 E. J. Foley, "Officials and the Public", *Public Administration* 9, 1931, S.15~22(19) 참조.

164) 이러한 정식화는 Robert L. Kahn/Donald M. Wolfe/Robert P. Quinn/Diedrick J. Snoek, *Organizational Stress. Studies in Role Conflict and Ambiguity*, New York/London/Sydney, 1964, S.113 ff.에 의한다. 그리고 이와 같은 경계적 지위라는 주제에 관한 포괄적인 조직사회학적 문헌에 대해서는 Niklas Luhmann, *Funktionen und Folgen formaler Organisation*, Berlin, 1864, S.220 ff.; W. Richard Scott, "Theory of Organizations", in: Robert E. L./Faris(Hrsg.), *Handbook of Modern Sociology*, Chicago, 1964, S.485~529(521); R. Bar-Yosef/E. O. Schild, "Pressure and Defenses in Bureaucratic Roles", *The American Journal of Sociology* 71, 1966, S.665~673; 우리의 맥락에서 근래의 사례연구로는 Earl Rubington, "Organizational Stress and Key Roles", *Administrative Science Quarterly* 9, 1965, S.350~369 참조.

165) 이 책 131쪽, 146쪽 이하 참조.

용에 적용되어야 하고, 이러한 생활상황에서는 특수한 취급을 받게 된다는 사실을 외면할 수 없다.

이 점에서 법 '효력'의 한계를 보는 학자들[166]이 있다. 그러나 우리는 추상적인 양자택일을 기초로 하는, 추상적인 타당성관념에 의해 상징되고 있는 법의 기능이 위해화될 수 있다는 점에서 이 문제를 보았으면 한다. 규범적 기대 및 정합적으로 범례화된 기대맥락에서의 규범적 기대의 구축을 위해서는 위배처리에 대한 충분하고 확실한 예견가능성이 중요하다. 위배처리는 법체계가 우발적인 법관철에서 법관철을 위한 제도적·조직적 배려로 전이되어가는 정도에 따라 한 사람의 수령자에 집중된다. 그래서 문제의 조망가능성과 경험의 종합가능성은 높아진다. 어떤 경우에 관철기제가 마비되면 다른 모든 경우에도 상응하는 염려가 생긴다는 것은 자명하다. 다른 사람과 다른 사안이 문제되는 경우조차도 그렇다. 왜냐하면 마비는 상황이 아니라 조직에 귀속되기 때문이다. 불실현은 선취될 수 있고, 그렇게 되면 그것은 유행병과 같이 확산될 것이다. 규범의 범례화 대신 기대위배체험의 범례화가 생길 것이다.

이와 같은 언급이 다른 문헌에 없지 않음에도[167] 실제로 그러한 전개를 고려할 수 있는 경험적 조건에는 더욱 자세한 연구가 필요하다. 우리는 법실현을 곤란하게 하는 정보문제가 기대위배체험의 확산도 방지해 줄 것이라고 추측할 수 있을 뿐이다. 우리는 규범위반적 행태에 대해서 뿐만 아니라 제재의 불행사에 대해서도 거의 아는 바가 없다. 그리고 부지에 대한 추상적 지식이 법에 대해 마찬가지의 추상적인 신뢰가 생기는 것을 방해하지 않는 것 같다. 아주 복잡한 사회에서는 사회체계가 더

---

166) 예컨대 Popitz, a.a.O. 참조.
167) 예컨대 Montesquieu, *Cahiers*, 1716~55(hrsg. von Bernard Grasset), Paris, 1941, S.95; Beutel, a..a.O., S.399f.은 이에 상당하는 '법률상 법칙'(jural law)을 주장하고 있다.

이상 공동의 구체적인 경험을 활용해 안정화될 수 있는 것이 아니라 오히려 그 복잡성 자체를 통해 일종의 추상적인 체계신뢰를 만들어낸다. 그러한 체계신뢰는 필수불가결하고 세세한 논박에 면역되어 있다. 자신의 기대위배체험을 범례화하는 자는 새로운 목표의 정치적 응집에 성공하지 않는 한, 상징적인 공격성을 띠는 데 그치고, 그의 행동은 사적인 것으로서 일관되지도 않으며, 기이하고 병리적이 된다.

또 다른 일반적 문제는 우리가 지적 상태의 관점에서 볼 때 마찬가지로 불확정적이고 불만족하게 다루어야 하는데, 이는 법의 관철가능성을 계획하고 조종할 수 있는 법기술적 수단과 관련되어 있다. 관철은 매우 단순한 정보의 문제와 저항에 대한 극복의 문제뿐만 아니라 필요한 정보의 유형과 동기구조가 특정 목적을 위해 선택한 법형식에도 좌우된다는 것이다. 프로그램의 각 구조에 따라 또 다른 실현문제가 생기는 것이다. 이에 대한 하나의 예로서 전체사회의 분화를 유지하고 비정치적 행위영역을 안정화하는 문제가 자유주의적 법관념과 헌법관념의 착상에 따라 본질적으로 기본권이라는 제도로 해소되거나 해소된 것으로 생각되고 있다.[168] 법기술적으로는 그것을 위해 주관적 공권이라는 형식이 선택된 것이다. 그래서 이러한 법정책적 목표의 실현은 앞에서 다루어진 이의신청기제에 의존하게 된다. 전체 사회체계의 1차적 분화를 유지하는 것은 개개인이 스스로 소제기를 결의하는 상황에 따라 좌우된다. 물론 이 문제해결책은 사회학적으로 숙고된 선택이 아니다. 그러나 오늘날 그것은 그렇게 다루어질 수 있고 그 급부능력의 한계 내에서 깊이 인식될 수 있다. 승인된 기본권의 직접적인 기능영역에는 이미 이러한 법기술적 형식으로 다룰 수 없거나 혹은 다루어지기 어려운 보충성문제가

---

168) 기본권의 이러한 기능에 대해서는 Niklas Luhmann, *Grundrechte als Institution. Ein Beitrag zur politischen Soziologie*, Berlin, 1965 참조.

있다. 예컨대 화폐가치 안정의 문제가 재산권의 보호를 보충하는 문제로 생각되고, 또 언론집중의 문제가 문화적 또는 정치적 기본권을 보충하는 문제로 생각되고 있다. 그러한 문제들이 기본권사고를 확장적으로 활성화해서(예컨대 전체적인 정치적 공동사회를 구속하는 일반적인 가치이념으로서 기본권의 해석을 통해) 해결될 수 있는지 또 해결될 수 있다면 얼마나 해결할 수 있는지, 그리고 이를 위해서 분화된 법기술적 도구를 개발하여 헌법적 지위을 부여해야 하는가라는 문제가 입법자는 물론이고 법말씀론과 법관의 법형성에도 제기되어야 한다. 이 경우 일정한 문제영역에 대해서는 더 규제적이고 행정적인 법실현 권한을 위임할 수 있는, 예컨대 사법부나 연방은행을 본보기로 해서 정당정치에서 독립된 기관의 설치를 생각할 수도 있겠다.

이런 식의 고찰에 의하면 법관철의 실체를 법적 기술 영역 안으로, 개념적으로 도구화된 법적 사고 영역 안으로 끌어들이게 되는데 이러한 고찰은 통상의 법적 고찰방식과 거리가 멀다.[169] 그렇지만 그 의의는 어렵지 않게 인식할 수 있으며, 법의 실정성이 사회계획적 형성을 위해 제공하는 기회가 얼마나 효율적으로 이용되는가에 따라 증가한다. 프로그램화하는 결정절차라는 시각은 프로그램화된 결정절차라는 시각과 다른 태도를 요청한다.

9. 통제

통제란 결정과정이 그 경과와 결과 내지 효과에 있어 그 관점과 일치하지 않은 경우 그것을 수정하기 위해 개입하는 것을 목표로 결정과정

---

169) 그러나 Eugen Huber, *Recht und Rechtsverwirklichung. Probleme der Gesetzgebung und Rechtsphilosophie*, Basel, 1921과 비교할 것.

을 비판적으로 검토하는 행위로 이해하고자 한다. 통제의 이러한 기능과
이에 상응하는 정리가 기능적으로 분화된 체계에서 필요하게 된다. 명
시적인 통제가 성립하는 것은 기능적 분화가 재편성되는 것과 연관되어
있다. 우리가 오늘날의 법체계에서 통제 정리의 지위를 이해하려면 이러
한 연관도 함께 보아야 한다.

　통제의 선행적 형태와 이와 기능적으로 유사한 것은 분절적 사회에도
있으며, 이를테면 오늘날에도 기능적으로 잘 분화되지 않은 (예를 들어
조그만 마을과 같은) 작은 체계에는 결정과정에 삽입되어 자신의 다른 역
할을 내재적으로 되돌아보면서 행동을 규율하는 형태로 존재하고 있다. 그
것은 같은 사람들이 상호간에 상이한 유형의 수많은 역할을 각기 수행
하고 기능적으로 불특정적인 사회관계가 탄생한다는 것을 전제한다.[170]
예컨대 어떤 사람은 매일 마을광장에서 다른 사람들 중에서 자형(매형)
을 만나고, 교회에서 또는 소방훈련 시에 그의 채무자를 만난다. 상인이
교회임원인 경우 그 역할이 그에게 고객을 공급해주지만 다른 한편으로
는 무자비한 채권회수를 방해하기도 한다. 교사의 아내가 매년 자선바자
회를 개최하는 경우 그것은 아이의 좋지 않은 학교성적을 보충할 수 있
는 가능성을 제공한다. 이러한 상황에서 사회적 규율은 본질적으로 규범
위반에 대한 제재위협으로 운용되는 것이 아니고, 추상적 가치들의 내부
화로 운용되는 것도 아니며, 오히려 '재회의 법칙', 즉 다른 상호행위의
맥락에서 자신의 역할을 고려하는 것이다 . 따라서 제재의 필요와 신념
의 필요는 거의 없다(그리고 만일 제재가 이루어지면 그것은 엄격할 수
있다. 왜냐하면 제재가 모든 사회적 관계를 문제시하기 때문이다). 그 대
신에 다른 종류의 관계에서 생기는 결과를 예견하여 규율하는 것은 전

---

170) 이 점 및 아래의 점에 대해서는 Siegfried F. Nadel, *The Theory of Social Structure*,
　　 Glencoe/Ill., 1957, S.63 ff. 참조.

통적인 풍속의 테두리 내에서 일종의 역할불특정적인 품행도덕이 된다. 이것은 초기 그리스인들이 에토스라고 불렀던 것이다.

그와 같은 정리는 (분쟁을 유발하고 참아내는 것이 특별한 미덕으로서 제도화되어 있지 않는 한) 기대위배와 힘겨루기 시험을 피하도록 하는 동기를 부여한다. 사람들은 추측을 근거로 의사소통 없이 따르게 된다. 이를 위해 구체적으로 사전에 표시된 행동기대들로 매우 충분하다. 이러한 장점의 이면은 기능적으로 다른 유형의 역할이 제대로 분리되지 않거나 특화되지 않았다는 것이다. 어떤 역할에서의 행동으로부터 다른 행동에 대한 결론이 도출된다. 즉 경제적으로 자립해야 한다는 것을 알지 못하는 자에게 정치적 판단의 이성이 있다는 것은 부인된다. 이웃으로서 도움을 거절하는 자는 증인으로서 신뢰받지 못한다.[171] 그러므로 오직 어느 정도 구별가능한 역할이 발전될 수밖에 없었고, 이들은 서로 고착된다. 이것은 사회가 상당한 정도로 기능적 분화가 이루어지지 않는 한 안정화에 기여한다.

높은 복잡성과 기능적 분화에 의해 변환된 사회는 내부에 구축되어 있는 고려라는 형식을 포기하고 이것의 대체형식을 제도화한다. 자신의 다른 역할에 대한 고려 대신 다른 사람의 대립적 역할에 의한 통제가 등장한다. 우선 개별 상대방과의 상호행위가 상대방에 의한 통제라는 가장 단순한 방식으로 나타나고, 그다음에는 특별한 통제역할의 제도화도 나타난다. 이러한 특별한 통제역할은 기능으로 특화되고 그것으로부터 상호작용의 맥락을 완화한다. 이를 통해 의사소통의 부담과 해명가능한 추

---

171) 역할불특정적인 사회관계에 대해서는 나델이 들고 있는 예를 보라. 즉 누페족 (Nupe)의 경우 자식의 교육에 실패한 아버지는 사회적 지위나 정치적 세력을 가지는 것을 기대할 수 없다. 누페족에서는 농부로서 게으른 자는 사제가 될 수도 없다. Siegfried F. Nadel, *A Black Byzantium*, London, 1942, S.64; Ders., *The Nuba*, London, 1947, S.442 참조.

상적 규준에 대한 필요성이 높아진다. 이러한 규준이 기대의 기대와 동시에 통제의 실현을 가능하게 한다. 그래서 통제의 그러한 조건을 정식화하고 변동시키고 또 통제 자체를 통제하는 새로운 종류의 문제가 등장한다. 상당한 규제의 필요가 법으로 넘어온다. 이렇게 해서 자신의 다른 역할에 대하여 시선을 주는 것이 근절되지도 않고 또 무의미한 것이 되는 것도 아니지만, 말하자면 하나의 **전술적 수준**으로 감축되는 것이다. 기능적으로 특화된 부분체계는 그것이 **구조적으로** 자신의 다른 역할과 독립적인 것에 주의해야 한다. 왜냐하면 그 부분체계의 구성원의 '자신의 다른 역할'은 이제 개인적으로 개별화된 상황과 인물의 교체에 종속되어 있기 때문이다. 뮐러(Müller) 장관이 노동운동권 출신이고 그곳과 '관계' 있다는 것을 간과하거나 이용하지 않는다는 것은 바보스러운 일이다. 행정부처의 체계를 구조적으로 장관의 위와 같은 상황과 합치시키는 것도 마찬가지로 바보스러운 일이다.

이에 따라 도덕의 사회적합적인 형식이 변화한다. 예컨대 교사는 자신의 아내가 개최하는 바자회에서 누가 물건을 사는가에 따라 성적을 결정해서는 안 된다. 교수는 그의 조수가 자신의 딸과 결혼한다는 것에 의거해 조수의 교수자격논문을 결정해서는 안 된다. 이러한 변화는 평등사상의 재해석에서 가장 분명하게 된다. 즉 중요한 것은 좋은 일이건 나쁜 일이건 더 이상 급부의 평등(호혜성과 응보)이 아니라 다른 (이제 중요하지 않은) 역할연관의 교체에도 특수한 결정전제의 적용에 대한 평등이다. 그래서 개별적 상호작용에 내재하는 구체적인 평균적 정의는 포기된다. 법 앞에서의 평등이라는 것은 원시적 사회에서 비도덕적이라고 생각할 수 있는, 즉 '사람에 대한 배려 없는'이라는 결정규준을 특수화하고 보편적으로 적용하는 것을 말한다. 그리고 정의란 이제 그 자체의 타당성을 위해 법을 한결같이 실현하는 것이다.

앵글로색슨의 언어관용에서 널리 사용되고 있는 이른바 **사회적 통제**

라는 것이 아주 일반적이고 지속적으로 변하고 있다. 이러한 변화는 법적 결정과정이 절차의 형식 속에서 분리되어 독자적인 기능을 수행하게 되면서 그 법적 결정과정에도 영향을 미치고 있다. 그래서 법적 결정과정은 통제 가능한 대상이자 동시에 형식이 된다. 결정의 공정성에 관한 규준이 충분하게 명시되어 있으면 법적 결정과정은 법적 결정과정을 통제할 수 있고 절차 뒤에 절차가 접속된다. 그러한 통제관계의 조직적 틀은 특히 법원의 심급제도의 위계적 구조에서 나타난다. 이를테면 봉건국가에서와 같이 상급법원은 하급법원과는 다른 사건을 결정하고, 소송사건에 대해서 오직 하나의 심급이 관장하는 과거의 사법권 구성과는 반대로 오늘날 상급법원은 특히 (어떤 경우에는) 하급법원의 결정을 통제하고 있다. 여기에서 실제적으로 말하는 통제란 모든 또는 제한적인(예컨대 법적 문제에 한정되는) 관점에서 결정과정을 반복하는 것이다. 통제는 그 결정을 도출해낼 규준과 동일한 규준을 근거로 한다. 이러한 유형은 심지어 입법절차에도 확대될 수 있고, 입법자의 결정을 법적용으로 이해할 수 있는 한에서 입법적 결정에 의한 사법부 통제로 예정할 수도 있다. 어떤 경우이든 그것은 통제에 특화되어 있고 결정과정을 전부 또는 부분적으로 반복하며, 다른 종류의 관점을 고려하지 않는 (그러니까 선택영역을 확대하지 않는), 즉 대체로 비용이 아주 많이 드는 제도라는 것이 문제이다. 이 제도의 효율성은 (개별결정의 공정성의 관점에서가 아니라) 단지 법규범의 의미구조의 통일성과 일관성의 유지라는 관점에서만 적절하게 판단될 수 있다. 추측컨대 실정법에 대한 모든 통제의 부담이 이를 위해 특별히 준비된 이러한 구조와 과정에 의해서만 지탱할 수는 없는 것이다. 사실상 그 외의 중요한 통제과정이 법적 결정과정의 직접적인 상호작용의 맥락 속에 있다. 이것은 거의 눈으로 볼 수 없지만 사회학적으로 훨씬 더 흥미로운 것이다.

상호행위 자체에 내재된 통제는 별도의 설명의무 없이 행사된다는 특징을 보여주고 있다. 상호행위 자체는 통제 때문이 아니라 다른 근거로부터 이를테면 결정을 얻어내기 위해 만들어지는 것이다. 그러나 상호행위가 구조화되고 이행되는 방식에서 모든 참가자가 상대방에 의해 통제되고, 그것을 통해서 참가자의 원초적인 자기통제의 결함이 자신의 다른 역할을 고려해서 보완된다는 보장이 어느 정도 있다. 그러한 통제의 형식과 주제는 상호작용체계와 교체된다. 우리는 대체적으로 대화를 통한 해석학적 통제, 준거집단에 의거한 직업적 통제, 정치적 기제에 의한 정치적 통제를 구분할 수 있다.

가장 구체적이고 사안에 밀접한 통제형식이 법규범 의미의 해석과 논증의 설득력에 대한 해석학적 통제이다. 이것은 법적 결정과정이 전형적으로 결과에서가 아니라 그 개별 단계와 개별 논거에서만 검토될 수 있다는 상황에서 그 필연성을 도출한다. 제품검사와 검산, '건전한 법감정'과 판결의 단편적 비교에 의한 통제방식은 배제된다. 법과 부합하는 통제가 결정절차에 수반하거나 그것을 반복해야 한다. 우선 찾고 있는 결정의 선택성 자체가 분명하게 밝혀지고 공동의 인식사항으로서 의식되어야 하며, 그 결정이 기초하고 있는 자연적인 판단성향에 의문을 가져야 한다. 여기에 그 결정을 선택하면서 다른 결정을 배제하는 법률학적·주석학적 사고운용은 어떠한 논리필연적인 형식을 가정할 수 있는 것이 아니라 비논리성을 국지화할 수 있는 작은 비약으로 분산한다는 점에서 특유한 합리성을 가지고 있다. 그 결과 결정상황의 복잡성, 즉 필요한 논거의 수와 그것에 수반하는 가능한 항변의 수가 다양해지는 것이다.[172] 해석과 입증은 더 나은 해결에 의한 대체가능성을 열어둠으로써 개별적 사고요소로 나누어진다.[173] 그 다음 모든 비판론은 그 자체

---

172) Julius Stone, *Social Dimensions of Law and Justice*, Stanford CA., 1966, S.684는 "이유가 많으면 많을수록 가능한 반론의 수도 많아진다"고 주석을 붙이고 있다.
173) 해석학의 이와 같은 '내용적'(sachlich) 파악은 참여자의 주관성을 추측하

를 논쟁상황에서 비판받는 위치에 적용시켜야 한다. 그곳에서 문제의 더 나은 해결을 위한 제안을 제시하거나 의미가 응축되어 결정으로 흘러가 도록 놓아두어야 한다. 그러니까 해석학적 행동양식의 특수한 합리성은 규칙의 체계를 생각하고 그것을 적용해서 유일한 올바른 결과의 획득을 가능하게 하는 것이 아니라 오히려 그것은 사고과정이 동의와 부동의를 위한 수많은 가능성으로 분해되고 그것이 대화에서 확보된다는 데에 기초하고 있다.[174) 그것은 의미의 선이해가 단계적으로 진행되어서 (그러나 결코 전면적이 아니고) 문제화되는 것을 포함하나 그 변화가 대화에서 개관할 수 없을 정도로 광범위한 결과를 수반하면서 체계구조를 급격히 문제화하는 데에는 전혀 적절하지 않다.

그러한 성과를 가져올 수 있는 대화는 하나의 절차 유형을 가진 사회체계이다. 왜냐하면 대화는 이미 복잡성을 감축하기 위해 시간경과를 도움으로 취하기 때문이다. 참여자는 주의를 해야 하고 올바른 위치에서 올바른 것을 이야기해야 한다. 그렇지 않으면 그들의 합의는 거의 더는 해체할 수 없을 정도로 응축된다. 그들은 주제를 따라잡을 수 있어야 하고, 즉 진행되고 있는 것에 열중해야 하고, 사유적인 우회로에서 논의대상으로부터 너무 멀리 떨어져서는 안 된다. 이미 언급된 견해에 너무 오

고 이에 접근하는 것에서 의미 해명의 본질을 보고 있는 '소설적' 파악과 구별된다. 예컨대 Jürgen Habermas, *Erkenntnis und Interesse*, Frankfurt a.M., 1968, S.209 ff., 209 ff. u. ö.; Jürgen Habermas/Niklas Luhmann, *Theorie der Gesellschaft oder Sozial-Technologie-Was leistet die Systemforschung?*, Frankfurt, 1971, 특히 S.101 ff., 316 ff. 참조.

174) Friedrich Müller, *Normstruktur und Normativität. Zum Verhältnis von Recht und Wirklichkeit in der juristischen Hermeneutik, entwickelt an Fragen der Verfssungsinterpretation*, Berlin, 1966, S.54, 71 ff.의 법률학적 해석학의 견해가 이와 근접한다. 여기에서 뮐러는 특정화된 사고과정에 대한 더 나은 통제가능성을 지적하고 있다. 또한 Lon L. Fuller, *The Morality of Law*, New Haven/London, 1964도 참조.

래 몰두해서도 안 되고 무엇이든 이야기할 수 있을 것이라고 너무 넓게 먼저 환상화해서도 안 된다. 여기에 발견적·혁신적 가능성에 대한 엄격한 제약이 있다. 대화는 본래 앞에 놓여 있는 것으로 생각되는 사안의 설명에 기여하는 것이지, 독자적으로 계획하는 기능에 기여하는 것은 아니다. 그러나 어떻든 전문적이고 토론경험이 많은 사람들, 즉 우리의 경우에서 법률가는 대화의 형식에서도 대화의 가닥 또는 개관을 잃어버리거나 적절하지 않은 곳에 너무 강하게 또는 너무 세밀하게 개입하여 주제의 전개 및 대화체계를 방해하여 스스로 실패할 위험에 처해 있는 다른 사람들보다는 훨씬 많은 가능성을 대화할 수 있다.

대화가 열어놓은 교호적 통제의 기회는 대화의 체계 한계 내에서만 현실화될 수 있다. 이를 위해서 일부는 서면에 의한, 다른 일부는 구두에 의한 법정변론이 특히 유리한 조건을 제공한다. 모든 중요한 역할이 법률가로 채워져 있다면 더욱 그렇다. 이것은 기능적으로 분화된 '상이한' 역할에서 '동일한' 전문성과 '동일한' 숙련성이 작동할 수 있는 상황을 산출한다. 변호사는 당사자 대리인으로 역할 속에서 서로 통제하고, 각기 자체적으로 법관을 통제한다. 그래서 법관은 변호사의 진술을 비판적으로 따를 수 있게 된다. 그러한 관계망은 자체적으로 규율되고, 이미 가능한 반격과 반론에 대한 예측을 통해 사안에 맞지 않은 논의를 배제한다. 이것으로써 결정의 동기에 대한 효과적인 통제가 얼마나 달성될 수 있는가는 다른 문제이다.[175] 그러나 적어도 동기가 대화에 기해 결정으로 재현될 수 있는 것에 반드시 들어간다는 것은 이루어진다.

대화통제효과의 한계는 바로 결정자가 관여하는 역할이 적다는 데 있

---

175) 이것에 관해 판결하는 법관들 사이의 대화에 대해 주목할 만한 것은 J. Woodford Howard Jr., "On the Fluidity of Judicial Choice", *The American Science Review* 62, 1968, S.43~56.; Walter F. Murphy, *Elements of Judicial Strategy*, Chicago-London, 1964, 특히 S.23 ff. 참조.

다. 법관은 다른 행동요구와의 갈등에서만 대화에 참가하고 관계한다. 그는 어떤 절차질서에서 거의 관망자로서만, 다른 절차질서에서 더 적극적으로 결정에 개입하지만 대개 사실의 석명에만 관여한다. 법정에서의 법적 대화는 드문 일이다. 그 이유는 부분적으로 합의제와 협의비밀의 준수에 있다. 이것은 재판장 내지 주심법관에게 판결에 앞서 합의제의 대표자로서 일정한 법적 견해를 제시하는 것을 어렵게 한다. 그들은 기껏해야 일정한 법적 견해를 추정할 수 있는 물음을 제기할 수 있을 뿐이다. 여기에 덧붙여 절차진행과정에서 법관의 자기확정은 예단을 가지고 있다는 것으로 해석될 수 있는 위험이 따른다. 이것은 특히 영미법의 절차체계에서 중요하게 받아들이고 있는 생각이다. 이러한 이유로 상급심에서는 형식적으로 분화된 통제절차가 바람직하다. 적어도 이러한 방식에서 대화는 우선 침묵하다가 그 다음에 상급심에 참석하지 않는 (그러나 분쟁이 결정된 후 기록을 돌려받으면서 최종판결을 읽는) 제1심 판사와 계속될 수 있기 때문이다.

대화의 직접적인 상호작용 외에 이러한 통제의 범례화된 형식이 있다. 그것은 개별 법적 사건에서 가능한 의견과 행동의 한계를 넘어서는 법률가의 일반적인 견해에 의해서 매개되는 것이다. 우리는 이러한 유형을 전문직적 통제라고 명명한다.

직업적 업무의 전문화는 분화된 사회의 주목할 만한 현상으로서 최근에 많이 논의되고 있다.[176] 이것은 문제와 문제해결의 독특한 조합으로

---

176) 전문화경향 및 이 개념의 문제점에 관한 훌륭한 논술은 Joseph Ben-David, "Professions in the Class System of Present-day Societies", *Current Sociology* 12, 1963, S.247~330; Harold L. Wilensky, "The Professionalization of Everyone?", *The American Journal of Sociology* 70, 1964, S.137~158; Heinz Hartmann, "Unternehmertum und Professionalisierung", *Zeitschrift für die gesamte Staatswissenschaft* 123, 1968, S.515~540; Albert L. Mok, "Alte und neue Professionen", *Kölner Zeitschrift für Soziologie und Sozialpsychologie* 21,

특징지을 수 있다. 전문직이란 전체사회의 기능들(여기서는 법의 감독, 다른 고전적인 경우에는 영혼구원, 교육, 건강, 공격에 대한 신체적 안전의 감독, 그리고 오늘날 아마도 또한 고도의 재정적 위험에 대한 감독)이 사안에 적합한 해결을 위해 특별한 역할, 즉 사회의 부분체계에 위임되어야 할 때 형성되는 것이다. 그다음에 이중의 문제가 해결되어야 한다. 즉 한편으로 직업적 역할은 전체사회의 여러 기능을 담당함으로써 전형적으로 높은 위험을 인수하게 된다. 억제할 수 없는 분쟁의 위험, 죽음의 위험, 불안의 위험, 진실을 그르칠 위험이 그것이다. 그러나 이들 위험에 대한 불안을 극복할 형식들이 아직 사회 전체적으로 제도화되어 있지 않다. 그렇다면 개별 역할에게 감당할 수 없는 위험은 축소되어야 하고, 그 축소는 전형적으로 회피할 수 있는 과오에 대한 책임으로 변환함으로써 생긴다. 그런 때에 동료관계가 과오의 정의에 대한 통제를 담당할 수 있고, 부분적으로 그 결과에 대한 안전을 보장하기조차 하는 것이다. 다른 한편으로 특화에 의해 이러한 직업적 역할은 일반적으로 통용될 수 없는 지식과 능력을 갖추게 된다. 여기에서 자기이익을 위해 권력을 신장하고 부수적 결과에 대한 고려 없이 목적합리성을 증진할 수 있는 기회가 생긴다. 이러한 기회를 이용하는 것은 전체사회를 위해 저지되어야 한다. 전체사회의 가치와의 관계는 더 좁은 직업적 에토스로 변환되고 특별한 전문적인 요청과 조화되도록 제도화되어야 한다. 이러한 변환은 그것이 전문직의 안정을 보장하는 이익에 있는 경우에 한하여 이루어질 수 있다. 특히 개인이 그 역할에서 고도의 위험에 노출되어 있고, 그 역할의 존속을 위해서는 도덕적 기초, 동료들의 합의 및 동료의 과오에 대한 판단에 있어 관용의 인식가능한 한계가 필요한 것이다. 위

1969, S.770~781 참조. 또한 Howard M. Vollmer/Donald L. Mills(Hrsg.), *Professionalization*, Englewood Cliffs/N. J., 1966와 비교할 것.

험인수와 가치인수 양자 모두는 높은 사회적 명망과 개별사건의 결과에 좌우되지 않는 평균 이상의 소득기회에 의해 동기가 부여되고 지지된다.

특히 법영역에서는 법률가 계급이라는 방식으로 하나의 커다란 고전적인 전문직이 발전했다. 이러한 전문직업화의 관련문제는 여러 가지가 있다. 가장 오래된 것 중 하나가 분쟁에서 법률가의 경제적 이익에 대한 사회적·도덕적 거부감이다. 그 이익이 법기능에 반하여 법률가로 하여금 법적 분쟁을 조장케 하고 지연하도록 하는 것으로 생각되었다. 중국의 유교적 윤리와 로마법은 유상의 법적 조언을 금지하고 보수청구권의 소구가능성을 배제했다. 그리고 처음에 이러한 어려움은 분쟁경과 내지 결과와 무관한 '사례금'(謝禮金)이라는 관념에 의해 서서히 무력화될 수 있었다.[177] 또 다른 문제는 법적 분쟁에서 기대위배율이 50퍼센트에 달한다는 사정에 근거를 두고 있다. 변호사들은 평균적으로 그들이 수임한 소송의 반은 패소한다. 이러한 경험은 그들이 다투고 있는 이익에 지나치게 긴밀하게 개입하지 않는 대신 그들의 표현방식을 법 자체에 더 기초하도록 한 것이 명백하다. 그리하여 변호사는 법관이 법을 주장하듯이 법이 자명하게 빛나는 확실한 것으로 생각할 수 없고 극히 어렵고 불확실하고 함정이 많아 보이게 하는 식으로 표현을 한다.

전문직에 의해 만들어진 형상 중의 하나는 이러한 어려움과 그 해결방식을 잘 보여주고 있는데, 그것이 바로 '지배적 견해'[178]이다. 통설은

---

177) 이 책 329쪽 이하 참조.

178) 놀랍게도 이와 같은 중요한 제도에 대해서는 거의 적절한 문헌이 없다. 그렇지만 Josef Esser, "Herrschende Lehre und ständige Rechtssprechung", in: *Dogma und Kritik in den Wissenschaften. Mainzer Universitätgespräche*, Mainz, 1961, S.26~35; Roman Schnur, *Der Begriff der 'herrschenden Meinung' in der Rechtsdogmatik. Festgabe für Ernst Forsthoff*, München, 1967, S.43~64 참조. 학자들 사이에 의견이 일치하고 있는 논거로서 어느 정도 의의를 가지는가는 물론 법에 따라 상당히 다르고, 실정화되지 않은 전통적인 법질서에서는 그 의의가 훨씬 클지도 모른다. 주목할 만한 예로서 Joseph Schacht, *The Origins of*

법에 대해 상황과 역할의 맥락에 적응하는 양면적인 태도를 가능하게 한다. 이것이 이론(異論)을 세우는 것과 합의에 의존하는 것을 동시에 정당화한다. 그것은 법을 확실한 것과 불확실한 것으로 표현할 수 있도록 하고, 손실을 볼 위험이 있는 각 상황과 결과에 따라 이쪽 또는 저쪽의 입장과 관계하는 것을 허용하고 있다. 이것은 반론의 가능성을 배제하거나 체면훼손으로 처벌받지 않고도 실제로 충분히 안정적인 넓은 영역을 형성한다. 통설로부터의 일탈은 주장가능한 것[179]이고, 그것은 전형적으로 과오가 아니지만 아마도 동료에 의해 판단될 사건이다. 일탈은 특별한 위험을 수반하고, 특별한 정당화(개별사안의 특별한 상황에서의 특별한 정당화)를 필요로 하며, 단순히 부주의로 생기는 것은 아니어야 한다. 통설을 찬성하거나 반대하는 논증은 동료들 사이에서 오늘날 실제적으로 단지 지면상 생길 수 있는 논쟁관계를 전제로 한다. 그 관계의 경계선에서 개인이 사적 위험을 부담하는 의견과 행동영역이 시작되는 것이다.

법에 대한 전문직에 의한 통제의 효율성과 주제의 집중은 아마도 많은 사정에 의존할 것이다. 하나의 중요한 요소는 상정되고 있는 동료 준거집단이 얼마나 제재를 준비하고 있는 현실적 구성원 집단인가라는 것이다.[180] 그러한 한 (잉글랜드의 경우—옮긴이) 런던의 법학회관 (Londoner Inns: the Inns of Court를 말한다. 이는 Inner Temple, Middle

---

Muhammadan Jurisprudence, Oxford, 1950, S.82 ff. 참조.

179) 몇 가지 기능을 병행해서 수행하는 이러한 '주장가능성'의 범주에 대해서는 Theodor Vieweg, *Topik und Jurisprudenz*, München, 1953, S.24 ff. 참조.

180) 준거집단의 개념에 대해서는 이미 이 책 187쪽 이하에서 언급하였다. 준거집단과 동료그룹이 합치하는 것은 규범준수에 유리하게 작용한다는 일반적 가설에 대해서는 Ralph M. Stogdill, *Individual Behavior and Group Achievement*, New York, 1959, S.115(여기에는 추가적으로 많은 참고문헌이 수록되어 있음), S. 167 ff. 참조.

Temple, Lincoln's Inn, Gray's Inn의 4개의 건물로 이루어져 있다—옮긴이)에서 공동생활하는 것이 '팔란트'(Palandt)를 참조하고 인용하는 경우(도이칠란트의 경우—옮긴이)와는 다른 관계를 만든다고 말할 수 있다. 대다수의 법률가들이 경제, 정치, 기구 그리고 법원 등에 널리 퍼져서 활동하고 있기 때문에 오늘날에는 더 이상 만나는 중심공간도 가질 수 없다. 이들의 직업집단 관계는 조직소속에 의해 파괴되고 이들의 직업적 에토스는 조직에 대한 충성심에 종속된다. 이들의 사유양식, 태도의 유사성 그리고 직업집단적 결합의 잔재를 여전히 볼 수 있는데, 이는 공통적인 대학교육에서 유래하는 것으로서 아직 여전히 커다란 영향을 미칠 것이라고 생각된다.[181] (강의를 들으러 가거나 마치고 돌아오는 도중에 또는 구내식당에서 법학도만큼 법률문제와 예제를 열심히 논의하는 다른 학생집단은 없다.) 이러한 초기의 사회화효과를 넘어서는 부차적인 직업집단적 통제효과는 거의 나타나지 않는다.

같은 방향으로 영향을 미치고 있는 또 하나의 요소는 법률가적 개념성, 논거의 우아함과 논증의 탁월성 등에 대한 감각, 즉 '좋은' 법률가와 '나쁜' 법률가에 대한 동료의 판단과 연계될 수 있는 규준들이 느낄 수 있을 만큼 약해지고 있다는 것이다. 그 대신에 특정조직의 이익과 관련되어 있어 일반적으로 존중되는 직업집단적 표준이 될 가능성이 없는 성과규준이 대두하고 있다.[182] 이러한 변화는 말씀론의 사회적 기능이

---

181) Wolfgang Kaupen, *Die Hüter von Recht und Ordnung. Die soziale Herkunft, Erziehung und Ausbildung der Deutschen Juristen-eine soziologische Analyse*, Neuwied/Berlin, 1969의 연구결과도 회의적으로 쓰고 있고, 그보다 오히려 조사대상의 자기선택에 대한 이론에 역점을 두고 있다.

182) 이 점에 대해서는 Robert K. Merton, *Social Theory and Social Structure*, 2. Aufl., Glencoe/Ill., 1957, S.387 ff.의 지역적 유력인사와 전세계적 유력인사(local and cosmopolitan influentials)의 구별 또는 Alvin W. Gouldner, "Cosmopolitans and Locals. Toward an Analysis of Latent Social Roles", *Administrative Science Quarterly* 2, 1957~58, S.281~306, 444~480에서 그것에 대응하는 역할의 구

소멸하는 것을 도처에서 관찰할 수 있는 사정과 연관되어 있을지도 모른다. 게다가 오늘날에는 단지 법의 일부영역만 직업에 공통적인 요구를 표시하는 것에 적절할 것이다. 예컨대 거대기업의 결정이나 입법자에 의해서 부단히 수정되고 있는 자료들도 공통적인 요구사항은 아니다. 전문직에 의한 통제는 고도로 범례화되고 널리 이용가능한 사고형상에 결부되어 있으며, 이러한 사고형상은 개별적 사건해결에 맞추어져 있어야 한다. 가장 먼저 직업집단적 의무와 통제에 의한 독특한 문제해결이 오늘날의 분화 정도에서 전체사회적으로도 낡은 것이 아닌지 또는 이 형식으로 동료들의 견해를 고려해서 안정성과 자체규율을 보증하고 또 전체사회적인 가치들이 역할특유의 에토스를 만드는 것에 답할 수 있는지에 대한 의문이 정당하다고 할 것이다. 간호사, 기업가, 엔지니어, 회계사 등과 같이 전문직 신분의 상징을 얻으려 하는 방식은 그 형식이 더 이상 하나의 일정한 문제상황에 구속되어 있는 것이 아니라 오직 장식적인 목적 또는 그때그때의 주장을 근거짓는 목적에 기여하고 있을 뿐이라는 의심을 확인해주고 있다.

법의 실정화와 함께 법제정의 준비를 위한 정치적 과정이 갖추어짐에 따라 완전히 새로운 종류의 법통제가 대두한다. 그것이 바로 정치적 통제이다. 이 통제는 통제라고 불리지 않는다. 이것에는 제도적인 승인도 없다. 정치적 통제는 형식화된 작업절차와 분리되어 있는 것이 아니라 정치적 결정준비에 기여하는 상호작용맥락 내에 구축되어 있다. 그러니까 정치적 통제는 여기서 다루어질 유형에 속하는 것이다. 정치적 통제가 바로 앞에서 논한 해석학적 통제와 전문직업적 통제와는 본질적으로 구별되는 것은 그것이 공정의 관점에서가 아니라 결과의 관점에서 결정을 판단하면서 비정합적 조망 속에서 작동한다는 것이다.

별 참조. 후자는 특히 조직연구와 전문직연구에서 넓은 반향을 불러일으켰다.

실정법이 조건프로그램의 형식을 취하고 프로그램에 따른 결정은 그 결과에 대한 책임에서 경감되는 한, 순수한 공정성에 의한 통제는 불충분하다. 순수한 공정성 통제는 결정 시에 이루어진 형량(衡量)에 대한 단순한 추후검토일 뿐이지, 그러한 형량이 법에 대한 입법자의 부단한 포괄적인 책임에 상응하는 결과가 생긴다는 것을 보장하지 않는다. 프로그램화의 형식이 기술적으로 아주 유리하다는 것과 결과에 대한 충분한 예측을 할 수 없다는 것은 언제나 그 효과에 비추어서 수정이 필요한 결정문제를 유발하게 된다.

　여기에 현재까지 아직 충분히 어떠한 제도적 해결책도 제대로 작동하지 못한 문제가 한 가지 있다. 법률가는 '오류' 혹은 '규범모순'이라는 형식으로 그의 화면에 두드러지지 않은 사태의 수정을 위해서 신고하는 성향을 별로 보이지 않고 있다. 법률가는 가능한 테두리 내에서 결과를 고려하면서 결정하려고 하지 법률을 개정하려 하지 않는다. 정당정치는 사법의 개별사안을 거의 돌보지 않고, 또 거기에서 생기는 경험을 체계적으로 일람하고 평가하기 위한 보조수단을 가지고 있지 않다. 정당정치는 인상적으로 범례화할 수 있는 자극, 위기, 추문에 의존하고 있는데, 법률가들은 이러한 것들을 가능한 피한다. 정치적 합리성 조건의 근본적인 변화 없이는 이러한 감응경계가 거의 낮아질 수 없다. 위계적인 행정조직에서조차 법률이 실행될 수 없는 경우 그 대외적 효과를 비판적으로 감시하는 것은 차치하고 하부에서부터 상부로 적용상의 곤란함을 전달하는 것도 생각만큼 제대로 기능하지 못한다. 그런데 입법과정에서 협력하는 정부부처와 이익단체의 직접적인 접촉은 정치적인 결과통제를 유도하기 위한 연결통로를 개방하는 데 아직 가장 유리한 것 같다. 지금까지의 경험에 따르면 이러한 방식에 의해 조잡한 모방과 타협이 이루어지지만, 법의 구조적인 적응과 혁신은 거의 달성되지 않는다. 기능할 수 있는 정치적 통제가 없으면 법의 실정화가 스스로 준비하고 있는 많은 기회를 이용하지 못하게 된다.

결국 어려움은 법의 실정화가 더 고도의 복잡성을 초래해 피(被)통제적 과정과 통제적 과정 사이의 더 커다란 괴리를 야기한다는 데 기인한다. 그렇지만 여기에는 지금까지 인식되지 않은 이점, 즉 원론적으로 흠잡을 데 없는 통제의 가능성이 있다. 정치가와 입법자는 올바른 결정의 결과에만 관심이 있다. 한편 바로 정치적 통제의 이러한 목적을 위해서는 다른 작업의 맥락에서 부산물로서 생겨나지 않을 전혀 다른 종류의 자료가공체계가 마련되어야 한다. 그리하여 부수적인 정치적 통제에서 분리된 정치적 통제를 이행해야 한다는 제안이 긴급히 나오는 것이다. 그 제안은 이를테면 입법을 위한 관직을 창설해 누군가가 기존의 법률을 적용할 때 나타나는 결과를 보고하고 거기에서 정치활동을 위한 재료로서 이 정보를 가공하도록 해야 한다는 것이다.

법의 통제가 갖는 다양한 가능성을 개관해 볼 때 이러한 시각에서도 전래의 제도가 근절되지 않는다면 실정화는 너무나 허약하게 된다는 것이 분명해진다. 전래의 제도는 더욱 고도의 복잡성을 지향하는 행보를 공동으로 만들어갈 수 없고, 그렇지 않으면 기껏해야 아주 제한적으로 공동으로 만들 수밖에 없어 결국 잔존하게 될 것이다. 전래의 제도가 적용되는 영역 밖에서 새로운 필요가 생기고 이러한 필요를 위해 제도화가 가능한 해결책을 찾아야 할 것이다. 동일한 규준 아래 결정의 진행과정을 형식적으로 반복하는 것과 해석학적 통제와 전문직업적 통제를 병행하는 것은 수정방법으로 충분하지 않다. 이들은 급격히 그 의미를 상실하지 않고 내재적인 공정성 통제로서 기존의 법에 구속되어 있으며 입법의 가능성으로 준비된 비판과 합리화를 위한 잠재력을 철저하게 이용하지 않는다. 경제적인 목적합리성의 영역[183]과 유사하게 법을 위해서도

---

183) 이 점에 관한 자세한 것으로는 Niklas Luhmann, *Zweckbegriff und*

새로운 통제형식이 개발되어야 한다. 이러한 새로운 통제형식은 프로그램화 수준에서, 즉 결정을 내리는 행위에 관계하고 있으며, 그러한 결정 영역을 위해 프로그램의 유의미한 변경을 위한 정보를 마련하고 이용할 수 있다. 물론 이로써 실정법의 합리화를 위한 전체 조건이 거의 파악된 것은 아니다. 이 전체조건은 기존 법의 통제라는 시각에서 확정될 수 있는 것이 아니고, 사회 전체적 맥락으로 시선의 반전을 요구하고 있다.

Systemrationalität. Über die Funktion von Zwecken in sozialen Systemen, Tübingen, 1968, S.221 ff. 참조.

제5장 실정법에 의한 사회적 변동

　사회와 법은 다양한 양식으로 서로 연관되어 있다. 지금까지 우리는 주로 다음의 두 가지 관점에서 연구를 진행해왔다. 즉 우리는 먼저 전체 사회의 사회적 체계를 위한 법의 기능을 물었고, 그 다음 이러한 기능이 수행되는 양식과 방법을 사회의 진화과정에서 차례로 형성된 다양한 사회구조와 관련시켰다. 이러한 전반적인 관찰방식에서 사회체계의 진화가 사회적 변동의 야기요인으로 간주되며, 법구성체의 변화는 사회체계, 특히 그 분화방식의 재편성을 통해 가능해지는 동시에 진화과정에서 얻어진 중요한 제도적 성과를 안정화하는 데 기여하는 수반형상으로서 간주된다. 진화적인 시각에서 법은 사회구조의 불가결한 요소로서 항상 작용원인인 동시에 작용결과이다.

　여기에서 그 상호 영향관계는 이름하여 카를 레너가 보여준 바와 같이[1] 너무 협소하게 보아서는 안 된다. 오히려 정식화된 법이 변하지 않

---

1) Karl Renner, *Die Rechtsinstitute des Privatrechts und ihre soziale Funktion: Ein Beitrag zur Kritik des bürglichen Rechts*, Neudruck/Stuttgart, 1965(처음에는 *Mrx-Studien*, Bd. 1, Wien, 1904, S.63~192) 참조. Paul Bohannan, a.a.O.도 더 개선된 법이론적 기초에서, 즉 재제도화라는 개념에 의해 사회발전과 관계에서 법발전은 항상 어느 정도의 간극(out of phase)이 있다고 주장하고 있다. 공간적 · 시간적으로 제한된 하나의 영역에서 법발전과 사회발전(특히 경제발전)의 관계

고 존속함에도 불구하고 법규범의 기능변동으로 표현되는 사회의 변동 현상이 있는가 하면 사회의 변동에 영향을 미치지 않는, 예컨대 편찬과 같은 법의 새로운 정식화도 있다. 법과 사회가 가진 상관적인 불변성의 규모는 사회체계의 복잡성 및 그 구조적 성과의 추상도에 따라 증대한다. 어쨌든 우리는 아직 이 장에서 다룰 문제에 근접하지 않았다.

법이 실정화되는 정도에 따라, 즉 법규범이 선택적 결정의 대상이 됨에 따라 그 자체로 진화적 성과로써 평가되어야 하는 하나의 새로운 시각이 부가된다. 법에서 법을 통해 정립된 결정의 자유가 사회를 변화시키는 도구로서 도입될 수 있다. 결정의 자유가 자유로서 제도적으로 보장되면 그 원인이 의식되지 않을 수 있다. 법의 실정성은 분석의 단초와 결과에 따라 합리적으로 법을 정할 수 있는 자유를 내포하고 있다. 그 결과 사회는 그 자신의 고유한 법적 기제의 대상이 되고, 그 부분체계의 하나가 전체로서 반영되는 것이다.

사회발전이 법을 규정하는 요인이자 동시에 법이 사회발전을 규정할 수 있는 하나의 요인이라는 것은 오늘날 일반적으로 승인되고 있다.[2]

에 관한 자세한 역사적 분석은 제임스 윌리엄 허스트의 저작 덕분으로 생각한다. James William Hurst, *The Growth of American Law. The Lawmakers*, Boston, 1950; Ders., *Law and the Conditions of Freedom in the Nineteenth Century United States*, Madison, 1956; Ders., *Law and Social Progress in United States History*, Ann Arbor, 1960; Ders., *Law and Economic Growth. The Legal History of the Lumber Industry in Wisconsin 1836~1915*, Cambridge MA., 1964 등 참조. 그 외에 Lawrence M. Friedman, "Legal Culture and Social Development", *Law and Society Review* 4, 1969, S.29~44 참조.

2) 예컨대 Yehezkel Dror, "Law and Social Change", *Tulane Law Review* 33, 1959, S.787~801; 요약적인 것으로는 Vilhelm Aubert(Hrsg.), *Sociology of Law*, Harmondsworth, England, 1969, S.90~99; Per Stjernquist, "How Are Changes in Social Behavior Developed by Means of Legislation?", in: *Legal Essays. Festschrift til Frede Casterg*, Kopenhagen-Stockholm-Göteborg, 1963, S.153~169; Helmut Coing, "Law and Social Development", in: Raymond Aron/Bert F. Hoslitz(Hrsg.)

이것으로써 이에 관한 극단적인 명제들은 배제되어 아무도 주장하지 않는다.[3] 그렇지만 그 외에는 아직 아무것도 얻은 것이 없다. (사회발전과 법 사이의—옮긴이) 이와 같은 관계를 학문적으로 재구성하기 위해 여러 가지 정식이 제공되어 있다. 고전적인 모델은 '국가와 사회의 분리' 모델이다. 이 모델에서 법은 국가적 활동형식으로 자율적으로 정립되고 사회와 대립하고 있는 것이다. 하지만 이러한 자율의 형식은 최소한의 제약이라는 계명과 함께 주어지는 것이어야 한다. 법의 완전한 자율과 최소한 간섭이란 것은 유지될 수 없는 것으로 증명되었다. 이러한 상황은 제1장에서 논한 여러 가지의 고전적 법사회학이론이 자세히 다루고 있다. 그렇지만 이들 이론은 법실무에 아무런 영향도 미치지 못했다. 20세기의 실무에서는 일종의 구체적인 정치적 실용주의가 형성되었는데, 이러한 실용주의란 말하자면 의지-저항-타협이라는 공식에 따라 작업하는 것이고 또 비교적 비논리적인 학문적 분석을 요구하는 것이다. 이러한 분석의 목표가 어떤 경우에는 구체적으로 진술된 사회적 바람과 이익을 충족시키는 것에서, 어떤 경우에는 (아마 이러한 경우가 압도적이지만) 단순히 기존의 법규범체계를 수정하는 것에서 법제정의 도구적 관념을 발견하는 것이었다.[4] 법관뿐만 아니라 입법자도 경험적 방법이

Le développement social, Paris-Den Haag, 1965, S.293~312; Wulliam M. Evan, "Law as Instrument of social change", in: Alvin W. Gouldner/S. M. Miller Hrsg.), *Applied Sociology. Opportunities and Problems*, New York/London, 1965, S.285~293 (286f.); Philip Selznick, "Law. The Sociology of Law", *International Encyclopia of the Social Science*, Bd. 9, 1968, S.50~59(56); Wolfgang Frirdmann, *Recht und Sozialer Wandel*, Frankfurt, 1969, S.13 ff. 참조.

3) 섬너(William G. Sumner)가 "국가법은 민중법을 바꿀 수 없다"(Stateways cannot change folkways)는 유명한 말을 했음에도 그조차도 이와 같은 극단적인 입장을 취하지는 않는다. 이 점에 대해서는 Henry V. Ball/George E. Simpson/Kiyoshi Ikeda, "Law and Social Change. Sumner Reconsidered", *The American Journal of Sociology* 67, 1962, S.532~540 참조.

4) 이 점에 대해서는 Rudolf Wiethölter, "Die GmbH in einem modernen

아니라 역사적 방법을 광범위하게 사용하고 있는 것이다.[5]

그러나 아마 법의 실정성에 기초하면서 사회와 관련된 법정책의 자유와 한계를 (지금까지와는—옮긴이) 다르게 그리고 더 개선된 방식으로 일관되게 생각할 수 있을 것이다. 우리는 사회 및 법에 대한 하나의 진화이론에서부터 출발했다. 그것은 변동, 선택, 안정화라는 기제가 기능하게 되어 생긴 효과로써 진화를 파악하는 것이고, 이들 기제가 협력하여 체계의 복잡성이 증대하게 되며, 비개연적인 성과의 안정화가 이루어진다는 것이다. 이들 세 가지 기제가 상호 허용할 수 있는 복잡성의 수준에서 기능한다면 필연적으로 진화를 볼 수 있게 된다. 그리고 그렇게 되는데는 어떤 원인이 이들 기제를 움직이고 있는지, 그 원인이 계획된 것인지는 중요하지 않다. 그러한 한에서 현대적 진화이론이 반계획적(反計劃的)인 성향은 아니라고 할지라도 훨씬 무계획적(無計劃的)인 성향을 나타내고 있다.[6] 그러나 진화이론은 계획적인 사회변화에 대한 문제를 결코 배제하는 것이 아니라 오히려 이 문제에 대해서 목적 합리성에 관

Gesellschaftsrecht und der Referentenentwurf eines GmbH-Gesetzes", in: *Probleme der GmbH-Reform*, Köln, 1969, S.11~41의 거침없는 비판과 그 외 Frieder Naschold, *Kassenärzte und Krankenversicherungsreform. Zu einer Theorie der Statuspolitik*, Freiburg, 1967 참조.

5) 이에 대한 비판으로 특히 Boden, "Über eine experimentelle Methode der Gesetzgebung", *Archive für die gesamte Psychologie* 33, 1915, S.355~372 참조. 그 외에 실험적·경험과학적 법학에 대한 요청에 관해서 Frederick K. Beutel, *Some Potentialities of Experimental Jurisprudence as a New Branch of Social Science*, Lincoln, 1957 참조. 오늘날 이러한 비판은 받아들일 수도 있지만 이에 대한 학문적 신뢰는 그다지 높다고 할 수 없을 것이다.

6) 특히 우리의 고찰에 가까운 입장에 서 있는 Donald T. Campbell, "Variation und Selective Retention in Socio-Cultural Evolution", *General Systems* 14, 1969, S.69~85가 그러하다. 이 점에 대해서는 ('집단주의적 접근법'(collectivistic approach)'이라고 잘못 분류되는) Amitai Etzioni, *The Active Society. A Theory of Societal and Political Process*, London/New York, 1968, S.65 ff.와 그 밖에 여러 부분 참조.

한 어떠한 고전적인 관념보다도 명확한 윤곽을 주고 있다.

체계계획화의 잠재적 형태는 안정화기능 및 그 기제와 관계할 수 있다. 그래서 선택성이 조종될 수 있다. 즉 체계계획에서 체계환계의 더 높은 복잡성과 함께 부단한 선택의 필요성을 고려하고, 이를 함께 안정화하는 것 같은 체계/환계-모델이 사용되어야 할 것이다. 그때 변동을 만들어내는 기제를 계획하는 문제, 즉 우연을 계획하는 문제는 완전히 미결인 채 남아 있다.[7] 그러므로 진화를 체계이론적으로 계획하는 것도 오늘날 과학적으로 생각할 수 있는 범위를 벗어난다. 다만 그럼에도 진화의 기제 내부에서 계획되지 않은 과정과 비교해 계획된 과정이 차지하는 비중이 변화한다는 것과 그러한 변화가 어떤 조건 아래 생기는지는 인식가능하다.

오늘날 볼 수 있는 현상으로서 계획에 대한 요청이 증대하는 것은 '진화적 애로'(evolutionäre Engpasse)의 전이(轉移)와 관련되어 있다. 변동, 선택, 안정화라는 세 가지 진화기능의 내부에서는 그 다음의 발전을 조종하는 것으로 문제중심이 옮아가고 있다. 원시사회의 문제가 구조적으로 조건지어진 선택지의 빈곤, 즉 적은 가변성에 기인한 것이었다면, 그리고 고등문화사회의 문제가 이행능력의 미약과 선택절차에서 합법성의 제약에 기인한 것이었다면, 이에 비해 오늘날 점점 더 각각의 법의 범주적인 구조는 매우 적은 이행능력의 형식이 장래의 발전기회를 형성하는 그러한 측면인 것 같다. 물론 그것은 홀로 형성하는 것이 아니라 다른 것들과 함께 형성하는 것이다.

법사고의 범주는 안정화기능을 갖고 있다. 왜냐하면 이 범주가 절차

---

7) 이를 위한 전단계가 우연성의 기능을 인식하는 것이다. 이에 대해서는 Vilhelm Aubert, "Chance in Social Affair", *Inquiry* 2, 1959, S.1~24 참조. 그 밖에 사회적 체계에서 우연성을 계획적으로 만들어내기 위한 여러 가지 어려움에 대해서는 Stafford Beer, *Kybernetik und Management*, Frankfurt, 1962, S.216 ff. 참조.

에서 얻어진 결정결과를 보존하고 새로운 상황에서 다시 사용하는 것을 가능하게 하기 때문이다. 그래서 우선 범주의 추상양식은 지나간 절차에서 생긴 의미침전물을 용이하게 파악하는 데 기여한다. 이 경우 새로운 결정가능성을 도식화하는 것은 우선 다른 목적에 기여하는 추상의 부산물을 남긴다. 그러나 법이 법 자체를 위해 가변적으로 되자마자 그러한 변화가 지향하는 방향적 맥락에 대한 문제를 새롭게 제기한다. 이 문제는 이제 내재적으로는 전개되는 것이 아니라 사회와 관련해서만 전개될 수 있으므로 사회이론에서 그 지침을 얻어야 한다. 법은 사회구조로 보아야 하고, 법의 범주는 사회계획의 범주로 보아야 한다. 기대의 연속성 보장은 계획맥락에서 부분적 동인으로 받아들여져 거기에 상대화하게 된다. 안정성은 이제 더 이상 전제가 아니고, 안정화는 계획자에 의한 결정의 문제이다.

역동적인 도구를 스스로 역동적인 구성요소에 지향케 하는 것이 문제이기 때문에 사회의 구조적인 구축을 기술하는 것만으로 충분하지 않다. 그보다는 오히려 그러한 구축을 통해 만들어지고 또 그것에 의해 가능한 구조적 변화과정이 파악되어야 한다.[8] 물론 이러한 구조적 변화과정 가운데 법과정 자체가 있는 것이다. 이와 같은 구조적 변화과정을 파악할 수 있고, 더욱이 사회변화에 관한 결정가능성을 함께 고려할 수 있는 사회변동이론이 갖추어져 있는 것도 아니며, 그렇다고 단기간 내에 만들어질 수 있는 것도 아니다.[9] 사회변화를 조종할 수 있는 사고체계로 정

---

8) 같은 방향이지만 다른 종류 사고방식으로 Amitai Etzioni, a. a. O.가 비계획적 및 계획적 사회변화에 대한 통일적 연구를 수행할 수 있는 거시적 이론을 추구하고 있다. 또 Ders., "Elemente einer Makrosoziologie", in: Wolfgang Zapf(Hrsg.), *Theorie des sozialen Wandels*, 2. Aufl., Köln/Berlin, 1970, S.147~176도 참조

9) 내재적 반성과정에 관한 그와 같은 이론 구축을 위해 미리 해결해 두어야 할 논리적 문제는 완전히 밝혀져 있지 않다. 특히 이 관점에서 진화에 관한 문제는 Gotthard Günther, *Logik, Zeit, Emanation und Evolution*, Köln/Opladen, 1967;

식화된 법구성체를 새롭게 만들기 위한 이론적 지침이 있는 것이 아니다. 이와 같은 결함은 학문적 프로그램으로서뿐만 아니라 현재적 상황이 가지고 있는 사실적 동인으로도 볼 수도 있다. 즉 그것은 법이 확실히 절차적으로, 말하자면 말씀론적으로 실정화되 있지만 적당한 개념적 구조물이 추후 발전되어야 한다는 과도기적 상황의 어려움을 인식할 수 있도록 한다.

이러한 상황에서 우선 사회와 연관된 법정책수립에서 여러 요소가 기여할 수 있는 광범위하면서 다양한 영역으로부터 경험이나 사고를 수집하는 것이 바람직하다. 아래에서 1) 조종가능한 사회변동의 전체사회구조적인 조건에 관한 몇 가지를 알아 볼 것이며, 2) 현행법의 개념도구가 전체사회적 관계의 변경을 통제하는 데 도움이 될 수 있는지, 또 그것이 어떻게 도움이 될 수 있는지에 대해 약간의 실례에 입각해 음미하고 이어서 3) 오늘날 실정법이 범주적 구조에서뿐만 아니라 지역적·정치적 기반에서도 통일적인 세계사회의 건설로 향하고 있는 전체 사회체계의 발전과 연계를 상실하고 있는가라는 문제에 대해 고찰하고 마지막으로 4) 미래로 열린 시간지평에서 법의 계획이라는 문제를 제기하고자 한다.

1. 조종가능한 사회변동의 조건

'사회변동'은 단순히 인간 공동생활의 과정적 측면으로 이해할 것이 아니며, 예컨대 법절차의 경과와 같은 상호작용의 진행으로도 이해할 것

그리고 귄터(Günther)를 실마리로 한 Walter Bühl, "Das Ende der zweiwertigen Soziologie", *Soziale Welt* 20, 1969 S.168~180도 참조. 한편 사회학에서 논의의 현상에 대해서는 Karl Hermann Tjaden, *Soziales System und sozialer Wandel. Untersuchungen zur Geschichte und Bedeutung zweier Begriff*, Stuttgart, 1969 참조. 이것은 동시에 사회변경의 기제로서 법이 완전히 무시되고 있다는 것을 가리키는 문헌이기도 하다.

이 아니라 그러한 상호작용의 구조변경으로 이해한다.[10] 구조에 관해서는 우리가 상호작용 속에서 연관을 갖는 하나의 사회체계와 그 환계와의 관계를 통해 그때마다 문제시되지 않으나 유의미한 전제로 이해한다. 구조로서 기능하고 있는 의미연관은 그러한 한에서 확정된 전제로서 취급된다. 이것은 그러한 전제가 인식되든 그렇지 않든, 갑작스럽고 의도적인 결정에 의한 것이든, 의식적으로 함께 체험된 불가피한 것으로서 간주되는 사건의 흐름 속에 있든 변하는 것을 방해하지 않는다. 이미 여러 번이나 강조한 바와 같이 구조를 창출하는 의미내용의 기능이 좌우되는 것은 절대적인 불변성이 아니라 단지 그것이 구조로서 기능할 때에는 동시에 변경되지 않는다는 것이다.

우리는 이러한 사유(思惟)를 법 자체의 변경가능성의 기반으로 논했다. 그러나 이제 문제되는 것은 전체사회체계의 구조 및 그 안에서 움직이는 사회적 체계의 구조라고 하는 훨씬 넓은 테두리이다. (전체)사회 속에서 구조로서 기능하는 전제들 전부가 법 자체에는커녕 규범적 기대로조차 감축될 수 없다.[11] 전체사회의 분화원리, 지도적인 가치사상(정의라는 가치조차도), 자명한 사항들 그리고 인지적인 것으로서 완전분화된 기대구조 어느 것도 실정적이고 기술적인 의미로 법정화되어 있지

---

10) 최근 간행된 요약적인 문헌으로서 예컨대 Wilbert E. Moore, *Social Change*, Englewood Cliffs/N. J., 1963; 도이치어판으로는 *Strukturwandel der Gesellschaft*, München, 1967; Tjaden, a.a.O.; Wolfgag Zapf(Hrsg.), *Theorien des sozialen Wandel*, a.a.O.(참고문헌도 함께) 참조.

11) 구조개념을 규범적으로 안정화된 행동범형(이라고 해도 법뿐만 아니라 특히 언어 기타 전달매체)으로 한정하려는 시도의 대표적인 것은 파슨스의 사회학이론이다. 앞의 제1장 1절 각주 26, 27 참조. 그렇지만 거기서 사용된 규범개념이나 규범화라는 것이 안정화의 문제에 대해 가리키는 정확한 기능양태와 그 적용범위도 명확지 않다. 파슨스 진영에서조차 구조개념을 이와 같이 좁게 받아들이는 것은 이제 승인되지 않고 있다(혹은 결국 같은 것이 되지만 구조개념의 결여라는 비난을 받는다). Leon Mayhew, "Action Theory and Action Research", *Social Problems* 15, 1968, S.420~432 참조.

않은 경우가 비일비재하다. 사회 자체는 법적 규약만으로 파악될 수 없다. 법은 여러 가지 구조적 요소의 하나에 지나지 않는다. 그러므로 법의 사회성에 대한 적절한 이해는 주석이나 해석만으로 달성되지 않고 또 집행조치를 마련하는 것으로 다 끝나는 것도 아니다. 법사회학의 입장에서는 **법의 구조적 호환성**의 질문에서부터 출발해야 한다.

사회사(社會史)를 개관해볼 때 법이 차지하는 의의는 본질적이지 않더라도 아주 높게 평가되고 있다. 실제로 정치와 법은 근세에 이르기까지 진화를 이끈 기제였던 것 같다. 법의 이러한 우위는 사회계획이나 하물며 계획적인 사회발전의 형식에서 정해진 것이 아니다. 오히려 법의 우위는 규범적 기제의 일정한 특성, 즉 규범적 기제가 가진 상대적으로 높은 범례화가능성 및 용이한 제도화가능성에 그 이유가 있다. 이러한 특성 때문에 규범적 기제가 과감한 제도형성을 지지할 수 있다. 규범적으로 기대하는 것은 반(反)사실적으로 기대하는 것이고, 그래서 실체와의 관계에서 쉽게 '덧씌워질' 수 있다. 게다가 확고하게 주장되거나 적어도 고수되어야 할 기대의 경우에 상호참가와 동의전망이 보다 쉽게 마련되기 때문에, 합치압력은 동의가 아직 불확정인 변경을 위해 반드시 고지되어야 하는 학습적 기대의 경우보다 더 쉽게 창출된다.[12] 이런 식으로 소집단에서는 일상적으로 볼 수 있는 것처럼 각 체계가 '도덕적인 자기평가를 높이는' 과정이 이루어진다. 이러한 과정은 비현실적이기도 하지만[13] 주지의 자명성을 성공적으로 제거하고, 장래성이 풍부한 혁신을 가져온 적도 있다. 그래서 바람직한 것과 규범적인 것이 가지고 있는

---

12) 이것은 Peter M. Blau, "Patterns of Deviation in Work Groups", *Sociometry* 23, 1960, S.245~261(258 f.)의 결론이 뒷받침하고 있다.
13) 이 점에 대해서는 Claude C. Bowman, "Distortion of Reality as a Factor in Morale", in: Arnold M. Rose(Hrsg.), *Mental Health and Mental Disorder*, London, 1956, S.393~407 참조.

더 나은 범례화가능성[14]은 비개연적인 구조의 구축에 기여하고, 또 계획적인 발전에서 정해지지 않고도 그 위험을 흡수한다. 무계획적이고 자명한 상태를 극복한 규범적 구조는 그 특성 덕분에 전체사회적 진화의 위험부담자가 된다. 사회는 계약과 같은 법제도가 결코 아니다. 그렇지만 법이 지배체제, 평화, 절차, 구속력 있는 계약, 화폐와 같은 모험적인 진화적 성과를 안정시켜주는 한 사회는 법적 관계로서 상징되는 것이다.

그때부터 규범적 기제 특히 법의 위상이 변했는가? 이 질문에 우리는 오늘날 당면하고 있다. 규범적 기제가 변화된 사회적 조건 아래 다른 방식으로 사회변동에 기여하는가? 그렇다면 어디에 추후적인 사회발전의 구조임계적인 문제와 애로가 있는가?

실정법의 발전에 대한 우리의 개관에 의하면 법정립과정에 인지적 요소가 들어가지만 법의 규범성은 여전히 하나의 지배적인 구조요소로 남아 있다는 것이 분명하다. 법의 규범성은 일탈적이라 할 수도 있는 미확정적인 현실에 대해서 기대의 '타당성'을 지지한다. 즉 법의 규범성은 기대수준에서 불확정성을 배제하는 데에 기여한다. 그러한 의미에서 그것은 여전히 불안정한 기대가 가진 위험을 흡수하는 데에 도움이 된다. 변경은 법규범의 기능이 요구하고, 그에 상응하는 제도적 장치를 형성해내는 체계맥락 안에 있다. 이러한 상황에서 복잡성이 고조되고, 기대기획의 증가하는 다양성을 수반하는 기능적 분화가 증대되며, 가치관점의 추상화가 증대된다. 무엇보다 체험장(場)과 행위장(場)의 부단한 변동 속에서 가속이 요청된다. 이 모든 것에 수반해 법의 문제시각과 구조적 호환성은 바뀌게 된다.

---

14) 이 점에 대해서 이용가능한 사회심리학적인 연구를 요약한 것으로는 Ralp M. Stogdill, *Individual Behavior and Group Achievement*, New York, 1959, S.59 ff. 참조.

아주 단순화해서 논의하면 다음과 같이 형태에 따라서 문제관점을 재구성할 수 있다. 즉 이제 문제는 우리가 타당한 법 안에 있는 자명성에서 주어진 기저부터 출발해서 흡수할 수 있는 기대위험의 높이에 놓여 있다. 이것은 단면적 관점에서 구조적으로 조건지어진(따라서 또 근거가 있거나 적어도 유의미하고 주장할 수 있는) 규범적 기대태세와 모순되게 새로 정립되는 법에 대한 사회의 수용능력이라는 물음으로 옮아간다. 이미 현존하는 것과 관련해 정당화가능성의 지평이 가진 폭은 혁신의 어려움을 표현하는 문제가 아니다. 이와 같은 폭은 거의 무한대이기 때문이다. 그러므로 지금까지 존재한 모든 것이 정당화가능성과 연결될 수 없으므로 전체사회(Gesellschaft)의 사회적 체계에 수용될 수는 없다. 동시에 필요하고 구조적으로 강화된 방향설정 사이에서 모순이 증대한 결과, 전체사회체계는 모든 것이 가능함에도 무슨 일이든 실현 불가능한 상태, 즉 어떤 갱신도 법이 될 수 있지만 그것을 실현하는 도중에 늦든 빠르든 마찬가지로 근거가 있는 반대 입장과 만나 사라져버리는 상태에 대처해야 할 정도이다. 그러한 전체사회체계의 문제상황은 이제 유지와 갱신과의 대립이라는 도식에서 파악할 수 없고 그 대립이 반영된 분쟁에서 정치적으로 해결될 수 있는 것도 아니다. 오직 보수적으로만 생각하는 사람도 유지되어야 할 것을 선택적으로 결정해야 하는 점에서는 아주 혁명적으로 행동하게 될 것이고 혁명가도 과거 한 시대에 통용하던 가치이지만 아직까지 실현되지 않은 것을 역시 일방적으로 고수하게 된다.[15] 문제는 충분히 추상적이고 장기적으로 유의미한 범주 아래 정적이 아닌 동적으로 주어진 체계상황에 필요한 일방적인 갱신을 중개하는 데 있다.

우리는 두 번째 추론을 추가해야 한다. 우리가 조종가능한 사회변동

---

15) 이 점에 대해 Niklas Luhmann, "Status quo als Argument", in: Horst Baier(Hrsg.), *Studenten in Opposition. Beiträge zur Soziologie der deutschen Hochschule*, Bielefeld, 1968, S.73~82 참조.

의 조건에 대한 질문을 골똘히 생각하면 개별행위가 유의미하게 의도적으로 복잡한 체계와 관련될 수 있을지, 또 그것이 가능하다면 어떻게 관련될 수 있을지라는 문제에 부딪히게 된다. 개별행위가 행위의미, 목적, 심정적 내용을 특화한다면 그것이 체계에서 필수적인 부분이 아닌가, 또 필수적인 부분이 아닌 것으로 머무는가? '특정의 체계'와 '특정의 법'이 사태의 총체를 가리키는 개념인 한, 이것은 변하지 않거나 불변적으로 유지될 수 없다. 오히려 이것은 특정한 체계표지, 특정한 기대, 특정한 법조항에 대해서만 가능할 뿐이다.[16) 또 '특정의 체계'나 '특정의 법'에 대해 거기에 속하는 것과 속하지 않는 것, 또는 거기에 따르는 것과 따르지 않는 것을 도덕적으로 평가하는 것도 마찬가지로 의문이다. 충분히 복잡한 체계, 특히 전체 사회체계에서 가치연관성은 항상 개별행위에 대한 지지 또는 반대라는 형태를 취한다. 그리고 그러한 체계 자체는 동적이기 때문에 체계의 유지 또는 변경이라는 양자택일이 아니라 어떻든 체계유지적인 변경의 방향을 상정할 뿐이다. 오로지 행위의 의도만이 찬/반강제의 이분법을 지향할 뿐이다. 행위의 체계에서 그러한 이분법은 상호조건관계에서 지양된다. 하나의 가치에 대한 평가가 다른 가치의 충족상태와 무관하게 이루어질 수 없으므로 가치들이 상호조건이 되듯이 체계의 유지와 변경도 상호조건이 된다.

그러므로 더 정확한 개념분석을 해볼 때 우리는 행위와 체계 사이의 논리적인 모순에 부딪혀 여러 의미수준에서 나란히 생각할 필요성에 직면하게 된다. 그러나 동시에 우리는 삶이란 이 점에서 논리를 초월하는 것이고, 역시 여러 의미수준의 결합을 창출한다는 것을 알고 있다. 문제는

---

16) 우리는 여기서 단순한 '체계의 존속'을 주안점으로 하는 기능주의이론에 대한 정당한 방법론적 비판과 만나게 된다. 특히 Ernst Nagel, *Logic Without Metaphysics*, Glencoe/Ill., 1956, S.247 ff. 참조. 체계개념의 '구체화'(Reifikation)에 대한 비난에서도 유사한 생각이 나타나 있다.

단지 그러한 결합을 어떻게 창출할 것인가이다.[17] 그래서 우리의 주제는 그러한 비연속성을 뛰어넘는 것이 어떠한 형식으로 제도화될 수 있는가, 이들 형식이 체계 복잡성의 변경과 더불어 어떻게 변하는가, 그리고 이들 형식은 고도로 복잡한 사회에서 구조변경을 일으키는 데에 적합한가라는 물음으로 나타낼 수 있다.

크고 복잡한 개별사회체계에서는[18] 개별행위가 체계 전체를 위해 의미있는 것처럼 되어 있는 다양한 형식유형이 존재한다. 이들 형식유형은 한계문제나[19] 체계를 상징하는 범례화된 의미내용과 관련되고 또는 부분임에도 '상위부분'처럼 전체를 대표해서 행위할 수 있는 위계질서의 형태로 형성된다. 앞에서 서술한 고전적 고등문화에서 본 이러한 형식목록에서 행위의 체계대표성이 제도화될 수 있었고 적응된 구조변화의 일정한 가능성[20]조차도 갖추고 있었다. 그렇지만 이러한 해결은 오늘날 도저히 쓸 수 없게 된 제도가 가진 '용량한계'(그것은 경험적으로 분명히 할 수 있다)에 얽매이는 것이다. 부단히 복잡하게 얽힌 구조변화의 필요성에 직면해 있는 현대사회에서는 공동의 적에 대한 투쟁도, 공동의 기본신념에 의한 근거도, 위계적 지배도 행위를 사회체계와 관련시키는 적절한 형식이 아니다. 적어도 언뜻 보기에 행위와 체계를 직접적·의도적으로

---

17) 이러한 문제파악은 Odd Ramsöy, *Social Groups as System and Subsystem*, New York/London, 1963, S.190 ff.에서도 체계/부분체계의 관계에 대해서 알고 있다.

18) 파슨스는 사회체계가 공통의 가치지향을 가진 결과, 체계를 위한 행위가 가능해질 경우 '집합체'(collectivities)라고 한다(다만 이 개념의 정의와 용법은 일정하지 않다). 예를 들면 *The Social System*, Glencoe/Ill., 1951, S.96 ff. 및 Ders./Neil J. Smelser, *Economy and Society*, Glencoe/Ill., 1956, S.15 참조.

19) 이것은 다시 적어도 두 가지 형태를 취할 수 있다. 즉 '체계의 적'에 대한 투쟁과 가입·탈퇴의 결정이라는 형태이다. 후자는 조직의 구조적 동일성에 불가결한 요소를 이루고 있다. 상세한 것은 Niklas Luhmann, *Funktionen und Folgen formaler Organisation*, Berlin, 1964를 보라.

20) 이 점은 특히 위계질서 모델의 경우에서 상론했다. 이 책 353쪽 참조.

연관시키는 제도화 불가능성이 특징적으로 존재하는 것 같다. 이러한 상황에서는 조종가능한 사회변동의 조건은 전체사회를 변경하려는 행위의 의미와 더 이상 동일할 수 없다. 그러한 조건은 단순히 일종의 초월적 권리(ius eminens), 즉 공공복리를 도모하기 위해 변경적으로 개입하는 권리에도 더 이상 존재하지 않는다. 이제 그러한 조건은 전체사회체계 자체에 있는 것이다. 전체사회체계의 구조는 임의적으로 만들어질 수 있는 것이 아니다. 그것은 체계가 환경변화에 적응하고 내부의 긴장을 재편성할 수 있도록 구조변화를 창출할 수 있어야 한다. 실정법의 체계구조적인 보충조건이 없다면 실정성이라는 제도로서 기능할 수 없는데, 이러한 보충조건은 그러한 내적 탄력성 내에서 찾아야 한다. 그에 따라 법이 가지고 있는 구조적 호환성의 조건도 더 추상적으로 정의되어야 한다. 이러한 조건은 이미 부조화에 있는 기본적 가치와 조화롭게 일치시키는 데에만 있는 것이 아니다. 법의 변경을 위한 조건이 사회변동의 조건과 일치될 수 있는(이것은 불변경을 위한 조건도 포함할 수 있다는 것을 의미한다) 만큼 법은 호환적이다. 이 공식을 충족하기 위한 노력을 하면서 우리는 법적으로 조종 가능한 사회변동을 위한 조건에 대한 물음에 대한 답에 다가가는 것이다.

그런 도중에 특히 만나게 되는 것이 이론적 명확화와 경험적 검증의 단계에 있으면서 우리에게 교두보를 제공할 수 있는 2개의 다른 모델이다.[21] 그 하나가 조종과정과 조건화과정의 **이중위계질서**(二重位階秩序)라는 사고방식인데, 이것은 파슨스가 사회변화 및 제도화과정의 영역

---

21) 그 외에도 특히 네덜란드나 스칸디나비아의 법사회학에 이것과 관련된 연구가 있다. Jan F. Glastra van Loon/Tornstein Eckhoff, in: Renato Treves(Hrsg.), *La sociologia del diritto. Probemi e ricerche*, Mailand, 1966; 잉글리시어판으로는 Renato Treves/Jan F. Glastra van Loon(Hrsg.), *Norm and Actions. National Report on Sociology of Law*, Den Haag, 1968 참조.

에서의 연구를 위한 이론의 근간으로 제창하고, 레온 메이휴(Leon H. Mayhew)가 법분야에서 발전시키고 있는 것이다. 또 다른 하나는 아담 포드고레키(Adam Podgórecki)의 3단계 가설이다. 이들의 연구단초를 간단히 소개하면 중요한 것은 이들이 우리가 말하는 실정법에 대한 새로운 문제시각의 지지자라는 것이다.

파슨스가 사이버네틱적 위계질서라고 부르는 것이 정보와 에너지와의 대립을 기초로 하는 일반적 행위체계의 조종관계이다.[22] 상대적으로 정보는 집중적이지만 에너지가 부족한 측면은 특별한 부분체계, 특히 문화체계로 분리를 통해서 조종기능을 떠맡고, 다른 한편으로 에너지가 풍부한 측면은 체계에 활력을 주고 환계 안에서 유지하도록 하기 위해 활성화하고 동원해야 할 조건을 만들어낸다. 이들 기능을 각각 위쪽 또는 아래쪽으로 분리하여 특별한 부분체계로 특수화하면 이것들이 사회체계와 개성에 의해 매개되어 체계에 더 높은 선택성을 구축할 수 있다. 이렇게 해서 위계적 분화는 체계의 범례화된 적응능력을 높이지만 동시에 그것은 문화적인 가치범형의 실현이 행위체계의 다른 부분체계에 의해서도 조건지어져 여과되고 제동되며, 다른 쪽으로 변화하는 것을 의미하기도 한다. 오늘날 이러한 매개과정을 나타내는 것이 파슨스의 (많은 변

---

22) 파슨스가 쓴 책 중에는 정보 및 에너지가 명확한 개념이라는 전제 아래 극히 간략한 기술이 있는 데 지나지 않고, 바로 이 일반적 도식의 여러 가지 응용으로 옮아가고 있다. 초기의 기술로서 Talcott Parsons, "Durkheim's Contribution to the Theory of Integration of Social Systems", in: Kurt W. Wolff(Hrsg.), *Emile Durhheim*, 1858~1917, Columbus/Ohio, 1960, S.118~153(122 ff.) 참조. 최근의 기술로서는 Ders., "Die jüngsten Entwickelungen in der strukturell-funktionalen Theorie", *Kölner Zeitschrift für Soziologie und Sozialpsychologie* 16, 1964, S.30~49(특히 36 f.); Charles Ackerman/Talcott Parsons, "The Concept of 'social system' as a Theoretical Device", in: Gordon J. Direnzo(Hrsg.), *Concepts, Theory, and Explanation in the Behavioral Science*, New York, 1966, S.19~40(34) 참조.

천을 거친 후) 제도화라는 개념이다.[23] 전체사회의 복잡성이 증대할 때 제도화를 위해서는 1) 가치 자체 영역에서의 특정화, 2) 사회적 통합 영역에서 생활조건에 관한 믿음과 인지의 공통 형식에 의한 이데올로기적인 체험 조종, 3) 개인적 조건 영역에서의 개인에게 동기를 부여하는 이익의 확정과 충족, 4) 물리적인 실현을 위한 '최종수단', 즉 전형적으로는 강제의 이용이라는 의미에서 재판권이 필요하다.

이것과 연계해서 (따라서 '분화' '범례화' '특정화' '체계매개' 등을 준거기준으로 해서) 레온 메이휴는 법의 제도화과정을 연구했다.[24] 주요 문제는 법적 진행과정에서 관철되어야 할 가치의 특정화라는 새로움이 아니라 그 단면성(單面性)이다. 따라서 새로운 법에 대한 저항, 법률의 높은 비실현도, 실천의 점에서 좋은 의도의 좌절은 새로움 자체에 의해서가 아니라 일정한 변경이 이루어져야 할 기존질서의 다기능성(多機能性)으로 설명된다. 갱신의 곤란을 설명하는 것은 현존하는 것의 낡음이라든가 순수한 사실성이 아니라 현존하는 것의 그 나름대로 이유 있고 주장될 만한 근거, 즉 그 고유한 기능성이다. 예를 들면 메이휴가 그 실현가능성을 연구한 인종평등의 실현이라는 요청은 실현과정에서 경제적 합리성의 요구와 충돌하고(차별은 경제적으로 합리적일 수 있고 시장상황으로 보아 필요할 수도 있다) 또 주택이나 이웃관계의 문제는

---

23) Talcott Parsons, "An Approach to the Sociology of Knowledge. Transactions of the Fourth World Congress of Sociology", Mailand, 1959, Bd. IV. Neugedruckt in: Ders., *Interaction. Social Interaction. Encyclopedia of the Social Science*, Bd. 7, New York, 1968, S.429~441(437) 참조. 명백히 할 것은 이것이 이 책 167쪽 이하에서 제시한 '제도화'(Institutionalisierung)의 개념과는 완전히 다른 것이다.

24) Leon Mayhew, *Law and Equal Opportunity. A Study of the Massachusetts Commission Against Discrimination*, Cambridge MA., 1968; Ders., "Action Theory and Action Research", *Social Problems* 15, 1968, S.420~432; Ders., "Law. The Legal System", *International Encyclopaedia of the Social Science*, Bd. 9, New York, 1968, S.59~66 참조.

친밀한 인간관계의 보호라는 정당한 이익과 충돌한다. 이들 영역에서 자유가 체계구조적인 필요조건이고 또 가치로서 존중되고 있다면 완전한 인종적 평등은 역시 달성될 수는 없다. 미약하게 시작하고, 타협과 부분적 성과에서 만족하며, 장기적으로는 교육이라든가 저절로 생기는 효과의 극대화라는 신비적인 과정에 소망을 거는 것이 가능하다. 혹은 체계 전체를 혹평하고, 예컨대 체계를 '자본주의적'이라면서 거부하고, '원리'의 혁명적인 변경에 의해 모든 것이 다르게 되기를 희망하는 것도 가능하다. 양 사례에서 문제의 분석은 그러한 해결에 대한 소망은 비현실적이라는 것을 보여준다. 왜냐하면 이들이 복잡한 사회체계 구성에 대한 구조적 문제를 도외시하고 있기 때문이다.

추가적인 고찰을 하기 전에 사회주의 진영을 일별해보면 단지 추상적으로만 비교하더라도 그 문제가 실제나 이론으로 다르지 않다는 것이 나타난다. 사회주의 진영에도 사회변화를 일정한 목표로 향해 이끌 수 있는 입법자의 전능은 존재하지 않고, 법정립과정은 경합적으로 작용하는 수많은 인자들 중 하나에 지나지 않으며,[25] 특정한 기능방향을 향해 강행된 법정책은 다른 점에서의 손실이라는 대가를 치른다.[26] 그리고 거기서도 실정법을 실현할 때 체계매개에 유념하는 이론이 시작되고 있

---

25) 예컨대 Gregory J. Massell, "Law as an Instrument of Revolutionary Change in a Traditional Milieu. The Case of Soviet Central Asia", *Law and Society Review* 2, 1968, S, 179~228 참조.

26) 예를 들면 사법의 심리학화와 정신분석화는 그 자체로서는 당연히 환영해야 하지만 '법치국가적' 가치들, 특히 평등, 예측가능성, 정의 등에서 결함을 갖고 있다. 이 점에 대해 Harold J. Berman, "Law as Instrument of Mental Health in the United States and Soviet Russia", *University of Pennsylvania Law Review* 109, 1961, S.361~376참조. 그 외에 같은 문제를 '서구적'인 견지에서 다룬 것으로는 Vilhelm Aubert, "Legal Justice and Mental Health", *Psychiatry* 21, 1958, S.101~113; Ders.,/Sheldon L. Messinger, "The Criminal and the Sick", *Inquiry* 1, 1958, S, 137~160 참조.

다. 아담 포드고레키의 법사회학이 이것을 가르쳐준다.[27]

포드고레키는 입법자의 의사 실현이 사회경제적 체계(이것은 우리가 사회라고 부르는 것이다)와 각각 독자적인 규범관념에 따라 살고 있는 다소 일탈적인 법적 하층문화 및 성격구조 등 여러 가지 변수로 중단되고 여과되는 것을 보았다. 이러한 각 수정과정에 따라 동일한 법률원문이 아주 상이한 현실적 의의를 얻거나 그 의의를 변경하기도 하고, 반대로 상이한 원문이 동일한 현실의 상태로 귀착할 수도 있다. 다양한 종류의 명칭(체계, 문화, 구조)에도 불구하고 이들 세 가지는 모두 (사회적 또는 심리적) 체계이면서 그 분화와 상호의존이 사회적 현실을 이루고 있다는 것을 금방 알 수 있다. 이러한 상호관련성을 세세히 경험적으로 탐구하는 것은 합리적·사회공학적 법정책의 전제로 간주된다. 이러한 탐구가 "법률적 요구를 실제로 충족시키는 인물은 어떻게 나타날까, 어디에 저항이 예상되는가에 대해 필요한 실마리를 알려준다"[28]는 것이다. 그러나 고도로 복잡한 체계에서 구조변경적인 행위가 도대체 어떻게 가능한가라는 문제, 더욱더 간결하게 정식화하면 복잡한 체계를 하나의 행위로 변화시키는 것이 어떻게 가능한가라는 문제는 여기서도 충분하게 생각되지 않고 있다. 그것이 가능하고 유의미하다는 것은 전제되어 있는 것이다. 따라서 거기서는 법의 실정성이 더 이상 체계구조의 요소가 아니라 변경의 도구이고 실현의 어려움은 저항으로 간주되며, 이러한 형태

---

27) 도이치어판으로는 Adam Podgórecki, "Dreistufen-Hypothese über die Wirksamkeit des Rechts(Drei Variable für die Wirkung von Rechtsnormen)", in: Ernst E. Hirsch/Manfred Rehbinder(Hrsg.), *Studien und Materialen zur Rechtssoziologie*", *Sonderschrift 11 der Kölner Zeitschrift für Soziologie und Sozialphsychologie*, Köln/Opladen, 1967, S.271~283; Ders., "Law and Social Engineering", *Human Organization* 21, 1962, S.177~181; Ders., "Loi et morale en théorie et en pratique", *Revue de l'Institut de sociologie*, 1970, S.277~293 참조.
28) a.a.O., 1967, S.282.

로 정치화될 수 있다. 이것은 우리의 문제에 대한 잘못된 해석이 아니고 피할 수 없거나 피해야 할 해석이 아니다. 그러나 그것은 유일하게 가능한 해석이나 가장 포괄적인 해석도 아니다.

먼저 설명된 더 기초적인 고찰도 그렇게 이루어졌지만 언급된 연구단초에 공통적인 것은 법적 형식에 의해 야기된 구조변화에 대한 사회의 수용성은 여러 가지로 답할 수 있는(도덕적인 답만이 아니다) 문제로 볼 수 있다는 것이다. 따라서 법적 재편가능성이 의존하는 사회질서의 구조적 특성을 인식하는 것은 중요하다. 이를 위해 우리는 일반사회학에서 법문제와 어떠한 관련도 없이 전개되어온 개념 및 논의와 연구를 동원해야 한다. 더 자세히 말하면 1) 귀속지위(ascribed status)와 획득지위(achieved status)의 구별, 2) 단기능성과 다기능성의 구별, 3) 도구적 지향과 표출적 지향의 구별, 4) 체계형성과 체계분화의 문제, 특히 조직된 사회체계와 원초적 사회체계의 구별이 그것이다.

1) 사회적 관계의 법적 유동화가능성이라는 문제에서 중요하다고 생각되는 첫 번째 개념짝은 귀속적 징표와 획득적 징표와의 구별로서 나타낼 수 있다. 오늘날 널리 보급된 용어는 랠프 린턴(Ralph Linton)의 구별에서 기원한다.[29] 그러나 내용적으로 그 구별은 피시스(*physis*)와 노모

---

29) Ralph Linton, *The Study of Man*, New York, 1936, S.115 참조. 이러한 범주의 적용은 Ralph Darendorf, *Homo Sociologicus*, 7. Aufl., Köln-Opladen, 1968, S.54 ff.에서도 볼 수 있다. 파슨스의 사회학이론에서는 이러한 구별과 관련한 두 가지의 발전을 볼 수 있다. 그 하나는 '귀속'을 기능적 융합, 즉 다기능성과 동일시하여 린턴이 지적한 개념을 필요로 하지 않는다. Talcott Parsons, "Some Considerations on the Theory of Social Change", *Rural Sociology* 26, 1961, S.219~239 참조. 그 외에 상세하게 적은 것으로는 Leon Mayhew, "Ascription in Modern Societies", *Sociological Inquiry* 38, 1968, S.105~120 참조. 또 하나는 파슨스가 오늘날 성질과 업적의 구별이라고 부르는 것이다. 이것은 행위자가 타인을 그가 무엇인가 하는 것에 의해서 규정하는가, 그가 이룬 업적에 의해 규정

스(*nomos*)라는 고대그리스의 구별과 거의 동일하다. 그 당시에도 그것은 원시사회의 씨족단체를 깨뜨리는 새로운 유동성을 표현하는 것이었고, 다만 그 제도의 강조점이 오늘날처럼 업적과 공적에 있는 것이 아니라 법적·도덕적 형식에 있었을 뿐이다. 더욱이 이러한 범주에 대한 사회학적 관용을 위해 더욱더 명확하게 해두어야 할 것은 귀속이나 획득이 모두 **사회적** 과정이라는 것이며, 징표의 자연적 결정과 사회적 결정의 상반에 관한 것이 아니라 단순히 사회적인 표현의 상이한 형식에 불과하다는 것이다. 귀속적 징표는 체험과 행위의 사회적 과정에서 확정적인 성질로서 다루어지는 것이다. 획득된 또는 획득할 수 있는 징표는 실적에 따른 것이어서 불확정적인 것으로 간주되는 것이다. 전자 또는 후자로 성격을 부여하는 것에 대해 임의로 결정할 수는 없다. 계속적인 상호행위는 이에 관한 충분한 합의를 전제로 하는 것이고 그러한 합의는 제도화 내지 의사소통을 통해서 만들어져야 한다. 더욱이 이러한 분류는 전체사회체계의 다른 구조와 서로 관련되어 있다. 왜냐하면 업적이 인식가능하고 귀속가능한 곳에서만 실적에 따른 성격규정이 선택될 수 있기 때문이다.

실적사고(實績思考)를 사회학적으로 적용할 때 곧바로 통속개념에 의거하거나 널리 퍼져 있는 높은 실적평가에 근거할 수는 없다. 왜냐하면 그것은 곧바로 해명하고 그 함의를 추구해야 하는 사회구조의 산물이기 때문이다.[30] 추상적으로 정식화하면 업적이라는 개념은 두 개의

하는가에 관한 것이다. Talcott Parsons, *The Social System*, Glencoe/Ill., 1951, S.63 ff.; Ders., "Pattern Variables Revisited", *American Sociological Review* 25, 1960, S.467~483 참조. 또, 『일리아스』(*Ilias*) 제23권의 유명한 경기에서 누가 이겼는가 하는 것이 아니라 누가 가장 우수한 자(aristos)인가 승패를 결정짓는 대목 참조. 보스턴 슬럼가의 유사한 관찰에 대해서는 William F. Whyte, *Street Corner Society*, Chicago, 1943 참조.

30) Claus Offe, *Leistungsprinzip und industrielle Arbeit*, Frankfurt, 1970도 그렇게 말

선택적 사건을 의도적으로 연결하는 것, 다시 말해 불확정성원리를 표현하는 것이다. 즉 A(그리고 다른 것이 아니고 또한 가능한 것)가 정해지고 그래서 B(그리고 다른 것이 아니고 또한 가능한 것)가 생기는 것이다. 따라서 업적원리에 의해 연쇄적인 선택성강화가 제도화된다. 사건이 업적으로 간주되는 범위에서 사건은 그 특성에서가 아니라 그 특성이 다른 사건의 선택성에 대해 가지는 것에 그 의미를 갖는다.

이러한 개념파악에 의하면 다음과 같은 삼중의 연관관계가 가시화된다. 1) 기능적 분화라는 전체사회의 구조원리가 가능성, 선택강제, 선택적 사건의 강화와 통합의 필요를 과잉산출하여 결국 추상적이고 처음에는 맹목적인 실적압력을 낳는다. 2) 징표의 유동화는 사건이 고정적인 결합에서 해방될 것과 징표가 비교적 맥락에서 벗어나 적용될 수 있을 것을 요구한다. 즉 징표는 다른 사건에 대한 선택필요성에 의해 조종되고, 그것과 함께 바뀔 수 있다. 이것은 예컨대 어떤 상품의 가격은 그것의 품질에 적정하게 비례해서 정해지는 것이 아니라 시장의 변화하는 조건과 관계하는 것과 같다. 3) 불확정적인 결합의 임의성을 제약하는 근거가 다음 세 가지에 의해 재구성되어야 한다. 즉 그것은 a) 평가: 이것은 '이데올로기적', 즉 스스로 불확정적이고 재평가될 수 있도록 정해져야 한다.[31] b) 선택급부의 귀속 규제: 이것은 자유방임적 이데올로기에서는 주로 개인에게, 오늘날에 점점 이른바 민주적 과정에서 이루어지고 있다. c) 확실성의 제도화: 이것은 외부적인 선택이익의 기준에서 나타난 변동에서 적어도

하고 있다.

31) 이 점에 대해서는 Niklas Luhmann, "Wahrheit und Ideoligie", *Der Staat 1*, 1962, S.431~448; Ders., "Positives Recht und Ideologie", *Archiv für Rechts- und Sozialphilosophie 53*, 1967, S.531~571 참조. 이 논문들은 Ders., *Soziologiesche Aufklärunge*, Köln/Opladen, 1970에 새롭게 인쇄되어 있다. 그 외에 상술한 이 책 209쪽 참조.

조건적으로 제외된다.[32]

이와 같은 예비적 검토에 의하면 단순히 중요한 것이 적절한 법정립에 의해 '더 많은 실적'이 달성될 수 있는지, 또 그것이 어떻게 달성될 수 있는지가 아니라는 점을 명백하게 할 것이다. 그 문제만 설명하는 것이 가능할 지도 모르지만 그전에 어떻게 법기제가 점점 업적지향으로 이행하여 징표귀속의 근거를 빼앗으면서 선택작용 및 선택필요에 따라 유동화하고 있는 전체 사회체계와 호환할 수 있는가라는 문제를 제기해야 한다. 이러한 발전방향을 메인은 신분에서 계약으로의 운동이라고 명명했는데,[33] 이것은 동시에 법적 지위 및 법(권리) 논증에 대한 확고한 연계점의 근거를 빼앗고 법적으로 조종된 변동의 가능성과 필요성을 분출시키고 있다.

법기제가 이러한 사회상황에 대해 대응할 수 있는 형식에 대한 정밀한 탐구는 다음절로 미루기로 하자. 그 전에 우리는 더 넓은 측면을 포함해 조종된 사회변화의 전체 사회적인 조건과 장애에 대한 조망을 확대해야 한다. 이를 위해 특히 중요한 것은 전체 사회의 부분체계의 단기능적인 특수화가 달성될 수 있는 정도이다.

2) 단(單)기능과 다(多)기능의 구별은 기능의 수와 관련된 것이다. 그것은 어떤 이론모델에서 분석적으로 고려할 수 있는 기능이든 구체적인 체계

---

32) 구조적으로 만들어지는 이러한 안전필요에서 파생하는 것은 널리 보급되어 있는 안전에 대한 문화적 존중이다. 이에 대해서는 Franz-Xavier Kaufmann, *Sicherheit als soziologisches und sozialpolitisches Problem. Untersuchungen zu einer Wertidee hochdifferenzierter Gesellschaften*, Stuttgart, 1970이 다루고 있다.

33) 이 책 93쪽 이하 참조. 메인의 구별은 퇴니에스(Ferdinand Tönnies)의 게마인샤프트와 게젤샤프트의 구별을 경유해서 귀속적 징표와 획득적 징표라는 우리의 이분법에 대한 직접적인 선구이다. 이러한 관념적 역사의 연관관계를 개관하고 있는 것으로는 Horace M. Miner, *Community-Society Continua. International Encyclopedia of the Social Science*, Bd. 3, 1963, S.174~180 참조.

(구조, 과정, 상징, 행위, 대상물, 그 외에 아무거나 다 좋다)에 의해 수행되는 기능이든 상관없다.[34] 이 구별이 우리에게 중요한 것은 법변경이 개별적인 조치로서 다소간 단기능적이고 목적지향적 시각에서 결정되지만[35] 항상 다기능적인 현실과 조우한다는 사실 때문이다. 생산기업, 가족, 병원, 촌락, 학교 등의 구체적인 사회적 상호행위체계는 항상 극히 다양한 서열관계와 의식정도에서 수많은 기능을 충족하고 있다. 이러한 다기능성 때문에 어떤 구체적 갱신도 완전히 별개의 문제영역에서 대개는 예측하지 못한 파생효과를 낳는다.[36] 예컨대 입법자는 모든 자식에게 상속분을 보장해주려 하지만, 그 결과 인구증가를 저지하는 제도를 만들게 된다.[37] 예컨대 소유권, 혼인외출생자의 지위, 보험, 이혼, 주

---

34) 이러한 개념도식의 적용은 Gabriel A. Almond, "Introduction. A Functional Approach to Comparative Politics", in: Gabriel A. Almond/James S. Colman(Hrsg.), *The Politics of the Developing Areas*, Princeton/N. J., 1960, S.3~64; Talcott Parsons, "An Outline of the Social System", in: Talcott Parsons/Edward A. Shils/Kaspar D. Naegele/Jesse R. Pitts(Hrsg.), *Theories of Society*, Bd. 1, Glencoe/Ill., 1961, S.30~79, 특히 53 ff. 참조. 더구나 이와 관계 있는 고찰 모두가 이 개념 자체를 사용하는 것은 아니다. 많은 것들 중에서 Emile Durkheim, *Les règles de la mèthode sociologique*, 8. Aufl., Paris, 1927, S.110 ff, 참조.

35) 목적론적·기능적 법이론의 (어느 정도) 정당성은 이것에 기초하고 있다. Werner Krawietz, *Das positive Recht und seine Funktion*, Berlin, 1967 참조.

36) William F. Ogburn/S. C. Gilfillan, "The Influence of Innovation and Discovery", in: *Recent Social Trends in the United States*, New York-London, 1933, Bd. 1, S.12~166(153)은 라디오 발명의 결과 분석에서 150개의 관점에 도달한다. 또 여기에 W. Ross Ashby, *Design for a Brain*, 2. Aufl., London, 1954는 모든 복잡한 체계에 '부분적 기능'을 조정하고, 그것에 의해 인과관계가 중단되어 결과 일부만 유지된다는 근거가 있다.

37) 이러한 예는 Morris C. Cohen, "Positivism and the Limits of Idealism in the Law", *Columbia Law Review* 27, 1927, S.237~250(245)에서 이 주제에 대한 다른 자세한 설명과 함께 있다. 다른 예와 법에 의한 파생효과를 유형화하는 시도를 가리키는 것으로서는 Arnold M. Rose, "Law and the Causation of Social Problems", *Social Problems* 16, 1968, S.33~43 참조.

식회사, 강제경매 등과 같은 복잡한 법제도도 마찬가지이다.[38] 그것뿐만 아니라 이들 제도가 아주 다양한 종류의 체계를 위해 다양한 기능을 수행한다는 것이다.[39] 이 때문에 각 특별한 법개정은 집적할 수 있는 일의적인 평가를 할 수 없는 산만한 효과로 나타난다. 법개정은 여러 가지의 체계지시관계와 다양한 기능과 관련해 일부는 긍정적인 결과, 일부는 부정적인 결과, 일부는 단기적인 결과, 일부는 장기적인 결과, 일부는 확실한 결과, 일부는 개연성이 있거나 가능하지만 불확실한 결과를 얻는다.[40] 그러한 결과연관관계는 물론 개별적 경우에 대해서만 조사할 수 있을 뿐이다. 여기에서 우리의 관심을 끄는 것은 다기능성의 기능에 대한 더욱 추상적인 질문이다. 우리는 이 질문에 의해 앞에서 논술한 문제상황의 원인 및 그 원인과 진화적으로 변화하는 전체사회구조와 어떠한 상관관계, 특히 기능적 분화와의 어떠한 상관관계와 조우하기 때문이다.

다기능성에는 확실하게 구별할 수 있는 두 가지 기능이 있다. 첫째, 다기능성에는 일정한 제도의 경제성이 잠재되어 있다. 즉, 하나의 행위, 하

---

38) 법규범과 법제도의 다기능성을 강조하는 것으로 예컨대 Lon L. Fuller, *Anatomy of the Law*, New York/Washington/London, 1968, S.36 ff. 참조.

39) 개념적 기술에는 하나의 체계에서의 다기능성과 체계지시관계의 복잡성을 구별하지 않으면 안 된다는 또 하나의 복잡성이 첨가된다. 이 점에 대해 상세한 것으로는 Ramsöy, a.a.O. 참조.

40) Gerd Winter, *Sozialer Wandel durch Rechtsnormen, erörtert an der sozialen Stellung unehelicher Kinder*, Berlin, 1969 참조. 순수한 법학적 연구이기는 하지만 본문의 관점에서 읽을 수도 있을 것이다. 또는 Bernhard Weller, *Arbeitslosigkeit unt Arbeitsrecht. Untersuchungen der Möglichkeiten zur Bekämpfung der Arbeitslosigkeit unter Einbeziehung der Geschichte des Arbeits-und Sozialrechts*, Stuttgart, 1969; Harold Goldblatt/Florence Cromien, "The Effective Social Reach of the Fair Housing Practices Law of the City of New York", *Social Problems* 9, 1962, S.365~370는 같은 문제를 보편적으로 정해진 입법의 국부주의적 효과 (partikularistische Effekte)라는 대립개념에서 다루고 있다. 만인에게 똑같이 맞춰야 할 것이 특수 상황에 따라 특수하게 받아들여져 가공된다는 셈이다.

나의 시설, 하나의 구조로 동시에 복수의 기능이 수행된다. 그래서 특수한 기능 하나하나에는 고유한 담당자를 준비할 필요가 없다.[41] 둘째, 다기능성은 지시가능한 자세한 방식으로 체계의 안정성을 보장한다. 어떤 특정기능이 빠지더라도 그것이 다른 기능에 기여한다면 그것이 그 기관을 쓸모없게 하는 것은 아니다.

실제로 이러한 다기능성의 기능은 사회체계의 크기, 복잡성과 구조변화의 필요가 증대하는 만큼 역기능이 되는 것이다. 그러한 발전 덕분에 한쪽에서는 더 많은 기능담당자, 예컨대 더 많은 행위와 (역할을 수행하는) 인간을 이용할 수 있어 그들의 경제적이고 다면적인 이용의 의의가 감소한다. 크기와 복잡성은 그 자체로 안정화요인이 된다. 사람들은 온전한 기능관계를 여전히 믿기보다도 교환 및 대용과정으로 장애에 대응하지만 이러한 교환 및 대용과정을 위해서는 다기능성이 이제 방해가 된다.

한편, 단기능성은 하나의 요소가 단지 하나의 기능을 담당하고 그래서 쉽게 변경될 수 있는 경우이다. 이것은 실현하기 어려운 극단적 상태이다. 파슨스는 분화된 체계에서는 모든 개별 급부가 부분체계에서 이루어져야 하고, 다시금 부분체계는 체계형성의 모든 개별 기능을 자기 수준에서 이행해야 한다는 사실을 명확히 했는데, 이러한 사실은 이미 단기능성과 반대방향으로 작용한다. 예측할 수 없을 정도로 결과가 확산된다

---

41) 기능을 담당하는 기능적 요구에 근거한 과중한 체계와 기관의 투입을 절약하는 질서에 관한 생각은 특히 생물체의 이론에서 찾아낼 수 있다. 예컨대 Andras Angyal, *Foundation for a Science of Personality*, New York, 1941, S.303 참조. 사회체계, 특히 조직된 체계이론에서는 같은 사태를 반대 관점에서 보는 방법, 즉 기능적 분화(요컨대 다기능적인 제도를 특수화에 의해 분해하는 것)는 크며, 담당자의 많은 체계에서만 의미있다는 정식화의 쪽이 선호된다. 다기능성이 가진 특수의 절약을 확실히 한 사회학의 문헌으로는 특히 Leon Mayhew, *Ascription in Modern Societies*, a.a.O., S.110 ff.가 있다.

는 문제는 분화된 사회에서 증대하고 다기능적 단위를 단기능적 단위로 재편해서 해결할 수 없다. 오히려 단기능성은 연구과정과 결정과정의 단순히 분석적인 하나의 관점에 불과하다. 그것은 시계(視界)의 축약에 의해 역동화인자가 될 수 있을지도 모르는 하나의 환상이다. 따라서 사회질서가 단기능적(또는 적어도 그때마다 조금밖에 고려되지 않는 기능)으로 동기를 유발하는 법정책적 실천을 받아들일 것인가, 그리고 그것을 어떻게 받아들일 것인가라는 물음이 있을 뿐이다.

일종의 그러한 수용이 부분체계가 일차적 기능을 형성하고 제도화하는 것에 나타난다. 그 결과, 그렇게 되면 대개 하나의 기능이 '목적'으로서 상징화되며, 다른 기능에 우월적인 존재이유로서 다루어지고, 체계의 적응을 위한 조종규준으로 이용된다. 이것은 예컨대 기업이 일차적으로 경제적 기능에 봉사할 뿐 친밀관계적 기능과 사회화기능과 의견형성 기능에 봉사하지 않으며, 법원이 일차적으로는 재판기능에 봉사하지 오락이나 교육의 기능에 봉사하지 않는 것과 같다. 일차적 기능이라는 개념은 파슨스에서 유래하는데,[42] 이것은 다른 기능에서 보면 규제기능을 인수하며, 이로서 다른 기능은 동시에 '유동화'된다. 기업은 경제적 합리성을 위해 기업주의 무능한 가족을 고용하지 않고 시장에 입각한 유동

---

42) 그리고 대개 우리가 사용할 목적으로 만들어진 것이지만 개념으로서 아직 충분히 다듬어져 있지 않다. 예컨대 Talcott Parsons/Neil J. Smelser, *Economy and Society*, Glencoe/Ill., 1956, S.15 f.; Talcott Parsons, " 'Voting' and the Equilibrium of the American Political System", in: Eugene Burdick/Arthur J. Brodbeck(Hrsg.), *American Voting Behaviour*, Glencoe/Ill., 1959, S.80~120(116 f.) 참조. 또 Marion J. Levy Jr., *Modernization of the Structure of Societies. A Setting for International Affairs*, 2 Bde., Princeton, 1966의 여러 군데에서 역시 충분한 설명도 없이 사용되고 있는 '압도적으로 ……에 전념했다'(overwhelmingly preoccupied with)라든가 '일차적으로 ……에 지향했다'(primarily oriented to) 라든가 '주로 ……지향했다'(predominantly oriented)라는 표현 참조.

적인 인사정책[43])을 취하면서도 그렇다고 해서 기업의 존속과 번영이 수행하는 기업주의 가족을 위한 기능을 모조리 없애려 하지 않는다.[44] 따라서 기능적 우위성을 제도화하는 것은 이차적 기능에 대하여 일정한 자유를 열어주고 이차적 기능을 무효로 하지 않고도 평가를 약화하고 일차적 기능과의 소통가능성을 줄이고 심지어 의식까지 약화시켜 이차적 기능에 부담을 준다. 이것은 동시에 부분체계에 대한 법의 접근을 쉽도록 한다. 예컨대 가족기능의 중심이 다음 세대를 낳고 키우고 사회화하는 데 있다는 전제에서 법은 가계에서 청소년의 경제적 기능(작은 아이나 가축을 보살피고 수확을 거들어주는 것 등)이라든가 교회조직에 확보된 종교적 관심을 고려하거나 심지어 보상하지 않고도 일반적인 교육의무를 규정할 수 있다.[45]

---

43) 그것은 어떤 의미에서 구조정책인 것이다. 이 점에 대해서는 Niklas Luhmann, "Reform und Information. Theoretische Überlegungen zur Reform der erwaltung", *Die Verwaltung* 3, 1970, S.15~41(28 f.); 재인쇄된 것으로 Ders., *Politik und Verwaltung*, Opladen, 1971 참조.

44) 논쟁의 표적이 되어 있는 이 문제에 대해 일반적으로 Clark Kerr/John T. Dunlop/Frederick H. Harbison/Charles A. Myers, *Industrialism and Industrial Man. The Problems, Labor and Management in Economic Growth*, Cambridge MA., 1960, S.140 ff. 참조. 또 사례 분석으로는 예컨대 C. Ronald Christensen, *Management Succession in Small and Growing Enterprises*, Boston, 1953; A. K. Rice, *Productivity and Social Organization. The Ahmedabad Experiment*, London, 1958; Ders., *The Enterprise and its Environment. A System Theory of Management Organization*, London, 1963.; Cyril Sofer, *The Organization from Within. A Comparative Study of Social Institutions Based on a Sociotherapeutic Approach*, Chicago, 1961, S.3 ff. 참조.

45) 도덕적으로 기초지어진 교육열과 아무리 인기가 있어도 보통교육의무의 도입시에는 역시 아이를 '경제가 필요하지 않게 될'지 어떨지, 또 언제부터 그렇게 된다고 하는지에 어느 정도 고려해볼 필요가 있다. Leonhard Froese/Werner Krawietz(Hrsg.), *Deutsche Schulgesetzgebung*, Bd. 1, Brandenburg, *Preußen und Deutsches Reich bis 1945*, Weinheim/Berlin/Basel, 1968, S.95 ff.에 게재된 1736년 12월 26일 노이마르크(Neumark)의 학교에 관한 프로이센의 법령 참조.

사회가 전환을 용이하게 하는 다른 방식은 일의적인 상황정의, 특수화된 행위의 계기, 알기 쉬운 선택지를 준비하는 것이다. 이것은 예컨대 명백하게 목적적인 과정경과(도로교통, 환자치료, 휴가여행, 직업교육, 혼인중매 등)이라든가 상응하는 높은 역할분화라든가, 시각과 기한을 준수하는 생활의 습관화 및 금전계산이라든가, 상사와 의사소통에 의해 행위기준을 효과적으로 바꿀 수 있는 조직 등에서 볼 수 있다. 열차시각표, 정보의 흐름, 수입 수준, 근무시간, 보험의무, 조세, 신용거래의 조건, 시험자격 등이 법적 조치에 의해 만들어져 변경될 수 있는 것은 그것들이 사회적 과정의 특정장소에서 파악할 수 있기 때문이고 새로운 규정이 모든 사람에게 모든 상황에서 의식될 필요나 사람들의 도덕적 자존심의 조건이 될 필요는 없기 때문이다.[46] 효과적인 입법을 위한 이와 같은 조건은 보통 그 나름대로 위험이 있다. 그것은 특히 개별적 상황유형이나

종교계의 저항에 대해서는 많은 전형적 사례의 하나로는 J. Ev. Diendorfer, *Der staatliche Schulzwang in der Theorie und Praxis*, Passau, 1868 참조.

46) 이 문제에 대한 가장 좋은 분석 중 하나가 여전히 Joseph A. Schumpeter, "Die Krise des Steuerstaates", *Zeitfragen aus dem Gebiete der Soziologie*, Heft 4, 1918 이다. 재인쇄된 것으로 *Aufsätze zur Soziologie*, Tübingen, 1953, S.1~17 참조. Egon Bittner, "The Police on Skid-Row. A Study of Peace Keeping", *American Sociological Review* 32, 1967, S.699~715의 연구는 위와 유사한 것으로 흥미진진하다. 거기서는 공공 안녕질서의 유지라는 경찰의 직무가 주민의 생활습관이 계속적으로 구조화되고 있고 현재부터 미래를 판단해 받아들일 수 있는 것으로 어떻게 의존하고 있는지 나타나 있다. 그 외에 개발도상국의 경제적·기술적 발전에 대한 사회적 장해에 관한 연구에는 수많은 인상 깊은 소재들이 있다. 특히 Fred W. Riggs, *The Ecology of Public Administration*, London, 1961; Ders., *Administration in Developing Countries. The Theory of Prismatic Society*, Boston, 1964(mit Rückschlüsse auf 'legislative helplessness' S.232 ff.); 그 외 Guy Fox/ Charles A. Joiner, "Perceptions of the Vietnamese Public Administration System", *Administrative Science Quarterly* 8, 1964, S, 443~481; J. Lloyd Mecham, "Latin American Constitutions: Nominal and Real", *Journal of Politics* 21, 1959, S.258~275 참조.

특수한 이익을 목적으로 하는 근시안적 입법을 초래할 위험이다.

그와 같은 특수화를 비로소 가능하게 하는 무관련성과 결과중립성이라는 부가조건에 의해 이러한 경향은 강화된다. 그러한 부가조건은 고도로 제도화되어 있어야 한다. 역할특화는 역할이 구분될 때에만 강행될 수 있다. 이것은 단순히 범주적이고 상황적인 구별가능성뿐만 아니라 일정한 역할행위를 할 때 자신의 다른 역할을 무시할 수 있는 권한도 의미한다. 예컨대 회사에서 자신이 부친이라는 사실, 휴가 중에 자신이 여점원에 지나지 않는다는 사실, 물건을 살 때 자신이 가게주인과 정치적으로 다른 선택을 한다는 사실 등을 배제하는 것이 그것이다.[47] 역할구분은 개개인에 대한 일관성의 요구를 줄이고 추상화하게 된다. 개성에 기초하여 재단된 이러한 무관련성의 형태 외에 행위의 결과에 대하여 무관련성을 종용하거나 허용하는 기제가 있다. 여기에 속하는 한 가지의 예를 우리는 이미 논했다. 그것은 바로 조건적 프로그램화이다.[48] 다른 한 예가 신조윤리일 것이다. 신조윤리에서 행위는 결과를 야기한 것으로서가 아니라 신조의 정당한 표현으로서만 책임지는 것이다.[49] 오늘날 법정책적 제도갱신에서는 특히 화폐기제에 의한 결과 분산이 중요시되고 있다. 제도갱신에서는 권리에 대한 침해를 무시할 수 없지만 여타의 모든 경제적 결과, 예컨대 개별기업의 이윤율이나 개별가계의 가처분잉여액에 미치게 되는 영향은 매우 광범위한 구조변경결과를 발생시킬 수 있음에도 무시할

---

47) 이 문제를 이론적으로 다룬 것으로는 Siegfried F. Nadel, *The Theory of Social Structure*, Glencoe/Ill., 1957 참조. 입법과정 및 지역구 의원의 역할교착에 의한 입법과정의 저해에 대해서는 James D. Barber, *The Lawmakers. Recruitment and Adaptation to Legislative Life*, New Haven/London, 1965이 주목할 만하다. 또 Theodore D. Kemper, "Third Party Penetration of Local Social Systems", *Sociometry* 31, 1968, S.1~29도 참조.

48) 이 책 400쪽 이하 참조.

49) 신조윤리와 책임윤리와의 구별은 Max Weber, *Politik als Beruf*, 4. Aufl., Berlin, 1964에서 유래한다.

수 있다. 이렇게 해서 수공업이나 중소공업의 쇠퇴와 농업의 지속적 원조 필요라는 상태가 생긴다. 이에 대해서는 아무도 책임질 필요가 없다. 이러한 것들은 새로운 문제, 정보와 이익의 형태로서 새로운 법률의 제정을 촉구하게 된다. 이렇게 해서 화폐기제가 정치적인 결과 연쇄와 책임부담을 흡수해 경제적 혁신뿐만 아니라 법정책적 혁신을 용이하게 한다.

마찬가지로 혁신을 용이하게 하는 효과는 정식화된 (개념 또는 명제로서 형성된) 구조와 정식화되지 않은 구조의 차이에서도 생기는 것 같다.[50] 정식화된 구조와 정식화되지 않은 구조와의 분화에 따라 주의를 끄는 기회가 상이하게 배분된다. 정식화된 구조가 그것을 유지하고 언급할 의도로 인용되는지, 그것을 변경할 의도로 인용되는지의 여부에 대해서 아직 결정할 수 없다. 이들 두 의도는 정식화된 구조가 더 많고 그럼에도 미지의 영역이 유지 또는 변경이라는 구조상의 결과의 일부를 시계 또는 적어도 소통과정에서 배제할 만큼 크기가 충분할 때 강화될 수 있다.

요약하면 의식적으로 의도된 구조변화는 반드시 다기능적인 체계에 대한 단기능적인 작용의 문제에 직면한다고 할 수 있다. 이 문제를 해결하는 것은 구조변경대상이 되는 체계의 복잡성이 증대하는 만큼 더 어렵게 된다. 해결방안의 한편은 많은 기능을 고려해서(따라서 특정목적을 위한 것뿐만 아니다) 변경을 계획할 수 있게 하는 연구과정과 계획과정의 분석능력을 강화하는 데 있고, 다른 한편은 변경의도를 다소간 받아들일 수 있는 체계구조 그 자체에 있다.

---

50) 현재적 구조와 잠재적 구조라는 말도 거의 같은 의미로 사용되는 일이 많다. 그러나 이 구별은 의식을 주안점으로 어떤 시기에 누구의 의식을 가리키고 있는가 하는 점에 대해 명백하지 않다. 한편 실제로 이 점에 문제가 내재되어 있는 것이다. 즉 의식의 이용가능성은 한정되어 있으므로 현재적으로 의식된 구조의 영역을 크게 확장할 수 없지만 정식화에 의해 의식가능한 (인용가능한!) 구조의 영역을 넓히는 것은 가능할 것이다.

3) 지금까지 서술해온 획득적 징표와 귀속적 징표 및 단기능적 특화와 다기능적 집속(集束)의 구별은 과거의 이익사회/공동사회의 이분법에 의한 분해에서부터 형성된 것이다. 이것을 구성한 요소가 근년의 연구에 의해 더 추상적인 관점에서 정련되고 이들의 상호연관에서 검토되었다. 이러한 맥락에서 다시 또 하나의 구별이 첨가되었다. 그것은 집단심리학에서 새로 만들어져 사회학에 받아들여져서 오늘날 아주 널리 사용되고 있는 것이다. 즉 도구적 지향과 표출적 지향(종종 소비적 지향이나 정서적 지향이라고도 한다)과의 구별이다.

우리는 이들 개념형성에 관한 세부적인 전사(前史)를 검토하지 않고[51] 파슨스가 준 추상적인 이해에서 이것을 넘겨받고자 한다.[52] 파슨스는 아주 초기의 논고에서 이미 행위의 목적구조를 시간차원의 구조로 보면서[53] 도구적 지향과 표출적 내지 소비적 지향과의 구별을 그러

---

51) 전사에 해당하는 것으로는 예컨대 뒤르켐의 회복적 제재(restitutive Sanktion)와 억압적 제재(repressive Sanktion)라는 법사회학상의 구별, 베버의 목적합리적 행위(zweckrationales Handeln)와 가치합리적 행위(wertrationales Handeln)라는 행위론상의 구별, 베일즈(Bales)에 의한 집단 내의 의사소통범형의 배분에 관한 집단심리학적 연구 및 지도역할을 도구적인 것과 표출적인 것(과제관련적인 것과 사회정서적인 것)으로 구별하려는 역할이론상의 시도 등을 들 수 있을 것이다. 후자의 두 관점에서 하는 경험적 연구를 위한 입문으로 Robert F. Bales, *Personality and Interpersonal Behavior*, London, 1970; Peter J. Burke, "The Development of Task and Socio-Emotional Role Differentiation", *Sociometry 30*, 1967, S.379~392 참조.

52) 파슨스 개념의 발전사에 대해서는 Talcott Parsons/Roet F. Bales/Edward A. Shils, *Working Papers in the Theory of Action*, Glencoe/Ill., 1953 참조. 최근의 용례를 가장 잘 나타낸 것으로는 Talcott Parsons, "General Theory in Sociolog", in: Robert K. Merton/Leonard Broom/ Leonard S. Cottrell Jr.(Hrsg.), *Sociology Today*, New York, 1959, S.3~38(5 ff.) 참조. 또 최근의 것으로는 Ders., "Some Problems of General Theory in Sociology", in: John C. McKinney/ Edward A. Tiryakian(Hrsg.), *Perspectives and Developments*, New York, 1970, S.27~68(30 f.) 참조.

53) Talcott Parsons, "Some Reflections on 'The Nature and Significance of

한 축 위에서 구성하고 있었다. 즉 미래의 충족상태를 추구하면서 현재 그것을 실현할 수 있는 행위에 대해 특히 질문하는 사람은 도구적으로 지향하고 있다. 현재에서 자기충족적 표현 또는 만족을 찾고 있는 사람은 표출적 또는 소비적으로 지향하고 있다. 이러한 구별을 통해 표출적 또는 소비적 행위는 의미와 상황을 감정에 따라 융합시켜가면서 현재에 안주하는 데 반해, 도구적 행위는 현재 (전형적으로는 행위) 자체를 가변적인 것으로 형성한다는 것이 이미 개념적으로 명확해지고 있다. 시간지평에 대한 기획과 확정할 수 있는 미래의 개시는 실제로 단단히 체험되는 현재를 불확정인 것으로 만들고 현재를 다른 가능성과 비교하도록 해 유동화한다.

이 문제에 대해서는 우리는 나중에 나올 '4절 법, 시간 그리고 계획'에서 다시 논하기로 한다. 여기서는 도구적 행위만이 그 자체의 의미이해를 따라 계획적으로 변동할 수 있을 뿐이라는 가설이 중요하다.[54] 이것은 표출적 행위가 영향을 미치거나 변화할 수 없다는 것을 의미하지 않는다. 그렇지만 그러한 간섭은 외적인 것에 머무는 것이고, 행위자 자신의 의미이해에 의거해 자신의 고유한 목표를 파악할 수는 없다. 도구적 행위는 이미 스스로 변경가능성을 승인하고, 관점의 전개와 함께 스스로를 자기조종과 외부조종에 동시에 맡긴다. 도구적 행위는 변경에 의해서가 아니라 기껏해야 목적의 관점에서 변경에 저항할 수 있을 뿐이다. 그래서 전체사회에서 도구적 지향이 자리 잡고 제도화된 영역은 동시에 비교적 높은 가동성을 보여주고 있다고 추측할 수 있다.[55] 법사회학의

Economics'", *The Quarterly Journal of Economics* 48, 1934, S.511~545(513 ff.) 참조.

54) William J, Chambliss, "Types of Deviance and the Effectiveness of Legal Sanctions", *Wisconsin Law Review*, 1967, S.703~719도 형법적 제재의 실효성과 관련해 이 사고방식을 사용하고 있다.

55) 이것을 명시적으로 그리고 같은 시간차원과의 관련으로 설명하는 것은 David

문헌에서는 정서적인 기초를 갖는 생활영역, 특히 가족의 영역은 예컨대 경제나 교통과 같은 감정적으로 중성화된 도구적 행위영역에 비해 법정책적 변경에 대해 더 강하게 저항한다는 유사한 가설이 등장하고 있다.[56]

어떠한 사회에서 일차적으로 도구적인 행위영역과 일차적으로 표출적인 행위영역의 실질적 배분은 순전히 우연적으로 이루어지는 것이 아니라 거기에는 구조적인 근거가 있다. 정서는 후에 생기는 결과에서 안정되는 것이 아니라 자신의 표출에 의해서만 안정되는데, 이러한 정서에 의해 행위가 지탱되는 경우 표출적 요소의 지배가 아닌 때는 그것의 공동작업은 피할 수 없다. 모든 개인적 개입영역에 대해서 이렇게 말할 수 있고, 특히 친밀영역의 행위 또는 개성으로의 귀속을 피할 수 없을 경우에 그렇다.[57] 그 외에 사회구조적 근거에 의한 정서화(情緖化)가 있다. 귀속적이기 때문에 불변적인 징표에는 긍정적 또는 부정적인 감정이 생긴다. 왜냐하면 그 징표의 주체는 개인적으로 그러한 징표를 자신의 운

E. Apter, *The Political Kingdom in Uganda. A Study in Bureaucratic Nationalism*, Princeton/N. J., 1961, S.85; Ders., *The Politik of Modernization*, Chicago/London, 1965, S.83 ff. u. ö. 참조.

56) Dror, a.a.O., 1959는 터키 및 이스라엘에 관한 혼인·가족법의 근대화에 즈음해 일어난 곤란한 문제과 관련해 그렇게 말하고 있다.

57) 이를 위해 친밀영역의 경계는 법정책상의 의도를 실행하는 경우 어려운 문제가 제기될 수 있다. 비적출자를 친척관계와 상속권자에 넣으려는 여러 가지 노력은 그 점을 가리키고 있다. 그 외에 미국의 인종을 갈라놓으려는 것을 극복하기 위한 입법도 특히 이 어려운 문제와 조우한 것이다. 흑인이 노예나 피용인, 즉 사회관계에서 비인간적 지위를 가지는 동안 그는 친밀영역에서 참을 수 있었다. 이에 대해 완전한 인격적 간주관성의 승인이 의도되자마자 거절반응이 일어났다. 그것이 실현되면 흑인이 다른 자아(alter ego)로 자각하고 생각하는 바를 자신으로 간주하는 것, 즉 그것을 스스로 주제화하는 것이 불가피해지기 때문이다. 환계에 열려서 접근과 사교가 쉬운 아메리카합중국인의 생활양식에 의해 이 문제는 한층 더 심각해져 좁은 의미에서의 가족을 넘어 근린관계와 아이들의 접촉영역으로 확산되었다.

명과 동일시할 수도 있기 때문이다. 또 다기능적인 제도도 감정배양으로 경도되어 개관할 수 없을 정도로 이산적인 적극적 및 소극적 결과를 합리적으로 상쇄시키지 않고 정서적인 자기평가를 하게 만든다. 이러한 조건 아래에서 행위의 기초는 현재화되고 부동화(不動化)되며, 대체적으로 그렇긴 하지만 목표는 있는 그대로의 것을 덮어두거나 정당화하는 기능을 수행할 뿐이다. 개념적 대치가 암시해주는 것과는 달리 도구적 지향은 이것과 날카로운 대조를 이루면서 형성되는 것이 아니라 현재에 대한 다른 대안이 가까이 있거나 적어도 충분히 빨리 확실하게 알릴 수 있는 영역에서 서서히 가치평가를 미래화하고 정서적으로 중성화하는 과정에서 형성되는 것이다.

그래서 한편으로 귀속적, 다기능적, 정서적으로 표출적인 의미형성과, 다른 한편으로 성과지향적, 기능특정적, 도구적인 의미형성 사이에서 추측되는 일정한 상호연관관계는 공동사회/이익사회의 이분법에서 총괄적으로 파악된 바와 같다. 이러한 이분법의 다양한 측면을 분석적으로 분리한다면 위의 가설에 대한 경험적인 검증이 더욱 잘 이루어질 수 있다. 이러한 분석적인 분리를 통해 무엇보다도 공동사회에서 이익사회의 발전이라는 것이 존재하는 것이 아니라 두 유형의 구성적 측면이 체계복잡성의 증대라는 조건 아래 다른 배분과 조합을 찾아가고 있고 그것이 왜 그렇게 되는가라는 것이 명확해진다. 그러므로 모든 법정책은 가변성에 대한 구조적인 장애의 존속을 감안하여 계획에 포함시켜야 한다.[58] 이러한 요청은 새로운 법의 관철에 있어 필요한 체계매개에 대해

---

58) Leon Mayhew, "Ascription in Modern Societies", *Sociological Inquiry* 38, 1968, S.105~120에서 이와 같이 설명했다. 전통적인 것과 근대적인 것이라는 피상적인 이분법에 대해서도 마찬가지의 비난이 가해지고 있다. 이것을 설명한 것으로는 예컨대 Joseph R. Gusfield, "Tradition und Modernity. Misplaced Polarities in the Study of Social Change", *The American Journal of Sociology* 72, 1967, S.351~362 참조.

묻는 경우 한층 부정하기 어려운 것으로 나타날 것이다. 그 경우에는 조직된 체계의 수준 아래에서도 일정한 한도에서 그 고유법칙에 따르는 원초적인 상호행위체계가 항상 작용하고 있다는 것이 밝혀진다. 이제 우리는 이 주제로 방향을 돌리지 않으면 안 된다.

4) 법개정은 기대와 행위를 효과적으로 다른 규범으로 전환하는 만큼 성공한다. 그러나 이것은 사회체계의 재편만으로도, 또 전체사회의 정치적인 하위체계에서 제정되는 법규범의 재정식화만으로도 생길 수 없다. 구체적인 체험과 행위는 항상 의미를 결합하고 경계짓는 다수의 체계와 동시에 관련되어 있으며, 그래서 한 체계의 재편에 의해 곧바로 변하지 않는다. 이미 포드고레키 법사회학의 실례에서 보았듯이 새로운 구조가 그에 따른 행동으로 변환하기 위해서는 다수의 체계가 서로 협력해야 한다. 문제는 그때 어떤 종류의 체계를 고려해 넣어야 하고, 또 어떤 형태의 효과전달이 야기될 것인가라는 것이다.

효과를 매개하는 체계의 종류에 대한 문제에서 이미 우리는 지극히 복잡한 사태와 조우한다. 대충 보더라도 세 가지의 체계유형을 꾸릴 수 있다. 먼저, 유기적으로 조건지어진 심리적 체계(개성)를 생각할 수 있다. 이것은 상대적으로 고정된 구조로서 모든 체험가공과 행위선택을 함께 결정한다. 몰개성적 체험이나 행위는 존재하지 않는다(그렇지만 개성 구조에 의해 조종되지 않고, 말하자면 '저절로 야기되는' 신체적 행동은 존재한다).[59] 다음으로, 아주 많이 사회적으로 의미있는 행위가 참석자들 사이의 상호작용체계에 의해 조종된다. 이러한 상호작용체계를

---

59) 그러한 신체적 행동도 법적으로 의미있다고 할 수 있겠지만 법변경에 대한 개인적인 반응의 분석에서는 무시할 수 있다. 법변경에 대한 개인적인 반응은 항상 정보를 사이에 두고 일어나는 것이다.

우리는 단순한(또는 원초적인) 사회체계라 명명하고자 한다.[60] 여기에 해당하는 것으로는 예컨대 교섭, 사교모임, 공동작업, 공동식사, 여행, 교습과 학습 등이 있다. 그 다음으로 모든 사회적 접촉에서 성립하는 이들 단순한 사회체계와 전체사회와의 사이에 오늘날 점점 조직화된 사회체계가 밀려들어오고 있다. 이러한 사회체계는 가입과 탈퇴의 조건을 통해서 그 동일성과 구조선택을 규제하고, 이것에 의해 일반적인 전체사회구조, 자명성, 진리 등을 거론하지 않고도 불참자들과 상호작용의 맥락을 만들어낼 수 있다.[61] 원초적 사회체계가 현실적인 참석과 함께 참가자의 지각가능성에 근거를 두는 데 반해, 조직된 사회체계는 구성원의 자격과 참석을 기능적 등가물로 이용해서 지각가능성의 한계를 넘어 더 추상적인 구조에서 더 커다란 복잡성을 획득할 수 있다.

개성체계, 단순한 사회체계, 조직화된 사회체계 모두 전체사회의 구조를 그대로 반영한 것이라 할 수 없다. 이들은 이미 각각 특별한 선택조건 아래 작동하고, 각각 고유의 동일성과 고유의 역사를 갖고 있으며, 각각의 체계가 반응하는 특별한 환경이 있기 때문에 그렇게 될 수 없다. 이들 체계에서 전체사회체계는 구조가 아니라 (다소간 정리된) 환경이고 다시 한 번 선택을 받은 후 비로소 처리될 수 있는 것이다. 그러므로 단순한 체계와 조직과 마찬가지로 개성도 다수의 다른 태도를 제공해줄 수 있는 자료와 같이 법규범을 처리하고 각 체계는 그러한 가능한 태도 중에서 자기구조의 척도에 의해 선택하는 것이다. 물론 이들 체계 사이에도 긴장관계가 존재한다. 개인적 충동 모두가 원초적 사회체계에 적용될 수 있는 것이 아니다. 원초적 사회체계는 오히려 그 기대구조를 통해 개

---

60) 이를 자세하게 다룬 것으로는 Niklas Luhmann, "Einfache Sozialsysteme", *Zeitschrift für Soziologie* 1, 1972, S.5~65 참조.

61) 이 조직된 사회체계라는 개념에 관해 더 자세히 다룬 것으로는 Niklas Luhmann, *Funktionen und Folgen formaler Organisation*, Berlin, 1964 참조.

성이 스스로 실현할 수 있는 것에 선택적으로 작용하고, 그 반대의 경우에도 작용한다.[62] 마찬가지로 조직에 의해 공식화된 규범적 기대도 당연히 실제적인 상호작용과 개개인의 체험과 행위로 전환될 수 있는 것은 아니다. 왜냐하면 이들 기대도 다른 체계의 여과기를 통과해야 하기 때문이다.[63] 이처럼 복잡하게 얽힌 관계에서 구태의연하게 지배와 복종 또는 불복종이라는 소박한 관념으로 작업하려는 이론은 모두 실패한다(혹은 도덕주의적으로 되어버린다). 문제는 가능한 모든 체계를 가능한 모든 명령에 따르게 만들 수 없다는 것이다. 왜냐하면 그렇게 되면 모든 분화는 부정되고 전체사회는 퇴행적으로 단순화되어버릴 것이기 때문이다. 주로 만인을 수규자(受規者)로 설정하고 있는 형법적인 금지규범의 전승된 구성요건을 제외하면 법변경에서 개개의 특정 수신인에게 기대변경 및 행동변경의 동기를 부여하고 그 변경의 충격파를 흡수하는 것은 중요하다.

첫 번째의 추측에 의하면 새로운 제정법의 수용과 준수에서 결정적인 것은 각 법률에 대한 (도덕적인) 태도일 수도 있다. 그렇다면 그 법률을 옳다고 생각하는 사람들 또는 다른 사람들이 그것을 옳다고 생각하는 사회체계에서 행동하는 사람들은 이것을 준수하고, 그 법률에 반대하는 사람들은 그것을 모면하려 할 것이다. 그러나 경험적 연구가 시사하는 바에 의하면(잘 생각해 보면 역시 같은 결론에 도달하는 것이겠지

---

62) 이는 아주 단순한 상호작용체계라고는 하지만 그 구조를 기대할 수 있는 기대(이 책 119쪽 이하 참조)라는 형태로 형성하지 않으면 안 된다는 사실과 관련된다. 이 점에 대해서는 Herbert Blumer, "Psychological Import of the Group" In: Muzafer Sherif/M. O. Wilson(Hrsg.), *Group Relations at the Crossroads*, New York, 1953, S.185~203 참조.

63) 이것은 팽대한 조직사회학적 연구의 한 중심주제가 되었다. 그 출발점을 이룬 것으로는 Fritz J. Roethlisberger/William J. Dickson, *Management and the Worker*, Cambridge MA., 1939 참조.

만) 위와 같은 도덕적인 방정식은 너무 단순하다. 한편 법률은 그것을 긍정하고 옳다고 생각하는 사람들에 의해서도 위반되고, 다른 한편 시행된 법률은 점점 그 적대자의 상당부분을 승복하게 만든다(걱정했던 위험이 기우로 끝나는 경우가 특히 그러하다).[64] 그래서 일정한 경험적 상황을 설명하거나 예측하는 분석을 준비하기 위해 더욱더 추상적인 설문작업을 해야 한다. 완전성에 대한 의도가 없더라도 세 가지의 설문을 할 수 있을 것이다. 그것은 1) 체계구조와 체계역사의 관계에 대한 문제, 2) 체계의 자기조종능력에 대한 문제, 3) 체계변화와 환계변화의 상대적인 불변성에 대한 문제이다. 이들 세 가지의 측면은 모두 전체사회체계의 법적으로 집중화된 조종가능성에 의의가 있다고 말할 수 있다. 그리고 그들 각 관점에서 다양한 체계유형에 대한 다른 사실상황이 생기게 된다.

모든 개인적 체계와 사회적 체계에서 어느 정도까지는 구조로서 체계역사가 체험가공의 전제로서 기능하고 있다. 체계역사는 경험적으로 확인되고 반복해서 사용된 상징의 형태로 체험가공을 조종한다. 이 경우 상징의 발생이 의식적으로 유지될 필요는 없고 현재로서 체험되는 것이다. 또 체계역사는 기억되고 자료화된 과거사건의 기록이라는 형태로 체험가공을 조종한다. 이 경우 사건은 과거의 일부가 되어 움직일 수 없게 된다. 예컨대 이루어진 약속, (장래 주의와 불신의 근거가 되는) 폭로된 거짓말, 초대, 관심표명, 모욕적인 거절 등이 이에 해당된다. 두 가지 방

---

64) 예컨대 Robert E. Lane, *The Regulation of Businessmen. Social Conditions of Government Economic Control*, New Haven, 1954; Harry V. Ball, "Social Structure and Rent-Control Violations", *American Journal of Sociology* 65, 1960, S.598~604; Harry V. Ball/Lawrence M. Friedman, "The Use of Criminal Sanctions in the Enforcement of Economic Legislation. A Sociological View", *Stanford Law Review* 17, 1965, S.197~223(228 f.); Morroe Berger, *Equality by Statute. The Revolution in Civil Rights*, 2. Aufl., Garden City/N. Y., 1967, S.181 f.; John Colombotos, "Physicians and Medicare. A Before-After Study of Effect of Legislation on Attitudes", *American Sociological Review* 34, 1969, S, 318~334 참조

식으로 체계역사는 미래를 단순화하는 원리상 뺄 수 없는 보조수단이다. 즉 체계역사는 그것이 더 추상적인 관점 아래서 구조로 현재와 관계되는 만큼 과거와 미래는 상이한 시간지평으로서 서로 분리될 수 있다. 이렇게 과거는 한편으로 '자본주의화되는' 동시에, 다른 한편으로 '역사화된다'. 다시 말하면 과거는 한편에서 자산으로서 미래의 가능성을 위한 기초가 되는 동시에 다른 한편에서 미래의 요구라는 규준에 따라 언제라도 지향할 수 있으나 반드시 그렇게 해야 하는 것이 아닌 처리가 끝난 영역으로 옮아간다. 그렇게 해서 시간의식의 변화라는 맥락에서 '자본'과 '교양'은 가치로서 존중되고 제도화되는 것이다.

우리는 체계구조, 법, 시간의 이해 사이의 이러한 연관관계에 대해 아래에서 다시 언급한다.[65] 여기서는 우선 체계구조와 시간지평이 전체 사회적으로 관계를 맺고 있다고 해도 그 관계가 모든 체계수준에서 똑같이 실현된다고 할 수 없다는 통찰에 관하여 검토한다. 체험가공의 개인적 구조는 언어 이전에 성립하고 있는 상징형성에 부분적으로 의거하고 있는데, 이러한 상징형성은 의식적인 접근, 객관화하는 거리유지, 해석학적 해석이나 재해석에 친숙하지 않다.[66] 그러한 한에서 체계역사도 이용할 수 없다. 마찬가지로 참석자들 간의 상호작용체계는 분리된 구조가 없기 때문에 자신의 상황역사를 구조의 대용물로서 이용해야 한다. 즉 상호작용체계가 복잡성의 감축 이전에 그 체계에서 이미 말하고 행동했던 것을 지향하게 되면, 실제 생성된 자기구속으로부터 해방될 가능성을 종종 찾지 못하게 된다.[67] 그 경우에 이것을 수정하는 것은 그러한

65) 이 책 561쪽 이하 참조
66) Jürgen Habermas, "Der Universalitätanspruch der Hermeneutik", in: *Hermeneutik und Dialektik*, Tübingen, 1970, Bd. 1, S.73~103 참조
67) 그러한 상호작용적인 자기구속의 과정은 일탈행동의 발생에서도 중요한 역할을 수행한다. 사람들은 그러한 과정 속에서 일탈행동에 접근한 입장으로 끌어들이고, 계속해서 변함없이 그와 같은 입장을 유지할 것이다. 이에 대해서

체계형성의 단기성에 있다. 이러한 단기성에 때문에 새로운 접촉이 이루어질 때마다 새로운 체계역사를 구축할 수 있게 된다.[68] 또한 조직분석에서 우리는 공식조직적인 가능성의 넓은 기본구조가 체계역사의 흐름속에서 제약되고 또 조직이 필립 셀즈닉의 말과 같이 '제도'가 된다는 전개과정을 배운다.[69]

더 상세하게 들어가지 않아도 우리는 각 체계 고유의 역사에 대한 의존성이 체계의 선택양식과 관련이 있고 체계의 특별한 유형과 관련이 있다는 것을 핵심으로서 확정할 수 있다. 사회적 분화의 증대로 체계역사가 다양해진다. 체계역사는 공통적인 세계역사의 부분이라고 볼 수 있지만, 그들이 체계를 구속하는 정도는 각기 다르다. 즉 체계역사는 의미축적물로 보관되고, 부분적으로만 의식가능하며, 자본화할 수 있거나 역사화할 수 있게 되는 것이다. 여기에서 귀결되는 것은 구조의 동원가능성과 갱신의 동화가능성을 위한 조건이 아주 다양하다는 것을 감안해야한다는 것이다. 전체사회수준에서 제도화된 구조적 가변성이 그대로 여타의 체계에도 일어나는 것은 아니다. 체계가 법규범의 변경에 저항할 때에는 전체사회수준의 외부 또는 아래에서 쉽게 해체되어 새로 만들어

는 앞에서 나온 이 책 250쪽 각주 176 참조. 그러나 법적으로 규제된 절차도 그 자신의 역사를 구성하는 상호행위체계이고, 그것을 다음 과정의 구조로써 이용해 되돌릴 수 없게 된다. 이 점에 대해서는 Aaron V. Cicourel, *The Social Organization of Juvenile Justice*, New York/London/Sydney, 1968 특히 요약된 S.328 ff.; Niklas Luhmann, *Legitimation durch Verfahren*, Neuwied/Berlin, 1969, S.38 ff. 및 그 외 여러 곳 참조.

68) '일반세계사로부터의 분리'를 위한 전제가 실현될 수 있을 정도는 물론 각 사안마다 지극히 다르다. 이것에 대해서는 Sherri Cavan, *Liquor License. An Ethnography of Bar Behavior*, Chicago, 1966, 특히 S.54 f., 79f. 참조.

69) Philip Selznick, "Foundation of the Theory of Organization", *American Sociological Review* 13, 1948, S.25~35; Ders., *TVA and the Grass Roots*, Berkeley-Los Angeles, 1949; Ders., *Leadership in Administration. A Sociological Interpretation*, Evanston/Ill./White Plains/N.Y., 1957 참조

지거나 반구조적으로 동기화될 수 있다.

우리의 다음 관점은 체계의 자기조종능력에 관한 것이다. 이것은 환계가 특정한 변화에 적응하는 특정한 결정을 산출하는 능력과 그러한 적응에 의해 대처할 수 있는 사건의 범위를 의미한다. 그러한 적응과정의 선택적 특정화에는 환계의 변화가 체계에 미치는 구조적 파급효과를 최소화하는 장점이 있다. 환계가 급하게 바뀔 경우[70] 체계 자신을 변경하는 것에 의해서든, 일정한 표식에 대해 환계를 바꾸는 것에 의해서든 자기조종이라는 형태에서 체계와 환계와의 부단한 적응을 선택적으로 처리할 가능성이 없다면 지극히 복잡하게 구조화된 환계의존적인 체계는 성립될 수 없을 것이다.

그러한 자기조종의 구조를 합리적으로 재구성하기 위해 수많은 체계이론적인 고찰이 이루어지고 있다. 초기에는 평형모델이라는 형태를 취하고, 이어 자동조절 내지 사이버네틱스 모델이라는 형태를 취했다. 그것에 의해 적어도 대략 분명한 것은 자기조종은 지극히 많은 전제 아래 일어나는 작용이고 결코 모든 사회체계의 일반적인 특성으로 상정할 수 있는 것이 아니라는 것이다.[71] 그 주된 전제로서는 다음과 같은 것이 있다. 즉 체계의 '소당연상태'의 해명가능성, 체계와 환계 사이의 경계와 관계에 대한 충분한 특정화 가능성, 특히 기능적으로 등가적인 문제해결방법에 대한 충분히 빠른 인식가능성을 포함하는 학습능력, 그 외에 체계와 환계 사이에 일정한 시간적 상관관계, 특히 환계의 변화속도가 체

---

70) 이 점에 대해 F. E. Emerry/E. L. Trist, "The Causal Texture of Organizational Enviornments", *Human Relations* 18, 1965, S.21~32에 의해 조직을 위해 구상된 환계유형론(Umwelttypologie) 참조.
71) 이러한 인식은 종종 사회체계와 생물체 내지 기계와 비교를 거부하는 것으로 정식화되지만 그러한 정식화는 생산적이 아니어서 매우 부적절하다. 사회체계가 자기조종의 구조를 완성할 수 있다면 그 조건이 무엇인지를 더욱 정확하게 나타내는 것이 필요할 것이다.

계의 변화속도보다 항상 높아서는 안 된다는 일정한 시간적 상관관계, 그리고 특히 체계 내의 어딘가에서(*irgendwo*) 이루어진 적용된 결정이 체계 내의 도처에서(*überall*) 받아들인다는 의미에서 집중되어 있거나 (부분기능이 충분히 분리되어 있을 경우) 분산된 체계의 결정능력이 그것이다. 이에 대한 전제조건은 가족에서는 약간의 관점에서 그러하지만 조직화된 사회체계에서 충족될 수 있는 것이다.

당해 체계에서 자기조종이 법정책적 혁신에서 결코 새로운 법의 준수를 보장하는 것은 아니다. 그것은 단지 법정립 시 구조적인 파급효과를 계획에 넣을 필요도 없이 구조변화의 비용을 최소한으로 하면서 갱신이 실현될 수 있다는 것을 의미하는 데 지나지 않는다. 즉 당해 체계가 자기의 동일성을 잃지 않고 구조를 새로운 자료에 적응시킬 수 있으며, 또 그렇게 될 것이라는 가정 아래서 갱신은 그 체계의 환계에만 도입된다는 것이다. 그렇게 되면 체계는 최소한도의 필요한 비용으로써 다른 성과들을 가능한 한 손상하지 않으면서 변경을 흡수하는 것이다.

세 번째의 관점이 바로 이와 연결된다. 체계와 그 환계 사이에 상대적 **불변성관계**가 있기 때문에 체계가 환계의 변화 여부와 무관하게 있을 수 있는 만큼 법변경은 잘 흡수된다. 그러한 무관련성은 이전에는 자립성 또는 자족성이라는 관점에서만 고찰되었다. 오늘날 특히 심리학에서[72] 체계와 환계의 관계가 갖는 의미를 규제하는 구조적 전제의 추상화라는 다른 방법을 알고 있다. 이러한 추상화에 의해서 체계의 관용 영역이 확대될 수 있다. 이것이 이루어지는 정도에 따라 자신의 구조에 의해 조건지어진 (기획적인) 기대는 환계로 물러나고, 학습준비를 갖춘 인지적인 기대로 대체된다.[73] 그렇게 되면 전체사회와 그 정치적 체계의 시각에

---

72) 특히 O. J. Harvey/David E. Hunt/Harold M. Schroder, *Conceptual System and Personality Organization*, New York/London, 1961 참조.

73) Adam Podgórecki, "Loi et morale et theorie et en pratique", *Revue de l'Institut de*

서는 규범적 기대가 문제됨에도 체계는 법변경에 대해서도 인지적으로, 즉 학습적으로 반응할 수 있다.

여기에서 개성에 대해 발달과정과 사회화과정이 개입되지만 그 영향의 범위는 가늠하기 어렵다. 단순한 상호작용체계에서는 더 추상적인 구조를 획득하고 환계를 독자적으로 개념화할 수 있는 기회가 거의 없다.[74] 본질적으로 추상화작용은 조직이 담당한다. 그러므로 체계의 구조와 역사의 구분가능성 및 체계의 자기조종능력에서와 마찬가지로 체계와 환계의 독립적인 가변성의 창출에 관해서도 조직은 혁신에 유리한 체계형태인 것 같다. 그래서 전체사회에서 하위체계의 조직화 정도가 법변경에 대한 수용능력을 규정하는 가장 중요한 인자라고 결론지을 수 있다.

이상의 고찰이 근거하고 있는 시각을 다시 확실하게 요약해두고자 한다. 고도로 분화한 사회의 법구성체에 대한 개입은 대개 단기능적으로 계획된 특정한 것인데, 이러한 개입은 원초적인 상호작용의 단순한 모형에 따라 기대와 충족 또는 명령과 복종으로 파악될 수는 없다. 그것은 다양한 체계/환계의 관계를 많이 포함하고 있는 분화된 체계와 만나게 되고 가지각색으로 분화된 영향선을 작동하게 한다. 개별체계의 특정한 행동모형을 변경하려는 시도가 성공적인 경우 그것은 그 체계의 안에 조절운동을 일으키고 또 그 쌍방이 함께 다른 체계의 환계를 변화하게 한

---

sociologie, 1970, S.277~293은 법사회학적 연구에서 이 사고방식을 받아들여 도덕적 엄격주의와 관용과의 구별을 예컨대 교육, 계층귀속성 등의 다른 변수와 상관시키려 하고 있다.

74) 추상화작용은 이러한 종류의 체계에서는 주로 회합이 일단 중단되고 해산한 후 참가자와 체계 사이에 새로운 관련이 생겨 재개되는 경우에 일어난다. 그러한 중단은 체계의 동일성, 회합의 이유, 장소, 시간, 주제, 참가자 등을 의식적으로 명확하게 하는 계기를 마련한다. 그러나 그 경우도 필요한 추상화작용은 비교적 미미한 수준에 그친다.

다. 따라서 법변경은 한편으로 경우마다 다른 일정한 수신인의 관점에서 동기문제이고, 다른 한편으로 다른 체계의 환계에 대한 작용으로서 흡수 문제이다. 체계가 구조변경으로 동기화될 수 있는 것은 다른 체계의 환계자료로서 새로운 행동전제가 그 체계와 연결되어 성공적인 상호작용 모형이 될 때뿐이기 때문에 양쪽의 문제가 한꺼번에 해결되어야 비로소 잘 해결된 것이라고 생각할 수 있다.[75] 예컨대 기업의 야간근무는 그것에 따라 가족생활을 조정할 수 있는 경우에만 가능하며, 대학의 결정과정의 민주화는 대학 내에서 건강보험이 적용될 때에만 가능하고, 인종평등은 그것에 따라 노동시장 및 근린 주민관계가 조정될 수 있는 경우에만 가능하고, 범죄행위나 위법행위 시 장병의 명령거부는 그것에 따라 군대의 권위구조가 조정될 때에만 가능하다.[76] 눈사태와 같이 부풀어 오르는 파급문제를 해결하지 않고서는 모든 것이 이러하다. 여기에서는 그러기 위해 단지 약간의 문제설정을 묘사한 데에 지나지 않지만 새로운 법의 현실화기회에 관한 더 정밀한 분석을 위해서는 체계/환계의 지시관계가 많이 사용되어야 한다. 그러기 위해 추상적·논리적인 기술이 이용가능할 때까지는 이러한 분석은 윤곽이 확실한 비교적 구체적인 정황을 고수해야만 하고 그 분석을 위한 개념은 예측수단으로서가 아니라 의미발견적 수단으로서만 사용할 수 있을 것이다.

요컨대 법에 의해 생긴 변경에 대한 사회의 수용능력은 사회체계에서

---

75) 이 견해는 특히 조직사회학에서 재교육이라든가 개개의 공동작업자에 의한 새로운 방법의 도입이라든가 같은 힘든 시도로부터 이끌어낸 것이다. 조직화된 사회체계 자체는 새로운 행위의 도입에 의해서는 변하지 않는 것이고, 역할의 맥락이 기대, 반대 기대, 기대의 기대에 의해 변경되는 것에 의해서 비로소 변하는 것이다. 예컨대 Robert L. Kahn/Donald M. Wolfe/Robert P. Quinn/Diedrick J. Snoek, *Organizational Stress. Studies in Role Conflict and Ambiguity*, New York/London/Sydney, 1964 참조.

76) 이 점에 대해 홀거 로스텍(Holger Rosteck)이 경험적 조사에 의거한 연구 발표를 준비 중이다.

상호의존관계가 너무 높아서는 안 된다는 점에 달려 있다고 할 것이다. 모든 것이 모든 것에 의존하고 있다면 특정한 개입을 통해 특정한 효과를 산출하는 것은 거의 불가능할 것이다. 이러한 개입이 상호의존관계를 단절하는 형식으로 파악된다면 앞에서 논한 실로 다종다양한 사태는 하나의 공통분모로 환원할 수 있다. 이러한 형식에 의해 법변경의 행위에서 너무 많은 것이 동시에 생각되고 실현되어야 한다는 것이 저지된다. 한편 점점 더 복잡해지고 기능적으로 분화되는 사회는 동시에 개별 기능권역(圈域)과 부분체계 사이의 상호관계가 강화된다. 독립성과 의존성이 함께 서로 증대함에 따라 결합문제는 체계조종의 더 높은 수준에서 발생한다. 이 문제는 임의적으로 해결되는 것이 아니고, 더구나 '지배'에 의해서는 전혀 해결되지 않는다. 여기에서 법의 범주적 장치와 그 조종개념에 대해 의문이 제기되고, 특히 법개념이 불가피하게 높은 사회적 상호의존관계를 반영하고 결정과정으로 전환할 수 있는가, 또 그것이 어떻게 가능할 수 있는가라는 핵심적인 의문이 제기된다.

2. 범주적 구조

사회관계만 그 변화에 자극인 동시에 장애물이 되는 것은 아니다. 법소재(法素材) 자체에도, 즉 의미내용이나 정식화된 법명제 그리고 반복할 수 있는 결정을 위해 법을 보관하는 말씀론적 개념에 대해서도 동일하게 말할 수 있다.[77] 법소재는 진화적 기제라는 맥락에서 무엇보다도 안정화기능을 하고 있다. 그렇지만 변동, 선택, 안정화의 기제는 상호의존적으로 기능한다. 그래서 안정된 구조는 스스로 변할 수 있는 것에 대

---

77) 특히 Eugen Huber, *Recht und Rechtsverwirklichung. Probleme der Gesetzgebung und der Rechtsphilosophie*, Basel, 1921, S.319 ff.가 이러한 관점에서 "현재의 폭력을 갖추고 있는" 현행법을 "입법의 실재"로 논하고 있다.

해 항상 선택적으로 작용한다. 결정절차는 이 효과를 중개한다.

기존의 법구성요소로 변화의 조종을 더 엄밀하게 평가할 수 있기 위해 우리는 하나의 중요한 구별을 해야 한다. 혁신적인 또는 혁신 저지적인 효과는 전체사회의 과정을 고정하는 구조로서 변화를 초래하거나 저지하는 법에서 **직접** 생길 수 있다. 그것과 완전히 다르기는 하지만 전체사회의 변화가 **법변경**에 의해 매개될 수도 있다. 이러한 복잡함은 피할 수 없는데, 우리가 전체사회구조를 법과 동일시할 수 없으므로 법의 편에서 변경/불변경과 사회구조의 총체적 측면에서 변경/불변경을 구별해야 하며, 그 결과 법의 불변경이 다른 사회구조의 변화에 대응할 수 있거나 그 반대의 관계가 있을 수 있기 때문이다.[78] 거기에 덧붙여서 각 구조의 변경가능성과 변경불가능성은 상호 관련되어 있다. 왜냐하면 변경은 변경되지 않는 것이 고수되는 형식에 따라 좌우되기 때문이다. 문제는 한편으로 그때그때 변경되지 않는 법이 고수되는 형식이 어떠한 것일까 하는 것이고, 다른 한편으로 이러한 형식이 사회적 구조의 변경이나 불변경에 대해 직접 또는 법변경을 거쳐 어떠한 영향을 미칠까 하는 것이다. 이러한 가능성은 다음과 같은 표로 나타낼 수 있다. 이러한 추상적-도식적인 표현은 개관과 개념 설정에 도움이 될 것이다.

이하에서는 그 구체적인 의미를 근대법의 역사적 발전에 비추어 몇몇 예를 통해서 더욱 명확하게 해보자.

근대의 법역사를 되돌아보았을 때 공업화가 진행된 시대의 법기반은 신분적·지역적 교류장벽의 철거와 같이 사회적으로 의식된 약간의 이행조치와 헌정(憲政)개혁의 영역을 제외하면 체계상태의 입법적 계획이라는 방식으로 이루어진 것이 아니라는 것을 알 수 있다. 오히려 아

---

78) 이러한 입장이 오늘날에는 널리 받아들여지고 있는 것(거기서 나오는 복잡한 귀결이 철저하게 고찰되고 있는 것은 아니지만)은 이미 이 책 492쪽 각주 2에서 약간의 문헌을 들었다.

사회(Gesellschaft)			
		변경(Änderung)	불변경(Nichtänderung)
법 (Recht)	변경 (Änderung)	실정법	편찬(Kodification)
	불변경 (Nichtänderung)	법규범의 기능변동 (Funktionswandel der Rechtsnormen)	경직상태(starre Zustände) 경미한 분화 (geringe Ausdifferenzierung)

주 중요한 성과는 말씀론적인 추상화의 방법으로 성립되었고 강화된 것이다. 이러한 말씀론적 성과는 새로운 전체 사회구조의 구성요소로서 그 지위와 유효성을 입법적 변경가능성에 근거를 두고 있는 것이 아니라 오히려 추상화에 근거를 두고 있는 것이다. 사회적 매개변수의 변화에 그 구조를 적응시켜 대응할 수 있는 일정한 행동모형을 구상하고 규범화하는 것이 문제된 것이 아니다. 그러니까 '학습하는 법'(lernendes Recht)은 중요시되지 않았다. 오히려 말씀론적 성공은 비교적 비개연적인 사회적 관계, 심지어는 부당한 사회적 관계조차도 법으로서 주장되고 평가되며 또 안정화될 수 있었다는 점에 기인한다. 말씀론적 추상화는 사회에 더 높은 복잡성 및 가변성과 더 비개연적인 제도를 허용하고 이러한 성과에 추상적인 권원(權原)을 부여하였다. 추상화는 그것의 재특정화가 법기제에 의해 동시에 계획되지 않고 그 자체로서 요구되며 또 이성적인 것으로 생각되었다.

이에 대한 첫 번째의 실례는 계약원리의 추상화에서 발견할 수 있다. 이것은 일정한 예외적인 유보조건을 두면서 의사표시의 단순한 합치에 구속력을 부여하는 것이고, 또 당사자능력이 있는 사람과 계약내용에 관해서 가능한 최대의 보편성을 이러한 원리에 정립하는 것이다. 이에 의해서 계약은 법적 형상임에도 내적 정의(內的正義)의 요청에서 벗어날

수 있게 되었다. 그래서 계약법은 계약정의를 보증할 수 없게 된다. 그렇
지만 계약법이 보장하는 것은 법체계와 경제체계의 호환성이고, 이것이야
말로 계약법에서 중요한 점이다. 경제체계는 법체계와 분리되어 가격의
변동성에 의해 스스로 조종되는 것이다.[79] 계약의 체결과 불체결에 대한
결정은 더 높은 체계수준에 미치는 결과를 고려하지 않고 이루어질 수
있다. 그래서 가능하고 상황에 적절한 동기가 마음대로 이용될 수 있다
(그동안 잘 알려진 바와 같이 그렇다고 해서 그 결정이 반드시 '자유로
운' 것이라고는 할 수 없다). 이렇게 해서 우리는 전체 체계의 필요한 유
연성이 법적으로 차단됨이 없이 상품과 노동을 구속적으로 (미래를 향
하여 구속적으로) 처분할 수 있게 된다. 그렇지만 법은 더 다양하게 있을
수 있는 경제상황과 합치할 수 있게 된다. 근대사회의 구조적 문제는 법
규범의 변동이 아니라 경제상황의 변동에 의해 해결된다. 적어도 사람들
은 그렇게 생각한 것이었다.[80]

그렇지만 계약이 '유효하다'는 것은 의사의 자유 때문은 아니다. 그
래서 계약원리의 구조적 추상성이 사적의사자치(私的意思自治)에 대
한 비판 때문에 반드시 무너지는 것은 아니다. 그 추상성은 계획된 법 안
에도 가져올 수 있다. 사실 드기욤(Deguillem)이 "법률과 계약과의 협동"
(collabooration··· de la loi et du contrat)이라고 적절하게 명명했던 것이
이미 광범위하게 나타나고 있다.[81] 법률은 일정한 조건 아래에서만 이
용할 수 있거나 합의되지 않은 부수적인 결과를 붙이는 경우 효력을 부

79) 이러한 관점에서 계약법의 역사에 대해서는 Emmanuel Gounot, *Le principe
de l'autonomie de la volonté en droit privé. Contribution à l'étude critique de
l'individualisme jurisdique*, Paris, 1912, 특히 S.43 ff. 참조.

80) 이러한 관념에 대해 오늘날 일반적으로 이루어지고 있는 수정에 대한 개관은
Wolfgang Friedman, *Recht und Sozialer Wandel*, Frankfurt, 1969, S.99 f. 참조.

81) Henri Deguillem, *La socialisation du contract. Etude de sociologie
juridique*(Dissertation), Paris, 1944, S.27 참조.

여하는 규율형식으로서 계약, 예컨대 근로계약 또는 임대차계약을 이용한다. 그리고 법률은 계약체결자유에 형식적으로 간섭하지 않고 법정책적 목표설정이라는 규준에 따라 계약형식의 적용환경을 바꿀 수 있다. 그렇게 되면 계약에 의해 달성될 효과는 밀봉된 포장물처럼 당사자에게 오직 동등하게 이용할 수 있게 된다. 입법자가 다른 효과를 원할 경우, 또는 아무도 포장을 뜯지 않고서는 그것을 얻을 수 없다는 경험을 하도록 해야 하는(요컨대 배우게 해야 하는) 경우 그 조건은 변경된다. 제정법 아래에서도 계약은 거래서식을 통해 "정식화된 조건의 발생을 위한 기동기제(起動機制)"[82]로 이용될 수 있다.

또 하나의 예를 제공해주는 것이 사법이나 공법에 있는 권리라는 법제도이다.[83] 이 법제도에서 주목되는 것은 순전히 비대칭적인 관계가 평형과 호혜성을 위한 배려 없이 법으로 정립된다는 것이다. 여기에서도 개별법제도의 내적 정의가 도외시되고 있다. 일방의 권리는 상대방의 의무에 부합해야 하지만 그것이 상응하는 대응의무를 가지는 대응권리를 의미하는 것은 아니다.[84] 물론 호혜성이 배제되지는 않는다. 권리가 더 복잡한 법형상으로 통합될 수도 있지만 이것은 법적 타당성을 구성하지 않는 본질적인 더 높은 질서와의 조합이다. 그러므로 법으로서 법이 가진 성격은 여기서도 정의에 대한 고려 없이 수여되는 것이다. 이러한 추상화는 법제도를 유형적으로 확정적이고 호혜적인 이익상황과 무관하

---

82) 이것은 Winfried Brohm, *Struktuen der Wirtschaftsverwaltung. Organisationsformen und Gestaltungsmöglichkeiten im Wirtschaftsverwaltungsrecht*, Stuttgart, 1969, S.20이 정식화한 것이다.

83) 이에 대해 더 상세한 것으로는 Niklas Luhmann, "Zur Funktion der 'subjektiven Rechte'", *Jahrbuch für Rechtssoziologie und Rechtstheorie* 1, 1970, S.321~330 참조.

84) Alvin W. Gouldner, "The Norm of Reciprocity", *American Sociological Review* 24, 1960, S.161~178의 표현에 의하면 관계는 상호보완성을 보장하지만 호혜성을 보장하지 않는다. 여기에서 모델의 인공성을 사회학적으로도 알 수 있다.

게 만들어 이것을 더 다양하게 적용될 수 있도록 하고 더 추상적으로 만들며 (평형상태의 계속과 무관하게) 보장할 수 있게 한다. 그래서 법제도는 사회의 더 높은 복잡성과 가변성에 호환할 수 있게 된다. 반면에 동기부여 및 권리와 의무 사이의 균형이란 우회로를 통해서 전달되지 않고 체계구조에 의해 확보되어야 한다. 이것은 하나의 과제이다. 그러나 이러한 과제는 자유주의적인 사상에서는 간과되고, 이것을 위한 분석도구와 법기술적 도구도 형성되어 있지 않다.[85]

우리에게 마지막 예를 제공해주는 것이 자유의 원리나 **평등**의 원리를 사용하는 기본권이다. 이것도 말씀론적 추상화이다. 이 추상화는 전통적으로 이미 존재하고 있던 사상에서 출현했고 근대에서 급진화되어 이제 더 이상 가능한 실체를 가리키지 않을 정도로 중요하게 되었다. 이와 같이 보편적이고 철저한 의미에서 자유와 평등은 사회학적으로 보면 있을 것 같지 않은 내용이다. 그래서 자유와 평등을 법원리로서 규범화하는 것은 통상적인 것을 예외적인 것으로 전환해 자유와 평등의 제한으로서 모든 질서에 대해 근거를 대도록 강제하고 있다. 그렇지만 근거짓는 것 자체가 충분히 사전에 구조화되지는 않는다. 그 범위 내에서 체계계획의 도구가 결여되어 있다.

과잉(過剩)과 탈정상화(脫正常化)의 역설에 관한 기능에 주목해 보면 이러한 기능과 전체사회체계의 기능적 분화와 연관관계가 눈에 들어온다. 이러한 기능적 분화는 자연적인 또는 바람직한 현실에 대한 기술(記述)로서 공통의 신념을 해체하지만 규범의 근거에 대한 물음이 갖는

---

85) 그 결과의 하나로 금세기의 법말씀은 권리를 다시 해체하는 방향으로 움직이고 있다. 즉 복잡하고 더 구체적인 의무, 고려, 이익형량, '소유권은 의무를 부과한다'는 의미에서 가치 구속 등의 재도입을 지향하고 있다. 그러나 더 추상적인 질서형상 사이의 균형을 취하는 문제가 그것에 의해 해결될 수 있는 것이 아니라 단지 그 문제의 지향점을 세울 수 있는 추상차원이 포기될 뿐이다.

형식적인 성격, 즉 각각의 특정기능에 대해 부자유와 불평등을 정당화하는 이유를 제시하라는 요구의 근거에 대해 물음이 갖는 형식적 성격은 그러한 신념에 그대로 남아 있다. 법의 본래적인 과제는 기능적 근거의 제시라는 요청 아래서 판정하는 것인데 이러한 과제를 위한 방향설정, 즉 기준을 얻을 수 있는 범주적 구조가 말씀론에는 아직 빠져 있다. 이 과제는 기본적으로 재판에 맡기고 있지만 그 재판은 자유와 평등의 원칙으로부터의 예외를 시인해주는 반대의 가치, 법익, 보호이익을 채용해서 임시변통하고 있다. 이렇게 해서 그 자체로 합리적인 형량기회주의에 이르게 되나 자칫 옳은 결정의 결의론(Kasuistik)으로 굳어진다.

위에서 든 예는 법을 적용하는 결정과정의 오랜 전통 속에서 만들어져 순화되고 때때로 입법에 의해 체계화되어온 수많은 표상적이고 가치적인 추상을 대표하는 것이다. 발생적으로 이들은 사회적 실천을 위해 승인된 필요와 직접적으로 관련된 것이지만 머지않아 개념적 추상과 고유논리에 의해 범주적 형식을 발전시키고, 이러한 범주적 형식은 더 이상 일정한 필요와 완전한 대응적 상호관계를 이루고 있지 않다. 그러므로 추상성은 사전에 예견되지 않았던 상황에 대한 준거를 얻게 하고, 새로운 동기의 연계와 확보를 가능케 하여 복제한 무용교본조차 없지만 마르크스의 표현을 빌리면 화석화된 관계를 춤추게 한다. 그것과 동시에 레너가 소유권의 경우에 대해 고전적으로 기술하였듯이 그 고정성은 어떻든 제어하기 힘든 '기능변동'(機能變動)[86]을 초래하고 있다. 이러한 종류의 말씀론적 형상이 고정적인 개념으로서, 말하자면 가능한 결정과정의 하부통로로서 새로운 법률에 삽입될 수 있다. 그 결과 '소유권자'는 어떠한 것을 배려해야 한다든가, '행정행위'는 취소할 수 있다든가,

---

86) Karl Renner, *Die Rechtsinstitute des Privatrechts und ihre soziale Funktion*, Neudruck/Stuttgart, 1965(초판은 1904).

개정은 '기득권를 해치지 않는 범위에서' 실현된다든가 하는 표현이 사용되어 그러한 조항이 법을 적용하는 결정과정에서 의미있게 될 것이라고 신뢰하게 된다.

그렇지만 이렇게 해서도 사회적 변화의 법정책적 계획이라는 관점에서 정식화할 수 있는 많은 물음은 아직 답을 듣지 못한 채로 있다. 특히 법말씀론적 개념은 계획과제의 분석과 '인자화'(因子化)에 거의 기여하지 못한다.[87] 기존의 말씀론에 상응하는 추상화차원에서 법이론적 계획 도구를 만들려는 단초조차 인식할 수 없다. 기껏해야 비교법학자가 말씀론적 형상을 (그러나 사회적 관계는 아니다) 춤추게 하는 기능적 문제의식을 전개하는 데 불과하다.[88]

다른 한 가지의 규범화양식은 의식적이고 잠정적인 것으로서 변경될 수 있는 관계에 의식적으로 투입되어 그 관계와 함께 변경될 수 있는 것이다. 이것은 특히 제1차 세계대전 이후 경제적 관계와 사회적 관계에 대한 정치적 책임이 증대되어 발전한 것이다. 여기에는 학습하는 법과

---

87) 고전적인 목적/수단의 분석 영역에서도 사정은 이것보다 그다지 좋다고 말할 수 없다. 그래도 거기에는 명확한 문제의식이 있고 또 더 복잡한 체계모델을 적용하려는 준비를 볼 수 있다. 예컨대 James G. March/Herbert A. Simon, *Organizations*, New York/London, 1958, 특히 S.191 ff.; Niklas Luhmann, *Zweckbegriff und Systemrationalität. Über die Funktion von Zwecken in sozialen Systemen*, Tübingen, 1968 참조.

88) 가장 상세한 것으로 Josef Esser, *Grundsatz und Norm in der richterlichen Fortbildung des Privatrechts*, Tübingen, 1956 참조. 사회학적 문제설정, 비교법과 법정책의 연관에 대한 원리적인 정식화의 시도는 자주 볼 수 있지만 그것이 완성되기까지는 아직 많이 이루어져야 할 것이 있다. Ulrich Drobnig, "Rechtsvergleichung und Rechtssoziologie", *Zeitschrift für ausländisches und internationales Privatrechts* 18, 1953, S.295~309; Spiros Simitis, "Die Informationskrise des internationalen Rechts und die Datenverarbeitung", *Zeitschrift für Rechtsvergleichung* 9, 1969, S.276~298 참조. 후자에 더 많은 참고문헌이 포함되어 있다.

같은 것이 있지만 개념적 전개가 아주 구체적이고 목적연관적이며 이익 밀착적인 수준으로 이루어지고 있어 이른바 구조변화라는 것이 계획될 수 없다. 여기서 이미 언급한 경향, 즉 될 수 있는 한 결핍 신고나 기능 장애에 대처하여 그에 따라 특별히 계획된 입법조치로서 예컨대 금전보상, 배당제한, 행위금지, 신고의무, 여러 가지로 변하는 조건이 붙어 있는 허가유보 등을 통해 구체적으로 적용을 실행하는 경향이 나온다. 제프리 소어(Geoffrey Sawer, 1910-1996)가 기술했듯이[89] "법의 발전은 루돌 프 폰 예링(Rudolf von Jhering, 1818-1892)과 프랑수아 제니(François Gény, 1861-1959)가 항의한 것처럼 범례화와 형식적인 단순화 및 그것과 연결된 경직화의 방향으로 진행되고 있는 것이 아니라 조직화한 개념 없이 복잡성과 특정화라는 방향으로 진행되고 있는 것이다. 입법자의 관점에서 보면 이것은 사회 자체가 지극히 복잡하고 구조적으로 유동화되고 있기 때문에 사회상황에 대한 준칙의 적용을 용이하게 하는 것이다. 실무가에게 이것이 가져다주는 것은 더 넓은 사회의식을 위태롭게 하는 극단적인 전문화, 또는 그렇지 않으면 사회적 맥락을 이해하려는 노력 없이 협소한 기록적 맥락을 참조해 조각조각 덧붙여서 얻어진 사전적 의미에 의존하는 태도이다."

오늘날의 실정법, 특히 공법의 현저한 참상은 상황마다 절차에 따라 만들어져 개관할 수 없는 더미로 쌓인 거대한 규범덩어리가 서로 아무런 연관이 없고, 게다가 이러한 현상태에 대처하는 적절한 사상적 처리수단이 개발되어 있지 않다는 데 있다. 그래서 복잡성은 불확정성을 잃고 법적 규제와 사회적 형성의 무수한 다른 가능성에 실제로 접근할 수 없게 되었다. 염려의 원인은 일관성의 문제라기보다는 법적으로 근거지어진 기대가 서로 방해되고 서로 저지할 수 있다는 위험이다. 물론 이러

---

89) Geoffrey Sawer, *Law in Society*, Oxford, 1965, S.209 참조.

한 위험은 발생하지만 대개는 기능장애로서 인식되거나 결정에 의해 제거될 수 있다. 이에 대해서는 거의 직접적으로 분명하지 않은 만큼 법의 처분가능성에 대한 위험이 훨씬 더 중대하다. 법의 처분 가능성은 법의 실정성에 내장되어 있지만 곧바로 그 자체에서 생기지는 않는다.

그 외에 더욱 분명해지는 것은 계획, 특히 발전계획이 복잡하고 다변적이며 궁색하게 조립된 모델을 지향한다는 것이다. 이러한 모델에서는 기존의 법소재가 다양하고 산만하게 되어 어떤 때는 직접적으로, 어떤 때는 간접적으로 언급된다. 게다가 이러한 종류의 계획조차 법변경의 기구와 통합될 수도 없다. 계획의 관점에서는 그때그때 수많은 법률이 다소간 충분히 상세한 변경이 필요할 것이지만 이러한 변경이 그 수와 사정범위에 따라 조정되고 개별법률의 전체 맥락에서 형량되면서 충분히 신속하게 실현될 수는 없게 된다. 그래서 프리도 바거너(Frido Wagener)가 기술했듯이 법률과 병행해 '법률대체물'로서[90] 계획이 형성된다. 이러한 계획은 정합적으로 범례화된 기대로서 법과 유사한 방향을 취하고, 특히 보장성과 예측가능성이 있지만 사법화(司法化)될 수 없다. 그러한 상황에서 여전히 관철되야 할 질서정책적인 의도는 더 이상 법률로써 정해지지 않거나 표현조차 되지 않아 오히려 방해되고 숙고된 입법의도나 계획입안자의 본래 의도와도 맞지 않은 탈출로 또는 우회로로 몰리게 된다.[91]

---

90) Frido Wagener, "Von der Raumplanung zur Entwicklungsplanung", *Deutsches Verwaltungsblatt* 85, 1970, S.93~98(97) 참조.

91) 이러한 관점에서 Fritz Scharpf, *Die politischen Kosten des Rechtsstaates*, Tübingen, 1970은 더 많은 세부사항을 행정적 규제에 위임하고 있는 미국의 비교적 소극적인 입법실무를 더 선호한다는 증거를 제공하고 있다. 다른 한편으로 중앙집권적 법적 규제에 따른 법기술적 곤란을 경시하고 있는 Theodore J. Lowi, *The End of Liberalism. Ideology, Policy and the Crisis of Public Authority*, New York, 1969 참조.

이에 따라 바람직하지 않고 가치적으로 정당화될 수 없으며 법의 정당화에 아무런 기여도 하지 못하는 현상은 확산되어간다. 그렇지만 법의 혼돈상태는 혁신을 차단하지 못한다. 오히려 그 반대이다! 주어진 규정을 기초로 하여 어떻든 구체적으로 떠오르는 대안, 즉 '현상'(status quo)의 수정안이 활성화될 수 있다. 문제해결방법을 교체하는 선회점은 이미 법적으로 생각된 문제점에 있는 것이 아니라 정치적으로 강행할 수 있는 현실적인 이익에 있는 것이 특징적이다. 그러한 관점은 '이익법학'(Interessenjurisprudenz)을 위한 온갖 노력에도 충분하게 법말씀론(Rechtsdogmatik)에 담지 못했고, 무엇보다도 충분히 범례화될 수 없었다. 그래서 '사회학적 법학'(soziologische Jurisprudenz)도 사회학으로부터 거의 지지를 얻을 수 없다. 사회학적 분석에 따라 오히려 범주적인 조종수단에 사실상의 결손 부분이 생길 뿐이다. 그리고 이러한 결손 부분이 채워진다고 해도 그것은 훨씬 추상적·법이론적 개념상태에서만 가능한 것이다.

오늘날 법의 이용 가능한 범주적 형태 중에서 법의 내용적인 복잡성의 증대는 두 방향으로 실행된다. 결정에서 수의 증대와 다양성(가변성)의 증대가 그것이다. 복잡성이 갖는 또 하나의 차원이 결정의 상호의존성이다. 이것은 대체로 변하지 않고 낮은 수준으로 남아 있다.[92] 이것은 말씀론 내부의 온갖 '체계화노력'에도 불구하고 일부가 변하면 다른 부분도 변하지 않으면 안 된다는 형태로 서로 의존하고 있는 결정이 상대적으로 거의 없다는 것을 의미한다. 법의 상호의존성이 아주 미미하다는

---

92) 이 세 가지의 차원에서 복잡성을 받아들이는 것은 아직 공간되지 않은 세미나 보고서인 Todd R. La Porte, *Organized Social Complexity. An Introduction and Explication*, Ms, 1969에 따른 것이다. 이것보다 약간 복잡한 방식으로는 Andrew S. Mcfarland, *Power and Leadership in Pluralist System*, Stanford CA., 1969, S.16 참조.

것은 법학자의 온갖 단언에 반하지만 이것은 복잡성이 증대하는 경우, 말하자면 문제의 상쇄로서 기여했다. 결정들이 어떻게 서로 관련되어 있는가를 문제삼지 않는 한 부단한 결정부담에도 더 다양한 결정을 내릴 수 있을 것이다.[93] 점점 더 복잡해지는 사회로써 법체계를 묶는 것은 법으로 법을 묶는 것이 사후적으로 실현되지 않기 때문에 지속될 수 있었던 것이다. 그러나 이와 같은 회피에 의해 법은 점점 고도로 상호의존적인 사회관계를 적절히 반영할 수 없고 하물며 그러한 사회관계를 계획적으로 그린다는 것은 더더욱 불가능하다. 그러나 오늘날의 계획이론과 계획기술에서는 그것이 중요하다.[94] 이러한 상황에서 법과 사회계획 사이에 괴리가 생겨 어떻게 연결될 수 있을지 당장은 예측할 수 없다.

3. 세계사회의 법적 문제

우리는 헤아릴 수 없이 중요한 의의를 갖는 하나의 문제권역을 위해 한 절을 할애해두었다. 그것은 한편으로 하나의 거대한 통일체를 추구하는 전체사회체계와, 다른 한편으로 영토적 사법관할 내에서 발효된 실정법과의 괴리가 증대한다는 문제이다. 광대한 사회체계는 사실상 사람들 사이의 모든 관계를 포함하는 통일적 세계사회(Weltgesellschaft)로 성장하고 있다. 그러나 세계의 정치적 통일은 이러한 발전을 따르지 못하

---

93) 이 점에 대한 상세한 것으로는 Niklas Luhmann, "Systemtheoretische Beiträge zur Rechtstheorie", *Jahrbuch für Rechtssoziologie und Rechtstheorie* 2, 1972(im Duck) 참조(원서에는 수정되지 않은 채 아직 '인쇄 중'이라고 되어 있으나 위 논문은 이 책 제4장 각주 86의 것과 동일한 것으로서 *Jahrbuch für Rechtssoziologie und Rechtstheorie* II, 1980, S.255~276에 게재되었음──옮긴이).

94) Fritz W. Scharpf, "Komplexität als Schranke der Politischen Planung", *Referat auf der Jahresversammlung der Deutschen Vereinigung für Poltische Wissenschaft*, Mannheim, Ms, 1971.

고 있다. 법형성은 여전히 국지적 정치체계에 맡겨져 그 결정절차에 의해 조종되고 있다. 그래서 세계사회의 수준에서만 해결될 수 있는 문제가 그 정치적 부분체계에서 더 이상 문제화되지 않거나 단지 국지적 시야에서만 문제화되어 더 이상 법의 형태로 해결될 수 없는 상황이 개진되고 있다. 아래에서는 이러한 사태에 대해 논하고자 한다.

하나의 세계사회가 다수의 중요한 관점에서 이미 형성되었다는 점이 간과되고 있으며, 일반적으로 사회학자들 사이에서조차 사회개념에 관한 고전적인 표현을 통해서는 시선이 정치체계에만 고정되어 사회의 정치적 통합을 필요불가결한 것으로 생각하기 때문에 오늘날 대다수의 사회에 관해 사실 더 이상 이야기할 수 없다는 점이 간과되고 있다.[95] 그럼에도 지구 위에서 진행되고 있는 상호연관의 사실은 명백하다. 주기적인 예외와 지역적인 예외가 있긴 하지만 사실상 보편적인 의사소통가능성과 보편적인 세계평화가 이룩되고 있다. 총체적인 세계사가 성립한다. 전 인류가 공멸하는 것도 가능해졌다. 경제적 교류는 지구의 모든 부분을 서로 연결해 세계적인 비교가능성이 경제적 계산으로 받아들여지고 거기에 따른 상호의존관계는 기능장애나 위기도 전파한다. 정치적인 사건이나 기타 뉴스는 보편적으로 보도되고 판단되며, 이에 종사하고 있는

---

95) 사회의 개념을 세계적인 사회적 현실 전체에 적용하는 데 망설이는 태도를 가리키는 몇몇 예로서는 Kenneth S. Carlston, *Law and Organization in World Society*, Urbana/Ill., 1962(그 제목에도 불구하고 S.66 참조); Wilbert E. Moore, "Global Sociology. The World as a Singular System", *The American Journal of Sociology* 71, 1966, S.475~483; Herbert J. Spiro, *World Politics. The Global System*, Homewood/Ill., 1966; Leon Mayhew, "Society", *Encyclopedia of Social Science*, Bd. 14, 1968, S.577~586(585); Amitai Etzioni, *The Active Society. A Theory of Societal and Political Process*, New York, 1968; Talcott Parsons, *The System of Modern Societies*, Englewood Cliffs/N. J., 1971의 제목! 그리고 명시적으로 S.1 참조. 더 오래된 문헌에서도 세계사회라는 말보다는 세계제국 혹은 (유토피아적인 의미에서의) 세계국가라는 말이 사용되고 있다.

조직은 어떠한 주제가 어디에서 주목받아 반향을 불러일으키는지를 짐작할 수 있다. 적어도 도시에서나 지상교통로에서는 미지의 타인에 대해서도 전형적으로 기대할 수 있는 행동준칙이 형성되고 있다. 그리고 무엇보다도 학문과 기술은 가능성 지평, 함의, 실제적 급부로써 도처에서 승인이 기대되고 이용이 가능해지고 있다. 어디서나 전기는 전기로서, 화폐는 화폐로서, 사람은 사람으로서 받아들여지고 있다. 예외가 있지만 그것은 병리적이며 후진적이며 위험한 상태를 가리키는 징조이다. 이들 모든 분야에서 범세계적인 연관성이 급속하게 증대하고 있다 할 것이다. 이것은 정치권력에도 마찬가지이다. 적어도 강대국이 지구상 어딘가에서 일어나는 약소국들 사이의 세력관계의 변화를 무시하는 것은 더 이상 불가능해졌다. 이에 반해 정치적 결정산출과 정치적 합리성은 더 좁은 경계 내에 그대로 남아 있는 것 같다. 이것은 사회체계가 문명적으로 더 거대하고 높게 구성되었음에도 가족이 예전대로 남아 있었던 것과 마찬가지라고 할 것이다.

이와 같은 세계상태를 판단하는 데는 그것을 초래한 원인을 살펴보는 것이 중요하다. 그 원인은 전체사회체계가 기능적 분화로 이행했다는 데 있다. 종교, 경제, 교육, 연구, 정치, 친밀관계, 휴가여행, 대중매체 등이 발전해서 고도의 자립성을 획득함에 따라 이들은 종래 만인에게 공통적으로 타당한 영토적인 사회경계를 허물고 있다.[96] 그렇게 되면 각 부분체계는 전체사회 내에서 다른 부분체계와 경계를 안정화할 뿐만 아니라 특정기능의 더욱 추상적인 관점과 자기유지 그리고 자기전개라는 고유논리에서 그때그때의 다른 사회경계를 요청한다. 이러한 방향으로의 발

---

96) 내부분화의 진행을 수반해 체계가 환계에 대해 단일한 경계를 갖는 것이 문제라는 통찰은 과거 사회학적 사고의 유산이다. Georg Simmel, *Über soziale Differenzierung*, Leipzig, 1890; Guillaume de Greff, *La structure générale des sociétés*, 3 Bde., Brüssel/Paris, 1908 특히 Bd. 2, S.245 ff., 299 ff. 참조.

전은 이미 고전시대의 고등문화에서 드러났던 것이고 종교적 · 정치적 관점에서 다양한 경계규정을 낳았다.[97) 근대사회에서 각 부분체계의 경계관심이 엇갈리는 것은 정상적인 것이다. 달리 말하면 부분체계와 전체사회의 외부경계가 동일할 것이 요청된다면 그것은 순전히 우연이다. 정치행위에서 학문연구로, 경제계획에서 교육행위나 좋은 친구들 사이의 휴가로 넘어갈 때 전체사회의 경계가 동일하게 유지된다는 것은 지역사회 내에서조차 더 이상 상상할 수 없다. 왜냐하면 영역적 경계가 이들 모든 활동에서 사람들을 배제하는 데 부적합하기 때문이다. 더욱이 이들 부분체계 중 적어도 하나, 즉 학문이 보편적인 간주관성(間主觀性)을 고유한 구조원리와 능률규준으로서 받아들이고 있다는 것을 덧붙이면 영역적인 사회경계는 이제 존재할 수 없고 범세계적이 아닌 기껏해야 이웃 간의 접촉만 하던 서로 낯설게 대립하던 다수의 사회는 해체되었으며, 그리고 모든 기능의 총체는 바야흐로 전 지구적인 사회적 상호작용체계, 즉 세계사회에서 종합될 수 있다는 것이 확실해진다. 이러한 중요한 핵심을 다시 반복한다면 세계사회의 형성은 사회적 분화원리의 귀결이다. 더 정확히 말하면 이것은 이러한 분화원리가 성공적으로 안정화된 결과이다. 이에 반하여 과학적 · 경제적 · 기술적 발전과 법의 실정화는 독립인자가 아니라 같은 구조변화에 의해서 비로소 가능하게 된 것이다. 이러한 명제는 구조적 복잡성이 증대하는 때에는 체계규모가 더 이상 임의로 선택될 수 없고, 규모변동, 즉 규모의 증대나 축소는 적응양식으로서 고려되지 않으며, 구조적 유연성으로 대체되어야 한다는 일반적인

---

97) 이 점에 대해서는 Samuel Eisenstadt, "Religious Organizations and Political Process in Centralized Empires", *The Journal of Asian Studies* 21, 1962, S.271~294 참조. 여기에는 고대 대제국에서 종교와 정치에 각각의 준거집단이 성립하였다는 것을 분석하고 있다.

체계이론적 인식으로 요약되는 것이다.[98]

　오로지 전체사회만이 소여의 발전상태에서 여전히 가능한 이러한 대규모질서가 전사회적 수준에서 설정되고 해결될 수 있는 체계문제에 대해 의의를 갖는다. 여기에서 문제가 되는 것은 유럽적 사상전통의 고전적인 문제, 즉 평화와 정의, 생산과 분배라는 것이 아닌 것 같다. 그렇지만 이들 문제는 부분체계의 문제로서 여전히 중요하다. 이들 문제는 하나의 정치적·경제적 사회라는 전제 아래, 즉 전체사회의 발전이 정치적 또는 경제적 부분체계에 의해 이룩되고 촉진된다는 전제 아래 사회문제였던 것이다. 그러나 모든 사회가 하나의 세계사회로 총괄되자마자 이러한 문제점 위에 새로운 문제점이 중첩되어 나타난다. 이러한 총괄은 발전과정 오류의 경우 기회의 증가와 위험의 감축에서 지금까지의 모든 발전이 기초하던 사회적 형식과 가능성의 다원주의를 배제하고 있다.

　이러한 추세는 이미 원시사회에서 고등문화사회로 가는 행보 속에 나타났다.[99] 원초적인 상호작용 속에서 조성된 형식은 비교적 단순하고 무전제적인데, 이러한 형식의 광대한 실험장이 소수의 고등문화에 한정되었다. 이들 고등문화만이 추가적인 발전의 담당자가 될 수 있었고 이러한 가능성은 어느 정도 구조적 유연성과 내부적 가변성, 분화와 발전기제(변동, 선택, 안정화), 문화 사이의 혼화가 있었지만 그 다양성에 의해 현실화될 수 있었던 것이다. 그러나 유일한 세계사회의 형성에 의해 이러한 추세는 그 종착점에 이르렀다. 독립적인 가능성이 복수라는 것은 기회분산과 파멸 또는 퇴행에 대한 보장으로 생각되지 않는다. 장래의 모든 발전은 사회 내부의 구조와 기제, 특히 구조적 유연성, 높은 가변성, 분화와 발전기제 그리고 사회 내부에서 새로운 것의 내적 융합에 의존

---

98) 예컨대 Knut Erik Tranöy, *Wholes and Structure. An Attempt at a Philosophical Analysis*, Kopenhagen, 1959 참조.
99) 이 점에 대해서는 이 책 310쪽 이하 참조

하게 된다. 이러한 상황에서 우리는 학문적으로 근거 있는 발언을 정당
화하는 경험을 가지고 있지 않다. 이러한 세계사회가 새로운 종류의 것
이고 역사적으로 유례가 없는 것이지만 이러한 세계사회적 현상이 관련
경험을 가능하게 하는 범주 속에서 인식된다면 그것으로 이미 많이 것
을 성취한 것이 될 것이다.

전체적 발전의 불균형에서 발생하는 문제가 현재 특히 몇 가지 있는
것 같다. 가장 현저하게 부각되는 것이 지구상에 있는 각 지역 간의 상이
한 발전상태이다. 그것은 사회가 다양하기 때문이라는 이유로 오늘날 더
이상 정당화할 수 있는 것이 아니라 세계사회라는 테두리 내에서 역사
적으로 조건지어진 우연으로 나타나는 문제이다. 장기적으로 보면 더욱
더 문제가 되는 것은 기능적 분화에서 생기는 불균형, 즉 근대사회의 구
조원리와 연관되어서 우연으로 간주하여 배제해 버릴 수 없는 불균형이
다. 여기에 포함되는 것으로는 인구증가, 요구수준의 팽창, 파괴기술의
발달 등의 '폭발적인' 현상을 들 수 있다. 이러한 현상은 연구와 기술이
거기에 상응하는 생활형태와 제도의 발달을 훨씬 뛰어넘는 데서 발생하
고 있는 것이다. 이미 언급한 정치의 '후진성'도 이러한 현상의 하나이
다. 정치는 구속력 있는 결정의 산출이 하나의 영역적인 이익관점의 경
계 안에 고정되어 있고, 또 그렇게 하는 것이 신뢰와 합의의 전제인 것처
럼 생각되고 있다. 이미 정치적 국가주의(Nationalismus)가 정치적 전체
사회문제에 대해 현저한 간극이 생기도록 하는 방향으로 목표설정을 유
도했지만 민주주의가 결정에 대한 효과적인 참가라고 한다면 이러한 상
태가 민주주의라는 관념에서 어떻게 변할 수 있는지는 예측할 수 없다.

그러므로 정말로 정치가 특정 기능을 향해 편성되고 조직되어 있다면
그것은 다른 기능 영역의 범세계적인 요구와 현저하게 동떨어지게 된다.
의사소통이 가능하고 의견을 형성하기 위해서 정치적 주체가 가지고 있
는 지역성, 참가, 필요한 구체성은 서로 조건짓고 강화하고 일체가 되어

서 정치적 수단에 의해 세계사회의 구조적으로 조건지어진 문제를 해결하는 것을 실제 불가능하게 만든다. 정치가 그 자체로 분리되어 기능적으로 특화되면 그것은 결국 기능적 분화의 범세계적인 문제를 주제화할 수 없게 된다. 정치는 그러한 문제를 특수한 단편에서, 즉 이익에 맞는 관련성에만 지각하는 데 불과하고, 예견적이 아니라 반응적으로 결정하게 된다. 사회주의국가에서는 분화를 단지 분업이라 인정하고, 정치와 경제를 변증법적으로 통일해 하나의 조종체계로 융합하는 대안을 마련하였는데, 그러한 대안은 그 당연한 귀결로서 세계사회의 정치적 통일을 요구하는 것이다. 그러나 그러한 조건 아래 정치적 기제가 어떻게 기능하고 정당화할 수 있는 법을 만들어낼 수 있는지는 예측할 수 없을 것이다.

세계국가가 존재하지 않는 한, 세계사회의 체계에는 고대 유럽적 전통이 불가결한 것으로 생각해왔으며, 특히 파슨스가 오늘날 여전히 사회개념의 구성적 요소로 간주하고 있는 요소가 결여되어 있는 것이다. 그 요소는 행위능력 있는 사회적 몸체, 즉 '집합체'(Kollektivität)라는 특성이다.[100] '국가와 사회'의 구별(Unterscheidung)에는 이미 이러한 행위능력의 포기가 포함되어 있었다. 다만 19세기의 국가는 더 한층 행위능력을 갖춘 사회의 조직체로서 그래서 구성원 및 경계에 관하여 사회와 크기가 일치하는 것으로서 생각되었던 것이다. 이에 대해 바야흐로 전체사회체계의 수준에서 행위능력을 포기한다고 하는 것은 그것에 따른 귀책수단과 정당화수단을 포기하고 전체사회적인 행위의 선택을 가능케 하는 조직적인 구조를 포기한다는 것을 의미한다. 그 자리에는 사회의

---

100) 이 책 503쪽을 볼 것. 이러한 개념결정 때문에 파슨스는 세계사회라는 말 대신 글로벌한 '사회의 체계'(system of societies)라는 말을 사용할 수밖에 없고, 사회개념을 단순히 영역적으로 정의된 경계 내의 국민국가 차원에 고정시키지 않을 수 없다. 최근의 글로는 Ders., *The System of Modern Societies*, Englewood Cliffs/N. J., 1971 참조. 여기에 비판적인 것으로는 M. H. Lessnoff, "Parsons' System Problems", *The Sociological Review* 16, 1968, S.185~215(186, 207) 참조.

정치적 체계 속에 있는 구속력 있는 결정이 나타나고 있다. 여기에서는 하나의 '조직흠결' 또는 체계로서 성격의 미발달이 나타날 수 있다. 다른 한편으로 사회체계의 개방성과 구조적 불명확성에 중요한 발전조건이 있는 것 같다. 이것은 단지 여전히 하나의 전체사회가 존재할 뿐이라고 하는 사실의 위험에 대한 보상이다. 사회체계의 구조는 이제 '미약' (微弱)해야 하고 또 체계의 훨씬 많이 가능한 상태와 호환될 수 있어야 한다.

이러한 사회이론적 분석을 계속 진행하는 것은 법사회학의 몫이 아니다. 그러나 앞에서 시사한 문제설정에서 보면 이미 그러하고 또 현대의 커다란 문제를 법제화할 수 없다는 것이 분명하다는 점에서 다음과 같은 물음이 생긴다. 즉 법과 정치는 다른 어떤 구조보다도 체계의 행위능력을 많이 내포하고 있는데, 이들 양자가 일차적인 발전인자로 계속 남을 수 있는가, 또는 전체사회 발전의 위험담당자로 계속 머물러 있을 수 있는가, 또 이것이 어떻게 가능할 수 있는가에 관한 것이다.

사회와 법이 지금까지 발전해온 역사를 돌아보면 규범적 기제는 견딜 수 있는 불확실성을 범주화하는 동시에 확대해 위험스러운 비개연적인 성과를 안정화하는 것이 분명해 보인다. 그 기능은 한편으로 기대를 반(反)사실적으로 이끌어낼 수 있다는 가능성에 의거하는 동시에 다른 한편으로 불확정적인 사태를 조건적으로 결합할 수 있는 가능성에 의거하고 있었다. 기대할 수 없었던 것이 이렇게 해서 기대할 수 있는 것으로 될 수 있었다. 이에 대한 동인과 전제가 지역적인 전체사회의 정치적 문제를 개관할 수 있도록 했다. 이미 기대의 법적 규범성에는 잘못된 행동의 위험을 극복할 가능성과 동시에 문화적 혁신의 기회가 있다. 이 작용은 정치와 조합해서 현저하게 강화되고, 지극히 복잡하고 '부자연스러우며,' 진화적으로 비개연적인 기대구조를 구축하기 위해서 이용되던 것이다. 정치와 법은 최근까지 전체사회의 진화에서 가장 중요한 위험담당자였다. 고대유럽적 전통은 그 법적·정치적 사회개념에 의해 이러한 작용에 경의를 표시해왔다. 그렇지만 동시에 이 작용은 고도로 불확정적인 기대구조의 안정화를 견고한 정치체계에 매어 두었다. 법적·정치적 규범화의 작용능력은 과도하다고 말할 수 없을 때까지도 고도로 발전해 이러한 작용능력이 세계사회의 체계로 이행하는 데 장해가 되는 것처럼 여겨진다. 단순한 결정에 의해 학습의사가 없는 반사실적인 기대를 확립하는 것은 매우 위험스럽고 믿을 수 없는 전제가 많은 과정이기 때문에 새롭게 형성된 체계차원에서 그것을 착수하지 못할 것이다.

법전통 자체에는 물론이고 초국가적 법에 관한 개념적·말씀론적 관념에도 세계사회의 법은 준비되어 있지 않다. 로마의 실무와 연계해서 형성된 예전의 만민법(*ius gentium*)이 당초에는 단지 (불리한 지위에 놓여 있었던) 외국인을 위한 거래법이었다. 나중에 그것은 사람이 사람으로서 소속정치단체와 상관없이, 말하자면 갖고 태어난 법(권리)이라고 철학적으로 해석되었다. 이러한 이해에 의하면 그것은 단순한 인류사회(*societas generis humani*)로서, 즉 인간의 유적 징표(類的徵表)의 공통성으로 세계사회의 법이고, 그 범위 내에서 정치적으로 처분할 수 없는 것, 즉 자연법이었다. 그러나 근대국가가 발전하는 과정, 즉 정치적 체계가 계속적으로 분리되는 과정에서 자연법은 의의를 상실한다. 왜냐하면 국가법이 영역적 경계 내에서 모든 인간을 인간으로서 구속하기도 하고, 권리를 부여할 수도 있기 때문이다. 자연법은 대략 17세기경부터 오직 국가기관의 행위에 관해 국가에만 의무를 부과하고 권리를 부여하는 국가 간의 법(국제법)으로 생각이 바뀌게 된다. 자연법이 국가 간의 관계를 규제하는 것에 한정된 후 자연법적 근거를 상실하고, 정치와 적대적 관계에 빠지게 되어 국가 간의 관계에 있어 의의를 갖는 몇몇 문제만 주제적으로 적합하게 되었다. 그것은 세계사회의 문제를 법명제로 변환하기 위한 아무런 단초점을 제공하지 못한다. 이것은 하나의 괴리이다. 그러나 이 사고의 관점에서 세계사회 자체가 오직 '국제적 체계'가 될 수 있기 때문에 이러한 괴리는 은폐된다.[101]

이러한 개념적 연관은 전체사회가 지역적 사회로 계속 머물러 있다는 전제 아래 납득할 만했다. 개개인은 연구여행자, 상인 또는 자본가로서 세계에서 서로 만날 수 있었지만 사회적 관심은 본국에 머물러 그리고 그것을 정치적으로 주장하는 것을 알았다는 것을 수긍할 수 있다. 19세기를 지배한 이러한 사고방식에 의하면 세계사회의 체계는 체계의 문제가 지역적 정치체계에서 사적 이익으로 주장되고 관철된다는 것에 의존하게 될 것이다. 이러한 통로가 통과시키지 못한 것은 현실화되지 않고, 어떻든 법적으로 해결되지 않은 채로 있었다.

게르하르트 니마이어(Gehart Niemeyer)는 이러한 '사적 세계-개별적 이익의 사회'의 종언을 적확하게 분석하고 있다.[102] 그가 해결방법으로서 상상하고 있는 것이 국제법과 정치의 재통합인데 이것은 정치적 · 법적 문제해결에 내재하고 있는 성질 때문에 실패로 끝날지도 모른다. 전통적인 형태에서 국제법의 타당성을 사회학적으로 논하려는 (사회학적으로 분석한다는 것은 별개이지만) 시도도 의문점이 없는 것이 아니다. 여기서도 세계사회의 현재 상태에 관한 정치적 · 법적 측면만 시야에

---

101) 국제법의 사회학이 존재하지 않는 것도 아마 이 이유에 있을 것이다. 그 시도로서 최근 사회학의 이론과 방법의 발전을 충분히 받아들이고 있지 않지만 Bart Landheer, "Les théories de la sociologie contemporaine et le droit international", *Académie de droit international, Recueil des Cours 1957 II*, S.525~626; Ders., *On the Sociology of International Law and International Society*, Den Haag, 1966; Karl Berthold Baum, "Die soziologische Begrüdung der Völkerrechts als Problem der Rechtssoziologie", *Jahrbuch für Rechtssoziologie und Rechtstheorie* 1, 1970, S.257~274 참조. 마지막의 논문에는 예전의 시도에 대한 개관이 포함되어 있다.

102) Gerhart Niemeyer, *Law Without Force. The Function of Politics in International Law*, Princeton/London/Oxford, 1941.

들어온다. 그러나 문제는 우리가 본 것처럼 실제로 이러한 기제의 확장 불가능성과 다른 체계수준의 문제에 대한 관계에 있다.

따라서 다음과 같이 의심해보는 것도 가능할 것이다. 즉 추가적인 발전가능성에 눈을 돌리면 고등문화에서 전승된 것으로서 정치적·법적인 규범적 기제에 고착하는 사고방식은 인류의 발전에서 잘못된 특수화이므로 이에 계속적인 진화가 이어질 수 없는 것이 아닐까? 우리가 이러한 사고방식으로 체계수준에 고착해서 인간의 사회체계의 진화가 더 높은 복잡성으로 계속되지 않는 것은 아닐까? 어떻든 세계사회의 문제적인 상황이 정치의 무능한 측면을 폭로하고 있으며, 이러한 무능력은 곧바로 정치적으로는 물론 '민주주의'에 의해서도 치유될 수 없는 것이다. 이를 테면 연구와 기술적 발전의 전파, 경제와 교역, 뉴스미디어, 여행, 외교협상 등과 같이 오늘날 범세계적 접촉을 개방하고 그것을 지원하고 있는 상호작용영역은 부분적으로 문명적인 자명성을 고려하고 일부에서 인지적으로 학습할 수 있을 정도로 뚜렷한 비규범적 기대양식을 명료하게 보여주고 있다. 도덕적 주장이 나타나기도 하지만 그것은 일부 이데올로기적인 것으로서 불확정적인 성질이고 다른 일부는 전술이며, 또다른 일부는 단순 소박함의 표현이어서 어떻든 범세계적인 접촉에서 상호작용의 사회적 구조를 담당할 수 있는 것이 아니다. 세계사회는 일차적으로 인지적인 기대태도에서 형성되는 것이다.[103] 현재 이미 가시적으로 되어 있는 것을 사변적으로 표현하면 진화에 관한 주도적 지위는 규범적 기제에서 인지적 기제로 이행하고 있다고 말할 수 있을 것이다.

물론 그것이 인지적 기대가 규범적 기대를 대신하고 전자가 후자를 밀어내거나 대체하거나 무용의 것으로 만든다는 의미는 아니다. 제2장

---

[103] 이 점에 대해서는 Niklas Luhmann, "Die Weltgesellschaft", *Archiv für Rechts- und Sozialphilosophie* 57, 1971, S.1~35도 참조.

의 고찰에서 우리는 규범적 위배처리 또는 인지적 위배처리의 어느 것이든 일방적인 고착은 견디기 어려운 커다란 위험을 수반한다는 것을 알고 있다. 법의 붕괴 내지 퇴화라든가 '국가 사멸'의 조짐은 어디에도 나타나 있지 않다. 그러나 생각해야 할 것은 세계사회가 확립하고 인간의 접촉의 인지적인 양식에 우위를 부여하는 만큼 법 자체가 변화하는 것이 아닐까 하는 문제이다. 이러한 가능성은 두 가지 수준에서 파악할 수 있다. 즉, 하나는 법의 실정성과 관련해서이고, 또 하나는 법 자체의 기능과 관련해서, 즉 기대의 정합적 범례화가 성립하는 방식과 관련해서이다.

실정성이라는 것은 정확하게 법의 규범적인 기본태도와 모순임에도 법에 학습능력을 내장하는 것이다. 우리는 이러한 모순에 법의 실정화의 진화적 · 제도적 어려움이 있다는 것을 보았다. 결정과정의 분리에 의해 도입된 역할분할에 따라 학습의 요구는 두 가지 면으로 나타난다. 즉 결정하는 자의 측면과 결정대상이 되어 이것을 받아들여야 하는 자의 측면이 그것이다. 전자의 경우는 학습능력이 범주적 형상에 좌우된다. 이러한 범주적 형상에 의해 결정자가 법문제를 체험하고 처리하는 것이다. 후자의 경우에는 이미 앞(제4장 7절)에서 논술한 정당성의 문제에 관한 것이다. 그 자체로 규범적인 법의 구조 안에 인지적 기제를 이렇게 내장하는 것은 세계사회의 발전에 상응하는 것처럼 보인다. 포괄적인 규범화라든가 상대적 우위에 있는 초국가적이고 초실정적인 법이라는 형태로서가 아니라 세계사회의 동력이 학습계기를 만들고 어쩌면 학습압력을 행사하여 반드시 문제해결의 일정한 비임의성을 시사함으로써 범세계적인 구조형성과 그 파생문제, 상호작용 연관과 그 불균형이 지역적으로 타당한 실정법을 '관장한다'는 것이다. 그러한 학습요청과 해결제한에서 그 세세함의 정도는 세계사회적 구조의 밀도에 따라 달라질 것이다. 그 세세함의 정도를 추상적으로 예견할 수도 없고 개개의 점에 대해 구

체적으로 예견할 수도 없을 것이다. 모든 근거를 가정해볼 때 세계사회
체계와 그 부분체계와의 관계에는 한 가지의 배치가 아니라 다수의 이
용가능한 배치가 있다고 할 것이다. 그러나 현재 적어도 이것은 확실하
다. 즉 계속적인 발전은 실정법이 초실정적이고 전 인류적인 기대규정의
관점에서 실정법의 규범신봉에 의존하는 것이 아니라 분석과 결정을 위
한 수용능력으로, 즉 프로그램을 학습적 재편성과 적응을 위한 수용능력
으로 법체계 안에 범주적 및 제도적으로 내장되어야 할 문제해결능력에
좌우되는 것이다.

법의 의미가 실정성, 즉 학습작용의 내장이라는 변화에 아무런 영향
을 받지 않을 수 없다. 말할 것도 없이 대개의 법규범은 내용적으로 변화
한다. 그러나 이 정도 수준이 여기서 생각하고 있는 것은 아니다. 거기에
덧붙여서 법이 기능을 수행하는 방식도 이러한 변화의 영향을 받는다고
추측해야 할 것이다. 고전적인 법개념에서 본다면 예컨대 법을 국가기
관의 제재적 명령으로서 이해하는 경우가 그럴진데, 법의 존재방식(wie
Recht ist)과 본질(was Recht ist)의 변화가 거의 파악될 수 없다. 타당성
의 여부라는 양자택일로 재단된 법학적 법개념은 법이 그 기능을 수행
하고 또 의미로서 체험되는 방식에서 미묘한 이동(移動)를 알아내는 데
적합하지 않다. 그러나 정합적 기대범례화의 관념에 의하면 이 점에 관
한 경험적으로 지극히 불확실하고 검증도 곤란한 가설이기는 하지만 몇
가지의 가설을 정식화할 수 있다. 이 가설은 시간적 범례화, 사회적 범례
화, 내용적 범례화의 관계에서 이동과 관련된 것이다.

모든 세 가지 차원에서 기대가 범례화되어 있을 때 비로소 법이 성립
하는 것이다. 이것은 모든 차원이 동일한 비중을 가지고 있고, 또 동일한
정도로 각 사회의 문제를 파악하고 나타낸다는 것을 의미하지 않는다.
대부분의 원시사회에서는 제도화기제가 명백히 비중을 가지고 있다는
것을 관찰할 수 있다. 작은 사회집단에서 법위반이나 법적 분쟁에 직면

해서 무엇보다도 중요한 것은 평화와 단합을 회복하는 것이고, 법규범의 의미를 내용적으로 구성하는 문제와 미래를 확립하는 문제는 의식되지 않거나 배후로 물러나 있다. 많은 점에서 원시후기의 특징을 보존하고 있는 고대중국의 법[104]에서도 이러한 기본적 특징을 찾을 수 있다. 법적 투쟁이 그 자체가 이미 질서를 어지럽히는 것으로 간주되고 화해자세 (즉 존재하고 있는 권리주장의 포기!)는 도덕적인 계명으로서 법 자체에서 받아들이고 있다[105]는 점에서 이러한 특징을 분명하게 인식할 수 있다. 법이 가장 먼저가 아니고 또 모든 규범에 우선하는 것이 아니다. 그렇지만 다른 문화권, 특히 고대유럽의 고등문화에서는 법 규범성의 우위가 절차의 제도화라는 맥락에서 발전한다. 기대위배사건에서 기대를 고수할 수 있다는 확실성과 그에 따라 합의를 유지하는 확실성이 전면에 등장한 것이다. 비로소 이러한 확실성이 상대적으로 열려 있고 불확정적인 미래를 기획하며, 생활영위를 선택적 상황의 연쇄로서 조직화하는 것을 가능하게 한다. 법을 본질적으로 규범으로 생각하고 그렇게 정의하는 우리의 습관도 여기서 나오는 것이다. 이렇게 되면 의미구조는 다른 규범을 구별하기 위해서만 고려되고 합의는 법에 '부여된다'.

시간적 확정성과 기대의 규범적이고 반사실적인 안정화가 현대사회의 필요조건이라는 사실은 인정되어야 한다. 법의 규범성이 제거된다는 것은 생각할 수 없다. 그렇지만 규범성이 가지고 있는 행동에서의 중요성을 모두 인정한다고 하더라도 그것이 세계사회의 구조발전과 접속을

---

104) 이 점에 대해서는 이 책 312쪽 참조.
105) 예컨대 Jean Escarra, *Le droit chinois, Conception et évolution institutions legislatives et judiciaires, science et enseignment*, Peking/Paris, 1936, S.17 f.와 사회학적 연관으로 자세히 들어간 것으로는 Sybile van der Sprenkel, a.a.O., 특히 S.114 ff. 참조. 또 일본의 법체계에 관한 유사 현상에 대해서는 Dan Fenno Henderson, *Conciliation and Japanese Law. Takugawa and Modern*, 2 Bde., Seattle/Tokyo, 1965 참조.

담당할 수 있는지는 문제이다. 우리가 범세계적으로 조성된 상호작용에서 인지적 기대구조의 우세적인 비중을 생각하면서 빠르게 증대하고 있는 변화속도와 법의 실정성이 학습과정의 협동에 의존하고 있다는 사정 등을 감안한다면 이러한 문제가 제기된다. 현실과 가능성 안에서 이러한 점진적인 전환압력 아래서 법체험의 초점은 더 강하게 내용차원으로 옮아갈지도 모른다. 그렇게 되면 법명제의 내용을 객관적으로 정식화하고 그것의 상호연관을 개념적·말씀론적으로 구성하는 것은 법규범으로서 타당하다는 것을 인식하는 데 일반적인 도움을 주는 것만 아닐 것이다. 법이란 규범화된 행동범형의 형태를 취하게 될 것이고, 이러한 형태는 인식된 문제해결을 위해 구상되고 정당화되거나 시도되며, 경험의 기준에 따라 변화한다. 이제 규범성이란 기대의 불변성이 유의미하다고 생각되는 범위와 기간 동안 그것을 보장하는 기능만 가질 뿐이다. 법의 도덕적·이데올로기적 기반은 기능적 비판으로 대체된다.

특히 새롭게 정립된 법의 영역에서 이러한 양식변화를 관찰할 수 있다는 것은 아무도 부정하지 않을 것이다. 그렇다고 해서 법이 지구를 덮고 있는 단일적인 전체사회체계의 형성과 역동성에 적응할 수 있는가는 미해결의 문제이다. 어떻든 여기서는 위계적으로 상위에 있는 것으로서 더 높은 가치를 가진 '세계법'(Weltrecht)이라는 관념은 가능한 대안으로서 아직 거의 생각되지 않고 있다. 이러한 세계법을 위한 단초는 오늘날의 국제법을 관습법, 권력법, 조직법 중 어느 것으로 이해하든 그러한 국제법에서 발견할 수 없다. 법적인 행동조종을 다시 인지적으로 조종해서 사회적 변화의 사실적 과정에 적응하는 가능성을 이용하는 것은 이제 서서히 시작되고 있다. 이러한 가능성이 점차 현실화되어 갈 때 어떻게 의미구조는 개방된 시간지평에서 계획될 수 있는가라는 문제에 직면한다.

4. 법, 시간 그리고 계획

법과 시간 사이의 긴밀한 관계는 시간을 가교하는 규범성에 암시되어 있다. 근본적으로는 그것이 이미 기대구조로서 법의 성격에 암시되어 있다. 그러나 암시되지만 우선 불투명한 채로 머물고 있다. 기대라는 것은 의식생활의 미래지평, 미래의 선취, 현실에 예기치 않게 일어날 수 있는 것까지도 파악해두는 것을 말한다. 규범성은 예견할 수 없는 미래사건에 대해 이러한 무연관성을 강화하고 무연관성을 의도적으로 지향하고 또 미래를 확정하려 한다. 미래에 일어날 것이라는 것은 법의 중심적인 관심사이다.[106] 현재를 유의미하게 살아가기 위해 얼마나 미래를 필요로 하는가는 이제 하나의 중요한 진화적 변수이고 변화하는 사회적 요구가 법을 뚫고 들어가는 곳이다.

인간의 체험과 행위의 시간지평은 개별적인 상호배려뿐만 아니라 그 것을 넘어서 그 일반적인 형태에서 사회구조의 일면이고 사회구조와 더불어 변화하는 것이다. 시간지평에서 법과 사회의 장기적이면서 기저적인 관계는 일상생활의 정상적인 의식상태에서 주제화되지 않는 것을 발견한다. 즉 그것은 어떤 수준의 선택지들 중에서 선별될 수 있는 것이 아니라 이러한 그 수준 자체를 구성하고 있는 것이다. 법적 형식에 기한 사회계획의 노력을 개시하는 경우 우리는 묵시적으로 법과 시간, 그리고 계획에 관해 역사적으로 새롭게 이해하고, 이것을 의식화해서 계획의 기초로 끌어들여야 한다.

이미 앞에서 우리는 원시법이 선택여지 없이 올바른 현상태에서 인간이나 사물을 고정하는 것으로 체험된다는 것에 대한 이유를 언급했

---

106) 토머스 홉스는 이미 명시적으로 서술하고 있다. 이 점에 대해서는 Bernard Willms, *Die Antwort des Leviathan. Thomas Hobbes' Politische Theorie*, Neuwied/Berlin, 1970, S.14 f., 105 ff. 등 참조.

다.[107] 먼저 체험된 현실적 체험이 계속적으로 현존하면 그것이 의미구조를 유지하고 그 자체에 그것을 구현한다. 미래는 단지 현재하는 것의 계속에 불과하다. 또 과거도 있었던 것에 대한 구체적인 구속에서 그리고 사자(死者)와 함께 살고 있다는 느낌에서 현재화되는 것이다. 그러므로 과거는 종료된 것과 처리된 것으로 취급될 수 없다는 것이다. 이러한 시간체험의 방법에서 보면 원시사회에서는 법적 행위가 실망 속에 계속 살아 있는 과거에 대한 반응 또는 계속하는 현재의 형성일 수 있었지만 다르게 개시될 수도 있었을 미래를 고려한 기대 또는 행위에 대한 구속일 수는 없었다. 그래서 다음과 같이 물어야 한다. 도대체 미래가 일상생활의 시간지평에서 체험가능한 것이었는가? 그렇다면 미래는 얼마나 체험 가능할 수 있었는가? 예견할 수 없는 방식으로 현재의 더 확실한 계속을 중단할 수 있는 초월적인 힘의 개입으로 미래가 가시적인 세계의 저편에 얼마나 숨어 있었는가?

고등문화로 가는 문턱을 넘은 사회는 현재보다 더 많은 불확실성에 견디고 흡수하거나 지연시킬 수 있기 때문에 자기를 과거에서 떼어놓고 그 미래를 활짝 개방하고 있다. 가장 역사적으로 주어진 법은 자연법이라는 주도적 원리 아래 비판적으로 검토될 수 있지만 모든 측면을 변경할 수 있지는 않았고, 특히 중국의 법가(法家)에서 그랬듯이 산발적이었다. 그것은 진화적 의식의 양성을 기초로 해서 법적 수단에 의해 조직적인 사회계획을 하는 관념과 그 정치적 실천에 이르게 되고 경제와 가족구조, 기술적 개량, 사회계층 및 행정조직을 법적 형성영역으로 끌어들여 인간관계를 우연, 즉 자연의 자기실현의 시점에서 독립시키는 것을 의식적인 목표로 하는 것이다. 불확정성은 그 전제조건이고 질서는 그 목표이다. 정치에 의해 충분하게 비호되지 못하는 형법은 불충분한 수

---

107) 이 책 291쪽 이하.

단이다. 위법행위라는 개인의 죄관념을 과거로부터 어정쩡하게 갈라놓으면서 다시 거기에 구속되는 독특한 형태가 보인다. 즉 과거는 죄책으로서 현재를 압박하고 오래전에 지나간 것임에도 현존하며 의무를 부담해야 하는 것이다. 그러나 죄는 아직 속죄되거나 사면될 수 있는 것이다. 그러므로 죄에는 시간체험이 포함되어 있다. 이러한 체험에는 과거의 것이 저절로 처리되지 않으나 처리될 수 있고 법적 관련성이 가능성으로 풍부하고 복잡하고 불확정적인 미래의 계획뿐만 아니라 오래전에 지나간 과거의 처리와 관계 있다는 것을 암시한다.[108] 죄와 속죄는 오로지 미래의 '예방'이라는 관점 아래서만 체험되는 것이 아니다.

따라서 사회는 미래를 현재적 생활의 단순한 계속과 구별할 수 있고, 또 미래에 근접하고 개방된 가능성을 인식하며, 심지어 종말론으로까지 '전혀 다른 미래'를 상상할 수 있다. 법영역에서 사회가 현재적 약속에 의한 미래의 구속으로서 계약을 발전시킨다. 이러한 구속은 처분이 곧바로 실행되어 현재의 계속으로서 미래를 규정한다는 의미뿐만 아니라 기간이나 조건을 붙일 수 있고 취소가 가능할 수도 있는, 미래의 처분에 규범적인 의무를 부과한다는 의미도 갖는다. 사회는 전통적인 법의 경계 내에 협의에 의하지 않는 법제정의 가능성을 마련한다. 즉 행정적 구속력을 가진 명령이나 입법이 가능하다. 물론 미래는 무한히 열린 시점의 연속으로 그 경과 속에 모든 것이 다른 모양으로 될 수 있다고는 생각되지 않는다. 그러나 미래는 현재적 처분지평이라는 목적적 개념 아래 놓이게 된다. 사람들은 어떠한 다른 미래가 아닌 특정한 미래를 달성하고자 하기 때문에 적극적 또는 소극적인 결정조건으로 행위의 결과 또는

---

108) 이것은 오늘날에도 시간지평이 지극히 한정되어 있을 경우 죄책을 묻는다는 것이 별 의미 없다는 것을 보여주는 연구인 Egon Bittner, "The Police on Skid-Row. A Study of Peace Keeping", *American Sociological Review* 32, 1967, S.699~715에 의해 확인되고 있다.

현재적 세계의 자연적 계속을 현재에 예측한다. 사회의 기능적 분화가 개시되고, 자유가 제도에 내장되며, 법이 개념적으로 추상화되어 이미 제한적인 범위에서 개방적이고 불확정적인 미래를 유지하고 이용하기 위한 기초가 제공된 것이다. 그럼에도 기대의 규범적 유지가능성에 대한 근거는 세계가 그 기본에서 계속 변하지 않은 채 머물러 있고 또 미래가 모든 것을 바꿀 수는 없다는 관념에 대체로 의거하고 있다. 미래는 현재의 결과이고 현재의 본질과 법은 과거에서 생기는 것이며, 다만 우발적인 변동이 허용될 뿐이다. 불확실한 미래에 대한 기대를 고수하는 것이 얼마나 다르게 동기화될 수 있는 것일까?

법의 실정성, 즉 법의 원론적·구조적인 가변성은 반대로 현재를 미래의 결과, 즉 결정으로 볼 때만 이해할 수 있다. 그러기 위해 불가결의 전제조건을 만들어낸 것이 근대에서 시간관념의 추상화이다. 즉 오늘날 시간이란 시간 속에서 존재하거나 발생할 수 있는 것과 무관한 세계복잡성의 끝없는 도식으로 생각할 수 있다. 시간적 요소에 대한 추상적 연속으로 생각한다면 시간은 고유한 내용적·사회적 관련성으로부터 정화된다. 단순한 시간만으로 축제를 개최하는 이유가 되지 않고, 애초부터 아무런 발생요소도 되지 않는다. 동시에 여기에는 미래를 지나간 사건에서 분리하고 끝임없이 진행되는 현재에 수반하여 존속하고 있는 것으로부터 분리할 가능성이 있다. 시간 속에 이미 하나의 역사가 집적되었음에도 시간 자체는 미래를 확정하지 않는다. 시간은 미래를 개방해놓는다. 그러니까 시간은 언젠가 현재가 되고 그것을 통해서 과거가 될 수 있는 것보다 더 많은 가능성을 미래에 기대할 수 있게 한다. 미래는 체계의 현재성을 통해서 존재할 미래를 가능하게 한다. 즉 미래는 현재에서 체험되고 항상 현재적인 체험이 계속되는 중에서 동반되는 기대를 통해서 확정 가능한 것으로 구조화된다. 그래서 미래가 가지고 있는 풍부한 가능성은 체험가공의 현재 구조에 좌우된다. 그러나 동시에 현재는 열린 미래의 관점에서 미래가 제공하였던 다른 가능성에 선택으로 나타나는 것이다.

한 가지의 중요한 점으로 이러한 고찰은 근대에서 통상적인 것이 된 시간개념을 초월하게 된다. 이러한 고찰에서 시간은 그것이 현실적인 시간이든, 간주관적으로 구성된 시간이든 체험이 앞으로 진행해가는 하나의 시점 연속으로서 더 이상 상정되지 않는다. 이로써 날짜화(Datierung)의 가능성이 부정되어서는 안 되지만 미래·현재·과거와 관계없이 모든 시점이 복잡성에서 동일한 잠재력을 가진다는 함의와는 결별한다. 이러한 관념은 미래·현재·과거의 구별이라는 시간의 성격을 바꿔버린다. 미래와 과거라는 것은 현재적 체험에 대한 상대적인 (그리고 변화하는) 거리의 방향에 의해서만 구별되는 것이 아니라 무엇보다도 다른 가능성을 위한 개방성 및 폐쇄성에 의해 구별된다. 그러므로 현재는 (주관적인) 세계사가 바로 지금 존재하고 있는 그 어느 시점으로는 충분하게 특정할 수 없다. 현재는 그 기능에 따라서 복잡성을 체험가능한 정도로 감축하는 것, 즉 다른 가능성을 어쩔 수 없이 부단히 소거하는 것이다.

오늘날의 사고에는 시간이라는 현상의 해석을 위해 이용할 수 있는 단초가 결여되어 있다. 그래서 이러한 짧은 언급으로는 충분한 이해를 얻을 수 없다.[109] 그러므로 시간에 대한 여러 해석도 역시 사회구조와 그 변화에 의존하는 것이라는 것을 확실히 해두어야 할 것이다.[110] 철

---

109) Georges Burdeau, *Traité de science politique*, Bd. 1, Paris, 1949, S.156 ff. 등이 가리키고 있는 것처럼 법의 미래와 연관을 추상적으로 말하는 것도 그다지 도움이 되지 않는다. 왜냐하면 과거와의 관련도 불가결하다는 추상적인 지적을 거기에 대치할 수 있기 때문이다.

110) 이 명제는 사회학에서는 원리적으로 받아들이고 있지만 완전히 불충분한 시간개념에 의해 설명되고 있고 기본적으로 '시간의 흐름'에 대한 '템포'에만 관련짓고 있다. 예컨대 Patirim A. Sorokin/Robert K. Merton, "Social time. A

저하게 기능적으로 분화하고 각 부분체계가 고도의 구조적 가변성을 갖춘 사회로 이행하게 되면 세계의 불확정성과 구조의 선택성도 의식된다. 이제 시간이나 법도 '자연'의 구조적 연속성을 기초로 해서, 즉 다른 가능성이 없는 과거를 기초로 해서 파악할 수 없다. 선택이란 '어디에서' (Woraus)에 관한 것이고 그것은 현재의 다른 가능성의 미래로서 시간체험과 법적 결정을 지도하는 역할을 인수하는 것이다. 이제 시간경과는 복잡성의 불가피한 감축으로 받아들여야 한다. 과거로 흘러가버린 것은 더 이상 변경될 수 없다. 그러나 적절한 기대구조가 안정화되어서 미래의 복잡성과 현재의 선택성은 증대될 수 있고 발생하는 것은 단순히 일어나는 것이 아니라 많은 가능성 속에서 유의미한 선택으로 합리화될 수 있다. 그렇게 되면 현재는 더 이상 직접적인 체험에 따른 의미의 현실화만은 아니다. 오히려 현재는 적절한 선택절차를 통해 장래에 사용할 수 있는 과거를 만들어낸다는 요청 아래 있는 것이다. 그러므로 사람은 계획의 기획과 실행 속에 살고 있다.

과도하게 복잡한 미래가 이와 같이 개방성을 갖게 되고 그때그때의 현재적 체험과 행위의 선택성이 높아지면서 법의 현재성, 즉 현실의 법체험은 변화한다. 현재는 미래를 위한 준비로서 우리가 진정으로 바라고 바로 처분 가능한 미래의 과거로서 현재의 고유한 것이 아닌 법 아래에 들어온다. 현재는 바로 확실할 수도 자명할 수도 없는 의미를 담고 있어야 한다. 현재는 결정되지 않은 채로 있거나 만약 결정되어 있다면 장래에 재해석할 수 있는 것으로 파악되는 규범을 품고 있어야 한다. 이러한 것은 가치를 인정받은 도구나 이데올로기, 자본 또는 교육, 정당한 권한이나 절차를 제공하는 형태로 생길 수 있다. 어떻든 미래가 과거를 대

Methodological and Functional Analysis", *The American Journal of Sociology* 42, 1937, S.615~629; Georges Gurvitch, *The Spectrum of Social Time*, Dordrecht, 1964 참조.

신해 지배적인 시간지평이 된다. 과거는 규준인 성질을 상실한다. 과거는 단지 자본 또는 역사적 지식으로서, 즉 역사로서 미래에 동참할 뿐이다.[111] 법은 이제 '오래된 좋은 법'이 아니다. 법은 이제 과거에 근거를 두고 그 불개정성으로 상징되는 불변성 때문에 타당한 것이 아니다. 오히려 법의 효력은 이제 그 기능에 의거하고 있다. 법의 효력은 미래를 향해서 해석된다. 즉 그것은 19세기에는 호환 가능한 자유를 증대시키는 것으로 또는 문명의 진보를 위한 인간의 에너지를 해방하는 것으로 해석되고,[112] 20세기에는 계획의 필요라는 압력 아래 오히려 (원리적으로 표현되지 않는다고 하더라도) 그때마다 이루어지는 선택작용을, 즉 결정과 결정의 기대를 가능케 하는 선택적 구조로서 해석된다.

이로써 과거는 폐기되는 것이 아니라 법구성체에서 다른 위치를 얻는다. 과거는 이제 전통의 자명성이나 죄의 연속성에 의해 구속력을 가진 것이 아니고, 오래된 것이 통상 새것보다 좋다는 의미의 보수적인 가치판단에 의해 구속력을 갖는 것도 아니다. 그러나 과거는 변경 가능한 한계 내에서 여전히 불가결한 질서선행조건(秩序先行條件)으로서 작용한다. 왜냐하면 아무도 한꺼번에 모든 것을 바꿀 수는 없기 때문이다. 그러므로 현재의 시점에서 과거는 모든 유의미한 변경이 시작해야 할 체계의 현상(*status quo*)으로 나타나는 것이지 이제 미래를 방해하는 측면으로 나타나는 것이 아니다. 모든 갱신은 이미 존재하는 것, 이미 알려져 있는 것, 변경되지 않은 것과 연결되어야 한다. 그러한 연결은 철저하게 합리적으로 구성되어 완전히 투명한 법에서나 완전히 혼란한 법에서 거

---

111) 실제로 이 형태에서 예컨대 현재의 추상작용에서부터 출발할 때 역사의식이 불가결하다는 것을 가리키는 것으로 Alfred Schmidt, *Geschichte und Struktur. Fragen einer marxistischen Historik*, München, 1971의 마르크스 해석이 있다.

112) 이 점에 대해 역사적인 세부사항으로 논의하고 있는 James W. Hurst, *Law and the Conditions of Freedom in the Nineteenth Century United States*, Madison/Wisc., 1956 참조.

의 임의적으로 선정될 수 있을지도 모른다. 그러나 사실상 타당한 법은 모두 이들 양극단의 중간에 있는 것이기 때문에 이에 따라 새로운 법의 창조는 제한되는 문제가 나타난다. 예컨대 '자유롭고 이성적인 인간'이 라는 새로운 법적 지위를 창조하는 경우에도 사람들의 소유권, 혼인, 조 세, 노동권, 소구권에서 그것이 의미하는 바를 함께 규정하지 않는다면 거의 무의미할 것이다. 공허하고 연관이 없게 되면 혁신은 아무런 의미 가 없고 공허하며 아무것도 될 수 없다. 그래서 인간의 정보가공능력이 한정되어 있는 만큼 법은 법 자체의 역사(법의 역사는 이제 결정의 역 사이다)에 종속된 상태로 남는다. 구조의 추상화와 결정과정의 분화 그 리고 조직화에 의해서 유효 법의 변경 비율은 현저하게 증대한다. 동시 에 이와 같은 방식으로 현상(status quo)으로 들어가는 새로운 오래된 법 (neues altes Recht)이 끊임없이 생산된다. 법의 복잡성과 변경가능성이 증대하여 모든 변경에도 고려해야 할 낡은 법이 동시에 이런 식으로 증 가한다. 오래된 법의 잔재(Überhang)는 여전히 현재적 결정의 과거지평 을 형성하지만 그것은 이제 그 나이에 의해 우리에게 의무를 부과하는 것이 아니라 결정기술적으로 풀 수 없는 복잡성에 의해 아직 부담을 주 고 있을 뿐이다.

법과 시간의 관계에서 이러한 변화가 법 자체에서 이미 적절히 반영 되고 있다고 주장할 수는 없다. 오늘날 법사고는 그 감정적인 근원과 이 성적인 독단에서 아직도 주로 지나간 고등문화의 관념영역에 살고 있 다. 실정성으로의 전환은 실천적·정치적·절차적으로 진행되어 법규범 이 부단히 산출되고 있지만 우리의 사고는 아직 전환되지 않고 있다. 실 정법의 합리성이 취할 수 있는 형태에 관해 예언하는 것은 이러한 상황 에서 곤란하다. 일반적으로 말해서 체계구조 결정의 합리성을 판단하기 위한 충분한 규준이 우리에게 결여되어 있는 것이다. 그렇다고는 하지만 실정성의 원리를 숙고하고 이제까지의 분석을 이용한다면 약간의 기본조건과 기본문제는 말할 수 있다. 모든 법이 결정가능한 것이 되고 거기에 상응하는 절차가 제도화되자 실제로 타당한 법에 대한 새로운 종류의 포괄적 책임을 인수하지 않을 수 없다. 그 책임은 절차의 결과로 생기는 것이고 단지 축소하고 분배하며 연기하고 딴 데로 돌릴 수 있을 뿐이다. 이제 변경이나 갱신에 대해서 책임져야 할 뿐만 아니라 변경하지 않고 방치하는 것에 대해서도 책임져야 한다. 결정하지 않는 것도 결정으로 된다. 모든 변경에 대한 원망은 신청할 수 있고 모든 규정이 재검토될 수 있으며 어제의 논거는 오늘 또는 내일에 재고되어야 한다. 논거양식 자체가 많은 시사를 주고 있다. 즉 커다란 변경의 기대로서 작은 변경을 정당화하고 방치는 임박한 개혁에 의해 정당화되며 일시적인 개입 또는 중단은 급박성에 의해 정당화된다. 기다릴 수 있다는 것과 기다릴 수 없다는 것이 결정의 이유가 되고 시간문제가 법제정을 위한 주제를 선택하기 위한 관점이 되며, 선재성(Priorität, 시간적으로 앞서 있다는 것)이 우월성을 밀어낸다. 그래서 동시에 작은 해결책은 커다란 해결책을 누르고 전면으로 나오고, 작은 문제가 큰 문제를 누르고 전면으로 나온다. 어떻든 이것은 법에 대한 포괄적 책임을 인정하면서도 유예하는 방식이다.

처음에는 두드러지지 않은 형태로 나타나는 이러한 경향에서 법의 실정성이라는 조건 아래 구조적 복잡성을 표현하기 위해서는 내용차원뿐만 아니라 시간차원도 요구되어야 한다는 것이 유력하다.[113] 법은 내용적으로 어느 정도 일관되어야 할 뿐만 아니라 구조와 결정의 전후관계에서 완전한 임의성을 가지지 못한다. 모든 것을 한 번에 변경할 수 없기 때문에 변경의 결과도 자의적으로 선택할 수는 없다. 하나의 변경은 다른 변경을 전제로 하고 있다. 이미 존재하고 있는 법질서에 어떠한 변경

---

113) 이 점에 대해서는 생물학에서 영향을 받아 형태의 복잡성과 시간의 복잡성을 구별한 J. W. S. Pringe, "On the Parallel between Learning and Evolution", *Behaviour* 3, 1951, S.174~315, 특히 184 ff. 참조

을 덧붙일 수 있는 것이 아니고, 오직 변경은 그것이 현실적인 성질의 것이든, 단지 말씀론적 성질의 것이든 기존의 문제해결을 위한 기능적인 등가물을 제공할 뿐이다. 변경이 기존 체계에서 문제해결책의 교체로서 이루어지거나 대안적 해결책이 준비될 수 없다면 변경은 해결될 수 없는 문제의 기초를 없애는 방식의 구조변화로 이루어진다. 이러한 방식으로 (결코 일의적으로 결정되는 것은 아니지만) 일정한 시간적 질서가 가능한 변경의 순서에 나타내게 된다.

그러므로 하나의 사회가 현실화할 수 있는 변경에 관한 계획의 정도에 대해서 아무것도 아직 결정되지 않았다. 어떤 사회 내에서도 그때마다 또는 행위영역에 따라 현재적 결과와 잠재적 결과의 비율이 지극히 다르게 나타날 수 있다. 특히 근대사회의 발전을 단순하게 계획의 증대라는 것에 의해 성격규정한다면 그것은 잘못일 것이다. 오히려 계획적으로 일어나는 결과와 비계획적으로 일어나는 결과가 마찬가지로 증가하고, 사회는 이에 따라 자신의 법을 준비해야 한다. 우리가 출발점으로 삼은 시간적 관점의 변화는 시간차원에서 더 많은 가능성의 여지가 생기고 그것에 의해 현재의 선택성이 강화된다는 것을 시사하고 있다. 이로써 시간적 관점의 변화가 하나의 문제를 암시하고 있지만 이 문제가 개개의 의미영역에서 어떠한 구조와 과정에 의해 해결될지를 확실하게 하는 것이 아니다.

과거에 의존하지 않는다는 것은 이제 그 자체로 하나의 시간문제가 된다. 즉 이것은 결정과정을 위해 이용할 수 있는 시간문제이다. 그러한 과정을 담당하는 조직의 내부에서는 시간이 모자라게 되고 게다가 기한을 붙임으로써 분쇄된다. 시간이 만성적으로 부족하고 기한부로 체험되기 때문에 그것은 추구되는 목적과 이용될 수 있는 정보와 관련해서 선택적으로 작용한다.[114] 시간은 복잡하게 얽힌 일련의 사고진행을 막는다. 즉 시간은 광범한 구조변화를 예비할 수 있는 일련의 사고진행을 방해한다. 더 많은 가능성을 위한 시간의 개방성은 조직과 절차에서 시간 압력으로 반영된다.

개별절차에서 사고 작업을 위해 시간을 늘리는 것은 조직적 재편성을 통해서도 그다지 이루어질 수 없다. 그렇지만 시간획득은 자동식 자료처리에서 가장 잘 알 수 있듯이 확실하게 장악할 수 있는, 재빠른 관념교대를 허락하는 정보처리를 내용적으로 정비해서 얻을 수 있는 것이다. 결정과정의 선택작용은 무엇보다도 그러한 선택작용을 구조화하는 전제의 선택, 즉 프로그램에 달려있다. 그 프로그램은 단지 결정의 방향을 정하는 문제뿐만 아니라 추상적 통합수단과 문제해결책에 관한 교환 관점의 문제에 관하여도 숙고된 것이어야 한다. 부족한 시간의 압력은 시간적 차원에서, 즉 단순한 지체와 연기로서 대처할 수는 없고, 내용적 차원에서, 즉 더 추상적이고 특화된 또는 적어도 더 특화가능한 결정전제를 사항적으로 정비하거나 사회적 차원에서, 즉 자리의 증가를 통해서만 이루어질 수 있다. 따라서 조직화된 결정과정은 열린 **시간지평**을 시간압력으로 변환하고 그 결정전제를 더 나은 **사항적** 질서로 이러한 문제를 해결할 수 있는 **사회적** 제도이다.

법적용을 목적으로 하는 구식의 법말씀론은 여기서 가능한 것에 대한 예감을 전해준다. 예컨대 구식의 법말씀론에서 착오에 의한 급부이행의 처리형식을 이해하기 쉽도록 하는 방법에 관한 것이다. 그러나 이 말씀론은 앞의 2절에서 논한 바와 같이 법의 실정화와 결부된 기회를 거의 인식할 수 없고, 그것과 결부된 여러 문제를 거의 해결할 수 없다. 이를 위해서는 더욱더 추상적인 법이론이 필요하고, 그 법이론은 문제의 관점

---

114) 이 점에 대해 더 상세한 것은 Niklas Luhmann, "Die Knappheit der Zeit und die Vordringlichkeit des Befristeten", *Die Verwaltung* 1, 1968, S.3~30 참조. Ders., *Politische Plannung*, Oplanden, 1971이 새로 발간됨.

에서 기획되어야 하며, 그 모든 요소가 가진 통제 가능한 가변성을 보장해야 한다. 오늘날 시작되고 있는 법적 결정과정의 자동화와 이미 맹아를 인식할 수 있는 일반적 결정이론에서 법말씀론의 개조를 위한 추동력이 나올지는 앞으로 기다려보아야 할 것이다.

실정법의 계획양식이 반드시 명령적 계획의 형식을 취할 필요는 없다. 계획차원이 그 자체로 너무나 복잡해져 계획을 선한 행동인가 나쁜 행동인가 하는 도덕화된 양자택일의 형태로 직접 바꾸어 생각할 수는 없다. 일정한 작위 또는 부작위를 '너는 살인해서는 안 된다'라는 모델에 따라 명령적으로 규범화하는 것도 여전히 계획의 가능한 표현형식의 하나이다. 그러나 계획되어야 하는 것은 행위가 아니라 행위연관관계, 즉 체계이다. 그러한 체계는 계획에 의해 조종할 수 있고, 경우에 따라서는 만들어질 수도 있다. 그렇지만 계획자는 행위 자체를 대체할 수 없고, 타인의 행위를 위한 결정전제를 설정하거나 기껏해야 자신이 바라는 결정전제가 다른 결정전제에서 어떤 위치로 삽입될지를 어느 정도 예견할 수 있을 뿐이다. 이러한 예견은 그가 행위를 체계로 생각하고 그것을 체계로 계획하고 연구하는 것에 의해 더 용이하게 될 수 있다. 동시에 그것은 계획자에게 행위자가 '하나의 체계 속에서' 어떤 방식으로 결정할 것이라는 것을 분명하게 한다. 이 방식을 위해 계획된 결정전제는 다른 많은 요인 중 하나가 될 것이다. 그렇게 되면 계획에 위반되는 행동, 특히 법에 위반되는 행동은 이미 통제를 주제로 논한 데서 보았듯이[115] 이제 단지 비난받아야 할 것이 아니라 그것을 넘어 그 원인이 체계에 의해 조건지어진 원인이라는 점에서 계획상 의의가 있는 것이다.

그래서 보통 계획의 시간지평과 (관료제적 프로그램집행을 포함하는) 일상행위의 시간지평이 분화될 수 있고 또 분화될 것이다. 행위자

---

115) 이 책 488쪽 이하 참조

는 미래에 대한, 말하자면 소박한 관계를 자기 행위의 결과의 지평으로서 보존할 수 있다. 이에 반해 계획자가 자신의 과제를 올바르게 처리하기를 원한다면 더 넓게 열리는 동시에 복잡하게 얽힌 시간관계에서 자신의 과제를 생각해야 한다. 왜냐하면 계획자에게는 행위자가 가진 그때그때의 시간지평이 계획된 미래의 요소로 들어오기 때문이다.[116] 비로소 이러한 태도에서 우리는 어떻게 불확실성이 행위자에게 그때그때의 미래와 관련하여 전망할 수 있는지, 너무 넓게 개방되어 있다고 생각되는 미래에 대해 행위자가 배려와 위험축소를 위해 어떠한 전략으로 대응할 것인지, 어떻게 법은 이 경우 행위자를 지원할 수 있는지 등을 고려할 수 있다.[117] 그러니까 계획자는 자신의 미래에 그때그때의 행위자가 가지고 있는 다양한 현재를 상정해야 한다. 행위자의 다양한 현재는 시간적으로 뒤에 오는 현재의 과거로서 적합하고 계획자가 계획자로서 현재화하고 싶어 하는 미래를 준비하는 것을 돕는다. 계획자는 가능한 현재를 상이하게 구조화된 선택의 기회로 보아야 하고, 시간의 흐름을 나중의 선택가능성이라는 의미에서 복잡성의 조성 또는 제거로서 받아들여야 한다. 예컨대 과오처리에 관한 프로그램은 과오를 미래에 수정되어야 할 과거의 관점에서 보는 동시에 있을 수 있는 과오의 관점에서 보아야 한다. 이러한 있을 수 있는 과오는 과오를 범한 자에게도 과오 피해를

---

116) 이 점에 대해서는 Stefan Jensen, *Bildungsplanung als Systemtheorie. Beiträge zum Problem gesellschaftlicher Planung im Rahmen der Theorie sozialer Systeme*, Bielefeld, 1970, S.64 ff. 참조.

117) 이 점에 대해서뿐만 아니라 이와 연관해서 아주 확고하게 규범화된 훈련이 아니라 마리옹 레비가 명명한 미지의 미래를 위한 사회화(Socialization for an unknown future)를 생각해야 할 사회화과정과 교육과정에 관한 계획이론을 전개할 수도 있을 것이다. Marion J. Levy, *Modernization and the Structure of Societies. A Setting for International Affairs*, 2 Bde., Princeton/N. J., 1966, Bd. 1, S.79 ff.

당하는 자에게도 현재적 미래 지평에서 예상되어 이미 지금 예방수단을 작동시키고 있다.

이러한 고찰을 친숙한 법개념의 세계로 변환하는 것이 아무리 곤란하다고 해도 최소한 한 가지는 확실해진다. 즉 법의 실정성이라는 것이 아주 걱정거리로 되는 자의적인 명령으로 귀착하는 것은 아니라는 것이다. 실정법의 고유한 문제점은 완전히 별개의 수준에 있는 것이고, 그 수준에서 비로소 어떠한 사회에 행위의 임의성과 구속성이 각각 얼마나 가능하게 되는가 하는 것이 결정되는 것이다. 고도의 복잡성은 오로지 구조화된 복잡성으로만 산출되고 유지될 수 있다. 구조화된 복잡성은 다시금 오로지 충분한 가변성에 의해서만 보장될 수 있다. 다시 말하면 구조화된 복잡성은 불확정성과 고정된 법적 문제해결책의 교환가능성을 확실하게 장악해야만 보장될 수 있다. 이렇게 해서 우리가 출발점으로 삼은 문제로 다시 되돌아가게 된다. 체험과 행위의 가능성이 가지고 있는 복잡성과 불확정성은 개개인의 세계지평에 나타나며, 행위하고 체험하는 타인들의 실존에 의해 위협적인 것임과 동시에 풍부한 기회가 증대하게 된다. 이들 불확정성과 복잡성은 문제해결의 구조로서 법을 요구하고 그것은 다시 법 안에 존재하는 것이다. 그것은 법에 의해 문제로 처리되고 구조 속으로 받아들여진다. 왜냐하면 그것은 고도의 복잡성과 불확정성이라는 조건 아래에서도 여전히 쉽게 해결될 수 있기 때문이다. 그렇게 되면 문제가 되는 것은 이제 타인의 행동이 가진 위험이 아니라 법적 절차의 위험이다.

이와 같이 전개된 문제파악이 취하는 형식은 사회와 법의 발전과 함께 변동한다. 이러한 발전은 비개연적인 것을 개연적으로 만들어서 더 높은 복잡성의 체계를 안정화하는 경향을 띤다. 이러한 경향은 논리필연적인 것도 아니고 내재적으로 불가피한 것도 아니며, 역사적으로 연속적인 것도 아니지만, 이제까지의 진화과정에서 주로 관철되고 있는 것이다. 이러한 체계를 더 높은 복잡성의 수준에서 안정화하는 것은 더 복잡하게 얽힌 구조적 전제를 더 높은 자유와 결합하는 일정한 진화적인 성과에 의해 가능해진다. 법의 경우에는 특히 결정과정을 위한 절차의 제도화에 의해, 또 의미의 저장, 전승 및 부단한 가공을 위한 더 추상적인 형식의 형성에 의해 더 높은 복잡성의 수준에서 법체계를 안정화하는 것이 가능하다.

　실정법은 그 이전의 기초 위에서 우리 시대에 비로소 탄생한 것이다. 오늘날 법의 제정성에 의해, 즉 선택성에 의해 법이 타당할 가능성이 상정된다. 이것이 구체적으로 무엇을 의미하는지, 그리고 법이 이렇게 타당하기 위해 어떠한 형태를 취해야 하는지는 아직 거의 예견할 수 없다. 실정법은 우리가 알고 있는 전제가 가장 풍부하고 가장 개연적인 법이다. 실정법에 대한 우리의 경험은 짧고 문제 있으며 불확실하다. 그 경험을 학문적으로 충분하게 선취할 수 없으며, 하물며 결과를 빠뜨리지 않고 생각하는 것은 더더욱 불가능하다. 예전에 우리는 우리가 실정법과의 일상적인 교류에서 대략 배우고 있는지, 즉 우리의 개념적 관념이 유의미한 경험과 학습결과가 생기도록 현실을 도식화하는지를 알지 못했다. 오히려 우리는 이것을 의심케 하는 이유를 가지고 있다. 법률가도 사회학자도 아직 실정법의 충분한 개념을 발전시키지 못하고 있다. 제정성을 효력근거로 주장하는 데 그쳤던 법실증주의는 다름 아닌 막다른 골목길임이 확증되었고 고전적인 법사회학은 문제의 우회로로 지나갔다. 실정적인 법정책의 이론이나 적절한 계획도 전혀 말이 안 된다. 여기서 지금까지 시도의 부적절함을 경고하면서 결론을 낼 수도 있다. 그러나 여기서 법의 사회학적 이론은 우리가 법생활 자체에서 법을 학습하는 자세를 스스로 배우는 만큼만 안정화할 수 있는 해결에 근접할 수 있다는 점에서 현세적 문제의 지위를 승인할 것이다.

결론: 법이론에 대한 질문(제1판)

　　법학도 법의 현실성을 대상으로 한다. 그러나 그것은 법의 사회적 현실성이 아니라 법의 상징적 현실성이다. 법학은 법을 의미배치 자체로서 파악한다. 이러한 법의 의미적·상징적 맥락에서 사회적 조건, 생성 원인과 효과에 관한 사회적 현실성이 배제되지는 않는다. 그것은 법학의 의미지평에서도 역시 명백하고 접근 가능하지만 특징적인 응축의 양식으로만, 즉 법률문제의 결정과 관련 있는 한에서만 포함된다. 그러한 점에서 법은 일단 만들어지면 하나의 특별한 학문의 대상이 된다. 그것이 법학이다. 법학은 선택과정에 의해 이미 확립된 개별 법형성적 의미를 대상으로 한다. 그때에 법학은 소당연적 명령양식으로 표출될 수 없는 사실관계로 돌아가고 또 그것을 필요로 한다. 예컨대 어떤 법률이 어느 한 시점에 제정되었다든가, 하나의 법사상을 어느 하나의 사건 또는 사건유형에 적용하면 어떤 결과가 생길 수 있을까[1]라는 사실관계이다. 오

---

1) 이러한 문제상황에 관해 법을 오로지 이론으로 구성하는 것이 사법에서 어떠한 소재연명제가 적용되고 소당연명제와 조합되어야 하는가를 종국적으로 규제하는 데, 말하자면 소재연에서 소당연을 도출하는 것을 논리화하려는 소당연명제의 도움을 빌리지 않으면 달성할 수 없을 것이다. 이러한 방향을 따르더라도 (여기서는 이 방향을 취하지 않지만) 하나의 일반적 법이론의 가능성을 생각할 수 있겠다.

늘날 널리 요청되지만 일반적 법이론은 법의 이러한 상징적 응축이 갖는 특별한 기능, 그것의 감축방법, 그 일반적 형태, 일관성에 대한 그 요구수준, 그리고 모든 선택적 응축에서 기대되는 그에 따른 내재적인 파생문제들에 관한 주제를 다룰 수 있다.

법학의 연구영역이 사회학에 대해 (따라서 법사회학에 대해) 독자성을 갖는 전자가 소당연만을 대상으로 하고 후자가 소재연만을 대상으로 한다[2]는 점이 아니다. 법학의 독자성은 법을 가능하고 그에 따라 해석 가능한 것으로 만드는 것에 관한 더욱 좁은 지평에서 법을 요약하는, 즉 의미응축에 의존한다는 점에 있다. 그래서 사회학적 이론이 취급하지 않는 여러 전제를 적용할 수 있다. 의미가 확정된 사고양식, 연관성과 구별, 원리와 논증수단 등(예컨대 사기와 배임의 구별, 취소권이나 해제권과 부당이득청구권 사이의 해석상 연관성, 거래에서 신의성실원칙의 적용제한 등)은 사회체계에 관한 사회학이론에서 이에 완전히 대응하는 것을 찾을 수 없는 중요한 의미를 갖는다. 해석이론으로서 법학은 자신의 전제에 관계함으로써 사회학이 갖지 않은 정보가공과 결정가능성을 획득한다. 사회학과 달리 법학은 결정의 학문인 것이다. 그러므로 법학은 결정에 대해 사회학에서 직접적인 도움을 얻을 수 없고, 또 있다고 하더라도 기껏해야 특별한 비전형적인 상황배치에서 그것을 기대하는 데 불과하다.[3] 그러나 법학은 사회학과 협동으로 고유의 선택성을 성찰하

---

2) 이전에 행해져온 규범과학과 사실과학의 구별은 여전히 의문의 여지가 있다. 이 점에 대한 법률가 측의 비판으로는 Friedrich Müller, *Normstruktur und Normativität. Zum Verhältnis von Recht und Wirklichkeit in der juristischen Hermeneutik, entwickelt an Fragen der Verfassungsinterpretation*, Berlin, 1966 참조.

3) 이 점에 대해 더 자세한 것으로는 Niklas Luhmann, "Funktionale Methode und juristische Entscheidung", *Archiv des öffentlichen Rechts* 94, 1969, S.1~31; Rüdiger Lautmann, *Soziologie vor den Toren der Jurisprudenz. Zur Kooperation der beiden Disziplinen*, Stuttgart, 1971 참조.

고 그 기본적 결정을 다수의 가능성 중에서 의미있는 선택으로 파악할 수 있다.

이를 위해 필요한 중개작업이 한편으로는 법사회학에서, 다른 한편으로는 일반적 법이론에서 구축될 수 있을 것이다.[4] 우리가 지금까지 각 장에서 소묘한 법사회학적 연구시각에서 법이론을 근거짓는 공준(公準)을 줄 수 없다고 하더라도 그 자기이해의 지평을 열 수 있다는 점에서 제기되는 법이론을 향한 질문이 제기된다. 이 두 학문 사이에는 일반적으로 말하는 위계적 또는 연역적인 근거관계는 아니만 일종의 방향을 정하는 관계가 있다. 즉 법사회학은 그러한 높은 복잡성과 광범한 비교반경 때문에 불확정적이지만 유의미한 구조결정으로서 법이론적 기본개념의 위치선정을 가능하게 한다.[5] 이러한 종류의 협동관계를 법이론에서 중심적인 다음의 세 가지의 문제에 대해 예시하려고 한다. 법규범이 다양함에도 법은 어떻게 해서 단일할 수 있는가라는 문제, 법의 시간성에 관한 문제, 법과 불법(또는 규범과 일탈) 사이의 관계에 관한 문제가 그것이다.

법의 단일성은 지금까지 순전한 개념적인 경계획정시도나 '의사'나 '정신'이라는 단순한 비유적인 규정을 제외하면, 법원리나 다양한 법규범 간의 연관형식 또는 그 양자에 의해 표현되었다. 법원리로서 선택될 수 있는 것은 법의 고유한 규범의미를 내용적 또는 형식적으로 규범화하는 방법(정의 내지 근본규범[6])이나 법의 발생적 기초가 세계질서(자

---

4) Werner Krawietz, *Das positive Recht und seine Funktion. Kategorieale und methodologische Überlegungen zu einer funktionalen Rechtstheorie*, Berlin, 1967, 특히 S.21 ff.도 이와 같이 기술하고 있다.

5) 참고로 여기서 사회학과 법률학이 더 구체적인 수준에서 협동을 배제하는 것은 아니라는 사실을 지적해두기로 한다.

6) 고대유럽의 법사상이나 한스 켈젠(Hans Kelsen)의 근본규범에서 마찬가지로 볼 수 있는 특징은 법과 그 판단기준에 관련하여 또다시 규범적 관계가 사용되고 있

연)에 있다고 가정하는 방법[7]이 있다. 또 다양한 법규범 사이의 연관형식으로서 널리 기능하였던 것으로 법원(法源)과 법소재의 위계관념이 있다. 이들은 모두 법사고의 출발점에 관한 결정으로 그 기능 및 그 외에 있을 가능성을 분명하게 할 수 있다.

우선 법원리의 탐구라는 방법은 단일성 문제를 단일성 원리로서 정식화하기 때문에 법의 단일성 문제와 직접적으로, 아마 너무 직접적으로 관련된다. 그것은 그 원리로서 사용되는 정의의 개념을 법의 복잡성이 증대하는 때에 정식화할 수 없고,[8] 결국 문제에 대한 동어반복적인 어법으로 결론이 난다. 자연적·발생학적 논증방법은 세계에 대해 비교적 구체적인 가정을 취해야 하지만 그 가정은 사회체계가 더 높은 복잡성으로 발전해가는 과정에서 신뢰성이 떨어진다. 이에 대해 위계관념은 가장 흥미롭고 유효하고 한스 켈젠에 이르기까지 유지되었던 이론구성이다. 그것은 소재연이론과 소당연이론에 있는 부정성을 배제함과 아울러 구성요소로서 실정적으로 수용된 것에 관한 기본 구조 내에서 부정성을 이용할 수 있게 한다. 즉 부존재와 불법은 미분화되고 절대적인 혼돈으로서의 체계로부터 피안으로 방출되고 체계 내부의 부정성은 호환가능

다는 것이다. 이것은 법적 규범화과정의 재귀성 요청에 대응하는 것이다(이 책 374쪽 이하 참조).

7) 자연관념은 전체 법질서의 어느 일부 성격규정 때문에 가지게 되는 (즉 신법이나 실정법과의 대비에서의 자연법) 것이 아니라 실정법도 포함한 전체를 기초하는 경우도 마찬가지다. 이것은 Gaines Post, Studies in Medieval Legal Thought, Princeton, 1964, S.494 ff.가 보여주고 있듯이 다수 중세 학자의 업적이다. Gaines Post, *La Filosofia della Natura nel Medioevo. Atti del Terzo Congresso Internationale di Filosofia Medioevale*, Mailand, 1966도 참조.

8) 근대법이론에서 그와 같은 형식화를 필요로 한 것은 법의 실정화를 위해서뿐만 아니라 법해석이론에서 (그것과 관련한) 변화, 특히 내적인 호혜성과 정의를 결여한 '주관적 공권'(subjektive Rechte)의 발명 때문이었다. 이 점에 대해서는 Niklas Luhmann, "Zur Funktion der 'subjektiven Rechte'", *Jahrbuch für Rechtssoziologie und Rechtstheorie* 1, 1970, S.321~330 참조.

성과 분화가능성을 가정하는 위계적 관계라는 형식으로 표현된다. 본래 대칭적이고 등가적이던 존재와 부존재 사이의 관계는 역전될 수가 있고 그 경우 체계 내부에서 비대칭적인 위계관계로 변경되어 위에서부터 형성하는 단일성의 구성에 적합하게 된다.[9] 특히 한스 켈젠의 순수법학에서 위계적 분화는 법의 단일성을 위태롭게 하지 않는다는 사고방식이 그 기본에 깔려 있고 그것이 특징이다.[10] 의사소통과정으로 옮아오면 이러한 단일성은 저항을 극복할 수 있는 명령이라는 형식으로 표현된다. 아래에 있어 중요성이 없다고 전제되는 것, 즉 의견을 달리하는 것, 이의를 제기하는 것, 원하지 않는 것 등이 있는 반면, 그 정점에서 전체의 단일성이 표상되므로 그 결과 정점의 부정은 위험을 내포하고 전체가 부정될 가능성, 즉 혁명마저도 포함할 수 있다.[11]

이와 같은 단일성 문제의 해결방법과 관련된 독특한 시각에서 더 나아가 지금까지 논한 전통과 아주 다른 한 가지의 제안이 있다. 즉 하트[12]는 제1차 준칙(*primary rule*)으로 이루어진 법의 원시적 단계에서 어떠한 종류의 결함, 즉 불확실성과 정적 성격 그리고 비효율성이 있고, 이들의 결

---

9) 이 점에 대해서는 Gotthard Günther, "Kritische Bemerkungen zur gegenwärtigen Wissenschaftstheorie. Aus Anlaß von Jürgen Habermas: *Zur Logik der Sozialwissenschaften*", *Soziale Welt* 19, 1968, S.328~341(331 f.)에서 통찰 참조.

10) 특히 Adolf Merkl, *Lehre von der Rechtskraft*, 1923, S.181 ff.; 그것에 의거한 Hans Kelsen, *Allgemeine Staatslehre*, Berlin, 1925, S.229 ff. 참조. 비판으로 예컨대 Karl Engisch, *Die Einheit der Rechtsordnung*, Heidelberg, 1935, S.7 ff.; 오늘날까지 아직 결론이 나지 않은 논쟁상황에 대해서는 Robert Walter, "Der gegenwärtige Stand der reinen Rechtslehre", *Rechtstheorie* 1, 1970, S.69~95(89 ff.) 참조.

11) 무정부주의는 일관하여 사회체계의 위계구조의 형식 자체를 (단순히 현재의 정점에 두는 것이 아니고) 탄핵하지만 물론 그러한 형식의 기능과 기능적으로 등가적인 문제해결의 가능성에 대해서도 충분한 관념을 제대로 형성하지 못했다. 이 점에 대해서는 Otthein Rammstedt, *Anarchismus. Grundtexte zur Theorie und Praxis der Gewalt*, Köln/Opladen, 1969, Einleitung, S.15 ff. 참조

12) H. L. A Hart, *The Concept of Law*, Oxford, 1961, S.89 ff.

함에 대응해서 전혀 다른 종류의 제2차 준칙(*secondary rule*), 즉 승인 준칙(*rules of recognition*)과 변경 준칙(*rules of change*) 그리고 결정 준칙(*rules of adjudication*)을 두며, 제2차 준칙에 제1단계적 준칙질서에 관한 문제를 해결하거나 적어도 경감하는 임무를 부여한다. 여기에서 법의 단일성은 문제와 그 해결의 대응적인 조합이라는 기능적인 구성방법을 취하게 된다. 이러한 고안은 몇 가지 다른 형태를 취할 수 있고, 전망이 있을지도 모른다. 그것은 다음과 같은 고찰을 이끌어낸다.

법사회학은 법이론에 대해 법의 증가하는 복잡성과 법규범의 제도화된 재귀성이 있음에도 위에서 기술한 전통적인 단일성구성방법을 고집할 것인지와 도대체 왜 그런 것인지에 관한 물음을 던져야 할 것이다. 이 책에서 주장하는 법사회학적 연구시각에서 보면 법의 단일성 자체가 단순히 기능적으로, 즉 진화적으로 변화하는 여러 조건 아래서 성립하고, 진화적으로 변화하는 형식에서 나타나는 다차원적 기대구조의 정합성으로서 나타나는 데 그쳤다. 그것에 의해 법이론적으로 충분한 법개념규정이 이루어질 수 없는 것은 사실이다. 충분하지 않다는 것은 특히 법 전체의 기능을 거시(擧示)하는 것만으로는 개개의 규범이 법에 속하는지를 판단하는 데 충분한 기준은 얻을 수 없기 때문이다.[13] 그러나 적어도 우리의 기능적 개념은 더 나은 고찰을 위한 좋은 출발점, 일종의 '통제관념'을 제공하는 것이다. 단일성이라는 사고는 다차원적이고, 그래서 다기능적인 의미맥락에서 구성된다는 사고는 사회체계의 사회학이론에서 확증된 관념일 것이다. 이것은 개별기능의 관점에서 대체불가능성과 관련해 개체의 기능적 동일성을 촉진하고 다른 구조들과 호환가능성의 관점에서 구조적 동일성을 촉진한다. 이러한 사고방식은 구조화된 고도의

---

13) 이러한 지적은 Peter Frey, *Der Rechtsbegriff in der neueren Soziologie*(Dissertation), Saarbrücken, 1962, S.162, 198에서도 볼 수 있다.

복잡성을 가진 사회체계의 분석과 조종하는 데 유리하다. 그러나 그것이 법의 단일성의 법이론적 파악에서도 적절한지는 아직 알 수 없다. 왜냐하면 법이론에서는 결정의 유효성에 목표를 둔 다른 유용성기준이 타당하기 때문이다. 이와 같이 과제를 설정하고 법의 단일성에 대한 종래의 여러 가지 사고방법을 분석해보면 부정에 대한 취급방법이 이 문제의 해결에 중요하다고 추측할 수 있다. 실제 결정은 다른 다양한 가능성을 배제함으로써 성립한다. 원리적 사고는 이것에 다른 가능성의 불명확한 부정이라는 바람직하지 못한 해결을 주었다. 자연적 사고는 해결을 세계의 특징으로서 전제하고 스스로 만드는 것을 방기하였다. 위계적 모델은 대칭적(체계외적) 부정과 비대칭적(체계내적) 부정의 그러한 독특한 조합으로 체계의 고유하고 이미 상당히 복잡한 문제해결을 위한 기초를 발견해냈다. 그러나 법의 타당성을 법의 부정 위에, 즉 혼돈과 질서화 요구라는 선행조건 위에 기초를 두는 용기를 가진 사람은 토머스 홉스(Thomas Hobbes)뿐이었다.[14] 이를 능가하기 위해 부정의 기능을 명시적으로 주제화하고, 언어구조나 존재론적·논리적인 사고전제에 얽매이지 않고 독자적으로 이것을 탐구하지 않으면 안 된다. 불확정성 문제의 전통을 철저하게 다시 생각해보면 좋은 실마리를 얻을 수 있을지도 모른다.[15]

여기서 우리의 두 번째 주제가 나온다. 즉 법과 시간의 관계라는 주제이다. 우리는 일반적으로 적용 가능한 사회학적 개념 및 이론적 사고에

---

14) 예컨대 사실에서 규범을 연역하려는 특별한 시도에서가 아니라 홉스의 역사적 공적에 있다는 점을 보여주고 있는 것으로는 Manfred Riedel, "Zum Verhältnis von Ontologie und politischer Theorie bei Hobbes", in: Reinhard Koselleck/ Roman Schnur(Hrsg.), *Hobbes-Foschungen*, Berlin, 1969, S.103~118 참조. 동시에 홉스의 이론이 부정의 지위에 관하여 더 해명하지 않고 문제를 품고 있다는 것과 그 원인을 이해할 수 있다.
15) 이 점과 관련한 별도의 법이론적인 저술을 시도할 것이다.

의거해 법의 유효기간의 문제를 기대와 기대위배를 둘러싼 명제에서 이해했다. 기대는 항상 현재의 체험이고, 그 속에서 시간은 이미 있었던 것에서 나오는 것의 지평으로서만 기능한다. 현재의 체험 속에서 이 지평이 고려되는 것은 과거가 기대의 기초로서 현재화되고 미래가 기대위배의 경우에 대한 행동의 가능성으로서 현재화되기 때문이다. 특히 우리는 기대의 규범성을 기대에 반하는 미래의 가능성을 중성화하는 것으로서 해석했다.

문제는 법이론이 위와 같은 사고복합을 '효력'(Geltung)이라는 단일개념으로 정리하고, 그것을 하나의 단순한 양으로서 취급할 수 있는가라는 것이다. 만약 그것이 가능하다면 과거와 현재 그리고 미래의 구별이라는 시간 자체는 시야에서 사라지고 오로지 객관적인 시각(時刻)의 관념만 남게 되며 그 시각 위에 법의 효력기간을 지정할 수 있다 할 것이다. 그렇게 되면 효력에 관한 주장은 시간의 지정에 의해 보충되지 않으면 안 된다. 어떠한 법률은 이 시각에서 저 시각까지(또는 당장 지정되지 않지만 결정에 의해 지정될 수 있는 시각까지) 유효하다고 하는 식으로 말이다. 그때 어느 정도의 부정가능성을 생각해야 할 것이다. 즉 부정은 효력과 법률 및 시점과도 관련될 수 있는 것이고, 각 경우에 따라 다른 의미차단을 야기할 수 있다. 그리고 시간문제의 이러한 파악방법은 법령집과 달력에 관한 비교적 단순한 결정가능성을 부여한다.

다른 한편 이러한 단순화는 일정한 인식가능성의 상실이라는 대가를 수반한다. 즉 법에 관한 주장으로서 미래의 부정 또는 과거의 부정을 보조도구로 하지 않으면 구성될 수 없는 것(어떠한 객관적인 시점의 부정에 관한 주장이 아닐 것)이 있을지도 모르겠다. 법의 규범성이란 다른 가능성에 열려 있는 시간지평으로서의 미래를 부정하는 것에 불과한 것이 아닌가? 법의 실정성이란 다른 가능성을 배제해버린 시간지평으로서의 과거를 부정하는 것에 불과한 것이 아닌가? 그리고 법이론은 이러한 견해를 취하는가 거부하는가? 적어도 이 견해에 대한 논의를 가능하게 하는 만큼의 추상도를 가진 개념용어를 필요로 하는 것이 아닐까? 법사회학은 이들 문제를 제시할 수 있을 뿐이지 해결할 수 없다. 그러나 여기서도 이 문제에 답하기 위해 시간체험의 구성에서부터 부정의 기능에 대한 해명을 출발해야 한다는 것이 쉽게 추측될 수 있다.

법과 불법의 관계를 고찰하는 경우에도 위와 유사한 문제에 부딪힌다. 차원의 측면이나 기능의 측면에서 구조화되지 않은 법적 소당연에 관한 단일성의 개념은 일탈행위의 부정에 대해 소박하고 결국 미분화적인 개념에 그칠 수밖에 없을 것이다. 사람들은 존재를 부정함으로써 부존재로 변경하고 부존재를 부정해서 존재로 변경하는 언어적 유추능력과 마찬가지로 불법을 법의 부정으로서 이해할 수 있다고 믿어왔다. 이러한 전제에서 불법은 법에 대해 바로 대칭적인 것으로서 구성되어 법이론에서 배제된다. 근세의 도덕적 결의론 등에서 볼 수 있는 별로 평판이 좋지 않은 예외를 제외하면 불법은 법이론에서 흥미 없는 대조에 불과한 것이었다.[16)]

법과 불법의 관계의 이와 같은 대칭적인 구성은 논리적으로 필연적이지 않고 사회학적으로도 유지될 수 없다. 논리는 다양한 측면에서 부정을 취할 수 있다. 특히 의미의 부정과 원칙에 대한 소당연성의 부정을 함께 인정할 수 있다.[17)] 사회학은 '법의 부정'(Negation des Rechts)이 실

---

16) 이와 같은 사고방식의 기초 위에 예컨대 Theodor Geiger, *Vorstudien zu einer Soziologie des Rechts*, Neudruck/Neuwied, 1964, S.106은 법이나 비법(Nichtrecht)밖에 존재하지 않는다고 생각하고 있다. '불법'(Unrecht)이라는 것은 과학적으로 중요하지 않는 주관적 가치평가라고 한다.

17) 다음의 세 문장의 의미차이를 보자. "너야말로 살해해서는 안 된다"(*Nicht Du sollst töten*). "너는 살해하지 말지어다"(*Du sollst nicht töten*). "너가 살해하는 것은 있어서는 안 된다"(*Daß Du tötest, ist nicht gesollt*). 규범논리학에서 이와 같은 부정의 문제에 대해서는 Georg Henrik von Wright, *Norm und Action. A Logical Enquiry*, London, 1963, S.135; Alf Ross, *Directives and Norms*, London, 1968, S.143 ff. 참

현 불가능하다는 것을 알고 있다.[18] 그다음으로 사회학은 어떠한 기대에 도덕적 특권을 주고 다른 기대를 경시하는 것에서 생기는 구조적 결과를 발견하는 것이나 이러한 도덕적 양극화 자체의 기능을 바로 탐구하는 것에 적극적 관심이 있다. 이를 위해서 법과 불법을 대등시하는 대칭이론은 포기해야 한다. 법이론은 이제 조잡한 단순화라고 인정되는 대칭적 구성을 결정의 단순화를 위해 고수할 것인지에 대해 독자적으로 검토해야 할 것이다.

그때에 유의해야 하는 것은 대칭적인 구성이 결코 '법의 본질'(Wesen des Rechts)과 무관하다는 점이다. 그러한 구성은 원시적인 법감정에서나 초기 고등문화의 법사상에서도 전혀 볼 수 없다. 어느 시점까지, 즉 로마법의 고전적 시기에 이르기까지 자연적인 규범체험과 확실히 가까운 것이었고, 법이 법과 대립한다든가 맹세, 논증, 도식, 원리, 법제도 등이 서로 모순된다고 해도 그뿐이며, 그들이 법질서의 구성요소로서의 성격을 상실한다는 것은 없었다.[19] 법 자체에서 다툴 수 있는 부정을 형성

조. 여기에 더하여 우리의 사회학적 사고에서는 각각 다른 부정 가능성을 가지는 세 가지의 차원에서 소당연형식의 단일성을 해체하는 것(그 각각이 별개의 부정가능성을 가진다는 것)에서 제기되는 보충적인 문제가 있다.

18) 이 점에 대해서는 David Matza, *Delinquency and Drift*, New York-London-Sydney, 1964 참조. 거기에서는 법규범을 부분적으로 또는 케이스마다 부정할 수 있지만 법을 전체로서 부정할 수 없는 기층문화(subculture)에서 여러 가지의 특수한 문제에 대해 상세히 논하고 있다.

19) Dieter Nörr, "Zur Entstehung der gewohnheitsrechtlichen Theorie", *Festschrift für Wilhelm Felgenträger*, Göttingen, 1969, S.353~256는 고대로마법을 투쟁적이고 '고통스러운' 덩어리라고 표현하고(S.355), 2세기에 비로소 분화(서로 배타적인 개념 확정), 조화화, 준칙형성, 법화가 시작되었다고 할 수 있는 것을 강조하고 있다. 그래서 법에 있어 추상적인 단일성 개념의 발전과 내재적 부정가능성 제한과의 문제 사이에 긴밀한 연관을 읽을 수 있다. 그것에 결부된 결과로서 모든 규범적 다툼, 모든 폭력, 모든 수사적 기교, 모든 논증, 해석기술, 모든 법률문제 처리는 그 자체로서 이미 타당한 법에서 결정의 준비 또는 관철이라는 외부영역으로 옮아간다. 이러한 과정은 동시에 이미 기술한 (이 책 202쪽 이하, 319쪽 이

한 것은 법적 타당성의 더 추상적인 원리의 발전 이전에, 따라서 법적 소당연의 개념적 단일성(그것의 부정은 항상 불법만 표시한다)이라는 사고 이전에 볼 수 있었던 것이다. 그것은 너무나 구체적이고 행위에 밀착해 있기 때문에 이미 다시 체험될 수 있는 것은 아닐 것이다. 단지 문제는 현대의 법이론, 특히 실정법의 법정책적 임무와 복잡한 체계구조에도 감내하기를 바라는 법이론이 법과 불법의 관계의 낡은 양자택일적 단순화에 매달려 있어도 좋은가, 그렇지 않다면 그후 얻어진 법개념적 추상화 수준에서 규범적 타당성의 더 분화된 부정가능성을 발전시켜야 하는가라는 것이다.[20]

우리의 법사회학적 고찰에서 보면 법적 소당연의 단일성개념을 부정가능성의 또다른 차원으로 분석하는 것이 가능할지도 모른다. 그리고 소당연과 마찬가지로 부정도 기능적으로 분석하고 그것에 따라 그 대단한 견고함을 해체할 수도 있다. 소당연과 마찬가지로 부정도 단어가 시사하는 것처럼 단순히 직감적으로 명백한 성질의 것은 아니다. 양자의 어느 것도 언어적 상징은 의미구성적 체험의 아주 복잡한 중복적 작용을 나타내고 있으며(은폐시키고 있으며), 그 작용을 더 상세히 탐구할 여지가 있다.

하) 의미에서의 역할과 프로그램의 그러한 분화를 만들어낸다.

20) 이러한 문제영역에 속하는 부분 문제로서 법과 불법의 이분은 완전한 것인지의 문제가 이미 논해지고 있다. 예컨대 Ilmar Tammelo, "On the Logical Openness of Legal Orders. A Model Analysis of Law with Special Reference to the Logical Status of 'Non Liquet' in International Law", *The American Journal of Comparative Law* 8, 1959, S.187~203; Lothar Philipps, "Rechtliche Regelung und formale Logik", *Archiv für Rechts- und Sozialphilosophie* 50, 1964, S.317~329 참조. 이러한 문제에서 특히 결정실무를 위한 질문의 중요성이 인식된다. 즉 법과 불법 관계의 대칭적인 구성을 포기하는 결과, 법의 여러 가지 부분영역이 결정 불가능한 것으로 되어서는 안 된다. 이러한 위험은 부가적인 결정준칙에 의해 방지되어야 할 것이다.

우리는 소당연의 문제에서 기대의 기대라는 복잡하고 불확정적인 수준의 함의를 분명히 하였다. 즉 그것은 비학습적인 기대위배의 처리라는 방식으로 반(反)사실적으로 안정되는 것이다. 부정의 문제에서는 소당연의 그것과 별도이지만 한편으로 보완적인 작용의 측면을 발견할 수 있다. 그것은 모든 소당연 관념에서 이미 전제된 것이다. 부정하는 의식과정을 지각이나 표상의 직접적·내재적인 소여성과 비교해보면[21] 그 특수성은 범례화와 재귀성의 조합에 있다는 것을 알 수 있다. 범례화란 무연관성을 의미한다. 바꾸어 말하면 내가 여러 가능성의 지평 속에 무언가 명확한 것을 지향하고 있을 때는 그것에 의해 부정되는 것을 특정할 필요가 없다는 뜻이다.[22] 이렇게 해서 묵시적인 부정은 모든 의미구성적인 체험에 항상 수반하는 요소로서 기능한다. 그것은 다른 여러 가능성을 보여주지만 그것들을 일괄해 묶어내야 한다. 그러나 그러한 일괄적 배제는 커다란 위험을 수반하는 것이고, 그 위험은 부정이 자기자신에게 지향되고 재귀적으로 되어야만 감내할 수 있다. 부정은 자기 자신

---

21) 내용적으로 주어지는 인상과 기타의 가능성을 중화하는 선택성과의 구별 속에 동시에 다음과 같은 의식이론을 위한 출발점이 존재한다. 즉 의식을 이미 세계상의 현상적 반복으로서가 아니라 정보가치로서 파악하고, 그것에 의해 의미적인 체험과 유기체적 체계에서 의식의 신경생리학적인 기초와의 관계를 더 잘 표현할 가능성을 제공하는 의식에 관한 이론이다. R. M. Bergstörm, "Über die Struktur einer Wahrnehmungssituation und über ihr physiologisches Gegenstück", *Annales Academiae Scientiarum Fennicae, Series A. V. Medica* 94, 1962, S.1~23; Ders., "Neutral Macrostates. An Analysis of the Function of the Information-carrying System of the Brain", *Synthése* 17, 1967, S.425~443 참조. 이러한 구별은 본문의 아래 논술과 관련하여 부정하는 능력의 유기체적 기초가 어떠한가라는 물음에서 하나의 명확한 방향을 제시할 수 있다.

22) 명확한 부정, 즉 내가 그것 자체를 지향하려는 부정(예컨대 '그 책은 서가의 정해진 장소에 없다')은 본문에서 보여준 것과 같은 구조를 다른 방식으로 보여준다. 즉 그것은 부정된 기대를 대신해 무엇이 체험 속에 등장하는가라는 것에 무관심인 것이다.

을 교차하고, 자기를 수정할 수 있으며, 따라서 항상 잠정적인 것에 그친다. 그것은 무로 하는 힘을 가지지 않고 단지 잠정적으로 중화하는 힘을 가지는 것에 불과하다. 나는 '살인을 하지 말라'는 결의나 '신나치주의(Neonazismus)는 위협이 아니다'는 견해를 나 자신에게 언제라도 부정할 수 있다. 그리고 이러한 자유는 그 부정도 마찬가지로 부정할 수 있기 때문에 포기할 수 없는 것이다.

이러한 고찰은 의미구성적 체험에서 부정이 가진 기능적 중요성에 대한 분명한 해명을 더 심오하게 하고, 서서히 체계이론적인 가정에 다시 접목할 수 있겠다.[23] 여기에서 부정의 상징이 위에서 기술한 범례화와 재귀성의 작용에 관한 건설적인 조합을 나타내고 표현한다는 점을 보여주는 것이 무엇보다 중요한 것이다. 그것은 체험가공의 복잡성과 위험 극복의 더 높은 단계를 보여주는 것이고, 그 단계야말로 다른 성과, 특히 우리가 문제삼는 소당연관념의 토대가 될 수 있다. 사고나 언어 그리고 행위의 아주 수많은 연관에서는 소재연이나 소당연 또는 부정(Nicht)의 상징을 단순한 통화와 같이 사용하는 것으로 용도가 충분하고 그것들을 가능하게 하는 여러 작용을 물을 필요는 없다. 그러나 사견에 의하면 사회학은 의미와 상징이라는 그 기본개념을 해석해가는 과정에서 위와 같은 근시안적 사고를 제거해야 할 것이다. 법이론이 그러한 단순성을 유지할 수 있을지는 그 특수한 인식 관심의 조직화 여하에 달려 있을 것이다. 가령 법이론이 소재연이나 소당연 또는 부정을 분석되지 않는 기본 개념으로 전제한다고 해도 오늘날에는 그러한 분석의 가능성을 의식하지 않으면 안 될 것이고, 그 기본개념결정을 다른 여러 가능성 속에서 선택으로 정당화해야 한다고 생각된다.

---

23) 이 점에 대해서는 Niklas Luhmann, "Sinn als Grundbegriff der Soziologie", in: Jürgen Habermas/Niklas Luhmann, *Theorie der Gesellschaft oder Sozialtechnologie- Was leistet die Systemforschung?*, Frankfurt, 1971, S.25~100(35 ff.) 참조.

결론: 법체계와 법이론(제2, 3판)

　지금까지 우리는 법의 진화에서 그 순서와 결과를 살펴보았다. 그러한 진화 덕분에 법체계의 완전분화가 이루어졌으며, 그 결과 법체계는 비교적 자율적으로 자신의 고유한 사회적 기능을 도모할 수 있게 되었다. 그러나 오늘날까지 법사회학에서는 이러한 상황이 체계적으로 다루어지지 않고 있다. 즉 법체계의 단일성에 관한 고유한 사회학이론이 없다. 법체계에 관해서 언급한다거나 법체계의 자율성이 특별한, 아니 오히려 예외적인 역사적 현상으로 취급된다고 하더라도[1] 어떻게 법체계가 그 자체의 고유한 통일성을 구성하고 유지하는가의 문제를 이론적으로 설명하는 것은 없다. 그러므로 '법의 단일성'(Einheit des Rechts)과 같은 주제와 무엇보다 법에 대한 체계적인 연구가 법학 자체에 맡겨져 있고, 또 법사회학은 법외적인 사실과 개별적으로 법과 연관시키는 관계적인 시각을 더 많이 장려하고 있다. 그것을 넘어서는 모든 문제설정은

---

1) 법체계에 관한 설명으로서 특히 Lawrence M. Friedman, *The Legal System: A Social Science Perspective*, New York, 1975 참조. 그리고 자립적인 법체계의 역사적 상대성에 대한 평가에 대해서는 Robert Mangabeira Unger, *Law in Modern Society: Toward a Criticism of Social Theory*, New York, 1976 참조.

사회학자에게 관심거리가 아닌 것 같다.[2]

그런데 그동안 불꽃이 튈 만큼 일반체계이론 및 그 중요한 응용분야 (예컨대 사이버네틱, 생체이론, 인식이론)에서 연구가 아주 많이 수행되었다. 가장 중요한 업적은 체계이론에서 자기준거라는 개념의 수용 및 그 심화와 연결되어 있다. 이 경우 오늘날 더 이상 오로지 컴퓨터의 자기프로그래밍 또는 자기조직이라는 문제만 생각하는 것은 아니다. 이러한 문제는 법의 분야에서 이를테면 법의 실정화와 상응할 수도 있는 것이다. 달리 말하면 자기준거성은 체계구조의 차원에서만 논의되는 것이 아니다. 오히려 자기준거적 체계가 문제이다. 자기준거적 체계란 체계가 필요로 하고 사용하는 각종의 일체성을 스스로 산출한다. 물론 그것은 체계 자체의 통일성과 그것을 구성하는 요소(예컨대 행위)의 통일성도 스스로 만들어낸다. 움베르토 마투라나(Humberto R. Maturana) 교수의 제안에 의하면 그러한 체계를 '자기생산' 체계('autopoietishe' systeme)라고 한다.[3] 그러한 체계의 특징은 체계가 구성요소 자체의 작동을 통해 그 구성요소의 작동적 통일성(그러니까 우리의 분야에서는 법적으로 중요한 결과와 결정)을 스스로 만들어 획정하고 이러한 자기창발적 과

---

2) 최근에 Vilhelm Aubert, *In Search of Law: Sociological Approaches to Law*, Oxford, 1983, S. 28는 다음과 같은 개별적인 연구 주제와 관련하여 "…… 이 모든 현상들은 사회학적 의미에서 법체계에 귀속된다. 그 경계선을 그어야 할 곳이 명료하지 않고, 문제의 관심은 제한적이다. 법에 대한 사회학적 정의를 하려는 시도는 필요하지도 또 성과도 없을 것이다"라고 적고 있다.

3) 도이치어판으로 Humberto R. Maturana, *Erkennen: Die Organisation und Verkörperung von Wirklichkeit: Ausgewählte Arbeiten zur biologischen Epistemologie*, Braunschweig, 1982 참조. 토론의 폭과 심한 내부 논쟁에 대해서는 Milan Zeleny(Hrsg.), *Autopoiesis: A Theory of Living Organization*, New York, 1981 참조. 그리고 논리학 분야에서 이에 상응하는 전개에 대해서는 Francisco J. Varela, "A Calculus for Selfreference", *International Journal of General Systems* 2, 1975, S.5~24 참조.

정이 고유한 일체성을 부여한다는 것이다.[4)]

자기영속성에 관한 한 자기창발적 체계는 하나의 회귀적인 폐쇄체계로 보아야 한다. 자기 안에서 통일체로서 기능하는 것은 외부로부터 간섭받지 않을 수 있다. 이러한 의미에서 예컨대 생명, 의식 그리고 사회적 의사소통은 모두 각자 폐쇄적 체계이다. 각 체계에서 작동적 구성요소로서(세포, 관념, 의사소통적 행위로서) 기능하는 것은 그 단위가 오로지 이러한 체계 안에서 그리고 오직 그것을 통해서만 획득될 수 있다. 환계와의 관계에서 모든 각 통일체는 환계에서 제거할 수 없는 집적기능과 선택기능을 가지고 있지만 그 복잡성을 곧바로 감축해야 한다. 다른 한편 이러한 재귀적·자기준거적인 작동은 환계를 전제로 한다. 순수하게 '유아론적'(唯我論的)으로는 불가능하다. 왜냐하면 모든 작동은 차이를 지향하고, 체계의 통일성이 산출되는 것은 환계와의 차이에서만 이루어질 수 있기 때문이다.[5)] 그러므로 이러한 하나의 체계는 스스로 차이를

---

4) 따라서 적확하게 숙고된 정의는 다음과 같이 규정되어 있다. "우리는 통일체를 구성요소에 대한 생산망으로 정의하는 체계가 있다고 주장한다. 여기서 구성요소는 (1) 귀납적으로 상호작용을 통해서 구성요소를 생산하는 망을 만들어 현실화하고, (2) 구성체가 존재하는 공간에서 망의 현실화를 기대하는 구성요소로서 이러한 망의 경계를 구성하는 것이다"(We maintain that there are systems that are defined as unities as network of production of components that (1) recursively, through their interactions, generate and realize the network that produces them; and (2) constitute, in the space in which they exist, the boundaries of this network as components that participate in the realization of the network). Humberto R. Maturana, "Autopoiesis", in: Zeleny, a. a .O., S.21~23(21).

5) Heinz von Foerster, "On *Self-organizing Systems* and Their Environments", in: Marshall C. Yovits/Scott Cameron(Hrsg.), *Self-organizing Systems*, Oxford, 1960, S.31~50; Ders., "On Constructing a Reality", in: Wolfgang F. E. Preiser(Hrsg.), *Environmental Design Research*, Bd. 2, Stroudsbourgh Pen., 1973, S.35~46 참조. 자기창발성의 이론(Die Theorie der Autopoiesis)은 이를 위하여 추가적으로 관찰(및 자기관찰)의 개념을 필요로 한다는 것을 분명히 했다. 그런데 이 개념은 그러한 원론적 차이의 구성과 관련되어 있지만 자기창발성의 개념 자체에 아직 포함

지향할 수 있어야 하고 다른 체계를 고려해 스스로를 관찰할 수 있어야 한다. 그래서 체계는 그 환경에 노출된다.

이와 같은 이론의 발전에 따라 닫힌 체계와 열린 체계라는 오래된 대비는 포기할 수밖에 없다. 개방성과 폐쇄성의 차이는 반대가 아니라 하나의 상승관계를 의미한다. 개방성은 닫힌 자기재생산을 전제로 하고 그것은 곧바로 폐쇄성을 지지한다.[6] 그런데 문제는 어떠한 조건 아래 그러한 관계의 복잡성에서 상승이 나타나는가를 포착하는 것이다. 이러한 의미에서 자기준거적 체계는 개방성과 폐쇄성의 조합에서 진화적 검증대상이 된다.

사회체계의 분야에서 오직 사회만이 작동적으로 닫힌 체계, 즉 단순히 의사소통으로, 그리고 모든 의사소통으로 구성된 체계이다. 그러므로 사회와 그 환경 사이에는 의사소통이 없다. 어떤 것이 의사소통으로서 현실화되는 순간, 그것은 바로 사회내재적 과정이다. 그러한 과정에는 외적 조건과 효과(예컨대 참가자의 의식변화)가 있다. 그러나 그것은 자기창발적 체계의 작동으로서 같은 종류로 지금까지 그리고 계속되는 작동을 통해 유의미하게 자동성이 확인될 수 있다. 그러므로 사회는 그 환경에 관한 의사소통을 할 수는 있지만 그 환경과 의사소통을 할 수는 없다. 사회는 재귀적 의사소통적 폐쇄성을 기저로 하는 열린 체계이다.

이것이 사회의 모든 부분체계에 대해서는 물론 법체계에 대해서도 동일하게 타당한 것은 아니다. 부분체계들은 단지 사회적으로 정돈된 환경 속에서 세분화되어 있을 뿐이다. 사회내부적 환경에서 의사소통이 생기고, 예컨대 소송절차에 의해 경제적 제공과정을 재촉하듯이 체계 고유의 의사소통과 환경에서의 의사소통이 연결되는 것은 가능하다. 모든 부분

되어 있지 않다. 상세한 것에 대해서는 지금 그 다툼이 있다.

6) Edgar Morin, *La Méthode*, Bd. 1, Paris, 1977, S.201에서 'L'ouvert s'appuie sur le fermé'을 말한다.

체계에 대해 개별관점이 갖추어져 있는데, 이것은 체계의 동시적인 개방에서 체계의 자기준거적 결정을 가능하게 한다. 관점의 선택에 의한 사회분화원칙이 확정된다. 전통사회에서 이에 해당하는 것은 자연법적으로 확정된 서열원칙이었으나 기능적으로 분화된 현대사회에서는 개개의 특별한 사회문제해결에 기여하는 부분체계의 기능이다.

이와 같은 일반적인 사회학이론은 법체계의 경우에도 그 유용성이 증명된다. 법체계는 하나의 **규범적 폐쇄체계**이다. 그 구성요소의 도움으로 규범적인 성격을 부여받음에 따라 그 체계는 법적으로 중요한 단위로서 고유한 구성요소를 산출한다. 바로 그러한 구성요소는 주어진 자연적 맥락에서 물리적·화학적·유기체적·의식적으로 산재하는 각종 사건(예컨대 출생, 죽음, 사고, 행위, 결정)이다. 이들 사건이 다른 구성요소에 종속되어 있으면서 하나의 구성요소로 기능하고 있는 규범적 맥락에 근거하여 법체계에만 중요한 특별한 지위가 주어진다. 이러한 지위는 앞에서 정의한 의미에서 규범적 성질을 가지고 있다. 그것은 반(反)사실적으로 안정된 기대의 형성을 정당화한다.[7]

동시에 법체계는 인지적 개방체계이다. 법체계는 그 폐쇄성이 있음에도 폐쇄성에 근거해서 그 환계로 지향한다. 그래서 법체계는 역시 학습능력을 상당히 높이지만 항상 규범적으로 닫힌 자기생산의 통일성과 관련되어 있다. 예컨대 출생(과 그에 따른 권리능력)의 경우를 생각해보면 그것은 인지적 입장에서 누군가 출생하였는지를 검토할 수 있고 소당연적 판단으로 이 문제에 대응하는 것은 아무런 의미가 없다. 더 나아가 출생시점을 자의적으로 결정할 수 있을 정도로(예컨대 주말을 거룩하게 하기 위해서 이미 금요일에) 의료기술이 발달하면 우리는 인지적 접근에 의해 이러한 의학적 발달에 따라 출생과 권리능력에 관한 규범적 관

---

7) 이 책 132쪽 이하.

련성을 그대로 유지해야 하는지를 다시 검토할 것이다.

규범적으로 닫혀 있으면서 인지적으로 열려 있는[8] 기대태도의 차이는 체계와 그 환계에 대한 준거의 분화와 동시진행에 기여한다. 체계는 이런 식으로 그의 기능에 동조하면서 환계로 재생산을 제공하지 않고도 차별화할 수 있다. 그것은 오로지 자기 고유의 등급에서 규범적 효력을 구성요소에서 구성요소로 공급할 수 있다. 하지만 곧바로 이러한 자기생산적 폐쇄성 때문에 환계와의 관계에서 인지적 태도가 높게 요구된다. 체계는 그것의 모든 작동에서 자기준거를 유지하고 또 순간순간 생산된 구성요소가 규범적 성질을 요구할 수 있는가 그렇지 않은가에 의존케 하여 자신의 폐쇄성을 확보한다. 그것은 환계조건에 이러한 재생산의 의미론을 적용해 그것의 개방성을 확보한다.

이러한 이론의 제안을 받아들이면 법이론에서 오랫동안 논의되어 온 문제에 대한 다음과 같은 일련의 결과들이 나온다.

1) 체계에는 환계에서, 자세히 말하면 일반적인 의미에서의 환계(자연)에서나 사회내적 환계(이를테면 종교나 도덕)에서도 규범적 성질이 유입되지 않는다. 어떠한 환계의미도 그 자체로 법체계에 대해서 규범적으로 구속력이 없다(그러나 법체계 외부에서 규범적 기대가 형성될 수 있다는 것을 배제하는 것은 아니다). 법체계가 법외적 규범, 이를테면 신의성실이나 선량한 풍속 등과 관계하면 이러한 규범은 이러한 통로를 통해 비로소 법적 성질을 얻는다.

---

8) 우연치 않게 이러한 문구는 W. Ross Ashy, *An Introduction to Cybernetics*, London, 1956, S.4의 '에너지에는 열려 있지만 정보와 통제에는 닫힌'(open to energy but closed to information and control)이라는 사이버네틱 체계에 대한 유명한 정의를 생각나게 한다. 다른 출처는 J. Y. Lettvin/H. R. Maurana/W. S. McCulloch/W. H. Pitts, "What the Frog's Eye Tells The Frog's Brain", *Proceedings of the Institute of Radio Engineers* 47, 1959, S.1940~1951 참조.

2) 이러한 구획문제는 특별한 법규범적 성질을 상세하게 하도록 강요한다. 그것은 정합적 범례화의 기능, 더 자세히 말하면 범례화된 정합적인 기대망의 구축을 위해 분쟁을 이용하고 분쟁에서 주어지는 승리를 전망하는 것에 있다.[9] 이러한 방식으로 폐쇄성과 개방성, 병존적인 자기준거와 학습적 환계적응의 조합은 법의 사회적 기능으로 지향되고 법체계는 사회체계의 기능적 분화의 맥락으로 편입된다.

3) 법체계의 단일성은 그것의 자기생산적 재생산으로서 실현화된다. 이것은 특별히 주어지는 것이 아니다. 그것은 창조자의 덕분도 아니고 관찰자의 덕분도 아니다. 이것은 법이 있어야 한다는 것을 사전에 규정하고 있는 더 일반적인 기본규범으로는 물론이고, 켈젠적 의미에서 인식론적 가정과 칸트적 실천이성비판의 의미에서 의식의 단순한 사실성조차도 소급하지 않는다. 이것은 바로 법체계 자체의 자기준거적 재생산의 폐쇄이다.

4) 그러므로 법의 '효력'은 그 성질에 있는 것이 아니다.[10] 이것은 하나의 '근거'에서 생기지 않는다. 왜냐하면 그것은 모든 근거의 전제이기 때문이다. 효력에 대한 단순한 믿음이나 단순한 평균적인 법준수로서 성격 규정될 수 없다. 이것은 도대체 믿는 존재가 무엇이고 법이 무엇과 결부되는가라는 물음으로 넘어가기 때문에 사회학자나 아메리카합중국과 스칸디나비아의 법현실주의학파에서 통상 주장되는 것이다. 그렇지만 이러한 오늘날 통상적인 관념은 올바른 길을 제시하고 있다. 즉 효력은

---

9) 이 책 210쪽 이하, 227쪽 이하, 그 외 Niklas Luhman, "Konflikt und Recht", in: Ders., *Ausdifferenzierung des Rechts: Beiträge zur Rechtssoziologie und Rechtstheorie*, Frankfurt, 1981, S.92~112. 참조.

10) 전체 법질서에 대한 일정부분의 성격규정을 위해서뿐만 아니라 더욱이 법을 논증하기 위해서도 자연과의 관계를 인용했던 중세의 학설이 그러하다. 이에 관해서는 Gaines Post, *Studies on Medieval Legal Thought*, Princeton, 1964. S.494 ff. 참조.

사건마다 지속적인 재생산을 예견하면서 법의 지속적 재생산을 한다는 점에서 법의 재귀적 자기준거나 다름없다.

5) 더욱이 법체계에는 위계구조가 구축될 수 있고, 법체계의 규범적 성질에 관한 위계뿐만 아니라 조직적인 차원에서도 이러하다. 그러나 이러한 위계구조는 그 자체에서 법의 자기영속성이 사건마다 확립된다는 것에 좌우되는 2차적 구조이다.[11] 물론 상위규범 또는 상위심급이 법적 성질을 만들어낸다고 생각해서는 안 된다. 자기창발성은 엄격히 대칭적이고 재귀적인 현상이며, 이러한 점에서 모든 위계는 순환적인 구조이다. 규칙이 결정을 기초로 해서 효력을 가짐에도 (그렇기 때문에 정말!) 법적 결정은 법적 규칙의 기초 위에서 효력을 가지고 있다.[12] 규율과 집행은 서로 효력을 부여하는 것으로 전제한다. 도입되는 모든 비대칭은 순수한 인지적 기능을 가지며 체계에 대한 환계의 영향을 경로화하는 데 기여한다. 이것은 또한 제정법과 법원의 판결과 관계에서 타당하다.

6) 이러한 이론에 기한 규범적인 폐쇄성과 인지적인 개방성의 지속적인 조합은 임의적으로 가능한 것이 아니다. 이것은 오히려 특별한 형식이 필요하다. 그것은 복잡성이 증가할 때 법체계의 더 명료한 분화와 더 높은 사회적 자립성을 더 강력히 요청하는 그러한 형식이다. 이것은 법

---

11) 이것은 H. L. A. Hart, *Der Begriff des Rechts*, dt. Übers., Frankfurt, 1973가 연구 했던 일종의 자기보충적 관계로서 법의 통일성을 파악하는 관념에도 해당한다. 이에 의하면 일차적 규칙의 기본적인 법단계에는 일정한 흠결(불확실성, 정적 성격, 비효율성)이 있다. 이와 관련하여 전혀 다른 종차규칙의 제2차적 단계(인식규칙, 개정규칙, 판결규칙) 등이 전개된다. 물론 이것은 자기준거적 개념, 즉 (단순히 권력이나 돈 또는 동정심에 대한 호소 대신에) 자기 고유의 방법으로 자기흠결을 취급하는 것으로 돌아간다.

12) 이를 위해서 Torstein Eckhoff/Nils Kristian Sundby, "The Notion of Basic Norm(s) in Jurisprudence", *Scandinavian Studies in Law*, 1975, S.123~151; Torstein Eckhoff, "Feedback in Legal Reasoning and Rule Systems", *Scandinavian Studies in Law*, 1978, S.41~51 참조.

의 조건성과 법과 불법에 대한 이원적 도식(二元的圖式)에 있다.

조건화는 체계형성을 위해 모든 경우에 없어서는 안 되는 아주 일반적인 정리기법이다. 이것은 일정한 구성요건 사이(또는 관찰자 측면에서 변수들 사이)의 관계가 일정한 조건 아래 현실화되도록 하는 것이다.[13] 법체계는 이러한 일반적 기법을 조건프로그램[14]의 특수형태로 만들어서 규범적 기대의 효력에 대한 반응유발조건을 검사하는 것을 가능하게 한다. 조건성에 의해 폐쇄성과 개방성의 조합은 추가적 기능을 획득한다. 그리고 이러한 상황에서 모든 목적지향은 체계를 개별적인 환계조건에 종속적으로 만들어서 불안정하게 만든다.[15]

7) 법과 불법의 구분을 한 전체체계의 코드화는 상관적으로 작용한다. 평가가능성은 인위적으로 배가된다. 그래서 모든 법적 사건은 합법적 또는 위법적으로 파악되고 이러한 차이는 조건적으로 될 수 있다. 법과 불법의 구분은 전부 또는 전무의 원칙(Alles-oder-Nichts-Prinzip)에 의해 더 가중되는 분쟁조정이나 목적달성에도 기여하지 않는다. 즉 이것은 그러한 목적을 넘어 개별사건의 규율을 지시하여 법의 끊임없는 재귀적 자기창발성을 수행하는 것이다. 이러한 식으로 볼 때 우리는 합법

---

13) W. Ross Ashby, "Principles of the Self-organizing System", in: Heinz von Foerster/George W. Zopf(Hrsg.), *Principles of Self-organization*, New York, 1962, S.255~278 참조. 이 글은 Walter Buckley(Hrsg.), *Modern Systems Research for the Behavioral Scientist: A Sourcebook*, Chicago, 1968, S.108~118(109)에 재인쇄되었음.

14) 이 책 394쪽 이하를 보라.

15) 매우 논란이 심하다! 바로 Unger, a.a.O., S.86의 "모든 그러한 목적적 판단은 본질적으로 특이하고 불안정하다. 즉 주어진 목적과 다양한 상황에서 가장 효율적인 수단과 그 목적 자체는 복잡하고 변화하는 것처럼 보인다"(all such purposive judgement are inherently particularistic and unatable: the most effective menas to any given and varies from situation to situation, and the purposes themselves are likely to be complex and shifting)는 부분은 그 논란의 예이다. 또한 a.a.O., S.194 ff. 참조.

적 사건과 위법적 사건이 모두 법적 성질을 가진 구성요건으로서 법체계 자체에 의해 생산된다는 것을 인정한다. 이것은 법의식의 획득에 관한 범죄의 기능과 관련한 뒤르켐의 분석이나 이른바 낙인이론(烙印理論)적 접근방법에서 이미 예상되었던 관념이다. 그렇지만 구성요건적 단위의 구성에 관한 문제가 동기의 문제나 인과의 문제와 결합되어서는 안 된다.

이러한 고려를 가지고 법체계의 사회학적 이론을 개관하였다. 이 이론에 의하면 기능적으로 분화된 사회가 법의 특수한 기능에 의거해서 더 높은 자립성을 갖도록 하는 방향으로 법체계를 분리할 때 기대되는 구조에 따라 그려낼 수 있다. 우리는 동일한 출발점에서 법이론, 법말씀론 그리고 법학의 사회학으로 가는 통로를 얻을 수 있다.

법이론, 법말씀론 그리고 이와 연계된 모든 종류의 '학문적' 법연구는 사회학적으로 **법체계의 자기규정** 형태로 규정할 수 있다. 자기준거적 체계 내에서 자기준거는 이를테면 법의 의미 또는 법을 적용하는 법체계의 '기관'(機關)으로서 법에 관한 주장과 같이 체계가 자신을 단순화하는 규정 자체를 만들고, 그 고유한 작동을 이러한 의미론으로 정향해서 다시금 유효하게 된다. 법의 사회학적 이론이 그러한 자기규정과 혼동되어서는 안 된다. 사회학은 체계 밖에서 그것을 관찰하고 기술하므로 경우에 따라 법이론보다 많거나 적은 것을 본다. 사회학은 비교한다. 사회학은 정당화하지 않는다. 그렇지만 고유구조 속에 생산된 법체계이론은 체계 자체의 작동에 무엇보다 법 또는 불법의 결정으로 번역될 수 있다. 이들 이론은 법체계에 허용될 수 있는 더 좁은 지평 속에서 법을 끌어내고 그것을 법체계 안에서 해석될 수 있도록 하는 의미압축으로 작용한다. 그래서 사회학적 이론이 관여할 수 없는 전제가 발효하게 된다. 유의미하게 확정된 사유형상, 친밀과 분리, 원칙과 논증방법이 의미를 얻

는데, 이에 대해 사회학적 개념에서 어떠한 대응적인 것이 없지만 기껏
해야 '전문직'의 환계특유적 감수성과 기술적 세련에 대한 감격은 있다.
다른 말로 하면 법이론은 법말씀론적이고 개별사건에서 적용가능한지
에 맞춰져 있다. 이것이 아무리 추상적이라고 하더라도 '실천이론'이라
고 할 수 있다. 그러므로 법이론은 비록 법규범이 없다고 하더라도 체계
의 규범적 근저를 함께 표현해야 한다. 그러니까 법이론은 항상 그것이
기여하는 체계의 통일성을 지시하며, 이러한 시각에서 보면 재귀적 이론
이다.

현대사회의 거의 모든 완전분화된 기능체계에서는 그것에 상응하는
재귀적 이론이 발달되어 있다.[16] 경험적으로 보면 전체사회적 완전분화
가 체계에서 체계의 자기관찰, 자기기술, 이론적 반성과 상호연관되어
있다는 것이 분명하다. 현대사회의 의미론과 자기이해를 철저히 규정한
이러한 체계 특유의 이론적 재귀성을 비교해보면 그것은 법이론을 위해
서도 기능, 성립맥락, 역사적 변이 그리고 잠재적인 제한에 대한 중요한
통찰이 나타난다. 무엇보다 모든 재귀적 이론에는 기능부문의 의미와 자
립을 정당화해야 할 필요성이 있고, 그렇지만 모든 경우 포괄적인 전체
의 의미에 대한 언급은 실패한다. 그러한 언급에 기여해온 자연 또는 이
성과 같은 거대상징은 실패한 것 같은데, 이것은 자기준거의 상징화와
그때그때 고유한 기능의 사회적 우선에 대한 요청을 통해서 해소될 수
있을 것 같다.

그러므로 법의 사회학이론은 법률적 말씀론이 수용하고 인수할 수 있

---

16) 이 점에 관해서 Niklas Luhmann/Karl Eberhard Schorr, *Reflexionsprobleme
im Erziehungssystem*, Stuttgart, 1979; Niklas Luhmann, *Politische Theorie im
Wohlfartsstaat*, München, 1981; Niklas Luhmann, "Ausdifferenzierung von
Erkenntnisgewinn: Zur Genese von Wissenschaft", in: Nico Stehr/Volker
Meja(Hrsg.), *Wissenssoziologie*, Sonderheft 22 der *Kölner Zeitschrift für Soziologie
und Sozialpsychologie*, Opladen, 1981, S.101~139 참조.

는 의미에서의 법이론은 이미 아니다. 전체사회, 즉 사회적인 모든 것을 고려해야 하는 사회학은 법의 특별세계에 대하여 내정한 간극을 유지할 것이다. 사회학에 대해서 법의 단일성(Einheit)은 오직 무연관(Differenz), 즉 그 환계에 대한 법체계의 무연관뿐이다. 사회학은 법체계의 자기 기술(記述)이 아니라 외부적 기술을 제공한다. 사회학은 더 대담하고, 추상적으로 시도된 비교를 통해서 작업하여 법률가가 자신의 고유한 사회적 과제로 오인하고 있는 것으로 스스로 느끼게 할 것이다. 사회학은 법의 자기창발성에는 함께 협력하지 않는다. 그러므로 사회학은 이 개념을 사용해서 법률가의 활동을 기술하고 또 자기준거적 체계에 대한 일반적 문제의 특수한 경우로서 그것을 비교할 수 있다.

이러한 구분을 잠시 유지할 필요가 있다. 이러한 구분을 위장하거나 흐려서는 안 된다. 모든 의사소통은 시각을 분리해 유지하는 데서 출발해야 한다. 공통적 개념화에도 불구하고 우리가 이것을 받아들일 때 비로소 그 문제를 전개해나갈 수 있다. 양측에서 사용할 수 있는 한 가지의 개념적 기구가 자기준거적 체계의 일반이론에서 제공될 것 같다. 법체계는 사회학적·법이론적 차원에서 그 고유한 단일성을 구성하고 계속적으로 재생산해야 하는 하나의 체계로 파악될 수 있다. 이러한 의미에서 자기준거적 체계의 사회학이론은 법체계에 적용되면서 법이론을 위한 구조와 문제의 규정을 작성하고 있다. 앞서 개관한 법의 단일성과 재귀적 폐쇄성, 개방성, 대칭과 비대칭화, 조건화 및 이원적 도식화와 기능 등의 주제들은 법이론적으로 유용한 기본적 개념화를 위한 자극제와 같은 것으로 생각된다. 사회학과 달리 법이론은 자기창발적 과정에 대한 참가 및 규칙과 판결의 규범적 성질부여에 대한 작용을 함께 성찰해야 할 것이다. 이러한 한, 법이론은 법의 사회학적 분석을 넘어선다. 동시에 이것은 통찰의 반경과 아직 그것을 대체할 수 있는 형식을 제한한다.

법이론은 자신의 고유영역 내에서 무엇보다 상징화를 통해 불확정성에서 그 체계의 기능과 통일성을 뽑아낼 때 스스로 구분될 것이다. 법이 법으로서 상징화되는 모든 것은 규범적으로 충전된 표현을 얻는다. 이원적인 도식에 들어오면 법(권리)을 실행하는 것과 법(권리)을 가지는 것이 법을 행하지 않는 것과 법(권리)을 가지지 못한 것보다 좋다는 것은 더 이상 다툴 수 없다. 왜 이것이 그렇고 또 그것을 어떻게 논거할 수 있는가라는 문제는 법이론 분야에서보다 오히려 역사학 분야에서 더 많이 들린다. 물론 지난 200년간의 법이론적 반성은 법효력을 논거하고 그러한 한에서 우연성을 배제하려는 의도가 있었으나 실현되지 못했다. 오히려 반대로 우리가 법효력에서 우연성, 자의성, 임의성 및 역사적 또는 사회적 상대성을 많이 배제하려면 할수록 더욱 이러한 불확정성의 의식은 확고해진다. 모든 '논증'은 결국 그 의도에 반해 반생산적으로 작용한다.[17] 또한 법이론은 법의 실정성을 인정해야 한다. 그렇지 않으면 사회나 사회학에 그리고 더 나은 지식에 역으로 작용할 것이다. 자기창발적 체계의 이론은 그 외에 아무것도 말하지 않고 요구하지도 않는다.

법의 재귀적 이론으로서 법이론의 구축을 위해 이중적 지시가 나타난다. 자기창발에 관한 사유가 한편으로는 동어반복적인 최후논거로써, 또는 이들 사상(事象), 즉 법은 법이라는 사상을 작동하게 한 상징이나 형식주의로써 작업하는 것이 규범위반도 논리적 오류가 아니라고 할 만큼 경험적으로 주어져 있는 불가피한 현상으로서 자기준거의 논거를 제공한다. 다른 한편으로 그것은 그러한 근본적 조건이 엔트로피(Entropie)의 방향으로 작용하지 않게 하고, 근본적 조건이 절대적 자의가 지배하고 모든 임의적인 연속상황이 마찬가지로 개연적인 상태가 되는 것이

17) Raffaele de Giorgi, *Scienza del diritto e legittimazione: Critica dell' epistemologia giurdica tedesca da Kelsen a Luhmann*, Bari, 1979(도이치어 요약판: *Wahrheit und Legitimation im Recht: Ein Beitrag zur Neubegründung der Rechtstheorie*, Berlin, 1980)에서 이 점에 관한 자세한 연구 참조.

아니라, 반대로 그것이 스스로 제한되는 질서의 구축을 위한 조건으로서
기능한다는 것을 보여준다. 행위에서 체계로 그리고 주체에서 객체로 바
꾸어 생각하면 이것은 제한이 언제나 오로지 자유의 제한으로서만 가능
하고 그 자유 자체는 자유의 제한에 대한 결과로 나타난다는 것을 의미
한다.

참고문헌

입문서, 개설서, 연구소개

Aubert, Vilhelm(Hrsg.), *Sociology of Law*, Harmondsworth, England, 1696.

_____, *In Search of Law. Sociological Approaches to Law*, Oxford, 1983.

Black, Donald, *The Behavior of Law*, New York, 1976.

Carbonnier, Jean, *Rechtssoziologie*(Dt. Übers.), Berlin, 1974.

Davis, F. James/Foster, Henry H., Jr./Jeffrey, C. Ray/Davis, E. Eugene, *Society and the Law*, New York, 1962.

Diamond, A. S., *The Evolution of Law and Order*, London, 1951.

Eisermann, Gottfried, "Die Probleme der Rechtssoziologie", *Archiv für Verwaltungssoziologie-Beilage zum gemeinsamen Amtsblatt des Landes Baden-Württemberg* 2, No.2, 1965, S.5~8.

Evan, William M.(Hrsg.), *Law and Sociology*, Glencoe/Ill., 1962.

Friedman, Lawrence, *Das Rechtssystem im Blickfeld der Sozialwissenchaften*(Dt. Übers.), Berlin, 1981.

Geiger, Theodor, *Vorstudien zu einer Soziologie des Rechts*, Neuwied/Berlin, 1964.

Gurvitch, Georges, *Grundzüge der Soziologie des Rechts*, Neuwied, 1960.

Hirsch, Ernst E./Rehbiner, Manfred(Hrsg.), "Studien und Materialien zur Rechtssoziologie", *Sonderheft 11 der Kölner Zeitschrift für Soziologie und Sozialpsychologie*, Köln/Opladen, 1967.

Horváth, Barna, *Rechtssoziologie. Probleme der Gesellschaftslehre und der Geschichtslehre des Rechts*, Berlin, 1934.

Kulczâr, Kalmân, *Rechtssoziologische Abhandlungen*, Budapest, 1980.

Lévy-Bruhl, Henri, *Sociologie du droit*, Paris, 1961 (Dt. Übers.: *Soziologische Aspekte des Rechts*, Berlin, 1970).

Luhmann, Niklas, *Ausdifferenzierung des Rechts, Beiträge zur Rechtssoziologie und Rechtstheorie*, Frankfurt, 1981.

Mayhew, Leon H., "Law. The Legal System", *International Encyclopedia of the Social Sciences*, Bd. 9, 1968, S.59~66.

Nauck, Wolfgang/Trappe, Paul (Hrsg.), *Rechtssoziologie und Rechtspraxis*, Neuwied/ Berlin, 1970.

Nonet, Philippe/Selznick, Philip, *Law and Society in Transition. Toward Responsive Law*, New York, 1978.

Opp, Karl-Dieter, *Soziologie im Recht*, Reinbek, 1973.

Podgórecki, Adam, *Law and Society*, London, 1974.

Poirier, Jean, "Introduction à l'ethnologie de l'appareil juridique", in: Ders.(Hrsg.), *Ethmologie générale*, Paris, 1968, S.1091~1110.

Raiser, Thomas, *Einführung in die Rechtssoziologie*, Berlin, 1972.

Rottleuthner, Hubert, *Rechtstheorie und Rechtssoziologie*, Freiburg, 1981.

Ryffel, Hans, *Rechtssoziologie. Eine systematische Orientierung*, Neuwied, 1974.

Sauermann, Heinz, "Die soziale Rechtsrealität", *Archtv für angewandte Soziologie* 4, 1932, S.211~237.

Sawer, Geoffrey, *Law in Society*, Oxford, 1965.

Schur, Edwin M., *Law and Society. A Sociological View*, New York, 1968.

Selznick, Philip, "Law. The Sociology of law", *International Encyclopedia of the Social Sciences*, Bd. 9, 1968, S.50~59.

Simon, Rita James (Hrsg.), *The Sociology of Law. Interdisciplinary Readings*, San Francisco, 1968.

Souto, Claudio/Souto, Solange, *Sociologia do direito*, São Paulo, 1981.

Stone, Julius, *Social Dimensions of Law and Justice*, London, 1966.

Timasheff, Nicholas S., *An Introduction to the Sociology of Law*, Cambridge MA., 1939

_____, "Growth and Scope of Sociology of Law", in: Howard S. Becker/Alvin B Boskoff(Hrsg.), *Modern Sociological Theory in Continuity and Change*, New York, 1957, S.424~449.

Trappe, Paul, *Zur situation der Rechtssoziologie*, Tübingen, 1968.

Treves, Renato(Hrsg.), *La sociologia del diritto*, Mailand, 1966(Engl. Übers.: Treves, Renato/Jan F. Glastra van Loon(Hrsg.), *Norms and Actions*, Den Haag, 1968).

_____,(Hrsg.), *Nuovi sviluppi della sociologia del diritto*, Mailand, 1968.

_____, *Introduzione alla Sociologia del Diritto*, 2. Aufl., Torino, 1980.

Unger, Roberto Mangabeira, *Law in Modern Society. Toward a Criticism of Social Theory*, New York, 1976.

법사회학의 역사와 고전적 법사회학자

Durkheim, Emile, *De la division du travail social*, 2. Aufl., Paris, 1902.

_____, *Leçons de sociologie: physique des moeurs et du droit*, Paris, 1950.

Ehrlich, Eugen, *Grundlegung der Soziologie des Rechts*, 3. Aufl., Berlin, 1967.

_____, *Recht und Leben. Gesammelte Schriften zur Rechtstatsachenforschung und zur Freirechtslehre*, Berlin, 1967.

Geis, Gilbert, "Sociology and Sociological Jurisprudence", *Kentucky Law Review* 52, 1964, S.267~293.

Hauriou, Maurice, *Die Theorie der Institution*(Dt. Übers.), Berlin, 1965.

Kraft, Julius, "Vorfragen der Rechtssoziologie", *Zeitschrift für vergleichende Rechtswissenschaft* 45, 1930, S.1~78.

Maine, Henry Sumner, *Ancient law. Its Connections with the Early History of Society and its Relation to Modern Ideas*, 1861. Zit. nach der Ausgabe The World's Classics, London/New York/Toronto, 1954.

Pound, Roscoe, *Social Control Through Law*, New Haven, 1942; Neudruck, o. O., Hamden/Conn., 1968.

Rehbinder, Manfred, "Status-Rolle-Kontrakt. Wandlungen der Rechtsstruktur auf dem Wege zur offenen Gesellschaft", in: *Festschrift für Ernst E. Hirsch*, Berlin, 1967,

S.141~169.

_____, *Die Begründung der Rechtssoziologie durch Eugen Ehrlich*, Berlin, 1967.

Renner, Karl, *Die Rechtsinstitute des Privatrechts und ihre soziale Funktion. Ein Beitrag zur kritik des bürgerlichen Rechts*, Neudruck, Stuttgart, 1965 (zuerst in *Marx-Studien*, Bd. 1, Wien, 1904, S.63~192.

Romano, Santi, *L'ordinamento giuridico*, Neudruck der, 2. Aufl., Firenze, 1962.

Twining, Willian, *Karl Llewellyn and the Realist Movement*, London, 1973.

Weber, Max, *Rechtssoziologie* (Hrsg. Johannes Winckelmann), Neuwied, 1960.

Winckelmann, Johannes, *Legitimität und Legalität in Max Webers Herrschafts-soziologie*, Tübingen, 1952.

법형성의 기본문제와 이론적인 개별문제

Aubert, Vilhelm, "Legal justice and Mental Health", *Psychiatry* 21, 1958, S.101~113.

_____, /Messinger, Sheldon L., "The Criminal and the sick", *Inquiry* 1, 1958, S.137~160.

Beutel, Frederick K., *Some Potentialities of Experimental Jurisprudence as a New Branch of Social Science*, Lincoln, 1957 (Dt. Übers.: *Die Experimentelle Rechtswissenschaft. Möglichkeiten eines neuen Zweiges der Sozialwissenschaft*, Berlin, 1971).

Bowman, Claude C., "Distortion of Reality as a Factor in Morale", in: Arnold M. Rose (Hrsg.), *Mental Health and Mental Disorder*, London, 1956, S.393~407.

Coser, Lewis A., "Some Functions of Deviant Behavior and Normative Flexibility", *The American Journal of Sociology* 68, 1962, S.172~181.

Drobnig, Ulrich/Rehbinder, Manfred (Hrsg.), *Rechtssoziologie und Rechtsvergleichung*, Berlin, 1977.

Farneti, Paolo, "Problemi di analisi sociologica del diritto", *Sociologia*, 1961, S.33~87.

Frey, Peter, *Der Rechtsbegriff in der neueren Soziologie*, Diss., Saarbrücken, 1962.

Galtung, Johan, "Expectations and Interaction Processes", *Inquiry* 2, 1959, S.213~234.

_____, "Institutionalized Conflict Resolution", *Journal of Peace Research*, 1965, S.348~397.

Gessner, Volkmar, *Recht und konflikt. Eine soziologische Untersuchung privatrechtlicher Konflikte in Mexiko*, Tübingen, 1976.

Gibbs, Jack P., "Norms. The Problem of Definition and Classification", *The American Journal of Sociology* 70, 1965, S.586~594.

_____, "The Sociology of Law and Normative Phenomena", *American Sociological Review* 31, 1966, S.315~325.

_____, "Definitions of Law and Empirical Questions", *Law and Society Review* 3, 1968, S.492~446.

Glastra van Loon, J. F./ Vercruijsse, E. V. W., "Towards a Sociological Interpretation of Law", *Sociologia Neerlandica*, Bd. 3. 2, 1966, S.18~31.

Hall, Jerome, *Comparative Law and Social Theory*, o. O.(Louisiana State University Press), 1963.

Heldrich, Andreas, "Sozialwissenschaftliche Aspekte der Rechtsvergleichung", *Zeitschrift für ausländisches und internationales Privatrecht* 34, 1970, S.427~442.

Hubert, René, "Science du droit, sociologie juridique et philosophie du droit", *Archives de philosophie du droit, sociologie juridique*, 1931, S.43~71.

Humphreys, Lloyd G., "The Acquisition and Extinction of Verbal Expectations in a Situation Analogous to Conditioning", *Journal of Experimental Psychology* 25, 1939, S.294~301.

Laing, Ronald D./ Phillipson, Herbert/ Lee, A. Russell, *Interpersonal Perception*, London/New York, 1966.

Lautmann, Rüdiger, *Wert und Norm. Begriffsanalysen für die Soziologie*, Köln/ Opladen, 1969.

Macauley, Stewart, "Non-Contractual Relations in Business. A Preliminary Study", *American Sociological Review* 28, 1963, S.55~67.

Matza, David, *Delinquency and Drift*, New York/London/Sydney, 1964.

Mead, George H., "The Psychology of Punitive Justice", *The American Journal of Sociology* 23, 1918, S.557~602.

Popitz, Heinrich, "Soziale Normen", *Europäisches Archiv für Soziologie* 2, 1961, S.185~198.

Rommetveit, Ragnar, *Social Norms and Roles. Explorations in the Psychology of Enduring Social Pressures*, Oslo/Minneapolis, 1955.

Schanck, Richard L., "A Study of a Community and Its Groups and Institutions Conceived of as Behaviors of Individuals", *Psychological Monographs*, Bd. 43, No. 2, Princeton/N. J.-Albany/N. Y., 1932.

Scheff, Thomas J., *Being Mentally Ill. A Sociological Theory*, Chicago, 1966.

Schelsky, Helmut, "Über die Stabilität von Institutionen, besonders Verfassungen. Kulturanthropologische Gedanken zu einem rechtssoziologischen Thema", *Jahrbuch für Sozialwissenschaft 3*, 1952, S.1~21, neu gedruckt in: Ders., *Auf der Suche nach Wirklichkeit. Gesammelte Aufsätze*, Düsseldorf/Köln, 1965, S.33~55.

Schumann, Karl F., *Zeichen der Unfreiheit. Zur Theorie und Messung sozialer Sanktionen*, Freiburg i.Br., 1968.

Schwartz, Richard D., "Social Factors in the Development of Legal Control. A Case Study of Two Israeli Settlements", *The Yale Law Journal* 63, 1954, S.471~491.

Scott, Marvin B./Lyman, Stanford M., "Accounts", *American Sociological Review* 33, 1968, S.46~62.

Spittler, Gerd, *Norm und Sanktion. Untersuchungen zum Sanktionsmechanismus*, Olten/Freiburg i.Br., 1967.

Ziegert, Klaus A., *Zur Effektivität der Rechtssoziologie. Die Rekonstruktion der Gesellschaft durch Recht*, Stuttgart, 1975.

원시사회의 법

Barton, R. F., *The Half-Way Sun. Life Among the Headhunters of the Philippines*, New York, 1930.

Berndt, Ronald M., *Excess and Restraint. Social Control Among a Guinea Mountain People*, Chicago, 1962.

Bohannan, Paul J., *Justice and Judgement Among the Tiv*, London, 1957.

_____, "The Differing Realms of the law", in: Ders.(Hrsg.), *Law and Warfare. Studies in the Anthropology of Conflict*, Garden City/N. Y., 1967, S.43~56.

Bünger, Karl/Trimborn, Hermann (Hrsg.), *Religiöse Bindungen in frühen und in orientalischen Rechten*, Wiesbaden, 1952.

Ekvall, Robert B., "Law and the Individual Among the Tibetan Nomads", *American Anthropologist* 66, 1964, S.1110~1115.

Epstein, A. L., *Juridical Techniques and the Judicial Process. A Study of African Customary Law*, Manchester, 1954.

Fallers, Lloyd A., *Law Without precedent. Legal Ideas in Action in the Courts of Colonial Busoga*, Chicago, 1969.

Gillin, J. P., "Crime and Punishment Among the Barama River Carib", *American Anthropologist* 36, 1934, S.331~344.

Gluckman, Max, *The Judicial Process Among the Barotse of Northern Rhodesia*, Manchester, 1955.

_____, *The Ideas in Barotse Jurisprudence*, New Haven/London, 1965.

Gräf, Erwin, *Das Rechtswesen der heutigen Beduinen*, Walldorf, 1952.

Gutmann, Bruno, *Das Recht der Dschagga*, München, 1926.

Hasluck, Margaret, *The Unwritten Law in Albania*, Cambridge UK., 1954.

Hoebel, Adamson E., *The law of Primitive Man. A Study in Comparative Legal Dynamics*, Cambridge MA., 1954 (Dt. Übers.: *Das Recht der Naturvölker*, Olten, 1968).

Kuper, Hilda/Kuper, Leo (Hrsg.), *African Law. Adaptation and Development*, Berkeley/Los Angeles, 1965.

Lee, Demetracopoulou D., "A Primitive System of Values", *Philosophy of Science* 7, 1940, S.355~378.

Llewellyn, Karl N./Hoebel, Adamson E., *The Cheyenne Way. Conflict and Case Law in Primitive Jurisprudence*, Norman, 1941.

Mair, Lucy, *Primitive Government*, Harmondsworth, 1962.

Malinowski, Bronislaw, *Sitte und Verbrechen bei den Naturvölkern*, Wien o. J., zuerst 1926.

_____, "A New Instrument for the Interpretation of Law-Especially Primitive", *The Yale Law Journal* 1, 1942, S.1237~1254.

Mauss, Marcel, "Essai sur le don. Forme et raison de l'échange dans les sociétés archaiques", Neu gedruckt In: Ders., *Sociologie et anthropologie*, Paris, 1950, S.143~279(Dt. Übers.: *Die Gabe*, Frankfurt, 1968).

Nadel, Siegfried F., "Social Control and Self-Regulation", *Social Forces* 31, 1953, S.265~273.

Pospisil, Leopold, "Kapauku Papuans and Their Law", *Yale University Publications in Anthropology* 54, 1958, Neudruck o. O., 1964, S.248 ff.

Radcliffe-Brown, Alfred R., "Primitive Law", *Encyclopedia of the Social Sciences*, Bd. 9, New York, 1933, S.202~206.

Rattray, R. S., *Ashanti Law and Constitution*, Oxford, 1929.

Roberts, Simon A., *Ordnung und Konflikt. Eine Einführung in die Rechtsethnologie*, Stuttgart, 1981.

Schott, Rüdiger, "Die Funktion des Rechts in primitiven Gesellschaften", *Jahrbuch für Rechtssoziologie und Rechtstheorie* 1, 1970, S.107~174.

Thurnwald, Richard, *Die menschliche Gesellschaft in ihren ethno-soziologischen Grundlagen*, Bd. 5, Berlin/Leipzig, 1934.

고등문화사회의 법

Bandyopadhaya, Narayan Chandra, *Development of Hindu Polity and Political Theories*, Bd. 1, Calcutta, 1927.

Bodde, Derk/Morris, Clarence, *Law in Imperial China. Exemplified by 190 Ch'ing Dynasty Cases*, Cambridge MA., 1967.

Bonner, Robert J., *Lawyers and Litigants in Ancient Athens. The Genesis of the Legal Profession*, Chicago, 1927.

Brunner, Otto, *Land und Herrschaft. Grundfragen der territorialen Verfassungsgeschichte Südostdeutschlands im Mittelalter*, 3. Aufl., Brünn/München/Wien, 1943.

Buxbaum, David C.(Hrsg.), *Traditional and Modern Legal Institutions in Asia and Africa*, Leiden, 1967.

Ch'ü T'ung-Tsu, *Law and Society in Traditional China*, Paris/Den Haag, 1961.

Cohn, Bernard S., "Some Notes on Law and Change in North India", *Economic*

Development and Cultural change 8, 1959, S.79~93; Neu gedruckt in: Bohannan, Paul(Hrsg.), *Law and Warfare. Studies in the Anthropology of Conflict*, Garden City/ N. Y., 1967, S.139~159.

Driver, G. R./Miles, John C., *The Assyrian Laws*, Oxford, 1935.

Duyvendak, J. J. L., *The Book of Lord Shang. A Classic of the Chinese School of Law*, London, 1928.

Escarra, Jean, *Le droit et société dans la Gréce ancienne*, Paris, 1955.

_____, "Le temps dans les formes archaiques du droit", *Journal de psychologie normale et pathologique* 53, 1956, S.379~406.

Hahm, Pyong-Choon, *The Korean Political Tradition and Law. Essays in Korean Law and Legal History*, Seoul, 1967.

Henderson, Dan Fenno, *Conciliation and Japanese Law. Tokugawa and Modern*, 2 Bde., Seattle/Tokyo, 1965.

Jones, Walter J., *The law and legal Theory of the Greeks. An Introduction*, Oxford, 1956

Kaser, Max, *Das altrömische ius. Studien zur Rechtsvorstellung und Rechtsgeschichte der Römer*, Göttingen, 1949.

Kunkel, Wolfgang, *Herkunft und soziale Stellung des römischen Juristen*, 2. Aufl., Graz/ Wien/Köln, 1967.

Lingat, Robert, *Les sources du droit dans le système traditionnel de l'Inde*, Paris/Den Haag, 1967(Engl. Übers.: *The Classical Law of India*, Berkeley/Cal., 1973).

Mühl, Max, *Untersuchungen zur altorientalischen und althellenischen Gesetzgebung*. *Klio*, Beiheft N. F. 16, Leipzig, 1933.

Nörr, Dieter, "Zur Entstehung der gewohnheitsrechtlichen Theorie", *Festschrift für Wilhelm Felgenträger*, Göttingen, 1969, S.353~366.

Ostwald, Martin, *Nomos and the Beginning of Athenian Democracy*, Oxford, 1969.

Rokumoto, Kahei, "Legal Behaviour of the Japanese and the Underlying Notion of Social Norms", in: *The Islamic World and Japan. Tokyo. The Japan Foundation*, 1981, S.204~229.

Romilly, Jacqueline de, *La loi dans la pensée Grecque des origines à Aristote*, Paris, 1971.

Ruben, Walter, *Die gesellschaftliche Entwicklung im alten Indien*, Bd. II. *Die*

Entwicklung von Staat und Recht, Berlin, 1968.

Schacht, Joseph, "Zur soziologischen Betrachtung des islamischen Rechts", *Der Islam* 22, 1935, S.207~238.

_____, *An Introduction to Islamic law*, Oxford, 1964.

Szlechter, Emile, "La 'loi' dans la Mésopotamie ancienne", *Revue internationale des droits de l'antiquité* 3, série 12, 1965, S.55~77.

Vandermeersch, Leon, *La formation du légisme. Recherches sur la constitution d'une philosophie politique charactéristique de la chine ancienne*, Paris, 1965.

Wieacker, Franz, *Vom römischen Recht*, Leipzig, 1944.

Wilson, John A., "Authority and Law in Ancient Egypt", *Journal of the American Oriental Society* 74, 1954, Supplement S.1~17.

Wolff, Hans J., *Beitäge zur Rechsgeschichte Altgriechenlands und des hellenistisch-römischen Ägypten*, Weimar, 1961.

실정화된 법질서의 문제

Abel-Smith, Brian/Zander, Michael/Brooke, Rosalinde, *Legal Problems and the Citizen. A Study in Three London Boroughs*, London, 1973.

Allen, Carleton Kemp, *Law in the Making*, 6. Aufl., Oxford, 1958.

Arens, Richard/Lasswell Harold D., *In Defense of Public Order*, New York, 1961.

Atkinson, K. M. T., "Athenian Legislative Procedure and Revision of the laws", *Bulletin of the John Rylands Library* 23, 1939, No. 1, S.107~150.

Ball, Harry V., "Social Structure and Rent-Control Violations", *American Journal of Sociology* 65, 1960, S.598~604.

_____/Friedman, Lawrence M., "The Use of Criminal Sanctions in the Enforcement of Economic Legislation. A Sociological View", *Stanford Law Review* 17, 1965, S.197~223.

Barraclough, G., "Law and Legislation in Medieval England", *Law Quarterly Review* 56, 1940, S.75~92.

Berger, Morroe, *Equality by statute. The Revolution in Civil Rights*, 2. Aufl., Garden

City/N. Y., 1967.

Bierbrauer, Günter et al., *Zugang zum Recht*, Bielefeld, 1978.

Blankenburg, Ehrhard, "Mobilisierung von Recht. Über die Wahrscheinlichkeit des Gangs zum Gericht, die Chance des Erfolgs und die daraus folgenden Funktionen der Justiz", *Zeitschrift für Rechtssoziologie* 1, 1980, S.33~64.

Brynteson, Willian E., "Roman Law and New Law. The Development of a Legal Idea", *Revue internationale des droits de l'antiquité* 3, série 12, 1965, S.203~223.

_____, "Roman Law and Legislation in the Middle Ages", *Speculum* 41, 1966, S.420~437.

Cappelletti, Mauro et al.(Hrsg.), *Access to Justice*, 4 Bde., Alphen/Milano, S.1978~1979.

Colombotos, John, "Physicians and Medicare. A Before-After Study of the Effects of Legislation on Attitudes", *American Sociological Review* 34, 1969, S.318~334.

Duster, Troy, *The Legislation of Morality. Law, Drugs and Moral Judgment*, New York/London, 1970.

Eckhoff, Torstein/Jacobson, Knut Dahl, *Rationality and Responsibility in Administrative and Judicial Decision-Making*, Kopenhagen, 1960.

Gagner, Sten, *Studien zur Ideengeschichte der Gesetzgebung*, Stockholm/Uppsala/Göteborg, 1960.

Kahrstedt, Ulrich, "Untersuchungen zu athenischen Behörden", *Klio* 31, 1938, S.1~32.

Krause, Hermann, "Dauer und Vergänglichkeit im mittelalterlichen Recht", *Zeitschrift der Savigny-Stiftung Für Rechtsgeschichte*, Germ. Abt. 75, 1958, S. 206~251.

Kutschinsky, Berl, "Law and Education. Some Aspects of Scandinavian Studies into 'The General Sense of Justice'", *Acta Sociologica* 10, 1966, S.21~41

_____, "Knowledge and Attitudes Regarding Legal Phenomena in Denmark", *Scandinavian Studies in Criminology* 2, 1968, S.125~159.

Luhmann, Niklas, *Grundrechte als Institution. Ein Beitrag zur politischen Soziologie*, Berlin, 1965.

_____, *Legitimation durch Verfahren*, Neuwied/Berlin, 1969.

Mayhew, Leon H., *Law and Equal Opportunity. A Study of the Massachusetts Commission Against Discrimination*, Cambridge MA., 1968.

Mühl, Max, "Untersuchungen zur altorientalischen und althellenischen Gesetzgebung", *Kilo Beiheft*, N. f. 16, Leipzig, 1933.

Plucknett, T. F. T., *Legislation of Edward I*, Oxford, 1949

Podgorecki, Adam, "Law and Social Engineering", *Human Organization* 21, 1962, S.177~181.

———, "The Prestige of Law", *Acta Sociologica* 10, 1966, S.81~96.

Podgogercki, Adam et al., *Knowedge and Opinion About Law*, London, 1973.

Pound, Roscoe, "The Limits of Effective Legal Action", *International Journal of Ethics* 27, 1917, S.150~167.

Scharpf, Fritz, *Die politischen Kosten des Rechtsstaats*, Tübingen, 1970.

Schmidt, Folke/Gräntze, Leif/ Roos, Axel, "Legal working Hours in Swedish Agriculture", *Theoria* 12, 1946, S.181~196.

Sprandel, Rolf, "Über dans Problem des neuen Rechts im frühen Mittelalter", *Zeitschrift der Savigny-Stiftung für Rechtsgeschichte*, kan. Abt. 79, 1962, S.117~137.

법시스템의 각 분야

사법(司法)

Abel, Richard, "A Comparative Theory of Dispute Institutions in Society", *Law and Society Review* 8, 1974, S.217~347.

Becker, Theodore L., *Political Behavioralism and Modern Jurisprudence. A Working Theory and Study in Judicial Decision-Making*, Chicago, 1964.

Carlin, Jerome E./Howard, Jan, "Legal Representation and Class Justice", *U-C-L-A Law Review* 12, 1965, S.381~437.

Feest, Johannes, "Die Bundesrichter. Herkunft, Karriere und Auswahl der juristischen Elite", in: Wolfgang Zapf(Hrsg.), *Beiträge zur Analyse der deutschen Oberschicht*, München, 1965, S.95~113.

Friedman, Lawrence/Rehbinder, Manfred(Hrsg.), "Zur Soziologie des Gerichtsverfahrens", *Jahrbuch für Rechtssoziologie und Rechtstheorie*, Bd. 4, Opladen, 1974.

Görlitz, Axel, *Verwaltungsgerichtsbarkeit in Deutschland*, Neuwied/Berlin, 1970.

Grossman, Joel B./Tanenhaus, Joseph (Hrsg.), *Frontiers in Judicial Research*, New York, 1969.

Howard, Woodford, Jr., "On the Fluidity of Judicial Choice", *The American Political Science Review* 62, 1968, S.43~56.

Kalven, Jr., Harry/Zeisel, Hans, *The American Jury*, Boston, 1966.

Kaupen, Wolfgang/Rasehorn, Theo, *Die Justiz zwischen Obrigkeitsstaat und Demokratie*, Neuwied/Berlin, 1971.

Kirchheimer, Otto, *Politische Justiz*, Neuwied, 1965.

Kübler, Friedrich Karl, "Der deutsche Richter und das demokratische Gesetz", *Archiv für die civilistische Praxis* 162, 1963, S.104~128.

Lautmann, Rüdiger, *Justiz-die stille Gewalt*, Frankfurt, 1972.

Murphy, Walter F., *Elements of Judicial Strategy*, Chicago/London, 1964.

Newman, Donald J., *Conviction. The Determination of Guilt or Innocence Without Trial*, Boston/Toronto, 1966.

Packer, Herbert L., "Two Models of the Criminal Process", *University of Pennsylvania Law Review* 113, 1964, S.1~68.

Richter, Walter, *Zur soziologischen Struktur der deutschen Richterschaft*, Stuttgart. 1968.

Rokumoto, Kahei, "Problems and Methodology of Study of Civil Disputes", *Law in Japan* 5, 1972, S.97~114; 6, 1973, S.111~127.

Rottleuthner, Hubert R., "Zur Soziologie richterlichen Handelns", *Kritische Justiz* 3, 1970, S.282~306; 4, 1971. S.60~88.

Rottleuthner, Hubert, "Abschied von der Justizforschung? Für eine Rechtssoziologie 'mit mehr Recht'", *Zeitschrift für Rechtssoziologie* 3, 1982, S.82~119.

Rüthers, Bernd, *Die unbegrenzte Auslegung. Zum Wandel der Privatrechtsordnung im Nationalsozialismus*, Tübingen, 1968.

Schubert, Glendon, *Quantitative Analysis of Judicial Behavior*, Glencoe/Ill., 1959.

_____(Hrsg.), *Judicial Decision-Making*, New York/London, 1963.

_____(Hrsg.), *Judicial Behavior. A Reader in Theory and Research*, Chicago, 1964

_____, *The Judicial Mind*, Evanston, 1965.

SPittler, Gerd, "Streitregelung im Schatten des Leviathan. Eine Darstellung und Kritik rechtsethnologischer Untersuchungen", *Zeitschrift für Rechtssoziologie* 1, 1980, S.4~32.

Symposium : "Jurimetrics", *Law and Contemporary Problems* 28, 1963, S.1~270.

Symposium : "Social Science Approaches to the Judicial Process", *Harvard Law Review* 79, 1966, S.1551~1628.

Weiss, Manfred, *Zur Theorie der richterlichen Entscheidungstätigkeit in den Vereinigten Staaten von Amerika*, Frankfurt, 1971.

Weissler, Adolf, *Die Geschichte der Rechtsanwaltschaft*, Leipzig, 1905.

Wells, Richard S./Grossman Joel B., "The Concept of Judicial Policy-Making. A Critique", *Journal of Public Law*, 1967, S.286~310.

Winter, Gerd, *Sozialer Wandel durch Rechtsnormen*, Berlin, 1969.

Zeisel, Hans/Kalven, Jr., Harry/Buchholz, Bernard, *Delay in the Court*, Boston, 1959.

Zitscher, Wolfram, *Die Beziehungen zwischen der Presse und dem deutschen Strafrichter*, Kiel, 1968.

_____, *Rechtssoziologische und organisationssoziologische Fragen der Justizreform*, Köln/ Berlin/Bonn/München, 1969.

Zwingmann, Klaus, *Zur Soziologie des Richters in der Bundesrepublik Deutschland*, Berlin, 1966.

입법

Barber, James D., *The Lawmakers. Recruitment and Adaptation to Legislative Life*, New York/London, 1965.

Horack, Frank E., Jr., *Cases and Materials on Legislation*, 2. Aufl., Chicago, 1954.

Lempert, Richard, "Strategies in Research Design in the Legal Impact Study", *Law and Society Review* 1, 1966, S.111~132.

Noll, Peter, *Gesetzgebungslehre*, Reinbek, 1973.

Stammer, Otto u. a., *Verbände und gesetzgebung*, Köln, 1965.

Wahke, John C./Eulau, Heinz(Hrsg.), *Legislative Behavior*, Glencoe/Ill., 1959.

_____, /Buchanan, William/Ferguson, Leroy C., *The Legislative System. Explorations in Legislative Behavior*, New York/London, 1962.

경찰과 행형(行刑)

Banton, Michael, *The Policeman in the Community*, New York, 1964.

Bittner, Egon, "The Police on Skid-Row. A Study of Peace-Keeping", *American Sociological Review* 32, 1967, S.699~715.

Blankenburg, Erhard, "Die Selektivität rechtlicher Sanktionen. Eine empirische Untersuchung von Ladendiebstählen", *Kölner Zeitschrift für Soziologie und Sozialpsychologie* 21, 1969, S.805~829.

Bordua, David J.(Hrsg.), *The Police. Six Sociological Essays*, New York/London/ Sydney, 1967.

Cicourel, Aaron V., *The Social Organization of Juvenile Justice*, New York/London/ Sydney, 1968.

Empey, Lamar T./Erickson, Maynard L., "Hidden Delinquency and Social Status", *Social Forces* 44, 1966, S.546~554.

Feest, Johannes/Lautmann, Rüdiger(Hrsg.), *Die Polizei. Soziologische Studien und Forschungsberichte*, Opladen, 1971.

Feest, Johannes/Blankenburg, Erhard, *Die Definitionsmacht der Polizei. Strategien der Strafverfolgung und soziale Selektion*, Düsseldorf, 1972.

Gardiner, John A., *Traffic and the Police. Variations in Law-Enforcement Policy*, Cambridge MA., 1969.

Goldstein, Joseph, "Police Discretion not to Invoke the Criminal Process. Low-Visibility Decisions in the Administration of Justice", *The Yale Law Review* 69, 1960, S.543~594.

LaFave, Wayne R., "The Police and Nonenforcement of the Law", *Wisconsin Law Review*, 1962, S.104~137.

＿＿＿, "Arrest. The Decision to Take a Suspect into Custody", o. O., 1965.

Skolnick, Jerome H., *Justice Without Trial. Law Enforcement in Democratic Society*, New York/London/Sydney, 1966.

Sudnow, David, "Normal Crimes. Sociological Features of the Penal Code in a Public

Defender Office", *Social Problems* 12, 1965, S.255~276.

Westley, William A., "Secrecy and the Police", *Social Forces* 34, 1956, S.254~257.

Wilson, James Q., *Varieties of Police Behavior. The Management of Law and Order in Eight Communities*, Cambridge MA., 1968.

변호사

Carlin, Jerome E., *Lawyers On Their Own. A Study of Individual Practitioners in Chicago*, Brunswick/N. J., 1962.

_____, *Lawyers' Ethics. A Survey of the New York City Bar*, New York, 1966.

Ladinsky, Jack, "Careers of Lawyers. Law Practice, and Legal Institutions", *American Sociological Review* 28, 1963, S.47~54.

Mayhew, Leon/Reiss, Albert J. Jr., "The Social Organization of Legal Contacts", *American Sociological Review* 34, 1969, S.309~318.

O'gorman, Hubert J., *Lawyers and Matrimonial Cases*, New York, 1963.

Pound, Roscoe, *The Lawyer From Antiquity to Modern Times. With Particular Reference to the Development of Bar Associations in the United States*, St. Paul/Minn., 1953.

Rüschemeyer, Dietrich, "Rekrutierung, Ausbildung und Berufsstruktur. Zur Soziologie der Anwaltschaft in den Vereinigten Staaten und in Deutschland", in: David V. Glass u. a., *Soziale Schichtung und soziale Mobilität*, Köln, 1961, S.122~144.

Smigel, Erwin O., *The Wall Street Lawyer. Professional Organization Man?*, New York/London, 1964.

법률가

Auerbach, Jerold S., *Unequal Justice. Lawyers and Social Chnage in Modern America*, London, 1976.

Heldrich, Andreas/Schmidtchen, Gerhard, *Gerechtigkeit als Beruf. Repräsentativumfrage unter jungen Juristen*, München, 1982.

Kaupen, Wolfgang, *Die Hüter von Recht und Ordnung. Die soziale Herkunft, Erziehung und Ausbildung der deutschen Juristen-Eine soziologische Analyse*, Neuwied/Berlin,

1969.

Lange, Elmar/Luhmann, Niklas, "Juristen. Berufswahl und Karrieren", *Verwaltungsarchiv* 65, 1974, S.113~162.

Rüschemeyer, Dietrich, *Juristen in Deutschland und den USA. Eine vergleichende Untersuchung*(Dt. Übers. Stuttgart, 1976).

Weyrauch, Walter O., *Zum Gesellschaftsbild des Juristen*(Dt. Übers. Neuwied, 1970).

법과 사회변동

Aubert, Vilhelm, "Einige soziale Funktionen der Gesetzgebung", in: Hirsch/ Rehbinder, *Studien und Materialien zur Rechtssoziologie*, Sonderheft 11 *der Kölner Zeitschrift für Soziologie und Sozialpsychologie*, Köln/Opladen, 1967, S.284~309.

_____, "The Changing Role of Law and Lawyers in Nineteenth- and Twentieth-Century Norwegian Society", in: D. N. Maccormick(Hrsg.), *Lawyers in Their Social Setting*, Edinburgh, 1976, S.1~17.

Bamberger, Michael A./Lewin, Nathan, "The Right to Equal Treatment. Administrative Enforcement of Antidiscrimination Legislation", *Harvard Law Review* 74, 1961, S.526~589.

Berger, Morroe, *Equality by Statute. The Revolution in Civil Rights*, 2. Aufl., Garden City/N. Y., 1967.

Chambliss, William J., "A Sociological Analysis of the Law of Vagrancy", *Social Problems* 12, 1964, S.67~77.

_____, "Types of Deviance and the Effectiveness of Legal Sanctions", *Wisconsin Law Review*, 1967, S.703~719.

Dror, Yehezkel, "Law and Social Change", *Tulane Law Review* 33, 1959, S.787~801.

Friedman, Lawrence M., "Legal Rules and the Processes of Social Change", *Stanford Law Review* 4, 1967, S.786~840(806 f.).

_____, "Legal Culture and Social Development", *Law and Society Review* 4, 1969, S.29~44.

Friedmann, Wolfgang, *Recht und sozialer Wandel*, Frankfurt, 1969.

Goldblatt, Harold/Cromien, Florence, "The Effective Social Reach of the Fair Housing Practices Law of the City of New York", *Social Problems* 9, 1962, S.365~370

Goostree, Robert E., "The Iowa Civil Rights Statute. A Problem of Enforcement", *Iowa Civil Rights Review* 37, 1952, S.242~248.

Hurst, James William, *The Growth of American Law. The Lawmakers*, Boston, 1950.

_____, *Law and the Conditions of Freedom in the Nineteenth-Century United States*, Madison, 1956.

_____, *Law and Social Progress in United States History*, Ann Arbor, 1960.

Massell, Gregory J., "Law as an Instrument of Revolutionary Change in a Traditional Milieu. The Case of Soviet Central Asia", *Law and Society Review* 2, 1968, S.179~228.

Podgorecki, Adam, "Dreistufen-Hypothese über die Wirksamkeit des Rechts", in: Hirsch/Rehbinder(Hrsg.), *Studien und Materialen zur Rechtssoziologie*, Köln/Opladen, 1967, S.271~283.

_____, "Loi et morale en théorie et en pratique", *Revue de l'institut de sociologie*, 1970, S.277~293.

Rose, Arnold M., "Law and the Causation of Social Problems", *Social Problems* 16, 1968, S.33~43.

Schrechenberger, Waldemar, "Sozialer Wandel als Problem der Gesetzgebung", *Verwaltungsarchiv* 68, 1977, S.29~44.

Schwartz, Richard D./Miller, James C., "Legal Evolution and Social Complexity", *The American Journal of Sociology* 70, 1964, S.159~169.

Stjernquist, Per, "How are Changes in Social Behaviour Developed by Means of Legislation?", in: *Legal Essays. Festskrift til Frede Castberg*, Kopenhagen/Stock-Holm/Göteborg, 1963, S.153~169.

루만의 저작과 관련 자료

주요저서

현대의 학문적 거장답게 루만은 평생 동안 사회학이론뿐만 아니라 매체과학, 정치학, 법학, 철학, 언어학, 인공지능(Kybernetik, cybernetics), 행태학 및 심리학, 종교 교육 등의 분야에까지 연구의 폭을 넓혀서 무려 70여권의 저서와 450여 편의 논문을 남겼다. 옮긴이가 나름대로 루만의 주요저서를 정리하면 아래와 같다.

단행본

1. *Verwaltungsfehler und Vertrauensschutz: Möglichkeiten gesetzlicher Regelung der Rücknehmbarkeit von Verwaltungsakten*, Berlin (Duncker & Humblot), 1963 (Zusammen mit Franz Becker).
2. *Funktionen und Folgen formaler Organisation*, Berlin (Duncker & Humblot), 1964, 3. Aufl., 1976.
3. *Öffentlich-rechtliche Entschädigung rechtspolitisch betrachtet*, Berlin (Duncker & Humblot), 1965.
4. *Grundrechte als Institution: Ein Beitrag zur politischen Soziologie*, Berlin (Duncker & Humblot), 1965, 3. Aufl., 1986.
5. *Recht und Automation in der öffentlichen Verwaltung: Eine verwaltungswissenschaftliche Untersuchung*, Berlin (Duncker & Humblot), 1964.

6. *Theorie der Verwaltungswissenschaft: Bestandsaufnahme und Entwurf*, Köln/Berlin 1966.

7. *Vertrauen: Ein Mechanismus der Reduktion sozialer Komplexität*, Stuttgart (Enke), 1968, 2. erweiterte Aufl., 1973.

8. *Zweckbegriff und Systemrationalität: Über die Funktion von Zwecken in sozialen Systemen*, Tübingen (J.C.B. Mohr, Paul Siebeck), 1968; Neudruck Frankfurt (Suhrkamp), 1973.

9. *Legitimation durch Verfahren*, Neuwied–Berlin (Luchterhand), 1969, 2. Aufl., (Luchterhand), 1975; Neudruck Frankfurt (Suhrkamp), 1983.

10. *Soziologische Aufklärung: Aufsätze zur Theorie sozialer Systeme*, Köln/Opladen (Westdeutscher Verlag), 1970, 4. Aufl., 1974. (Enthält u.a. Aufsätze Nr. 4, 5, 9, 14, 17, 20, 21, 23, 25, 35, 48).

11. *Theorie der Gesellschaft oder Sozialtechnologie-Was leistet die Systemforschung?*, Frankfurt a.M.(Suhrkamp), 1971 (Zusammen mit Jürgen Habermas).

12. *Politische Planung: Aufsätze zur Soziologie von Politik und Verwaltung*, Opladen (Westdeutscher Verlag), 1971, 2. Aufl., 1975 (Enthält u.a. Aufsätze Nr. 7, 8, 16, 18, 22, 33, 36, 37, 40).

13. *Rechtssoziologie*, 2 Bde., Reinbek (Rowohlt), 1972, 2. erweiterte Aufl., Opladen (Westdeutscher Verlag), 1983, 3. Aufl., 1987(이 책).

14. *Personal im öffentlichen Dienst: Eintritt und Karrieren*, Baden–Baden (Nomos), 1973 (Zusammen mit Renate Mayntz).

15. *Rechtssystem und Rechtsdogmatik*, Stuttgart (Kohlhammer), 1974.

16. *Macht*, Stuttgart (Enke), 1975, 2. durchgesehene Auflage 1988.

17. *Soziologische Aufklärung, Bd. 2: Aufsätze zur Theorie der Gesellschaft*, Opladen (Westdeutscher Verlag), 1975, 2. Aufl., 1982 (Enthält u.a. Aufsätze Nr. 50, 52, 61, 62, 64, 72, 80, 82, 86).

18. *Funktion der Religion*, Frankfurt a.M. (Suhrkamp), 1977.

19. *Organisation und Entscheidung, Vorträge G 232, Rheinisch-Westfälische Akademie der Wissenschaften*, Opladen (Westdeutscher Verlag), 1978.

20. *Reflexionsprobleme im Erziehungssystem*, Stuttgart (Klett–Cotta), 1979; Neudruck

mit Nachwort 1988, Frankfurt a.M.(Suhrkamp), 1988 (Zusammen mit Karl Eberhard Schorr).

21. *Gesellschaftsstruktur und Semantik: Studien zur Wissenssoziologie der modernen Gesellschaft*, Bd. 1, Frankfurt a.M.(Suhrkamp), 1980.

22. *Politische Theorie im Wohlfahrtsstaat*, München (Olzog), 1981(김종길 옮김, 『복지 국가의 정치이론』, 일신사, 2001).

23. *Gesellschaftsstruktur und Semantik: Studien zur Wissenssoziologie der modernen Gesellschaft*, Bd. 2, Frankfurt a.M. (Suhrkamp), 1981.

24. *Ausdifferenzierung des Rechts: Beiträge zur Rechtssoziologie und Rechtstheorie*, Frankfurt a.M. (Suhrkamp), 1981.

25. *Soziologische Aufklärung, Bd. 3: Soziales System, Gesellschaft, Organisation*, Opladen (Westdeutscher Verlag), 1981.

26. *The Differentation of Society*, New York (Columbia UP), 1982.

27. *Potere e codice politico*, Milano (Feltrinelli), 1982 (Enthält ital. Übers. der Aufsätze Nr. 30, 60, 73, 85, 110).

28. *Liebe als Passion: Zur Codierung von Intimität*, Frankfurt a.M. (Suhrkamp), 1982.

29. *Paradigmawechsel in der Systemtheorie: Vorträge in Japan*, Tokyo (Ochanomisu), 1983(일본어판).

30. *Soziale Systeme: Grundriß einer allgemeinen Theorie*, Frankfurt (Suhrkamp), 1984(박여성 옮김, 『사회체계이론 1, 2』, 한길사, 2007).

31. *Kann die Moderne Gesellschaft sich auf ökologische Gefährdungen einstellen? Vorträge G 278 der Rheinisch-Westfälischen Akademie der Wissenschaften*, Opladen (Westdeutscher Verlag), 1985.

32. *Die Soziologische Beobachtung des Rechts*, Frankfurt a.M. (Metzner), 1986.

33. *Ökologische Kommunikation: Kann die moderne Gesellschaft sich auf ökologische Gefährdungen einstellen?*, Opladen (Westdeutscher Verlag), 1986.

34. *Soziologische Aufklärung, Bd. 4: Beiträge zur funktionalen Differenzierung der Gesellschaft*, Opladen (Westdeutscher Verlag), 1987.

35. *Archimedes und wir: Interviews*(herausgegeben von Dirk Baecker und Georg Stanitzek), Berlin (Merve Verlag), 1987.

36. *Die Wirtschaft der Gesellschaft*, Frankfurt a.M. (Suhrkamp), 1988, 2. Aufl., 1989.

37. *Die Wissenschaft der Gesellschaft*, Frankfurt a.M., 1988.

38. *Erkenntnis als Konstruktion*, Bern (Benteli), 1988.

39. *Gesellschaftsstruktur und Semantik: Studien zur Wissenssoziologie der modernen Gesellschaft*, Bd. 3, Frankfurt (Suhrkamp), 1989.

40. *Reden und Schweigen*, Frankfurt a.M. (Suhrkamp), 1989 (Zusammen mit Peter Fuchs).

42. *Risiko und Gefahr, Aulavorträge* 48, St. Gallen, 1990.

44. *Paradigm lost: Über die ethische Reflexion der Moral*, Frankfurt a.M. (Suhrkamp), 1990.

45. *Essays on Self-Reference*, New York (Columbia U.P.), 1990.

46. *Soziologische Aufklärung*, Bd. 5, Opladen (Westdeutscher Verlag), 1990.

47. *Zwischen Anfang und Ende. Fragen an die Pädagogik*, Frankfurt a.M., 1990

48. Niklas Luhmann/Frederick D. Bunsen/Dirk Baecker, *Unbeobachtbare Welt. Über Kunst und Architektur*, Bielefeld, 1990 (Zusammen mit Karl Eberhard Schorr).

49. *Soziologie des Risikos*, Berlin/New York, 1991.

50. *Beobachtungen der Moderne*, Opladen, 1992.

51. *Universität als Milieu. Kleine Schriften*(hrsg. von André Kieserling), Bielefeld, 1992.

52. *Das Recht der Gesellschaft*, Frankfurt a.M., 1993(윤재왕 옮김, 『사회의 법』, 새물결, 2014).

53. "Was ist Fall?" und "Was steckt dahinter?", *Die zwei Soziologien und die Gesellschaftstheorie. Bielefelder Universität und Vorträge* 3, Bielefeld, 1993.

54. *Die Ausdifferenzierung des Kunstsystems*, Bern, 1994.

55. *Soziologische Aufklärung, Bd. 6: Die Soziologie und der Mensch*, Opladen, 1995.

56. *Gesellschaftsstruktur und Semantik. Studien zur Wissenssoziologie der modernen Gesellschaft*, Bd. 4, Frankfurt a.M., 1995.

57. *Das Risiko der Kausalität*, Frankfurt a.M., 1995.

58. *Die Kunst der Gesellschaft*, Frankfurt a.M., 1995(박여성/이철 옮김, 『예술체계이론』, 한길사, 2014).

59. *Die Realität der Massenmedien*, 2. erw. Aufl., Opladen, 1996(김성재 옮김, 『대중 매체의 현실』, 커뮤니케이션북스, 2006).

60. *Die neuzeitlichen Wissenschaften und die Phänomenologie*, Wien, 1996.

61. *Protest. Systemtheorie und soziale Bewegungen*(hrsg. von Kai-Uwe Hellmann), Frankfurt a.M., 1996.

62. *Zwischen System und Umwelt. Fragen an die Pädagogik*, Frankfurt a.M., 1996.

63. *Die Gesellschaft der Gesellschaft*, 2 Bde., Frankfurt a.M., 1997 (Zusammen mit Karl Eberhard Schorr)(장춘익 옮김, 『사회의 사회 1, 2』, 새물결, 2012).

64. *Funktion der Religion*, Frankfurt a.M., 1999.

65. *Die Politik der Gesellschaft*, Frankfurt a.M., 2000.

66. *Organisation und Entscheidung*, Frankfurt a.M., 2000.

67. *Die Religion der Gesellschaft*, Frankfurt a.M., 2002.

68. *Das Erziehungssystem der Gesellschaft*, Frankfurt a.M., 2002.

69. *Einführung in die Theorie der Gesellschaft*, Heidelberg, 2005(윤재왕 옮김, 『체계이 론의 입문』, 새물결, 2014).

논문

1. "Der Funktiongegriff in der Verwaltungswissenschaft", *Verwaltungsarchiv* 49, 1958, S.97~105.

2. "Kann die Verwaltung wirtschaftlich handeln?", *Verwaltungsarchiv* 51, 1960, S.97~115.

3. "Der neue Chef", *Verwaltungsarchiv* 53, 1962, S.11~24.

4. "Funktion und Kausalität", *Kölner Zeitschrift für Soziologie und Sozialpsychologie* 14, 1962, S.617~644.

5. "Wahrheit und Ideologie", *Der Staat* 1, 1962, S.431~448.

6. "Einblicke in vergleichende Verwaltungswissenschaft", *Der Staat* 2, 1963, S.494~500.

7. "Lob der Routine", *Verwaltungsarchiv* 55, 1964, S.1~33; neu gedruckt in: Renate Mayntz(Hrsg.), *Bürokratische Organisation*, Köln/Berlin, 1968, S.324~341.

8. "Zweck-Herrschaft-System: Grundbegriffe und Prämissen Max Webers", *Der Staat*

3, 1964, S.129~158; neu gedruckt in: Mayntz a.a.O., S.36~55.

9. "Funktionale Methode und Systemtheorie", *Soziale Welt* 15, 1964, S.1~25.

10. "Die Gewissensfreiheit und das Gewissen", *Archiv des öffentlichen Rechts* 90, 1965, S.257~286.

11. "Die Grenzen einer betriebswirtschaftlichen Verwaltungslehre", *Verwaltungsarchiv* 56, 1965, S.303~313.

12. "Spontane Ordnungsbildung", in: Fritz Morstein Marx(Hrsg.), *Verwaltung: Eine einführende Darstellung*, Berlin, 1965, S.163~183.

13. "Organisation, soziologisch", *Evangelisches Staatslexikon*, Stuttgart, 1966, Sp. 1410~1414.

14. "Reflexive Mechanismen", *Soziale Welt* 17, 1966, S.1~23.

15. "Die Bedeutung der Organisationssoziologie für Betrieb und Unternehmung", *Arbeit und Leistung* 20, 1966, S.181~189.

16. "Politische Planung", *Jahrbuch für Sozialwissenschaft* 17, 1966, S.271~296.

17. "Automation in der öffentlichen Verwaltung", Wilhelm Wortmann: *Aufgaben und Wirkungsmöglichkeiten der Raumordnung und Landesplanung: 2 Vorträge*, (gehalten auf einer Arbeitstagung für Führungskräfte der Polizei, veranstaltet von der Gewerkschaft der Polizei, Landesbezirk Niedersachsen), Hamburg (Verlag Deutsche Polizei), 1966, S.5~29.

18. "Soziologische Aufklärung", *Soziale Welt* 18, 1967, S.97~123.

19. "Gesellschaftliche und politische Bedingungen des Rechtsstaates", in: *Studien über Recht und Verwaltung*, Köln, 1967, S.81~102.

20. "Verwaltungswissenschaft in Deutschland", *Recht und Politik*, 1967, S.123~128.

21. "Soziologie als Theorie sozialer Systeme", *Kölner Zeitschrift für Soziologie und Sozialpsychologie* 19, 1967, S.615~644.

22. "Positives Recht und Ideologie", *Archiv für Rechts- und Sozialphilosophie* 53, 1967, S.531~571.

23. "Die Knappheit der Zeit und die Vordringlichkeit des Befristeten", *Die Verwaltung* 1, 1968, S.3~30.

24. "Soziologie des politischen Systems", *Kölner Zeitschrift für Soziologie und*

Sozialpsychologie 20, 1968, S.705~733.

25. "Tradition und Mobilität: Zu den 'Leitsätzen zur Verwaltungspolitik'", *Recht und Politik*, 1968, S.49~53.

26. "Selbststeuerung der Wissenschaft", *Jahrbuch für Sozialwissenschaft* 19, 1968, S.147~170.

27. "Status quo als Argument", in: Horst Baier(Hrsg.), *Studenten in Opposition*, Bielefeld, 1968, S.74~82.

28. "Gesellschaft", in: *Sowjetsystem und demokratische Gesellschaft: Eine vergleichende Enzykopädie*, Bd. 2, Freiburg, 1969, Sp. 956~972.

29. "Soziale Kommunikation", in: Erwin Grochla(Hrsg.), *Handwörterbuch der Organisation*, Stuttgart, 1969, Sp. 881~883.

30. "Normen in soziologischer Perspektive", *Soziale Welt* 20, 1969, S.28~48

31. "Klassische Theorie der Macht: Kritik ihrer Prämissen", *Zeitschrift für Politik* 16, 1969, S.149~170.

32. "Funktionale Methode und juristische Entscheidung", *Archiv des öffentlichen Rechts* 94, 1969, S.1~31.

33. "Moderne Systemtheorie als Form gesamtgeseilschafuicher Analyse", in: *Spätkapitalismus oder Industriegesellschaft? Verhandlungen des 16. Deutschen Soziologentages Frankfurt 1968*, Stuttgart, 1969, S.253~266.

34. "Funktionen der Rechtssprechung im politischen System", in: *Dritte Gewalt heute? Schriften der Evangelischen Akademie in Hessen und Nassau*, Heft 84, Frankfurt, 1969, S.6~17.

35. "Gesellschaftliche Organisation", in: Thomas Ellwein/ Hans-Hermann Groothff/ Hans Rauschenberg/HeinrichRoth(Hrsg.), *Erziehungswissenschaftliches Handbuch*, Bd. I, Berlin, 1969, S.387~407.

36. "Praxis der Theorie," *Soziale Welt* 20, 1969, S.129~144.

37. "Komplexität und Demokratie", *Politische Vierteljahresschrift* 10, 1969, S.314~325.

38. "Öffentliche Meinung", *Politische Vierteljahresschrift* 11, 1970, S.2~28.

39. "Positivität des Rechts als Voraussetzung einer modernen Gesellschaft", *Jahrbuch für Rechtssoziologie und Rechtstheorie* 1, 1970, S. 175~202.

40. "Zur Funktion der 'Subjektiven Rechte'", *Jahrbuch für Rechtssoziologie und Rechtstheorie* 1, 1970, S.321~330.

41. "Reform und Information: Theoretische Überlegungen zur Reform der Verwaltung", *Die Verwaltung* 3, 1970, S.15~41.

42. "Die Funktion der Gewissensfreiheit im öffentlichen Recht", in: *Funktion des Gewissens im Recht, Schriften der Evangelischen Akademie in Hessen und Nassau*, Nr. 86, Frankfurt, 1970, S.9~22.

43. "Evolution des Rechts", *Rechtstheorie* 1, 1970, S.3~22.

44. "Institutionalisierung: Funktion und Mechanismus im sozialen System der Gesellschaft", in: Helmut Schelsky(Hrsg.), *Zur Theorie der Institution*, Düsseldorf, 1970, S.27~41.

45. "Verwaltungswissenschaft I.", *Staatslexikon*, 6. Aufl., Freiburg, 1970, S. 606~620.

46. "Die Bedeutung sozialwissenschaftlicher Erkenntnisse zur Organisation und Führung der Verwaltung", in: *Verwaltung im modernen Staat, Berliner Beamtentage 1969*, Berlin, 1970, S.70~82.

47. "Gesetzgebung und Rechtssprechung im Spiegel der Gesellschaft", in: Udo Derbolowsky/Eberhart Stephan(Hrsg.), *Die Wirklichkeit und das Böse*, Hamburg, 1970, S.161~170.

48. "Information und Struktur in Verwaltungsorganisationen", *Verwaltungspraxis* 25, 1971, S.35~42.

49. "Wirtschaft als soziales System", in: Karl-Ernst Schenk(Hrsg.), *Systemanalyse in den Wirschafts- und Sozialwissenschaften*, Berlin, 1971, S.136~173.

50. "Das 'Statusproblem' und die Reform des öffentlichen Dienstes", *Zeitschrift für Rechtspolitik* 4, 1971, S.49~52.

51. "Die Weltgesellschaft", *Archiv für Rechts- und Sozialphilosophie* 57, 1971, S.1~35.

52. "Grundgegriffliche Probleme einer interdisziplinären Entscheidungstheorie", *Die Verwaltung* 4, 1971, S.470~477.

53. "Risiken der Wahrheit und die Perfektion der Kritik", in: Peter Schneider/Otto Saame(Hrsg.), *Wissenschaft und Kritik, Mainzer Universitätsgespräche 1971*, Mainz, 1972.

54. "Überlegungen zum Verhältnis von Gesellschaftssystemen und Organisationssystemen", in: *Kommunikation und Gesellschaft: Möglichkeiten und Grenzen von Kommunikation und Marketing in einer sich wandelnden Gesellschaft*, Karlsruhe, 1972, S.143~149.

55. "Einfache Sozialsysteme", *Zeitschrift für Soziologie* 1, 1972, S.51~65.

56. "Verfassungsmäßige Auswirkungen der elektronischen Datenverarbeitung", *Öffentliche Verwaltung und Datenverarbeitung* 2, 1972, S.44~47.

57. "Politikbegriff und die 'Politisierung' der Verwaltung", in: *Demokratie und Verwaltung: 25 Jahre Hochschule für Verwaltungswissenschaften Speyer*, Berlin, 1972, S.211~228.

58. "Religiöse Dogmatik und gesellschaftliche Evolution", in: Karl-Wilhelm Dahm/Niklas Luhmann/Dieter Stoodt, *Religion-System und Sozialisation*, Neuwied, 1972, S.15~132.

59. "Die Organisierbarkeit von Religionen und Kirchen", in: Jakobus Wössner(Hrsg.), *Religion im Umbruch*, Stuttgart, 1972, S.245~285.

60. "Rechtstheorie im interdisziplinären Zusammenhang", *Anales de la Catedra Francisco Suárez* 12, 1972, S.201~253.

61. "Systemtheoretische Ansätze zur Analyse von Macht", in: *Systemtheorie, Forschung und Information*, Bd. 12, Berlin, 1972, S.103~111; Auch in: *Universitas* 32, 1977, S.473~482.

62. "Systemtheoretische Beiträge zur Rechtstheorie", *Jahrbuch für Rechtssoziologie und Rechtstheorie* 2, 1972, S.255~276.

63. "Knappheit, Geld und die bürgerliche Gesellschaft", *Jahrbuch für Sozialwissenschaft* 23, 1972, S.186~210.

64. "Formen des Helfens im Wandel gesellschaftlicher Bedingungen," in: Hans-Uwe Otto/Siegfried Schneider(Hrsg.), *Gesellschaftliche Perspektiven der Sozialarbeit*, Neuwied, 1973, S.21~43.

65. "Selbst-Thematisierungen des Gesellschaftssystems: Über die Kategorie der Reflexion aus der Sicht der Systemtheorie", *Zeitschrift für Soziologie* 2, 1973, S.21~46.

66. "Das Phänomen des Gewissens und die normative Selbstbestimmung der Persönlichkeit", in: Franz Böckenförde(Hrsg.), *Naturrecht in der Kritik*, Mainz 1973, S.223~243: neu gedruckt in: *Religionsgespräche: Zur gesellschaftlichen Rolle der Religion*, Darmstadt, 1975, S.95~119.

67. "Weltzeit und Systemgeschichte: Über Beziehungen zwischen Zeithorizonten und soaialen Strukturen gesellschaftlicher Systeme", in: Peter Christian Ludz(Hrsg.), *Soziologie und Sozialgeschichte*. Sonderheft 16 der *Kölner Zeitschrift für Soziologie und Sozialpsychologie*, Opladen, 1973, S.81~110.

68. "Politische Verfassungen im Kontext des Gesellschaftssystems", *Der Staat* 12, 1973, S.1~22 und S.165~182.

69. "Die juristische Rechtsquellenlehre aus soziologischer Sicht", in: *Soziologie, Festschrift für René König*, Opladen, 1973, S.387~399.

70. "Zurechnung von Beförderungen im öffentlichen Dienst", *Zeitschrift für Soziologie* 2, 1973, S.326~351.

71. "Gerechtigkeit in den Rechtssystemen der modernen Gesellschaft", *Rechtstheorie* 4, 1973, S.131~167.

72. "Institutionalisierte Religion gemäß funktionaler Soziologie", *Concilium* 10, 1974, S.17~22.

73. "Reform des öffentlichen Dienstes: Ein Beispiel für Schwierigkeiten der Verwaltungsreform", *Vorträge der Hessischen Hochschulwoche*, Bd.76, Bad Homburg, 1974, S.23~29; neu gedruckt in: Andreas Remer(Hrsg.), *Verwaltungsführung*, Berlin, 1982, S.319~339.

74. "Juristen-Berufswahl und Karrieren", *Verwaltungsarchiv* 65, 1974, S.113~162 (Zusammen mit Elmar Lange).

75. "Einführende Bemerkungen zu einer Theorie symbolisch generalisierter Kommunikationsmedien", *Zeitschrift für Soziologie* 3, 1974, S.236~255.

76. "Der politische Code: 'konservativ' und 'progressiv' in systemtheoretischer Sicht", *Zeitschrift für Politik* 21, 1974, S.253~271.

77. "Die Funktion des Rechts: Erwartungssicherung oder Verhaltenssteuerung?", in: *Die Funktionen des Rechts: Vorträge des Weltkongresses für Rechts- und*

Sozialphilosophie Madrid 7.IX.~12.IX. 1973, Beiheft Nr. 8 des *Archivs für Rechts-und Sozialphilosophie*, Wiesbaden, 1974, S.31~45.

78. "System-Systemtheorie", in: Christoph Wulf(Hrsg.), *Wörterbuch der Erziehung*, München, 1974, S.582~585.

79. "Symbiotische Mechanismen", in: Otthein Rammstedt(Hrsg.), *Gewaltverhältnisse und die Ohnmacht der Kritik*, Frankfurt a.M., 1974, S.107~131.

80. "Die Systemrefernz von Gerechtigkeit: In Erwiderung auf die Ausführungen von Ralf Dreier", *Rechtstheorie* 5, 1974, S.201~203.

81. "Wabuwabu in der Universität", *Zeitschrift für Rechtspolitik* 8, 1975, S.13~19.

82. "Veränderungen im System gesellschaftlicher Kommunikation und die Massenmedien", in: Oskar Schatz(Hrsg.), *Die elektronische Revolution*, Graz, 1975, S.13~30.

83. "Interaktion, Organisation, Gesellschaft: Anwendungen der Systemtheorie", in: Marlis Gerhardt(Hrsg.), *Die Zukunft der Philosophie*, München, 1975, S.85~107.

84. "Abiturienten ohne Studium im öffentlichen Dienst: Einige Zusammenhänge zwischen Ausbildung undKarrieren", *Die Verwaltung* 8, 1975, S.230~251 (Zusammen mit Elmar Lange).

85. "Systemtheorie, Evolutionstheorie und Kommunikationstheorie", *Soziologische Gids* 22, 1975, Heft 3, S.154~168.

86. "Über die Funktion der Negation in sinnkonstituierenden Systemen", in: Harald Weinrich(Hrsg.), *Positionen der Negativität, Poetik und Hermeneutik* VI, München, 1975, S.201~218.

87. "The Legal Profession: Comments on the Situation in the Federal Republic of Germany", *The Juridical Review* 20, 1975, S.116~132; neu gedruckt in: D. N. MacCormick(Hrsg.), *Lawyers in Their Social Setting*, Edinburgh, 1976, S.98~114.

88. "Konfliktpotentiale in sozialen Systemen", in: Landeszentrale für politische Bildung des Landes Nordrhein-Westfalen(Hrsg.), *Der Mensch in den Konfliktfeldern der Gegenwart*, Köln, 1975, S.65~74.

89. "A General Theory of Organized Social Systems", in: Geert Hofstede/M. Sami Kassem(Hrsg.), *European Contributions to Organization Theory*, Assen, 1976,

S.96~113.

90. "Ist Kunst condierbar?", in: Siegfried J. Schmidt(Hrsg.), 'schön': Zur Diskussion eines umstrittenen Begriffs, München, 1976, S.60~95.

91. "'Theorie und Praxis' und die Ausdifferenzierung des Wissenschaftssystems", in: Teorie en praxis in de sociologiese teorie, Serie Amsterdams Sociologische Tijdschrift Theorie, No. 1, Amsterdam, 1976, S.28~37.

92. "The Future Cannot Begin: Temporal Structures in Modern Society", Social Research 43, 1976, S.130~152.

93. "Evolution und Geschichte", Geschichte und Gesellschaft 2, 1976, S.284~309.

94. "Rechtsprechung als professionelle Praxis", in: Bernhard Gebauer(Hrsg.), Material über Zukunftsaspekte der Rechspolitik, Politische Akademie Eichholz, Materialien Heft 36, 1976, S.67~71.

95. "Zur systemtheoretischen Konstruktion von Evolution", in: Zwischenbilanz der Soziologie: Verhandlungen des 17. Deutschen Soziolosgentages, Stuttgart, 1976, S.49~52.

96. "Generalized Media and the Problem of Contingency", in: Jan J. Loubser/ Rainer C. Baum/Andrew Effrat/Victor M. Lidz(Hrsg.), Explorations in General Theory in Social Science: Essays in Honor of Talcott Parsons, Bd. 2, New York, 1976, S.507~532.

97. "Komplexität", in: Historisches Wörterbuch der Philosophie, Bd. 4, Basel, 1976, Sp.939~941.

98. "Ausbildung für Professionen-Überlegungen zum Curriculum für Lefrerausbildung", Jahrbuch für Erziehungswissenschaft, 1976, S.247~277 (Zusammen mit Karl Eberhard Schorr).

99. "Comment zu: Karl Erik Rosengren, Malinowski's Magic", Current Anthropology 17, 1976, S.679~680.

100. "Ausdifferenzierung des Rechtssystems", Rechtstheorie 7, 1976, S.121~135.

101. "Interpenetration-Zum Verhältnis personaler und sozialer Systeme", Zeitschrift für Soziologie 6, 1977, S.62~76.

102. "Theoretische und praktische Probleme der anwendungsbezogenen

Sozialwissenschaften: Zur Einführung", in: Wissenschaftszentrum Berlin (Hrsg.), *Interaktion von Wissenschaft und Politik: Theoretische und praktische Probleme der anwendungsorientierten Sozialwissenschaften*, Frankfurt, 1977, S.16~39.

103. "Der politische Code: Zur Entwirrung von Verwirrungen", *Kölner Zeitschrift für Sozilogie und Sozialpsychologie* 29, 1977, S.157~159.

104. "Differentiation of Society", *Canadian Journal of Sociology* 2, 1977, S.29~53.

105. "Probleme eines Parteiprogramms", in: *Freiheit und Sachzwang: Beiträge zu Ehren Helmut Schelskys*, Opladen, 1977, S.167~181.

106. "Arbeitsteilung und Moral: Durkheims Theorie", in: Emile Durkheim, *Über die Teilung der sozialen Arbeit* (dt. Übers.), Frankfurt a.M., 1977, S.17~35.

107. "Macht im System. Aufsätze zur Analyse von Macht in der Politikwissenschaft", *Universitas* 32, 1977, S.473~482.

108. "Soziologie der Moral", in: Niklas Luhmann/Stephan H. Pfürtner (Hrsg.), *Theorietechnik und Moral*, Frankfurt a.M., 1978, S.8~116.

109. "Die Allgemeingültigkeit der Religion", *Evangelische Kommentare* 11, 1978, S.350~357 (Zusammen mit Wolfhart Pannenberg).

110. "Geschichte als Prozeß und die Theorie sozio-kultureller Evolution", in: Karl-Georg Faber/Christian Meier (Hrsg.), *Historische Prozesse*, München, 1978, S.413~440.

111. "Handlungstheorie und Systemtheorie", *Kölner Zeitschrift für Soziologie und Sozialpsychologie* 30, 1978, S.211~227.

112. "Interpenetration bei Parsons", *Zeitschrift für Sozilogie* 7, 1978, S.299~302.

113. "Temporalization of Complexity", in: Felix Geyer/Johannes van der Zouwen, *Sociocybernetics*, Bd. 2, Leiden, 1978, S.95~111.

114. "Die Organisationsmittel des Wohlfahrtsstaates und ihre Grenzen", in: Heiner Geißler (Hrsg.), *Verwaltete Bürger-Gesellschaft in Fesseln*, Frankfurt, 1978, S.112~120.

115. "Erleben und Handeln", in: Hans Lenk (Hrsg.), *Handlungsthorien- interdisziplinär* Bd. 2.1, München, 1978, S.235~253.

116. "Zeit und Handlung-eine vergessene Theorie", *Zeitschrift für Soziologie* 8, 1979,

S.63~81.

117. "Grundwerte als Zivilreligion", in: Heinz Kleger/Alois Müller(Hrsg.), *Religion des Bürgers: Zivilreligion in Amerika und Europa*, München, 1986, S.175~194.

118. "Theoretiker der modernen Gesellschaft: Talcott Parsons-Person und Werk", *Neue Züricher Zeitung*, No. 137 vom 16./17. Juni 1979.

119. "Schematismen der Interaktion", *Kölner Zeitschrift für Soziologie und Sozialpsychologie* 31, 1979, S.237~255.

120. "Selbstreflexion des Rechtssystems: *Rechtstheorie* in gesellschaftstheoretischer Perspektive", *Rechtstheorie* 10, 1979, S.159~185.

121. "Identitätsgebrauch in selbstsubstitutiven Ordnungen, besonders Gesellschaften", in: Odo Marquard/Karlheinz Stierle(Hrsg.), *Identität. Poetik und Hermeneutik* VIII, München, 1979, S.315~345.

122. "Das Technologiedefizit der Erziehung und die Pädagogik", *Zeitschrift für Pädagogik* 24, 1979, S.345~365(Zusammen mit Karl Eberhard Schorr); neu gedruckt in: Niklas Luhmann/Karl Eberhard Schorr(Hrsg.), *Zwischen Technologie und Selbstreferenz: Fragen an die Päragogik*, Frankfurt, 1982, S.11~40.

123. "Unverständliche Wissenschaft: Probleme einer theorieeigenen Sprache", *Deutsche Akademie für Sprache und Dichtung*, Jahrbuch, 1979, S.34~44.

124. "Hat die Pädagogik das Technologieproblem gelöst? Bemerkungen zum Beitrag von Dietrich Benner in Heft 3/1979", *Zeitschrift für Pädagogik* 25, 1979, S.799~801.

125. "Kompensatorische Erziehung: unter pädagogischer Kontrolle?", *Bildung und Erziehung* 32, 1979, S.551~570 (Zusammen mit Karl Eberhard Schorr).

126. "Temporalstrukturen des Handlungssystems: Zum Zusammenhang von Handlungs- und Systemtheorie", in: Wolfgang Schluchter(Hrsg.), *Verhalten, Handeln und System: Talcott Parsons' Beitrag zur Entwicklung der Sozialwissenschaften*, Frankfurt a.M., 1980, S.32~67.

127. "Talcott Parsons: Zur Zukunft eines Theorieprogramms", *Zeitschrift für Soziologie* 9, 1980, S.5~17.

128. "Kommunikation über Recht in Interaktionssytemen", in: Erhard Blankenburg

et al.(Hrsg.), *Alternative Rechtsformen und Alterativen zum Recht*, Opladen, 1980, S.99~112.

129. "Komplexität", in: Erwin Grochla(Hrsg.), *Handwörterbuch der Organisation*, 2 Aufl., Stuttgart, 1980, Sp. 1064~1070.

130. "Wetgevingswetenschap en bestuurspolitiek", *Bestuurwetenschappen* 34, 1980, S.182~190.

131. "Max Webers Forschungsprogramm in typologischer Rekonstruktion", *Soziologische Revue* 3, 1980, S.243~250.

132. "Die Ausdifferenzierung von Erkenntnisgewinn: Zur Genese von Wissenchaft", in: Nico Stehr/Volker Meja(Hrsg.), *Wissenssoziologie*, Sonderheft 22, (1980) der *Kölner Zeitschrift für Soziologie und Sozialpsychologie*, Opladen, 1981, S.101~139.

133. "Gesellschaftliche Grundlagen der Macht: Steigerung and Verteilung", in: Werner Kägi/Hansjörg Siegenthaler(Hrsg.), *Macht und ihre Begrenzung im Kleinstaat Schweiz*, Zürich, 1981, S.37~47.

134. "Selbstreferenz und Teleologie in gesellschaftstheoretischer Perspektive", *Neu Hefte für Philosophie* 20, 1981, S.1~30.

135. "Wie ist Erziehung möglich? Eine wissenschaftssoziologische Analyse der Erziehungswissenschaft", *Zeitschrift für Sozialisationsforschung und Erziehungssoziologie* 1, 1981, S.37~54 (Zusammen mit Karl Eberhard Schorr).

136. "The Improbability of Communication", in: *International Social Science Journal* 23, 1, 1981, S.122~132.

137. "Ideengeschichte in soziologischer Perspektive", in: Joachim Matthes(Hrsg.), *Lebenswelt und soziale Probleme: Verhandlungen des 20. Deutschen Soziologentages zu Bremen 1980*, Frankfurt, 1981, S.49~61.

138. "Gesellschaftsstrukturelle Bedingungen und Folgeprobleme des naturwissenschaftlich-technischen Fortschritts", in: Reinhard Löw/Peter Koslowlki/Philipp Kreuzer(Hrsg.), *Fortschritt ohne Maß: Eine Ortsbestimmung der wissenschaftlich-technischen Zivilisation*, München, 1981, S.113~131.

139. "Kommunikation mit Zettelkästen: Ein Erfahrungsbericht", in: Horst Baier it al.(Hrsg.), *Öffentliche Meinung und sozialer Wandel: Für Elisabeth Noelle-*

Neumann, Opladen, 1981, S.222~228.

140. "Communication about Law in Interaction Systems", in: Karin Knorr-Cetina/ Aaron V. Cicourel(Hrsg.), *Advances in social Theory and Methodology: Toward an Integration of Micro-and Macro-Sociology*, London, 1981, S.234~256.

141. "Selbstlegitimation des Staates", in: Norbert Achterberg/Werner Krawietz(Hrsg.), *Legitimation des modernen Staates, Beiheft 15 des Archivs für Rechts- und Sozialphilosophie*, Wiesbaden, 1981, S.65~83.

142. "Machtkreislauf und Recht in Demokratien", *Zeitschrift für Rechtssoziologie 2*, 1981, S.158~167.

143. "Territorial Borders as Systems Boudaries", in: Raimondo Strassoldo/Giovanni Delli Zotti(Hrsg.), *Cooperation and Conflict in Border Areas*, Milano, 1982, S.235~244.

144. "Die Voraussetzung der Kausalität", in: Niklas Luhmann/Karl Eberhard Schorr(Hrsg.), *Zwischen Technologie und Selbstreferenz: Fragen an die Pädagogik*, Frankfurt a.M., 1982, S.41~50.

145. "Personale Identität und Möglichkeiten der Erziehung", in: Luhmann/Schorr (siehe Nr. 144), S.224~261 (Zusammen mit Karl Eberhard Schorr).

146. "The World Society as a Social System", *International Journal of General systems* 8, 1982, S.131~138; Auch in: R. Felix Geyer/Johannes van der Zouwen(Hrsg.), *Dependence and Inequality: A Systems Approach to the Problems of Mexico and other Developing Countries*, Oxford, 1982, S.295~306.

147. "Autopoiesis, Handlung und Kommunidative Verständigung", *Zeitschrift für Soziologie* 11, 1982, S.366~379.

148. "Hypothetik als Wahrheitsform", *Zur Debatte* 12, Nr. 6, 1982, S.11.

149. "Bürokratie im Wohlfahrtsstaat", *Frankfurter Allgemeine Zeitung*, Nr. 299 vom 27. Dez. 1982.

150. "Interdisziplinäre Theoriebildung in den Sozialwissenschaften", in: Christoph Schneider(Hrsg.), *Forschung in der Bundesrepublik Deutschland: Beispiele, Kritik, Vorschläge*, Weinheim, 1983, S.155~159.

151. "Das sind Preise", *Soziale Welt* 34, 1983, S.153~170.

152. "Evolution-kein Menschenbild", in: Rupert J. Rield/Franz Kreuzer(Hrsg.), *Evolution und Menschenbild*, Hamburg, 1983, S.193~205.

153. "Insistence on Systems Theory: Perspectives from Germany," *Social Forces* 61, 1983, S.987~998.

154. "Anspruchsinflation im Krankheitssytem: Eine Stellungnahme aus gesellschaftstheoretischer Sicht", in: Philipp Herder-Dorneich/Alexander Schuller(Hrsg.), *Die Anspruchsspirale*, Stuttgart, 1983, S.28~49.

155. "Medizin und Gesellschaftstheorie", *Medizin, Mensch, Gesellschaft* 8, 1983, S.168~175.

156. "Paradigmawechsel in der Systemtheorie", *Soziologische Probleme* 15, 1983, S.117~128.

157. "Wohlfahrtsstaat zwischen Evolution und Rationalität", in: Peter Koslowski et al.(Hrsg.), *Chancen und Grenzen des Sozialstaats*, Tübingen, 1983, S.26~40.

158. "Bürgerliche Rechtssoziologie: Eine Theorie des 18. Jahrhungerts", *Archiv für Rechts- und Sozialphilosophie* 69, 1983, S.431~445.

159. "Perspektiven für Hochschulpolitik", *Sozialwissenschaften und Berufspraxis* Heft, 1983, S.5~16.

160. "Die Einheit des Rechtssystems", *Rechtstheorie* 14, 1983, S.129~154.

161. "Individuum und Gesellschaft", *Universitas* 39, 1984, S.1~11.

162. "Kapital und Arbeit-eine falsche Front", *Neue Züricher Zeitung*, Nr. 47 von 25./26. Febr. 1984, S.67 f.

163. "Zum Begriff der sozialen Klasse", *Quaderni Fiorentini per la storia del pensiero giuridico moderno* 13, 1984, S.35~78.

164. "Organisation", in: *Historisches Wörterbuch der Philosophie*, Bd. 6, Basel, 1984, Sp. 1326~1328.

165. "Vorwort zu Cláudio souto", *Allgemeinste wissenschaftliche Grundlagen des Sozialen*, Wiesbaden, 1984, S.9~12.

166. "Das Kunstwerk und die Selbstreproduktion von Kunst", *Delfin* III, 1984, S.51~69.

167. "Widerstandsrecht und politische Gewalt", *Zeitschrift für Rechtssoziologie* 5,

1984, S.36~45.

168. "Helmut Schelsky zum Gedenken", *Zeitschrift für Rechtssoziologie* 5, 1984, S.1~3.

169. "Nachruf auf Helmut Schelsky", *Jahrbuch 1984 der Rhinisch-Westfälischen Akademie der Wissenschaften*, Opladen, 1985, S.42~44.

170. "Die Differenzierung von Interaktion und Gesellschaft: Probleme der sozialen Solidarität", in: Robert Kopp(Hrsg.), *Solidarität in der Welt der 80er Jahre: Leistungsgesellschaft und Sozialstaat*, Basel, 1984, S.79~96.

171. "Die Theorie der Ordnung und die natürlichen Rechte", *Rechtshistorisches Journal* 3, 1984, S.133~149.

172. "Modes of Communication and Society", in: P. DeWilde/C.A. May(Hrsg.), *Links for the Future: Science, Systems and Services for Communications: Proceedings of the International Conference on Communications ICC '84*, Bd. 1, Amsterdam, 1984, S.XXXIV~XXXVII.

173. "Die Wirtschaft der Gesellschaft als autopoietisches System", *Zeitschrift für Soziologie* 13, 1984, S.308~327.

174. "The Self-Description of Society: Crisis Fashion and Sociological Theory", *International Journal of Comparative Sociology* 25, 1984, S.59~72.

175. "The Self-Reproduction of the Law and its Limits", in: Felippe Augusto de Miranda Rosa(Hrsg.), *Direito e Mundanca Social*, Rio de Janeiro, 1984, S.107~128; überarbeitete Fassung in: Günther Teubner(Hrsg.), *Dilemmas of Law in the Welfare State*, Berlin/New York, 1986, S.111~127.

176. "Staat und Politik: Zur Semantik der Selbstbeschreibung politischer Systeme", in: Udo Bermbath(Hrsg.), *Politische Theoriengeschichte: Probleme einer Teildisziplin der Politischen Wissenschaft*, Sonderheft 15/1984 der Politischen Viertelijahresschrift, Opladen, 1984, S.99~125.

177. "Soziologische Aspekte des Entscheidungsverhaltens", *Die Betriebswirtschaft* 44, 1984, S.591~603.

178. "Das Problem der Epochenbildung und die Evolutionstheorie", in: Hans Ulrich Gumbrecht/Ursula Link-Heer(Hrsg.), *Epochenschwellen und Epochenstrukturen im Diskurs der Literatur- und Sprachhistorie*, Frankfurt, 1985, S.11~33.

179. "Die Soziologie und der Mensch", *Neue Sammlung* 25, 1985, S. 33~41.

180. "Neue Politische Ökonomie", *Soziologische Revue* 8, 1985, S.115~120.

181. "Zum Begriff der sozialen Klasse", in: Niklas Luhmann(Hrsg.), *Soziale Differenzierung: Zur Geschichte einer Idee*, Opladen, 1985, S.119~162.

182. "Society, Meaning, Religion-Based on Self-Reference", *Sociological Analysis* 46, 1985, S.5~20.

183. "Einige Probleme mit 'reflexivem Recht'", *Zeitschrift für Rechtssoziologie* 6, 1985, S.1~18.

184. "Erwiderung auf H. Mader", *Zeitschrift für Soziologie* 14, 1985, S.333~334.

185. "Complexity and Meaning", in: *The Science and Praxis of Complexity*, Tokyo, 1985, S.99~104.

186. "Erziehender Unterricht als Interaktionssystem", in: Jürgen Diederich(Hrsg.), *Erziehender Unterricht-Fiktion und Faktum*, Frankfurt(Gesellschaft zur Förderung pädagogischer Forschung), 1985, S.77~94.

187. "Läßt unsere Gesellschaft Kommunikation mit Gott zu?", in: Hugo Bogensberger/Reinhard Kögerler(Hrsg.), *Grammatik des Glaubens*, St. Pölten 1985, S.41~48.

188. "Die Autopoiesis des Bewußtseins", *Soziale Welt* 36, 1985, S.402~446; neugedruckt in: Alois Hahn/Volker Kapp(Hrsg.), *Selbstthematisierung und Selbstzeugnis: Bekenntnis und Geständnis*, Frankfurt, 1987, S.25~94.

189. "Von der allmählichen Auszehrung der Werte: Sind die Zeiten gesellschaftlicher Utopien für immer vorbei?", in: Gerd Voswinkel(Hrsg. im Auftrag der Stadt Minden), *Mindener Gespräche, Bd. 2: Referate und Diskussionen der Universitätswoche*, 1985, S.69~76.

190. "Systeme verstehen Systeme", in: Niklas Luhmann/Karl Eberhard Schorr(Hrsg.), *Zwischen Intransparenz und Verstehen: Fragen an die Pädagogik*, Frankfurt a.M., 1986, S.72~117.

191. "Codierung und Programmierung: Bildung und Selektion im Erziehungssystem", in: Heinz-Elmar Tenorth(Hrsg.), *Allgemeine Bildung: Analysen zu ihrer Wirklichkeit, Versuche über ihre Zukunft*, München, 1986, S.154~182.

192. "The Autopoiesis of Social Systems", in: Felix Geyer/Johannes van der Zouwen(Hrsg.), *Sociocybernetic Paradoxes: Observation, Control and Evolution of Self-Steering Systems*, London/Beverly Hills, 1986, S.172~192.

193. "Vorwort", zu: Jürgen Markowitz, *Verhalten im Systemkontext*, Frankfurt, 1986, S.I~VI.

194. "Die Lebenswelt-nach Rücksprache mit Phänomenologen", *Archiv für Rechts- und Sozialphilosophie* 72, 1986, S.176~194.

195. "The Individuality of the Individual: Historical Meanings and Contemporary Problems", in: Thomas C. Heller/Morton Sosna/ David E. Wellbery (eds.), *Reconstructing Individualism: Autonomy, Individuallity, And the Self in Western Thought*, Stanford CA., 1986, S.313~325.

196. " 'Distinctions directrices': Über Codierung von Semantiken und Systemen", in: Friedhelm Neidhadt et al.(Hrsg.), *Kultur und Gesellschaft*, Sonderheft 27/1986 der *Kölner Zeitschrift für Soziologie und Sozialpsychologie*, Opladen, 1986, S.145~161.

197. "Alternative ohne Alternative: Die Paradoxie der neune sozialen Bewegungen", *Frankfurter Allgemeine Zeitung*, Nr. 149 vom 2, Juli 1986, S.29.

198. "Die Zukunft der Domokratie", in: *Der Traum der Vernunft: Vom Elend der Aufklärung*, Neuwied, 1986, S.207~217.

199. "The Theory of Social Systems and Its Epistemology: Reply to Danilo Zolo's Critical Comments", *Philosophy of the Social Sciences* 16, 1986, S.129~134.

200. "Die Codierung des Rechtssystems", *Rechtstheorie* 17, 1986, S.171~203.

201. "Das Kunstwerk und die Reproduktion der Kunst"(erw. Fass. von Nr. 173), in: Hans Ulrich Gumbrecht/Karl Ludwig Pfeiffer(Hrsg.), *Stil: Geschichten und Funktionen eines Kulturwissenschaftlichen Diskurselements*, Frankfurt, 1986, S.620~672.

202. "Theorie der sozialen Differenzierung", *Internationale Sozialwissenschaften* Nr. 10, Peking, 1986, S.58~61.

203. "Intersubjektivität oder Kommunikation: Unterschiediche Ausgangspunkte soziologiecher Theoriebildung", *Archivio di Filosofia* 54, 1986, S.41~60.

204. "Soziologie für unsere Zeit–seit Max Weber", *Neue Zürcher Zeitung*, Nr. 284 vom 6./7. XII. 1986, S.70; neu gedruckt in: Martin Meyer(Hrsg.), Wo wir stehen, Zürich, 1987, S.53~59.

205. "Die Welt als Wille ohne Vorstellung: Sicherheit und Risiko aus der Sicht der Sozialwissenschaften", *Die politische Meinung* 229, 1986, S.18~21.

206. "Kapital und Arbeit: Probleme einer Unterscheidung", in: Johannes Berger(Hrsg.), *Die Moderne: Kontinuitäten und Zäsuren, Soziale Welt,* Sonderband 4, Göttingen, 1986, S.57~78.

207. "Das Medium der Kunst", *Delfin* 4 (1986), S.6~15; Nachdruck in: Frederick D. Bunsen (Hrsg.), *'ohne Titel': Neue Orientierungen in der Kunst,* Würzburg, 1988, S.61~71.

208. "Sozialisation und Erziehung", in: Wilhelm Rotthaus(Hrsg.), *Erziehung und Theraphie in systemischer Sicht,* Dortmund, 1987, S.77~86.

209. "Die Richtigkeit soziologischer Theorie", *Merkur* 41, 1987, S.36~49.

210. "Was ist Kommunikation?", *Information Philosophie* 1, 1987, S.4~16; Auch in: Fritz B. Simon(Hrsg.), *Lebende Systeme: Wirklichkeitskonstruktionen in der systemischen Therapie,* Berlin, 1988, S.10~18.

211. "Paradigmawechsel in der Systemtheorie: Ein Paradigma für Fortschritt?", in: Reinhart Herzog/Reinhart Koselleck(Hrsg.), *Epochenschwelle und Epochenbewußtsein, Poetik und Hermeneutik XII,* München, 1987, S.305~322.

212. "Autopoiesis als soziologischer Begriff", in: Hans Haferkamp/Michael Schmid(Hrsg.), *Sinn, Kommunikation und soziale Differenzierung: Beiträge zu Luhmanns Theorie sozialer Systeme,* Frankfurt, 1987, S.307~324.

213. "Strukturelle Defizite: Bemerkungen zur systemtheoretischen Analyse des Erziehungswesens", in: Jürgen Oelkers/Heinz–Elmar Tenorth(Hrsg.), *Pädagogik, Erziehungswissenschaft und Systemtheorie,* Weinheim/Basel, 1987, S.57~75.

214. "Tautologie und Paradoxie in den Selbstbeschreibungen der modernen Gesellschaft", *Zeitschrift für Soziologie* 16, 1987, S.161~174.

215. "Sicherheit und Risiko aus der Sicht der Sozialwissenschaften", in: 4. Akademie–Forum: *Die Sicherheit technischer Systeme,* Vorträge N 351 der Rheinisch–

Westfälischen Akademie der Wissenschaften, Opladen, 1987, S.63~66.

216. "'Technik und Ethik' aus soziologischer Sicht", in: 2. Akademie-Forum: Technik und Ethik, Vorträge G 284 der Rheinisch-West alischen Akademie der Wissenschaften, Opladen, 1987, S.31~34.

217. "Die gesellschaftliche Verantwortung der Soziologie", in: Helmut de Rudder/ Heinz Sahner(Hrsg.), *Wissenschaft und gesellschaftliche Verwantwortung: Ringvorlesung der Hochschule Lüneburg*, Berlin, 1987, S.109~121.

218. "Die gesellschaftliche Differenzierung und das Individuum", in: Thomas Olk/ Hans-Uwe Otto(Hrsg.), *Soziale Dienste im Wandel*, Bd. 1, Neuwied, 1987, S.121~137.

219. "The Evolutionary Differentiation Between Society and Interaction", in: Jeffrey C. Alexander et al.(Hrsg.), *The Micro-Macro Link*, Berkeley, 1987, S.112~131.

220. "Sprache und Kommunikationsmedien: Ein schitflaufender Vergleich", *Zeitschrift für Soziologie* 16, 1987, S.467~468.

221. "The Morality of Risk and the Risk of Morality", *International Review of Sociology* No. 3, 1987, S.87~101.

222. "Selbstreferentielle Systeme", in: Fritz B. Simon(Hrsg.), *Lebende Systeme: Wirklichkeitskonstruktionen in der systemischen Therapie*, Berlin, 1988, S.47~53.

223. "Frauen, Männer und George Spencer Brown", *Zeitschrift für Soziologie* 17, 1988, S.47~71.

224. "Neuere Entwicklungen in der Systemtheorie", *Merkur* 42, 1988, S.292~300.

225. "Sozialsystem Familie", *System Famile*, 1, 1988, S.75~91.

226. "Warum AGIL?", *Kölner Zeitschrift für Soziologie und Sozialpsychologie* 40, 1988, S.127~139.

227. "Closure and Openness: On Reality in the World of Law", in: Gunther Teubner(Hrsg.), *Autopoietic Law: a New Approach to Law and Society*, Berlin, 1988, S.335~348.

228. "Familiarity, Confidence, Trust: Problems and Alternatives", in: Diego Gambetta(Hrsg.), *Trust: Making and Breaking Cooperative Relations*, Oxford, 1988, S.94~107.

229. "Strunturelle Bedingungen von Reformpädagogik: Soziologische Analysen zur Pädagogik der Moderne", *Zeitschrift für Pädagogik* 34, 1988, S.463~488(Zusammen mit Karl Eberhard Schorr).

230. "Positivität als Selbstbestimmtheit des Rechts", *Rechtstheorie* 19, 1988, S.11~27.

231. "The Third Question: The Creative Use of Paradoxes in Law and Legal History", *Journal of Law and Society* 15, 1988, S.153~165.

232. "La funzione dell'arte", *Immaginazione* 58, 1988, S.8.

233. "Das Ende der alteuropäischen Politik", in: *Tijdschrift voor de Studie van de Verlichting en van het Vrije Denken* 16, 1988, S.249~257.

234. "Über 'Kreativität'", in: Hans-Ulrich Gumbrecht(Hrsg.), *Kreativität-Ein verbrauchter Begriff?*, München, 1988, S.13~19.

235. "Organisation", in: Willi Küpper/Günther Ortmann(Hrsg.), *Mikropolitik: Macht und Spiele in Organisationen*, Opladen, 1988, S.165~185.

236. "La teoria sistemica come descrizione della società", in: Giuseppe Barbieri/Paolo Vidali(Hrsg.), *La razione possibile: per una geografia della cultura*, Milano, 1988, S.131~139.

237. "Observing and Describing Complexity", in: Karl Vak(Hrsg.), *Complexities of the Human Environment: A Cultural and Technological Perspective*, Wien, 1988, S.251~255.

238. "Wie ist Bewußtsein an Kommunikation beteiligt?", in: Hans Ulrich Gumbrecht/K. Ludwig Pfeiffer(Hrsg.), *Materialität der Kommunikation*, Frankfurt a.M., 1988, S.884~905.

239. "Stenographie", *Delfin* X (1988), S. 4~12; Neugedruckt in Niklas Luhmann et al., *Beobachter: Konvergenz der Erkenntnistheorien?*, München, 1990, S.119~137.

240. "Die 'Macht der Verhältnisse' und die Macht der Politik", in: Heinrich Schneider (Hrsg.), *Macht und Ohnmacht*, St. Pölten, 1988, S.43~51.

241. "Die Unterscheidung von Staat und Gesellschaft", in: Stavros Panou et al.(Hrsg.), *Contemporary Conceptions of Social Philosophy: Verhandlungen des 12. Weltkongresses der Internationalen Vereinigung für Rechts- und Soziaphilosophie, Athen 1985*, Wiesbaden, 1988, S.61~66.

242. "La moral social y su reflexión ética", in: X. Palacios/F. Jaranta(Hrsg.), *Razón, Ética Política: El conflicto de las sociedades modernas*, Barcelona, 1989, S.47~58.

243. "Ökologie und Kommunikation", in: Lucien Criblez/Philipp Gonon(Hrsg.), *Ist Ökologie lehrbar?*, Bern, 1989, S.17~30.

244. "Theorie der politischen Opposition", *Zeitschrift für Politik* 36, 1989, S.13~26.

245. "Wahrnehmung und Kommunikation sexueller Interessen", in: Rolf Gindort/ Erwin J. Haeberle(Hrsg.), *Sexualitäten in unserer Gesellschaft*, Berlin, 1989, S.127~138.

246. "Politische Steuerung: Ein Diskussionsbeitrag", *Politische Vierteljahresschrift* 30 (1989), S.4~9; Auch in: Hans-Hermann Hartwich(Hrsg.), *Macht und Ohnmacht politischer Institutionen: 17. Wissenschftlicher Kongress der DVPW, Darmstadt 1988*, Opladen, 1989, S.12~16.

247. "Systemansatz und Strukturkonzept", *Philosophisches Jahrbuch* 96, 1989, S.97~100.

248. "Zwei Seiten des Rechtsstaates", in: *Conflict and Integration. Comparative Law in the World Today: The 40th Anniversary of The Institute of Comparative Law in Japan, Chuo University 1988*, Tokyo, 1989, S.493~506.

249. "Die Französische Revolution ist zu Ende: Individuum und Gesellschaft nach 1789", *Neue Züricher Zeitung* 20/21, Mai 1989, S. 69; Auch in: Hanno Helbling/Meyer(Hrsg.), *Die Große Revolution: 1789 und die Folgen*, Zürich, 1990, S.40~44.

250. "Law as a Social System", *Northwestern University Law Review* 83, 1988/89, S.136~150.

251. "Wer sagt das? Eine Replik", *Delfin* XII, 1989, S.90~91.

252. "Ökologische Kommunikation", in: Joschka Fischer(Hrsg.), *Ökologie im Endspiel*, München, 1989, S.31~37.

253. "Complexitat social I opinió pública", *Periodística* 1, 1989, S.9~22.

254. "La Religione è indispensabile?", *Prometeo* 7, 1989, S.16~21.

255. "The Paradox of System Differentiation and the Evolution of Society", in: Jeffrey C. Alexander/Paul Colomy(Hrsg.), *Differentiation Theory and Social*

Change: Comparative and Historical Perspectives, New York/Columbia UP, 1990, S.409~440.

256. "Über systemtheoretische Grundlagen der Gesellschaftstheorie", *Deutsche Zeitschrift für Philosophie* 38, 1990, S.277~284.

257. "Interesse und Interessenjurisprudenz im Spannungsfeld von Gesetzgebung und Rechtsprechung", *Zeitschrift für Neuere Rechtsgeschichte* 12, 1990, S.1~13.

258. "General Thory and American Sociology", in: Herbert J. Gans(Hrsg.), *Sociology in America*, Newbury Park Cal., 1990, S.253~264.

관련 문헌

루만에 관한 연구가 유럽의 여러 나라, 아메리카합중국, 일본 등 이른 바 학문적 선진국가에서 최근 활발히 진행되어 상당히 많은 결과물이 계속해서 나오고 있다. 이러한 문헌들 중에는 루만의 이론적 지평을 확장하거나 응용하는 것도 있지만 비판적인 입장을 견지하는 것도 적지 않다. 역자가 최근에 얻은 도이치 문헌정보에 의거해 임의적으로 다음의 문헌들을 소개한다.

Baecker, Dirk u.a.(Hrsg.), *Theorie als Passion. Niklas Luhmann zum 60. Geburtstag*, Frankfurt a.M., 1987.

_____,(Hrsg.) *Niklas Luhmann, Einführung in die Systemtheorie*, Heidelberg, 2002.

Baraldi, Claudio u.a.(Hrsg.), *GLU. Glossar zu Niklas Luhmanns Theorie sozialer systeme*, Frankfurt a.M., 1997.

Bechmann, Gotthard, "Alteuropa und wir", in: *Soziologiesche revue*, 21. jg., 1998, S.165~174.

Berghaus, Margot, *Luhmann leicht gemacht*, 2. Aufl., Köln, 2003

Dammann, Klaus/Grunow, Dieter/Japp, Klaus P., *Dei Verwaltung des politischen System. Neuere systemtheoriesche Zugriffe auf ein altes Thema. Mit einem Gesamtverzeichnis der Veröffentlichungen Niklas Luhmanns 1958~1992*, Opladen, 1994.

De Berg, Henk/Prangel, Matthias(Hrsg.), *Systemtheorie und Hermeneutik*, Tübingen, 1997.

_____,*Differenzen. Systemtheorie zwischen Dekonstruktion und Konstruktivismus*, Tübingen, 1995.

Fuchs, Peter, *Das seltsamee Problem der Weltsesellschaft. Eine Neubrandenburger Vorlesung*, Opalden, 1997.

_____,*Niklas Luhmann- beobachtet*. 3. Aufl. Wiesbaden, 2004.

Greven, Michael Th., "Endgültige Abschiede? Fragmentarische Überlegungen zu Niklas Luhmann", in: Greven, Miachael Th./Münkler, Herfried/Schmalz-Brunds, Rainer(Hrsg.), *Bügersinn und Kritik*, Baden-Baden, 1998.

Gripp-Hagelstange, Helga, *Niklas Luhmann. Eine erkenntnistheoretische Einführung*, 2. Auflage. Fink, München, 1997.

Habermas, Jürgen, "Theorie der Gesellschaft oder Sozialtechnologie? Eine Auseinadersetzung mit Niklas Luhmann", in: Ders., Luhmann, Niklas, *Theorie der Gesellschaft oder Sozialtechnologie. Was leistet die Systemforschung?*, 2. Aufl., Frankfurt a.M., 1974, S.142~290.

_____,"Exkurs zu Luhmanns systemtheoretischer Aneigenung dersubjekt-Philosophischen Erbmass", in: Ders., *Der Philosophische Diskurs der Moderne, Zwölf Vorlesugen*, Frankfurt a.M., S.426~445(이진우 옮김, 『현대성의 철학적 담론』, 문예출판사, 1994).

Haferkamp, Hans/Schmid, Michael (Hg.), *Sinn, Kommunikation und soziale Differenzierung. Beiträge zu Luhmanns Theorie sozialer Systeme*, Frankfurt a.M., 1987.

Hagen, Wolfgang(Hrsg.), *Warum haben Sie keinen Fernseher, Herr Luhmann?. Letzte Gespräche mit Niklas Luhmann. Dirk Baecker, Norbert Bolz, Wolfgang Hagen, Alexander Kluge*, Berlin, 2004/2005

Hellmann, Kai-Uwe, *Systemtheorie und neue soziale Bewegungen. Identitätsprobleme in der Risikogeschellschaft*, Opladen, 1996.

Horster, Detlef, *Niklas Luhmann*, München, 1997; 2. Aufl., 2005.

_____,"Politische Perspektiven in Niklas Luhmanns Systemtheorie", in: *Vorgäange*,

Zeitschrift für Bürgerrecht und Gesellschaftpolitik, 37. Jg., 1998, H. 1, S.61~72.

강희원, 「루만의 체제이론과 현대법의 이해」, 한국법철학회 편, 『현대법철학의 흐름』, 법문사, 1996, 352~390면.

김성재, 『체계이론과 커뮤니케이션』(개정판), 커뮤니케이션북스, 2005.

Kneer, Georg/Nassehi, Armin, *Niklas Luhmanns Theorie Sozialer Systheme*, 4. Aufl., Müchen/Paderbon, 2000(정성훈 옮김, 『니클라스 루만으로의 초대』, 갈무리, 2008).

Koschorke, Albrecht/Cornelia, Vismann, *Widerstände der Systemtheorie. Kulturtheoretische Analyse zum Werk von Niklas Luhmann*, Heidelberg, 1999.

Krause, Detlef, *Luhmann-Lexikon. Eine Einführung in das Gesamtwerk von Niklas Luhmann*, Stuttgart, 1996.

Krawietz, Werner/Welker, Michael(Hrsg.), *Kritik der Theorie sozialer Systeme. Auseinandersetzungen mit Niklas Luhmanns Haupwerk*, Frankfurt a.M., 1992.

Lange, Stefan/Braun, Dietmar, *Politische Steuerung zwischen System und Akteur*, Opladen, 2000.

Maturana, Humberto R., *Erkennen: Die Organisation und Verkörperung von Wirklichkeit. Ausgewählte Arbeiten zur biologischen Epistemologie*, 2. durchges. Aufl., Braunschweig/Wiesbaden, 1985.

Melitta Konopka, *Die Logik der Systeme: Zur Kritik der systemtheoretischen Soziologie Niklas Luhmanns*, Konstanz, 2000.

Reinhardt, Jan D., *Niklas Luhmanns Systemtheorie interkulturell gelesen*, Nordhausen, 2005.

Rese-Schäfer, Walter, *Niklas Luhmann zur Einfürung*, Hamburg, 1999, 4. Aufl., 2001(이남복 옮김, 『니클라스 루만의 법사상』, 백의, 2002).

Schuldt, Christian, *Systemtheorie*, Hamburg, 2003.

Schulte, Günter, *Der blinde Fleck in Luhmanns Systemtheorie*, Frankfurt a.M/New York, 1993.

Schmidt, Johannes F. K./ Henk de Berg(Hrsg.), *Rezeption und Reflexion: Zur Resonanz der Systemtheorie Niklas Luhmanns ausserhalb der Soziologie*, Frankfurt a.M., 2000.

Schützeichel, Rainer, *Sinn als Grundbegriff bei Niklas Luhmann*, Frankfurt a.M./New

York, 2003.

Schwanitz, Dierrich, *Systemtheoie und Literatur. Ein neues Paradigma*, Opladen, 1990.

Seidl, David/Kai Helge Becker, *Niklas Luhmann and Organization Studies*, Kopenhagen, 2005.

Sloterdijk, Peter, "Der Abwalt des Teufels. Niklas Luhmann und der Egoismus der Systeme", in: *Soziale Systeme* 6. Jg., 2000, H. 1, S.3~38.

Spaemann, Robert, "Niklas Luhmanns Herausforderung der Philosophie", in: Laudatio von Robert Spaemann, *Niklas Luhmann anlässlich der Verleihung des Hegel Preises 1989*, Frankfurt a.M., 1990.

Thome, Helmut, *Der Versuch die 'Welt' zu begreifen. Fragezeichen zur Systemtheorie von Niklas Luhmann*, Frankfurt a.M., 1973.

土方透/松戸行雄(共編譯)『ルーマン, 學問と自身を語する』, 新泉社, 1996

Varela, Francisco J., *Kognitionswissenschaft-Kognitionstechnik. Eine Skizze aktueller Perspecktiven*, Frankfurt a.M., 1990.

Weber, Andreas, *Subjektlos. Zur Kritik der Systemtheorie*, Konstanz, 2005.

Welker, Michael(Hrsg.), *Theologie und funkitionale Systemtheorie. Luhmanns Religionssoziologie in theologischer Diskussion*, Frankfurt a.M., 1985.

Weinbach, Christine, *Systemtheorie und Gender*, Frankfurt a.M., 2004.

Willke, Helmut, *Systemtheorie I, II*, Stuttgart, 2000.

Zielcke, Andreas, *Die symbolische Natur des Rechts: Analyse der Rechtssoziologie Niklas Luhmanns*, Berlin, 1980.

옮긴이의 말

• 법에 대한 제2의 서열에서 관찰

루만을 통해서 루만 위로!

이 책은 Niklas Luhmann, *Rechtssoziologie*(3. Aufl., Opladen: Westdeutscher Verlag, 1987)의 완역이다. 말이 3판이지만 앞에서도 이미 말했듯이 그 내용은 초판과 같고, 초판의 제1권과 제2권이 합본되고 결론부분만 다른 글로 대체된 1983년의 제2판 그대로이다. 이 책은 제3판의 번역이지만 결론부분의 내용변화를 더 분명하게 하기 위해 옮긴이는 초판의 결론부분도 함께 번역했다. 1987년에는 이미 그의 체계이론에 이른바 패러다임 전환이 이루어진 지 훨씬 후임에도 불구하고, 루만은 그것을 *Rechtssoziologie*의 제3판에 반영하여 새로 쓰지 않았다. 루만 자신이 제2판의 서문에서 그 이유를 밝히고 있지만 그러한 형식적인 이유보다는 우선 제1판에서 견지했던 그의 시각을 바꿀 필요가 없었기 때문이었을 것이고, 어쩌면 법에 관한 오토포이에시스(Autopoiesis, 자기생산)적 체계이론서로서 *Das Recht der Gesellschaft*(Frankfurt a.M.: Suhrkamp, 1993)가 계획되어 있었기 때문이 아닌가라고 추측해본다.

내가 처음으로 접한 것은 루만의 1972년 초판으로 출간된 *Rechtssoziolgie* Bd. 1/2, Verlag Rowohlt, Reinbeck bei Hamburg(roro-

Studium 1.u.2)였다. 도이칠란트에 유학하여 1986년 뮌헨의 괴테하우스에서 도이치어를 배우고 있었는데, 어느 날 수업을 마치고 뮌헨대학 법학부 근처에 있는 헌책방에 갔을 때 거기에서 우연히 그 책을 발견했다. 도이칠란트에서 공부하고자 하는 분야가 기초법학이었고, 또 그 당시 박사과정 지도교수로서 법사회학자인 만프레트 레빈더(Manfred Rehbinder) 교수가 이미 지정되어 있었기 때문에 그때에는 루만이 어떠한 학자인지도 제대로 알지도 못한 채 책의 제목이 오로지 *Rechtssoziologie*였기에 무조건 그 책을 구입해서 억지로 읽기 시작한 것이었다. 그렇게 해서 루만과 나의 관계는 수많은 우연들 중 그 하나가 가시화되어서 루만의 말을 차용한다면 그것이 나 자신의 사고영역에서 현실적인 관계로서 '실정화되었다'(positiviert).

3개월이라는 긴 기간 동안 그 책을 읽었지만 그 내용을 제대로 이해하지 못했다. 그후 프라이부르크대학에서 법사회학에 관한 공부가 본격적으로 시작되면서 루만을 어느 정도 알게 되었다. 그리고 논문주제가 루만과 관련 있었기 때문에 루만의 법사회학을 본격적으로 읽게 되었고, 그러한 과정에서 루만의 사상 자체도 어느 정도 이해하게 되었다. 루만에 대한 이해는 그의 법사회학을 읽는 정도에 그쳤다. 게다가 프라이부르크대학 법학부에서 법사회학 강좌를 맡고 있었던 레빈더 교수는 법사회학을 법학과 사회학을 연결하는 법학의 보조학문으로 생각하고 있는 듯했다. 그래서 그는 에밀 뒤르켐, 막스 베버, 카를 마르크스, 니클라스 루만의 이론적 법사회학보다는 오이겐 에를리히(Eugen Ehrlich) 등에 터 잡은 경험적 법사회학에 경도되어 있었다. 그래서 그에게서는 이론법사회학의 강의를 들을 기회가 없었다. 그렇지만 나는 사회과학대학의 하인리히 포피츠(Heinrich Popitz) 교수의 배려 하에 그의 정치사회학 강좌에 자주 참가해 베버와 마르크스 등의 사회이론을 본격적으로 접할 수 있었다. 이 당시 포피츠 교수와의 만남은 나의 사회학적 비전을 넓힐 수 있는 큰 행운이었다.

1989년 2월 "*Gesetzesflut und rechtsfreier Raum*"(Pfaffenweiler: Centaurus-Verlagsgesellschat, 1990)이라는 논문주제로 법학박사학위를 취득하였으나 곧바로 귀국할 수 없는 형편이었다. 그래서 그 참에 좀 더 여유를 가지고 법학기초를 위한 철학이나 사회학을 본격적으로 공부하기로 계획하였다. 그리고 나중에라도 루만의 체계이론을 본격적으로 공부할 요량으로 루만의 저서와 논문을 구입하고, 그렇지 못한 것은 대학 도서관에서 대출해 모조리 복사했다. 또 루만과 관련된 연구논문들을 수집했다. 그렇지만 분량의 방대함 때문에 루만을 전부 읽는다는 것 자체가 거의 불가능해 보였다.

법학기초를 위한 철학적·사회학적 기반조성이라는 미명 하에 다시 프라이부르크대학 철학부에 개설되었던 철학강좌 등을 수강하고 철학 및 사회학 관련 서적을 읽으면서 지적 수렵생활에 돌입하였다. 이때에 루만을 집중적으로 읽기 시작하긴 했지만 큰 진전을 보지도 못한 채 유예된 1년이라는 시간이 훌쩍 지나가고 귀국해야 할 때가 닥쳐왔다.

1991년 귀국한 후에도 강의준비와 대학의 여러 가지 잔무를 처리하고 또 변호사 업무에도 종사하다 보니 루만을 제대로 공부할 수 없었다. 그러던 중 학회에서 우연히 은승표 박사(현재 영남대 법학전문대학원 재직)를 만나 작은 루만독해모임을 만들어 몇몇 지인들과 루만을 읽으려했다. 그 당시 루만을 제대로 알지 못하면서 몇몇 후배학자들에게 루만에 관해 계몽하려던 것이 독해모임의 동기였다. 이제 루만을 내 나름으로 어느 정도 이해하고 있다고 말할 수 있지만 그래도 내게는 루만이 여전히 난해한 미지의 학자로서 남아 있다.

루만은 오늘날 도이치 사회학계에서 영향력 있는 가장 저명한 사회이론가 중 한 사람으로 공인되고 있다. 이론의 수준이나 저서의 분량 등에 비추어만 보아도 루만은 막스 베버, 게오르크 짐멜, 에밀 뒤르켐 등과 같은 사회이론가에 못지않을 정도로, 아니 어쩌면 이들을 뛰어넘는 대가(大家)라고 할 수 있다. 그는 1998년 세상을 떠났지만 그의 학문적 흔적은 사회학 분야뿐만 아니라 법학, 정치학, 언론학 등 거의 모든 분야에 걸쳐 너무나 강하게 남아 있는 것 같다. 루만은 법률가로서의 소양과 경험에다가 기성의 전문분야에서는 지금까지 그 누구도 추종하기 어려울 만큼의 풍부한 학식에 기초해서 독자적인 체계이론을 세우고 법, 행정, 정치, 사회이론 등 거의 모든 분야를 망라할 만큼의 방대한 양의 업적을 세웠다. 이들 업적 중 특히 초기에 루만을 저명하게 만든 것은 프랑크푸르트학파의 사회철학자 위르겐 하버마스(Jürgen Habermas)와의 흥미있는 논쟁이었다. 그렇지만 이러한 논쟁을 표면적으로 파악하여 성급하게 루만에 대해 낙인을 찍기보다는 루만의 사고와 이론을 더 심도 있게 이해하게 되면 높은 이론적인 추상도에도 불구하고 현대사회의 분석과 이해를 위한 명확한 방법론적 시각과 예리한 개념적인 추상의 성과로서, 그리고 경험적·과학적 인간지식에 기초해서 치밀하게 구축된 그의 이론적 구조물에서 우리는 깊은 감명을 얻을 수 있을 것이다.

루만은 현대사회학이 심각한 이론의 위기에 빠져 있다고 망설임 없이 말하고 있다. 사회학의 이론적 문제에 관한 서적이나 학회에서는 고전적인 사회학자로의 소급, 즉 카를 마르크스, 에밀 뒤르켐, 막스 베버, 게오르크 짐멜 등에 대한 논의를 취급하고, 오늘날의 사회학자는 자신들의 고전적인 기초에 대해 전혀 무비판적이라고는 할 수 없지만 이들 사회학적 이론의 기본적인 윤곽은 그것이 기초하고 있는 고전적인 기원에 의해 규정되고 있다. 경험적 연구에서 생긴, 고전을 초월하는 중범위이론은 얼마간 있긴 하지만 현대사회가 오늘날 직면하고 있는 문제들, 예컨대 환경문제, 개개의 인간문제 등에 관한 새로운 이론적인 기술은 거의 존재하지 않는다. 이들 문제에 대한 사회학적인 처치(處置)의 필요성이 점증하고 있지만 지금까지의 사회학이론은 그것을 충족하지 못하고 있다고 루만은 진단한다. 오늘날 매력적인 지적 발전은 사회학이라는 전문영역의 밖에서 일어나고 있다. 적어도 이러한 인식 하에서 사회학이론가는 출발해야 한다는 것이 루만의 생각인 것 같다. 루만이 체계이론으로써 처음에 목적으로 했던 것은 사회학적 계몽(Soziologische Aufklärung)이라고 할 수 있다.[1] 1967년 빌레펠트대학 사회학교수 취임 강연에서 그는 그것을 "계몽의 순화"(Abklärung der Aufklärung)[2]라고 하였다. 이것은 당시 지그문트 프로이트(Sigmund Freud)의 영향 아래 하버마스로 대표되던 이른바 "폭로적 계몽"(Entlarvungsaufklärung)[3]을 비판하고자 한 것이었다. 하버마스는 그의 저서 *Erkenntinis und Interesse*[4]에서 프로이트의 정신분석학에 근거해서 사회화의 세계사적 과정과 개인의 사회화과정을 비교하면서 병적인 체제가 "개인을 신경증(노이로제)에 몰아붙이는 것과 같은 상황이 사회를 제도의 건설로 향하여 움직이게 한다. 제도를 특징짓는 것은 동시에 가지고 있는 제도를 병리학적인 형태와 유사하게 형성시킨다"[5]고 한다. 그러므로 하버마스에 의하면 사회적 신경증(노이로제)은 계몽되어야 하고, 해방적인 자기반성에 의해 치유되어야 한다는 것이다. 이에 대해 루만은 "사회로서 자기실현된 것은 예컨대 그것이 최악의 결과를 초래해도 배제될 수 없는"[6]

---

1) 이것은 루만의 사회학적 논문들 대부분이 '사회학적 계몽'(Soziologische Aufklärung)이라는 제목을 가진 6권의 단행본이 출판된 데서 미루어 짐작할 수 있다.

2) Niklas Luhmann, *Soziologische Aufklärung 1: Aufsätze zur Theorie sozialer Systeme*, Opladen, 1970, S.66.

3) 같은 책 69쪽.

4) Jürgen Habermas, *Erkenntinis und Interesse*, Frankfurt a.M., 1968(강영계 옮김, 『인식과 관심』, 고려원, 1983).

5) 같은 책 277쪽.

6) Niklas Luhmann, *Soziologische Aufklärung 5: Konstruktivistische* Perspektiven, Opladen, 1990, S.233.

경우가 있다고 한다. 루만이 이렇게 말하는 것은 그것을 배제하는 것이 오히려 괴멸적인 결과를 가져오기 때문이다. 루만에 의하면 어떤 점에서 은폐작용을 하는 사회적 이성의 편이 계몽자의 이성보다도 '합리적'일 지도 모른다는 것이다.

복잡한 세계를 단순한 원리로 설명할 수 없다는 것을 알게 되면 사람 들은 과잉적인 요구를 받게 되지만 동시에 수치심에서 해방되고, 맹점이 나 잠재적 기능의 이론이 필요하다는 것을 알게 되면 이내 안심할 수 있 다. 그래서 이러한 맹점에 대한 치료는 그것에서 추정된 원인을 찾아 그 것을 제거해서가 아니라 기능적인 증상을 그대로 제쳐놓음으로써 달성 될 수 있다. 이미 사람들이 계몽되었다고 하면 도대체 누가 이와 같은 근 대의 감각에 저항할 수 있을까? 치료로서 행해지는 것은 기능적으로 등 가적인 선택지를 나타내는 것뿐이라는 것이 루만의 주된 요지이다.[7]

계몽의 순화에서 하버마스류의 비판적 이성에 대한 루만의 평가는 시 니컬하게 들린다. 그래서 그것은 다수의 비판이론 진영의 계몽주의자들 을 발끈하게 만들 수도 있다. 루만의 시각에서 보면 주관이라는 것은 없 다는 것이다. 왜냐하면 누구도 모든 것을 알 수 없고, 누구도 신은 아니 기 때문이다. 주관은 일종의 키메라(Chimera)[8]이고, 이성의 기반에 있 는 것이 아니라 이성에 기생하고 있는 것이다. 존재하는 것은 하나의 주 관이 아니라 다수의 주관뿐이고, 고립된 심리체계가 하나의 이성으로 수 렴하기에는 그 수가 너무나 많다. 다른 사람들이 보는 것은 이미 사람 그 자체라는 동일한 현실이 아니다. 각 주관은 각각의 맹점을 가지기 때문

---

7) Niklas Luhmann, *Soziologische Aufklärung 1: Aufsätze zur Theorie sozialer Systeme*, Opladen, 1970, S.14.
8) 입에서 불을 내뿜는 이 암컷 괴물은 앞부분은 사자와 비슷하고, 중간 부분은 염 소와 비슷하며, 뒷부분은 용과 비슷한 모습을 한 그리스신화의 괴물이지만 여기 서는 환상적인 생각이나 상상의 산물을 상징하는 뜻으로 사용한다.

에 어느 특정 사물을 보더라도 그 외의 것을 보지 않거나 볼 수 없을 수도 있다. 그뿐만 아니라 주관은 그 자신이 보지 못하는 그 자신을 보지 못하고 나아가서 자신을 보지 못하는 자신은 더욱더 볼 수 없다. 이렇듯 루만은 사회적 현실을 통해 과거에 신의 흔적으로서 주관 속에 존재하는 통일적인 이성이 존재하지 않는다는 것을 확신하고 있다. 그렇지만 루만은 체계이론에 의해 주관이 필요하다는 것에서 체계의 덕(德)을 구성해낼 수 있고, 사회에 대해 넓은 시야를 가진 사회학자로서 새로운 미래, 즉 체계이성을 제시할 수 있다고 본다. 만약 각 주관이 관심을 가져야 하는 것이 객관적인 진리보다도 오히려 타자의 견해라고 한다면 거기에서 스스로 이루어지는 것은 관찰의 관찰이라는 순환적인 작용에 의해 자기를 구성하는 체계이다. 체계는 알 수 없지만 존재하고 있는 환계(Umwelt)에서 자기를 보장하는 것을 찾아내 스스로 진리를 구성한다. 이러한 루만의 체계이론 사고는 오늘날 정보기술의 발달에 따라 세계적인 규모로 사회가 변하였다는 것을 배경으로 하여 세계를 담지하는 의식, 즉 하버마스류의 해방적 주관으로서 이성이 아니라 익명적이고 맹목적인 체계이성에서 합리성을 찾고 있다고 할 수 있다.

인간의 모든 구상물이 그렇듯이 이론 역시 이론적인 상상력에서 나온다. 누가 얼마나 그럴듯한 이론을 구축할 수 있는가는 그가 얼마나 풍부한 이론적 상상력을 가지고 있는가에 달려 있다. 이른바 대가(大家)라는 철학자나 사회학자들의 저서들을 읽으면서 늘 느끼는 바이지만 그들은 정말 풍부한 이론적 상상력을 가지고 있구나 하는 것이었다. 루만의 경우에도 마찬가지였다. 루만이 현대사회를 분석하고 그것을 재료로 하여 이론적 구조물을 구축해가는 데 그가 발휘한 이론적 상상력의 풍부함에 경탄하지 않을 수 없었다. 나는 왜 그러한 상상력을 가지지 못했을까? 루만에 관한 연구는 내게 많은 것을 부수입으로 주었다. 한마디로 말하면 루만을 통해서 사회학적으로 계몽되었다고나 할까? 루만은 세상사를 관찰함에 있어 불투명한 이데올로기적 안경에서 나를 해방되게 하고, 제2, 제3, 제4······ 서열의 관찰을 통해 제2, 제3, 제4······ 자(者)로서 사물을 관찰할 수 있는 시각을 부여해주었다. 이것은 내가 루만으로부터 얻은 가장 큰 이론적인 성과였다. 이제 나는 루만에게 묻고 싶다. 루만이 자신을 관찰한다면 어떻게 될까? 앞으로 나는 제2서열에서 루만을 계속해서 관찰하고자 한다.

이 책의 번역출판은 지금으로부터 거의 15년 전부터 생각했다. 그렇지만 1990년대 말 이미 초고가 거의 완성되었음에도 내게 맡겨진 대학의 행정업무가 점점 늘어가면서 번역작업의 마무리를 위한 시간을 내기가 쉽지 않았다. 특히 법학전문대학원 도입문제가 본격적으로 논의되면서 거의 모든 관심을 학교 행정업무와 법학전문대학원 제도에 관한 연구에 투입해야 했다. 그리고 2004년에는 과로로 크게 병이 나서 수술까지 받고 강의조차 하기 어려운 상황에 빠져 번역작업을 마무리하는 것을 거의 포기하다시피 했다. 우여곡절 끝에 2007년도가 되어서야 법과대학의 전공지도교수에서 해방되었다. 새롭게 행정대학원 원장이라는 큰 보직이 주어져 또다시 연구를 포기해야 하는 것이 아닌가 걱정했지만 행정대학원 원장직은 생각했던 것보다 부하가 적었다. 정말 다행이었다. 말많은 법학전문대학설립인가준비작업에서 해방된 것만으로 2007년의 여름방학을 온전히 나의 것으로 만들 수 있었다. 그래서 루만의 *Rechtssoziologie*의 번역작업을 어느 정도 마무리짓게 되었다. 때마침 2007년 6월에는 루만의 주저라고 할 수 있는 *Soziale Systeme: Grundriß einer allgemeinen Theorie*(Suhrkamp Taschenbuch Wissenschaft stw 666, Frankfurt a.M., 1984)가 제주대학교의 박여성 교수에 의해 번역·출간되었다.[9] 그 번역서는 내가 『법사회학』의 번역초고를 수정하는 데에 많

---

9) 니클라스 루만, 박여성 옮김, 『사회이론체계 1, 2』, 한길사, 2007.

은 도움이 되었다.

돌이켜 생각해보면 루만의 『법사회학』이 출간된 지 이미 35년이 되었으니 아무리 늦는다고 해도 20년 전쯤에는 우리나라에서 번역·출간되었어야 했다. 하지만 현실은 그렇지 못했다. 지금에서야 루만의 법사회학을 출판하게 되니 법사회학에 관한 우리의 학문적 여건이 얼마나 척박한지 짐작할 수 있을 것이다. 수험법학이 지배하고 있는 우리나라의 법학계에는 지금까지도 기초법학이 설 자리가 거의 없었는데, 게다가 법학전문대학원 제도가 도입된 후 그 취지가 변질되어 법학전문대학원이 변호사시험 준비학원으로 전락하면서 우리 법학계는 이제 외국의 기초법학을 그대로 수입하기조차 어려운 상황이 되었다. 이미 우리 대학에는 외국에서부터 가느다란 통로를 통해 수입되었던 기초법학적 씨앗이 싹을 내어 연명할 수 있는 좁은 토양마저도 황폐 직전에 있다. 우리나라 기초법학의 숨통이 끊어진 것이나 마찬가지이다. 정말 여간 걱정이 아닐 수 없다.

사실 지금으로부터 8년 전에 대우학술재단의 번역지원으로 출간 직전까지 갔으나 재단의 담당자와 매끄럽지 못한 관계로 실현되지 못했다. 이렇게 된 데에는 내 책임이 크다. 늦었지만 이 번역서의 출간으로 우리나라에서 법사회학에 관한 관심이 조금이라도 높아졌으면 하는 마음 간절하다. 그리고 이 번역서가 우리나라의 기초법학, 특히 법사회학의 발전에 조금이라도 기여할 수 있다면 다행이다.

이 책의 번역초고가 가독성이 높아진 데에는 당시 서울동부지방법원에 판사로 근무하고 있었던 안성준 박사의 공이 크다. 그는 재판업무로 바쁨에도 불구하고 2012년 1년간 여름휴가와 주말휴일을 바쳐 인내심을 갖고서 난삽한 번역문체를 꼼꼼히 읽어 윤문을 해주었다. 이 자리를 빌려 그에게 진심 어린 고마움을 표한다.

"번역은 반역이다"라는 말이 있다. 여기에서 반역이란 '반역'(反譯)

일 수도 있고, '반역'(半譯)일 수도 있다. 이 책은 아마 위와 같은 두 가지의 의미에 있어 반역에 모두 해당할지도 모른다. 도이치어를 우리말로 번역하고, 특히 루만의 독특한 새로운 개념을 한자조어로 하는 것은 그 자체가 오역(誤譯)일 수도 있다. 우리말 번역이나 한자조어에는 도이치어와 다른 뉘앙스가 붙을 수밖에 없다. 설사 도이치어와 우리말이 거의 같은 개념적 내포를 가지고 있다고 하더라도 우리말은 우리말 특유의 문화를 배경으로 하고 있기 때문에 정서적 뉘앙스의 변화가 있을 것이다.

이러한 경우 오히려 오역이 명역(名譯)이 될 수 있다고 생각되지만 원저자의 의도를 왜곡할 수도 있을 것이다. 대부분의 유럽언어는 같은 단락에 동일한 단어가 반복적으로 사용하는 것을 꺼려한다. 유럽인들의 작문에서는 같은 문단에 같은 의미이지만 다른 표현 단어가 다양하게 사용되고 있는데 우리말은 그렇지 않다. 그래서 원어의 취지를 살리기 위해서 이 책에는 역어가 그 장면마다 다르게 사용되는 상황이 나타날 수있다. 이러한 상황은 의미파악에 오해를 야기할 가능성이 크다.

게다가 이 책에서 전문용어나 이론적 개념을 격자와 같은 한자로 표현했는데 이러한 표현에는 일상성을 가지지 않는 말이 너무나 많기 때문에 이해하기가 쉽지 않을 것이다. 우리 문화가 중국 한자문화권에 속해 있다고 하더라도 우리식의 한자조어는 유럽언어를 5천 년의 장구한 역사를 자랑하는 중국문명의 문화적 유산인 한자로 치환하여 그것을 또 우리문화 속으로 가지고 들어오는 아주 복잡한 과정이자 한자표기만을 빌리는 우리식의 독자적인 의미부여과정이다. 이것은 또 다른 새로운 이질적인 개념의 창조이자 오역(좋은 말로 하면 창조적 오역)이라고 해도 과언이 아닐 것이다.

분명히 밝혀놓는 바이지만 이 책의 번역에 대해서는 나 자신에게만 책임이 있다. 오역이 있다면 그것은 옮긴이의 능력부족 때문이다. 그리고 다음 판이 나오게 된다면 그때에는 그러한 오역을 바로잡을 수 있을 것이다. 오역이나 잘못된 이해에 대해서 선배 및 후배의 질타를 기쁜 마음으로 기다린다.

2015년 녹음이 짙은 여름 어느 날
고황산 밑에서 강희원

찾아보기

|ㄱ|

가능성 76, 79, 271~273
　~의 과잉생산 274
　~의 선택 273
　~의 유지와 안정화 273
　~장의 복잡성 81
가이거, 테오도르 110
가치 31, 198, 202
　~의 전도가능성 378
강제기관 463
　~ 자체의 선택적 적용 457
개방성과 폐쇄성 72
　~의 조합 594
　~의 차이 594
개별 189, 191, 403, 405
　~사건을 위한 법률 406
　~적 기대의 생성규칙 195
개인 194, 196, 197
　~의 일체성 198
　~적 규범동일화 199
　~적 인격의 중립화 320

결정 239, 252, 397, 577~580
　~수용자 443
　~의 객관성 확보 325
　~의 결과에 대한 주의와 책임의 경감 400
　~의 제정성 360
　~절차의 정립 278
　~ 준칙 582
결정프로그램 222
　~의 형식 327
계약 94, 182
　~원리 537
　~은 지켜야 한다 182
　~의 자유 347
　~적 구속력 184
고전적 91, 107, 406, 428
　~ 권력분립론 420
　~ 법사회학 90
공분 96, 320
관습 113
　~법 359

~법이론 350
관철 31, 78, 162, 360, 409
　　~가능한 규범기획 165
　　~률 45
　　~의 가능성 383
교제적 이해 465, 469
구조 119, 132
　　~로서 체계 528
　　~선택 133
　　~의 관점 373
　　~의 기능과 선택 258
　　~의 동원가능성 530
　　~의 안정화 153
　　~의 탈안정화 417
　　~적 변이 416
　　~적 유연성 550
　　~적 제약 217
　　~적 파급효과 531
국가 236
　　~와 사회의 구별 552
　　~와 사회의 분리 419, 493
　　~의 법 419
　　~이성 426
귀속 367
　　~지위 509
규범 27~30, 34, 37
　　~관철의 개별화 145
　　~기획 241
　　~모순 487
　　~실재주의 101
　　~유형론 114, 144
　　~의 구성체 237

~의 효력 131, 400
~적-규범적 149
~적-인지적 149
~적 체험 167
~적 폐쇄체계 595
~제정의 규범화 376, 381
~화의 재귀성 374
~화하는 기능구조 168
규범적 기대 28, 102, 118, 132, 135
　　~가능성 153
　　~구조 118
　　~양식 158
　　~요소 136
　　~의 시간적 항상성 219
　　~의 완전분화 194
　　~의 위배 152
　　~태세 501
규범적 행동기대 191
　　~의 정합적 일반화 226
　　~의 정합적인 범례화 29
그로티우스, 후고 431
기능 36, 39, 41
　　~-구조적 분화 344
　　~-구조적 체계이론 44
　　~분산적 범례화 317
　　~적 독립 382
　　~적 분화　95, 259, 275, 281, 474,
　　475, 511
　　~적 상호의존관계 233
　　~적 체계이론 18
　　~적 특화 392
　　~주의 252

~특화된 부분체계형성 274
기대 27, 169, 561
~위험의 높이 501
~의 계속성 152
~의 미달 151
~의 범례화 30, 118
~의 복잡성 126
~의 질 137
~의 타당성 500
~장 122
기대구조 27, 118, 122, 240
~의 구체성 및 추상성의 정도 196
~의 구축과 안정화 191
기대맥락 150, 240
~의 동일화 191
~의 동일화원리 221
기대의 기대 27, 119, 122
~에 대한 기대 168
~의 기대 125
기대위배 118
~문제 134
~의 처리 151, 153
~의 해결을 위한 기제 151
~적 행동 141
기본권 540
~사고 473
기획 128
~된 법변경의 조종과 예비적 선정 358

| ㄴ |
내용 217, 238, 239, 242

~상 모순 258
~적 범례화 30, 31, 214, 558
~적 복잡성 371
~적 의미형성 191
~적-의미적 동일화 167
노모스 338, 510
니마이어, 게르하르트 555

| ㄷ |
다양성 281
~의 저장고 251
단기능 513, 515
~과 다기능의 구별 512
~성과 다기능성 509
도덕 321
~률 113
~의 범례화 309
~적 결의론 585
~적 선언명제 260
~적 자기화 324
동일화 167
~원리 215
~원칙 198
뒤르켐, 에밀 89, 91, 96, 98, 99, 101, 108, 180, 182, 320
드기욤, 앙리 538

| ㄹ |
레너, 카를 491, 541
로마 33
~법 342
~의 방식서소송 395

~의 12표법 333
린턴, 랠프 509

| ㅁ |
마르크스, 카를 91, 96, 108, 541
　~의 사회이론 91
　~주의 16, 92
마인, 헨리 섬너 91, 93, 96
마투라나, 움베르토 21, 592
말씀론 33, 328
　~적 법이론 28
　~적인 사고상 105
메이휴, 레온 505, 506
목적 389
　~/수단의 연쇄관계 98
　~/수단-지향 398
　~인자 201
　~프로그램 202, 386
무관련성 374, 384, 519
무관성 136, 211
물리적 폭력 119, 227, 228
미래 145, 194, 561~567
　~의 개방성 258
　~의 선취 561
민법과 형법의 분리 304, 359

| ㅂ |
바거너, 프리도 544
바렐라, 프랜시스코 21
반사실적 28
　~으로 안정화된 행동기대 136
　~인 기획 146

~인 안정화 163
범례화 27, 588
　~된 기대 30
　~적 기제 228
범죄 109
　~의 냄새 470
　~자의 추방 305
범주 88, 292, 496, 541
　~적 구조 535
　~적 형상 557
법 20
　~개념의 진화적 측면 226
　~과 도덕의 분리 387, 389
　~과 불법의 관계 585
　~관철 287
　~구성체 355
　~규범의 조건화경향 395
　~문제 237, 331
　~발전의 조건 167
　~사실 105
　~사학 245
　~생활의 근본사실 113
　~소재 535
　~실현 형식의 기능조건과 선택효과 457
　~ 앞의 평등 401
　~의 교육적 기능 391
　~의 단일성 579, 591
　~의 대변인 383
　~의 독립 403
　~의 무모순성 195
　~의 복잡성 343

~의 본질 586
~의 부정 585
~의 사회적 현실성 577
~의 사회학적 분석 42
~의 상징적 현실성 577
~의 세속화 387
~의 순수실정성 378
~의 실정성 34, 107, 364, 365
~의 실정화 343, 452
~의 양자택일구조 325
~의 완전분화 226, 392
~의 의미구성체 274, 279
~의 자기규정성 34
~의 자기참여 280
~의 재귀적 자기준거 598
~의 적용 331
~의 정합성 340
~의 제정성 365
~의 존재방식 558
~의 준수 내지 준수율 452
~의 진화적 변수 219
~의 통제 488
~의 학습불원성 410
~의 학습적 변경 411
~의 합리화 정도 320
~의 현실성 577
~의 형식유형론 403
~의 효력 597
~이 있는 곳에 탈법행위가 있다 270
~적 결정 78
~적 규범화의 법적 규범화 377
~적 엄격주의 331

~적 유동화가능성 509
~적 정합성의 작용성과 상징성의 구
분 238
~적 진화론 165
~적 타당성 350, 368
~제정 355
~ 효력의 한계 471
법가 337, 562
법관 37
~법 361
~에 의한 법의 계속형성 148
~의 독립성 401
~의 법창조 361
~의 재판 190
~의 중립원칙 318
법기제 191
~의 기능적 완전분화 227
~의 정합성 238
법률(전문)가 34
~법 333
~의 자율성 105
법말씀론 423, 545
~적 사고형상 423
법변경 536
~의 금지 355
~의 법률화 368
법원 361, 366
~과 법절차의 구분 320
~관념 366
~의 위계질서 106, 151
법의 구조 95, 370, 487
~적 가변성 416

~적 완전분화 223
~적 호환성 499
법의 기능 118
~적 특화 387, 434
법의 타당성 286
~의 귀속 367
법체계 26
~의 단일성 591
~의 완전분화 591
~의 자기규정 형태 600
~의 자율성 108, 591
법치국가 430
~적 가치 507
~적 헌법 82
법학 45
~말씀론 106, 303
~적 관용 105
법형상 343
~의 문제 168
~의 전단계 166
~의 진화 168
베버, 막스 91, 98~101, 108, 247, 252,
320
변경 34
~가능성의 개방 398
~욕구 357
~준칙 582
복잡성 27, 81, 119, 151
~낙차의 결과 454
~의 감축 41, 241
분업 95
~적 기능공동체 361

분절 33
~적 부분체계형성 274
~적 분화 95, 275
분절적 사회 289
~형태 33
불복종 357
~과 변경욕구의 구별 359
불안의 개인화 245, 309
불확정성 27, 119, 151
~의 증대 121
비대칭 315
~적 의사소통구조 315
~적(체계내적) 부정 583
비제, 레오폴트 폰 110

| ㅅ |
사비니, 프리드리히 폰 351
사법 156, 313, 383
~의 독립성 348
~의 정치적 중립화 415
~절차의 자율성 보장 331
사실문제 237, 331
사회 98, 245
~계급과 사회이동에 대한 연구 및
역할이론 73
~구조적 근거에 의한 정서화 523
~내재적 체계/환계-대결 418
~내적 환계 596
~ 및 법철학 265
~발전 492
~변동 497
~의 수용성 509

~이론 263

~적 교류관계 123

~적 기제 455

~적 단체 265

~적 범례화 30, 31, 214, 558

~적·사항적 조건 118

~적 상호행위체계 513

~적 세계 120

~적 안정화 209

~적 제도 571

~적 차원 210, 372

~적 체계 129

~적 통제 476

~적 통제 네트워크 251

~주의 507

사회체계 265

~의 불충분한 기능적 분화 317

~의 진화 491

~이론 16

사회학 87, 521

~적 법학 42, 545

상징 115, 120, 236

~적 중립화 248

~적 중화과정 136

~적 표출이론 252

상호의존 85, 508

~관계 535

~성 81

상호행위 192, 240, 318

~이론 252

~체계의 특화 319

서덜랜드, 에드윈 249

선택 83, 137, 196

~가능성의 결핍상태 290

~급부의 귀속 규제 511

~기술 417

~기제 173

~성강화 132

~인자 274

~적 제도화의 기제 281

선택지 128, 293, 462

~ 부재 317

~ 빈곤 495

~의 전환 133

세계 119, 120

~법 283, 560

~사회 283, 546

~의 탈주술화 97

셀즈닉, 필립 530

셸스키, 헬무트 15, 242

소당연 27

~관념 157

~상태의 해명가능성 531

~적 명령양식 577

~형 88

소어, 제프리 543

스콜닉, 제롬 467

스펜서, 허버트 109

시간 105, 233, 309, 417

~관념의 추상화 564

~적-내용적-사회적 범례화 295

~적 범례화 30, 214, 558

~적 복잡성 371

~적 안정화 167

~지평 571
시민 308
　~법전 359
　~사회 17
신법 292, 349
　~에 대한 구법의 우위 355
신분 189, 486
　~에서 계약으로 이동 93
　~정합성 316
실정법 339, 362, 418
　~의 관철 451
　~의 완전분화와 특정화 451
실정성 33, 416
　~의 위험 429
실정화 392
　~된 법 382
실증 96
　~적·변증법적 법사회학 43
　~적·인과적 지식 90
실증주의 366
　~논쟁 108
심리적 체계 127, 128, 525

| ㅇ |

아노미적 경향 345
아리스토텔레스 17, 243, 314, 342
안정화 496
　~기능 495
에를리히, 오이겐 91, 103~106, 108
예링, 루돌프 폰 104, 543
역할 31, 198, 199
　~의 동일성 200

~의 제도화 210
오토포이에시스 21, 26, 651
완전분화 33, 38, 382
우연 453
　~적 과잉생산 269
원시법 282, 285
원칙/예외-도식 147, 342
위계 158, 317
　~적 지배형태 314
　~적(수직적) 분화 181
위험 146, 414
　~감축 147
　~의 무한상승 430
윤리 97
　~적 공식 243
　~적-정치적 제도 244
의미 191
　~구성적 체험 587, 589
　~연관 296
　~원리 215
　~종합 192
　~차원 32
의식 97, 191, 292, 559
　~생활의 미래지평 561
　~적 승인 251
　~주의 302
이중 123, 482
　~위계질서 504
　~의 불확정성 101
　~적 선택성 132
　~적인 불확정성 121
　~효적 행정행위 74

인간 87, 515
　~의 유적 징표 554
　~의 의미정향적 공동생활 118
　~의 체험과 행위의 시간지평 561
인과 90, 246, 387
　~관계 개념 293
　~성 367
인지 135, 241, 560
　~장 121
　~적 개방체계 595
　~적-인지적 149
　~적 태도 259
인지적-규범적 149
　~ 기대 161
인지적 기대 28, 132, 135
　~구조 118
　~양식 150
　~와 규범적 기대를 서로 분리 257
　~요소 136
일탈행동 119, 143, 240, 244~246
입법 347
　~과 사법의 관계 36
　~적 결정 452

| ㅈ |

자연 88, 211, 338
　~상태 175
　~적 인과성 267
　~적 다양성 349
자연법 339
　~과 노모스에 기한 실정법의 구분
　337

~론 88
~칙적-변증법적 사회발전이론 91
자유 492, 567
　~의 원리 540
　~주의적 법관념 472
작동적 구성주의 21, 22
재귀 189
　~적 과정 380
　~적 기제 40, 375
　~적 법 40
　~적 편성의 장점 375
재귀성 588
　~의 장점 380
전근대적 고등문화 310
　~의 법 285, 332
전체사회 87, 263
절차 221, 281, 322, 446
　~법 277
　~상 당사자주의 403
　~원칙 320
　~의 완전분화 277
　~의 확립 359
정보 154, 445
　~공학 453
　~이론 453
　~제공체계 458
정치 236, 346, 427, 562
　~권력 430
　~사회학 73
　~와 행정의 기능적 분화 420
　~적 갈등의 규제가능성에 관한 조건
　과 형식 424

~적 공동체 17

~적 과정의 제도화 359

~적 국가주의 551

~적 권력지배 309

~적 기능 중심의 사회적 우위 313

~적 사법 308

~적 실용주의 493

~적 전체사회 17

~적 체계 450

~적 통제 486

정합성 213, 274, 370

~요청 388

~형성의 수준 272

정합적 범례화 210, 228, 436

~된 규범적 행동기대 218

제니, 프랑수아 543

제도 32, 168, 530

~개념 174

~적 안정화 209

제도화 167, 221

~된 기대 176

~ 불가능성 504

~의 기능구조 181

~의 기제 173

~의 원초적인 기제 185

제도화과정 214, 441

~의 재귀성 190

제3자 167, 318

~의 기대 323

~의 자기부담분 181

~의 제도화기능 189

~ 존재 169

제재 162, 163, 219, 221

~의 불확정성 397

~이론 162

조건 83, 118, 458

~적 기획화 41

~적 판결프로그램 37

~화를 지향하는 경향 466

조건프로그램 29, 202, 386, 395, 519, 599

~과 불확실성의 관계 397

~화 394

조직사회학 73

~적 정리 463

존재 45, 116

~론적 체계개념 18

~상황 119

죄 453

~와 속죄 563

중국법 312

~권 310

진화 71, 146, 227, 500

~사상 90

~이론적 고찰 110

~적 선택 167

~적 성과 147, 223, 245

~적 애로 495

짐멜, 게오르크 110

| ㅊ |

체계 102, 119, 276, 334

~강화 256

~개념 18

~내적 분화 252

~분화의 증대 258

~신뢰 238

~유형 277

~의 자기관찰 601

~의 자기조종능력 531

~이론 16, 252, 264

~이론적 고찰 110

~/환계관계 265, 417

체험 81

~장 131

~처리의 구조 119

초월 406, 502

~적 권리 504

~적 법 418

추상 190, 277, 529

~적·개괄적 선파악 196

~화 280

~화작용 533

| ㅋ |

칸토로비츠, 헤르만 74

켈젠, 한스 580, 581

코드 132

~화 599

코이노니아 17

~ 폴리티케 17

쿤, 헬무트 247

클레센스, 디터 15

| ㅌ |

통제 473

~관념 582

투른발트, 리하르트 290

| ㅍ |

파슨스, 탤컷 15, 91, 98, 99, 101~103, 108, 504, 505, 521, 552

파운드, 로스코 104

판결 74, 150, 395

~과정 78

~절차 405

평등 298, 341, 401, 476

~원칙 469

~의 원리 540

포드고레키, 아담 505, 508, 525

포스피실, 레오폴드 288

포피츠, 하인리히 454

풍속 113, 115

프로그램 31, 198, 202

~ 개념 394

~ 차원 32

피시스 509

~와 노모스의 구분 339

피의 복수 230, 289

| ㅎ |

하트, 허버트 581

학습 261

~태세 147

항위배 120

~성 166

~적 안정화 209

해석 499

~학적 통제 478
행동 169
　~의 불확정성 397
행동기대 143
　~의 범례화 211
　~의 법적 정합성 332
　~의 시간적 안정화 209
　~의 제도화 168
행위 81
　~기대의 정합적 범례화 297
헤겔, 게오르크 빌헬름 프리드리히
　351

헤크, 필리프 104
호혜 296
　~적 면제 461
홉스, 토머스 585
화폐 109, 375, 500
　~경제 304
　~기제 519
환계 18, 657
　~감수성 413
　~개방적 체계 19

지은이 니클라스 루만

루만(Niklas Luhmann, 1927~98)은 도이칠란트 북부도시
뤼네부르크 근교에서 태어났다. 제2차 세계대전이 터지자 1943년 고사포부대의
소년보조원으로 강제 동원되었다. 16세가 된 1944년에 정식으로 입대했지만
전쟁 통에 아메리카합중국군의 포로가 된다. 전쟁이 끝나며 포로에서 풀려난 그는
국가시험에 합격해 1954년부터 1962년까지 행정공무원으로 근무했다.
1960년부터 하버드대학에서 수학하면서 파슨스와 운명적으로 만나
사회체계이론의 설계에 착수한다. 이후 루만은 잠시 슈파이어
행정대학 강사를 거쳐 도르트문트대학 사회학 연구소장으로 부임한다. 이후
『공식조직의 기능과 그 파생적 문제』라는 저서로 박사학위를 받고 행정학 분야에서
『공행정에 있어 법과 자동화. 행정학적 연구』라는 주제로 교수자격을 취득한다.
1968년에는 사민당의 교육대중화 정책의 결실인 빌레펠트대학 교수로 초빙돼
도이치어권 최초의 사회학 단과대학을 세우는 데 일익을 담당했다.
그곳에서 1993년 정년퇴임하기까지 줄곧 사회학이론의 연구와 강의에 열중했다.
퇴임 후에도 왕성히 활동하면서 전 세계의 유수한 대학에서 명예박사학위를 받았다.
루만은 학문적으로든 현실적으로든 일정한 곳에 머물기를 좋아하지 않았는데,
한창때는 3일 이상 같은 장소에 머무르지 않고 세계 여러 곳을 돌며 강연할 정도였다.
루만의 체계이론이 기본적으로 모든 현실태(現實態)를 우발태(偶發態)로
전제하는 것처럼 그의 일생도 우발태로 규정할 수 있다. 이러한 맥락에서
루만 스스로도 체계이론을 전개하게 된 것과 관련하여 "무릇 한 사람의 일생이란
우발성의 집합체. 지속하는 것은 오로지 우발성에 대한 민감성밖에 없다.
그런 점에서 자신의 일생도 우발성의 연속이다"고 회고했다.

옮긴이 강희원

강희원은 경희대학교 법과대학을 졸업하고 같은 대학교 대학원을 수료했다.
제24회 사법시험에 합격하여 변호사 자격을 취득한 후 도이칠란트
프라이부르크대학에서 「법률홍수와 법으로부터 자유로운 영역」("Gesetzesflut und
rechtsfreier Raum")이라는 논문으로 법학박사학위를 취득했다.
지금은 법무법인 세양의 구성원변호사(휴업)로 있으면서 경희대학교
법학전문대학원에서 노동법, 법사회학, 법철학, 법조윤리를 가르치고 있다.
법문제를 실정법의 해석과 적용의 차원을 넘어 사회이론적 관점에서
문화, 언어, 환경, 경제의 문제로 탐구하는 데 집중하고 있다.
저서로는 『부당노동행위제도』『노동법의 새로운 모색』『노동법기초이론』
『노동헌법』『노자(勞資)의 사회적 자치조직법으로서 노사관계법』 등이 있으며,
옮긴 책으로는 R.C. 크반트의 『노동철학』이 있다. 「한국의 법문화와 샤마니즘」
「독일적 법사유와 한국법학의 반성」 등 노동법, 법사회학, 법철학 분야의
논문 100여 편을 발표했다.

법사회학

지은이 니클라스 루만
옮긴이 강희원
펴낸이 김언호

펴낸곳 (주)도서출판 한길사
등록 1976년 12월 24일 제74호
주소 10881 경기도 파주시 광인사길 37
홈페이지 www.hangilsa.co.kr
전자우편 hangilsa@hangilsa.co.kr
전화 031-955-2000~3 **팩스** 031-955-2005

부사장 박관순 **총괄이사** 김서영 **관리이사** 곽명호
영업이사 이경호 **경영이사** 김관영
편집 백은숙 노유연 김지연 김대일 김지수 김영길
마케팅 서승아 **관리** 이주환 김선희 문주상 이희문 원선아
디자인 창포 031-955-2097
CTP출력 블루엔 **인쇄** 오색프린팅 **제본** 경일제책사

제1판 제1쇄 2015년 10월 16일
제1판 제2쇄 2020년 6월 25일

값 33,000원
ISBN 978-89-356-6438-2 94360
ISBN 978-89-356-6427-6 (세트)

• 이 도서의 국립중앙도서관 출판시도서목록(CIP)은
e-CIP 홈페이지(http://www.nl.go.kr/ecip)에서 이용하실 수 있습니다.
(CIP제어번호: CIP2015020277)

한길그레이트북스 인류의 위대한 지적 유산을 집대성한다

1 관념의 모험
앨프레드 노스 화이트헤드 | 오영환

2 종교형태론
미르치아 엘리아데 | 이은봉

3·4·5·6 인도철학사
라다크리슈난 | 이거룡
2005 『타임스』 선정 세상을 움직인 100권의 책
『출판저널』 선정 21세기에도 남을 20세기의 빛나는 책들

7 야생의 사고
클로드 레비-스트로스 | 안정남
2005 『타임스』 선정 세상을 움직인 100권의 책
2008 『중앙일보』 선정 신고전 50선

8 성서의 구조인류학
에드먼드 리치 | 신인철

9 문명화과정 1
노르베르트 엘리아스 | 박미애
2005 연세대학교 권장도서 200선
2012 인터넷 교보문고 명사 추천도서
2012 알라딘 명사 추천도서

10 역사를 위한 변명
마르크 블로크 | 고봉만
2008 『한국일보』 오늘의 책
2009 『동아일보』 대학신입생 추천도서
2013 yes24 역사서 고전

11 인간의 조건
한나 아렌트 | 이진우
2012 인터넷 교보문고 MD의 선택
2012 네이버 지식인의 서재

12 혁명의 시대
에릭 홉스봄 | 정도영·차명수
2005 서울대학교 권장도서 100선
2005 『타임스』 선정 세상을 움직인 100권의 책
2005 연세대학교 권장도서 200선
1999 『출판저널』 선정 21세기에도 남을 20세기의 빛나는 책들
2012 알라딘 블로거 베스트셀러
2013 『조선일보』 불멸의 저자들

13 자본의 시대
에릭 홉스봄 | 정도영
2005 서울대학교 권장도서 100선
1999 『출판저널』 선정 21세기에도 남을 20세기의 빛나는 책들
2012 알라딘 블로거 베스트셀러
2013 『조선일보』 불멸의 저자들

14 제국의 시대
에릭 홉스봄 | 김동택
2005 서울대학교 권장도서 100선
1999 『출판저널』 선정 21세기에도 남을 20세기의 빛나는 책들
2012 알라딘 블로거 베스트셀러
2013 『조선일보』 불멸의 저자들

15·16·17 경세유표
정약용 | 이익성
2012 인터넷 교보문고 필독고전 100선

18 바가바드 기타
함석헌 주석 | 이거룡 해제
2007 서울대학교 추천도서

19 시간의식
에드문트 후설 | 이종훈

20·21 우파니샤드
이재숙
2005 서울대학교 권장도서 100선

22 현대정치의 사상과 행동
마루야마 마사오 | 김석근
2005 『타임스』 선정 세상을 움직인 100권의 책
2007 도쿄대학교 권장도서

23 인간현상
테야르 드 샤르댕 | 양명수
2007 서울대학교 추천도서

24·25 미국의 민주주의
알렉시스 드 토크빌 | 임효선·박지동
2005 서울대학교 권장도서 100선
2012 인터넷 교보문고 MD의 선택
2012 인터넷 교보문고 MD의 선택
2013 문명비평가 기 소르망 추천도서

26 유럽학문의 위기와 선험적 현상학
에드문트 후설 | 이종훈
2005 서울대학교 논술출제

27·28 삼국사기
김부식 | 이강래
2005 연세대학교 권장도서 200선
2012 인터넷 교보문고 필독고전 100선
2013 yes24 다시 읽는 고전

29 원본 삼국사기
김부식 | 이강래 교감

30 성과 속
미르치아 엘리아데 | 이은봉
2005 『타임스』 선정 세상을 움직인 100권의 책
2012 인터넷 교보문고 명사 추천도서
『출판저널』 선정 21세기에도 남을 20세기의 빛나는 책들

31 슬픈 열대
클로드 레비-스트로스 | 박옥줄
2005 서울대학교 권장도서 100선
2005 연세대학교 권장도서 200선
2008 홍익대학교 논술출제
2012 인터넷 교보문고 명사 추천도서
2013 yes24 역사서 고전
『출판저널』 선정 21세기에도 남을 20세기의 빛나는 책들

32 증여론
마르셀 모스 | 이상률
2003 문화관광부 우수학술도서
2012 네이버 지식인의 서재

33 부정변증법
테오도르 아도르노 | 홍승용

34 문명화과정 2
노르베르트 엘리아스 | 박미애
2005 연세대학교 권장도서 200선
2012 인터넷 교보문고 명사 추천도서
2012 알라딘 명사 추천도서

35 불안의 개념
쇠렌 키르케고르 | 임규정
2012 인터넷 교보문고 필독고전 100선

36 마누법전
이재숙 · 이광수

37 사회주의의 전제와 사민당의 과제
에두아르트 베른슈타인 | 강신준

38 의미의 논리
질 들뢰즈 | 이정우
2000 교보문고 선정 대학생 권장도서

39 성호사설
이익 | 최석기
2005 연세대학교 권장도서 200선
2008 서울대학교 논술출제
2012 인터넷 교보문고 필독고전 100선

40 종교적 경험의 다양성
윌리엄 제임스 | 김재영
2000 대한민국학술원 우수학술도서

41 명이대방록
황종희 | 김덕균
2000 한국출판문화상

42 소피스테스
플라톤 | 김태경

43 정치가
플라톤 | 김태경

44 지식과 사회의 상
데이비드 블루어 | 김경만
2002 대한민국학술원 우수학술도서

45 비평의 해부
노스럽 프라이 | 임철규
2001 『교수신문』 우리 시대의 고전

46 인간적 자유의 본질 · 철학과 종교
프리드리히 W.J. 셸링 | 최신한

47 무한자와 우주와 세계 · 원인과 원리와 일자
조르다노 브루노 | 강영계
2001 한국출판인회의 이달의 책

48 후기 마르크스주의
프레드릭 제임슨 | 김유동
2001 한국출판인회의 이달의 책

49 · 50 봉건사회
마르크 블로크 | 한정숙
2002 대한민국학술원 우수학술도서
2012 『한국일보』 다시 읽고 싶은 책

51 칸트와 형이상학의 문제
마르틴 하이데거 | 이선일
2003 대한민국학술원 우수학술도서

52 남명집
조식 | 경상대 남명학연구소
2012 인터넷 교보문고 필독고전 100선

53 낭만적 거짓과 소설적 진실
르네 지라르 | 김치수 · 송의경
2002 대한민국학술원 우수학술도서
2013 『한국경제』 한 문장의 교양

54 · 55 한비자
한비 | 이운구
한국간행물윤리위원회 추천도서
2007 서울대학교 추천도서
2012 인터넷 교보문고 필독고전 100선

56 궁정사회
노르베르트 엘리아스 | 박여성

57 에밀
장 자크 루소 | 김중현
2005 서울대학교 권장도서 100선
2000 · 2006 서울대학교 논술출제

58 이탈리아 르네상스의 문화
야코프 부르크하르트 | 이기숙
2004 한국간행물윤리위원회 추천도서
2005 연세대학교 권장도서 200선
2009 『동아일보』 대학신입생 추천도서

59 · 60 분서
이지 | 김혜경
2004 문화관광부 우수학술도서
2012 인터넷 교보문고 필독고전 100선

61 혁명론
한나 아렌트 | 홍원표
2005 대한민국학술원 우수학술도서

62 표해록
최부 | 서인범 · 주성지
2005 대한민국학술원 우수학술도서

63 · 64 정신현상학
G.W.F. 헤겔 | 임석진
2006 대한민국학술원 우수학술도서
2005 연세대학교 권장도서 200선
2005 프랑크푸르트도서전 한국의 아름다운 책100
2008 서우철학상
2012 인터넷 교보문고 필독고전 100선

65 · 66 이정표
마르틴 하이데거 | 신상희 · 이선일

67 왕필의 노자주
왕필 | 임채우
2006 문화관광부 우수학술도서

68 신화학 1
클로드 레비-스트로스 | 임봉길
2007 대한민국학술원 우수학술도서
2008 『동아일보』 인문과 자연의 경계를 넘어 30선

69 유랑시인
타라스 셰브첸코 | 한정숙

70 중국고대사상사론
리쩌허우 | 정병석
2005 『한겨레』 올해의 책
2006 문화관광부 우수학술도서

71 중국근대사상사론
리쩌허우 | 임춘성
2005 『한겨레』 올해의 책
2006 문화관광부 우수학술도서

72 중국현대사상사론
리쩌허우 | 김형종
2005 『한겨레』 올해의 책
2006 문화관광부 우수학술도서

73 자유주의적 평등
로널드 드워킨 | 염수균
2006 문화관광부 우수학술도서
2010 동아일보 '정의에 관하여' 20선

74 · 75 · 76 춘추좌전
좌구명 | 신동준

77 종교의 본질에 대하여
루트비히 포이어바흐 | 강대석

78 삼국유사
일연 | 이가원 · 허경진
2007 서울대학교 추천도서

79 · 80 순자
순자 | 이운구
2007 서울대학교 추천도서

81 예루살렘의 아이히만
한나 아렌트 | 김선욱
2006 『한겨레』 올해의 책
2006 한국간행물윤리위원회 추천도서
2007 『한국일보』 오늘의 책
2007 대한민국학술원 우수학술도서
2012 yes24 리뷰 영웅대전

82 기독교 신앙
프리드리히 슐라이어마허 | 최신한
2008 대한민국학술원 우수학술도서

83 · 84 전체주의의 기원
한나 아렌트 | 이진우 · 박미애
2005 『타임스』 선정 세상을 움직인 책
『출판저널』 선정 21세기에도 남을 20세기의 빛나는 책들

85 소피스트적 논박
아리스토텔레스 | 김재홍

86 · 87 사회체계이론
니클라스 루만 | 박여성
2008 문화체육관광부 우수학술도서

88 헤겔의 체계 1
비토리오 회슬레 | 권대중

89 속분서
이지 | 김혜경
2008 대한민국학술원 우수학술도서

90 죽음에 이르는 병
쇠렌 키르케고르 | 임규정
『한겨레』 고전 다시 읽기 선정
2006 서강대학교 논술출제

91 고독한 산책자의 몽상
장 자크 루소 | 김중현

92 학문과 예술에 대하여 · 산에서 쓴 편지
장 자크 루소 | 김중현

93 사모아의 청소년
마거릿 미드 | 박자영
20세기 미국대학생 필독 교양도서

94 자본주의와 현대사회이론
앤서니 기든스 | 박노영 · 임영일
1999 서울대학교 논술출제
2009 대한민국학술원 우수학술도서

95 인간과 자연
조지 마시 | 홍금수

96 법철학
G.W.F. 헤겔 | 임석진

97 문명과 질병
헨리 지거리스트 | 황상익
2009 대한민국학술원 우수학술도서

98 기독교의 본질
루트비히 포이어바흐 | 강대석

99 신화학 2
클로드 레비-스트로스 | 임봉길
2008 『동아일보』 인문과 자연의 경계를 넘어 30선
2009 대한민국학술원 우수학술도서

100 일상적인 것의 변용
아서 단토 | 김혜련
2009 대한민국학술원 우수학술도서

101 독일 비애극의 원천
발터 벤야민 | 최성만 · 김유동

102 · 103 · 104 순수현상학과 현상학적 철학의 이념들
에드문트 후설 | 이종훈
2010 대한민국학술원 우수학술도서

105 수사고신록
최술 | 이재하 외
2010 대한민국학술원 우수학술도서

106 수사고신여록
최술 | 이재하
2010 대한민국학술원 우수학술도서

107 국가권력의 이념사
프리드리히 마이네케 | 이광주

108 법과 권리
로널드 드워킨 | 염수균

109 · 110 · 111 · 112 고야
홋타 요시에 | 김석희
2010 12월 한국간행물윤리위원회 추천도서

113 왕양명실기
박은식 | 이종란

114 신화와 현실
미르치아 엘리아데 | 이은봉

115 사회변동과 사회학
레이몽 부동 | 민문홍

116 자본주의 · 사회주의 · 민주주의
조지프 슘페터 | 변상진
2012 대한민국학술원 우수학술도서
2012 인터파크 이 시대 교양 명저

117 공화국의 위기
한나 아렌트 | 김선욱

118 차라투스트라는 이렇게 말했다
프리드리히 니체 | 강대석

119 지중해의 기억
페르낭 브로델 | 강주헌

120 해석의 갈등
폴 리쾨르 | 양명수

121 로마제국의 위기
램지 맥멀렌 | 김창성
2012 인터파크 추천도서

122 · 123 윌리엄 모리스
에드워드 파머 톰슨 | 윤효녕 외
2012 인터파크 추천도서

124 공제격치
알폰소 바뇨니 | 이종란

125 현상학적 심리학
에드문트 후설 | 이종훈
2013 인터넷 교보문고 눈에 띄는 새 책
2014 대한민국학술원 우수학술도서

126 시각예술의 의미
에르빈 파노프스키 | 임산

127 · 128 시민사회와 정치이론
진 L. 코헨 · 앤드루 아라토 | 박형신 · 이혜경

129 운화측험
최한기 | 이종란
2015 대한민국학술원 우수학술도서

130 예술체계이론
니클라스 루만 | 박여성 · 이철

131 대학
주희 | 최석기

132 중용
주희 | 최석기

133 종의 기원
찰스 다윈 | 김관선

134 기적을 행하는 왕
마르크 블로크 | 박용진

135 키루스의 교육
크세노폰 | 이동수

136 정당론
로베르트 미헬스 | 김학이
2003 기담학술상 변역상
2004 대한민국학술원 우수학술도서

137 법사회학
니클라스 루만 | 강희원
2016 세종도서 우수학술도서

138 중국사유
마르셀 그라네 | 유병태
2011 대한민국학술원 우수학술도서

139 자연법
G.W.F 헤겔 | 김준수
2004 기담학술상 변역상

140 기독교와 자본주의의 발흥
R.H. 토니 | 고세훈

141 고딕건축과 스콜라철학
에르빈 파노프스키 | 김율
2016 세종도서 우수학술도서

142 도덕감정론
애덤스미스 | 김광수

143 신기관
프랜시스 베이컨 | 진석용
2001 9월 한국출판인회의 이달의 책
2005 서울대학교 권장도서 100선

144 관용론
볼테르 | 송기형 · 임미경

145 교양과 무질서
매슈 아널드 | 윤지관

146 명등도고록
이지 | 김혜경

147 데카르트적 성찰
에드문트 후설 · 오이겐 핑크 | 이종훈
2003 대한민국학술원 우수학술도서

148 · 149 · 150 함석헌선집 1 · 2 · 3
함석헌 | 함석헌편집위원회
2017 대한민국학술원 우수학술도서

151 프랑스혁명에 관한 성찰
에드먼드 버크 | 이태숙

152 사회사상사
루이스 코저 | 신용하 · 박명규

153 수동적 종합
에드문트 후설 | 이종훈
2019 대한민국학술원 우수학술도서

154 로마사 논고
니콜로 마키아벨리 | 강정인 · 김경희
2005 대한민국학술원 우수학술도서

155 르네상스 미술가평전 1
조르조 바사리 | 이근배

156 르네상스 미술가평전 2
조르조 바사리 | 이근배

157 르네상스 미술가평전 3
조르조 바사리 | 이근배

158 르네상스 미술가평전 4
조르조 바사리 | 이근배

159 르네상스 미술가평전 5
조르조 바사리 | 이근배

160 르네상스 미술가평전 6
조르조 바사리 | 이근배

161 어두운 시대의 사람들
한나 아렌트 | 홍원표

162 형식논리학과 선험논리학
에드문트 후설 | 이종훈

163 러일전쟁 1
와다 하루키 | 이웅현

164 러일전쟁 2
와다 하루키 | 이웅현

165 종교생활의 원초적 형태
에밀 뒤르켐 | 민혜숙 · 노치준

166 서양의 장원제
마르크 블로크 | 이기영

167 제일철학 1
에드문트 후설 | 이종훈

168 제일철학 2
에드문트 후설 | 이종훈

●한길그레이트북스는 계속 간행됩니다.